编 委 会

可凡不凡

曹可凡是谁？主持人、演员、作家、教授、医生……

在上海，他是我认识的朋友里在跨界领域走得最远、也是最好的二人之一。另一个是已故的陈逸飞。

出国前，在人艺《中国梦》的排练场，与可凡曾有一面之缘。那年，两人都才二十出头，朝气勃发。彼此间的真正了解，是我回国拍完电影《喜马拉雅王子》，随我到上海的蒲巴甲参加东方电视台一档家喻户晓选秀节目"加油！好男儿"，可凡正是这档节目的主持人。我在现场和电视里都感受到了他在节目里的风采，发现他的主持风格非常稳健自然，在国内的荧屏上实属凤毛麟角。他对蒲巴甲也喜爱有加，时常在节目里称他为"喜马拉雅王子"，不知这对他最后获得第一名是否有关？但无论如何，对这部当时还没有发行的、改编自莎士比亚《哈姆雷特》的西藏版电影起到了宣传的效果。也就是在那个节目最后阶段的"小黑屋"环节，主持人对选手的"一对一"的特殊采访中，我发现曹可凡似乎有成为演员的潜质。那天很晚，我给可凡打了一个电话，问他是否有兴趣演戏？他回问，我行吗？我说，我看你对选手们的采访，你的即兴表演能力很强，你真的可以演戏。他哈哈大笑起来，说，我当然有兴趣。我道，《上海王》里真有一个角色，你可以演。他说，你是第一个说我可以演戏的导演。你敢用我，我就敢演。哈，这下闯祸了，点燃了曹可凡演戏的欲望。从此，他一见面就问我，《上海王》什么时候开拍啊？可是，拍电影是一件最无定数的事，这部电影从我买下虹影小说的版权到拍摄整整十年，可凡也苦苦等了八年。其间，他拍摄了《金陵十三钗》，演了一个很重要的角色。看了那部电影后，我评价，他在戏里非常出色。他却说，导演指导得好。接着又说，我是在练功，等着你的《上海王》。哈哈，在这等着我呢！终于，等到《上海王》开拍，投资方却不同意他演"师爷"，并提议刘佩琦演这个角色。两个理由，一是绍兴师爷一般都是瘦子，曹可凡太胖；二是，他是主持人，观众会出戏。我反驳道，谁说"绍兴师爷"一定是瘦子？就不能是个胖子吗？况且，剧本里也没说师爷一定是绍兴人。曹可凡是主持人不假，可他在《金陵十三钗》里出演的"父亲"角色，不可信吗？况且，刘佩琦我已安排演"总兵大人"。投资方不说话了。我请可凡演这个角色，绝非出于私人关系，而是他符合我脑子里的"师爷"角色。这个角色横跨清朝民国，几代"上海王"在变，"师爷"的位置却从没变过，他的身上折射出时代变迁的鲜明痕迹。这是需要一个有文化素养的演员才能体现出的上海滩的那种特殊的味道。可凡身上有，那是老上海散发出的年代感，是他家族对他的潜移默化地影响，是他在线装书和西方文化熏陶下以及与经历过那个年代的人的交往和采访中不知不觉的感染和吐纳。他是我定的第一个《上海王》的演员，其他演员的选择，我也会不时同他交流。女主角"筱月桂"最后由两个演员分饰演绎这个"角色"，可以说，可凡那一票很关键。那天，我把余男和李梦的照片传给他，问他如何？他马上回复，这两人像的。助我下了决心。我后来送给主创的那本由章君谷著作的《杜月笙传》也是可凡推荐的。他说，这本比较真实。我相信他的判断，因为，这是他在看了众多的杜月笙资料后的选择。《上海王》开拍后，"师爷"的第一场戏在黔香阁的会所二楼，是同"总兵"刘佩琦的对手戏。在拍摄现场，可凡悄悄对我说，第一场戏，还是有点紧张。看着穿着长衫马褂行头，面若"潘安"的年轻"师爷"，我笑笑说，不用紧张。刘佩琦是个很好合作的演员，你就跟着他走，正常反应就可以了。这场戏外松内紧，推杯换盏之间暗藏杀机，不容易把握。但两个演员都很投入，戏拍得非常顺利。最后一个镜头，拍完一条后，我叫停了拍摄，对可凡说，不要看起身离席的"老佩"（刘佩琦），等他走到你面前，甩开扇子，先用扇响声留住他。然后，慢慢说出"常爷留你一条命，我们随时可以来取"。可凡若有所思地点了点头。"Action"，只见"总兵"刘佩琦愤然离席，"师爷"不动声色，"哗"地一声打开折扇，眼眉低垂，淡淡地吐出那句台词……非常到位！这场戏拍完，我在心里默默地庆幸，"师爷"选对了人。可凡领悟性非常高，超出一般的演员。所谓响鼓不用重锤敲，其实，鼓的质地必须要好。记得我曾问过姜文，演员最重要的是什么？他想了想说，其实演员最重要的是对生活的感悟。千真万确，一个好演员一定是有阅历，有思想，有天赋的人。可凡的经历和他生活的环境，他的好学不倦，他发自内心对表演的兴趣，帮助他成功地步入了演员行列。为此，他也吃了不少苦头。拍《上海王》减肥，他每天只吃一顿饭。我们聚会，他基本不参加，怕自己控制不住食欲。记得，还献了一次"身"。

那天，奇冷，我们拍澡堂的戏。年老的"师爷"和手下在池子里泡澡。正好监制焦雄屏来探班，焦老师在监视器里看着坐在池子里的"师爷"问我，这是谁啊？我说，可凡啊。焦老师大叫起来，啊呀，我运气真好，一来就看可凡的"裸戏"！大家大笑起来。拍完"热气腾腾"的澡堂，可凡收工后在摄影棚外等车时受了风寒，结果在第二天去苏黎世的飞机上发烧了。下飞机，直奔医院，在异国的病床上度过他的假期。这一次，为艺术献身不说，还病得不轻。此事，后来在一个偶然的场合，他像讲笑话一样说了出来，我才知道。每每想到这事儿，都觉得有点对不住他。

除了他的本职工作主持人外，很多人不知道他还是好几所大学的教授。我和可凡都是第一批于2005年受聘上海戏剧学院的"客座教授"。蒲巴甲考进上戏表演系，入学那天，我俩在学校为他做了一个入学仪式，嘱咐他认真学习，不辜负大家，特别是藏族同胞对他的期望。后来我创立了"上海戏剧学院电影电视学院"，邀请他担任硕士生导师，让他把自己多少年的实践经验传授给下一代，他欣然答应，并教出了出色的学生。读书不倦，笔耕不辍，可凡几乎不断有文章、书籍出版。2015年，他写了一本关于他外曾祖父家族的纪实小说《蠹园惊梦》，送了我一本有他签名的书，随口说了一句，"没事翻翻"。终于有时间翻开那本书，没想到，我一口气读完这本可凡用4年时间写就，讲述了源于美丽太湖王家横跨百年、在上海滩创业的传奇故事。他用大量的史料和对真人的详考，惊心动魄地刻画出民族资本家的兴起和实业救国的商场沉浮，人情世故、尔虞我诈，宦官洋人、军阀流氓、文人墨客、革命党人的风起云涌，组成了一幅令人难忘的十里洋场的风俗画卷。看完，我建议他拍成一部南方的"大宅门"电视剧。他说，已经有影视公司要了版权。正要祝贺他，他却告诉我一个不可思议的消息，竟然一块钱给了人家。问他为何？他回道，钱不重要，他们如果能尽早拍出，也算完成对我祖上的一种纪念。香港拍的"上海滩"不是沪上的基本生活方式。如果能把我曾外祖那一代人的奋斗拍出来，也能丰富观众对民国上海的认识。泓峥萧瑟，实不可言。我对可凡又有新的认知。

"可凡倾听"是上海电视台一档文化名人访谈节目，从2003年开播至今，整整二十年。这在中国电视史上，甚至世界电视史都是少有的。我一直讲一句话，一部电影十年后能看，就是好电影；二十年后能看，就是经典电影；三十年、四十年还能看，就是传世的电影。"可凡倾听"无疑是电视屏幕上的"经典节目"，他采访了无数的文化精英、政坛要员、科学大师、名家泰斗、青年才俊。其中有基辛格、帕瓦罗蒂、安德烈·波切利、卡雷拉斯（柏林爱乐指挥）、西蒙·拉特尔（钢琴家）、施隆多夫（导演）、梅丽尔·斯特里普（Meryl Streep）、阿兰·德隆、贝聿铭、傅聪、杨振宁、余光中、程十发、黄永玉、吴冠中、戴海莲、李香兰、黄宗江黄宗英兄妹、汤晓丹汤沐海父子、张国荣、栗原小卷、卢燕等等，"可凡倾听"把世界上多个领域里精英们的音容笑貌、隽永思想永远留在了人间。"生命总有一天会结束，但有些感情是永恒的。"可凡这样说。可以讲，这是一件功德无量的事，是上海文化界留给人类的财富。这背后是可凡的殚思极虑、用心尽力。每一次采访他必定会长久地思考准备、搜索阅读。记得他在采访我的那期节目"光影缔造王之灵感"时，我看他面前的手写的采访稿竟然有厚厚一沓。我们是非常熟悉的朋友，他仍然在采访前做了极其细致的前期准备。当他在采访中，提到"你和你父亲胡伟民应该有一次没有完成的'导演和导演'的对话"，刹那间，我似乎被推进了那个我不愿意回首的"黑洞"。父亲在我出国前提议我们俩可以抽时间做一个"对话"，他想放在他的新书《导演的自我超越》里。可是，当时我忙着话剧《中国梦》的排练合成、忙着赶文汇报那篇"关于当代导演意识的断想"约稿、忙着出国前的一系列准备，忙得昏天黑地，一直忙到临行的前一天。那天晚上，父亲有点失望地对我说，我们俩的对话看来是没时间了。我说，没事，等我回来吧！可是，永远没有了下一次。父亲在89年那个炎热的夏天撒手人寰，终年56岁。我也终于没能回国"奔丧"……可凡一定是读了大量的可以寻觅到的素材，才可能攫取到我和父亲这个"对话"的细节。当他在采访时，抛出这个问题，敏锐地触碰到我内心深处隐秘的痛点，让我难以自制，泪盈双眸……后来，我发现他在采访我的老师陈正薇和我妈的学生王琳时，都是做了大量的准备工作。

"可凡倾听"超迁一般采访节目的过人之处，就是它背后可凡那双敏锐的眼睛，深邃的思维，自然的状态，以及深情的交流。他的执念带着观众走进了精英大师们的真实人生，内心世界。接受过"可凡倾听"采访的嘉宾都喜欢他。周采芹（周信芳女儿）就对我说过，"Kevin 同其他主持人不一样，他有知识，讨人欢喜。"要知道采芹可是一个极其挑剔的人，她是第一个黄皮肤的 007 "邦女郎"。当年，伦敦动物园的小豹子出生都是以她的名字命名。可凡在"中美电影节"获奖，采芹欣然为"师爷"颁奖，还请我们到她的家里聚会，讲了不少周家的故事。可凡听得津津有味，不时还提出"曲里拐弯"的问题，采芹竟然还认真地一一作答。我在一旁暗自好笑，这俨然是一场延续的"采访"，而这一切又进行得那么自然温馨，这就是可凡的"讨人欢喜"的过人之处。卢阿姨（卢燕）也喜欢他，每次饭局，都会问我："可凡来吗？"因为，品菜酌酒之间他可以给"老佛爷"带来朗朗的笑声，这一晚，可以听到很多奇闻逸事、海上旧梦、新鲜时闻。

我一直在想，如果可凡没有弃医从文，他会是一个怎样的医生呢？一定不会是庸医，但上海文化界会少一个孤奋多彩的人物，正如他自己所说"我希望看到人、事、物的多面性"，可凡本人是个跨界的多面手，他的"可凡倾听"也是上海一道难得的多棱文化光亮。"魔都"是 Morden 的译音，日本作家村松梢风的小说《魔都》第一次用了这个昵称。罗马不是一日建成的，上海发展到今天也并非一天一人之功，这座城市本质是现代的精神，就是开拓、就是融合，这是上海人永恒的精神。上海人在，城就在，因为这些人是中国大地最相信现代文明的一族！可凡的身上体现了上海人的这种精神。

林无静树，川无停流。上善若水，可凡不凡。

胡雪桦
2022 年 5 月 25 日海上疫情隔离中

目录

目录

················· 父辈年华

清正和顺立家风——陈云子女陈伟力、陈元专访

陈云，1925年加入中国共产党，从20世纪30年代起担任党中央的领导工作，是党的第一代、第二代中央领导集体的重要成员。1905年6月13日出生在今属上海的青浦练塘小镇，幼时家境贫困，2岁丧父、4岁丧母，由舅父舅母抚养长大。一直到陈云14岁高小毕业后，舅父母就再也无力支撑其原本就时

陈伟力、陈元做客《可凡倾听》

断时续的学业，彼时，陈云的恩师张行恭主动为爱徒提供就业机会，陈云由此前往上海商务印书馆工作，在上海度过了自己的童年及青少年时期。

曹： 陈主席好，伟力大姐您好！今天特别高兴能够邀请你们二位来谈一谈你们的父亲，老一辈无产阶级革命家陈云同志。陈云同志是上海人，所以每当我们上海人说起陈云前辈都会特别亲切，我不知道在家里头，他是不是跟你们说上海话？子女们都会不会说上海话？伟力大姐会吗？

陈伟力： 我不会说上海话。他在家里跟我们说的是上海普通话，带有浓重的上海口音的普通话。

曹： 陈元主席呢？

陈元： 我也说不了上海话，能听一些。父亲在家里说话，一般是上海普通话，但不是纯上海口音，因为在革命战争时期，很多领导人都是江西、湖南、四川的口音，所以他也用了很多这些地方的"外来语"，形成了一个独特的口音，他自己说是"洋泾浜"，是一个比喻。但基本是青浦话和普通话，再加上一些其他口音的词汇，这是他说话的特色。

曹： 练塘对于陈云同志来说有着非常特殊的意义，这是他的家乡，而且在故乡还有一

些跟他一生的命运有非常大关系的人，张行恭老师在您父亲小时候对他产生什么样的影响？以致一直到后来，尽管家里条件也不是太好，他还是坚持给老师的遗孀送慰问金。

元：父亲能够上小学，和张行恭校长对他的看重有很大的关系。张行恭看我父亲从小聪明伶俐、好学上进，就觉得应该上学，要不然可惜了，特例收了他入学，在学费方面给予一些照顾。小学毕业了，父亲想去找工作，老师又帮他联系上海的商务印书馆，尽了很大的力量，帮助我父亲出去找到一份工作。所以我父亲对过去对他有过帮助的人，始终记在心里，从自己的工资收入当中不时地拿出一些生活费，帮助他们度过晚年，让他们的生活条件改善一些。这是他非常讲人情，非常懂报恩的感情。

也许是因为从小生活贫苦，所以陈云一生都秉持着节俭朴素的生活作风，吃饭定量，菜谱常年不变，即便到晚年身体非常虚弱的时候，也不肯吃高级补品；用水节俭，一茶杯的水就够洗一次头；常年穿一套布料中山装，到冬天才加一件军大衣；最令人难以想象的是，连家里的房子都已经是危房，他都舍不得修一修。

曹：您父亲一辈子都倡导节俭生活方式，听说你们家里吃饭，早饭、中饭、晚饭，菜肴都非常简单，您还记得一般家里吃点什么东西吗？

伟：早饭就是稀饭、咸菜、馒头。我记得小学的时候没有牛奶，有一次回家，我母亲给我喝牛奶，我还对牛奶过敏了。吃得很简单。中饭也是吃得很简单，有一些肉，但因为家里人多，能够分到的也不是特别多，但是还是能吃饱。

曹：陈主席，男孩子在成长的过程当中饭量会比较大，营养的需求比较多，家里会不会对你们男孩子有一点额外的加餐？

元：也没有。反正就是在家里的伙食当中，想办法吃饱一点。爸爸还说，"半大小子，吃死老子。"家里孩子多，吃饭就不够。反正我们就是粮食不够吃，多吃点蔬菜。

伟：红薯代替杂粮。

元：还有一些杂粮。怎么也得想办法填饱肚子。但说实话，在我们初中到高中这段长身体的阶段，真的吃得不是太饱，难得有吃得饱的时候，但是当时全家都是这样，全国也是这样，所以我们也不觉得有什么特别的。

伟：不觉得特别苦。

元：不觉得有什么特别苦。

曹：我听说陈云同志不仅在吃的方面非常节俭，在用水方面也是非常节俭，据说你们家的水龙头前都有一个"注意节约用水"的标牌，而且他自己用水也很节约，老爷子有些什么妙招呢？

元：他洗头不像我们，我们都是在洗澡的时候洗头，他每天用自来水，冷水冲一下，精神上更清醒一点。喝茶也是，一杯茶从早喝到晚，早上一杯茶，下午接着喝，晚上就不喝了，茶水一天就这么一杯，不时给他续一点。

曹：他对茶叶讲究吗？也不讲究？

元：他不讲究。

伟：他习惯喝龙井茶。

元：他每天定量的，只喝这么一点。

曹：听说你们家一度在地震棚住了两个多月？

伟：是。

曹：当时是什么情况，要在地震棚里住这么长时间？

伟：主要是那次唐山大地震以后，我们家的房子从上到下裂了两道大裂缝，警卫局来看，觉得那个房子不太安全，所以就在院子里搭了个地震棚，是由钢架子架起来的，好像是帆布的，我记不清了。

元：就是那种军用的，在院子里支起了一个帐篷，住了一段时间。后来冬天到了，地震棚里不能保暖，要把房子重建一下，他不同意，他说："我管了一辈子全国的基本建设，我不能为自己盖房子。"后来没有办法，人家就在他的办公室里头用废旧的水管给他搭了一个只能容纳两个沙发的小的抗震棚。他平时就坐在沙发上看文件、读书、听广播、跟人交谈，包括后来小平同志去看他，也是坐在抗震棚里头，两个人见面、谈话。那个就成为他当时的一个特点，也流传出去，大家都知道他这么艰苦朴素地要求自己。

曹：当年您父亲是国家的高级领导，他的工作非常繁忙，同时也要接触很多国家的机密。你们家孩子也多，孩子往往会在家里跑进跑出，所以父亲在这个方面对你们有一些什么具体的要求没有？

伟：对。一个就是我们不能随便看他的文件，不许我们看，也不许问，不该知道的事情就

陈云家中的抗震结构

不要知道，不该问的事情就不能问，这是对我们的纪律上的要求。还有他的车，我们是不能坐的。

曹：父亲的车是不能坐的？

伟：不能坐，我们都是骑自行车上学。

元：1969 年到 1970 年生产的新的红旗车，是一种防弹红旗车，车子比较特殊，我们连进去看的机会都没有。

曹：真的？

元：离得远远地能看。这个车他很喜欢，当时有一段时间国家出现了一股风气，就是用外汇去买国外的豪华车给领导坐，有的下级单位买了车送给上级领导坐。我父亲听说以后非常生气，给中央写信，提出来领导干部都应该坐国产车，下级给上级送车的这种不良风气应该制止。后来他还专门叫工作人员把当时国内最豪华的车一样找一辆来，看一看。那天他们就把几辆不同的车开到家门口，让他看，他一辆一辆看，也都上去坐一下，看完了就说太豪华，我们领导干部不应该坐这些车。最后还说了一句，说"老汉就坐红旗车"。

曹：掷地有声。

元：他对这些事情是看得很重的。

陈云同志对自己的要求，不止体现在生活作风上，在为人处事中，他也十分具有原则性，主张低调，对待工作更是严谨慎重、反复考量。在上海的陈云纪念馆里，有两则非常瞩目的格言，一则为"个人名利淡如水，党的事业重如山"，另一则为"不唯上、不唯书、只唯实，交换、反复、比较"。可以说这两句话，既是陈云同志对自己的提醒，也是对他个人思想的最好总结。

曹：据说那会儿有一个描写他的电视剧《陈云出川》，他看了之后不高兴是吗？

伟：是。

曹：他当时怎么说来着？

元：《陈云出川》的故事是我们小时候他就讲给我们听的，他怎么从泸定桥、宝兴到雅安，然后出来，又到成都，最后又从重庆到上海，给我们讲他过去的这些历史、革命经历。当然知道这段故事的人有很多，除了我们家庭的子女，我们的母亲，还有工作人员，甚至很多和他有过接触的人都听他说过。所以《陈云出川》这段故事很快就成为电视剧创作的对象，写了剧本，拍了电视剧。

曹： 你们自己有没有看过《陈云出川》这部戏？

元： 后来看过。

伟： 放的时候看。

元： 放的时候看过。当然这些我父亲并不知道，当时人家也没有想到他会有什么其他意见。后来有一个偶然的机会，电视剧已经在电视台播出了，他听身边的护士说到了《陈云出川》，他马上警觉起来，就把秘书叫来，问

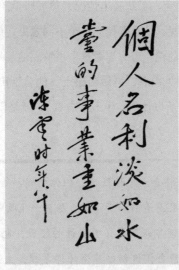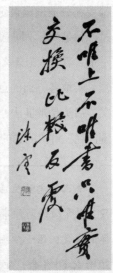

陈云手迹

是怎么回事，然后立刻给中央写了一个报告，要求停播，不要宣传他个人。我们从小他就跟我们讲，他刚开始加入党组织时期的党的领导，瞿秋白、蔡和森、赵世炎、罗亦农，都领导过他，可是后来都先后牺牲了。所以，他就说，如果要宣传，应该宣传这些革命先烈和党的早期的主要领导人，我们就应该做一个不要宣传的普通党员和领导干部，我们应该想想那些革命先烈作出的贡献，没有他们，就没有我们的今天，他一直是这么讲的。大概还是我在上小学的时候，他就在饭桌上跟我讲他的这段革命历史，就说到红军西路军战败在甘肃宁夏这一带，当时红五军团的军团长董振堂在高台县被敌人重重围住，他们抵抗到底，最后敌人冲上来抓他的时候，他留了最后一颗子弹自杀了，牺牲在战场上。父亲说了以后，我激动了好几天，我就觉得革命成功来之不易，太难了。这就是父亲言传身教，一点一滴地讲给我们听。虽然我们还小，但是这个故事对我们终生都有很大的教育意义。他说不宣传他自己，是他心里由衷的看法。

曹： 这是他一贯的为人准则。伟力大姐，我知道您父亲还有一个"十五字方针"，就是"不唯上、不唯书、只唯实，反复、交换、比较。"他在家里是不是也会跟你们说他的这些工作上的处事原则？

伟： 是，他也经常跟我们讲。他的思想是怎么来的呢？我觉得也是通过他的工作实践，反复地证明得出的。他这种处理问题、解决问题的指导思想，是从这儿归纳出来的。我觉得现在来看他这一生走过的路，犯的错误还是比较少的，很多事情都做得相当成功，这个成功里头，就体现了他的很多心血。他做事情非常谨慎，每做一个事情

都要充分地做调查研究，了解基本情况，然后听取不同的意见。尤其是他还曾经说过，就是没有不同意见，他也要树立一个不同意见，他自己要提出来不同意见，反问一下，看看大家怎么讨论、怎么思考这个事情。他凡是做事情，都是经过这样反反复复、听取各方面的意见以后，再做出决定。他总结出来的这些，他说前头是唯物主义，后头是辩证法，所以他的"十五字方针"，就是辩证唯物主义的总结，就是他处理问题、解决问题的一个方法。

陈云同志虽生活朴素、个性低调，但他的精神世界却非常丰富。平日休息的时候，最常做的两件事就是看书和听评弹。陈云一生收藏七百多盘评弹磁带，他对于评弹的喜爱，源于童年时期跟随舅父听评弹的经历，也持续到他晚年人生的最后一刻。20世纪60年代，他亲自提议创办苏州评弹学校，主张教学以集中为主、分散为辅，突破早期只靠师徒传承的单一人才培养模式，还强调注重学生的文化素质教育，为评弹界积累了大量人才，也为保护这门传统曲艺作出了重要贡献。

曹：虽然陈云同志在生活上非常俭朴，可是他在精神上非常丰富，我知道他虽然从小辍学，但是一直非常刻苦地学习，爱阅读，热爱艺术。他对整个评弹界的发展可以说指明了一条道路，"出人，出书，走正路。"这是评弹这门艺术从过去到现在一直到未来，一直遵循的一条道路。在家里你们是不是也常常会听到弦索叮咚的声音？

伟：是的。他休息的时候就喜欢听评弹，然后会放评弹，我们家里头非常熟悉评弹的音乐。他很喜欢听毛主席的诗词，"我失骄杨君失柳"，经常会放的。

曹：《蝶恋花》。

伟：《蝶恋花》。那个评弹改编得也是非常好，我们也都非常喜欢，虽然我们听不懂评弹，但是那个音乐好。

曹：那个旋律还是很美。

伟：那个音乐非常好。

曹：听说你们家还有一个读书会，是吧？

伟：那是"文革"快结束的时候，母亲回家以后，我父亲一直就督促我们要学习。

元：要读书。

伟：要学哲学，要学毛主席的著作，星期天早上吃完早饭，就把家里人都召集起来一起读书。那时候包括我母亲，包括我姨，就是我母亲的妹妹，还有她的孩子，还有我们家五个孩子，包括配偶，都在一起，还是以学毛主席的"老三篇"，毛主席的哲学著作为主。

曹：父亲会关心你们的功课吗？

伟：会关心，经常问功课怎么样。元元功课很好，爸爸很满意，我的功课一般，所以我父亲经常说，国家养一个学生要好几个农民一年的收入，你要好好学习，不能够太随便，要努力。是经常给我们讲的。

　　如果要提到陈云本分踏实的家风的受益人，第一位就是他的妻子于若木，于若木原名于陆华，1919年出生于山东济南的一个书香世家，1937年前往延安进入陕北公学学习，随后担任陈云的护理员。于是，陈云和于若木在日常接触中渐渐了解了彼此，确定了恋爱关系。陈云和于若木伉俪情深，携手走过十分不平凡的一生，陈云长期身体欠佳，但最终活到了九十岁，也得益于他的温馨家庭。

曹：我们都知道您母亲是一位营养学家，父亲能够如此高寿，实际上跟您母亲无微不至的关怀是分不开的，所以你们子女的眼中看到的哪些小事能体现出来他们俩一辈子伉俪情深？

伟：我们很小的时候，母亲就跟我们说，我们家里的一切都是要围绕着维护爸爸的需要来做的。比如爸爸休息了，我们就不能吵、不能闹；爸爸在工作，我们也不可以大喊大叫。母亲对父亲的一切都是非常认真、细心的，因为他1958年、1959年得过心脏病，为了保护他的健康，就需要有一个稳定的饮食，所以他吃的东西都是计算过的，我母亲做了一个小量器，他一次吃的米饭的量，就是用小量器量好了一杯，就正好，这一碗饭蒸好了他都吃光。然后父亲穿的衣服，也都是我母亲来操办的，从里到外，衣服需要换了或者需要做新的，她都给做得很好，布料挑得很仔细，衣服做得非常合身。我父亲说，"你怎么搞的，做得这么好。"像是批评，实际上是在表扬她。所以这个就体现了母亲对父亲无微不至的关心和照顾，一直都是这样。

曹：陈主席，在您记忆当中，有哪些小事可以说明父亲其实对母亲也非常关心？

陈云、于若木在延安结婚

元：是。母亲在"文革"期间，在单位受冲击，回不了家。父亲就叫我们去看母亲，带一些吃的用的，差不多每星期都去看。

伟：每星期天，我们骑车到植物园。

元：从城里骑到香山植物园，去看母亲，然后帮助母亲做点家务活，给她讲讲外边的事情，讲讲家里的事情，让母亲的心里头能够轻松一点。

伟：有些家的温暖，孩子们的关心。

元：在各种困难的时候，我爸爸始终惦念着妈妈在外面的遭遇，想着怎么能够让她早点回家，跟大家团聚。后来经过不懈的努力，妈妈终于可以回家了，我们家里的孩子全都骑着自行车，拿着各种东西，去到那儿，很快就把妈妈的所有用品都收拾起来，装在我们的自行车上，一路驮着带回家来。我们家又重新团聚了，爸爸就非常高兴。

陈云和于若木有五个孩子。陈伟力作为家中长女，承担了不少照顾父亲的职责，20世纪60年代末、70年代初期，陈云在江西南昌蹲点，陈伟力前往陪伴父亲。不久后，孝顺的儿子陈元也特意赶来，在父亲的住地举办了自己的婚礼。

曹：伟力大姐，您在父亲"蹲点"的时候，好像去陪父亲待了差不多有十个月的时间，是吧？

伟：对，差不多。

曹：那十个月，您印象最深的是什么？

伟：那十个月是我和父亲朝夕相处最多的时间了。他在青云谱干休所住的时候，青云谱的水，他不能喝，喝了就拉肚子、过敏，后来有一段时间，他大概拉肚子比较厉害，体重也跌下去了，他就给我写了一封信，告诉我他现在身体不好，希望我过去陪他，跟他一起住到南昌。我后来才知道，我住的那个房间实际上是他以前住的，他还是把好的房间让给孩子了，还是表明他对孩子的一种爱、照顾，他自己到一个可能更背阴的房子住了。我和他在一起住的时候，我们大多数时间就是看书、聊天。我去的时候是9月份，后来很快天气就凉了，我在那边给我父亲做了一件丝绵背心，他在南昌的时候也跟我聊天，告诉我，"你妈在你初中的时候就让你开始学习缝衣服，你知道是谁让你妈跟你说这个话？是我，我让你妈告诉你，现在要开始学缝衣服。"给我父亲做了丝绵背心，冬天他就比较暖和，因为当时江西的冬天还是很冷的。

曹：陈元主席，听说那时候父亲在江西"蹲点"，您特意跑到江西去结婚。

元：对。当时去江西结婚，也是想在政治的高压和困难的环境当中，带来一些家庭的温暖和欢乐，就策划着到父亲那儿结婚。

伟：我父亲告诉我元元要来结婚了，我就跟干休所的领导说了，干休所的领导给了我一麻袋的糠，还有两个面口袋，我就用两个面口袋和糠缝了两个枕头，给他们俩。然后拿了几床军被、单子，给他们铺好，这就是前头我做的准备工作。

元：我们去结婚，我父亲特别高兴，头一天到，吃完晚饭，高兴地跟我们说话，一直说到晚上睡觉之前的还很兴奋。我们看到父亲能够高兴，我们也很高兴，在那种气候下，能够到父亲那儿结婚，给父亲带来一点欢乐，也是我们很愿意看到的。

父亲对孩子的爱，也许不习惯挂在嘴上，却流露在日常琐事中，一封家书、一间房子、一个眼神、一句话语，都能尽显父爱深重。陈云将子女视为掌上珍宝，却从不会让他们利用自己的职权行使方便，因为对孩子最好的教导也许就是尊重他们的选择，和给予他们闯荡人生的机会。

曹：陈元主席，刚才伟力大姐说，您小的时候功课特别好，而且很小就读《参考消息》，是自己有兴趣，还是父亲的督促，因为男孩子应该关心国家大事？

元：这事是这样的，我父亲有一个特点，特别善于学习，同时也鼓励我们去学习，他对任何问题都抱着一种虚心学习的态度，同时，很乐见我们努力学习。我从小就兴趣广泛，什么东西都喜欢，体育运动，做无线电收音机，矿石收音机，都喜欢。

伟：还做过沙发。

曹：还自己打沙发？

伟：对，做过两个沙发。

元：在家里是个全能型的工人。

曹：动手能力特别强。

元：对，木匠活儿也会干，电工活儿也会干。

曹：您太厉害了。

元：钳工活儿也会干。做什么像什么，所以我父亲非常满意。当时报纸上的外国消息，我很感兴趣，外国是什么样的？都发生什么事情？怎么发生的？是怎么回事？后来我就知道，我爸办公室沙发旁边的一个小圆茶几，上面放着每天的报纸和《参考消息》，我也知道父亲不会轻易让人家去他办公室的。我开始去的时候，是悄悄地走进去，我父亲在看文件，他没注意，一抬头看我进去了，就有点疑问的眼光。我什么也没说，就坐下，翻开《参考消息》就开始看。我父亲看明白了，我是去看《参考消息》，所以也一句话没说，但是用一种赞许的眼光看着我。所以我就觉得，我还是可以来看的。父亲他从来没有正面说过，你看《参考消息》怎么怎么好，从来没正面表扬过。

曹：但是他的眼光是赞许的。

元：眼光赞许的，而且他开始在一些不同的场合，比如吃饭、散步什么的场合，给我讲一些国际上、外交里头的故事，我就很爱听。所以，由学习和好奇，慢慢地变成了扩展知识和增加国际视野，变成了我生活当中的一个部分。我记得上初中的时候，有一个政治老师也来给我们讲国际政治，讲着讲着，我觉得有的不对，然后我就说了一些，老师觉得挺惊讶，说你怎么知道那么多？其实我也没有，就是《参考消息》上看的，也没有人给我上课，这就变成了我的一种自信心和自己的一个成就感。这样就养成了终生的习惯，每天起来先要看看国内外有什么大事，然后看看这些大事会有什么结果，它有什么过去，有什么现在，将来可能会怎么样。这些事情在脑子里就开始不停地运转。

曹：陈主席，您过去学自动化，后来转到金融工作，是不是也是在某种程度上受父亲的影响？

元：我学自动化是跟我从小的动手能力有关，学的电子自动化，想着将来要做一个工程师，是这么一个目标。这个目标都是自己确定的，父亲从来没有单独问过我，将来想干什么，应该去做什么，他都没有说过，让我们自己决定，自己做主。从学校学出来之后，1978年又考研究生，我就又学经济，也没有我父亲的任何意见在里头，当时我只是觉得国家需要发展，经济可能是很需要的一个方面，学工程技术也是一个重要方面，但经济发展、经济管理，我过去没有多少知识，就去学了经济管理。至于后来我做金融工作，纯粹出于偶然，我父亲没有说任何话，我也没有说任何话，是组织分配我去金融系统工作的。

曹：从小到大在工作的选择、学业的选择上，父亲会有一些指导吗？还是说完全按照你们的想法？

伟：都是我们自己考。我高中毕业上大学，我都不知道该报哪个大学，当时他们都不在，我就跟同学商量。后来我的一个朋友告诉我，科大是一个新办的学校，挺好的，他们都愿意考科大，我说那我也报科大吧，我也不懂应该怎么样报。我记得当时我报志愿的时候，第一志愿是科技大学，第二是北大，第三是清华。后来班主任问我，这样报能行吗？我说怎么不行。我什么也不懂，因为没人给我咨询。

曹：您妹妹陈伟华是做老师的，是吧？

伟： 对。师大毕业以后，她分在人事部，后来她大概还是不太习惯在机关里头，所以就回到师大女附中（现为北京师范大学附属实验中学）当老师了。她一直是当老师的，她也是一个特别老实的人，当老师对她也比较合适。

曹： 去西藏的那个是陈伟兰？

伟： 去西藏的是小妹妹，小妹妹是解放军艺术学院舞蹈系的，她就是被分到西藏去了。

曹： 您父亲是不是会觉得不舍，小女儿跑到那么老远的地方？

伟： 她当然很希望父亲能为她说说话，但是父亲没有这么做，父亲还是说，"别人能去，你也能去，你到那儿去好好接受锻炼。"

曹： 所以在你们兄弟姐妹的成长过程当中，父亲从来没有利用他的权力给你们开个"后门"？

伟： 没有，从来没有。

　　陈云同志一生为党的事业鞠躬尽瘁，但也没有忽略家庭生活方面的细枝末节，陈云的姐姐陈星和舅母在晚年时期也被陈云接到北京居住，原本温馨和谐的大家庭又多了一份团圆。

曹： 后来你们的姑姑，还有陈云同志的舅母都被接到北京，你们父亲给她们两位养老送终。她们住在家里，您父亲和她们的关系是什么样的，伟力大姐？

伟： 肯定是非常敬重她们的，对她们非常好。他的舅舅、舅母，我们叫娘娘，娘娘和姑姑住在一起，她们也都挺和谐的，互相是个伴，讲讲练塘话，讲讲家乡的事。爸爸把她们照顾得非常好，毕竟姑姑是年长的，舅母是长一辈的人，生活起居都照顾得很好。

曹： 伟力大姐说您姑姑做菜特别好吃，是吧？

伟： 对，姑姑特别会做饭，姑姑做的菜，爸爸特别喜欢吃。

曹： 她做得最拿手的菜是什么？

伟： 红烧肉。

元： 还有素菜，茭白。

陈云与姐姐陈星

伟：对，他比较喜欢江浙菜，所以冬天的时候就到上海或者杭州，他觉得那边的饭菜口味更习惯、更喜欢。

曹：实际上很多老人家对故乡的怀念就是从味蕾开始的，从饭菜开始的。

伟：确实。

元：还有气候，上海、浙江气候温和，空气比较湿润，老年人容易皮肤干燥，对他来说家乡的气候也比较舒适。

曹：最后，如果两位老师用一句话来形容一下父亲在你们心目当中是什么样的人，你们会怎么说？伟力大姐，您会怎么说？

伟：父亲是一心为公，一切以国家的事情为重，这是他给我们的非常重要的一个教育。但是他在家庭里头又是一个非常慈爱的父亲，给我们的感觉就是，既是一个严格自律，又是一个很慈爱、很慈祥的父亲。

曹：陈元主席如何评价父亲？

元：父亲信仰坚定、一心为公，一生孜孜不倦地勤于学习和思考，所以造就了他这一生的成就。对我们来说，他又是一个慈爱的父亲和导师，不停地给我们指点，当然又让我们自己去努力发展，对于我们来说，更多的是一份沉甸甸的责任，要把这个事业继承下去，尽自己的一些努力，做好工作。

陈伟力、陈元与曹可凡合影

曹：谢谢陈主席，谢谢伟力大姐，今天你们跟我们一起来分享陈云同志的高风亮节，他的原则性，同时也分享了他在家里作为一个父亲，非常细微，但是很令人感动的那些故事，我相信这些故事，一代又一代的人应该永远地铭记，在此谢谢你们，谢谢！

军神·慈父——刘伯承之子刘蒙专访

刘伯承，中国共产党优秀党员，中华人民共和国元帅，中国人民解放军缔造者之一。他1892年出生于四川省开县，辛亥革命时期从军，1926年入党，相继参加了北伐战争、八一南昌起义、土地革命战争、长征、抗日战争、解放战争等，为中华民族的解放事业建立了不朽功勋。在中国人民心目中，刘伯承是伟大的无产阶级

刘蒙现场照

革命家，是功勋卓著的开国元帅，是战无不胜的军事奇才。在儿子的心目中，他是严厉与慈爱并存的父亲，是耳濡目染的榜样，是生命中的领路人。中国共产党成立100周年之际，《可凡倾听》对话刘伯承元帅之子刘蒙将军，追忆一代"军神"那些鲜为人知的点点滴滴。

曹： 如果现在说起您父亲，跃入您的脑海当中，有关父亲的第一幅画面是什么？

刘： 我想到他的是很勤奋，父亲是很勤奋的一个人。我知道父亲都是五点多起床，几乎有三件事是必做的，肯定不可能有一天不做的。一个是要打一套他自己编的拳，其实说是拳也好，说是体操更好，就是体操和拳的结合，因为他年轻的时候练过武术。第二个事情，他必须大声地朗读外文。

曹： 还是读俄文吗？

刘： 读俄文。他给我们留下了190万字的翻译作品，我说你在灯光下，在最好的日光灯下，拿着一杯茶，非常温暖，你做190万字的翻译都不是个容易事，真不是个容易事。他在马背上、油灯下，战争来了，肯定第一是打仗，你不跑，炸弹炸在脑袋上了，这是本质问题，他还能留下这么多翻译作品。

曹： 听说他在战争期间依然每天保持晨读的习惯？

刘： 他从来没有间断过晨读，这真是不得了的事。还有一个就是他写点毛笔字，他很喜欢写毛笔字，父亲喜欢书画，所以他自己每天也都在练习。他每天晚上还要听俄文

1959年北京，前排左起次子刘蒙、三子刘太迟、四女刘雁翎，后排左起三女刘弥群、次女刘解先、夫人汪荣华、刘伯承、长子刘太行、侄女刘金泰

广播，当然他是为了了解形势，了解世界战略形势，他是个非常用功的人。

曹： 我听说您父亲刘帅做事是很有原则的，他的办公桌左右两边，一边是放公物，一边是放私物，两边从不会弄混。

刘： 是，没错。他从不混用，连一张纸都不混用。我经常可以听到他跟妈妈讲，我妈妈叫汪荣华，他说汪荣华，我的私人信笺、信封该买了，妈妈就去给他买一些，放在抽屉里，都弄好。

曹： 他连一张纸都这么讲究，公私分明。

刘： 这是公家发给我办公的纸，我不用，我要用我自己的。你看他给孩子们写信的纸，都是他私人买的，真是很感人的，他一点不占公家便宜。

曹： 我们都看到过一张你们家的全家福，您和几个哥哥姐姐们在一起。

刘： 我们兄弟姐妹六个，我有三个姐姐、一个哥哥，还有一个弟弟，我弟弟不幸脑溢血去世了。照片中还有一个是我叔伯姐姐，就是叔叔的女儿，她也是在我们家长大的。

曹： 那时候您多大，拍这张照片的时候？

刘： 那时候我上小学二三年级。这是1959年，爸爸结束了他南京军事学院院长兼政委的任职，到北京来任职，那是第一个夏天，所以爸爸就说搬进这房子的第一个夏天，一定让孩子们都回来，我姐姐哥哥他们都上学，就都回来了，拍了这张照片，我印象很深。

曹： 当时你们回到北京，住到这样一个新的院子，是不是觉得特别高兴？

刘： 兴奋极了。我们从南京搬过来，南京夏天很热，所以被中国人称为几大"火炉"之一。一到北京来，从来没感到热，稍微热一点就下雨，下雨就凉快，然后晴空万里，很舒服。

刘蒙1952年出生在南京，是刘伯承元帅的次子，少将军衔，毕业于清华大学，后又在军事院校深造。从事过科研工作，担任过军事外交官、联合国军事观察员、地区司令，曾任中华人民共和国驻爱沙尼亚、芬兰和新西兰武官等。他的名字中也寄托着父亲的一片厚望。

曹：您的名字是爸爸给您起的，据说也是有一定的出典是吧。

刘：是。因为我生在南京，三国是中国人最熟悉的历史之一，他说他认为三国中最好的战将有两个，其中一个是吕蒙。他认为，魏蜀吴三国，吴国的寿命最长，实际上和吴国的军事国防思想是有关的。吴国真正的军事国防思想的建立，肯定是吕蒙。

曹：所以把这个"蒙"字给了您。

刘：他寄予的希望，当然我也没像他想象的那么成才。因为我小时候生在南京，他就用了一个算是典故吧，叫"吴下阿蒙"，阿蒙的变化是很大的，小时候比较调皮，士隔三日须要刮目相看，最后成为一个最著名的将军。顺便我再讲一句，他在三国里比较欣赏的另外一个将领就是赵云，他欣赏赵云的忠诚。所以实际上这两个人，在他的一生中也看得到：他第一，不仅是个实践家，而且是个军事理论家；还有一个就是他很忠诚，对党的忠诚、对主席的忠诚、对事业的忠诚，这也是他一个巨大的特点。

曹：您父亲有您的时候已经是花甲之年，属于中国人讲的晚年得子，所以一般来说父亲年龄比较大的时候有孩子，都会对孩子特别溺爱，我不知道您从小到大，父亲在您眼里是慈父还是严父？

刘：首先我应该客观地说，父亲是个严父，但是严父的严中间渗透了很多爱，所以通过他的严，也看到他的慈。他也打过我屁股，因为小时候我老贪玩，作文写得也比较差，他就打过我屁股，这我印象也很深。我大概在三年级左右，他就送我一本字典，上头写着几句话，他用毛笔写的，叫"精读、广看、常写文章"。

曹：精读，广看，常写文章。

刘：他认为这是学好中文的三大秘诀。另外就是，他真正面对面给我一定知识方面的教育，还是在南京。1967年的时候，父亲眼睛已经不好了，他看不见了，他很希望，因为"文化革命"都停学了，他就跟我讲，我来教你古文。他就把他存的两本《古文观止》拿给我了，注释有所不同，他让我两本换着看，可以明白一些注释。他要求我背一百多篇，一百零几篇。

曹：要背诵？

刘：要背诵。

曹：《古文观止》有些篇目是很长的。

刘：很长的。让我背，我倒是没有感到很吃惊，我觉得读书嘛，博闻强记，一定要背很多东西，我都能理解。但是我没有想到他全会背，他眼睛已经看不见了，但是我背错哪一个字，他马上就让我停住了，这让我非常吃惊。所以父亲的记忆力很好，他能够成事和他的记忆力是很有关系的。我背背哪儿错了，哪个版本是什么样，他告诉我，我每天早上接受他的检查。后来我就开玩笑，我跟妈妈讲，这叫"晨关"，早上一关过不去要倒霉。反正这些东西，实际上他通过这些文章，不仅是背诵的问题，关键有很多解释，让我对事情的发展，看事物的方法有了很高的认识。比方说《辨奸论》，就是怎么来认识一个事物，事有必至，理有固然，事情发展一定有它的规律。而真正能够解决问题的人，不是自己凭自己的脑子，去想怎么去办这个事，而是根据客观规律，发现斗争规律，然后再因其势而利导之，反过去做就把事情做成了。所以不是你想个主意，就能让世界改变的，不是这样的，是你要去认识世界的发展规律。

曹：您记忆当中，小时候家里来往最多的那些叔叔伯伯有谁？和您爸爸走得比较近的。

刘：我父亲本身不是一个交往很多的人。他多数时间还是思考、学习、工作，这是他最常做的。很多部下很敬重他，也来看他，这是毫无疑问的。我印象最深的一次，是"文化革命"后，他们就要求说我们集体来看一看刘师长，不要太耽误他，每人都来看，那么多部下，很累了，所以就集体来了。爸爸眼睛已经很不好了，他坐在客厅里等他们来，来了以后他就跟他们说，你们不用说名字，我听听你们声音，听得出来听不出来。我很吃惊，其中有一个人给我印象很深，这个人叫曹欣，是电影《上甘岭》的四个作者之一，他是总参二部政治部主任。他给爸爸也敬一个礼，爸爸就说，你是"毛毛虫"，他的外号叫"毛毛虫"。曹欣就哭了，连外号都记得这么清楚。爸爸就跟他讲，因为他是一个特例，他12岁就参加红军了，接着就编到一二九师，他个子又很小，个子很小就显得很弱，结果他们被日军给伏击了，他杀死了一个日军士兵，所以爸爸在一二九师的表彰大会上表扬了曹欣。一个十几岁的孩子能杀掉日军士兵，当时是不得了的事，所以爸爸还奖给他一把匕首，他现在一直挂在家里，非常感动、非常感人。

深思断行，这是刘伯承元帅的座右铭，意思是要深入思考，果断行事。在他的一生中，始终奉行着一准则。比如刘伯承在1926年加入中国共产党，就是他"深思断行"的结果。

曹：父亲有没有跟您说过，当年为什么投笔从戎，参加了辛亥革命？

刘：父亲应该说也是一个晚清秀才，为什么我说应该是？他是参加了晚清最后一届科举考试的。

曹：他参加过科举考试？

刘：而且还是榜上有名，他得了第二团的头名，一团就是一等成绩，要发放好多等，十几等、二十等成绩都算及格，都可以考上秀才。他竟然考到第二等成绩的头名，成绩是非常好，在全县都是非常好的。结果有人就嫉妒他，就告他，说我们家里，我曾祖父，他的祖父当过吹鼓手，其实根本就没有。根据清

刘蒙为少先队员代表题字

朝的法典，优人之后三代不得参加考试，我父亲正是第三代，所以要把他榜上除名。后来不仅给他除了名，还罚了他 120 块大洋，所以他从此就不再上私塾这些旧学了，开始变成上新学的学派了。他跟我讲，我上洋学堂，我们开始学三字经，跟原来的就都不一样了，叫东半球、西半球、欧罗巴、亚细亚。

曹：新三字经。

刘：新三字经。开始学新三字经，就上洋学堂，洋学堂完全变了，数理化什么都有。后来因为我的祖父，他的父亲去世，他就辍学了，因为家里经济情况辍学了，这时候四川就发生了一个大的事情，叫保路运动。他参加保路运动，结果就参加辛亥革命。实际上他是参加辛亥革命出来的。

曹：您爸爸是 1926 年加入中国共产党的？

刘伯承
（大革命时期川军各路革命军总指挥）

刘：对。

曹：爸爸有没有跟您说过，当时他是在一个什么样的情况下接触到共产主义思想的？

刘：是这样的，我父亲早年是川军旗下的，他1923 年是川军东路军总指挥，他两赴四川，就是要帮助熊克武再夺四川。本来大势已定，他已经打到了大足，马上就要攻克重庆了，结果在前线一枪打在他的股动脉上，就是大腿根上最重要的动脉打破了，血当时就冒了一尺多高，我父亲跟我讲，他硬用手给摁住了。所以就连夜给他运回成都。成都当时是个法国医生，要给他截肢，但他腿肿得很厉害，说不具备手术

条件，让他稍微停一下，具备了手术条件再做。结果没想到就消肿了，消肿以后腿就萎缩了，因为股动脉没有了就萎缩了，他的一条腿就变得很细。

曹：营养供应不够。

刘：腿变得很细了，就有可能完全残疾，终身残疾。所以他（刘伯承）就在五通桥买了一个房子，开始练功，练中国功夫，想让血脉重新起来，就练功。就在练功的时候，有一个"四川共产党"早期的人，叫"四川青年共产党"，这个人叫杨闇公。这个时候杨闇公就知道父亲是川军东路军总指挥，当时地位就很高，所以他就通过吴玉章介绍，跟爸爸认识，认识以后他和爸爸很谈得来，吴玉章他们三个就经常在一块儿，在五通桥这段时间经常在一块儿。杨闇公就劝他也来搞共产主义，爸爸这个人是个很严谨的人，在杨闇公日记里，他就写道，"刘伯承是川军中罕见的对四川格局这么清醒的人，川军中没有人可以跟他相比了。""他不是一个一见旗帜就拜倒的人，我多次劝他信仰共产主义，他跟我说，我认为一见旗帜就拜倒是不对的，待我深入研究马列主义以后再定其方向。"这段时间他们接触很多，到 1924 年的时候，父亲就从四川，和吴玉章两个人出来，到北京见了赵世炎，见了赵世炎以后，因为吴玉章已经是"中国青年共产党"党员，爸爸不是，爸爸还在研究学习马列主义中。

曹：学习过程当中。

刘：学习过程中。我爸爸还跟我讲过，他当时还想留在北京上清华大学。后来我上清华学习的时候，他跟我讲，我没上了的学校，你去。他想在北京上清华，结果也没上。他跟着吴玉章又回到了广州，到了广州以后，就轰轰烈烈地开始办黄埔军校。这个时间他和周恩来接触就非常多，而且关系也非常好，就在广州这段时间。到了 1926 年 5 月份，周恩来他们就一起介绍他（刘伯承）正式加入了中国共产党。

1927 年，刘伯承与周恩来、贺龙、叶挺、朱德等共同领导了震惊中外的八一南昌起义。这年年底，刘伯承被派往苏联学习军事，在极短时间内攻克俄文关并达到专业水准，为他日后翻译大量军事理论著作打下了坚实基础。比如今天再熟悉不过的"游击战"这个词，正是刘伯承最早从外文中翻译过来的，命名时还参考了《史记·李广传》，真正做到了"信、达、雅"。

曹：您父亲当时是在一个什么样的情形下去苏联学习？

刘：1927 年底，中央就决定我们要派一个团到苏联去学习军事，团长就是爸爸。开始他们进的学校不是伏龙芝军事学院，是苏联高级步兵学校。学习半年以后，高级步

兵学校的校长搞了一次军事演习，大规模的军事演习，爸爸作图作得很好，军事的打法也好，最后一下就让军事学院的院长折服了，他亲笔写了一封信，说他应该送到伏龙芝军事学院。所以在伏龙芝军事学院学习了三年。

1928 年在苏联伏龙芝军事学院学习，二排左一为刘伯承

曹： 您爸爸去苏联的时候，其实俄文也不是那么熟，可是很短的时间里，他就把俄语学得非常娴熟，而且能够翻译军事著作。

刘： 对，没错。跟他去苏联的二十个人里头有一个年轻小伙子叫党必刚，他说我见过的所有人里，你父亲是最用功的一个，没有人超过他。为什么呢？他们到了高级步兵学校学习的时候，他说你爸爸从来没有三点钟以前睡过觉，从来没有过。他说我们住在一个大的房子里，你爸爸一个毯子，苏联人都用毛毯，他怕灯光影响大家睡觉，所以他一般晚上就蒙在那儿学习俄文，每天晚上到三点。然后早上六点半就要起床上操，他从来没耽误过出操。他说大家都跟领队开玩笑，跑过去拍拍他，该睡啦，他们起来上厕所，该睡啦，不能再这么熬下去了。他一天都没有停过，这种用功精神真是一般人做不到的，肯定累垮了。所以他很快俄文就学得很不错。他看书是整个班阅读最快的人之一。

曹： 厉害！

刘： 阅读最快的人之一，所以他要读大量的书。他在千里跃进大别山的这段历史时期是非常艰难的，国民党调动了九十个旅歼灭大别山的部队，是很困难很困难的环境，在这个时候，他在翻译一本书，叫《合同战术》，"合同战术"是什么呢，就是兵种联合。他能在那个情况下，还在边跑边翻《合同战术》。

曹： 厉害！

刘： 而且他翻好的第一本，被骡子掉到山底下，摔下去了，后来我采访他当时的警卫员，他们说刘帅，你这么不容易把这本书翻出来，叫《合同战术》，看着就滚下去了，我们给你去找，他说国民党部队在底下，下去要死人的，不值得，我们走，他就走了。他根本自己生死都未卜，但是他去翻，他只想到他至少在为明天的军事建设做一份工作。

曹： 刘帅其实把游击战术可以说是发挥到极致，他发明了很多属于他的打法，比如说各个击破、釜底抽薪、猛虎掏心、狼的战术、黄雀战术、麻雀战术、拖刀计、杀回马枪计等等。

刘： 整个抗日战争，我们是以游击战为主的，有很多仗打得很经典，其中就有七亘村这一仗，被我们的军事教材和西方军事教材都认定为一个不可能的事情，但是发生了。为什么呢？因为在娘子关战役中，我们是用伏击的办法来打它（日军）的增援部队，主要是武器什么的，辎重等等一些增援部队。他（刘伯承）让陈赓兵团在七亘村打了一仗，把日本人打疼了，打得很厉害，大家都很高兴、很兴奋。爸爸就对陈赓说，你接着再准备，在这儿还能再打一仗，当时就没有人相信，怎么可能，日本人吃了这么大的亏，打成这个样子，他还来？结果谁都不信他的话，他说你在这儿等着，让陈赓在同一个地区伏击。结果陈赓很尊重爸爸，真在这儿伏击，接着又打了一仗，又把日本人打得一塌糊涂。所以父亲就讲了，因为他知道日本人急于在娘子关求胜，如果资源不上去，娘子关是胜不了的，所以必然还要通过这条路再送。他认为你第一次在这儿伏击我，第二次不可能在这儿很有利的地形再搞一次。

曹： 哲学上说不能两次进入同一条河流。

刘： 对，所以就搞了他一下。所以这个事情，这个战例在世界上都是出名的。所以他的很多军事思想，到今天为止，还是很值得我们学习、借鉴的。

对每一个中国人来说，"刘邓大军"是从孩提时代起就众口传颂、牢记在心的一个名词，它南征北战所向披靡，几乎就是威武之师、胜利之师的代名词。这支威名赫赫的大军，指的就是解放战争时期中国人民解放军主力部队之一，由刘伯承担任司令员、邓小平担任政委的中原野战军。

曹： 他和小平同志的这种革命友谊也非常深厚，我看小平同志在悼念刘伯承元帅的文章当中也说过，说您父亲的军事指挥艺术和军事理论的建树，在国内外都是首屈一指的。

刘： 是。因为小平同志和父亲先后一起工作了 13 年，13 年对于任何一个人来说都是不短的一段时光。从 1938 年一直到解放，这些年就一直是小平给爸爸做政委，所以他们搭档的时间是最长的，经历过几乎是整个抗日战争，从 1938 年开始到抗战结束。后来又进军大别山，出来以后，我们历史上管这段历史叫"逐鹿中原"，完了以后又渡江，又进军西南。所以整个这个过程，是打了很多很多仗。

曹：父亲有没有跟您聊过，他眼中的小平同志是一个什么样的人？

刘：小平同志主要是在做政治工作，他是个很聪明的人，反应很快。小平还曾经跟人讲过，我写字就是学的刘伯承的字，所以我写的不是柳体，不是颜体，是刘伯承的刘体。实际上在整个斗争过程中，爸爸是负责军事工作的，他（邓小平）是负责政治工作的，应该说是有比较好的协作。

刘伯承与邓小平

我讲一个小故事，关于父亲过生日的小故事。因为父亲很反对搞个人生日，搞个人的一些活动，他很反感这个。所以1942年的时候，小平就说我们决定给你过生日，父亲当时就有点不高兴了，小平同志就讲，是毛主席打电报来了，说这不是给你一个人过生日，是振奋我们全党全军抗日精神，因为当时1942年正是抗日最艰难的岁月，所以要给爸爸过生日。当时延安的党报上，朱老总头版头条发了一篇文章，《给刘伯承过生日》，各个战区都发来了贺电，有叶帅的。陈毅元帅发过来是一首诗，他写"论兵新孙吴，守土古范韩"。是说刘伯承讨论兵法的水平相当于历史上的孙子和吴起，吴子。还有就是"守土古范韩"，他不仅在军事理论上是非常有作为的，在军事实践上也是如此，守土嘛。

曹：朱老总称赞刘帅是有古名将之风。

刘：对，他说父亲智、信、仁、勇、严，这是引自《孙子兵法》。他（刘伯承）在军事上有很多创见，比方说早期，湘江战役我们打得不太理想，从八万七千多人锐减到不到三万人，他从黎平会议以后基本的作战方法都改了，突出了孙子的一个作战特点，叫"兵者诡道"，就不是硬打了。比方说突破乌江，智取遵义，遵义不是打下来的，是靠从国民党手上"骗"下来的。四渡赤水也是一个巨大的变化。所以冯玉祥在他的回忆录里曾经写道，说四渡赤水一看就是刘伯承把他当年在川中东窜西跳的战法又用到军事上来了。渡大渡河，他也是明修栈道、暗度陈仓，把国民党骗了。

曹：巧用古代战术。

刘：巧用古代战术。所以应该说他把兵书读得很熟，才能巧用战术。抗日战争开始以后，因为一二九师进驻了太行地带，所以日本人就组织了六路围攻、九路围攻，想剿灭一二九师。在这个过程中，他又形成了新的军事思想，叫敌进我进。原来我们都说是敌进我退、敌驻我扰、敌疲我打，是这样的，对吧。现在他就变成了敌进我进。他给日本人的后方设计很多游击战区，这个思想是来自苏联游击战的思想。游击战区可能是一个武工队，底下有两个游击队，再底下有四个民兵，等日本人来袭击我们的时候，就组织这些人形成一定的歼灭战能力，把敌人的据点拔掉，所以日本人又得退回去，就这么去折腾日本人。冼星海到一二九师去采过风。后来他就写了一首曲子，叫《到敌人后方去》，几乎像我们这代人……

曹： 脍炙人口。

刘： 没有人不会唱。《东方红》里作为一个重要的历史片段也唱过这支歌。所以这个敌进我进的思想，在抗日战争中也是起到了极大的影响。

　　作为一名戎马倥偬、身经百战的军人，刘伯承曾经九次身负重伤，其中有两次命悬一线，危在旦夕，一次是 1923 年伤及大腿动脉，另一次则是 1916 年 3 月在指挥攻打丰都县城时头部中弹，这次负伤令他永远失去了一只眼睛，同时也留下了一段不朽传奇。

曹： 您父亲一生其实充满着很多传奇，传奇之一就是他效仿当年关公刮骨疗毒的方法，在没有麻醉的情况下施行眼部手术。

刘： 在丰都一场战役，他脑袋中了两枪，一枪从脑袋正面打过去，这儿打了一个沟，爸爸让我摸过，他这儿有个弹沟。第二枪从这儿打，把眼睛打飞了，他就躺在西门口，丰都的西门口，然后北洋军就上来了。北洋军上来以后，还踩着他旁边的尸体，还在说悬赏刘伯承脑袋一万大洋呢。爸爸听了不吭气，他万一吭气可能就完了，不吭气，等这些人都走了，天已经黄昏了，他就看见一个老头背个筐，他突然一下把那个老头的脚抓住了，老头以为是闹鬼了。爸爸说他说不出话来，他打仗的时候永远带两块救命的洋钱，这是他打仗的一个习惯。他就把那两块救命的洋钱塞到那个老头手里，他说我到丰都城里的王局长家里去。邮局局长，是他朋友。老头就把他背起来了，人家不是拿钱不干事的，那会儿两块也不少。把他背起来，一直送到局长家里。局长一看他满脸是血，还有绷带，头上还打了一枪，血流得浑身都是。家里也没药，抓起一把水烟丝，四川人认为水烟丝可以消炎、可以止血，一下就塞到他眼窝里。爸爸跟我讲，疼得一塌糊涂。水烟丝是有刺激性的东西。然后就说，你在这儿待着，我给你去请郎中，请郎中来给他看看怎么弄。他就出去请郎中去了。因为北洋军这时候已经进入丰都了，他朋友就怕他被搜走，所以门上就上了锁，在外头挂了个锁，怕人家来。结果在丰都县志里，我查过县志，这天叫作火烧丰都，北洋军火烧丰都，把丰都的房子都点了。爸爸一下感到热气来了，房子着了，四川都是小破木房子，房子很矮很破，他就从窗户里出去了。出去以后，他就夹杂在人群中间跑，他也不知道跑哪儿去，就跑到丰都的一个庙里去了。他一看，离他不远的一个人是他的部下，是他从袍哥会发展的一个部下。他就想我已经跑不动了，已经没有力量再跑了，所以他就跑到他这个部下身边，把手扶在他的部下身上，结果这个部下一甩，起身就走。他开始想为什么这个部下这么不忠诚，不能是这样的人。实际上这个部下带着袍哥会另外的兄弟来了，救爸爸来了。他们用竹杠弄棉被，把爸爸扛起来就跑，他就被这些部下送到了涪陵，在涪陵养伤。等血全部止住以后就到了重庆，因为他很怕这个眼睛打瞎了，然后影响那个眼睛。

曹： 视神经相互影响。

刘： 就不行了，所以他就要找个好点的医生看。当时就找了一个叫沃克的人，他是一战时候的德国军医，后来这个沃医生就决定给他开刀，当时的麻药水平很差，说如果打在脑袋这儿麻了以后，可能一定程度会影响脑子，爸爸说我做事完全靠我自己的脑子，所以我不能打麻药，你就开吧。开刀的时候，当时陪他的那个人叫王尔常，他的部下陪着他开的刀，王尔常说我爸爸浑身大汗，湿透了，整个床单都让他撕裂了，他没有叫一声。大夫给他开完了以后，他说你割了我72刀，跟大夫开玩笑。真是比关云长的刮骨疗毒要疼，眼睛肯定比胳膊要疼，所以他真是很不容易，从此以后他在川军中名气就越来越大。

曹： 他那种坚忍的毅力。

刘： 坚忍的毅力，是别人忍耐不了的。所以父亲他自己一个人，身上九处重伤，十一处负伤。他是一个真正子弹打了一身的人。

有道是"无情未必真豪杰，怜子如何不丈夫"。像刘伯承元帅这样一位出生入死的军人、铁骨铮铮的硬汉，也有着侠骨柔肠的另一面。尤其当他步入垂暮之年时，早年痛失爱女的往事时常折磨着他。而这一切，都被身为儿子的刘蒙看在眼里。

刘： 父亲这个人，有他刚毅的一面，也有他非常仁爱、仁慈、儒雅的一面。实际上他是个很善良的人，他从来没有说为自己打一个胜仗，搞得庆功很大，不是这样的。他往往想的是死去的、牺牲的战友，甚至于他的对手。所以他想到淮海战役的时候，想到的不仅是我方牺牲了这么多人，打死的国民党也是中国人。他不愿意这么多人死亡，所以他在指挥过的每一场战争中，人的生命，他认为是最珍贵的。他为什么几天

几夜都不睡觉，在精细地指挥，他就是怕人员的牺牲。所以他后来到了晚年的时候，很不愿意看战争片，他看战争片心里很不舒服。我有时候发现他老年回想起事，心里总是很难受。有一天我看见父亲坐在那儿，眼睛已经不好了，坐在那儿他就很难过，陷入了对以前的回忆和沉思。我就说，爸爸，怎么了？爸爸说华北，华北是我姐姐的名字，他说华北才四岁，她没有得罪任何人。说完以后就不吭气了，我就知道他在想华北了，想我姐姐。这段历史是怎么回事呢？日本人是1945年8月15日投降的。8月15日投降的时候，毛主席就立刻任命我爸爸为晋冀鲁豫军区司令。结果15日任命晋冀鲁豫军区司令，18日我姐姐就被杀了。那天就有一个人冒充爸爸的警卫员，事情的原本经过，我是听妈妈说的。他就说，我是刘伯承的警卫员，你们告诉我谁是刘伯承的孩子。孩子不懂事，都是四岁左右，和姐姐差不多大，说她是。他说那行，她是，我跟她说几句话，你们把被子蒙着头，孩子都蒙着头，蒙着头以后，他一刀就把我四岁的姐姐杀了。杀了以后还不算，他要回去报功，他把我姐姐肚子上的肉挖了，用我姐姐的被子背着走了。走了以后，一下孩子看见，肯定就大惊大叫，整个幼儿园就乱了。然后就通知爸爸，爸爸赶到现场，惨不忍睹，可以想象惨不忍睹。在这个时候，要到前线去打上党战役。失去女儿七天就上前线了，整整一个星期，（女儿）18日被杀的，25日飞到前线。

曹： 所以那个施暴者是国民党吗？还是日本人？

刘： 没查出来，到现在都没查出来，有可能是日本特务，也有可能是国民党特务，总之是百分之百不希望他上前线，所以给他制造这么一个事件。

曹： 父亲其实从1975年开始身体状况就每况愈下，那时候您在他身边，他还能跟你聊聊吗？

1972年，前排左起：刘伯承、汪荣华、三子刘太迟；后排左一：次女刘解先、刘蒙、三女刘弥群及爱人

刘： 很少了，从1975年就很少了，其实他不愿意谈。他还跟我讲过这么一句话，他说我一生做的事，就是为新中国的建立做了这些事，你不要去谈了，你更不要去写，你要写了，我不认账。所以我是尽了我的力去了解，但是我没有把它完全完成，到1975年他脑子已经不行了。

曹： 作为儿子，如果用一句话来

概括一下父亲的一生，您会怎么说？

刘：他是一个忠诚于自己事业的人，这个事业就是我们的共产主义事业，就是想有一个新中国，消除这些不合理、对人民不好的东西。这实际上是他从年轻的时候，就是一个志愿，他一直在这么要求自己，也在努力奋斗。老一辈能够打下天下，能够建立新中国，很重要的是在于他们的信念、信仰。要没有这点信念和信仰，恐怕是做不到的。

离开父亲的日子里，刘蒙将思念和敬仰诉诸笔端。他曾经参与创作过《彝海结盟》《青年刘伯承》等影视剧，如今正在筹备另一部关于父亲的电视剧《论兵》，计划年内开拍。这部作品以刘伯承元帅创建的南京军事学院为背景，从另一个角度展现一代"军神"波澜壮阔的人生。在刘蒙看来，这不仅是对父亲的缅怀，更希望借此将父辈的精神传承下去，激励感召年轻一代，让革命圣火生生不息。

刘：很多人都知道父亲是个军事家，他同时也是一个军事教育家，一个翻译家。所以这个（《论兵》）就展示了他的另一面，不光是他打仗那一面，他作为一个军事理论家，怎样让我们这个军队从开始的八路军，变为一个强大的国防军，这是一个历史性的变化。这个片子，故事大纲是我写的，还有前五集的剧本也是我写的。当然后来很多新的编剧进来，写了后面一部分，应该说是个很好看的片子，我卖个关子吧，让大家以后来好好看这部片子。

曹：作为子女，您希望是什么样的演员，拥有什么样的气质，才能在屏幕上再现您父亲的光辉形象？

刘：我很喜欢刘之冰。刘之冰在两部影片中扮演过我父亲，一部是《刘伯承元帅》，展现了他的一生。另外一部就是前两年，我也是参与创作的，叫《彝海结盟》，他也扮演了父亲，演得很好。其实有很多演员从形象上说来还是像父亲的，我客观说还是像父亲的，但是缺乏父亲那种果敢和刚毅的那一面，而刘之冰把这两面都展现了，所以我是很满意刘之冰这个演员的。

雪化青松传高洁——陈毅之子陈昊苏专访

2021 年，是中国共产党成立 100 周年，亦是上海市首任市长陈毅元帅诞辰 120 周年。《可凡倾听》摄制组在上海外滩陈毅广场，与陈毅元帅的长子陈昊苏先生，一同追忆和缅怀他的父亲。作为一位革命军事家的后代，从出生的那一刻起，陈昊苏就注定要经历一个颠沛流离的童年。战火纷飞，陈昊苏和弟弟们跟随母亲张茜与

陈昊苏

后方部队一起转辗行军，漫长军旅生涯的艰辛使年幼的陈昊苏比一般孩子更早懂得父母的不易。1949 年 10 月 1 日，开国大典在天安门广场举行，时任上海市市长的陈毅在天安门城楼上亲历这一历史性的时刻。中华人民共和国的成立，结束了少数剥削者统治广大劳动人民和帝国主义奴役中国各族人民的历史。对当时年仅 7 岁的陈昊苏而言，一同结束的还有自己奔波的童年。

曹：很高兴又和您见面了，很多年前您曾经做客我们的节目，大家非常乐意听您讲述您父亲的故事。今年是一个比较特别的年份，因为今年是中国共产党成立 100 周年，同时也是您父亲陈毅元帅 120 周年的诞辰。我们都知道陈毅元帅是上海的第一任市长，您小的时候跟随父亲在上海生活过一段时间，所以那个时候您在上海，对这座城市有什么记忆吗？

陈：我是 1949 年大概 8 月份到上海来的，那时候华东野战军 5 月份解放了上海，我父亲就担任军管会的主任，也是上海市人民政府的市长。在上海解放的时候，我和我两个弟弟，另外还有我们很多革命后代，还在北方，我们盼着上海解放的消息。上海胜利地解放之后，待情势稍微稳定了一下，那个时候我们就乘火车，当时是津浦铁路，到了浦口，然后坐渡船到南京，当时叫京沪线，现在叫沪宁线，到上海。

曹：那年您应该是 7 岁，是吗？

陈：1949 年，我 7 岁。

曹： 您到了上海之后，第一眼看到这座城市，留下的是一个什么样的记忆？

陈： 我记得进城的时候，我们坐的汽车，当时走的是什么路，我也记不清楚了，那是一个很繁华、热闹的城市，有好多人在某一个店铺门前排着大队，在那儿不知道是抢购还是干什么，反正就感觉到上海这个城市，生活是非常繁华热闹的。后来我们看了一些介绍，那时候米价还不稳，所以抢购的风潮时不时地出现。

曹： 你们兄弟几个跟随着父母一块儿进上海，父母有没有给你们一些交代，比如进了上海，你们孩子要注意点什么？

陈： 我们是跟着华东保育院的老师和学生一

陈昊苏、曹可凡在陈毅广场

起进的。因为那时候上海解放，我父亲就进城了，我母亲也很快就进城了。所以他们在我们进城的时候，没有这个机会给我们交代些什么东西。当然到了上海一见面，他会讲，比如说要注意，上海那个时候形势还不是很安稳，我们不能乱说、乱跑，这些都会有的。反正我们都很听话，父母有一个交代，我们都会很认真、严格地去执行。

曹： 那后来到了上海，你们是不是也进入当地的学校来就读呢？

陈： 是1952年，我也10岁了，我上的是南洋模范中学初一。我弟弟是小学，小学部和中学部都在一起，在天平路，我们每天早上吃了饭就上学去。有一个叔叔带着我们，到时候他会来接我们，就是这样的。

曹： 在这样的一个普通学校里面读书，孩子们知道您是谁家的孩子吗？

陈： 一般是不知道的，这点家里面都给我们交代过的，就是说，不能到外面说自己是谁的孩子。这一方面当然有安全方面的考虑，因为那个时候上海的形势还不是很稳定，还有反革命的活动。我们小孩自己没有什么防御能力，所以不能让别人知道，引人注目对我们没有什么好处。更重要的是，我们这些干部子弟不能够炫耀自己的家庭出身，比如说我是司令员的孩子，我是市长的孩子，要我们都要保持低调，不能随便跟人家说我是谁谁谁的小孩，所以我们都很习惯这个了。

曹： 父母会管你们的学业吗？检查一下你们的功课。

陈：我父亲是从来不管的，因为父亲是一个忙人，我记得在我求学的年纪，放学以后回到家经常是见不到他的，因为他有的时候晚上要参加外面的一些活动，不在家吃饭。早上我们要上学了，他还没起床，他可能前一天很晚才睡觉，所以当然他早上就要多睡一会儿。我们那时候都知道的，早上起来不能够喧闹。

曹：不能吵醒他。

陈：不能吵，所以就赶快起来以后，洗漱一下，最后吃点早餐，我们就上学去了，所以也不可能见到他。我母亲倒是挺认真的，我们每天回去，你今天上了什么课，听懂没听懂，这会问一问的。但是她也是有工作的人，她那时候在上海新文艺出版社（现上海文艺出版社），担任俄文翻译，她挺忙的，也不会有那么多闲工夫来问我的功课。

上海，与新四军有着深厚的历史渊源。自全面抗战时期起，上海就是新四军筹划组建的孕育之地、人员物资重要的供给地、地下交通站、情报收集地及宣传新四军的重要窗口。1949 年 5 月，新四军老军长陈毅率领第三野战军南下，在中共上海地下组织和人民群众紧密配合与接应下，经过 16 天浴血奋战，最终解放了上海。

曹：前不久习近平总书记给上海的新四军老战士写信，赞扬他们对党的忠诚，感谢他们在中国革命史上所作出的贡献。您父亲是新四军的军长，作为新四军的后代，当您看到习总书记的这封信的时候，您想的最多的是什么？父亲闲暇的时候有没有跟你们说起过当年新四军早期的一些情况？

陈：新四军在中国革命史上确实有它的一个光荣的地位，在最初的十年内战，也就是红军革命的时候，那个时候没有新四军，也没有八路军，大家都是红军，工农红军。但是因为长征以后，红军主力战略转移到了西北，到了延安，变成八路军。新四军是属于当时留守的红军游击队，到了抗战初期，被重新收拢来形成新四军。所以当时中国共产党领导下的抗日武装有两支部队。随着战争的进程，新四军从小到大，从弱到强，某种意义上，叫反败为胜。因为在抗战当中，比如说"皖南事变"，新四军蒙受巨大的损失。在这个时候，中央下命令，重建新四军军部，我父亲开始担任新四军的代军长。所以就是要从局部的失败当中扭转局面。在抗日的锤炼当中，他们成长起来了，也成为一个主力，它是华中抗日根据地的中流砥柱。后来解放战争的时候，都变成解放军了，就是华东野战军。华东野战军后来在二野，就是中原野战军的支持之下解放了上海。那时候新四军的影响很大，我听说当时上海人民广播电台用的开始曲是新四军的军歌。他们共同为新中国上海市的发展作出了贡献，付出了精力，而且取得了很大的成就。所以每一个重要的战役，它都有时和这个战役相联系的，和当时的时代、形势相联系的内容。

黄桥战役、孟良崮战役和淮海战役是中国解放战争历史中，几个极为重要的战役。陈毅屡次建立功勋，为全面解放华东地区创造了良好的条件，为新中国的成立作出了巨大的贡献。

曹：您父亲陈毅元帅曾经指挥过一系列在军事史上非常有名的战役，比如说黄桥战役、孟良崮战役、上海战役，参于指挥淮海战役每一个战役都可以说打得非常漂亮。在军事理论和军事实践上，都可以说是可圈可点的。从一个儿子的眼中看父亲，你觉得其中哪一场仗更体现出您父亲的这种军事战略的思想？

陈：黄桥战役，我们又叫它黄桥决战。当时是新四军向华中挺进的一个关键性的战役，后来整个苏北开辟出一个新的天地，都是从黄桥战役开始的，这个当然很重要。到了解放战争初期，内线作战的时候，敌人——当时国民党反动派的军队是对山东解放区实行重点进攻。它的重点进攻有两个方向，一个是陕北，因为那是中共中央所在地；然后是山东，也是重点进攻。所以在那个时候打了莱芜战役和孟良崮战役，基本上挫败了国民党的重点进攻，山东根据地得到了巩固。然后第三个是淮海战役，属于南线的战略决战。在长江以北歼灭了国民党军的主力，为后来的渡江战役创造了条件。而这个渡江战役，刚才说的上海战役就是渡江战役的延伸。我们百万雄师过大江，把国民党反动政府推翻了，然后解放了江南的大片国土，这些都有它存在的价值和重大的意义。我的父亲在所有这些战役中，因为他是华东野战军的主要负责人，也是中原野战军的副司令员，积极地为这些战役的胜利作出了他自己的贡献。

曹：您记忆当中，父亲有没有亲口跟您说起过这几个战役？他个人最引以为豪的是哪个战役？

陈：我现在想起来，孟良崮战役应该算是一个。因为他有两首诗，孟良崮上鬼神号，两首七律。

"孟良崮上鬼神号，七十四师无地逃。信号飞飞星乱眼，照明处处火如潮。刀丛扑去争山顶，血雨飘来湿战袍。喜见贼师精锐尽，我军个个是英豪。"——陈毅

陈：淮海战役他写了一个叫《记淮海前线见闻》，主要就是人民群众怎么来支持我们的部队。他讲了一些很有意思的话，比如说淮海战役的胜利他说过，这是山东解放区的人民用小车推出来的，我觉得这讲得非常有道理。

曹：特别生动。

陈：淮海战役的时候，国民党的一个比较高级的军官写的。他说，开始他们是进攻的，进攻到淮海战役的战场上，走到哪都没有老百姓，粮食也找不到，什么都没有。他们都觉得奇怪，这人都不知道跑哪去了。结果后来他当了俘虏了，被我们解放军押回战场，又回到那个地区。这个时间大概也就是一个月左右，就是一个月以前他来过这儿，没有人。一个月以后他回来，到处都是人，老百姓见到解放军抬担架的、送粮食的、送慰问品的。都热情接待。他们觉得很奇怪，问他们一个月以前你们都到哪去了？老百姓说我们坚壁清野了，党的领导让我们不能给你们留下一粒粮食，我们要让你们如入无人之境，你们找不到吃的，找不到喝的，最后弄得你们兵败如山倒。最后淮海战役被包围了以后，让空军给他们空投粮食。结果，好多扔下来的粮食都被我们解放军收到了。为什么呢？因为他们被包围了，他们不能随便行动。所以最后很多国民党的士兵根本就没有斗志，一看到解放军的部队来了，马上就交枪投降。后来这个国民党的军官说，简直是两个世界。他说，我们的部队搞到这种程度，在进攻的时候没有任何老百姓的支持，也没有情报，也没有消息的来源，变成瞎子、变成聋子。但是后来等到解放军来了以后，大不一样。我们的军队就放心地去打仗吧，牺牲了之后有人把他抬下来，送到医院去治疗。所以他说，他就很清楚，国民党的军队哪来什么士气呢？他知道，走到这块地方就走到了末路，穷途末路。

　　陈毅元帅酷爱围棋，他不仅对中国围棋事业发展具有深远的影响，他还通过围棋，促进中日邦交正常化的实现。对陈毅而言，下棋不单为了消遣，他更常把棋盘比喻为战场，时刻提醒自己及友人要认真作战。

曹：陈毅元帅工作之余有两大爱好，第一个是下围棋，第二就是写诗。尤其他能够把围棋这样的一种相互博弈的理论，运用到军事、外交上，所以陈毅元帅的围棋外交，当年也是非常有名的。您能不能跟我们来简单介绍一下？

陈：早在留法勤工俭学的时候，他就学会了下围棋。那时候围棋子也没有，就在花园里面捡小石头，白颜色的、黑颜色的，就是黑白子。后来他们回国的时候，在船上还有一副围棋，他和几个知心的朋友经常下围棋，这也算是一种消磨时光的方式。

曹：那陈毅元帅的围棋外交，主要体现在哪些方面？

陈：贵阳花溪有一个观棋亭，他当时的感触，就说"后发制人棋最高"，我觉得这讲的是外交斗争，但是他写的是一首诗。就说，棋手们在那博弈，我现在给你们贡献一个思想：你下棋，你要是实力雄厚的话，后发制

陈毅元帅与夫人张茜出国访问

人棋最高。我觉得他实际上是讲的外交思想。其实我们在战争年代有一个不打第一枪的思想，人不犯我，我不犯人。

曹：人若犯我，我必犯人。

陈：人若犯我，我必犯人，这是讲后发制人。他在外交上，我觉得他就是运用这种思想。我们并不想和美帝国主义去打一个什么仗，但是你非要来跟我们打，那这个对不起了，你打了第一枪，剩下的事情就不能由你来决定了，我们有我们的主动权。

曹：好像在1965年的一个大会上，他还说过这样一段掷地有声的话，就是我们等着美帝国主义打过来，我等了16年，头发都等白了，我看来是等不着了。如果我的儿子等到了，他们也会义无反顾投入这个战斗。

陈：对，这段话我们看到了。他当时讲完以后，我们并不知道。1965年9月讲的话，到了1965年10月就全文发表了。这时我们当然就跟大家一样，都知道了。看到这一段的时候，我有种热血沸腾的感觉。我觉得我们很高兴，我的父亲能够拿我们，他的儿女来说事。他的意思就是说，我们等候美帝国主义打过来，我的头发都等白了，也许我等不到这一天的到来，我的儿子他们会等到的，他们会坚决地打到底。我看了之后觉得特好，心里那种自豪的感情，所以我现在也还记得这些话。

曹：小时候你们学围棋吗？

陈：小时候是这样的，我可能是比较爱读书，我就嫌下围棋太费时间了，我不怎么下。但是我的弟弟丹淮和小鲁，他们都学会了下围棋。

曹：父亲会跟他们一块儿下吗？

陈：会跟他们一块儿下。

曹：真的？

陈：刚开始的时候还要让子。

曹：让子。

陈：让他们，后来慢慢的，小鲁的棋艺进步很快。我父亲下着下着就说，哎呀，老了老了，不行了，现在都下不过我儿子了。

曹：看到儿子棋艺的长进，其实作为父亲他是很高兴的。

陈：对对对。

曹：你们哥仨，因为妹妹还小，谁最调皮？

陈：谁最调皮，是这样的，我和丹淮年纪差不太多。

曹：差一岁多吧。

陈：差了一岁多。

曹：小鲁比你们小多一点。

陈：小鲁比我们小，他比我小四岁。而且小鲁在刚解放的时候，还不在我们家里面生活。当时他的保姆，魏老太太，她是韦悫家里面的人，韦悫是上海市的副市长。所以好多时候，他就住在那边。你看我有一张照片，这是我和丹淮两个，我们两个老在一起。他们的印象大概就是，我是老大，个性比较温和，比较温文尔雅，我不怎么喜欢闹。我弟弟丹淮，他因为年纪小，他大概就稍微活泼一点，是这样的。至于我妹妹，那就更小了，那时候她刚出生不久，自然还不会闹什么的。后来慢慢长大了以后，我们各自的经历不完全一样，但是我们互相之间还是非常友爱。

曹：在你们家里是慈父严母，还是严父慈母？

陈：我父亲他比较随和，也不太管我们的教育，所以见了面他就比较温和。而我母亲管我们就管得相当多了，她在上班之余，回到家里面，首先问，你吃饭吃得怎么样，卫生搞得怎么样，另外功课做得怎么样，她都是要过问的，她要管的，所以我们都比较怕妈妈。但是父亲来了我们倒不怎么害怕，因为他也不管我们。

曹：但听说您父亲如果一旦发起火来，那也是很厉害的。

陈：对，他如果听说我们有些地方做得很不好，不是一般的不好，那他就要发脾气。

曹：您见过父亲发最大的火是一个什么事？

陈：这是小鲁的回忆，我其实当时并不在场。说他早上不起床，有一次闹得太厉害，不起床，我父亲生气了，说养这样的孩子有什么用？抱起来就要往楼下扔。当然，旁边的工作人员马上把他夺过来，真要扔下去那可不得了。包括我，如果有些事情做得不好，他好像有一次发过火，当然也还是很少很少的。

曹：你们从小到大，父亲对你们的择业有没有他的意见？

陈：择业是有的，那时候我高中毕业，到底是考什么学校，考文科还是考理科？因为我自认为文科比较好，想到北大去读文科。我父亲就说，你最好不要这样子，我们这个国家，经过了多少年的革命，最后解放了，开始强大起来了，我们最需要的是科学工作者，是技术人员，是工程师，你们应该去学工科，将来成为祖国最需要的人才。为什么呢？因为我父亲在1956年的时候主持编成了《12年科学发展规划》。他就想着自己的儿女长大以后，让他们去学科学。他后来给我们科大的同学题词，叫"向高级科学进

陈毅、张茜与子女

军"，就是要创造科学的尖端。我们两弹一星"上马"，也是那个时候。他后来是做外交工作去了，但是他还没有忘记在主管科学工作那段时间的想法。

曹： 所以他的那种思想按照今天的话来说，就是科教兴国。

陈： 对。

曹： 发展高新技术。

陈： 有这个意思。他希望孩子们在科学事业上能够报效祖国，这是他非常重要的一个思想。当然后来，像我弟弟，他最后就在国防科技方面做了相当多的工作，我在科技大学，中国科技大学。我们确实就是搞科学工作，当然后来我最后还是向文科方面发展。

曹： 就内心还有一颗文学的种子。

陈： 我到了军事科学院搞战史，后来我就变成专门写诗的人了。当然，我自己知道得很清楚，我的诗不能跟我父亲相比。

陈昊苏的文学启蒙开始得很早，在战争年代，就经常看母亲用诗信来传递思念。

鸣声凄凄孤蝉哀，情思郁郁人伤怀。

行云慵步回苍穹，游子久留羁旅中。

空向行云凝眸处，望穿秋水人不至。

几番报归盼欢聚，几番又传归期误。

归期误，一别春秋已两度，幼儿长成双询父。

——《寄怀》张茜

曹： 因为父亲常年南北征战，所以其实你们小的时候跟妈妈、父亲都是聚少离多。您妈妈在一首诗当中也谈到，经常会期待这样的家庭聚会，往往因为父亲的公务繁忙，

不能够团聚。

陈：1943年，那时候我弟弟刚出生，我也就1岁多一点，父亲后来到延安去了，他那时候是新四军代军长。那时候我们都很小，所以我们还是跟母亲在一起。因为我们小，所以我母亲不可能也跑到延安去。这个时候你说的那首诗，就是我母亲写给我父亲的，就说，一别春秋已两度，幼儿长成双询父。小孩慢慢大起来老问，爸爸到哪去了？所以她觉得也不太好回答，爸爸到哪去了？爸爸出差了，到很远的地方去了，这个是家庭分离。后来，我们开始慢慢关心时事，我们知道我们的父亲，在前方和国民党反动派的军队浴血拼搏。我记得后来山东解放以后，我们到了济南，我给我父亲写了一封信，说，亲爱的爸爸，你赶快把上海打下来，我们就可以全家团圆了。你派汽车来，把我们接过去吧。后来我父亲收了信挺高兴，还给我们写了一封回信。我就把他的信给贴出来了，到我们家来做客的叔叔阿姨一看，这不是陈军长写的吗？陈军长现在又在忙了，他又多了一项任务，就是要给他的孩子写信。还有取笑说，大概是电报写得太多了，怎么跟孩子写信好像是公文似的。

曹：父亲习惯了，是吗？

陈：对。

曹：毛主席跟陈毅元帅关于诗的交流特别多，他还曾经有过一封长信给您父亲，关于写诗的一些问题。主席其实比您父亲要年长8岁，可是最近我看到一个资料，两个人写诗的时间差不多，都是1921年，也就是整整100年前。所以父亲有没有跟您说，为什么他那么多年来除了繁忙的工作之外，要花这么多时间在写诗上？主席也说，他是上马打仗，下马写诗。郭沫若先生也曾经说过，您父亲实际上本色就是一个诗人。

陈：将军本色是诗人。

曹：对，将军本色是诗人。所以对他来说，诗意味着什么？

陈：毛主席和我父亲在诗歌方面的交流，是从井冈山时期开始的。1928年毛主席写的一首词，《西江月·井冈山》。写完以后，我父亲就看了，他当时挺受触动的，原来老毛还会写诗！我估计毛主席也知道陈毅能写诗，但实际上陈毅的诗那时候并不多，他井冈山上没有写诗，他下山的时候写了一个《红四军军次葛坳突围赴东固口占》，那是1929年。在戎马生涯非常紧张的时期，毛主席写得

陈毅元帅在写诗

相当多，你看我们现在翻开毛主席诗集，从《西江月·井冈山》开始，类似的诗写得很多，大概有20多篇。其中有好多我父亲都是看过的，因为那时候在反"围剿"作战的时候，毛主席如果到前线打仗，他就把他的一些文稿放在我父亲那儿，让他保存着。他也很小心，把这些看管了，然后等主席回来以后，再把它送回去。毛主席是红军时期写的诗多，抗战时期基本上没有，只有一两首。我父亲是红军时期，特别是红军初期写的诗很少，但是三年游击战争写的诗很多。以后到了抗战时期和解放战争时期，他的诗就特别多了。所以不一样，毛主席这个人是，打仗打得最紧张，他还是爱写诗。真正在延安那时候都比较安定了，住在杨家岭，住在凤凰山，倒不怎么写诗。我父亲是一路走，他到哪都写诗。这个不太一样，但是他们互相之间这种沟通是很多的。有一次，大概上世纪60年代，因为我父亲经常出国，回来以后又见到毛主席了，毛主席说，最近怎么没看到你写诗呢？我父亲说，写了一些。毛主席既然问到了，过了半年多，他弄了一个《六国之行》，都是五言诗，送给毛主席。毛主席看了之后，给他第一首改……

曹： 还改了一首，是吧？

陈： 改了一首，而且给另加了个标题，叫《六国之行·西行》。然后说，只给你改了一首，其他不能改了，然后再谈到诗歌创作的一些问题。

1972年1月6日，陈毅在北京逝世，享年71岁。毛泽东参与了追悼会，送陈毅最后一程。

曹： 主席当时临时决定要来参加您父亲的追悼会。所以当你们看到主席前来参加追悼会，您母亲和你们全家，是不是觉得特别温暖？

陈： 到那天，周总理赶来了，说张茜，毛主席要来，提前告诉你们一声。我妈说毛主席为什么要来？原来没有这个安排啊？周总理说，毛主席说了，陈毅，井冈山的老同志，现在就这么几个人了，他要来。所以马上就又做了一些布置，因为那个时候八宝山的革命公墓条件非常简单，没有暖气。怎么办呢？临时弄来两个火炉子，就是煤球炉子，到那边点起来，屋子才稍微暖和一点。休息室，你想想，没有暖气，北京是1月份，最冷的时候。

曹： 非常寒冷的时间。

陈： 怎么可能呢？后来不管怎么样，临时做了一点安排，最后毛主席来了。而且他确实问到他，他说，陈毅是我们的老同志，井冈山上的人，我得来参加，大概说了一些

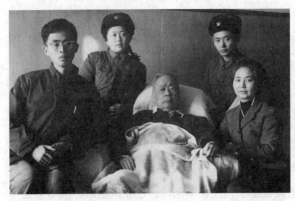

陈毅病重前与三位子女

话。当然，这都是完全出乎我们家属的意料的。

曹： 当时父亲得病，自己知道真实的病况吗？

陈： 他实际上在家里没什么事情干。后来有一阵子就老觉得肚子疼，但是没好好去治病，肚子疼吃点止痛药可能就好了。一直到1970年的时候，那时候疼得特别厉害。最后到了医院，开始说是盲肠炎，打开来一看实际上是癌症，肠癌。因为当时肠梗阻已经非常厉害了，所以动了手术。

曹： 他知道自己会不久于人世吗？

陈： 当时他第一次手术过了半年左右，他实际上就知道了，也跟他讲了。当时因为效果还挺好，所以他很乐观，觉得有可能战胜这个疾病。对我们就说，你们好好努力工作吧，不要挂念我。到11月份的时候，他还去看了一次电影，看看电影，高兴得很。但是回去就吐了，实际上就是癌症又重新发作了。以后没几天，基本上就不能吃东西了。那个时候也不一样了，那个时候，过去我弟弟三年不能回家，但是一发现这个问题，知道了以后，部队就马上让他回来了。他回来之后，这个时候父亲感觉到时间不多了，就不会再问我们一些什么事情，他就说，你们自己努力去工作吧，不要靠我了，我帮不了你们什么忙了。

曹： 父亲在离开世界之前，对你们有没有一些嘱托？

陈： 父亲说你们一定要照顾好你妈妈。因为我妈妈其实也得了癌症了，但是没检查出来。老咳嗽，还咳血，送到医院检查又没事。所以当时还都瞒着我的父亲，也怕他知道了要担心，我父亲最后就对我们说，你们无论如何要照顾好你们的妈妈，她这一生也非常辛苦、疲劳。最后我父亲去世以后，（母亲）也在痰的化验中发现了癌细胞，最后就决定进行肺切除手术。这一切除，给她争取了两年的时间。

　　陈毅元帅与夫人张茜因诗缔结良缘，因诗情牵一生。张茜在得知自己身患绝症后，为完成陈毅元帅生前的心愿，她拖着病体，开始整理陈毅生前的诗词文稿，在生命最后一刻前完成了《陈毅诗词选集》的初稿，并为其饱含深情地写了序言。

陈：我母亲为我父亲的诗词选集的编存尽了最大的努力，因为在 1972 年，我父亲去世的时候，我母亲其实很快就发现也得了癌症，也动了手术。那时候得了癌症不得了，不像现在，存活率还比较高。那时候她就下定决心，我这一生其他的事不做了，我就把陈毅的一些遗稿拿起来进行整理。还有赵朴老，赵朴初，他的诗歌修养很杰出，请他作为父亲的老友参与了这项工作。最后用了一年多的时间，把这些诗整理好了，编成《陈毅诗词》，大概有 700 多首的样子。我记得有一首诗，他写得比较混乱，我母亲

《陈毅诗词选集》

把大段都做了调整。所以我说过，我母亲在她生命最后的时间，把她的全部精力都用于父亲的遗稿的整理、编撰工作。她在不经意之间，把自己的名字也刻到了《陈毅诗词》的丰碑上面了，我认为这个说法完全不过分。因为我母亲是一个很有才的女性，她去世的时候才 52 岁。如果说要按现在来说，52 岁，很年轻的一个女同志。她 16 岁参加革命，那个时候她有 30 多年，或者将近 40 年的革命经历。她自己也定了一个写作的计划，但是她都不管，最后她都把它放弃掉了，就整理我父亲的诗词。

曹：妈妈特别伟大。

陈：我现在有的时候老这样想，子欲养而亲不待，我们长大了以后，我们很希望父母能够有一个安乐的晚年，幸福的晚年。但是我们的父母他们等不起，他们就先后离去了。所以她最后在临终的时候托付给我和我的弟妹，她说，将来你们有机会，你们一定要把你父亲的诗词出版，这样代替我和你父亲，向党和人民表达一份爱心。后来我们完成了这件事，我们还是感到很宽慰的。

曹：如果现在用一句话来概括自己的父亲，您会怎么说？

陈：我就念这一首诗吧，我觉得这首诗可以。去年 8 月 26 日，他诞辰 119 周年的时候，我写了一首诗《庚子春秋颂》。百胜艰难百战英，万川水碧万山青。金戈铁马风雷电，热土春潮日月星。青松雪后传高洁，红叶隔年看本真。万里诗书江海陆，千秋志业政经文。

草原上的红色之子——乌兰夫之子乌可力专访

2021 年 3 月 5 日，习近平总书记在参加十三届全国人大四次会议内蒙古代表团审议时，提及了这样三个红色故事："内蒙古第一批共产党人""齐心协力建包钢""三千孤儿入内蒙"。这三段共和国往事都与一位伟人有关，他就是开国上将乌兰夫。乌兰夫 1906 年出生于内蒙古土默特旗，1925 年加入中国共产党，曾任内蒙古自

乌可力现场照

治区人民政府主席、中华人民共和国副主席等职，是杰出的无产阶级革命家、久经考验的共产主义战士和卓越的民族工作领导人。《可见倾听》与乌兰夫之子乌可力的对话，就从这三个红色故事开始说起。

曹：乌可力先生您好。您父亲乌兰夫这个名字是后来改的是吧？

乌：后来改的。

1925 年乌兰夫等创办内蒙古第一份革命刊物——《蒙古农民》

曹：原来叫云泽。乌兰夫在蒙语当中是什么意思？

乌：乌兰夫，乌兰是红的意思，夫是儿子的意思。红色的儿子。

曹：红色的儿子。您父亲小时候成长的环境，包括他的家庭是什么样的？您能不能给我们介绍一下？

乌：我们家住在内蒙古土默特左旗，叫塔布村。塔布就是五家人的村子。现在这个村子就叫塔布村，蒙古语就是五户人，这五户人都是我们姓云的，最一开始，姓云的五个兄弟都搬到那儿住去了，所以土默特这个地方叫塔布村，是个很古老的地方。

曹：您父亲当时是一个什么样的原因投身于革命事业，

然后成为最早觉醒的蒙古族青年？

乌：塔布村那几个人是内蒙古第一个共产党支部建设者，主要是在北京西单石虎胡同6号，蒙藏学校就在这里。他（乌兰夫）那时候十六七岁，小学毕业以后一直就来这里念书了，在这个地方能接触很多人，以后接触到李大钊这批人，所以思想慢慢就有变化。主要就是从这儿开始的，建立内蒙古第一个共产党支部，然后经常和李大钊接触。他是1923年入团的，1925年入党的。

     1923年，17岁的乌兰夫与三十多名蒙古族学生一起，从大草原来到北京，进入蒙藏学校学习。在李大钊、邓中夏、赵世炎等共产主义先驱的影响下，这些学生也开始参加各种革命活动，在寻求民族解放的道路上探索前进，内蒙古的革命火种从蒙藏学校被点燃。

     自1924年下半年开始，包括乌兰夫在内的一批先进分子陆续加入了中国共产党，成为我党历史上第一批蒙古族党员。

曹：您父亲有没有跟您回忆过当时他在蒙藏学校读书的一些情况？

乌：聊到过李大钊。他说李大钊是他入党介绍人，我说学校里那么多人，入党就你一个啊？他说五六个呢，张三李四都列出来。

曹：习总书记也谈到当年齐心协力建包钢，我们知道包头钢铁厂的整个建造过程当中，还是遇到过很多挑战和困难，当时您父亲怎么去一个一个解决那些困难？

乌：我就知道一个最大的困难，包钢出矿石的那个山头，老百姓说那个地方有"神"，所以不能去动土，也不能挖。结果那里头正好有矿。去了以后老百姓就围起来，不让动，最后反映到我父亲那里，然后我父亲就开始找他们这些老同志，给下面做工作，做工作以后老同志同意了，同意以后就开始搞建设。最开始就是这件事情耽误很长时间。当时包钢建成之后，成为中国最大的（钢）出产地之一。

曹：您父亲当时是用了什么方法，能够让当地的牧民心可以安定下来？

乌：他去找他们老头领讲这个道理，共产党要干什么事，为什么干这些事，把这个道理讲清楚，老百姓也同意了。老百姓主要是因为，他事先知道你这人比较不错，干了好多好事，你要再去说干好事，他比较相信。假如你原来尽干坏事，你再去说，肯定不行。

作为新中国首批建设的三大钢铁企业之一，1959年包钢的建成投产，结束了内蒙古"手无寸铁"的历史。而乌兰夫为此作出的贡献，也随之永载新中国史册。

除了"内蒙古第一批共产党人""齐心协力建包钢"，习总书记谈及的第三个红色故事，就是"三千孤儿入内蒙"。上世纪50年代末60年代初，中华大地经历了罕见的自然灾害。上海、江苏等地的一些孤儿院因为粮食匮乏陷入困境。淳朴善良的内蒙古人民用像草原那样宽广的胸怀，陆续接纳了三千多名从上海等地出发的孤儿，草原额吉们在蒙古包里把这批"国家的孩子"养育长大，书写了一段超越血缘、地域和民族的人间大爱。当年拍板作出这个决定的，正是时任内蒙古自治区主席的乌兰夫。

曹：我知道在整个这个事件当中，您父亲是起到一个非常重要的主轴的作用。您能不能给我们详细回顾一下当时这个事的前因后果？

乌：关于三千孤儿的事。这件事情很凑巧，我当时正好在中国科技大学念书，大概是四年级，就是上世纪60年代困难时期，我差不多每个星期六回家。那天我星期六回家，星期天早上一般在家里吃饭。吃饭的时候，八点钟，就我父亲和我两个人。那时候很困难，一人就一杯牛奶，给我一杯，他一杯。秘书叫沃宝田，是专门帮我父亲写文章的秘书，他从外面进来，说，首长，总理来电话，去接个电话。然后我父亲就起来了，站起来就跟他去。我就在那儿等着，等了大概有十几分钟，回来了，我父亲坐下。我说牛奶有点凉了，我喝了一口，他也喝了一口，我说爸爸，总理说什么了？总理说现在上海有三千多孤儿，没有奶吃。你那儿有奶粉的话运过来。父亲说这样吧，现在我不能回答，一小时以后马上给您回答。总理说好，我等你消息。父亲过来了，

乌兰夫视察包钢焦化厂

他说要马上给内蒙古常务副主席杨植霖打个电话，问他三千孤儿，咱们养活得起养活不起。那天上午，我父亲基本上就在院子里走来走去。后来我一打听，秘书沃宝田说现在南方的常委会正在讨论，说你父亲胆子挺大，说什么来一个、养一个、壮一个、活一个，就把那三条都告诉中央

了，他说我现在在干这事。我说宝田，这是好事。而且建立了相应的托儿所、幼儿园，还得买床单、小板凳，一大堆，拿了好多钱，把这些东西买完，盖起来，拿过来，弄好以后，然后把小孩都拉过来了。

曹：您父亲后来有没有持续关注过这三千国家的孩子？

乌：他经常问我姐姐，我姐姐那时候是内蒙古哲里木盟主管文教卫生的副书记，他经常问她这个事。

曹：听说那会儿您父亲得到十箱奶粉，自己舍不得吃，还是转交给那些孩子吃是吧？

乌：奶粉给乌兰夫主席，那时候我父亲不住在北京，住在呼和浩特。院子里我在这儿住着念书，来了好多吃的东西，奶豆腐、奶粉，好多。（父亲说）你让他们赶快送回去，送走。不是给我们吃的，给那些小孩吃的。

1933年，乌可力出生于内蒙古土默特旗，原名乌斌，是乌兰夫的次子。这张拍摄于1940年左右的照片，是现存的唯一一张乌可力童年时代与父亲的合影。当时乌兰夫正担任国民革命军新编第三师政治部代主任，在少年军事培训学校留下了这幅珍贵的影像。

曹：我听说父亲给您哥哥和您起名字，这两个名字有特殊的含义是吗？

乌：我叫乌斌，期望我将来文武双全。

曹：您这个乌可力在蒙语当中是什么意思？

乌：乌可力是牛的意思。乌可力，牛。

曹：就是牛的意思，您哥哥布赫的名字呢？

乌：老实，诚恳老实。我考到哈尔滨念书的时候，考到一个班，第一天登记的时候，两个乌斌，我叫乌斌，他也叫乌斌。指导员问你是哪个乌斌，我说我是蒙古族人，你查档案，蒙古族人的乌斌就是我。一看哦，是你。另一个是上海人，他也叫乌斌。不行不行，咱们一个队，一个班两个乌斌不方便，你们改一个吧。他是汉人，他说我们家改名字还有这个那个好多事情，排辈排字的。我说我们家没有这个关系，改吧。我一想，鲁迅不是说过吗，俯首甘

乌兰夫（左二）与次子乌可力（左三）

为孺子牛，我说就它吧，哪几个字？顺手就写了乌可力几个字。

曹：那会儿您父亲主要在干什么？您出生的时候。

乌：我出生的时候，据他们跟我讲，那时候他是在呼和浩特市的中学里当老师，还给傅作义当过翻译。

曹：所以那时候您父亲算是从事地下工作吗？

乌：地下工作。我那时候比较小，大概四五岁、五六岁，等我到八岁半的时候，我父亲就把我和我弟弟、我母亲送到他的国民党部队里去了。我在国民党部队上了半年学，少年军官学校上了半年，因为时局的变化，我从学校出来，我们就到延安去了。

　　1941 年，国民党发起第二次反共高潮，乌兰夫中共地下党的身份暴露，不得不带着妻子和两个儿子离开内蒙古，奔赴延安。

乌：那个时候蒋介石就告诉胡宗南，说乌兰夫是共产党，想办法逮住就枪毙。白海风也是地下共产党，国民党还不知道他是，白海风就告诉他老婆，说你去找一找乌兰夫的老婆，告诉她，让他们赶快全家离开这儿，原因不要说，你就说我说的。乌兰夫回来以后，你告诉他赶快走。白海风的老婆有一天来了，我那时候七八岁，我知道来了客人，把她引到家里去了。她对我母亲把话说清楚了，就走了。然后我父亲回来以后，那时候出差，我母亲一说，父亲就去找白海风。白海风说你赶快请假走，我现在可以批你假，再有几天，蒋介石就派参谋长过来了，参谋长过来干什么？专门枪毙你的。父亲说那好吧，我快点。我记得他回来大概准备了两三天，我们就走了。那时候我父亲有警卫员，警卫员是个地下党，然后我母亲、我弟弟，五个人骑上马到延安去了，大概走了一个多月。按道理用不了一个多月。

曹：您还记得一路上的情形吗？

乌：一路上，我记得有时候挺饿，有时候挺渴，晒得不行。晚上到旅店里住下，就住那些大客店，一屋子一家人住下，去就赶快吃点东西，早上很早就走了。

曹：一路上的交通工具是什么？

乌：骑马。其实我弟弟骑的毛驴，没有骑马。我写文章写过一个顺口溜，五马奋蹄到延安。五马奋蹄，驴咋写？就加了个马，没有驴。我弟弟还在，现在他也八十五六岁了。现在我们这一家人，就我们俩是最老的了。

曹：你们这一家子到了延安之后，您觉得最新鲜的是什么？

乌：最新鲜的，讲话的声调都不一样。

曹：声调不一样，怎么不一样？

乌：你看我现在讲话还带有陕北口音，就是那时候学会的。我现在有时候到陕北，问我哪里人，我就说是陕北人。

曹：您到了那儿之后，据说你们那会儿住在朱总司令那儿是吧？

乌：那是第一天，从绥德过去以后，绥德是共产党的。到那儿以后，中央派来接我们的人，叫甘泗淇，也是个上将，把我们接到绥德村里住了一晚上，第二天就坐汽车到延安去了。到了延安以后，到什么地方住？第一天晚上住哪儿？已经晚了，就住在一个大院里，我住进去了。早上起来以后，我就溜达，逛来逛去，结果一个警卫说，谁？我一看不对劲，赶快就跑。跑到家里头，爬到床底下。警卫问你们见过一个小孩没有？怎么了？我不认识他，他爬到床底下了。我说我在下面，我说我不认识，跑回家了。那个警卫说我就问你一下，没有别的事情，走了。

曹：这就是朱总司令的警卫员吗？

乌：是朱总司令的警卫员。第二天走的时候，好多人送了，我是小孩也不敢问，等走到半路我就问父亲，早上那个"老头儿"是谁？父亲说那是朱总司令。哦，这么回事。

曹：您当时看到的朱总司令是一个什么样的形象？在您一个小孩的眼里。

乌：身体挺壮的。

曹：您父亲到了延安，主要从事什么工作？

乌：就是教育工作，党校学习。

来到延安后不久，七岁的乌可力被送往位于安塞县的"延安保小"上学，那里收留着一批因父母在前线作战而无人照料的干部子女和烈士遗孤。

曹：离开家庭到一个陌生的环境读书，自己适应不适应？

乌：不适应。第一天去了，睡了一晚上，第二天我就逃跑了。

曹：逃跑了？怎么逃？

乌：第一天他们办手续，说内蒙古乌兰夫的小孩去念书，那时候我弟弟没有跟我去念书，他岁数不够，我那时候是七岁多，够水平了，就过去了，读书去了。跟我父亲的一个老朋友，奎璧，这个人也是那边的老干部，同样在蒙藏学校和我父亲一起参加了共产党，新中国成立以后内蒙古自治区副主席。他的儿子，我们俩一块儿去了，我们两个人骑了一匹马。还有一个人，那个人是谁？是我二舅，我二舅和我哥哥，他们1939年去了延安，已经在民族学院念书了。他送我去，说你们俩骑一匹马，我骑一匹马，把我们送到安塞"保小"。"保小"离延安大概六七十里地。我们俩去了"保小"以后，说有两个蒙古族小孩来念书了，送到哪儿去？几号几号房间，说那儿有空位，我们俩进去以后，只有一个空位。他的个子比我高点，他们就说你高个儿，睡到里屋去，里屋的床长一点。对我说你就睡这儿。我说行。有这么大一个瓮，倒水的，旁边有个大木板，我看着就像门的一半，把它倒下来，放上，就这样睡吧，反正现在已经这么晚了，睡了，明天再给你找个合适的地方。行，我就把被子打开，枕头拿上，跳上去睡觉。大概半夜两三点要起来上厕所，一上厕所，不是要靠边站吗？往这边走，中间不好走，往旁边一走，这边重量一大，那个木板一翻，这一翻，缸也倒了，下面还有半缸水，呼啦倒在地下，我还在下面站着，腿啊什么都湿了。阿姨是谁呢，阿姨是我们都知道的，北京解放以后，中央党校的校长，他的爱人那时候给我们当阿姨，我也不知道，以后才知道。杨献珍，党校的校长杨献珍，他的老婆给我们当阿姨。

曹： 杨献珍的夫人做你们阿姨，档次够高的。

乌： 那时候都这样，我母亲也在那个学校里当过阿姨。掉下来以后，赶快把鞋啊什么都拿出来，现在干不了，外面太黑了，也害怕，就坐着。到天亮了，我糊里糊涂也睡着了，起来以后，我把衣服穿上，鞋也还是湿的，里头（水）倒一倒。我就找我这个朋友去，奎璧的儿子，我找他，他说你怎么了？我说昨天晚上倒霉，我都没睡觉，坐了一晚上。怎么了？一会儿再说。吃早饭了，我们就去吃早饭，我们几个同学，去了一人给一个碗，有筷子，一碗豆浆，一人一个馒头。吃完以后，我跟他讲，我说这样不行，这么睡觉不行，他说咋办？我说干脆回吧，我们回延安吧。我们俩同岁，他说

那就走吧，我说那你被窝什么的怎么办，他说就放那儿吧。他问我你的被窝呢。我说已经湿得乱七八糟了。回吧。我们俩就偷偷从吃饭的桌上，把碗也拿上，放在我们自己的碗格里头，然后假装没事。下面有一条沟，水流到河里去了，就往那条河流。我们就在河边假装玩，溜到河边，到河边以后，就逆水而上，一直走。走到延安的时候已经下午五六点了。

曹： 就是徒步吗？

童年乌可力

乌： 就是徒步。五六点，路上碰到八路军，现在回忆起

来他是个四川人，他说小朋友到哪儿去？回家。到哪儿？那时候我们住在蒙古文化促进会，住在山坡上，下边有个招待所，我说我就在那儿不远。他说那你们注意。我们两个就一起回家了。

曹： 回到家里，父母有没有斥责你们？

乌： 回家，我父亲在党校念书，在党校住，只有我母亲在那儿住。回去我说妈，是这么回事，我把事情一讲，母亲说那你也不能不去啊。我说明天再说吧。

曹： 学校也没有找人来寻觅你们？

乌： 我一早上走了，他们还不知道。结果睡到第二天，天刚一亮，就有人敲门了。

曹： 学校派人来了是吧？

乌： 派人来了。乌可力回来了吗？回来了。把我们吓坏了。出来一下，我说等一等，我马上出去，咋了？你怎么跑回来也不请个假？我说没法请假，昨天我也没睡觉，瞌睡得不行。怎么回事？我把事情一讲。（对方说）这是临时的，也不是就那样的。

曹： 所以后来又把你逮回去了？

乌： 到下午，这件事情我父亲也知道了，晚上父亲一讲，说你也太没出息了，怎么这么点事就跑啊。我父亲挺火，踢了我一脚，啪一脚把我踢倒了。我爬起来，我说你真要是打的话，你随便打，我绝对不躲。

曹： 你也够倔的。

乌： 结果我那个同学的父亲奎璧也来了，得了，明天回去，还是原来的马，送你们去，再不要跑回来了，再跑回来就不客气了。我被踢了一脚，他没被踢。但是以后这件事情，老朋友都知道，同学都知道我，我是个蒙古族人，他也是蒙古族人，这俩小孩不像话，偷跑回去。

乌可力在延安度过了4年时光。抗战胜利后，乌兰夫回到内蒙古地区从事革命工作，乌可力的姐姐云曙碧、哥哥布赫去了解放战争前线，而乌可力则成了锡林郭勒盟的一名通信兵。

曹： 通信员主要做什么工作？

乌： 通信员就是到锡盟，就是现在的锡林浩特吧，盟领导在那里，我们在这个地方，有什么事，那时候电话都没有，有什么事写个（信）送去，我骑马骑得特别好，他们看中这一点，让我去干这个事。同时我在延安学习了四五年，那时候知识分子很少，我还算有学问的，让我兼保管员。我说两个秤有多复杂。他们说你不是会算算术吗，现在谁会算术，一个会算术的都没有，你起码分得清一二三，他们分不了。兼保管员、通信员，我就开始工作了。到了1947年二三月份，调我到哪儿？到现在的乌兰浩特，到党委去，还是通信员，不当保管员了，当通信员，每天送信。

曹：您好像说过在解放战争期间，您其实和父亲见得特别少，顶多也就见他一个背影，为什么那时候父亲那么忙？他主要做什么？

乌：那时候我父亲有时候在这个地方，有时候在那个地方，我都找不到他在什么地方。有一次碰到了，他说你什么时候来这儿了？我就告诉他。他说现在通信不方便，反正你注意点，有什么事找你姐姐问一问，我现在顾不上你，我说行，不要紧。我那时候也就是15虚岁、14周岁多点，但是那时候人和现在不一样，考虑的全是打仗，前方怎么样，就干这些事。

1947年5月，中国共产党领导的内蒙古自治区宣告成立，这也是我国历史上第一个省级民族自治区，乌兰夫当选为自治政府主席。新中国成立后，乌可力来到北京继续求学，1954年考入哈尔滨军事工程学院，1958年转入中国科技大学，成为一名火箭卫星技术专家，为我国航天事业和空间技术作出了不可磨灭的贡献。

曹：你们兄弟姐妹从小到大在教育方面，父亲有没有特别的想法？

乌：反正我在中学的时候，他们好多人到外蒙，到苏联学习去了，回来以后好多都工作了。我那时候也想去，但是我父亲说你不要去，你现在就好好学习，不管学什么，你只要专心学，将来肯定有好处。

曹：当时考哈军工是您自己的想法，是吗？

乌：自己的想法。

曹：父亲后来为什么让您去中科大学习呢？

乌：哈军工念到四年级，三年级念完了，就要升四年级了。然后1960年钱学森他们这批人回来了，我有好多好朋友跟我说，老乌，将来要成立中国科技大学。你去报名，肯定他们要你，因为你已经有这么多学问了，而且你成绩也不错。后面我就问我父亲，他说这个事情，你要去那儿学习的话，我不反对，但是你已经学了3年，你去那儿，科技大学毕业也是六年制，你怎么念？你再念六年，九年，你怎么受得了？我说我去科技大学，跟老师们谈，我说我从四年级开始。中国科技大学1958年就开课，我去找他们校长去了，我就把学习成绩表给他一看，他说可以。一般念书在学校里念，我们科大四年级以后就到科学院念书去了，我在力学所念的专业课，钱学森、郭永怀给讲课，就是导弹这些东西。我研究的正好也是火箭发动机，放了炸药就是导弹。成功以后，学校里还给了我一个奖状。钱学森是力学系的主任，我是力学系的，郭沫若是中科大校长。有一次开学典礼，给我发了奖状，说奖励乌可力同志，授予乌可力同志建设社会主义积极分子称号。

综观乌兰夫的一生，作为一位少数民族领导人，国家统一、民族团结在他心中始终是第一位的。因此每当国家遇到困难时，他总是责无旁贷、毫不犹豫、想方设法为国家排忧解难。比如上世纪60年代，第26届世界乒乓球锦标赛在北京举办时，乌兰夫作出开放省界的决定，允许各地有组织地到内蒙古"打黄羊"，以帮助解决粮食短缺。

曹：因为当时生活都非常困难，用这种方式可以弥补一些生活的短缺，是不是这样？

乌：对，反正我记得那天太阳还没落，他很高兴地回来了，说贺胡子（贺龙）有意思。我说怎么啦。非得要派军队到内蒙古打黄羊。我说咋了？他说他的运动员吃不饱，打不出成绩来，运动员能够吃饱的话，咱们的乒乓球能打出成绩来。贺龙就讲，运动员现在吃不饱，没劲儿，非得吃肉，不吃肉，运动员不行。咱们那时候是"乒乓外交"。贺龙叫我父亲外号，叫"王爷"，你要想个办法。你那黄羊留下那么多干啥？跟家羊还抢草吃，黄羊是野生动物，它也吃草，咱们养的羊也吃草，不是抢草吗。我们去打一点，给运动员吃，为国争光。父亲说这样吧，打黄羊，我给你们原则，黄羊可以打，你们不要从，外蒙古边境在这儿，这是外蒙古，你不要从这个地方这样打，你不要从咱们的地方往外打，你要从边境上往里打。羊一跑就跑到里头来了。你要从里头一打，就跑到外面去了。那个东西出去，有时候回来，有时候不回来。贺龙说还有这个事情？是啊。他说我保证，我们汽车直接往外蒙古边境走，然后我们回来再开枪打。父亲同意了。因为这个事，我特别愿意听，打黄羊，我们那时候年轻，打黄羊骑着马，坐着吉普车

乌兰夫与牧民在一起

都好打。我心里想，哪天有机会跟他们走一趟也行。打黄羊，这个很好，吃黄羊肉。从那次以后就开放了，还开放了一条，南面不是有些省里饿死很多人吗，饿得没办法到内蒙古去，父亲说可以给你们安排人住下，过渡一下，等将来天气好了，粮食能熟了你们再回去。来了不少人。黄羊吃了不少，活的人也来了不少，我大学生时代就知道这些事情。

曹：还有我想说说内蒙古的朱日和合同战术训练基地，过去我们其实对这个地方是相当陌生的，甚至从来没有听说过。2017年建军90周年的时候在那儿做了阅兵式，朱日和这个名字出现在世人面前。其实这块地方最早就是您父亲和装甲兵司令许光达选定的这么一块地方是吧？当时您父亲怎么会选中这样一个地方作为基地？

乌：这个地方原来蒙古族人经常开那达慕大会，那达慕大会现在变成交易会了，做生意、娱乐什么的，古代时候那达慕大会是选马、选人的地方，就像体育比赛场，选出来摔跤冠军，跑步冠军，赛马冠军，都到下面去当兵，就当兵走了，都走了，而且从这儿出去的都是挺能打仗的，所以有这么一个习惯。咱们和苏联建立关系以后，苏联卖给咱们，我记不准这个数字了，六千还是多少辆坦克车，要练兵，六千辆你想想，一望无际，全国找不到能用的地方。后来就想到内蒙古，然后他们想到这儿，大将许光达找到我父亲，我父亲到那儿去，他去了以后签订协议，下面这块土地送给解放军，以后把牧民搬出去，你们可以在这儿练兵。达成协议了。老百姓有的还是不同意，也给他们讲道理。行，可以。咱们内蒙古的人都比较宽厚，还有咱们的草地面积不少，人少，到现在我们的人还是比较少，有地。所以朱日和练兵场原来没有公布，现在公布了。

1987年，内蒙古自治区成立四十周年时，乌兰夫回到家乡，这是他最后一次踏上这片挚爱一生的热土。1988年12月，乌兰夫因病逝世，享年82岁。33年后的今天，他的儿子乌可力也已是耄耋老人。父亲的音容笑貌、高风亮节在他心中依然清晰如昨。乌兰夫，这位内蒙草原上的红色之子，依然在以他的崇高思想、伟大精神影响和感召着后人，在中华大地上筑起一座巍然屹立的红色丰碑。

曹：您父亲已经去世三十多年了，现在想起来，您觉得他一生当中最辉煌的是什么？

乌：我觉得父亲一生中最辉煌的是在和外蒙古、俄国人的关系处理过程中，立场非常坚定，内蒙古这块土地就是中国的土地，不能再和其他国家搭伙合起来干了。这个思想，当时我父亲他们从延安出来的那一批都一致，跟毛主席走，再别乱走了。而且毛主席对我父亲也比较爱护。

曹：所以您父亲对于整个内蒙古自治区的成立、建设以及发展，真的可以用四个字来说，居功至伟。

乌：对，他一直是很认真地办这件事情。

曹：您父亲在家里有他比较特别的生活习惯吗？

乌：我父亲这个人也爱学习，我那时候念俄文，他在莫斯科学习五六年，俄文挺好。他说这段你翻译一下，我就翻。不错，学得还挺好。因为那时候我高中刚毕业，还没有闯入社会，但俄文已经可以翻译东西了。

曹：您父亲，比如说在家里和你们闲聊，会跟你们说一些什么样的为人处世的道理？

乌：做人要正派，要正。

曹：其实你们子女和父亲，相处的时间也不算很长，因为父亲太忙了。

乌：你说得很准确。

曹：是吧？

乌：是断断续续的。

曹：你们兄弟几个，谁最像您父亲？

乌：他们说我最像。

曹：你们那会儿读书的时候，周围的同学是不是知道您是乌兰夫的儿子？

乌：知道。开始不知道，因为蒙古族人在那儿的很少，蒙古族人在延安学习的很少，所以住上一年半年就知道了，你爸是乌兰夫？是。蒙古族人吃肉吗？我说吃，怎么不吃肉。

曹：父亲有没有对你们有一些特别的叮嘱？

乌：经常讲，谦虚谨慎，不要摆架子，穿衣服什么都要注意。我们一直都当兵，都是军装。他也是兵，他也穿军装。

现场合影

为花欣作落泥红——叶剑英之女叶向真专访

叶剑英元帅是中国人民解放军的缔造者，中华人民共和国开国元勋之一，党和国家、军队的卓越领导人，他多次在关键时刻挺身而出，挽救了党和国家的命运，毛泽东曾经称赞他"诸葛一生唯谨慎，吕端大事不糊涂"。他从一个正直的民主主义者转变为彻底的共产主义者，在充满艰难险阻的漫长革命道路上，在复杂斗争的转折关头，面临危难，无私无畏，表现出非凡的革命胆略，为中国人民的解放事业和社会主义建设事业贡献了毕生精力，建立了丰功伟绩。同时他也是一位充满诗情和人格魅力的父亲、长者，他为纪念革命同志所写下的诗句"矢志共产宏图业，为花欣作落泥红"，正是其光辉一生的真实

叶向真

写照。1941年1月6日，震惊中外的"皖南事变"爆发，新四军突遭国民党军队围攻，伤亡惨重。周恩来发表了振聋发聩的题词：千古奇冤，江南一叶，同室操戈，相煎何急？正在重庆和周恩来一同工作的叶剑英则通宵撰文，披露事件真相，并与国民党方面严正交涉。在充满了白色恐怖的重庆，他与周恩来、董必武作为中共的"外交三骑士"，发挥着不可替代的重要作用。2月14日，中共中央书记处通告全军，叶剑英同志任中共中央军事委员会参谋长，驻延安办公。自此，叶帅结束了长达四年的国统区统战工作，回到了延安。当时，敌后抗战进入了最艰苦、最困难的时期。也正是在这一年，44岁的叶帅喜得一女，取名向真。

曹：您是1941年出生在延安，是吗？

叶：是的。差不多5岁的时候离开。

曹：那段时间您父亲叶剑英同志，正好从国统区做了数年的统战工作，回到延安，协助毛主席和朱德总司令来指挥我军的对日作战。您还记不记得，当时父亲都怎么跟您说那段岁月？

叶：因为那时候小，不懂大人的工作，和他要做什么。知道他经常要去跟他们开会，

就知道这个。

曹： 那会儿您很小，又是女孩子，所以父亲是不是特别疼爱您？您记忆当中。

叶： 对的。

在叶向真的记忆中，延安的生活是艰苦的，父辈们去种地的时候，就在旁边铺一条小毯子让她爬着玩儿；大人们从井里打水，把木头削空做成水槽，水槽用久了会有裂缝，到冬天滴下来的水就会结成冰柱，小孩们就把冰柱掰下来当零食。不同于一般军人给人的严肃印象，受儒家教育影响的父亲是温文尔雅，平易近人的。

曹： 我听说，您父亲那会儿在延安，不仅要指挥军队作战，而且也特别关心当地老百姓的生活。您还记得父亲那会儿是怎么跟老百姓进行互动的吗？

叶： 我就知道他经常要到下头去看看，下去跟农民和当地的这些老百姓什么的接触，他经常到这地方去看他们。带着我一块去，但是我不懂他们干什么，我是跟着跑着玩的。感觉当中，父亲其实跟当地老百姓贴得特别紧。

1897 年 4 月 28 日，叶剑英诞生在广东省梅县雁洋堡下虎形村的一个小商人家庭，原名叶宜伟。叶剑英的母亲保持着客家人勤劳简朴的生活传统，作为家中长子的叶剑英在刻苦学习的同时也时常帮助母亲操持家务，接济穷人，这段童年经历让他日后无论是在部队还是群众工作中都显得尤为接地气。少年叶剑英在很小的时候便展露出革命的勇气，在丙村三堡学堂读书期间，他和同学受到进步教师的影响，剪掉了头上的辫子，轰动了学堂和村镇，顽固保守的乡绅骂他们无法无天，要求校方严加惩处，叶剑英和同学们在校长和老师的支持下，带动了更多同学兴起剪辫的风潮，品尝到了人生中第一次小小的革命胜利。因为家境并不宽裕，叶剑英中学毕业以后未能继续到大城市深造，于是在家人的建议下，他来到南洋谋生，但是却没有一刻放弃过精忠报国的理想。所以，当他一听说云南讲武学校在南洋招收华侨子弟的消息，立即报名并被顺利录取，从此开启了他的戎马一生。也正是在云南讲武学校学习期间，他将自己的名字"宜伟"改为"剑英"，决心学得文才武略，日后在疆场上一吐英雄豪气。

曹： 您现在记得的有关您父亲有一些什么样的事情？

叶： 那个时候我已经成大人了，我就觉得，他挺关心部队的一些事情。他那时候建立军事科学院，经常还去处理军队、军区这些事情，他对这些是特别注意和比较关

叶剑英在军事研究院

心的。

曹： 他平时在家里会跟您聊点什么？

叶： 我那时候不懂，小不点，跟我聊没意思。那时候他们出去开会，或者谈事什么的时候，我有跟着去过。但是我不是参加，是人家带着我去玩，他开完会以后我再跟着回来。

1958年成立的中国人民解放军军事科学院凝聚了叶剑英在军事上的一生心血，早在1956年他就向毛泽东主席和中央军委提出了这一建议。作为首任院长兼政治委员，从确立建院方针、选定院址、选调干部、营房建设到军事科研工作的陆续开展，叶剑英事必躬亲、日夜操劳，贡献了自己的全部智慧和精力。

事实上，办好一所真正属于中国自己的军事学校，培养高端军事人才，是他一直以来的夙愿。叶剑英曾经参加过黄埔军校的筹办，后担任主管军事教育的教授部副主任，也正是在这所国共合办的学校中，他接触到了更多共产党人和共产主义思想，并正式提交了入党申请。也正是在黄埔军校中，叶剑英与日后的革命伙伴周恩来首次共事，作为黄埔军校的政治部主任，周恩来用自己的人格魅力传递着共产党人的远大抱负和磊落胸怀，也让叶剑英由衷产生了敬佩之情。1927年7月，经周恩来同意，叶剑英秘密加入中国共产党。此时他已经是国民党的高级将领，还曾担任过广东梅县的县长，但是却毅然放弃高官厚禄，投身共产主义事业。与此同时，政治局势急转直下，蒋介石和汪精卫相继背叛革命，白色恐怖笼罩全国，可以说叶剑英是在中国共产党最危急的时刻选择了共产党员的身份，选择了自己真正的理想。加入中国共产党之后，叶剑英听从组织安排继续留在国民党军中工作，他暗中策应南昌起义，利用特殊身份营救被捕的共产党人，直到广州起义打响，叶剑英正式成为工农红军副总指挥，亲自上阵指挥炮兵向敌人进攻。长征期间，红军不仅面对大自然的残酷考验和蒋介石军队的"围剿"，还有来自内部的分裂活动，张国焘一再向中央发难，背信弃义，在这千钧一发之际，叶剑英果断将密电送给毛泽东，有勇有谋，化险为夷。日后毛泽东曾多次提到此事，称赞他"诸葛一生唯谨慎，吕端大事不糊涂"，认为是叶剑英在关键时刻"救了党、救了红军，救了我们这些人"。而在抗日战争期间，叶帅不仅协助周恩来和平解决了西安事变，并运筹帷幄，指挥我军抗日，还做了两次扭转乾坤的报告，一是在重庆面对蒋介石的挑衅舌战群儒，二是在延安接待了反法西斯同盟国的记者团并作报告，让全世界了解到共产党军队在抗日战争中的重要贡献，是名不虚传的"儒将"。

在漫长的革命生涯中，叶剑英在广州停留的时间并不算很长，但是作为一个土生土长的广东人，他对这片土地的感情尤为深刻。新中国成立后，叶剑英担任华南分局第一书记兼广州市市委书记、市长。自从广州起义失败离开以后，22年过去了，当他重新踏上这一片自己流过血汗、魂牵梦萦的土地时，他发现这片土地已经失去了大革命时期的勃勃生机，变得满目疮痍。由于广州邻近港澳，一些国民党残部和对新中国抱有敌意的国家，还企图利用地理条件进行爆炸袭击等破坏活动，甚至阴谋策划刺杀新政权的各级领导人。于是，在全面治理城市的同时，叶剑英还时刻面临着生命的威胁。

曹：那会儿在广州做市长的时候，因为刚刚解放，所以整个广州的局势还有一些不确定的因素，听说当时有特务要暗杀您父亲，您还记得当时家里的情况吗？

叶剑英在广州

叶：那个时候在广州，就是不让我们随便出去的，人家可能在路上找着你，就抓走了，所以不让我们出去。在大人出去的时候，他们坐汽车的时候，跟着他们坐汽车出去，自己一个人不让往外跑，往外跑就不知道给弄哪儿去了。

曹：您后来，比如说上学的时候，大家知不知道您是叶帅的闺女？

叶：老师知道，同学不一定知道。

曹：所以父亲有没有跟您说过，在学校里不要提自己父亲是谁？

叶：不光是在学校里，他说了，你不管是在什么地方，都不要去跟人家讲这个事情。

提起叶帅，人们总是称他为儒将，这不仅由于他在党内经常担任谈判、调停、宣传等这样一些充满智慧的外交工作，更在于他难得的诗才。毛泽东曾以甘醇劲爽、形象亲切、律对精严来称赞叶剑英的诗词。还曾对另一位元帅诗人陈毅说过，剑英善七律，你要学律诗可向他请教。诗词贯穿着叶帅的人生轨迹，这些在各个历史时期所写下的诗句，或叙事鉴史、或写景咏物、或抒情言志，题材丰富，文采飞扬。今天读来，仿佛让人一下回到历史现场，感受到一代"诗帅"的壮志豪情。

曹：您父亲除了繁重的公务之外，都有一些什么样的爱好？

叶：他喜欢打猎，到山区或者什么地方的时候，有些地方的当地老百姓有打猎的，到山上或者其他什么地方也一起打猎。

曹：我知道您父亲喜欢昆曲，是吧？他在家里是不是也会经常听昆曲？

叶：不上班，不工作的时候，也没什么其他的事情，他就愿听听这些。

在叶剑英最后的居所中，时时都能感受到这位元帅在日常生活中向往自然、亲近自然的愿望。叶向真告诉我们，自己念小学的时候，老师让大家畅想未来"我的志愿"。那时候她受苏联卓越的园艺学家、植物育种学家米丘林的故事影响，也希望能成为那样对社会有贡献的人，这个想法得到了叶帅热烈的赞扬和支持。因此对女儿最后并没有选择学农，父亲一度耿耿于怀。叶向真曾和父亲一起亲手种过苹果、梨、桃子、柿子、核桃等各种果树。有一回，她在院子拾了片枫叶给父亲，父亲隔天就写下了"翠柏围深院，红枫傍小楼。书丛藏醉叶，留下一年秋"。在疆场上叱咤风云的元帅，在儿女面前也是一位充满生活情趣的长者。

曹：您父亲在家里办公的时候，你们可以进他办公室吗？

叶：可以，但是不能在那儿捣乱。

曹：如果你们捣乱会被揍吗？

叶：轰出去。

曹：您父亲是不是对学习抓得特别紧的这么一个人？

叶：对。他还不光是自己学习，他就是要求在他这工作的这些工作人员，都要很好地来学习。还跟他们说，能有时间腾下来的时候，你们想办法再学习学习外语。有些秘书，或者有一些工作人员，让他们就是要这样。这样的话，才能够在工作上能够了解，不光是我们这一个地方是怎么样，就是我们现在这个国家和其他的国家的这些不同地方是什么样一种状态，或者是什么样的一种关系，就让他们来学习。还让他的工作人员好好学习英文，有这个条件学习点英文。

曹：我听说他有一句名言说，抓紧时间工作，挤出时间学习，偷点时间休息。是不是他对你们也

叶剑英读书

有这个要求?

叶: 他对这些工作人员,在这方面给他们创造这样的一个环境和条件,让他们能够多学一些,比如说学外语。他说这样的话你们做工作的时候就能够知道,要不然你们虽然是秘书或者什么,结果你什么都看不明白,你在工作上就少了一大块。所以他那时候是鼓励他们,有机会、有条件的时候要多学学英文、俄文。

　　叶剑英早年曾到莫斯科留学,经过一年多的努力,他的俄语水平就已经达到了可以看报和简单阅读书籍的程度;他号召军事科研人员都要学习掌握一门外语,自己也率先示范,阅读批注英文新闻资料。据警卫员回忆,叶帅在家中也是爱书如命,他的工资大约八成都是用于买书的,只剩下20%用于生活开支。即使每天工作非常繁忙,依然保持看书四五个小时。叶帅会弹琴、拉二胡,兴之所至还自弹自唱。正是这样一位多才多艺,又充满人格魅力的元帅,在新中国的外交工作中也起到了举足轻重的作用。

曹: 您是您父亲最疼爱的女儿,所以对您的成长,比如说读书、职业的选择,他有表达自己的想法和意见吗?

叶: 我到什么地方去上学,愿意到什么地方去上学,跟什么人去接触,在这些方面,他比较注意。就怕小孩不懂事,好坏分不清楚,所以在这方面,他经常关心我干什么去了,或者我跟谁去玩去了。

曹: 他那么忙,还问得那么仔细吗?

叶: 反正我是在家里头来来去去,所以他经常还是关心这方面。和一些好的阿姨叔叔接触的时候,他也很注意,你和什么样的人接触,哪些地方他认为不好的,不要去。

曹: 他怎么来评判好跟不好?

叶: 他心里有数,对这些人他都了解。因为我们完全不认得的人也不会跟他们交往,所以他基本在这里是有数的,就是可以到谁家里和孩子们玩去,哪些地方你最好不要去。

曹: 我听说您父亲是希望孩子们都去学理工科,所以您的哥哥姐姐好多都是学理工科的。对你的职业选择,他有想法吗?是不是他希望儿子都学理工科,将来为国家的建设作贡献?

叶: 对。

曹: 您父亲赞成您学电影,学艺术吗?

叶: 他也没有不赞成。因为那时候我是在上学的时候接触到一些搞电影的人,看看他们怎么做的,觉得这个很好。

曹：您还记得当时接触了一些什么样的电影人，让您对电影产生了兴趣？

叶：因为小的时候看电影是一个非常重要的事，不像现在说看电影就能看。那个时候的电影是很不容易能看到的，所以对电影这些事情我就特别注意他们的活动，所以那时候对电影的兴趣特别大。

1981 年，叶向真拍摄完成了自己的第一部故事片，改编自曹禺同名话剧的电影《原野》。在当时，大部分电影比较说教，而叶向真想拍的是一部"展现被压迫的人会抗争、有爆发力"的作品。曹禺看完电影后夸奖："更凝练了，比原作好。"叶剑英看完后理解了女儿："现在我才明白你在干什么。"同年，《原野》获选参加威尼斯国际电影节，这也是中国电影的首次入围。40 岁的叶向真一人前往威尼斯参加电影节，最终获得世界最优秀影片推荐荣誉奖。

曹：您后来拍了电影《原野》，那部片子当时还是引起很大的轰动的。您父亲有没有看过您拍的电影《原野》？

叶：看过。

曹：老爷子怎么说？

叶：他没说什么，对我这个电影他没有什么太多的评价。

曹：他觉得满意吗？自己女儿拍了一部好电影。

叶：他后来看了我拍电影以后，他觉得还可以。我作为导演所使用的笔名凌子，正是父亲的主意。

当年给女儿起名向真，意为永远面向真理，寄托了叶帅对儿女的殷切希望。而凌子则是来源于叶剑英在解放战争期间的代号 601，汉字写作陆凌一。叶向真喜欢"凌"这个字，觉得凌空、凌霄，都是一种向上精神的象征，叶剑英就说，那你就叫凌子吧。刚开始，叶向真还奇怪，为什么父亲怎么给自己起一个类似日本人的名字。叶帅解释说，中国古代对于人的尊称就是子，比如说孔子、孟子，如果你能够做到让人这么尊重你的话，那就不简单了，希望你向这个方向努力。叶向真这才恍然大悟。从此，凌子这个名字便伴随了叶向真的整个导演生涯。

曹：因为可能您相对哥哥他们，年龄有点小，您还记不记得，爸爸跟哥哥们有些什么样的训导？一般父亲对儿子的教育都会比较严格一点。

叶： 我的哥哥他们不是一直在家里头跟着我们的，我跟着我们的老人家是一直跑的。就从延安开始出来以后，我一直在他身边。其他的，尤其是大哥大姐，他们都没有一直跟着父亲。像我大哥，他们都是在广东。

虽然叶帅的子女们大多没能在他身边长大，但这位一生为国操劳的元帅并未在孩子的成长中缺席，总是抓紧一切机会与孩子们沟通交流，用亲身经验教导他们。建国初期，叶剑英在治理广州的同时，还要领导解放海南岛，扫除解放战争后两广地区残留的土匪，工作十分繁忙，他曾给远在苏联学习的女儿叶楚梅写信。这些信件朴实真挚，言简意赅，凝聚着一位父亲浓浓的爱意，还有一代领袖的拳拳报国心。1980年，83岁高龄的叶剑英最后一次回到家乡，视察梅县地区，其间到雁洋探望亲友和故居，看到儿时学习用的小方桌还在，触景生情，赋诗一首：八十三年一瞬驰，木窗灯盏忆儿痴。人生百岁半九十，万丈霞光值暮时。

曹： 您记得陪父亲回梅州，父亲是一个什么样的感受？

叶： 他特别关心家乡那个地方的老百姓的生活是什么样的，他们的情况是什么样的，他都比较仔细地去了解。他对老家的这些乡亲们还是挺有感情，而且也挺关心他们的，所以他经常回去都是要看看这些。和大家走一走，在一起见面吃吃饭，或者什么。他回去的时候，他老家的那些老百姓对他特别好。他要离开的时候都去送他。坐车离开那儿，他们一直跟着那个车跑。那时候我是在车上，就看见这种现象。很多人都是这样，一定要把他送走，一定要去送他。所以他跟家乡的那些老百姓，关系还是不错的。

叶剑英手书《八十书怀》

1977年，叶剑英迎来了自己的八十寿辰，5月14日，他的老朋友邓小平、徐向前、聂荣臻、粟裕、王震等纷纷到场祝贺。此时的叶帅刚刚走出"粉碎四人帮"的惊心动魄，又马不停蹄地全力支持恢复小平同志的工作。在这位耄耋之年的老帅看来，党和国家正迎来全新的历史局面。入夜，送走亲朋好友之后，他由衷欣喜地写下"老夫喜作黄昏颂，满目青山夕照明"的抒怀之作。

曹：您父亲晚年的时候，会对你们有一些什么嘱托吗？尤其您长期在他身边，希望你们将来怎么去走好自己的人生之路？

叶：他管我们是经常有，经常提醒我们。你学习的时候，一定要把这个学习做得好。你不能说到那地方去学习，结果什么也没搞明白，什么也没记住，什么也没学好，在这个上他是有要求。要求我们在这方面，你们这些做不好的话，你们没法对我们这个社会作出贡献，没法懂得你在这个中国应该做一些什么事情，这个方面他有要求。

曹：您还记得父亲生命的最后几年，他有一些什么样的未尽的愿望，他有没有说过这方面的话？

叶：他平常的时候说过，我们要对自己有什么样的一种要求，怎么样去做人，这个他有的时候提醒我们。不要瞎胡闹，不要自说自话，自己想干什么就干什么，这个不行。一定要把你们的生活、学习、工作这些很好地安排好。

曹：这里是您父亲原来生活的地方，您现在还住在这儿，是不是常常会想起父亲？

叶：是。因为很多到我们这儿来的人，都要到这儿来看看，这里挂着他的照片。我觉得挺好。

叶向真和曹可凡

曹：好的，谢谢您，叶向真老师。我们今天能够在叶帅当年住过的小院，跟您聊聊您的父亲叶剑英元帅。今天我们有这样的安宁的、祥和的生活，是跟叶帅这样的一批老一代的无产阶级革命家他们所作的贡献分不开的。谢谢您跟我们一起来回忆您的父亲叶剑英元帅。

他永远是人民的战士——耿飚之子耿志远专访

耿飚，久经考验的共产主义战士，无产阶级革命家、军事家、外交家。他16岁入共青团，19岁转入中国共产党，从一个带着七个民兵的游击队长，成长为指挥千军万马的参谋长。长征途中，他战湘江、渡乌江、强攻娄山关，四渡赤水河；抗战时期，他保卫陕甘宁、收复张家口；解放战争中，他与杨得志、罗瑞卿共同领导著名

耿志远做客《可凡倾听》

的"杨罗耿"兵团，威震天下。中华人民共和国成立之后，他又从骁勇善战的将军转型为儒雅睿智的外交官，成为第一位驻西方国家的将军大使，开辟了新中国的外交事业。他的一生，是波澜壮阔的一生，也是为人民服务的一生。

曹：非常高兴今天能够来北京给您做一个访问，我知道您是1946年出生的，在张家口，当时您父亲正率部收复张家口。

耿：我是5月份出生的，因为抗战结束以后，大家对和平充满希望，华北大批的战士复员了，所以内战爆发以后，咱们这边兵力不足，那个时期非常困难。我父亲在前方打仗，我母亲跟我讲，罗瑞卿罗政委家，杨成武、杨得志，我们几家一起在后方。当时很困难，一有敌情，我们就得马上转移，每家有一个牛车，上了牛车就转移。当时那几年，华北是比较困难的。

曹：您父亲从小就做农民，后来又做矿工，他跟您会不会经常回忆起小的时候所遭受的那些苦难？

耿：我父亲从13岁就到水口山铅矿做矿工，童工，那时候是很苦的。他说那里都是一些孩子，拿一个大的榔头，把大的矿石敲碎，有用的挑出来。这些矿工一般都是营养不良，头大肚子大，大家叫他们蟆蝈，就是田里的蛤蟆，叫"敲砂的蟆蝈"。我父亲相对来说身体强一些，因为他从小跟父亲练武。当时收入也非常低，一个月才一元

钱，而且还不发钱，发的是矿票，只能在矿里面买东西。日晒雨淋，他们手上都是裂的口子，所以是很苦的。

曹： 我听说当时毛主席的弟弟毛泽覃到水口山建立了党支部，然后也成为您父亲的英文教员，是不是在那个时候，他接受到共产党理念先进思想的熏陶？

耿： 对，是毛泽东，还有湖南省委派蒋先云、谢怀德、毛泽覃到水口山把工人发动起来，搞工人俱乐部，办工人夜校，给工人讲述革命的道理。他们开会就让我父亲放哨、送信，包括听工人俱乐部的讲课，所以他懂得了革命道理，在那儿参加了共青团。

曹： 您父亲一生对自己的那张党证非常地珍视，无论是战火连绵，各种各样的坎坷，他那张党证一直是保留到最后。

耿： 他是1925年申请加入了共青团，当时他16岁，不够入党的年龄，到1928年的时候就自动转党了，转成共产党员，所以他不叫入党，是转党。1932年拿到那张党证，他非常珍惜，弄了一个塑料壳子。当然那时候保留这个党证是很不容易的，没有家，整天就是行军打仗，风吹日晒、南征北战都带着。他说人在党证在，解放以后，他还是随时可以掏出来那张党证，用他的话说，这是他对党的尊重，是他的信念。我认为他就是老想着自己是个共产党员，为这个事业奋斗，跟着党走，所以打仗他都是非常勇敢的。

少年耿飚凭着一股子冲劲儿成为农民运动的骨干。1929年，中共浏醴县委交给他一支由七个人组成的游击队，他也得到了人生中的第一支枪，从此在武装斗争的道路上冲锋、流血、胜利，前进。而因为他的骁勇善战，也得到了"耿猛子"的称号。

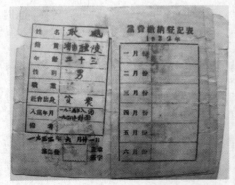

耿飚的党证

曹：当时在红军部队里头，一边要打仗，您父亲一边还要给那些文化程度相对比较低的战士上课，他是不是一个学习能力特别强的人？

耿：对，我父亲求知欲很强，当时整天行军打仗，有本书就看，看完了丢，实在好的书，他就背在身上，舍不得丢，也没地方存，只能背着。他原来只是在家乡上过一两年私塾，后边都靠他自学。部队里的那些战士，大部分都是农民，很多都是文盲，不识字，有些连自己的名字都不会写。他主要是教这些战士一些文化，还有战斗、军事动作什么，比方看到有土堆，怎么趴、怎么卧，战士容易接受，用实际行动来帮助战士提高。

曹：部队里头的战士来自天南地北，作为一个领导，您父亲当时怎么去协调这些不同地域来的战士，增进彼此的了解？

耿：我听他说，印象比较深的就是吃饭，大家吃不到一块儿去，湖南兵吃辣，福建不吃辣，有时候为这个吵架。所以他就让大家选出自己的代表，组成士兵委员会，大家商量，买菜、做饭要按比例，就这样跟大家商量着解决这些矛盾。杨成武和我父亲是老搭档，在四团，我父亲是团长，他是政委，杨成武就是福建人，我父亲是湖南人，但他们关系非常好。我父亲说有的时候，他们俩轮流负伤。我父亲从四团调到一师当参谋长的时候，两人就要分离了，杨成武送他送到很远。我父亲说他当时有匹骡子非常好，这个骡子过河都可以踩着木桩子过去。当时他们俩要分开了，杨成武腿上伤还没完全好，我父亲说把骡子留给他，杨成武坚持说你带到一师去，他们俩关系非常好。

1934 年 10 月，第五次反"围剿"失败后，中央主力红军为摆脱国民党军队的包围追击，被迫实行战略性转移，史称"长征"。而迈出万里长征第一步的正是红一军团第二师第四团，耿飚作为团长，走在队伍最前面。他的任务是始终与中央纵队保持一天的距离，提前开辟出一段安全地带。这支队伍不仅要面对极端恶劣的自然条件，还要拼死冲破国民党军队的重重封锁。

曹：红军爬雪山过草地，实际上是人类历史上的一个壮举。今天我们远隔这么多年，听上去好像有点诗情画意，其实当时真的要经历长征是一件非常非常艰难的事情，所以在您的记忆当中，父亲是怎么跟您回忆有关长征的那些细节的？

耿：我记得可能是初中的时候，开始听我父亲讲长征的故事。爬雪山，夹金山有海拔四五千米，很冷，风大，他们的衣服都非常单薄；空气稀薄，喘不上气，千万不能坐下，一坐下就起不来了，大家都互相搀扶着才过了雪山。过草地断粮了，到处找野菜，可野菜搞不好就是有毒的。走路一定要踩在草根上，我父亲的话说就是草一兜一兜的，必须踩着，走不好的话，就掉到泥塘里，越挣扎会陷得越深，连救的人都有可能给陷下去。后来没有吃的，他们就煮皮带，所有皮的东西都拿来煮着吃。他说快走出草地的时候，发现有个水塘里面有鱼，我父亲就把枪的通条给弯成钩钓鱼。煮鲶鱼也没有调料，很腥，但是大家体力得到一些恢复，总算过了草地了。过了草地，有些战士就大吃，吃得饱饱的，一喝水，里面胀开，就撑死了。所以他通知部队，不准大吃，只能吃个半饱。

曹：而且您父亲得了疟疾，当时其实医疗条件很差，药物也非常匮乏，他是怎么熬过来的？

耿：长征之前，他就得了疟疾，俗称"打摆子"，发病的时候一下就特别热，连衣服都穿不上，或者特别冷，打哆嗦，忽冷忽热的。湘江战役的时候，披着毯子指挥战斗。跟国民党互相争夺阵地，丢了又夺回来。正好丢了的时候，当时保卫局局长罗瑞卿来了，拿着驳壳枪说，你怎么把阵地丢了？像什么样子，指挥战斗还披着毯子？警卫员杨力就给他解释，我们团长在打摆子。后来他是突破第三道封锁线以后，遇到一个老中医，祖传一个秘方，但这个秘方毒性很大，他说吃药后头发可能都掉光了，以后找不到堂客，堂客就是老婆。我父亲说只要把我病治好，找不到就找不到吧。吃了一副药就治好了，结果他头发也没掉。

曹：您父亲是湖南人，爱吃鱼，可是听说他不吃湘江的鱼，是不是那段经历对他来说是一个特别难忘的记忆？

耿：打了五天五夜，就为了等待我们中央纵队通过，伤亡非常大。那个时候杨成武政委都负了重伤，我父亲一个人在那儿指挥，我父亲说是打得最苦的一次。

曹：您父亲其实有一个非常好的习惯，那时候即便是打仗，条件这么艰苦，他还是坚持写日记、拍照片，这些如果能够保留到今天的话，都是非常珍贵的革命史料。

耿：我父亲很细致，他写日记、照相是 1931 年打开漳州以后，缴获了几个相机，他就找照相馆的师傅学习怎么照相，怎么冲胶卷，怎么洗照片。然后他选了一个相机，一直背着，而且不管到哪儿，显影粉、定影粉都背着。后来我看他的照片都是一个一个很小的照片，他写日记还配照片。1936 年的时候，斯诺到苏区，咱们党希望斯诺向外界介绍红军，就动员大家有什么资料都交出来。大家都知道我父亲有日记本，还有照片，就做他的工作，我父亲舍不得，最后也只好拿出来了。我父亲一直惦记着这个事，解放以后千方百计就联系到斯诺，斯诺说他把资料都给了丁玲。可是丁玲说没这事，这就没有下文了，这是他一直非常惋惜的事。我现在也一直想能不能找着七八十年前的这本日记，但是一直到现在都没有线索，我也托美国朋友在斯诺的博物馆打听过，都没打听到下落。

曹：您父亲还记得他主要是记了一些什么样的内容？

耿：他主要是拍路过的一些风土人情，还有战友的合影，《西行漫记》里面还用了他的照片，有一张照片是红军大学的学员唱歌，就是他照的。

曹：您父亲自己看过斯诺的《西行漫记》吗？他有什么评价？

耿：看过，当然他觉得《西行漫记》对我们很重要，向外界介绍了红军，介绍了共产党，介绍了咱们的领导人毛泽东、朱德，让外界了解到中国这个地方有这么一支政治非常开明，大家都有信仰，非常生动活泼的部队存在。过去国民党封锁，外界根本不了解，这个对于咱们中国革命，对红军是很重要的。

曹：当时为了迎接抗日高潮，党中央开办了中国工农红军大学，您父亲是第一批学员，作为一个年轻人，当时他是不是特别珍惜这样一个学习的机会？

耿：对，红军大学，我父亲是念一科，叫作红大一科，都是师以上的干部抽调来学习的，当时也没有教室，都是利用山洞，把蝙蝠赶走，鸟屎都打扫干净，毛主席就说大家把这山洞叫"神仙洞"，说你们这些"神仙"在这儿"参禅悟道"，等天下大乱的时候就把你们放出去救苦救难。我父亲说参的是马列主义的禅，悟的是中国革命的道，他是非常珍惜这个学习的机会的。原来都是自己瞎看书学习，现在比较系统地学习军事理论，学习科学知识。当时也缺乏资源，没多少书，图书馆里，大家都抢着读。

曹：当时他们有教材吗？

耿：很少，比较好的大家就手抄，父亲他们刻蜡版，自己印。关键是没有纸，发动战士去捡国民党飞机扔下的传单，用传单背面。当时他们红大的学生都是二三十岁的年轻人，非常活泼，喜欢打篮球，我父亲说朱老总，朱总司令也特别喜欢打篮球，经常到红大来打球，他虽然是总司令，大家对他照样盖帽不误。真正是团结紧张、严肃活泼，我父亲非常喜欢回忆那段生活。

曹：抗战全面爆发以后，您父亲的部队就改编成为八路军，其实您父亲很长一段时间里，他的部队一直是担任先锋部队，所以据说当时让他守护陕甘宁边区，他还有点想法？

耿：对。他过去的部队都是打前卫的，而且从南方长征到了北方，就是要北上抗日的，结果现在要别的部队去抗日了，他心里当然很痒痒了，希望去前线打仗。毛主席和他过去就认识，找他谈了一次话，告诉他留守的重要性，保卫党中央。毛主席

耿飚夫妇参加外交活动

还开玩笑说，我们还靠你们吃饭呢。所以我父亲就同意留下来。

曹： 其实他生命的历程是和部队紧紧地连接在一起的，所以1950年调他到外交战线，对于父亲来说，是不是也有一个思想转弯的过程？

耿： 主要是舍不得离开老战友，另外当时部队节节胜利，正准备开拔，解放大西北，好多胜利的仗要打，突然让他调离了，当然舍不得了。另外给他一个新的领域，搞外交，他不怕，但他毕竟是不熟悉外交，所以他挺不舍得离开部队的。

曹： 当时党中央是根据什么样的一个理由来做出这样的决定，让您父亲去从事外交工作？

耿： 我想是几个原因吧，一个是新中国需要一大批外交人员，我们不能用国民党留下的外交队伍，这是肯定的。因为外交很敏感，又是在国外，必须找信得过的人，从部队里调一批人到外交战线。我父亲也算有些基础，1944年周恩来让他带一个美军的观察组，七个人带到晋察冀，路过很多日本人的封锁线，在这个当中他接触了美国人。然后1946年，美国、共产党、国民党当时组织了一个军调处，来调节国共的冲突，我父亲任中共代表团的副参谋长兼交通处长，在军调处的工作当中也和美国人打过交道，算是有一定基础。另外我觉得毛主席、周恩来对我父亲还是了解的，我父亲比较灵活，点子多，肯定是相信他能做好这份工作。

曹： 主席有没有对您父亲有特别的关照和嘱托？

耿： 主席叫他小老乡，让他多注意调查研究，这个他非常强调。

曹： 从将军变成外交官，当中其实是需要做一个很大的调整。当然作为大使夫人，其实工作也不轻松，您妈妈有没有跟您说过突然从一个部队的生活环境进入到一个外交的工作环境，很多的习惯都会有所改变？

耿： 我妈妈还是适应比较快的，当然到了大城市要搞外交，穿高跟鞋、穿旗袍、吃西餐，还有外交礼仪，原来没接触过，外交部就培训他们。当时有的夫人思想上是有情绪的，觉得这不成了资产阶级小姐了吗？后来还是邓颖超来给大家解释，说这是工作的需要，和外国人打交道，这样大家思想才能通。我母亲倒没什么抵触思想，我母亲这个人，叫她做什么，她都勤勤恳恳地做，她适应得也比较快。

曹：您父亲和您母亲是怎么认识的？

耿：当时咱们共产党到了庆阳办学校，动员那些孩子，特别是动员女孩子上学。当时女孩子上学不太容易，后来我母亲参加咱们党的活动，她来指导更加有说服力，因为她是女孩子，做工作比较容易。那时候校长是甘渭汉，是 385 旅的政委，他的夫人就撮合我父亲和母亲认识了。

曹：当时庆阳地区还算是比较封闭的，所以您外公当时是一口答应，还是有点犹豫的？

耿：没有什么犹豫，他反对，那时候庆阳是很封闭、保守的地方，不让女孩子嫁外地人，特别我父亲还是当兵的，他更不让当兵的带走了。所以他们想了各种办法，说服外祖父，请了当地的商会会长，很有威望的，做我外祖父的工作，他才同意。因为我母亲是独女，他们也很舍不得。一解放，我父亲就把我外祖父、外祖母都接到北京来了。

1950 年 7 月，耿飚率领工作人员及家属一行二三十人，作为新中国的首任驻瑞典王国大使兼驻丹麦王国公使，取道俄罗斯奔赴瑞典首都斯德哥尔摩。第二年，他又兼任了驻芬兰共和国公使，开启了一人任三使的挑战。

曹：当时您父亲去瑞典上任，您那时候跟着他一块儿去的是吧？

耿：对。我四岁。

曹：因为当时中国和国外的交流比较少，一个中国的孩子跑到他乡异国，眼中看到的是一个什么感觉？

耿：当然非常好奇。我那时候小，拿着一个玩具猫上街上遛弯，邻居一个外国小孩有个沙皮狗，长得很丑，皮耷拉着。那狗一上来，就把我的玩具猫叼走了，这是我印象比较深的，我当时吓哭了。另外我父亲母亲说我去到那儿，特别喜欢吃黄油，我吃的面包要涂厚厚一层黄油。我记得使馆的院子里好多刺猬。

曹：父亲有没有跟您说过，虽然瑞典的经济很发

1950 年，耿飚在国庆招待会上

达，但是作为外交人员来说，当时他们去瑞典，最困难的是什么？

耿：要先了解情况，先住下来，最初是住到旅馆里，毕竟旅馆也不方便，不能长期住。后来在郊区找了房子，比较大，他们一共有 20 几个人，工作、居住都在那里。但是还是不太方便，因为市区比较远，和政府部门打交道不方便，所以还是想在市区找。但是找合适的房子也没那么容易，要安全，区域要好，还要有一定的面积，因为 20 多个人吃住都在那里，所以花了不少时间来找房子，这是比较困难的。

曹：我刚才看到您父亲有一张照片特别帅，应该是当时他在那儿开国庆招待会是吧？

耿：那时候是 1950 年 10 月 1 日，第一次，咱们国家在西方世界召开国庆招待会，新中国在那儿亮相了，在西方世界，大家对新中国不了解，非常关注这个事情。再加上他们知道我父亲是一个将军，带兵的，所以他们也很感兴趣。

曹：我知道瑞典王室其实对中国文化，特别是京剧、瓷器都非常有兴趣。父亲有没有向王室、他们政府的部门，找机会来介绍一下中国文化？

耿：中国瓷器在外边很有名，西方一些有名人士收藏，多多少少要收藏中国瓷器，他们对中国瓷器非常感兴趣。我父亲和他们交往的时候也经常讨论，给他们介绍中国的情况和生活。

曹：父亲对你们有没有什么特别的要求？在学习的过程当中，要对中国传统文化下更多的工夫？

耿：我父亲当然很喜欢中国传统文化，像中国诗词，唐诗宋词，他很喜欢看中国古书。他特别喜欢京戏，留下来的很多录音带都是京戏。但是我觉得我父亲重视中国文化，同时也并不排斥西方文化。当时我父亲买回来电影放映机，也买回来不少 16 毫米的电影片子，"唐老鸭"、"米老鼠"，那时候我们国内还没有，我们在家里就看那个。另外我父亲他们还学习英文。

曹：他那时候已经快不惑之年了，学英文有什么诀窍吗？

耿：反正我看他留下很多书，都是密密麻麻蓝色的、红色的注解。和我母亲两个人学习挺努力的，他们自己花钱聘请了一个英文教师，教他们英文。家里现在还留着他们当时学英文的唱片。

曹：据说您父亲在瑞典的时候还自己开车？

耿：对，我父亲是喜欢开车，他 1931 年打下漳州，在漳州学会了开车，后来他在部队里也经常自己开车。到了瑞典，使馆 20 几个人，只有一个司机，根本忙不过来，所以他自己开车去办事情，当时还考下驾照来了。以后他让使馆同志好几个也学会了开车，拿到驾照，为了工作方便。

曹： 据说他那时候担任北欧三国大使，到各个国家办公务也自个儿开着车过去？

耿： 对。开车可以了解当地的情况，也方便。

曹： 您父亲后来给您回忆当中，有没有说起过，他在外交战线这么多年，遇到过最棘手的事情是什么？

耿： 有几个教训，那时候要到瑞典去，第一次我们去坐火车，经过西伯利亚到了莫斯科。但是到了莫斯科才知道，7月份、8月份瑞典政府都休假，根本没法办事，所以就在莫斯科停留了一、两个月。我父亲说这是调查研究不够。还发生过一件事情，就是瑞典的老国王去世了，给瑞典王储发一个吊唁信，但是这个信写错了一个单词，应当是我们悲哀地怎么样，写成了我们荣幸地怎么样，这就很不对了。我父亲后来亲自去他们外交部道歉，后来他们也理解，说这是翻译疏忽了。

曹： 我听说当时关于有关阿尔巴尼亚援助的问题，您父亲提出了和大多数人有些不同的想法，可能在当时这样的一个历史条件下，其实对他来说是一个比较艰难的工作？

耿： 对，这个他确实是犹豫了，思想斗争了一番。当时在外交上，把阿尔巴尼亚称作是欧洲社会主义的明灯。而且国内那个时候正在"文化革命"当中，如果是被他们"四人帮"抓到什么把柄，那可能我父亲会引来杀身之祸。阿尔巴尼亚把我们的援助不当回事，到处浪费，而且狮子大开口，向中国要这要那，咱们中国当时还很穷。我父亲看到这个情况，就很犹豫要不要报，把真实情况报回来，要报回来，这是很冒险的事情。但是他后来觉得这是自己的职责，必须把真实情况向中央报告。当然他的报告，后来外交部转上去，毛主席看了倒很高兴，说耿飚是个好大使，敢讲真话。后来一个场合，李先念主席碰到我父亲还说，耿飚，你好大胆子，敢说阿尔巴尼亚的坏话。当时这是很冒险的事情。

曹： 您父亲后来回国是因为受伤，还是因为什么其他原因？

耿： 他在阿尔巴尼亚的时候，一次打扫卫生，擦玻璃，不小心摔下来，把腿摔断了。后来中央批准他回来治腿，就在上海华东医院做手术，腿上打了一个钢钉，把骨头接上。所以他后来年纪大的时候，有时候走路，腿会有点疼。外孙女给他买了电动车，他就在家里开电动车。他开得很好的。我们把门槛都锯掉，方便他到各屋去转悠。

耿飚一生保持着艰苦朴素的作风，屋内的许多陈设，都是用了几十年的旧物。这些老物件记录着这位人民战士在人生的不同阶段，在国家需要的不同战场上，奋斗不止的可贵精神。即使是现在，我们依然能够在这座老宅中，感受到他当年的生活情景。

耿飚

曹： 从小到大，您觉得父亲对你们的教育是采用一种什么方法，对你们严厉吗？

耿： 我父亲对我们非常好，当然其实平常他也忙，管我们不多，我们觉得他是好父亲，就是说他的为人是我们的榜样，都尊重我们自己选择，我们学什么，包括我们找对象，他都很尊重我们自己的意见。因为1964年爆炸了原子弹，1965年我考了清华的工程物理系。考上这个，父亲才知道我要搞原子能。但是我们的选择，他都非常尊重。

曹： 比如说你们在选择工作当中，如果遇到一些困难或者一些问题，会不会请父亲帮个忙？

耿： 他那时候是人大副委员长兼外事委员会的主任，我就希望调到他那儿去，但他一口就拒绝了，他说我去那儿影响不好。当时外委会刚刚成立，需要干部，其实我在那之前给他推荐了好几个我们清华的同学，他都同意，都符合他们的条件，但是我想去，他就拒绝。

曹： 在党史上有著名的"耿飚之问"，就是1991年您父亲回到当年战斗过的陕甘宁的陇东，当时发生了一些什么样的事情？

耿： 1991年他到过去生活、战斗过的地方去走一走，回到陇东。当年我父亲任八路军129师385旅的副旅长兼参谋长，还兼庆阳的城防司令，还兼军法处的处长。当时我父亲1991年回去的时候，当地的老百姓就传说耿旅长回来了，所以他去的时候，好多老百姓来看他，还有很多老百姓是来告状的，他们对当地的干部有意见，来告状。我父亲看到那么多老百姓告状，他有些想法，但他也没对身边那些干部说什么，就说给他们讲一个故事，当时他们部队驻防在陇东的时候，部队一个战士犯了严重错误，按照八路军的纪律是应该枪毙的。要枪毙的时候，来了好多老百姓给这战士求情，老百姓说共产党都是好人，就饶了这个战士，让他戴罪立功吧。可是我父亲说我们有纪律，得执行纪律，但人家老百姓都跪下了，最后我父亲不得不同意了群众的意见。他讲完这个故事，就跟身边那些干部说，如果你们以后犯了事，老百姓还会给你们求情吗？后来这个传为耿飚之问。

曹： 您父亲晚年又重回部队，他作为一个老兵，是不是觉得特别欣慰？

耿： 也谈不上欣慰，原来罗瑞卿同志担任军委秘书长，但是罗瑞卿同志在手术的时候不幸突然去世了，我父亲和罗瑞卿是老战友，他非常难过，让他担任军委秘书长，他也有些顾虑，中央决定要裁军，要裁一百万，裁军是得罪人的事，裁谁、不裁谁都是得罪人的事。他忙着做很多工作，他一直说自己是个人民的战士，其实他就是个老兵，在部队20多年打仗，到最后又回到部队，他是个老兵。按他的话说，我们这些"老丘八"，"丘八"就是兵。

曹：他晚年从忙碌的一线工作岗位上退下来，他自己最大的爱好是什么？

耿：他喜欢写字，画竹子。写字，他不照别人的字帖写，他说我就写自己的字。画竹子，他说我画的竹子都是直的，我觉得这是代表了他的性格。

曹：您觉得父亲这一辈子对你们子女影响最大的是什么？

耿：坦坦荡荡、两袖清风，把一生献给了国家，给后代都没留下什么物质财富。但是我又觉得父亲留给我太多了，他的好名声，他的一世英名，是留给我最大的财富，精神财富。受他的影响，我觉得我和别人比，可能我对国家的命运更关注，想给国家尽些力。现在习主席领导我们，大家奔中国梦，就挺有信心的。

曹可凡和耿志远

曹：如果我们用一个词来形容父亲的话，您会怎么说？

耿：耿直坚毅，就是对我父亲的评价。

曹：非常贴切地概括了他的个性特点！

为人类的幸福而斗争——罗炳辉之子罗新安专访

罗炳辉，1897年出生在云南彝良，1915年入滇军当兵，1929年7月加入中国共产党，同年率部起义，参加红军，参加了讨袁护国战争和北伐战争。第五次反"围剿"开始不久，任红九军团军团长。率部参加广昌保卫战，并护送北上抗日先遣队出征。抗日战争时期，罗炳辉在武汉从事统一战线工作以及开辟皖东抗日根据地。1946年解放战争爆发，罗炳辉领导枣庄战役。1946年6月21日因病在山东兰陵县病逝。罗炳辉是建国后中央军委认定的解放军36个军事家之一，是一位从奴隶成长为统率千军万马、屡建战功的杰出军事家。

罗新安做客《可凡倾听》

在山东省临沂金雀山脚下的华东革命烈士陵园，埋葬着6万多名在抗日战争和解放战争中牺牲的烈士，罗炳辉将军就和他们长眠在一起。如果他还活着，今年已经是超过120岁的老人了，也能看到中国共产党成立100周年，这盛世一定如他所愿。

曹： 今天非常高兴，能够在中国共产党成立100周年，跟您聊一聊您的父亲罗炳辉将军。我知道您父亲的很多遗物，都已经捐给了新四军纪念馆。家里留存的可能就是眼前的这只木箱，这只木箱有什么讲究吗？

罗： 这个木箱就是我父亲战争年代装文件的箱子。

曹： 等于是个文件盒。

罗： 文件箱。文件箱打仗的时候如果没有马就挑着，如果有马就放在马背上。我父亲去世以后，我母亲就留了个比较好的，主要还是放我父亲的东西，那些照片，我父亲的枪，一直保存到现在。里面东西全都捐完了，唯一剩下的就是一个玉镯，我刚才给你看过了。这个玉镯是有一点纪念意义的，纪念意义是什么呢？我父亲那时候身体不好，当时没有药，高血压的药什么都没有的，后来医生就建议他玩玉器。因为这玉器比较凉，中医的说法认为可以降血压，所以这样子。得来的一些玉器，就给我父亲送来了。我父亲比较喜欢这个玉镯，它作为治病用的，否则他不会要的。我父亲这个人，他对自己要求很严的。所以牺牲以后，就把它作为随葬品，跟我父亲就一起埋在棺材里了。埋在棺材以后，一个多月，国民党占领了临沂，占领的那个部队正好是广西军138师，他们很恨我父亲。后来有人

罗新安（录制现场手拿父亲遗物手镯）

告密以后，他们去把我父亲棺材给挖出来。挖出来就等于鞭尸。然后把这个玉镯作为奖励品，奖给告密的那个地主，所以留在他家了。

1963年的时候，大概这个地主家有什么事，他害怕了，把这个交出来，作为立功的表现，问能不能减轻罪行。他就还给了我们，我母亲看了，是这个玉镯。她说，这个玉镯当时说是汉朝的玉镯。因为看上面的雕刻，这个玉镯一般是王公贵族这样一级才能用的。后来我是找专家鉴定过，假的，他告诉我只值几百块钱。

曹：但对您来说是无价之宝。

罗：对，不管它是一分钱不值，或者说是值几万、几十万，对我来说都是一样的。等于又从我父亲那里回来了，所以这个是我的传家宝，最珍贵的传家宝。

1946年，罗炳辉将军在前线因突发脑溢血而英年早逝，而那一年的罗新安只有两岁半。他长大后立志追寻父亲的足迹，逐渐地，父亲的形象在他心目中丰满真实起来。

曹：对于我来说，或者对我们这代人来说，我们过去是看过根据您的父亲的故事改编的电影《从奴隶到将军》，杨在葆先生演的您父亲的形象长久地留存在我们的记忆当中。您还记得当时的电影工作者，怎么会去想到创作一部有关您父亲的故事的影片？

罗：据我所知，当时是梁信编剧，他有感于我们过去的英雄人物没有家庭，所以他要编一个有家庭的这样一个电影。

曹：有血有肉的电影。

罗：对，比较接地气的一个电影。当时我父亲有传记，他从这里编了一个电影，就是这样子的。

《从奴隶到将军》是一部人物传记片。它以罗炳辉将军的一生的传奇经历为主要生活依据，又融合了其他老一辈无产阶级革命家的战斗经历，在银幕上创造了罗霄将军这一动人的艺术形象。

曹： 梁信先生有没有跟您母亲讨论过一些电影相关的细节？

罗： 梁信给我母亲写过一封信，正好又是上海电影制片厂来拍这个电影，所以当时上海电影要拍的时候请我母亲去，我母亲没有去。我母亲在这方面是很谨慎的，比如她在瑞金医院工作，抢救邱财康的故事也拍过一部电影，叫《春满人间》。

曹： 对，白杨演的。

罗： 白杨演的，对。在此期间，我母亲没有一张跟这些演员的合影，我母亲她对自己要求很严，在这种宣传方面她很低调的，她就是这样一个人。

著名电影《春满人间》中，白杨饰演的医院党委书记方群就是以张明秀等同志为原型。张明秀是 1935 年 2 月参加革命的红军老战士，与罗炳辉将军在 1937 年结婚，共同度过了九年的烽火岁月。

曹： 您母亲跟您父亲是怎么认识的？

罗： 他是在长征到了延安抗大的时候，何长工介绍的。在第一次见面的时候，我父亲大概误解了她的一句话，就不跟她联系了。

曹： 就误解了您母亲的一句话。

罗： 对，她意思好像是嫌我父亲粗鲁还是什么的一句话，我父亲就说，你既然有想法，就算了。后来，何长工再做工作。我父亲比我母亲大 20 岁。

曹： 您母亲生前有没有跟您回忆过，父亲比你母亲要大这么多，而且父亲的性格也比较倔强，母亲为什么愿意跟他结为"秦晋之好"？

罗： 这个没有，但是我认为。我父亲因为打仗还有点名气，又是红军，长征打过来的，这个在军内是受很多人尊敬的，我想这个是主要原因。

曹： 您母亲在您的成长过程中，有没有经常跟您回忆起有关您父亲的一些过往的经历？

罗： 她不讲。

曹： 为什么呢？

罗：我不知道原因，但是如果我问她，她会说。有一次，我母亲到我父亲房间去。那个时候天比较热，我母亲脸上有点汗。警卫员就给我母亲打了一盆洗脸水，他就要离开。这个时候我父亲把他叫住了，说是领导派你来干吗的？他说是照顾首长的。然后我父亲就说，那你为什么打这个洗脸水？还让他承认错误。后来警卫员承认错误了。警卫员告诉我说，这盆水，他认为我母亲是老红军，又是师部的协理员，也是管他们的。他认为给她打盆水是正常的，但就是这个正常

童年的罗新安与父亲罗炳辉、母亲张明秀

行为，我父亲让他承认错误。这个事情我事后问我母亲，我母亲就笑一笑，说是这样的。所以我父亲对自己要求很严，我母亲也是要求很严，她从来不给我们讲这个事。

曹：我知道您的名字是父亲给您起的，有什么寓意没有？

罗：这是个小名，"罗新安"的寓意就是"新四军"在"安徽"生的。我姐姐有一个小名，叫吉安，她是吉安起义那年出生的。所以以地名和工作相联起来，"新四军"在"安徽"生的，所以我叫"新安"。

曹：您父亲去世的时候您才多大？

罗：我两周岁半。

曹：您还有一些模模糊糊的记忆吗？

罗：一点都没有了。

曹：母亲有没有跟您讲述过，父亲去世前后的一些情况？

罗：她讲过，她说那个时候我父亲身体也不大好，就在去世前，他跟我母亲说，他做了个梦，梦见一个老太婆养了个肥猪。我母亲就问他，这个有什么说法？我父亲就讲了，人怕出名猪怕壮。我母亲就说他迷信。果然不到一个多月，他就走了。

曹：您在成长的过程中，大概从什么时候开始慢慢在自己的脑海当中，拼接出有关父亲的一个相对具体的形象？

罗：大概要到三四十岁了，因为小时候我母亲不大讲。但是别人对我父亲印象很深，所以更使我会向往，我父亲到底是什么样的人。所以到目前为止，我搜集我父亲的故事有300多个，我就从这点碎片中，300多个碎片中，拼接出我父亲的一个形象。

1897 年，罗炳辉出生在云南省彝良县的一个贫苦农民家庭，17 岁那年他加入了滇军，参加了讨伐袁世凯的护国战争，然而他对军阀的骄奢腐败，极为不满，1921年，他毅然投奔了北伐军，那一年他 24 岁。

曹：您父亲从小是生活在一个什么环境当中？

罗：我父亲生活在一个棚子里，房子是没有的，等于是现在来说叫做搭起来的房子，没有墙的。

曹：您父亲小时候是一个什么样的孩子？

罗：我父亲小时候个性比较强，因为我的奶奶这个人个性比较强，我认为这点性格对我父亲是有影响的。我奶奶这个人，有这么一个反抗的精神。所以我以为，我父亲这个性格更多是受我奶奶的性格的影响。

曹：他小的时候如果遭受到一些不公的待遇，会不会奋力去反抗？

罗：有一年过春节，当时我父亲大概六七岁，他们当时的风俗就是拜年，给他的外公外婆磕头。男孩子大概有压岁钱，几文钱。女孩子有一块花布。我父亲就是不肯磕头。为什么？外公平时瞧不起我们家，他觉得不公。后来旁边那些人就劝他，他的姨妈、舅妈劝他，你磕个头吧，不仅给你压岁钱，还给你花布，他还是不肯。然后他的舅妈就去按他的头要磕，他咬了她一口。

曹：好倔。

罗：对，非常倔。他是不为钱财而折腰的，他一辈子就是不为钱财而折腰。比如吉安起义的时候，他当时收入一个月是六七千块大洋，1928 年、1929 年的时候，那个是什么概念？就我父亲当时一个月的收入，可以买四套四合院。他起义以后，一分钱没有了。所以我父亲这个人如果看他人生的特点，一个他就是遇到不平的事情，他是要抗争的，第二个，不重视钱财，非常不重视钱财。他 12 岁的时候，就跑到了县城，告状。

曹：告谁的状呢？

罗：告那个地主的状，这地主也姓黄，就是他母亲的娘家系统。所以我父亲的反抗精神，你亲戚他也不管。

曹：其实等于是告了自己的亲戚了，是吧？

罗：对。

曹：家里人了。

罗：所以回来以后，我爷爷把他狠狠揍了一顿。有一次有一个滇军的一个连，进驻到县城了。我父亲就看到希望了，他当时就入伍了。他走了十六七天，走到昆明，那是很不容易的。当时就十六七岁。后来正好唐继尧招保镖，因为我父亲身体好，枪法准，又跟唐继尧是同乡。我父亲就考上了。

曹：听说他后来跟唐继尧去了香港，是吧？

罗：对。

曹：而且他做的那个工作，现在来讲其实有点"油水"，可是您父亲一贯的清廉、正直，所以他依然是两袖清风。

罗：对，他去了以后，当时陪同唐继尧到香港的云南人一共十几个，他去的时候作为保镖。去了以后，像这种军阀都是有几亿身价的。当时几亿身价就不得了了，相当于现在几十亿吧。结果叫我父亲担任采买副官。

曹：就是采购。

罗：就是唐公馆所有的采购，衣食住行，都由他负责。

曹：那个油水很大的。

罗：它很典型的，回扣都公开的。

曹：对。

罗：但我父亲一分钱不要的，回扣，你把这个减掉，记在账上。后来他觉得唐继尧这里不是他待的地方，所以他不辞而别，三个月的工资也没领，然后把所有的账单算得清清楚楚。后来唐继尧看了以后，就说了一句话，他说罗炳辉是个奇人，奇怪的奇。他不贪财、不贪色，我父亲一生就是这样一个人。

曹：他后来是什么机缘去参加了北伐？

罗：就是因为他回到云南，人家说他是唐继尧的奸细。抓起来，要枪毙，后来他的一些老上司，极力保他，保下来了。保下来以后他也很倔的，我在云南滇军待不住，他决定到朱培德那里参加北伐，这样就离开了云南。

曹：在北伐当中，他打的后来最令他感到自豪的战争有哪几个？

罗：主要的一个就是南昌的叫牛行火车站。

曹：就是那次打得特别激烈，是吧？

北伐时期的罗炳辉

罗：特别激烈，因为是滇军攻不下。什么原因呢？因为牛行车站就是铁路，铁路是通九江的，它的后援很厉害。屡攻不下，唐继尧就说了，说没有人敢去了，谁去打？打下来以后官升一级。我父亲当时是个营长，我父亲他那个营大概有400多人，去打。确实很艰苦，我父亲也动了很多脑子，打下来了，400多人剩80个人。

曹：伤亡惨重。

罗：对，但是打下来了，唐继尧就履行他的诺言，让他担任他们那个团的团长。但是那个副团长、参谋长联名写信，说他有共产党嫌疑，不能提拔。唐继尧一看，没有办法，收回成命，把他调了一个团，就调了他原来炮兵大队长那个团里，当一营的营长。

曹：当时在这种旧军阀的部队里边，就是污泥浊水。

罗：对。

曹：是吧？你出淤泥而不染，濯清涟而不妖，你就没有办法跟周围的环境融在一块。

罗：格格不入，他吃喝嫖赌一样没有，贪污也没有。他属于这种的，旧军队他是待不下去的。

1929年春，罗炳辉到江西吉安任靖卫大队长，几个月后他秘密加入了中国共产党，11月他率领吉安靖卫队举行了吉安起义，参加了中国工农红军。在1930年中央苏区的一次反"围剿"中，他佯作溃退，成功地把国民党剿共总指挥张辉瓒及其部队诱入龙岗，全部歼灭，那一年他33岁。

曹：您父亲是1929年7月入的党，是吧？

罗：对。

曹：当时您父亲入党，有谁介绍吗？

罗：他入党是这样子的，当时在苏区，我父亲是警卫大队长，他很同情农民。只要农民的事情，只要做得不对，他都要秉公处理。很多地下党被救的以后回去就反映，说罗大队长对我们都很客气。这样引起了党组织的关注，就找了我父亲一个滇军的挚友，阶位比我父亲还高，就做我父亲工作，这样父亲参加了共产党。吉安起义的时候，实际上我父亲这个部队人不多，真正过来的只有180人。因为当时是革命的低潮，叛变还来不及，还有几个人过来的？虽然我父亲起义过来只有180人，但是毛主席说，这是他的金字招牌。

1934 年 10 月，红军开始长征，罗炳辉当时是红 9 军团的军团长，为了迷惑和牵制敌人，他率部转战黔、滇、川三省，边走边打，特别是指挥部队巧渡金沙江，激战泸沽、过泸定、克天全，为红军长征胜利作出了重大的贡献，那一年他 37 岁。

曹： 整个在这二万五千里长征过程当中，您知道您父亲经历最大的挑战，或者他最困难的是什么？

罗： 他有几次最困难，一次是渡湘江。

曹： 他那个时候做红九军团军团长，是吧？

罗： 红九军团军团长，过湘江的时候，实际上一开始红军过去的人只有一万多人。我父亲有一些特点，执行军命是马上执行。他接到命令的时候是中午吃饭的时候，我父亲一接到命令，马上走，饭带在路上吃。但白天走很困难，它有飞机轰炸。他先不管，继续走。等我父亲赶到湘江边上，已经是半夜了。半夜的时候两个渡口全部被占掉了，没地方去了。然后我父亲灵机一动，就从凤凰嘴泅渡。凤凰嘴渡口就是一个水利工程，像都江堰一样，垒了很多石头，把水位提高。这个地方可以泅渡，水到大腿。但天气很冷，我父亲就命令，把所有的东西都扔下来，放在边上。你要不那么走，走不过去。然后十几个人，排好队，手挽着手，卷起裤腿，这样泅渡过，连夜泅渡。泅渡过去以后，凌晨，广西军的飞机来了，炸了。那个河上不好跑，所以湘江水染红了，在我父亲过来以后紧接着就是这个。

其实现在考证下来，我父亲从凤凰嘴过来，开了这个路以后，走过来的红军部队是近两万人。就是后来的红军一共三万人的部队，大部分是跟着我父亲这个凤凰嘴渡口过来的。

曹： 还有哪次？

罗： 还有一次就是有个叫四渡赤水出奇兵。这个奇兵就是指我父亲这个部队，因为当时过了湘江以后，红九军团只剩三千人，只有三千人了。到了遵义会议以后，这个时候决定，就四渡赤水。把原来的政委换成何长工，当天晚上，我父亲就马上整编。后来我看当时的一些日记，为什么红九军团不撤了，就是这一招，这招的目的就是电报讲得很清楚，如果你们突围不了，就地打游击。大家都很清楚是什么意思，就跟 34 师一样，也是就地打游击，就准备自生自灭了，我父亲也很清楚。

在打了三天游击战以后，把敌人迷惑住了，他周围敌军有 30 万人，原来是 3 万人。然后红军渡过了以后，我父亲接到电报以后，马上就往渡口赶，就是半夜接到电报。贵州下雨，泥泞得很，赶到集合地点，红军已经走了，辅桥炸掉了。马上再把桥搭起来几乎没有可能。

我父亲一看这个情况，有人也说，马上搭个辅桥，我父亲说不行了，我们搭了辅桥，后面紧接着大概二三十公里就是国民政府时期的中央军。如果九军团走，中央军也可以走，所以我父亲就返回乌江，返回更远的地方，在一个山里躲起来了。躲起来的时候，此期间附近是3000人对30万人，这个比例是1比100。而且又在国民党统治的白区，几乎没有生存的可能。当时有的人就泄气了，高级干部也都认为不行了。然后我父亲认为要打一仗，大家讨论，最后何长工同意我父亲意见，向中央请示，同意打仗。打仗的时候，是在这么一个背景下。

然后这个时候据侦查，贵州省地方军阀黔军有三个团。实际上我父亲红九军团只有一个团，他要对付三个团，这个比例悬殊也是蛮大的。后来部队埋伏，敌人走过以后，他都没有打，打了敌人一个指挥机构，结果发现，不是三个团，是七个团。过去有三个团，没有来的四个团，那是绝对少数。后来，黔军前面的三个团，四个团从两面进攻红九军团。我父亲一看，当时他们配有迫击炮。我父亲就把这个部队压缩在一二百米的范围内，为什么呢？一二百米范围内迫击炮打不好，怕打到自己人，他就不用迫击炮。然后就在中午的时候，突然前后都没有声音了，我父亲就知道了，机会来了，他就等着这个机会。黔军是"双枪军"，每个士兵有一支步枪和一支烟枪，他们一天要抽三次鸦片，早中晚。然后十点钟，到中午的时候正好他要抽鸦片了，全部都要抽鸦片了，机会来了。

我父亲老早准备好了，把所有的政工人员、后勤人员、卫生人员，所有的部队分成两拨，就分成前后两拨。然后前后的部队冲锋，两面冲。我父亲就给前面的部队命令，你不要停，你往前冲，后面副路有人。就这样子，这个时候冲锋号响了，把黔军的七个团一举击溃。

曹：七个团？

罗：七个团。这一仗叫老木孔战斗，这也体现我父亲他指挥作战的能力，什么

长征时期的罗炳辉（中）

时候该攻，什么时候该守，在抓住要领这点上充分体现了我父亲的指挥才能。

抗日战争爆发后，罗炳辉任八路军副参谋长，在八路军驻武汉办事处协助周恩来等人从事统战工作。

曹：抗日战争全面爆发之后，您父亲又建立过哪些功勋？

罗：抗战，我父亲占的根据地是靠南京最近的地方，六合，我想你去过，六合的一半就是我父亲所在的根据地。抗战时期是这样子的，初期的时候周恩来给新四军的作战方向有一个指示，什么指示呢？一个我们开辟根据地到敌人，到最危险的地方。最危险的地方就是国民党军不去，为什么？靠日本人近，害怕。第二个是到没有人愿意去的地方，比如苏北、沿海这种地方，海滨，没有人去的地方。那我父亲接受这个任务，恰恰是最危险的地方。所以我父亲刚去的时候，给他的部队是一个游击队，穿的衣服很破，一个人只有三发子弹。

曹：那怎么打？只有三发子弹怎么打仗？

罗：是啊，所以我父亲就讲，你还给我这样的地方，要不打败的话，搞不好人都没了。那三发子弹怎么打呢？我考虑过好多年，后来我才知道，三发子弹打，就意味着你第一枪打了以后你就要冲锋了，你要不冲锋，那你只有挨打的份。所以我父亲的部队配了一个大刀，为什么？肉搏、拼啊。所以我父亲练兵是很苦，那些人对我父亲意见很大，但是如果不这样也站不住脚。他最大的贡献主要两条，一个就是发明了战术。

曹：梅花桩战术，是吧？

罗：对，梅花桩战术。主要是因为那个地方，抗日战争的根据地紧靠着津浦铁路，紧靠着南京。日军的力量非常强大，所以你要对付日本人是很不容易的。日本人在二战期间武器装备是很强的，特别是有一个叫掷弹筒，我们手榴弹扔五六十米，迫击炮攻击距离超过600米，600米以内的距离就直上直下，不好控制了，就像我父亲在打仗的时候压缩阵地一样。所以在50米到600米中间这一块，是没有这种可以爆炸的武器，掷弹筒就替代了这个，它等于小迫击炮，它的距离就是在这个距离之内。所以最吃亏的就在这，很难跟他打正面。要么你在50米以内，它那些掷弹筒不起作用，这可以。所以我父亲在第一次打日本人的时候，就利用这个，在50米之内，掷弹筒不起作用，把他干掉了，大刀有这个作用。所以那个时候我父亲就想，正面打肯定打不过，他就动了个脑筋，什么脑筋呢？就是我部队的驻息下来，我不是驻在一个地方。

那么就把点布置多一点，我不要你两个点，我五六个点以上，你最多只能打我两个点。打我两个点，这两个点就往后退，就吸引他。他那个部队驻地之间5里路，5里路是什么概念呢？看不见，听得到。他能听到枪声，但看不见我，就不容易发现。其他的部队当时又没有手机，也没有电话、电台，就听到枪声，你就往枪声打就是了。就是这样一个战术。第一次试验成功了，试验成功以后，紧接着过了一个多月，日本人又开始扫荡，5000人。我父亲就把所有的部队变了四五十个点，等着他。

曹：化整为零了。

罗：化整为零。但他化整为零，听到声音你就打，你不要停在那。过去是停，你没有命令不行，现在你听到枪声就是命令，这个是很大的一个改变。然后他原预定是一个月，结果一个礼拜，就撤退了。为什么？他五千多人已经损失了四五百人。

后来太平洋战争爆发，日本人也不来了，这块算了，我惹不起，我就不去了。这就是梅花桩战术，这个战术刘少奇有很高的评价。这是一部分。我讲我父亲遗体被广西军挖出来，就是138师。广西军一共两个军，国民党最能打仗的十个军中，它两个军都在里面。广西军打仗是有一套，我们长征"十八勇士"，十二个是广西人。后来淮北被国民党占了，唯一的出路就是定远。所以中央给我父亲下了死命令，这里一定要守住。这个地方很小，只有半个县那么大，所以很艰难。而且又遇上广西军，特别能打，所以牺牲特别大，那个地方还有一个无名烈士墓。在这个时候我父亲就发明了一个碉堡战术，也很成功，把广西军给拦住了。所以广西军为什么后来很狠，到了临沂以后非要挖我父亲的坟，就是跟这个有关。历史也很有意思，最后消灭广西军138师的，就是我父亲过去的红九军团。历史有的时候蛮有意思的，在广西消灭的。

曹：大家都知道您父亲骁勇善战，而且性格比较倔强，但是他内心其实也很柔软。我听说您父亲当时组织了一个小鬼班，收养了一百多个孤儿，是吧？

罗：对。1939年根据地遭遇旱灾，路边经常可以看到一些饿昏过去的小孩。因为我父亲从小有这个经历，他过去从军，经历过。他很同情，每次都要下来，喂他们水，喂他们吃的，送回家。有一次有一个小孩，一直昏迷不醒，就带回来了。带回来一问，他是孤儿，我父亲一听，这怎么办？他起来来回踱步，我父亲想问题喜欢来回踱步。最后决定，成立一个小鬼班。但参谋长不同意，我父亲就给他做工作，最后同意了。后来像我母亲他们都去帮他们改服装，大军装改小军装给他们穿，还派了个老红军带队、出操，这个班最多的时候有100多人。我1943年出生以后，两个多月的时候，我父亲就把我送走了。为什么送走？他认为我会给部队带来负担，就把我送给了没有孩子的农民，我差点就是农民的孩子了。

曹：其实当时这个战乱的情况，父母跟孩子很可能会走散。

罗：他就是认为负担重了，我父亲这个人，他就是不要了，这样子。

曹：他当时把您送到农民家的想法，实际上是想放弃的。

罗：我认为他肯定是这样的想法。后来正好日本鬼子扫荡，人家说

罗炳辉与"小鬼班"的孩子们

了，日本鬼子来了，把你们全家杀掉，他害怕了，不敢要了，送回来的。我父亲就是这样，对农民的孩子他是非常关心的，对自己的孩子，他也是关心农民，有的农民没小孩嘛。

艰苦的革命战争环境和忘我的工作，使罗炳辉身患多种疾病，1946年6月，在枣庄前线指挥作战的时候，他几次昏倒在前线，6月23号，罗炳辉在由义县返回临沂的途中病情突然恶化，在兰陵镇逝世，那一年他49岁，而罗新安只有两岁半。多年过去，父亲的形象在他的心里既模糊又清晰。在别人心中也许罗炳辉是战神，是英雄，而在罗新安心里，他永远是一个普通的父亲。

曹：在您搜集的父亲的故事中，从哪一个点切入，让您突然看到父亲其实他在短暂的人生当中那种熠熠闪光的人格魅力？

罗：就这几个字。

曹：为人类的幸福而斗争。

罗：对。已经过去六七十年了，在当时我父亲驻地还流传着这么一个故事。有一次吃完午饭以后，他在外面散步的时候，看到一个农民站在那儿。他就问他，你站这儿干吗呢？他说，他刚才是跟伙房去送柴火。当地部队那个烧饭的柴火是农民送去，然后付钱的。他说，我没有吃早饭，走不动了，歇一会儿。我父亲说，来，你跟我来。就把他带到了炊事班，给他吃了顿饭。然后就做了规定，今后凡是老百姓来送柴草的，如果碰到吃饭时间，吃顿饭再走。你看现在七八十年了，这个老乡都记得。我父亲他看着的，他认为的，要给老百姓做的事情，他是不会犹豫的。

曹：您曾经在某一个场合回忆过您父亲去世的状况，那时候您才两岁半，并不知道

在罗新安家里的院子中，移栽了一棵迎春花，这是父亲坟墓前的一棵迎春花，寄托他对于父亲的思念

父亲的死亡是怎么一回事，只是觉得父亲睡在棺木里头。可能您那时候也不知道这是棺木，就觉得父亲是睡在那儿。

罗：是我姐姐告诉我的。那个时候是这样子的，她说，我父亲不是在棺材里吗，一看到，我就要过去。然后警卫员就跟我讲，你父亲在睡觉，所以我就不过去了。后来到吃饭的时候，大家都坐着准备吃饭，我突然就跑过去，叫爸爸吃饭。

曹：其实这个细节挺打动人的，一个两岁半的孩子其实完全不懂得人间的很多事情，都是发自自然的，对于父亲的那种爱，所以想让父亲起来吃饭。

罗：对。

曹：今年是我们建党100周年，您父亲是1929年入党的党员，是在大革命的低潮期，在党的初创时期，能够加入中国共产党，在当时是一件非常难能可贵的事情。您作为他的孩子，在中国共产党成立100年的时候，如果用一句话来概括父亲的一生，您会怎么说？

罗：我就说这个，为人类的幸福而斗争，还是这个话，这个话放到什么时候都是正确的。

我的几何人生——丘成桐专访

他是新中国的同龄人，幼年成长于香港的乡野田间，二十岁远渡重洋，求学美利坚，二十七岁一举破解顶级数学难题卡拉比猜想，震动世界；三十三岁成为"数学界的诺贝尔奖"——菲尔兹奖首位华人得主；行到人生中场，他又回到祖国，为中国数学的发展鞠躬尽瘁。《可凡倾听》走进清华大学丘成桐数学科学中心，倾听这位文理兼备、不拘一格的数学

丘成桐荣获菲尔兹奖

大家。清晨 6:30 是年过七旬的丘成桐每天雷打不动的游泳时间，他习惯用这种方式来开启一天的工作。这天因为早晨 8:00 的视频会议，他提前结束了运动，匆匆离开泳池。当我们在清华园内的丘成桐数学科学中心再次见到他时，他已经连续完成了两场国际会议。

曹： 在一般的民众心目当中，数学家应该是属于这个星球上最聪明的人，如果您用普罗大众都明白的话来说，能不能一言以蔽之，数学的魅力究竟体现在什么地方？

丘： 数学是科学里面唯一的真理，很简单的一句话，因为物理也好、化学也好、生物也好，工程学科里面的理论都是要找出真理的某一部分。但是数学本身是从最基础的公理一路推导出来的，中间不可能有错。

曹： 我读了您的传记，有一点特别意外，其实您过去读书的时候并不是学校里的今天讲的所谓"学霸"，您小的时候，是一个什么样的孩子？

丘： 其实我在国外看的人多一点，小学的时候很多学生不是你所谓的"学霸"，都是喜欢玩，喜欢多看、多走动。小学的数学也好，很多学科也好，都不是最重要的。我觉得培养他的心智、兴趣，更重要一点。所以我小学的时候，你讲我不行也不是，你讲我很行也不是，但是中学是真的花功夫开始学习。

曹： 您小的时候在香港地区成长，能不能给我们描述一下那时候你们家的整个生活

状况？

丘：20 世纪 50 年代，有一大批第一流的、有学问的学者到了香港地区，当时很穷，没有维持生活的基本能力，因为香港地区主要就是做生意，还是殖民统治。当年很多大学者，包括钱穆先生在内，不懂英文，所以香港地区唯一的大学香港大学，根本不愿意收他们做教授，所以基本上他们很困难地维持他们的生活。我父亲从汕头到香港地区以后，刚开始想开农场，但经营农场根本不是他所长，所以将所有支出全部就用掉了，剩下来就很困难，靠教一些大专学校，不是大学，但是是大学程度的学生，以教他们为主要谋生的方法。但是很辛苦，教一个小时拿很少的钱，我年纪小的时候不大知道。到了十多年前，我整理我父亲遗留下来的文件，我才知道，到了 1957 年，我们家里一年的收入是两千元港币。当时房租是一个月一百元，所以你就看得出来很辛苦。我家里连父母，加起来是一家十口，所以要靠这个钱来维持是很困难的事情。坦白讲，小时候我们八兄弟姊妹，我父亲知道没有办法让每一个小孩都能够念书，所以念书要靠我们自己拿奖学金来维持。

曹：您父亲其实是一个学问深厚的学者，作为父亲来说，他没有办法满足所有的孩子读书，这对他来说是一件挺痛苦的事情，所以他在家里，对你们孩子是一个什么样的教育方法？

丘：我坦白讲，我父亲因为穷，只能够重男轻女，他教育的主要重心放在我们三个男孩身上。女孩不是不教，但是重心不在她们身上。因为当时英国很缺护士，所以我大姐姐很早就到英国去学护士了，因为有钱可以维生。其他的女孩也是这样子，主要就是我哥哥和我、我弟弟，他主要的精神放在我们三个身上，也花很多功夫自己教我们，教国文，哲学，种种不同的学问。

曹：我听说您父亲一直鼓励你们多多阅读，但是父亲却禁止你们读武侠小说？而您小时候特别喜欢武侠小说？

丘：不单是武侠，可以讲当时我们对小说一般都有兴趣。一九五几年金庸开始写他的武侠小说，每天在《明报》上登一小块连载。所以我们每天就看，报纸倒是很便宜，一毛钱都不到，五分钱一期。《明报》就是两版纸，看《明报》主要是看金庸的连载小说。但是我们也看其他小说，出名的《三侠五义》，古典的武侠小说也看。当然也看《水浒传》《三国演义》。

曹：父亲发现你们读武侠小说，会训斥你们吗？

丘：他倒不一定是不准看，他觉得文笔还是不够好，他还是觉得应该看一些比较古典的，文笔比较好一点。我父亲鼓励我们看小说是学东西，不单是为了兴趣，我们是为了兴趣来看的。但是也从我父亲的想法里学了不少东西，我父亲鼓励我们看小说的态度和普通看小说不一样，因为他要学，要我们将古典小说里面的诗词背下来，背下来就有点困难了。《三国演义》有很多文章很不错，古文叫我们背。我们也背，但是不大愿意花时间。

曹：您在自传里边也写到，当您后来做数学研究的时候就发现，《红楼梦》小说的结构其实跟后来研究数学有一种潜移默化的作用，我们怎么去理解？

丘：因为《红楼梦》里边所有兄弟姊妹一起吃东西、吟诗，都写得很好。每一个小故事写得很好，最后要连接起来成为一个描写大家族的破落，整个大结构也是有结构的，不是完全分开的。这一点跟数学很像，我想跟很多其他科学也很像，我们要从每一个不同的小节里面，要做得很清楚，了解清楚，但是最后有个宏伟的结构，这样连起来。这跟《红楼梦》的整个大结构是差不多的。

曹：您14岁那年父亲往生，现在回想起来父亲的过世，对于当时一个少年的内心，造成一个什么样的冲击？特别是父亲去世以后，母亲怎么去带着你们度过那段特别困难的时光？

丘：我父亲去世以前，他就是我们的精神领袖，我们要做什么都看他的意思，念书也好，做人也好。但是我父亲去世，第一个就是生活保障的问题，同时还能不能念书也是个大问题。因为本来就穷，父亲再去世，这是一个大问题。交不出房租要搬家，要找个比较便宜的地方。种种事情让我知道我现在要自立了，要自己想办法维持自己的前途，否则前途就可能很糟糕。我舅舅就建议我们都不要念书了，去养鸭子维生。所以这个事情就要自己决定。我母亲那时候很年轻，才四十出头，她要维持整个家，但她从小是个主妇，没有做什么事。我们是比较大的小孩，所以要一同来决定这个家怎么维持下去。我父亲去世的时候，我是初三下学期。所以是不是能够念下去，也成为一个大问题。事实上当时我们中学里，老师也好，同学也好，根本不认为我有可能继续念书。所以在学校里面，我也有不同的压力，他们看不起我。种种事情我都要想清楚。所以你可以讲一夜之间改变，也就是跟这个有很大的关系。当时很重要的是我父亲从他没去世

丘成桐（后排右二）全家

以前对我们教导，对我们整个人生的看法都是很重要的。我们包括我母亲在内，觉得要维持我父亲对我们的期望，坚持继续念书、成功，走有学问的道路。

曹：您刚才说了，其实当时你们的生活已经非常困难，甚至舅舅建议要养鸭子，所以当时这些读书的学费是怎么来筹集呢？

丘：读书的学费是运气好，因为香港地区政府小学毕业是联考。香港地区当时有两种学校，一个官立的，就是香港地区政府办的，一个是民间办的。当时我考试考过了，但是考得比较低，香港地区政府就讲我们官立的学位不够，你们考得比较差的，就自己选择一个私立中学去考，考上了我就帮你出学费。这是当时香港地区政府用来解决学校学位不够的方法，你到私立学校去学习，我帮你出学费，但是要你自己考上。其实我的小学并不差，就是当时好玩。但是到了后来我知道一定要考好，所以花了不少工夫，考进了当时最好的私立学校，培正中学。培正中学的学费是全部由香港地区政府付的，所以不用我付钱。

曹：您后来是出于什么样的想法，选择数学作为您的专业？

丘：我对数学一直有一定的兴趣，但是真正想成为一个数学家是到了初中，念了几何学以后。我父亲教希腊的哲学的时候，提到过数学，所以我对数学一直以来都有一点好感。

曹：您在自己的书中也谈到兴趣和做学问之间的关系，是不是觉得其实一个人做学问，兴趣是起到一个非常重要的引领的作用？

丘：是。兴趣很重要，同时品位也很重要，你去买衣服，你有不同的品位，有可能是法国的，有可能是美国的，有可能是英国的，或者农村里面出来的，种种品位影响到我们做学问的态度，也影响到我们的成功。走一条很窄的路，也可能做出一点点东西来，但是对整个学问的大流来讲，可能没有什么重要性。但是你走一条大路的话，可能比较困难一点，但是一旦做出有意思的工作总会成功。

1969年，丘成桐在老师萨拉夫的帮助下，被加州大学伯克利分校的数学研究所录取，并获得了优厚的奖学金。他从香港中文大学崇基学院提前毕业，开始了大洋彼岸的求学之路。

曹：您是1969年去美国留学的，当时去加州大学伯克利分校读书，因为那个时候整个美国社会有反越战的这些思潮，对于一个刚刚去美国留学的中国学生来说，您的整个学习环境有没有受到影响？

丘：美国反越战，其实是跟爱好和平有很大的关系，美国至少从立国到那个时候，口号还是为了世界和平的，它真正怎么做是另外一回事。所以我在伯克利的同学也好，他们很多都是参加和平队去帮助没有能力的国家，这个口号还是很好的。他们主要就是觉得美国不应该参与越南战争，觉得它不是公义的，但是每个人有不同的看法。所以我觉得基本上还是不错的，唯一主要的分别就是，我想在越战以前，美国一般的老百姓还是相信政府的。就算冷战他们也没有觉得政府不对，但是到打越战的时候，他们就反对政府骗老百姓，开始对政府有一定的反感。

曹：您进入伯克利这样的美国名校，从您的亲身感受来看，您觉得当时美国的大学教育跟您过往接受的东方教育最大的不同是什么？

丘：我在香港地区念大学，在香港中文大学念到第二年的时候，是一个伯克利刚毕业的博士跑来教我们，他教书的方法就有点像伯克利的教法。所以我到伯克利去，也不是第一次接触。他的教书方法就跟传统的中国教法不大一样，我是学生，但事实上我和他很要好，最后我和他一同写笔记，我帮忙做上课的笔记，所以我和他有很多讨论。我在香港地区的时候，其实老师和学生也是打成一片的。一般来讲，中国的老师大概很少跟学生这样打成一片。

曹：中国传统讲究师道尊严。

丘：美国的学者比较愿意承认，他有些东西不懂，还跟你一同学习，开放很多。我们可以向任何方向走。但是要找到它的整个学问的精华是什么，目标是什么。我们会讨论学问为什么好、为什么不好，在中国的教育很少会讨论学问好不好。在伯克利的时候我们都会讨论。

曹：作为一个大学问家，您自己学习都有一些非常独特的方法，所以当您有了孩子，从父亲的角度来说，您和孩子的相处，以及对他们的教育理念，有一些跟别人不同的做法和想法吗？

丘：当然也期望他能够走自己的路，有自己的想法，我觉得年轻的时候，主要还是做学问的工具要学得扎实，不能够随便跳跃。这一点其实很多中国的家长不太了解，比如只要他念得比较好一点，很多中国的家长就期望孩子跳班。其实跳班可能对于小孩子有很大的损害，因为还没学好就跳过去了。第二方面，有点不大一样，因为我自己做数学也做得相当成功，其实我不是很希望我的小孩子学数学。因为在我阴影下，可能对他不是最好的事情。他做得很成功的话，很多外面人会讲他的成功是因为我的缘故，那他心里会不高兴。做得不成功，那更糟糕，他心里一辈子过意不去。所以无论成功不成功，对他来讲都不是最好的事情。所以我也没讲他不可以做数学，但是我并

丘成桐与家人

不特别鼓励他做数学。当然我的大儿子刚好遇到他中学一个老师，教生物教得很好，所以他就慢慢走生物这条路了。

曹： 您好像特别鼓励自己的孩子要学好中文？从您的父亲延续下来，一个中国人要把中国传统文化学好，把中文学好。

丘： 是这样，在美国长大的小孩，他的归属感，他自己的身份认知，自己将自己看成什么归属是一个很重要的事。做学问假如你不知道，你最后的背景是能够跟哪个文化确认，能够归属起来的话，这是对你很不利的事情。犹太人是因为犹太文化是他最主要的归属。我看了很多美国长大的小孩子，他想融入美国的文化里面，但是他们并不受到欢迎，包括我的小孩在内。我的小孩是在美国出生长大的，但是在中学、小学里，他们的美国朋友并不多。美国的小孩大部分是不会将他们看成他们的伙伴的，所以他们就常常觉得他们朋友不多。我想至少他们有一个文化是能够等同起来的，至少觉得自己是一个中国人，知道中国文化深奥，是有内容的一个文化，并不是虚无缥缈的一个民族出来的，所以我想这对他们还是很重要的。1991年的时候，我带他们在台湾地区待了一年，台湾地区保留了很多中国儒家的文化，所以他们在那边学了也不少。我的第二个儿子其实有相当长的一段时间想到中国来发展，但是到中国来发展也遇到差不多同样的问题，他也没办法，中国的小孩也很难将他当作很亲近的伙伴。所以都有一定的问题，两边都不是最亲近，这是美国华人的一个大问题。

曹： 你们家里平时说中文吗？

丘： 刚开始我们都讲中文，但是到了中学以后，他们习惯讲英文以后，我们也就没有做好，还是在家里讲英文。因为小孩子很用功，又要学中文，又要学其他学科的话，我们觉得还是有点怜惜他们，觉得他们不要花太多时间。

曹： 您作为一个大学里的老师，作为一个学者，您平时在工作当中怎么去发掘一些更优秀的年轻人？我知道过去您也非常注重挑选一些非常优秀的学生去美国留学。

丘： 其实对我来讲，能够进清华、复旦的学生，天分都足够了。主要不是天分，是他兴趣有多大，有多愿意花功夫在学问上。我从来都不问他从前是不是一个天才，什么天分的问题。你们上海第一次恢复高考以后，数学考最高分的是我的学生李骏。当时他来跟我的时候，我完全不知道他当时是天才学生。直到有一天，我有个外甥跑来问我，他说我们上海有个数学天才，我说我不知道。他说你怎么孤陋寡闻，问他是谁，他说叫李骏。我想这个李骏的名字跟我的学生一样，最后搞清楚原来就是他。所以我收学生，他们是不是大天才对我来讲并不重要，最重要的是对于学问有多大兴趣，同时愿不愿意花功夫。学问不可能很短时间做好的，他有没有天赋不是看得出来，其实要做得出来才有用。到了研究院的时候，成绩不是最重要的，最重要的是对一个问题了解得有多深刻，能不能够做得出来。有些人分数可能考得很高，但如果走不出一条完全跟从前人不一样的路，那就没用了，要有完全不同的想法。

对于"天才"丘成桐有着自己的看法，他曾在传记中写道：事实上，我并不喜欢"天才"这名词，差不多从来不用它。恐怕很多人都把"天才"浪漫化了，以为那些人能无中生有，创造奇迹，提出凡人想不出的方法，或者完成惊人的数学证明。在电影《心灵捕手》中，主角在麻省理工把清洁工作丢下几分钟，就破解了数学中的老大难题。这些情况虽说并非完全不可能，但至今我未见过。我的经验是，解决数学难题需要艰辛的努力，没有快捷方式可走，除非问题本身其实颇易。数学究竟是苦工还是天才，丘成桐本人并没有答案。在当年能否从香港中文大学提前毕业的问题上，他也因为被校方判定为"非天才"而未能获得本科学位，校长表示数学家华罗庚也没有大学学位，丘成桐没有并不碍事。这段小插曲也让丘成桐和传奇数学家华罗庚之间多了一份交集。

曹：就数学领域来讲，我们过去听到的故事最多的是关于华罗庚教授的，华教授是没有经过正规的学校毕业，可是他的数学才华，那时候得到了熊庆来教授和杨武之教授的青睐，所以他后来脱颖而出，成为中国非常优秀的一个数学家。像华先生这样的例子是不是也比较独特？

丘：我想媒体的讲法不见得和我们做学问的看法一样，不一定在这条路上走得很远，但他是第一个走出来的，这更重要。其实走出这条新的路来，是需要很多不同方法培养的。很多媒体讲华先生当年没有念很多书，却能够走出一条很好的路来，我坦白讲其实有一定的误会。华先生后来跑去剑桥跟随哈代，哈代是当时最伟大的解析数论的大学问家。结果华先生没有毕业就离开了，没念博士，很多人给的理由是说他没有钱，我想其实不对的。当时能够去了剑桥，哈代赏识他，他不可能是因为钱的缘故留不下来。华先生是一个很好的数学家。

陈省身和丘成桐

曹：您和他接触过很多吗？

丘：和他接触过很多，我第一次到中国来是他邀请我的。他也很风趣，也写诗。但是我和他交往的时候，他年纪比较大了，我觉得他是一个很有才华的数学家，同时他也比较喜欢我，因为在1967年的时候，我在香港中文大学的老师萨拉夫写了一篇《华罗庚传》，当时外国的老师不懂中文，所有关于华先生的资料都是我替他找的，同时也是我翻译给他的。所以华先生大概知道这是我帮忙的，所以他对我还是蛮欣赏的，他这个人也是正人君子，我觉得他是个很不错的数学家。

曹：其实在您自己研究学问的过程中，在自己的成长中也受到很多前辈的提携和关注。比如说您的老师陈省身教授，所以您和陈先生之间是一种什么样的师生关系？

丘：我到伯克利去，是刚才我讲那个老师萨拉夫提拔我去的。因为萨拉夫有个朋友萨拉森是伯克利的年轻教授。所以通过他们两位邀我去伯克利，但是伯克利最后收我的时候，一定是陈先生看过我的申请文件才可能收。我当然对他很感激，因为他收了我。第一年我到伯克利去的时候，他"公休"，刚好不在。所以我第一年没见到他，我做的博士论文其实不是他指导的，但是他很欣赏我做的论文，他认为我做的论文已经足够给博士了，所以是他拍板的。但是以后我在他的学问里学了不少，这是绝对没问题的。以后无论做学问，同时能够在美国成长，都是靠他的提拔，否则我做出来的结果不见得很多人了解，也因此得到很大的好处。至少我毕业以后前五年，我所有的出路都是陈先生帮忙的，所以我很感激他这个事情。但是我讲话很直的，陈先生讲话没我这么直，以后慢慢很多事情上我们有不同的看法。但其实归根到底就是年龄不同的原因，基本上我觉得我们两个的看法其实最后还是一样的。同时，我也认为陈先生是中国二十世纪最伟大的学者，他大概也知道我有这个看法。直到陈先生去世为止，我们其实对互相都有很深入的了解。我们两个人交流的时候都是很坦白的、很坦诚的。不止数学家，照我看他在所有学科里面，中国人中他是最有创见、最有能力的一个科学家。照我看，青史留名的中国学者没多少个，他是最主要的一个。

曹：因为我们小的时候，我们学过几位数学家的很多事迹，比如像陈景润、杨乐、张广厚，尽管我们对他们的研究并不了解。那会儿您来中国跟数学家交流，跟他们有没有一些交往和联络？

丘：他们我都熟，尤其是杨乐，跟我是 40 多年的朋友，从 1979 年到今天。他的为人我也很清楚，绝对是个正人君子，很有学问的人。陈景润在他自己做的领域上是杰出的。作为一个数学家我们都尊敬他。

曹：您和霍金先生有一些交往，有些什么样的细节可以跟我们分享？因为对于普通的民众来说，他作为一个科学家充满着传奇色彩。

丘：他是一个很有能力，同时很有功力深度的一个物理学家，他对数学也很了解。他对数学的了解，比一般的物理学家要来得大。我当年在广义相对论做了一个很重要的问题的时候，开始时物理学家都不同意我已经解决了这个问题，因为他们不懂数学。但是霍金是第一个懂得的，他一看就觉得这个做法是有理由的。所以他是很了解数学、很有能力的一个物理学家，他无论在数学还是物理上，都有相当大的贡献，我是觉得尤其在他那个情形下，可以讲他是 20 世纪的奇才。但是他要跟爱因斯坦比是比不上的。

曹：那会儿霍金到北京来做演讲，那次活动就是您把他请来的？

丘：来过两次了，都是我请的。他受到很大的欢迎，在媒体上或者在一般的教室里，受到很多学生的尊敬，我觉得他的确值得受我们尊敬。因为在他生病到这个地步，还能够坚持做学问做了 50 多年，我想我不见得能够做到。我对学问有很大兴趣，但是在那个情形能够这么勇敢，做学问做得这么好，我想是很难得的。

丘成桐与霍金

从 1976 年完成卡拉比猜想开始，丘成桐攀登上一座又一座科学高峰，收获了一个又一个奖杯。对他而言，数学赋予自己的是一本在世界各处随意走动的护照，也是探索这世界的强而有力的工具。打破距离、语言、文化的隔膜，把能够驾驭这种语言的人拉到一起，交流共通的知识。而这一切的起点都源自最单纯的好奇。

曹：您从自身的成长历程来看，中学教育、大学教育，我们必须具备一些什么样的机制，才能够让一个真正有天赋的人成为世界第一流的学者？

丘：刚才我讲的这些当年伟大的数学家和伟大的物理学家，他们很多地方值得学习。最大的就是要培养兴趣，培养好奇心。我们的学者好奇心不够，昨天我们这边有个讲座，讲当年希腊人怎么去量度太阳和地球的长度、地球的半径种种。当时就想中国人也看太阳，也看星星，也看地球，但是做不到他们这种方法。我们看太阳照在我们身上的影子多长，随便看看就算了，但是希腊人就想到用这个影子的长度，太阳中午照在井里有影子等种种问题，他们会考虑。也因此就量出来地球的半径，地球和月球的距离。我想我们的好奇心是比不上他们的，我们需要培养，这是最主要的分别。我期望有一批学生能够对数学的基础，有很浓厚的好奇心，能够真真正正将数学在中国发展成一个伟大的学问。其实从世界历史来看，所有的学问最基础的部分都不是为了应用来做的，是为了好奇来做的。刚才讲地球的半径多大，地球和月球的距离多远，这些东西都和当时的营生是没有关系的事情，今天我们知道这是很重要的问题。不知道地球多大，航海是不是有问题？但是他们两千多年前就问这个问题。好奇心是很重要的，要将中国的科学基础打好，所有应用科学都是要在这个基础上面来建立的。假如中国科学的基础始终像浮沙一样，所谓"卡脖子"的问题永远都不会解决。一定要有一批第一流的学者，是愿意为学问来做学问的。

曹：我看您的传记后面有个附录，是这些年您写的文赋，很难想象一个数学家能够写这么好的文赋。所以您觉得今天的一个学者，特别是做科学研究的人，他的整个知识结构，特别是文和理之间的这种辩证关系，您觉得应该如何去把握？

丘成桐和曹可凡

丘：做学问也有高尚的学问和普通的学问。假如你的文化气质培养不上来，永远做不了第一流的学问。你看有学问的人，爱因斯坦也好，费曼也好，他们都是很有文艺修养的。

曹：爱因斯坦本身能够拉小提琴，也喜欢莫扎特的音乐。

丘：他的文章也写得很好。你看杨振宁先生的文章也写得很好，李政道的文章也写得很好，陈省身先生的文章也写得很好。所以没有文化修养是做不好事情的，所以我想文学也好，小提琴也好，画画也好，都是文化提升的一个重要的方法。我想主要的原因是无论文艺、文学，就是要看大自然里面的美，只是不同的看法。

一个是从实验里面可以看出来的，一个是从数学可以看出来的，一个是可以从文字看出来的，或者用口语看出来的，基本上都是大自然的美，就是怎么表现的问题。所以你可以学两个不同的表现方法，其实中间是相通的，相通的地方就是让你自己的气质培养出来。你看到大自然最美的部分，到你做数学的时候也用同样的看法，同样的手法，我想是很自然的。

曹：您现在除了数学研究和教学之外，还读一些什么样的闲书？

丘：我看历史书，闲书也看，我什么书都看，但是时间不够。很多东西，我们从前以为知道，看了书以后，发觉不是我了解的，所以还是要多学，这还是很重要的。

奖章里的故事——黄宝妹专访

黄宝妹，1931 年出生于上海，1952 年入党，原上海第十七棉纺织厂工会副主席，党的八大代表。新中国纺织工人的优秀代表，国家发展的见证者、参与者、奉献者。为实现"全国人民穿好衣"的梦想，勤勤恳恳干了一辈子，在平凡的岗位上干出了不平凡的业绩。两次荣获"全国劳动模范"称号。"七一勋章"，中共中央用

黄宝妹做客《可凡倾听》

于表彰全国优秀共产党员、全国优秀党务工作者和全国先进基层党组织的荣誉，于中国共产党成立 100 周年之际首次评选颁授，2021 年 5 月 31 日公示提名建议人选二十九人，黄宝妹为其中之一。

曹：今年是中国共产党成立一百周年，这次党中央第一次评选"七一勋章"，全国一共有二十九位党员进入了建议的名单，上海一共有两位，一位是作曲家吕其明，另外一位就是您。当您听到这个消息的时候，是不是心里非常激动？

黄：激动。这个消息是《新民晚报》的老记者跟我说的，我看到后心里很激动，我孙子说，"你今天晚上不要睡不着觉。"家里都激动，为什么？我们共产党建成一百周年，这次怎么会把我评上去，做梦也没想到，我是一个普通的劳动人民，一个普通的工人，这个荣誉相当高。

曹：您想全国只有二十九个人，上海只有两个人。

黄：上海两千多万人，只有两个人，轮到我，真是激动。建党一百周年，我们共产党真是不容易，共产党解放全中国牺牲了好多好多同志，解放以后，我们那么穷的国家，一穷二白，以前农民都赤膊种田，苦，衣服都没有，粮食也没有，现在建设得那么好。这次把我评上"七一勋章"，真是做梦都没想到。

2019 年 11 月 2 日，习近平总书记来到上海杨浦滨江党群服务站调研，当时黄宝妹站在杨浦滨江国棉十七厂旧址，同时也是她入党、工作和生活了多年的地方，见到了习总书记，她至今还清晰地记得和总书记的对话。她说自己见证了上海从旧中国到新中国再到新时代的巨大变化，退休后也经常到上海的各个社区给青年、党员、干部讲党课。习总书记则回复说，黄宝妹是国家发展的"见证者、参与者、奉献者"，还鼓励她继续多向年轻人讲一讲。而每当黄宝妹回忆自己的入党故事，她总会想起自己心目中萌发出想要入党的种子的那一刻。

曹：您是 1952 年入党？

黄：1952 年入党。

曹：现在还记得当时入党的情况吗？

黄：我为什么入党？过去穷，我们苦得不得了，解放了，共产党来了，为劳动人民服务，为无产阶级服务，共产党就是无产阶级政党。我看到共产党解放上海的时候，解放军都不去打扰老百姓，睡在马路上，真的和以前的兵两样，共产党的兵都很好，所以我要报答党，报答毛主席，是这样的想法。后来 1952 年"五四"青年节入团，11 月份入党。所以我想想自己，真是受了党的教育。

曹：党龄差不多 70 年？

黄：到明年 70 年。

曹：您刚刚说过，解放前您的出身很苦，我看您的传记，您十几岁跟着妈妈一起去贩盐，非常苦。所以当时家里究竟苦到什么程度？

黄：我们那时候真苦，我怎么会这么苦，我说一下。日本人打到上海来，我就和我妈、妹妹逃到浦东，我爸在居家桥挑着豆腐沿街卖，很穷的。以前田地也没有，在高东镇，吃的也没有，怎么办？穷人孩子早当家，懂得帮助父母减轻负担，所以我 12 岁的时候就到东滩批盐，批 20 斤盐，下午批过来，到早上头鸡叫，跟着大人一起挑盐，从高东镇挑到庆宁寺，现在叫高庙，挑到那里，卖掉盐，手帕包着买来的米，回家给兄弟吃。要走 18 里路，来去 36 里，可想而知，我那时候只有 12 岁，走这些路，还要挑 20 斤的盐，而且没有米吃。所以那时候最盼望过年，能稍微烧两个菜，也没有好的衣服穿，真的穷得不得了，没办法才这么做的。

曹：其实您妈妈生了好几个小孩但后来死了好几个？

黄：我妈生了 9 个小孩，死了 6 个。因为生了病以后别说看病了，吃饭都没有钱，哪里有钱看病，只能死。所以我那个时候就想怎么帮助父母挑点担子，卖点东西稍微补贴补贴。

曹：您几岁开始到纱厂里去？

黄：到纱厂是 13 岁的时候，我妈叫我去看看爸爸，春节的时候，当时我来，烧了两个菜，来看看爸爸。后来我们邻居跟我说，"宝妹，明天裕丰纱厂在乡下招工，你去吗？"我说"去"，就去了，然后就录取了，我就工作了。那时候工作很苦，工作 12 小时，晚上 6 点钟到早上 6 点钟，早上 6 点钟到晚上 6 点钟，我自己坚持，做到半夜也不能睡觉，只能做，你不做，一根纱头断了，假如不接好，皮辊花（白花）就都断光了，"拿摩温"要打的，那时候工头叫"拿摩温"。

曹：我知道纱厂里的"拿摩温"对工人非常凶。

黄：要打的，用铜管打，所以吓死了。

曹：您被打过吗？

黄：打过的，用铜管打你的手，铜管头上有铜的。那时候没有食堂，饭馊了也要吃，没有空调，夏天热死，冬天冷死，进去，门一关，下班还要排队搜身，就这样过日子。我妈一直哭，那么小的小孩去工作，我们睡觉了，她还要工作，她伤心得不得了。我就说"妈妈，不要紧，我蛮好的。"那时候很懂事。冬天的时候，日不见天、夜不见地，到高庙要坐船，3 只船假如都开掉了，第 4 只船过去就来不及了，所以 3 点钟就要起来，早一点去。晚上 6 点钟下班天也黑了，所以到家已经很晚了，真的是很苦，真不是人过的日子，说不清楚的苦日子，在这种没有办法的情况下，坚持下去。

曹：解放以后共产党接管纱厂，您从一个工人的角度来看，觉得最大的变化是什么？

黄宝妹在纺织车间

黄：搜身制度取消，"拿摩温"制度取消，叫你们自己选，你们喜欢谁就选谁，完全不一样了。那时候最最开心的就是我们下班以后，大家一起开开心心地唱歌、读书。军队给我们上课，讲明共产党是什么样的党，我们就懂得了，这样一看，共产党完全是两样的。

曹：有当家作主人的感觉？

黄：那时候真开心，所以我就拼命工作，起劲得不得了。

在极高的工作热情的驱动下，黄宝妹这位纺织工人的技术基础和实操能力逐渐显现。在纺车间跑一个巡回，就能准确算出需要花费的时间，一捧棉花几斤几两重，宝妹用手就能掂量得出，人人都夸她"肚里有个钟、手上有杆秤"；新中国建立之初，青岛第六棉纺织厂的优秀青年挡车工郝建秀总结出一套细纱挡车操作方法，后定名为"郝建秀工作法"，黄宝妹很快就掌握了要领，纱线断头卷绕在皮辊上造成浪费的"皮辊花"全厂最少不说，她还达到了郝建秀的同等水平。与此同时，黄宝妹创造"单线巡回，双面照顾"工作方法，精心设计工作动线，减少重复劳动，厂里的工人在她的带领下，工作效率大大提高。

曹： 听说那时候您借鉴郝建秀的工作法，所以工作效率非常高，纺出来的纱质量非常好，次品少。虽然那时候您没有读过书，但是人聪明，接受能力非常强。

黄： 他们说我黄宝妹脑子里有个钟，一个行为多长时间有规定的，郝建秀工作法，巡回一条"弄堂"是4分钟，超过一秒钟就要扣分，假如不到时间也要扣分的。我脑子很会动，这么弄了，弄得很好。后来我就创造了"单线巡回，双面照顾"。本来郝建秀工作法是在一条"弄堂"里兜圈子，我现在采取一个巡回照顾两面，不用走回头路了，到隔壁"弄堂"也是这样，这么一来，扩大照看锭子范围，从看四百锭到看八百锭，人抽出来开三班倒，所以解放以后就八小时工作制了，这个效果相当好。

曹： 您不但是心里有个钟，人家还说你手上有磅秤，您一捏棉花就知道多少分量。

黄： 多少分量。

曹： 您本事大的。

黄： 叫"皮辊花"。就是一根纱纺下来，通过牵伸纺成细纱。假如机器不好、零件不好，纱断了，就产生"皮辊花"，"皮辊花"就是浪费。我最少，我只有几两，人家有几十两，一两"皮辊花"等于三碗白米饭的价值，三碗白米饭浪费了多可惜，所以我抓得很紧。

曹： 我听说当时您车间里的其他工友不大买账，觉得黄宝妹的机器非常好，自己的机器"蹩脚"，所以做出来的"皮辊花"多。但是你们换一换以后，您照样比她们好。

黄： 她说我的机器好，她的机器不好，我说我跟你换，我和她换了以后，她很轻松，我真忙死了，因为她的机器没有管好。人家一直说我是"机器保姆"，机器有什么问题都自己修了。

曹：您自己修？

黄：小毛病自己修，大毛病叫检修工修。每个行为检查几个锭子，有计划地"逐锭检修"，有程序地做，假如皮辊有毛了，换掉。里面有什么异物，弄掉。钢丝锈了，弄掉，不弄掉的话纱就会断头。就这么一点点地把机器的毛病都修好了，我一点点省力了，她又一点点吃力了。所以这样一来，没人再说这个话了，这是实际的例子，后来她知道是自己的技术不行。所以大家就把"逐锭检修"推广，甚至我们厂里开会，全上海纺织厂都来。

曹：所以您是动脑筋的。

黄：我这个人爱动脑筋，哪里有问题总要动脑筋，想想为什么，打个问号。

1953—1959 年期间，黄宝妹曾多次获得包括"上海市劳动模范""全国劳动模范""全国青年社会主义建设积极分子"等在内的多项荣誉表彰；她还主演了讲述自己真实经历的艺术纪录片《黄宝妹》；多次作为全国劳动模范，代表中国劳动人民参与相关外交活动；也多次登上包括《人民日报》在内的各种报纸杂志，她的相关事迹被广为传播。1960—1963 年，黄宝妹作为优秀工人代表有机会在到华东纺织工学院就读，解放前还是文盲的她，后来经过不懈努力，拿到了大学文凭。

曹：因为您的工作出色，所以从 1953 年到 1959 年得到很多很多荣誉，"全国劳动模范""全国青年社会主义建设积极分子"等等，在全国红得不得了，大家都来学习。另外我听说群众来信非常多，而且里面有很多都是求爱信，当时怎么处理？

黄：全国各地都来信，多少高矮、多少尺寸都说出来。

曹：身材都告诉您？

黄：身材也告诉我。但是我从来不去看这种信。我们厂一个作家写好信以后，用油印。

曹：还给他们回信？

黄：回信。很多人写怎么收不到回信？黄宝妹没有道理，没有礼貌。总工会说不行，人家收到你的信不能是油印的，要抄，让教育科抄，教育科说可以抄，黄宝妹每年要送一张照片给我们。我就去照一寸照，一人给了一张。

曹：抄"死"人。

黄：《人民日报》为了这件事专门找我们家开会，叫我老公、我孩子、我妈、我爸大家一起开会。趁这个机会把照片也登出去。

曹：以正视听？

黄：对，《人民日报》。后来信还是有，《人民日报》就又登了一次。《人民日报》为这件事登了两次。20世纪50年代我们对婚姻是非常非常严肃的，特别是像共产党员更加严肃，我又是劳动模范，又是共产党员，所以这些信根本不去考虑，只考虑怎么样为人民服务，纺好纱，织好布。下班以后，要不学习，要不读书，帮助人家，组织互助组。那时候我的荣誉真的很高，上海市（各项荣誉）评了五次，"全国劳动模范"两次，"全国青年社会主义建设积极分子"两次，"全国纺织工业劳动模范"两次，"三八红旗手"也有的，还到苏联参加"五一"国际观礼代表团。

曹：我看您出国的时候穿的衣服都很时髦。

黄：那时候穿旗袍。

曹：平常在工厂里做工都穿工作服，突然之间叫您穿旗袍，您习惯吗？

黄：这个旗袍是国家做的。

曹：您穿得很合身。

黄：不习惯。还叫我们涂口红，从来没有涂过，我们不肯涂，团长说这不是代表个人，是代表中国妇女。这么一来，我们听话了。

曹：是人家给您涂的还是您自己学的？

黄：自己学。还烫头发，我1954年第一次烫头发，完全变了。

曹：第一次头发烫好后，您觉得奇怪吗？

黄：很怪，觉得很奇怪。

曹：那时候出国的机会非常少，因为是公派，要求也比较高，所以有没有专门跟你们说什么外事纪律？

黄：说的。出去一定不要摇手，因为我们听不懂人家说话，人家说什么，就要跟上去，还要学吃饭。

曹：学吃西餐？

黄：在北京学吃西餐，一只手按住，一只手拿刀。

曹：出过洋相吗？

黄：出过洋相，出别的洋相。到了那里的洗手间，一看那么暗，怎么敢进去？不敢进去。结果进去一关门，灯就亮了。

1954年，黄宝妹（前排右三）在莫斯科

看到房间里怎么有看戏的？我们中国没有电视机。

曹：他们那时候有电视机了？

黄：电视机。地下怎么有车子？地铁，很漂亮。那时候我们看到的东西，都是中国没有的。

曹：那时候您得到很多荣誉，而且参加很多外事活动，您的爱人和您是同一个厂里的工人？

黄：同一个厂里的。

曹：一般来说按照中国人的传统，男人总是家里的主心骨，看见自己太太红得不得了，您爱人有什么想法吗？

黄：我爱人很老实，我们家等于是"招女婿"，我爱人住在同一条弄堂里，他也很苦，父母都死了，和哥哥住在一起，他总是到我家来玩。我们1948年结婚，生了小孩以后，我去外面活动，他很支持我的。他也是共产党员，我入党以后他也入党，因为领导也培养他，对他也很重视。1954年的时候流行跳舞，我到苏联不会跳舞，团长说你们出去不能摇手，我们要和平，你摇手是不行的，要友好。他们叫我跳舞，就只能跳，我不会跳，就只能跟，所以回来学跳舞。那时候纺织厂都是女的，机械厂都是男的，朋友谈不着，团里组织联欢会，大家跳舞，我都参加。我老公从来不吃醋，很支持我，所以我能做出成绩和他是完全分不开的。

曹：所以您没有后顾之忧。

黄：没有后顾之忧。家里我从来不管，家里烧饭我也从来不管。

曹：家务都是您爱人和您妈妈管？

黄：嗯。

曹：您刚刚说你跳舞学得很快，实际上我知道您很有文艺细胞，除了跳舞以外，您很喜欢越剧？

黄：越剧、沪剧，我都喜欢。

曹：您最喜欢哪几个老艺术家？

黄：老艺术家，我和他们都是老朋友。像徐玉兰、王文娟、袁雪芬、孟莉英，沪剧就是丁是娥，以前都认识。那时候演员都到我们厂里来，我和徐玉兰两个人还唱过越剧。

曹：和她唱什么呢？

黄：我和她唱《盘夫索夫》。

曹：真的？

黄：上次徐玉兰出书的时候，人家叫我唱越剧，徐玉兰还让我唱《盘夫索夫》，她印象很深。

曹：您现在还记得吗？《盘夫索夫》还记得吗？

黄：记得。

曹：您可以唱两句吗？

黄：喉咙唱不出。

曹：不要紧，您试试看，唱两句。

黄：（唱）"官人你好比天上月，为妻可比是月边星，那月若亮来星也明啊，那月若暗来我星也昏，官人你若有千斤担，为妻分挑五百斤，问君你有何疑难的事啊，你快把真情说我听。"

曹：灵的！味道好得不得了。

黄：喉咙唱不起来，拉不高。

曹：很灵的。

黄：我喜欢。

曹：当时为什么电影厂会想到让谢晋导演来拍电影《黄宝妹》？

黄：电影是这样的。周总理到上海，说上海的劳动模范很多，要拍一部劳模的电影，后来市委研究决定拍黄宝妹，跟谢晋说叫黄宝妹自己拍，谢晋说工人怎么拍？拍电影不能开玩笑，工人不会拍的。后来让导演亲自看看黄宝妹，她可以拍的，她很活跃的，很喜欢文艺。结果谢晋到我们厂里来，跟我谈了大概半个多小时。我当时不知道他来干什么。

曹：您那时候知道他是很有名的导演吗？

黄：不知道，陪同来的人就说是一个导演。跟我谈了以后定下来，让我自己拍。

曹：您拍的时候觉得难吗？

黄：难的，拍电影难，没有一件事是容易的，脑子紧张。第一个镜头印象最深，我拍了8次。

曹：什么镜头要拍8次？

黄：擦玻璃窗。谢晋说开始，我就不会走路了，歪七歪八，走路走了八次。结果谢晋说算了，不拍了，下午再拍，先吃饭。吃饭的时候，我觉得这样浪费很厉害，因为胶卷一直在走。

电影《黄宝妹》宣传画

曹： 那时候胶卷很贵。

黄： 贵。谢晋说你不要紧张，你一紧张，浪费越大。我对浪费是很重视的，我想这倒也对，不要紧张，就和平常一样，自己安慰自己。下午开始一点点就拍下去了。紧张，拍电影也很累，拍了两个多月。

曹： 还要背台词吗？

黄： 要背的，回去要背台词。

曹： 背得出吗？

黄： 有时候卡顿又要重新来，谢晋拍这部电影真是累，而且我是说上海话。

曹： 您拍的时候说上海话？

黄： 上海话。谁配音你知道吗？张瑞芳配的。

曹： 普通话是张瑞芳老师配音？

黄： 张瑞芳说配上海话比外国话还要难，外国话倒好配，因为口齿清楚。

曹： 当时这部片子和《林则徐》，还有《五朵金花》是作为上海送到北京去的献礼片。

黄： 建国十周年十部电影，向国庆献礼，我也去了。中午文化部请我们吃饭，周总理也来，坐了一桌，和《五朵金花》《宝莲灯》几个演员在一桌。茅盾，沈雁冰对总理说，黄宝妹的电影拍得很好，人家评价很高，想请我做专业演员。我说不行，工人演员要求不高，评价高，如果做专业演员，我连跑龙套都轮不上，所以我也不要做演员，还是做工人。

曹： 您刚刚说到背台词，实际上您在解放前，13岁的时候就开始到纱厂里做工，也没有读过书，刚刚解放的时候，您还是文盲。

黄： 文盲。

曹： 后来是什么情况下"扫盲"的？

黄： 解放以后唱红歌，"东方红，太阳升。"这个时候识了点字。后来在业余夜校的

读书期间的黄宝妹

时候，老师说默出20个字，就读三年级，我就默出来了，读三年级，考试的时候成绩蛮好，成绩好了，跳级，四年级没读，读五年级、六年级，一点点读上去，我的成绩都蛮好。到1960年送我去读大学。

曹： 您刚刚扫好盲就去读大学，读得进吗？

黄： 难度高，我基础一点也没有，很苦。

曹： 刚刚扫好盲，突然从小学读到大学。

黄：高中也没读，而且初中也没有读完。全国各地的同学的基础都比我好。

曹：您当时是不脱产的对吗？

黄：脱产去读的，脱产三年。1960年去读书，这是领导交给我的任务，真苦，老师讲课，我根本来不及记录，写字基础差，没有好好读过书，道理也不懂，我干脆不写，听老师讲完以后，晚上他们做功课，我再抄老师说的，他们睡觉了，我就做功课，所以我经常是最后一个睡觉。我这个人脾气很那个。

曹：犟？

黄：犟，很坚决，我一定要读好，这是党交给我的任务，这不是我自己的事情，我还这么想。还有一个，读书也非常重要，没有文化不行，一定要读好。礼拜天都不回来，你说我那时候还能管小孩吗？不管了。

曹：我听说那时候有人写信写到《解放日报》，说您不管小孩？

黄：这是后面。一年考试考下来，淘汰11个人，30个人淘汰11个人，留下19个人。我想想真是不容易，那么困难，我自己基础那么差都能够留下来。那时候是5分制，数学只有3分，其他都是4分、5分，蛮好。

曹：您很厉害，大学数学有三分不容易了。

黄：3分，是不容易，我现在想想真是不容易。那时候那么困难，但是我决心很大，要么不做，做一样就要爱一样，是这样的情况，所以我读好书毕业了。你刚刚说的事情，一个老师写信写给《解放日报》，说黄宝妹不管小孩，是因为我妈去开家长会，我妈肯定是帮自己的孙子，人家说小孩怎么怎么样，她说是老师不好，老师气死了，后来写信到《解放日报》。报社编辑叫我去他办公室，你有一封信在我这里，他把信给我了，这封信是老师写的，写给《解放日报》，《解放日报》不敢登，黄宝妹那么有名，不管儿子，这怎么行？他说不行，你要管管，小孩也要关心关心。我想倒也是，我后来请老师看戏，看沪剧《鸡毛飞上天》。

曹：丁是娥的。

黄：丁是娥演的《鸡毛飞上天》，请老师和我儿子一起去看，我儿子那时候调皮，后来老实得不得了，现在很老实，不皮了。

由于从20世纪50年代起，黄宝妹就获得过诸多荣誉奖励，所以她也有机会能够在各种场合受到党和国家重要领导人的接见，如今谈起自己早年间见过毛泽东主席、周恩来总理和宋庆龄副主席等各位领导人的经历，她记忆犹新。

曹： 您还得到过好几位国家领导人的接见，好像和毛主席见过八次？哪一次您印象最深？

黄： 印象最深的一次是在上海，1956 年 2 月份。总工会通知我们厂工会主席，让黄宝妹来开座谈会，在中苏友好大厦。我赶快起来吃点泡饭，急急忙忙坐公共汽车到陕西路。到了那里，那时候刘述周是副市长，统战部长，他说宝妹，你刚刚来，主席早就来了。我想大概是大会主席来了，我说我急死了，我大衣一脱，放好。门帘拉起来，门打开，毛主席和陈毅市长站起来了，我那时候懵了，我怎么到北京了？稀里糊涂。

曹： 人懵了？

黄： 懵了，那时候不懂，不知道主席到上海来，只以为他在北京，怎么到北京了？糊里糊涂，握好手都不放。毛主席说坐坐坐，陈毅市长介绍我是上海的劳动英雄黄宝妹。主席一直叫我坐，我一直握着手不放。一个副主任拿了凳子放在毛主席身边，我就坐下。傻得不得了，他们坐在后面，我和毛主席、陈毅市长坐在一起，想都没想到，那时候不懂，我那时候愣了。

曹： 吓晕了？

黄： 吓晕了，紧张了，懵了，稀里糊涂，叫我坐，我就坐下了。假如现在我不会坐，人家都坐在后面，你和主席坐在一起？那时候真傻了。我坐好看毛主席，他衣服的领子都毛了、坏了，皮鞋都褪色了，一块一块的黄，颜色都褪掉了。我想国家主席怎么衣服那么破？

曹： 俭朴。

黄： 很俭朴。看着他，紧张得不得了。毛主席问我，"你是哪里人？"我说我是浦东人，他说"浦东蛮好。你做什么工作？""我是纺织厂的。""纺织厂好，全国人民穿衣服要靠你们。"这句话毛主席跟我说了，我记了一辈子，真是记了一辈子。

曹： 您和周总理是什么场合见的？

黄： 周总理，和他握手的这张照片是春节的时候吃年夜饭，在总工会。

曹： 也在上海？

黄： 上海总工会吃年夜饭的时候，大家一起坐着谈，周总理谈谈说说，大家谈谈，谈好和我们握手，这次我记得好像是 1960 年还是六几年春节的年夜饭。

曹： 您和宋庆龄是什么时候碰到的？她好像到厂里来参观？

黄： 碰到宋庆龄是很早了，但是最近的一次是她到厂里来。

曹： 还到你们食堂里来吃饭？

黄：她到我们厂里来，"宝妹，你的电影我没看过，我今天来看电影。"我们陪她一起参观，参观好吃饭，她还给我舀菜，吃好饭看电影。她看电影的时候说，"宝妹，你这样一天要走几十公里？一直在走。"我说我自己也不知道多少路，就走一天一夜。她说"你们辛苦。"她很客气，她都是说上海话。

曹：而且她有点川沙口音。

黄：都是上海本地话。在上海发奖的时候，我上去领奖，她还出来，我们共产党的领导真是像群众一样，没有什么架子，很客气的。

从入党的那天起，黄宝妹就一直按照共产党员的标准严格要求自己，不但在工作中是先进模范，在生活中她也秉持"吃苦在前、享受在后"的作风，一心一意为人民群众服务。从工厂退休后，她又说"工作退休，党员不退休"，继续坚持发光发热，参与多地多个棉纺厂建设，积极服务居民群众，参加市"百老德育讲师团"，直播宣讲劳模精神、宣讲党的优良传统。

曹：我听说您原来住的房子条件非常差，所以单位给您分配了比较好的房子，第二宿舍。但是您住了一个阶段后又搬回到老房子，为什么？

黄：那时候是这样。解放以后工人都分房子，分房子很多，但我也没有分，为什么？我觉得我自己是共产党员，让人家去分，我也不要分，住在这里也蛮好。因为房子少，人家比我的困难多，我就不分，我住的地方是棚户区，房子是自己以前搭出来的，很"蹩脚"的房子。我做了劳模以后，外国人到我家里来参观，给他介绍我的情况，他看看后觉得我又是人民代表，又是劳动模范，怎么住在那么"蹩脚"的地方？苏联人摇摇头，想不通，说苏联不是这样，劳动模范应该要有房子住，住在那么"蹩脚"的地方不行。

曹：当时的房子有多大？

黄：只有 25 个平方。

曹：几个人？

黄：那时候有 5 个人，父母、我和老公、1 个儿子，5 个人住 25 个平方。总工会回去商量，不行，要分房子，后来分给我第二宿舍。

曹：那里有多大？

黄宝妹的各类荣誉勋章

黄： 那里平方大，有七十几个平方。

曹： 3倍。

黄： 正好中共八大开会，我在北京开会的时候，我们厂车间里的人，他家的房子被龙卷风卷走了，没地方住了。我想想自己也是共产党员，回去和我父母一起商量，和我老公商量好了以后，我们让出来，因为我们有房子，人家没有房子，这个房子让给人家。

曹： 这很不容易。

黄： 后来搬出来，让出去了，自己再搬回去。这个地方太小，有点钱，放大一点，搭了阁楼。

曹： 棚户区的房子住了很多年？

黄： 很多年，我1945年就到这里了。

曹： 一直住到哪个年份？

黄： 一直住到1999年，买了这个房子，再搬过来，搬到这里来。

曹： 您很不容易。

黄： 在那里住到1999年。一辈子要做好事，共产党的教育。因为我1952年入党，年轻的时候入党，入党以后一直受共产党的教育，一点一点培养出我这个性格，就是喜欢为人民服务，所以我做了一辈子。

曹： 听说您退休之后一直很忙，帮人家建厂，还和其他劳模一起成立公司，赚了钱再去帮助一些老劳模。

黄： 我退休以后做到76岁，做到2006年。刚刚退休，启东要办一个五千纱锭的纺织厂。他们派我去，叫我去做他们厂里的副厂长，厂还没有，叫我做副厂长的职务。他们叫我去买设备，纺织厂的设备有很多，给我100元工资，我那时候退休工资也已经一百多元了。住在上海，到启东、到外地，都不算出差，没有出差费，就是100元。后来怎么办？因为厂没开，空的，我叫我老公去，我老公不拿他们工资的，他就陪我一起出去，车费、旅馆、吃的报销。旅馆都舍不得住，为什么？要节约，住招待所，4元钱一晚上，便宜很多，旅馆要15元。全国各地跑了很多地方，太原、武汉、青岛都去过，我们去外面吃饭，不是去很好的饭店，都是摊位上吃，很节约的。因为厂没开，钱也没有。为什么我那么积极？我想让他们快点开出来，为全国人民穿衣服出力了，一个厂子五千纱锭也有贡献了，我只有一个目的，我总是想到老百姓的穿衣问题。厂很快就开出来了，我还请我们厂里的师傅给他们教育、培训，干部有干部培训，工人有工人培训，派去培训，培训好，开出来了。

曹： 您的名字好，"宝妹"，一个宝。

黄： 厂办起来开心了，弄好了。后来我到劳模协会去。劳模活动费没有，总工会没钱。两个劳模说，不要紧，不要什么钱，我们来，茶叶也不用放，白开水好了，来了就开心，总工会是工人阶级的大家庭。我就调查，到底劳模有多少困难，我调查五十个劳模，劳模协会只有我一个人，50个劳模怎么调查？我又没有车子，叫一个劳模来帮忙，叫迟宗融，他也是劳模，他开助动车的，助动车开过来，带我出去跑这家，跑那家，他中午吃一顿饭，工资也没有，下午再跑，晚饭回去吃。就这样50个劳模调查下来，劳模困难很多，有的劳模住房只有几个平方，有一对夫妻住7平方，这么一看真可怜，有的劳模是孤寡老人，没人去看，也没人关心，有的劳模儿子是残疾的，也很困难。写了一封信，正好有一年春节茶话会，我把这封信交给了赵启正，结果叫大家调查，调查下来有24个劳模住在四平方里，后来房子分给他们，那时候是20世纪90年代。

曹： 您功德无量。

黄： 房子分给他们。劳模都说我很好，都说黄宝妹肯帮人，而且我肯反映问题，我碰得到领导。我一直身体好就是这个道理，人家背后说我好，我听到很开心。

曹： 您今年已经虚岁91岁了，家里、里弄里、街道里，人家还会找您去帮忙吗？

黄： 帮的。为什么？我作为共产党员，工作退休了，劳动模范不退休，共产党员不退休，我想小区工作也要关心。一家一家去跑，结果有个人看看，黄宝妹年纪这么大了，一家一家上面下面跑，累死了，后来成立了业委会，所以这么一来，我觉得里弄工作也是相当相当重要，因为里弄工作也等于社会上一分子，像国家是个大家。

曹： 一个小的细胞。

黄： 一个小细胞，像人身上的细胞一样，并起来是一个国家，大家小家都是家，要弄好。

曹： 我记得上次老干部联欢会的时候，我采访您，还说到他们邀请您参加网络直播，给他们介绍杨浦区的红色爱国主义基地，所以您到了90岁还有用武之地，是不是也觉得很开心？

黄： 因为那时候疫情不能开会，我就在网上说了。

黄宝妹及家人

曹：您也很时髦，90 岁网络直播。

黄：第一讲是我讲的，从来没有在网上说过，第一讲我也很紧张。

曹：因为像您这一代人，总是习惯开会的时候下面有人坐着，突然之间对着手机说，会很奇怪。

黄：第一次倒也不是，有人的，第二次在控江，没人，像"傻瓜"一样，自说自话。我自己想想，这么说效果很好，听的人多。

曹：你是非常时髦的"九零后"。

如今，黄宝妹和儿子、儿媳、孙子、孙媳、曾孙女四世同堂、一家六口住在一起，儿媳负责照顾一家人的生活起居，买菜、烧饭、还陪着黄宝妹逛街、买衣服；黄宝妹出门讲党课，孙子都负责开车接送；曾孙女明年即将上大学，紧张的学习之余也会陪着曾祖母散散步。

曹：您现在是四代同堂？

黄：四代。

曹：您已经有第四代了，你们都住在一起？

黄：住在一起，我们都分不开。分开过几个月，不行，大家会想的，我们在吃晚饭，他们怎么样？

曹可凡和黄宝妹

曹：住在一起的话，家里总有各种各样的事情，尤其婆媳矛盾怎么处理？

黄：我媳妇很好的，上有老、下有小，照顾上面、照顾下面，都照顾得很好。所以我们家，儿子、孙子、重孙，都对老人很好，老的也不去多管小的。我出去开会，假如没有车子，孙子送，疫情到现在为止，我没坐过公交车。有的时候来接我去讲课，没有接的，他送，送到那里，回来没办法接，他叫我打车。所以他们都很关心我，我在家里什么都不用做，都是他们做，一只碗都不用我洗，我们家很齐心。所以我们家想来想去没有什么矛盾，吵架吵得大家不理不睬的情况没有的。

112

一生爱唱这支歌——才旦卓玛专访

50 多年来,《唱支山歌给党听》唱遍大江南北,成为新中国文艺舞台上不朽的经典,而这首歌的演唱者正是我国著名藏族歌唱家才旦卓玛。从农奴的女儿到人民艺术家,才旦卓玛的歌声就像是时代的血液,流淌在时代的脉搏里,也牢牢地扎根在每个人的心中。在那个还没有电视,还没有互联网的时代,就是这样的歌声风靡了几代人。

才旦卓玛做客《可凡倾听》

曹: 很高兴又和您见面。每一次在电视上看到您表演,都会想起很多年前在您的老师王品素家里,我们一起聊天,老师弹琴,您唱歌,我们一块儿在王先生家里吃饭。所以我想上海在您的心目当中,是不是就像您的第二故乡一样?

才: 我早就说了,我的第二个故乡。

曹: 其实您就是上海人。

才: 对,就是上海人。

曹: 您上海话还会说一点吗?

才: 不行。

曹: 这两句说得蛮好。

才: 一点点。

曹: 我没想到才旦老师还能说上海话。

才旦卓玛和这首经典歌曲《唱支山歌给党听》,都与上海渊源颇深。《唱支山歌给党听》诞生于 20 世纪 60 年代。当时年轻的新战士雷锋在报纸上看到了一首名为《唱支山歌给党听》的诗歌,他将诗抄写在日记本上。后来,上海作曲家朱践耳读到

雷锋日记中的这首诗后深受感动，就谱写了具有山歌风格的曲子。1963 年，上海音乐学院民族班的藏族学生才旦卓玛在校园里听到由上海歌剧院任桂珍首唱的《唱支山歌给党听》，回想自己所经历的苦难和幸福，歌唱的激情在胸中迸发。她找到老师王品素，要求演唱这首歌。

曹：所以您和上海这座城市，尤其和上海之春有着不解之缘，您是不是还记得当年上台演唱这首歌的时候的一些细节？

才：当时我觉得《唱支山歌给党听》这首歌非常好听。特别是歌词，是说的我们心里的话，我们那个时候也没很多文化，也写不出来。所以觉得听了以后，有点感动了，就要求老师教我们唱这首歌。

曹：您还记得在准备这首歌的时候，王品素先生跟您怎么来研究唱这首歌的一些方法，怎么调动您一些过往的生活经历，把您对党的这种感情，过去生活的积累，融合到这首歌中去？

才：当时开始老师怕我唱这首歌咬字咬不好，因为汉语不会，咬字咬不准，所以她说，你唱这歌咬字咬不准怎么行。我跟老师说了，老师，我自己下决心好好练。她说你一定要唱这首歌？我说我一定要唱这首歌，因为这首歌里头表达了我们西藏劳动人民的心情，还有我个人的心情，因为有党的解放，我们西藏人民才能有今天，这些都在我心里。所以我说，老师，我下决心唱。慢慢地，我们老师一点一点给我教。那个时候也困难，汉字母音方面，咬不好，也是老师一个一个教。另一个，有的时候母音好了，声音又有点问题，所以这个时候是比较困难的。但是老师非常有耐心，后来我自己也是一心一意地去唱好。

曹：您还记得当时哪几句词，您唱起来是最困难的？给您带来最大挑战？

才：后面的词"照我心"，我说不清楚，老师一直说一会儿又好了，一会儿又忘了，又出来了。这些在我们藏语里没有，所以好几次改不过来，后来慢慢慢慢改了。

曹：您还记得这首歌前后准备了多久才上台演唱？

才：大概上了一个多月的课，因为我们那个时候还没准备参加上海之春，我就平常上课。回来以后，学校里每年都有学生，一个季度要汇报，自己学习的东西要给老师汇报，给老师在礼堂里唱，每个人都唱。所以那个时候，我学了以后，第一个在里头唱，老师很紧张，我也很紧张，但是后来唱一会儿，想到词就没有什么感觉。所以后来那个时候，唱的时候就有点，"旧社会鞭子抽我身"这些都是自己内心里唱出来的，内心里想到，自己身上没人打，但是我想到、看到好多我们的同胞们、穷人们，大家都是这样的，打死的也看到过。在舞台上唱歌，我也没感觉到眼泪，但是心里非常难受。就这样唱完了，当时心里就是这样的感觉。

曹：您还记得那天上海之春唱完之后，现场的观众给予了一个什么样的反应？

才：反正我唱完了以后，大家鼓掌，鼓掌完了，我就出去了。但是我唱完了以后，大家都叫，我觉得大家都还是很喜欢这首歌。我说我们中国共产党成立100周年，所以心里更加热爱，更加感觉我自己是由中国共产党解放出来的。西藏人民得到了解放，现在幸福地生活，在党的领导下过幸福的生活。确实是心里很高兴的，也很激动。我自己想，我们不能忘了中国共产党，伟大的党。

1937年6月，才旦卓玛出生于西藏自治区日喀则市的一个普通家庭，那时的她还是农奴家的女儿，生活艰辛，物质条件匮乏。直到解放军的到来，才在小卓玛的心里种下了一颗"东方红"的种子。

曹：您能不能给我们说一下，您小的时候，家里是一种什么样的生活状况？您是不是从小就爱唱歌跳舞？

才：小的时候，我们放羊放牛，还去地里劳动。劳动的时候，有时候放羊去的时候，有好多小朋友一起去，一起唱歌，很活跃，大家一直这样唱。唱了以后，慢慢地就喜欢唱歌。所以那个时候，我也唱歌跳舞，再加上当时有个军区的部队文工团，在我们家旁边。他们在那里练功，练唱，他们一唱，心里就着急了，到门口去看。

曹：那会儿您多大？

才：那个时候大概11岁，现在记不得，老是喜欢这个。那个时候，我们一般放羊放牛，还有以前劳动的时候，大家年轻人都爱唱，所以想一直可以唱歌嘛。

曹：后来什么样的一个机会被日喀则文工团所接纳了？

才：后来我们西藏团委成立了以后，有了各种小宣传队，因为那时候没什么队伍，青年搞了好多小队伍，小队伍都带去演出、唱歌，也是宣传我们党的政策，结合起来。

曹：您还记得自己作为一个歌唱者，第一次登上舞台给观众唱歌，是什么样的情形？您还记得那一天的场

1956年演唱《献给毛主席》

115

景吗？

才：老百姓都跑来了。

曹：您是不是特别享受给大家唱歌的感觉，能够带来一种快乐是吗？

才：我也很愿意。文工队也就慢慢地吸收我了。

1957 年，在西藏日喀则文工团当学员的才旦卓玛，被保送进了陕西咸阳西藏公学院，这段经历不仅为她今后走上歌唱道路奠定了基础，也是在这期间，才旦卓玛被上海音乐学院开办的民族班录取，第一次走出西藏的她，受到了怎样的震撼？

曹：您后来是什么样的机缘考上上海音乐学院声乐系的民族班？

才：上海音乐学院办民族班的时候，在我们西藏有一个西藏公学。

曹：在咸阳那个地方？

才：在咸阳。那个时候我们学生去的时候，一切都是国家供的，钱也是国家，鞋、衣服全……

曹：全给你们置办好了？

才：都是国家供的，小孩去那边学习。上海音乐学院要办少数民族班，他们想别的地方好找一点，西藏怎么办？那么远，到哪里去找？有人可能给他们介绍了，说咸阳有个西藏公学，你们去找可以找到。我们学校里去的人也很多，大家都很想去，后来我们那里来了三个老师，都在排队。我们以前是这样的，只唱歌，学文化不大注意的。他们来了以后，一个一个班考试，有唱歌的，还有吹笛子的，还有作曲的，找了三四个人。唱歌的，就我和另一个男的。

曹：当您得知能够来上海学习，是一个什么样的心情？那时候您对上海有概念吗？

才：那个时候只是听说有个地方叫上海，但是我们不知道在哪儿，只听说有好的学校去学习。

曹：您刚到上海的时候，因为是一个特别陌生的环境，语言也不通，那时候您的汉语可能还学得相对比较浅一些，所以心里害怕吗？

才：当时大家有几个人一起去，没有那么怕的感觉。但是人的思想上，就是觉得很好的一个地方，肯定这样想。

曹：您到了上海，看到这个城市，什么感觉？

才：我们是从咸阳坐火车到上海来的，因为前面有几个先走的，我是一个人后走的。我在西藏拉萨和我爱人结了婚，我爱人在部队，他在咸阳工作。他怎么办呢？后来有

116

一段，他来送一下，然后他就找了一个汉族同志，带我到那里去。人家汉族老师也是很好的，一直负责。

凭着自己的歌声，才旦卓玛迈进了上海音乐学院的大门。然而，对于接受教育还不到一年时间的才旦卓玛来说，大学的学习无疑是巨大的挑战，刚到上海音乐学院学习时连汉语都不会说，汉语文化课、乐理从头学起。但是幸运的是，才旦卓玛在上海音乐学院遇上她的恩师王品素老师。

曹： 您还记得第一次见到王品素老师，她给您留下什么印象？

才： 我一看老师，多好，她的脸形……

曹： 圆圆的、胖胖的脸。

才： 脸形很有福气的感觉，很好。再加上她很可爱，说话很舒服，像妈妈一样，这样好的老师，心里就是这样的感觉。我那个时候不知道怎么回事，没有怕的感觉，就到上海来了。到学校了以后，老师会来系里分班，所以我觉得上海音乐学院是让我成长起来的地方。

曹： 您的娘家。

才： 娘家。

曹： 好像您那会儿经常是老师把您请到家里吃饭，甚至住在老师家里，对吧？

才： 你都熟悉的。

曹： 对，因为我和王先生很熟。

才： 我刚到上海以后，气候关系吧，老感冒咳嗽，老是好不了，所以老师每天给我吃药，老师让她妈妈在家里给我熬药，熬好以后，早上老师来上课时，就把药带来给我吃，都这样的。我那时候身体一直不好，经常在她家休息休息，吃点好的东西。所以那个时候我心里更加感觉到，汉族比自己亲人还亲。但是当时我们不太会讲汉语，一看到老师，很亲切的。

曹： 一种天然的亲切感。

才： 很慈祥的父母。

曹： 您还记得当时老师是怎么教你的？

才： 开始我们练声的时候都是哆来咪发索

王品素教授学生音乐会后，才旦卓玛向老师献花祝贺

拉西哆，都是这样的，后来有时候音方面，老觉得上不去，老在那个地方有点别扭的感觉。后来老师教唱我们藏族歌，唱第一段。比如说唱，一段一段这样唱。因为可能有咬字关系，所以老师后来慢慢地听藏文，我唱，老师听，老师自己记下来，哪个词需要哪个声音来用，所以后来就唱出来了。开始我们刚来的时候，不太会唱的，所以后来练声的时候，老师说为什么练藏语，你说太阳叫什么？我说太阳叫尼玛，因为太阳、尼玛有点不一样，然后老师说达娃叫什么？月亮叫达娃。唱"太阳出来了"，就这样的，所以老师说语言有关系，所以后来单独都学各种歌里头的，然后一段一段。比如说唱，这样一段。

曹：所以您现在已经80多岁了，声音还是那么清脆，而且通透，说明当年王品素先生给您的方法特别好。

才：对，方法。

曹：您花了多长时间，把老师的这种方法，其实这个方法是老师跟您共同来研究的。

才：对，主要是老师。

曹：老师也研究是吗？

才：老师一直在研究。因为我唱了，老师回去研究应该怎么样，老师在我的身上下了很大很大的功夫，然后声音慢慢上去。

曹：一般来说，人随着年龄的增长，声带有一个老化的过程，您到现在80多岁还能够唱得这么通透，真的是得益于当年的方法。

才：是的。

这首《翻身农奴把歌唱》，是才旦卓玛在1959年为一部纪录影片所唱的主题曲，这也是才旦卓玛最早的成名曲，通过这首歌，充分展示了她的音乐才能。同时也让人们认识了当时还在音乐学院学习的才旦卓玛。

曹：这首歌当年也是红遍大江南北，还记得当时在练这首歌的时候，老师怎么来指导您，您怎么自个儿来琢磨这首歌？

才：西藏和平解放以后，拍了一个电影，新闻电影制片厂拍了西藏解放的情况，他们写了里面的主题歌，说怎么办？谁唱？最好是一个藏族歌手来唱。但是里头汉字多，因为那个时候不用藏文，用汉字，送来了以后，系里老师马上说要教才旦，说是任务。后来他们电影要用，赶快录。老师就陪我到北京去了。

曹：老师陪着您去北京？

才：到新闻厂去拍，录音的时候，一边拍一边录，一段一段地录好了，因为急，我汉语又不会，歌还没唱好，怎么办？后来系里说，周小燕老师说干脆老师去吧，给她辅导一下。我说老师，你们不去，我不去，唱不了。这歌也是这样出来的。

对于许多观众来说，大型音乐舞蹈史诗《东方红》承载了太多记忆。每一个从20世纪60年代走过的人都无法不记得才旦卓玛，因为她的歌声就像那个时代的血液，流淌在时代的脉搏里，也牢牢地扎根在每位观众的心中。

曹：您再给我们说说，您那会儿参加大型歌舞史诗《东方红》的创作，当时是一个什么样的机缘让您能够参加这样一部经典之作的演唱和拍摄？

才：后来他们说节目里，周总理审查以后，觉得可以让各民族的演员能演得出来的人参加，有的地方可以调过来。所以里面的主角，尽量让少数民族的演员来参与，就这样。后来他们要选人，唱毛主席的光辉以后，他们说叫才旦赶快到北京来。毛主席的光辉那首歌，第一个还是上海搞的，毛泽东思想下，上海高歌猛进，大型的歌舞搞了以后，总理和陈毅想搞这个。这里头，我也唱西藏的歌曲，他们后来听了，把我又调到那里去。那个时候，我扁桃体经常发炎，住院要准备手术，后来医生说你这两天先休息，给你打打针。好，我就休息，休息当中就来了，通知就来了，参加演出，老师和我两个人，去不去？怎么办？不去可惜。西藏歌，总理对少数民族这么尊重，这么关心，不去也不好，还是得想个办法。去了以后，后来系里可能确定了叫我去，叫我到那里。他们就先听了一下，后面大的合唱，最后这样改。到了那里以后，医生给我点药带过去，他说每天吃点药。到了北京以后，药根本吃不了，每天就排练，我说嗓子怎么办？会不会不好？后来唱着唱着也没了，扁桃体炎。

曹：唱好了，炎症也没了。

才：没了，也没开刀，就好了。

曹：自然痊愈。

才：自然痊愈了。后来有老师说你的声带扁桃体发炎，还唱那么大声干吗，轻轻地唱。但是我的毛病，一唱歌，情绪一来了，又出来了。自然都没了，他们说我开玩笑，我说真的没有，我没有吃药，也没有休息，也没有别的影响。

曹：您那一段那会儿一共拍了几天？

才：我们反正一直住在那里，不回去。

曹：前后有多少时间在那儿？

周总理和才旦卓玛亲切握手

才：前后，3个月吧，都在那边住，因为演员都是集体的，我们少数演员就和导演他们一起住的。

曹：听说东方红之后，东方歌舞团实际上有这个想法，想把您调到东方歌舞团，当时您没去，还是决定回到西藏给老百姓演出，当时为什么没有想留在北京？

才：因为在上海见到了周总理。

曹：周总理对您特别关心是吗？

才：演《东方红》以前，在上海见到了周总理，总理说怎么样，觉得可以吗？我说可以。他说你要好好唱你们西藏的风格，我说好。总理这样说了，我自己就心里想，我一定要记在心里。北京演《东方红》的时候，叫我留下，我说我不留了。我觉得总理讲得非常好，对我说你年轻，还有好多你自己民族的东西，现在你们这些培养出来的，要去掌握那些，要工作。我们自己脑子上没想到的，总理这么仔细，这样想。后来到了北京以后，《东方红》演完了以后，总理见我们演员，握手的时候，总理说怎么样，快毕业了吧？我说已经毕业了。他说怎么样？我说回去。对，回去。所以我觉得这些事情非常非常对，总理是我的指路人。到了西藏以后，感觉到我们西藏，我出来了七八年，但是一进去以后，一看到家乡的变化，也看到不一样。所以我觉得太英明了，总理太英明了，特别总理说一定要为西藏人民服务。

曹：虽然在西藏演出，可能有的时候条件受限，要骑着马、骑着牦牛，演出的场地也不像北京、上海这么辉煌。可是作为一个西藏培养出来的歌唱家，回到故乡，给广大的人民演出，是不是您觉得特别接地气？老百姓给您的这种反应会特别特别地强烈，这种是您在大城市感受不到的。

才：我觉得心里很舒服，而且也和总理说的一样，本民族的文化，你们要去服务。他们有的人说你有没有后悔，我没有，我一辈子都不会后悔的，我更加认识到总理对我的指点，真的，我是这样想。

曹：我发现这些年，您虽然继续在坚持您的这种独特的本民族的演唱方法，但是也与时俱进，采用了一些新的唱法，接受了一些新的音乐元素，也和一些年轻的演员一起合作。是不是从新时代的某一些发展当中，也汲取了很多的养料？

才：对。还是大家一起演出，在西藏一起演出，大家都一块儿。

曹： 这么多年，您带学生吗？

才： 没有，没有真正带。

曹： 为什么呢？

才： 有的时候是自己不带，有的时候没有时间。我们团里，我们认识的藏族同志，有时候给他们讲讲，哪些要注意，这些可以讲。我说一定要唱歌，一定要注意自己的本民族的文化艺术方面。首先要唱好，首先心里要有自己的想法，有什么想法，走什么路，这是很重要的。

2005 年，到青藏铁路建设工地慰问铁路建设者

才旦卓玛已从一个普通的农家女，成长成为具有世界影响的歌唱家，她唱的歌不仅震撼了万里高原，而且传遍了祖国各地的每一个角落，通过才旦卓玛的出色表演，认识了新中国，认识了新西藏，让世界各地不约而同把目光聚焦在这块古老而蓬勃向上的地方。

曹： 您在歌坛已经耕耘了好几十年，现在心里还有什么大的愿望，什么大的计划想要做吗？

才： 计划做是没做，但是我心里还没有一个好的接班人，有很多好的，但是我自己想的那样的人还没有。

曹： 您希望有一个什么样的接班人？什么样的人能够成为您的接班人？

才： 我的接班人，第一觉得他（她）要认识艺术，艺术是干什么，艺术有什么用处，为什么用，必须要认识到。艺术不是说用了以后，我要去赚钱，不是这样的，艺术有了以后，反正要好好地用吧，就这样想。他们的声音我还不是很喜欢，我可以给他们试试，但是我这方面还没有做成，这个工作还缺乏。我想，基金的工作还是以后慢慢做，我已经 80 多岁了，现在这方面，其他人帮我一块儿想。

曹： 最后还有一个问题问您，今年是中国共产党成立 100 周年，同时也是西藏解放 70 周年，您作为共产党培养出来的这么一个藏族的歌唱家，您特别想跟我们说点什么？

才： 像我们这样的人，现在大家也都知道，没有我们中国共产党，西藏人民不可能有今天解放，也不可能有我们祖国。所以我觉得，特别是在 100 周年党的活动，上海叫

才旦卓玛与曹可凡

我来参加一下，是很高兴的，因为我想对党，对人民，我们是热爱的、挚爱的。我一直在说，没有党，没有人民，我们不可能有这个。所以现在我自己就是想这样，我就慢慢做，再加上我的年龄，我想不辜负党的培养和教育，尽自己的力量，好好地为党，为人民，为大家服务，有这样的心情。

曹：谢谢才旦老师接受我们的采访，能够再次来到上海，支持上海的文化事业，支持上海之春。我最后有个请求，在我们节目结束之前，您再唱一小句《唱支山歌给党听》，我们听一下好吗？

才：建党100周年里我就唱吧。（唱）唱支山歌给党听，我把党来比母亲，母亲只生了我的身，党的光辉照我心。

桃李芬芳满梨园——王梦云专访

她是京剧表演艺术家，同时也是戏曲教育家，这两个身份，她都做到了极致，她就是王梦云。作为京剧表演艺术家，她早年师从老旦泰斗李多奎，以精湛技艺位列"老旦三王"之一，后又凭借《沙家浜》中的沙奶奶、《智取威虎山》中的李母等角色深入人心，诸多唱段至今仍被奉为经典并成为学习范本。作为戏曲教育家，她

王梦云现场照

在艺术盛年时期自愿告别舞台，出任上海戏曲学校校长，从此全身心投入戏曲教育事业。在任八年，以校为家，与学生同吃同住，为培养人才殚精竭虑，终赢得桃李满园，令人感佩。如今，84 岁高龄的王梦云神采奕奕走进《可凡倾听》，仿佛仍然是当年那位风采卓然的京剧名家、意气风发的戏校校长。

曹： 我印象当中，20 世纪 70 年代末的时候，改革开放之后老戏开始恢复，那时候京剧院演《四郎探母》，有张学津、黄汝萍、您、郭仲英，我印象特别深，那是我看的第一出老戏。

王： 是的。而且《四郎探母》过去一直是禁演的，那次才正式演出，所以大家也非常兴奋。那时候张学津嗓子也好，连着演了一个星期。我们演得是非常兴奋。其实那时候我们也都是三十多岁了，没有老师，完全要靠自己听录音、看剧本，要自己琢磨。

曹： 我现在想起来非常荣幸，小的时候不太懂事，其实坐在我边上的就是魏莲芳先生。他就跟女儿在那儿比画，说哪儿哪儿不错，哪儿哪儿还欠缺一点。后来散了戏之后，我看到很多人跟他握手，跟他打招呼，后来才知道他就是大名鼎鼎的魏莲芳先生。

王： 我还去拜访过魏莲芳老师。后来排了一个新戏叫《谭嗣同》，我演慈禧。我就想

到魏莲芳老师家里有个照片，他演萧太后那个范儿，让我感觉就像是慈禧。我想演慈禧的话，也不能够随便地穿着旗鞋在台上走，京剧是有范儿的，有程式的，所以我就特意到魏老师家，跟他学萧太后的脚步，然后用在慈禧上。排新戏的时候也要把传统的东西融入进去，看得才有意思。

自 20 世纪 70 年代起，王梦云一直在上海工作、生活，但其实她是土生土长的北京人。1938 年，王梦云出生于北京海淀，童年时代家境贫寒，所幸生来一副好嗓子。1950 年，12 岁的她顺利考入中国戏曲学校，由此与京剧结缘。

曹： 在京剧界很多演员家里都有一些家传，不知道您的家庭，有没有这样的基因？

王： 真的是没有，那时候我唯一有点喜好的就是唱歌。另外在小学的时候，每天要升国旗，我要上去指挥，指挥全校学生、老师一块儿唱国歌，我就有这么点艺术基因。

曹： 当时是什么样的机缘去考戏校？

王： 解放以后 1950 年，中国戏校招生登报了，登在报纸上，我母亲读过几年书，在报纸上看到中国戏校招生，而且条件非常优惠，管吃管住还发衣服。

曹： 是吗？

王： 我们家比较贫寒，我妈妈怕我将来万一失学怎么办，所以希望我去考戏校。

曹： 您当时知道京剧是一个什么样的艺术吗？

王： 什么也不知道。没有看过，不知道什么是京剧。

曹： 去考的时候，考一些什么样的项目？老师凭什么把您给录取了？

王： 就是凭嗓子，那时候跟着钢琴走，我可以唱两个八度，那时候确实嗓子……

曹： 从小嗓子好。

王： 太好了。所以后来我入校以后，大师姐们说，你们过来看，这小姑娘嗓子特别好。

曹： 分行当从什么时候开始的？

王： 一入校就分行当，考的过程中都是一些老先生，他们已经看到了这个孩子将来能唱花脸，这个能唱老旦，这个能唱青衣。判断标准主要一个是长相，一个就是声音。

曹： 看先天条件。

王： 先天条件。

曹： 您记忆当中，自己学戏快不快？因为刚才您说了您是白丁。

王： 一般，真的是一般。一开始还没把注意力全放在专业上，就喜欢文化，没事拿本书，到食堂，我们食堂是另外一个院子，没人，到那儿看书去了，没把时间用在练唱什么的，没有。后来慢慢地，到了四年级以上，应该说是比较懂事了，一看人家都比我好，人家都会唱。我觉得不努力不行，也不愿意落后，所以后来就把时间更多地放在专业上，每天早晨要喊嗓子。四五点钟就起来了。

曹：起那么早？

王：我记得我在陶然亭喊嗓子，有一年冬天，你猜我碰见谁了？马玉涛。

曹：歌唱家。

王：歌唱家。我听见一直在什么"马儿"……

曹：马儿啊，你慢些走，慢些走。

王：对。人家也到陶然亭喊嗓子，所以就督促自己更要好好练。

曹：那会儿学校里都有哪些名师给你们上课？

王：一开始开蒙是时青山老师，也是名人后代，"十三绝"里有个时小福。后来就是孙甫亭，孙甫亭老师是一直傍着四大名旦的主要配角，他来给我们上课。还跟李鸣岩的父亲，叫李连甲，富连成的，你一听这名字，李连甲，跟他学过《徐母骂曹》，我印象很深。

曹：我听说那会儿名丑刘斌昆先生也给你们上过课？

王：刘老师上课是我到了上海以后，我一看解放前的画报，有刘老师和周信芳院长的《清风亭》，我当时就想《清风亭》这个贺氏，老旦应该演，而不是说是丑行的专工。后来我就有意识地去请教刘老师，我说我想跟您学贺氏，他说好啊，这就跟他学了贺氏。所以我觉得我非常幸运，我也对自己有一个要求，对老旦不能够只唱，不能表演，身上也不讲究，演什么都"一道汤"。所以我希望我自己，演什么角色都要琢磨琢磨。

1958 年，王梦云从中国戏校毕业，留校进入实验剧团工作。1961 年成为她艺术生涯中的一个重要节点，这一年，她正式拜师京剧老旦泰斗李多奎先生，得到名师亲授，从此艺术更上层楼。

曹：那是一个什么样的机缘拜李多奎？

王：我是因为老跟着李鸣岩师姐，有时候学戏一块儿去，老是一起去李多爷家里，后来觉得李先生对我也还蛮喜欢的，所以 1961 年，我和李长春同时拜师，我拜李老，他拜裴盛戎先生，我们在东来顺。

曹：办一桌？

王梦云拜师李多奎

王：办一桌，不是我出钱，学校出钱，我们是穷青年演员，学校花钱。然后学校的校长、副校长都参加，就吃顿饭，照张相，最后我和李老单独照一张，这就拜师了。

曹：拜完师之后，老师怎么教你们？

王：首先拜完师之后，李老要让我改变叫法，原来我们从学校毕业的学生很习惯叫先生，李先生，以后别那么叫了，要叫师父，首先是改变这个叫法，更亲切了，师父、师娘、师姐。他教我们，他是用胡琴，跟着胡琴走，跟着胡琴的劲头。吊嗓子有时候哪点唱得不对，小声地给说一句。我记得我到李老家，他每次学完戏以后，让我给他唱一句《我们新疆好地方》。

曹：是吗，为什么？

王：来来来。这个来来来……

曹：得唱好多。

王：而且我起的调门要高，他觉得特别好听。

曹：这挺有意思的。

王：每次学完戏以后唱一个"来来来"，然后再走。

曹：通常您大概什么时候去师父家里？

王：一个星期要去那么两三次。每次去，起码是两个小时。李老说实在的，不是特别能说的人，他觉得你唱的劲头不对，就把胡琴抄起来了，还是用胡琴来告诉你这点应该怎么样。

曹：所以他是自己拉胡琴？

王：他自己会拉胡琴。

曹：《赤桑镇》是李多奎先生和裘盛戎先生合作的经典，我听说您那会儿就有这样的幸运，跟裘先生一块儿演过一次《赤桑镇》。

王：其实《赤桑镇》出来以后，我们就学了。后来有一次李老和裘先生演出《赤桑镇》，是在怀仁堂，李老发现他血压高了，我还陪他去看过病，中医说您不能再唱了，您的血压很容易高，老旦必须得用底气。一下血压就上去了，以后就别演了。但是《赤桑镇》又是刚排出来的，怎么办？后来他就推荐我和裘先生，还是在怀仁堂。

这场演出，台上紧张得不得了，一出场就晕，打引子什么的，整个唱完了以后，下来之后才清醒。

曹：下来之后才清醒，在台上都是迷糊的？

王：都是晕的，就凭熟练的程度，跟裘先生演了。这是第一场，因为在怀仁堂，后来又演了好几场，在什么工人俱乐部，最后一场是在吉祥戏院。

曹：您跟裘先生排练的过程是什么样？

王：李老陪着我到裘先生家去排戏。

曹：所以师父很重视这个演出。

王：太重视了。因为裘先生家我没去过，李老陪着我去的。

曹：裘先生给您留下一个什么样的印象？

王：给我留下的印象，不是说名家特别严肃，也不是跟你说句玩笑话，都没有，就是很平和。因为《赤桑镇》主要是唱，裘先生就小声地哼，我要大声地唱，就这么在裘先生家，李老在旁边坐着、陪着。

曹：跟大师演，最大的不同是什么？他会不会给您一种气场？

王：他胸有成竹，游刃有余。另外一个就是，我上场之后，见着裘先生，裘先生没有耍大牌。我们一见面，他都是不让你觉得紧张，眼睛低下来跟你做戏。如果他特别盯着你，说实在的也够呛。但是有的地方，比如说他在"劝嫂娘"那段，"自幼儿"，他给我的感觉，台上不是裘盛戎，就是晚辈。他在哪儿？我坐在这儿，他在这儿唱。我后来看好多演员为了突出自己，他跑这儿唱，裘先生不是，裘先生是在跟你解释，我过去怎么得到您的教育，您是怎么教育我的，等于说在我耳根子这儿说，就是跟长辈说话。这是我最大的感觉，就是裘先生在台上从人物出发。台上最好的位置在中间。他绝对不是，他就是这半边，绝不超过中线。

曹：所以，戏比天大。

王：戏比天大。有一次，我唱二六走了一板，紧张，下来以后，裘先生在卸妆、洗脸，我就去了，我说裘先生，我今天走板了，以后一定注意。他抬头看我说，以后要多练。就说了这么句。

曹：一句批评没有？

王：没有，真的没有。以后要多

裘盛戎与王梦云合作《赤桑镇》

127

练。这样。

20世纪60年代，王梦云的京剧艺术渐趋成熟，与王晶华、王晓临并称为"老旦三王"，深受戏迷喜爱和追捧。而更多普通观众认识王梦云，则是通过《沙家浜》《智取威虎山》《磐石湾》这几部家喻户晓的现代京剧。沙奶奶、李母、曾阿婆，虽然都是清一色的老太太，王梦云却凭借强大的角色塑造能力，将她们演绎得各具特色，生动鲜活。1970年，由于拍摄京剧电影《智取威虎山》的契机，王梦云调入上海京剧院工作，从此在上海扎了根。

曹：演《智取威虎山》，您演李母也很有意思，其实演李勇奇的施正泉比您要大十多岁，但是演您儿子。

王：演员在台上就是要有自信，我就是。施正泉确实比我大十几岁。

曹：他也是正字辈的。

王：对，但在台上他就是我儿子。

曹：那会儿突然让您演现代剧，其实很多京剧传统的这种所谓四功五法，一下很难直接套用到现代戏上。所以那时候会觉得有点不习惯吗？

王：没有。我蛮喜欢演现代戏的，年轻的时候很喜欢看话剧，我喜欢表演，演人物。像北京人艺的戏，差不多都看过，所以，我觉得演现代戏，演员施展本领的地方就更大了。我倒是很希望团里头能多排一点新戏，不管是历史的，近代的，还是现代的，我都很习惯。所以像《磐石湾》这样的戏，又是渔民，那时候也是深入生活，跟渔民一起出海，在福建的东山坐着船出海，打捞的那叫蛏子。

曹：上海叫蛏子。

王：上海叫蛏子。在船上一边打捞上来，一边就煮了现场吃。结果我吃了还拉肚子。

与北方京剧的传统相比，海派京剧更加开放，这对于不拘一格、喜欢创新的王梦云来说正合心意，因此从北京来到上海，她不仅没有水土不服，反而如鱼得水。1982年，她在新编历史京剧《谭嗣同》中饰演的慈禧，就是一个颠覆传统、超越行当的角色。王梦云为之付出了巨大心力，并因此荣获首届上海戏剧节表演奖。

王：《谭嗣同》是我非常喜欢的一个戏。

曹：张学津老师演的谭嗣同？

王：学津演的谭嗣同，李长春演的袁世凯，我演的慈禧，这三个主角。对于一个老旦演员，我是觉得太过瘾了。原来老旦演的主要是《钓金龟》《行路训子》《哭灵》《遇皇后》《打龙袍》，传统戏不多。

曹：就这么几出。

王：对，差不多也就十出戏吧，经常能演的。突然间排了《谭嗣同》，其实慈禧太后是我争取来的。慈禧六十岁，已经不是很年轻了，我说我想争取演，我不按行当演，按人物去演。最后争取来了，争取来了之后，就必须要付出一些努力研究不同的表演方式，所以我才首先要跟魏连芳学萧太后的脚步。首先我得能够穿旗鞋，在台上能够自如行走。

曹：过去您没穿过吗？

王：没有。

曹：因为老旦是不需要穿旗鞋的。

王：没这戏。慈禧出来，必须要有一种气氛、气势。后来我又听说曹和雯老师演萧太后，也是很好的，我又去找了曹和雯老师，我就说如果慈禧生气的时候，她怎么表现，对吧？两板头，她能够表现。她说这个后脖梗子用劲，她气得发抖，这两板头就出来了。

曹：跟童芷苓老师演《谢瑶环》，您演武则天，其实这个扮相跟传统老旦的扮相也不一样。

王：童老师为什么找我演武则天？她看了《谭嗣同》我演的慈禧，她就想用我来演武则天。因为她自己年纪不小了，如果用一个二路旦角演武则天，就不合适了，所以那时候她演之前请了孙正阳、我、王玉田老师到她家吃饭，我们都是她的配角。

曹：你们这一堂演员多精彩。

王：我在那里是最小的，最年轻的。

曹：是不是您觉得反而这些新编剧给老旦的表演，或者它的剧目，开拓了一条新的路？

王：对，能够创造一些跟正统老旦完全不一样的东西，我觉得这是非常幸福的事。

1994 年，王梦云完成了一次人生角色的转换，从演员转型为教育工作者，出任上海市戏曲学校校长。那年她 56 岁，作为老旦演员来说正当艺术盛年。告别舞台投身校园，这个决定令身边的亲友师长都无法理解，但王梦云却义无反顾。

王梦云和学生们

曹：您当时为什么在自己艺术正处在一个非常成熟的黄金时期，愿意去为人作嫁衣，离开舞台去做老师？

王：这也是当时文化局的领导希望我给他们推荐一位戏校的校长，北京我的一些老同学，我就请他们，他们说我们不愿意到上海，不愿意离开北京。后来我们上海的文化局领导就说，你试试好不好？我说，我没想过，那我考虑考虑吧。后来考虑了一年。

曹：想了一年？

王：想了一年，因为我要征求一些我尊敬的老师的意见，他们都不同意，说你现在是56岁。

曹：唱老旦最好的年龄。

王：对。你的竞技状态又挺好，你干吗不演戏，你跑到戏校干吗去。后来我自己琢磨着，56岁确实慢慢也要走下坡路，我为什么不可以再做一件事。一个是当演员，另外一个是培养演员。

王珮瑜：我在刚刚接触京剧的时候，开始的时候学老旦，对王梦云老师是很熟悉，特别崇拜的。就是她好像离我们很远，就是一个曾经儿时的偶像，突然就来到我身边，跟我们一起朝夕相处，这种体验很特别。

曹：您当时去的时候，学校是一个什么样的状况？因为上海戏校其实从它的历史沿革来看，其实有很多好角儿都在戏校任教，像过去校长是俞振飞俞先生，言慧珠是副校长，后来张文涓、张少楼、童芷苓都在戏校任教，都做老师。

王：那时候好像张少楼、张文涓都去了美国吧？

曹：是，正好是个断层。

王：戏校断层。我想还是要重整师资队伍，我就请了几位，刘秀荣、张春孝、朱秉谦、袁国林，我的师哥师姐，他们六十多一点点，离开了舞台，这个时候教学，他们完全可以示范。当然了，也有质疑的声音。

曹：质疑什么呢？

王：为什么从北京请老师？其实上海的老师，基本上能请的，都请了。所以我不管你说什么，你现在不是让我当校长吗？我就这么做。

曹：当时您做了校长之后，有没有在比如说管理制度上，跟过去作一些改革？

王：从严管理，因为我也住在学校。

曹：您住在学校里？

王：我住在学校8年，我星期六才回家。

曹：所以您住在学校里，晚上会去巡查吗？

王：那当然。早晨练功，我各个练功房都要转的。这里头，一个是有一种督查的作用，另外一个是学习。比如说翻跟头我不会，我就得看老师用什么手法，我得看明白了，哪个老师好，哪个老师有点不够格，我得换，或者得给老师开会。

王珮瑜：她单独有一间小屋子，带一个厕所。一张单人床，一张办公桌。简单到不能再简单，我记得就是一个小的简易的柜子，挂几件衣服。跟我们吃在一起、住在一起。早晨我们六点多起床跑步，练早功、吃早饭。你练早功的时候，她就在练功房看着。练完以后，一个一个排队出去吃早饭，她就在食堂待着，看着。吃完以后，有没有人浪费粮食，不好吃，还是你病了，为什么要扔掉这么多？一个一个地询问。真是，就像绣花一样管理这个学校，管理我们所有孩子。王校长经常说，唱戏的人就像半个和尚，出家人，有很多事情是不可以做的。

蓝天：包括我们到了晚上自修之后，回到宿舍里，我们都感觉到没有什么人身自由。为什么？就因为严肃的、"可怕"的王梦云校长，随时不定在哪个地方就能看着我们、盯着我们，有没有好好休息，有没有好好自习。下了戏想开个小差，看个漫画书都不敢。

王珮瑜：在了解了所有学生的优点、缺点、特点以后，给将近九十个孩子量身定做，你原来是这个行当，我觉得不太合适。召开

王梦云与王珮瑜

大会，这个孩子我建议他改那个行当。给我们所有孩子一个一个开戏单，开师承的单子，开戏码的单子，开演出罗列的单子，就是这么细。

曹：当时您在推行您的理念的时候，会不会觉得还是有点压力的？

王：有压力。他们在总结的时候，确实也说我霸道，其实我不是霸道，只不过是对于制度上严格一点。包括那时候也搞了一些赞助，他们的意思就是这赞助费可以发奖金，我说不能发奖金，绝对不能发奖金，人家赞助的是我们的优秀教师和学生，不是给大伙儿平均分配。第一学期完了以后，有两组意见，有一组就是要把我赶出去，另外一组就觉得王校长以身作则，而且很负责任，对我们老师赏罚也公平，比较懂行。好在文化局的领导，他们也是内行，还是很支持我的。

在任八年，王梦云为上海戏校倾注了全部心血。在她的严格管理和悉心关怀下，学校面貌为之一新，京剧92、97两班学生成材率极高，涌现出了一大批如今活跃在舞台上的中流砥柱。王珮瑜、蓝天这两位老生名角，就是其中的佼佼者。

曹：王珮瑜应该是解放以后戏校培养的第一位坤生。

王：王珮瑜唱得很好，感觉也很好，身上、脚步，她不长个儿怎么办？这麻烦。在学校里没问题，大家都是学生，将来毕业以后，这个儿还不长怎么办？所以我当时就想，王珮瑜在毕业之前一定要红，所谓的科里红。毕业之前观众很认可她，你毕业以后，照样一看，这就是王珮瑜，不要要求她个儿有多高，她在科班已经定了。

王珮瑜：我们那时候去逸夫舞台演戏，一张戏票就是五块钱，很便宜，十块五块的，连成本都收不回，学校完全投入。吸引观众。唱完戏以后一瓶水，一个面包，就是一份点心。对我们来讲，我觉得我的前半生，舞台的积累最丰富、最频繁的，对自己最有成长的，就是在学校的九年，几乎是年中无休，几乎所有寒暑假，所有周末都在舞台上滚。

曹：所以您这是有远见。王珮瑜其实学余派的，我听说那会儿您还找了一些马派的老师给她上课，像朱秉谦老师、张学津老师。

王：对。我认为一定要请这样的好老师让王珮瑜接触到。包括她放假，我都要让她到北京去，基本上不让她歇着。到北京找谭元寿老师。暑假，王珮瑜到北京，就跟元寿老师学。所以在毕业公演的时候，元寿老师场场到，最后还一块儿演了《失空斩》。

曹：所以那班学生，他们真的还挺幸运。

王：对。现在的学生，他们就很难再见到这样的老师，见不到真佛了。

王珮瑜：从1994年，梦云校长接管，做校长以后，一直到后来毕业，我的师承表拉出来，真是非常显赫的，是很让人羡慕的一张师承表。不同流派、不同风格、不同方向的老师，互相之间有补充。这也是王梦云校长在我一步一步的成长道路上，给我作的规划，在每个阶段都开花结果。

曹：那时候您想象王珮瑜将来会成为一个什么样的演员？

王：珮瑜，包括她现在做一些综艺节目。原来我也有点想不通，后来我们俩也聊过，我也想通了，也是为了宣传京剧。另外我还是想，珮瑜学那么多东西，将来是个好老师。她好学习，我希望将来她能做戏校的校长。

曹：是吗？

王：我的想法，从来没说过，但是我想过。

王珮瑜：我有时候跟她说，校长，我说我长着长着就成了您。我现在也特别严格，对自己严格，对工作也很严格，对我身边一起工作的小伙伴也很严格。好像我心里就是有一个王校长的影子一直在那儿。

曹：除了珮瑜之外，我听说蓝天，当时您是从河北梆子那儿给提溜过来的？

王：因为我到河北去招生，最后快走的时候，蓝天的父亲来找我，提到蓝天，说他原来是在河北戏校学京剧，后来京剧专业没有了，让他学河北梆子。我听了听蓝天的嗓子，他是属于立音比较好的，不是很宽，但是声音很圆。我说如果现在带你去上海，敢不敢走？他说敢。我就这么着把他，实际上就把他从河北戏校，愣给带走了。

蓝天：在河北省艺校的一个排练厅，王梦云校长和另外一个老师，我就记得王梦云校长说，你唱一段吧。好，我就唱了一段《击鼓骂曹》。你基本功怎么样？好，踢腿、正腿、旁腿、片腿、盖腿、飞脚、扫堂、旋子。一看，毯子功还是有基础的，好，那你就准备，我们1997年的时候会发通知书，到时候你来上学吧。

王：没过几天文化部给我打电话。河北戏校到文化部去告状，说王梦云把蓝天愣给带走了。我就把这情况讲了，我说人家原来学京剧，你们现在没有了，我们上海戏校来招生，我觉得条件挺好，为什么不让人去学京剧？你非要给他留下学河北梆子。后来文化部也没说什么，就不了了之，蓝天就这样来了。

曹：您现在是不是还有机会常常去剧场看当年这些学生的演出，会跟他们聊一聊？

王：去的。

王珮瑜：每次重要公演，她都在底下看。这些学生是王校长的荣耀，我们的一举一动，我们的好，或者我们的进步，我们的退步，我们的变化、起伏，她都要通过看演出来掌握。掌握以后，会发信息，会打电话，会约谈。

蓝天：我们也会经常给校长打电话，演完什么戏了，您看看怎么样？校长说话慢了很多，对。说，还不错。但是希望的是，一些细微的、细致的点，是戏要带三分生，而且做了演员，戏演多了，别油，别对观众不负责任。当在舞台上看到观众，我们要撒欢的时候，突然之间看到白发苍苍的校长坐在正中间，我们知道有的地方是要收敛的，是要严肃认真的，不能破规矩，不能越规矩，要在这个方圆里面，我们是上海戏校培养出来的，是王梦云校长培养出来的学生。

王珮瑜：我觉得我认识的这么多人当中，最正直的就是王梦云校长。我有时候也会迷失，迷失的时候我就想，如果这件事情王梦云校长碰到，她会怎么处理？我会站到她的角度，有时候就茅塞顿开，就觉得她应该是这样来处理的。她是一个不会夸大其词，也不会把特别小的隐患掩盖起来的人，确实是一个有大情大爱、大格局的一个人。

曹：培养出来的这些学生，现在慢慢都成为京剧的中流砥柱，是不是会觉得挺欣慰的？

王：这不有两张照片吗？一个是92班的，一个是97班的。有时候我常看一看，还是挺高兴的。

曹：其实是有得有失，您所损失的就是可能在舞台上⋯⋯

王：比较早地离开舞台。

曹：您现在回想起来，后悔当年这个决定吗？

王：不后悔，绝对不后悔。因为这么些非常优秀的青年现在在舞台上，一点都不后悔。我自己觉得天时地利人和吧，我就想如果我在北京的话，可能还没这机会，因为北京优秀的演员太多了，轮不上我做校长。我是觉得我自己尽了力了。当演员，我也尽力了。到了上海当校长，我也是觉得我遇到了好的领导，遇到了这些好老师们，还有遇到了这些好苗子，他们也都很配合，挺幸运。我觉得我做这两件事，都是比较幸运的，实际上我没那么优秀，我是觉得我幸运。

现场合影

曹：您现在还会跟学生说说戏吗？

王：会，就是老旦。有时候她们过来跟我学一学，只要我知道的，我总是给她们说。走走我看看，脚步走走我看，这不行，我给示范一下。

从心所欲　笑对人生——罗家英专访

　　提起罗家英，人们首先想到的一定是《大话西游》中那个无比啰嗦、唱着《Only You》的另类唐僧。20世纪90年代中期，这个深入人心的角色令他一举成名。此后二十多年里，罗家英纵横银幕，陆续出演了一百多部电影，虽然演的大多是配角，但那一个个有血有肉、个性鲜明的人物，足以彰显他的不凡演技。与此同时，观众也

罗家英现场照

渐渐了解到他作为电影演员以外的身份，知道了他是一位造诣深厚的粤剧名家，是香江艺坛大姐大汪明荃的爱人，也是一位身患绝症依然笑对人生的强者。2021年，75岁的罗家英再度披挂上阵，出演了粤剧电影《白蛇传》。

曹： 您这段时间很辛苦，从中国香港到了内地，然后多次隔离，去横店拍了粤剧电影《白蛇传》，虽然演过很多年广东大戏，可是拍粤剧电影还是第一次，所以拍摄电影和舞台上演出的感觉，应该是大相径庭的。

罗： 完全不一样。按说我拍电影都有经验了，但是一穿上古装，有水袖，就很容易起范儿。但是导演就说我要电影的拍法，你不用太多程式，所以就尽量减少这种东西，都是比较现实的那种表演法。

曹： 在京剧里头，许仙通常是小生应工。

罗： 小生。

曹： 所以今天以您这样的年龄，在银幕上演许仙，年龄的差距，您会觉得有压力吗？

罗： 很大压力。我告诉自己，在电影里，许仙，我

罗家英主演的粤剧电影《白蛇传》剧照

是年龄最大的一个，今年 75 岁了。

曹： 您是一个"70 后"许仙，得想着自己 17 岁。这些年其实因为《大话西游》，很多人都会找您拍戏，您的作品也很多，风生水起。但是我发现您有一个根始终不忘，就是广东粤剧，所以您到现在这个年龄，还愿意来为广东粤剧作点贡献。是不是心里对粤剧，这门从小学的艺术有一种情怀在里边？

罗： 因为舞台，戏曲是一种艺术，和我拍电影赚钱是两回事。我拍电影是开心，去赚钱，赚了钱买房子。粤剧，我可以花钱，但是我出台，我就把我的功夫献出来，我就很开心，这是我的血液里面流下来的遗传，爸爸留给我的，所以我对这种东西不能放弃。

罗家英与粤剧的缘分是与生俱来的。1946 年，他出生于广东顺德一个粤剧世家，三岁时随父母移居香港，八岁正式开始学艺。兄弟姐妹五人中，他是唯一一位继承父辈衣钵，走上粤剧道路的。

曹： 小的时候对这种生活环境的变化，还有没有记忆？

罗： 我们先从澳门地区过去的，什么东西都没带，钱也没有，我爸爸赚了很多钱都是在家乡买地、盖房子，在香港地区一块砖都没有，所以就重新再来过。我爸爸去了越南、新加坡唱戏赚钱，就在观塘那个地方买了一块地，我们就在那边务农，养猪、种菜、种树。所以我小的时候，就是在农村长大，在我身上有很多乡土味。所以很多我们同行都叫我"乡下仔"。就说我很土，但是没所谓，土就是土了。

曹： 您爸爸是学丑角的，是吧？

罗： 对，丑角。

曹： 所以小的时候因为父亲的关系，是不是常常会跟着父亲跑到后台看戏，对广东大戏就有这种耳濡目染的印象？

罗： 当然了，我妈妈怀着我的时候，就喜欢看戏，她老是跟着爸爸去看戏，所以从我妈妈的肚子里，我就看戏。

曹： 这叫胎教。

罗： 胎教。

曹： 你们兄弟几个好像只有您一个人学戏？

罗： 对，只有我一个人。

曹： 为什么？是其他几个都不喜欢吗？

罗：不是，爸爸感觉到他们没有这个灵性，只有我有。

曹：他凭什么说您有唱戏的灵性？

罗：他说我早上不起床，中午才起床，晚上不想睡觉，这种习惯就是唱戏人的习惯。还有说我瘦，身材腿长腰短，整个脸型都是唱戏的料。

曹：当时给您开蒙，您是跟着爸爸学丑角，还是学其他行当？

罗：不是跟爸爸开蒙的，是我十二叔，他也是唱戏的。练基本功，基本功不分是丑还是什么。比如开一字马、下腰、拿顶、练拳等等，都是我十二叔教我的。

曹：您喜欢吗？

罗：当时都没所谓，很听话，但是很辛苦，痛。开一字马，多痛啊。我十二叔都很严的。

曹：会打您吗？

罗：我怎么哭，他都不管，一定要做。我爸爸也是很严格的，跑圆场都不能停。

曹：据说您爸爸的很多朋友其实当时都劝您爸爸不要让您学戏，因为孩子学戏太苦了。

罗：对。因为他们感觉到戏行走下坡，如果让你儿子在戏行里面，将来怎么办？怎么生活？但是我爸爸是另外一个打算，他说我一生就是唱戏，书又念不多，我有这个日子都是靠唱戏，不能忘本，所以一定要我唱戏。人家怎么说，他不听。我儿子可以的，他一定要唱戏。

曹：后来正式开始学戏，您是学的文武生是吧？

罗：对。

曹：是不是跟京剧有点类似，您这个就类似于文武老生，还是武生一类的？

罗家英和父亲

罗：就这样说吧，应该是男一号，文武生就是男一号。一说男一号，什么都能演。小生能唱，贾宝玉、张生，也可以唱梁山伯。短打可以唱武松、林冲，长靠的会唱赵子龙，等等。我现在还唱老爷，唱关公。文武生因为打的底比较厚，所以先练文武生，再转其他行当比较容易。

曹：文武兼顾了。

138

罗：对了。

曹：您还记得第一次登台唱戏是一个什么样的感觉？那时候多大？

罗：那个时候大概是 8 岁左右。

曹：登台紧张吗？

罗：紧张，我都不晓得怎么跑出去的，我头一个戏是跑龙套。我当时是念二年级，我爸爸做班主，他就要我上台。就是这样，做一个手势，当时我出场是给人推出去的，我就闭着眼睛，到了，就这样，很紧张。

曹：和爸爸一起同台演出？

罗：同台演了很多。

曹：他对您会特别严格吗？

罗：他要求高，也希望我快速成长，所以他很多戏要求我做很多，一定要满堂彩。如果唱得好，他很开心，我懒惰了，不想做了，他就打我。他就是有个不好的地方，他拿什么就打什么，什么都打。

曹：打得最厉害的是用什么打？

罗：拿道具刀劈，很多人在台上，都是这样打。

曹：您好像 20 世纪 60 年代的时候还参加过邵氏南国训练班，是吧？

罗：对。

曹：郑少秋是您同学是吗？

罗：对。

曹：那时候您怎么会去参加表演训练班？

罗：这个也不是我的意愿，因为我这个人很懒惰，不长进，喜欢玩，都是爸爸的要求。爸爸希望我早一点出山，可以赚钱，帮他负担一部分。但是我不行，我不是这块料，我小的时候很笨，永远都是做龙套，因为个子长得小，到 15 岁才长高。他就要我拜粉菊花，学京班的东西，学京班的腿、腰等等，打小花枪。后来他感觉到我应该往电影发展，因为从前，香港地区很多大老倌（粤剧演员），他们都拍电影，他希望我去拍电影，所以我进去南国（训练班）。但是在南国，我就是没有成就。

曹：那个时候郑少秋给您留下一个什么样的印象？

罗：比较高，很瘦，他有话剧的底子，所以在所有男孩子里，他比较出类拔萃，能够在很多电影里面演个小角色，我们就是坐在旁边，拍我们后背，演喝茶，就是临时演员。

与 20 世纪 70 年代就已成名的郑少秋相比,罗家英多少有些星途黯淡。直到 1993 年,他才因为某种令人哭笑不得的机缘巧合而意外获得了一个机会,在成龙电影《重案组》中饰演一名富豪。

曹:《重案组》算是您第一次踏足大银幕的作品吗?

罗: 算,是我头一个电影作品。

曹: 当时导演怎么会选中您?

罗: 很好笑,很奇怪。那个时候我是"地中海",你知道什么叫"地中海"?

曹: 是不是有点秃?

罗: 对了,头就是这里光了,慢慢光,很稀疏,头发很少。因为我这个样子,和《重案组》里面一个大富豪,样子有点像,他也是"地中海"。所以导演就找人去找我拍这个戏。我就答应他了,但是他要我去面见他,要考考我。

曹: 面试一下?

罗: 面试一下。我当时想我也是文武生,出了名了,为什么要面试?我就开着车,在嘉禾片场外面兜了很多圈,我去不去?

曹: 思想斗争。

罗: 后来想,我要打开一个天地,还是得去。但是导演很好,基本上见见我面,握握手,大家笑一笑,所以大家拍得很开心。

曹: 第一次上大银幕拍戏,有什么不适应吗?

罗: 最主要是眼神,因为我们唱戏要瞪眼,出台亮相,这样瞪眼。但是在电影方面,你这样瞪眼就不行,你不能瞪眼,最好也没有什么太大的表情。导演就慢慢教我,表情做小一点。

曹: 因为大银幕往往是会放大。

罗: 对。我不明白。大头,眼睛瞪大就太凶了。

继《重案组》之后,罗家英接连参演了多部电影。1994 年的《国产凌凌漆》中,他饰演的怪咖科学家达闻西笑料十足,浑身是戏,由此开始为观众所熟知。更重要的是,这部电影开启了他与周星驰的合作,也因此才有了之后的《大话西游》。

曹: 那算是您第一次拍喜剧片吗?

罗：其实没有感觉在拍喜剧，我就是演人物。但是观众一看见我就笑，我一讲话，他们就笑，我都莫名其妙。

曹：当时怎么会找您来演这样一个角色？

罗：听说谷德昭看了《姊妹情深》之后，就把我介绍给周星驰。他们就跟我说，家英哥，有一个戏和周星驰拍的，你演一个科学家，一个发明家。好啊。大概有五六天的戏。好啊。我就去拍了。不问什么，我以为科学家就像你一样，戴个眼镜，头发漂亮，穿着西装，很正经的。但是一到现场，他说你不是穿这个，你穿那个背心、短裤，穿着拖鞋。怎么搞，变成这个样子了。我从早上十点钟到了现场，一直都没拍我，拍其他东西，拍得很慢。我就和周星驰聊天，他说，家英哥，我拍完这个戏，要去内地拍《西游记》，大家聊天，什么都不说。好了，到五点钟才拍到我，家英哥，就位就位，到你了。就换了衣服。你从这边走过去，看见周星驰，你就站起来，对他念一句台词，"力拔山兮气盖世"，念一句台词。头一个镜头就这样，你从这边走过去。我就想，我这样走过去，怎么走？我对周星驰头一句话，我怎么念这个台词？我就想，我还是用舞台的方式去表演，我就拿着两颗菜、一块肉，就用走圆场，出场，一看见周星驰，一站好，"力拔山兮气盖世"，我就用这个方式去跟他演。周星驰，这个人用什么方式跟我演呢，他也很厉害，他就"时不利兮骓不逝"，他就按照我的方式去跟我搭话，这就是撞出火花。

曹：所以你们两个人都是属于那种即兴的表演。

罗：大家没有排过，导演没有教过我，他也不知道我怎么演，我也不知道他怎么演，就是大家撞，就是这样。所以一出场就有火花。拍完这个戏之后，这个戏上映了，我很奇怪，本来是袁咏仪和周星驰的海报，我就是"主演"罗家英，谁谁谁，在底下一小块。但是拍了两天之后，这个海报改了，周星驰、罗家英，达闻西跟凌凌漆比拼，就这样。那时候突然之间红起来，我是没想到的。

周星驰究竟在哪个瞬间将罗家英与他心目中的唐僧合二为一，如今已不得而知，但可以肯定的是，这个电光石火般的灵感诞生于《国产凌凌漆》拍摄期间。此后不久，他就正式向罗家英发出了邀约，并且不惜一再迁就他的档期，可谓是诚意十足。而最终罗家英的表现也没有辜负他的期望。可以说，罗家英赋予了这个角色血肉与生命，而这个角色则令他家喻户晓，声名远播。两者互相成就，难分彼此。

曹：其实《大话西游》，您拍的时间也不是很长，是吗？

罗家英和周星驰

罗：对。后来拍完《国产凌凌漆》之后，大概 11 月左右他就打电话给我，家英哥，你过来跟我拍一个戏，《西游记》。《西游记》啊，好啊，谢谢你，我演什么？演唐僧。好啊，我说过来多久？他说你过来两个月吧。我说不行啊，我手头上有四五部戏，还在开工，我怎么能够走这么久。他就说你过来一个月，我说不行啊，过来十五天呢，也不行啊，走不开。好好好，你有多少天？我说只可以给你三天，我先拍三天，以后再算。好，你过来演唐僧。所以就答应他三天，就从香港地区飞去银川。

曹：其实电影三天是没多少可以拍的。

罗：基本上是拍两天，我是大概五点钟到了银川，七点钟我就要去拍戏了，因为天气冷，很快就天黑了，我拍到天亮。一去，就在镇北堡，就把我绑在十字架上，就这样绑住，很冷，太冷了。两个牛头在我旁边，就演最后一场戏了。

曹：里面用的那个 "only you"，这是你想出的还是导演想出的？

罗：导演想出的。因为他很喜欢用古老的歌，在那个戏里面去表演。

曹：后来这个梗就变成一个大家特别喜欢的梗，"only you"。

罗：这个想象不到。我到现在让人家记得我的，还是 "only you"。

曹：对啊。

罗：《大话西游》影响太深了，把我后半生变了样子。

曹：其实这个戏当年在香港地区的票房……

罗：一般。

曹：并不是很好。您是到什么时候突然觉得您火了？

罗：我看是从 1998 年、1999 年，那个时候我去到北京怀柔，拍电视剧，那个时候开始大家就说这个戏了。我就买了几本书，都是很多大学生看完这个戏写的文章，出了几本书。原来人家是这样看这个戏，把艺术提得很高。我看了之后才感觉到这个戏开始红起来了，都是从大学生，那时候有电脑了。

曹：对，那会儿就是大学生开始观看、讨论《大话西游》，所以变成一个香港电影的经典之作。

罗：对。因为它把古典人物改变。

曹：解构。

罗：解构，用另外一种角度去说故事，都是从那个时候开始的。

曹：其实说到周星驰，有的时候这种评论是趋于两极的，有的人对他赞许有加，另外一些人可能对他颇有微词。从跟他合作的过程当中，您觉得周星驰是一个什么样的人？

罗：聪明绝顶，对电影很有感觉，很有天分，没得说，真是一个天才。尤其是他那个喜剧方面，但是他在《大话西游》里面，很多不是喜剧的，他的眼神很到位。比如孙悟空看着城楼，他看着的眼神，在后面，到他们两个抱起来了，他就走了，这种眼神真是太动人心。他在艺术方面没的说，通常大家说的都是他做了导演之后，就有点紧张，在现场骂人等等。但是到后期我就没有跟他合作过，所以我不能够说什么话。

曹：您后来还跟他有一些联系吗？

罗：基本上没有什么联系，香港演员都是这样，大家都忙，大家拍完戏，说再见，有机会喝茶、有机会打电话，都是门面上这样说，但基本上都不会这样做。他不会找我，我也不会找他。

曹：你们有联系方式吗？

罗：没有。他有几个跟他工作的，比如田启文等等，如果要找他就找田启文，他要找我就叫田启文找我。

曹：所以您从一个电影人的角度，怎么看周星驰在整个华语电影，特别是香港电影当中这种地位？

罗：如果香港没有周星驰，电影就没有这样热闹，他真是一个人才。因为演喜剧太困难了，演喜剧，我第一部戏，人家看见我会笑，第二部会笑，第三部就不会笑了。它不同于演悲剧，悲剧看一次哭，第二次哭，看很多次都会哭，心里会被打动。周星驰、许冠文能够十多年还是占据喜剧这个首席位置，很难得。

曹：其实我们现在看，香港电影这几十年来发展，它是起起伏伏的。

罗：对。不是起起伏伏，基本上是走下坡，现在。

曹：我们就看到很多我们过去喜欢的香港电影里边的一些黄金配角，他们往往戏不多，但是给人印象很深。您和吴孟达合作过吗？

罗：合作过，好朋友。吴孟达，从前人家说我在周星驰身边，就把他代替了，但是我说不是，他的戏路和我完全不同，周星驰离不开他的，他很重要，我只是周星驰忽然之间的一个火花，这个火花很快就熄灭了，我的表演方法不一定适合他。但是吴孟达就和他配戏，两个人是合作无间。

曹：他生活当中是一个什么样的人？因为我和他就是一面之缘。

罗：豪爽，人很好，他喜欢请人吃东西，而且花钱很豪爽。我就说大哥，你为什么要跟我们去喝酒，开一个酒，八九千，你开，我们4个人，不用吧，我们就喝杯咖啡，找一个好地方，躺着舒舒服服的地方，聊聊天多好，不一定要去夜总会。他就喜欢这样。比如他在现场拍戏，很喜欢请大家吃东西，我们就"万岁"，经常"万岁"。人很好，真舍不得。

曹：所以当您听到他去世的时候，是不是特别惊讶？

罗：我就是感觉不会这样严重，他最严重的是心脏病，那时候已经过了，过了再出来拍戏了，人都蛮好了，怎么知道他忽然就是肝癌，又这样快。真不知道他这样快就走。我一直和他有微信的联系，大家都聊聊天。有两个人我舍不得，一个是黄霑，一个是吴孟达，感觉大家都是年龄差不多，很多讨论、言谈，都能够互相接受。

对于普通观众来说，认识罗家英是通过电影。其实在粤剧领域，他早已是一位如雷贯耳的名角。早在1987年，他就以粤剧演员的身份，邀请汪明荃合作了一出《穆桂英大破洪州》。

曹：您和阿姐（汪明荃）是不是也是因戏结缘？

罗：对。我认识她都很久了，因为从前我经常上无线电做节目，知道有这个人物，大家都是点头之交。后来我就跟我拍档分手了，想找一个名气更大的人合作，让我挽回我的面子。因为刚好在一个报纸上，人家记者问她，还有没有兴趣演唱大戏？她说

罗家英与汪明荃

有，如果有人找我唱，我一定唱，所以我就找她，她也答应我了。我们从1987年一起排练一个戏，到1988年我们演出十天，非常成功。因为对穆桂英这个人物，她很喜欢，我就把张春孝和刘秀荣的《穆桂英大破洪州》，改编成粤剧。

曹：您觉得自己对她那种感觉发生质变大概是在什么时候？

罗：没有，怎么敢，她是大姐，我一点都不敢动，脑筋都不敢动，真的，想都不敢想。

曹：但是通过排练、演出，其实两个人的这种

心理距离会越来越近。

罗：好一点，但是也是不太敢接触。因为我认为她跟我演出之后，演一台她就不演了，我们都还是点头之交，我以为是这样的。我们排练的时候，她从不迟到、很认真、很用功，唱、念等等，她都很用功。后来演出之后，她忽然之间跟我说，我们合作，经常演粤剧好不好？我就蒙了。

曹：后来《穆桂英大破洪州》之后，又演过几次吗？

罗：有，《穆桂英大破洪州》之后，我们就两个人成立一个公司，就一起合作了，一直到现在。那个时候是 1988 年，1988 年底我们一起去日本旅行，就我们两个，就这样感情出来了。

曹：当时你们谁先说破这层关系，是您还是阿姐？

罗：这样说，当然是我了，她有暗示，我才敢。见面、吃饭、看电影，就慢慢拉手了。

罗家英曾经说过这样一句话，他与汪明荃都是经历过生死考验的人，都只剩半条命，合起来就是一条命，所以要相依为命，同心到老。的确，对于这对患难夫妻来说，疾病是他们人生中的严峻考验，也是他们之间感情的催化剂。

曹：你们两个人，谁先发现患病？

罗：她。

曹：是她。

罗：她。她基本上认识我之前，就已经有甲状腺癌。有一次她跟我说，我很开心，我这个甲状腺危险期过了，以后就不用担心了。好啊。但是不久，她就发现乳癌。

曹：大概她生病之后多少时间，您也发现自己的肝出现问题？

罗：很多年，差不多七八年左右吧，我是 2004 年，她应该是 1997 年前吧。我生病，我头一个打电话告诉她，医生说我有癌症，她说不会吧，我说是啊。因为大家都年龄比较大了，看这些事不会很紧张、很慌张，都比较镇定的。也不会太恐惧，太手足无措。她因为是过来人，就说你一定要听医生话，爱护自己，你自己不爱护自己，谁爱护你呢？她就这样跟我说。她也给我找医生，尽量替我去想办法。

曹：您后来又复发过一次，是吧？2014 年的时候。

罗：这个不算复发。

曹：是另外发现一次？

罗：因为我头一次是右边肝一个肿瘤，这是 2004 年，到 2014 年左肝又有病变，又来一个肿瘤。

曹：所以这两个是单独的？

罗：单独的。我就是比较好运，割除就可以了，不用电疗、化疗，什么都不用。第二次我心里一点都没问题。2004 年头一次的时候，我还想为什么会这样？我为什么得癌症？我那时候是 59 岁。后来我就念《心经》，后来我都能背下来了，一烦躁，我就背《心经》。想到生命无常，也感觉不用太紧张，就在我活着的时候，活得开心，活得有价值，就可以了，人生就可以了，不用要求太多。所以我就放松了，大概哭了几天，我就不哭了。我跟我妈妈也不敢说，妈妈问我什么事，我说十二指肠穿了一个洞，所以没什么事的，我妈妈不知道。五天之后，我就去踢足球、去按摩、去唱歌。但是有一个想法，就是很想见很久没有见面的人，打电话给老同学，打电话给朋友，打电话给亲戚，很想见见面，那个时候有这种感觉。

曹：所以当得知疾病以后，还是有一段时间沮丧，但是很快能够调整好精神状态？

罗：对，不想，来就来吧，我不怕你，所以我就很放松。这个最要紧，如果大家有这种症状，最重要的是放松，不要怕它，如果你怕它，它就让你不好受。

从 1987 年到 2009 年，罗家英与汪明荃经历了二十多年的爱情长跑。正当所有人都认为他们并不在意那一纸婚书时，却突然传来了他们注册结婚的喜讯，一对有情人终成眷属。

曹：当时是一个什么样的想法，两人还是要有一个法律上的手续？

罗：其实阿姐是一个很传统的人，她感觉想要一个家庭，每年过年过节，她都很重视。其实一直不想结婚的是我。

曹：反而是您一直不想结婚，为什么呢？

罗：我害怕，我没结过婚。

曹：您之前没有结过婚？

罗：从没结过婚，我和头一个女朋友谈恋爱谈了 11 年都没有结婚，我和汪明荃谈了21 年都没有结婚。那个时候为什么有这个想法？因为我妈妈是 2007 年走的，我们香港地区很流行发一个讣闻，就是什么人的爸爸妈妈……

曹：就是报纸上登的那种？

罗：对了。就是孝子谁谁谁、儿子谁谁谁，媳妇是谁、孙子是谁，我说要不要把你的名字放进去？我们已经相处很久了，我妈妈也当你是媳妇，你也当我妈妈是妈妈了，我可以不可以把你的名字放进去？她说我没名分，不能放进去。我就感觉到应该给她一个名分，所以就结婚了。

罗家英与汪明荃结婚照

曹： 结婚以后两个人的生活，您觉得和过去……

罗： 不同。

曹： 没有那一纸婚约不一样吗？

罗： 绝对不一样。

曹： 最大的不一样是什么？

罗： 绝对不一样，就是没自由了。从前我是朋友，你不能太管我，现在她就可以管你了。

曹： 她通常怎么管您？

罗： 你要去内地拍戏，为什么拍这样久？快点回来。

曹： 生活习惯上有改变吗？阿姐是上海人，可能她还会保留一些上海人，比如说日常起居，饮食的那种习惯。

罗： 这个没有什么问题，因为我们都是走江湖的人，什么生活都习惯。而且她也是在农村长大的，我们两个都有土味。

曹： 她也是在农村长大的？

罗： 对，她出生在朱家角，在青浦，她8岁才从上海到香港地区，从小就在农村长大，看了很多上海越剧，所以她对舞台剧很有兴趣。

曹： 婚姻有很多种不同的方式，有的人结婚之后，两个人就融为一体，比如说赚的钱也是放在一块儿用，但有的夫妻还是保持相对独立，我不知道你们家是一个什么样的情况？

罗： 我们就是很特别，财政独立，她赚的是她的，我赚的是我的，我就每个月给一些家用就算了。

曹： 比如说你们出去吃饭，或者说出去旅行，这个钱是您出还是你们俩一人一半？

罗： 一人一半。

曹： 这个算那么清楚？

罗： 也不算太清楚，比如吃饭是你的，住房是我的，就这样。租车是我的，大家也不是为了一分一毛去计算，我们就是财政独立。我住医院花了几十万，她没有给我钱，也不贪她的钱，都是我自己付的。她住院也是她自己付的，大家分开。我就说你的钱，你很多钱，你不用给我，你给你弟弟，我的钱也不一定要给你。

曹：您的钱不给她给谁？

罗：我还有弟弟，我可以分其他人，也会给你，但是你的，我不会要你的财产。

曹：这是你们婚前就正儿八经很严肃地谈好，还是很自然地就采取这样一种方式？

罗：很自然。我说我钱没你多，你出鸡，我出酱油，我的酱油不够你的鸡多，所以你不要在我这里拿钱，我不会给你的，我自己用。

曹：阿姐因为在香港地区成名非常早，而且她在中国香港娱乐界的地位也很高。

罗：对。

曹：所以从个性上来说，她就会比较强势。

罗：强势。

曹：我和您接触过很多年，我就觉得其实您是一个，从性格上来说蛮绵软的这么一个人，所以你们家里是不是阿姐会强势一些，您相对就会弱势一些？

罗：结婚之后，我会站起来跟她抬杠。

曹：从奴隶到将军？

罗：对的，跟她讲道理。她是一定要讲道理的，她也信服你的道理，你有道理，她就听你话，你没道理就听她话，所以我可以据理力争。

曹：所以您一般赢的机会多不多？

罗：多的。因为她是女孩子，很多时候会蛮不讲理的，你不讲理，我讲理。也是家庭的小趣事吧。

曹：比如说您有一些"狐朋狗友"想请到家里来聚会，阿姐会同意吗？

罗："狐朋狗友"，像谁？比如你？

曹：对，可以算。因为男人总会有一些所谓的酒肉朋友，是吧？

罗：年轻时比较多，现在没有了。她不希望我带朋友到家。

曹：所以您要和朋友聚的话就得去外头？

罗：在外面。

曹：看来您在家里地位也不怎么高。

罗：第四。

曹：前面那两个是狗狗猫猫吗？

罗：第一是两个小狗，第二就是她，第三是两个工人，我是第四。

曹：您比工人还低？

罗：对。

曹：在低处比较安全。

罗：对，没所谓，越低越安全，不会摔倒，我就躺在地上，我怎么摔倒。

曹：谢谢"师父"！我们认识这么多年，今天还是第一次听您说这么多自己的故事。祝您身体健康！

罗：谢谢！

曹：也给阿姐带好，祝她也身体健康！

罗：谢谢你的访问！

现场合影

"国民奶奶" 少女心——吴彦姝专访

她是电影《北京遇上西雅图之不二情书》中那位善良慈爱的华裔老人，相濡以沫的爱情故事令人潸然泪下。

她是电视剧《流金岁月》中那个重男轻女的南孙奶奶，可恨、可怜又可叹的多面性情令人唏嘘不已。

她是演员吴彦姝，近年来，她凭借一个又一个深入人心的角色走红荧屏，优雅的气质和卓越的演技为她圈粉无数，网友们亲切地称她为"国民奶奶"。

吴彦姝现场照

曹： 您今年高寿？

吴： 83岁。

曹： 83岁的年龄，依然保持这么好的精神头，非常难得。我不知道您平时，比如说对于作息、饮食，或者运动有一些什么样的独门绝技？

吴： 我也没有什么独门绝技，就是很随性。有的时候睡得很晚，可能十二点以后才睡，有的时候就睡得早一点。没有一个规定，说必须几点睡觉，几点起床，我很随性。因为工作有的时候需要睡得晚一点，那我就睡得晚一点。但是我的睡眠很好，我只要说现在睡觉，躺在床上，马上就睡着了。

曹： 那厉害！那您吃东西有讲究吗？

吴： 我吃东西也没有讲究，就是吃得少一点，蛋白质要够，就好了。

曹： 其实拍戏是一件非常辛苦的营生。您自己怎么去适应这么高强度的工作？

吴： 我没有觉得是一种压力。

曹： 您喜欢？

吴： 对了，因为我热爱表演，所以我每次表演，不管导演要求来几次，我每一次都觉得是一次享受，就享受那个过程。我特别喜欢表演，导演提示了以后，我觉得这个地方再细致一点，再加上一点什么，再改掉一点什么，又演一遍，也觉得是一种享受。

我特别享受这个过程。

---

3 月 19 日，由吴彦姝主演的电影《又见奈良》正式上映。这部影片聚焦于战后日本遗孤这一历史遗留问题，吴彦姝饰演的中国母亲在与回国的养女失联多年以后，毅然踏上了远赴日本寻人的旅程，在异国他乡所遇到的一系列人和事，既有失落与无奈，也充满着温情和感动。最终她苦苦寻觅的养女究竟下落如何，则成为整部影片最大的悬念。

吴：这个戏是战后的中国母亲们，应该说是母亲们，我虽然是演了一个母亲，但是中国的母亲们，也有父亲，就收养了日本的遗孤。他们完全不计前嫌，不计国恨家仇，他们当时有一句话叫作，娃没罪。中国人那种大爱的精神，我觉得特别可贵。这个故事就是从我去寻亲，不远千里跑到日本去寻亲开始。整个过程中，有很美的日本的风景，也有日本人的那种善良，帮助中国母亲来寻亲，也表现了中日人民之间的友好。

电影《又见奈良》海报

曹：其实今天的年轻人可能对战后遗孤这样的历史片段不是太了解。您在拍这部戏之前，有没有看过一些相关的资料？

吴：这一点，鹏飞导演给我寄了两本书，一本叫《大爱》，就是讲述日本遗孤的故事，一本是《中国母亲与日本遗孤口述史》，这样两本书。是挺感人的。妈妈们讲，就是那句话，娃没有罪，就是从那里头来的。

曹：我们知道您父亲是日本早稻田大学毕业的，是不是这是您愿意接这样一部戏的考量之一？

吴：我父亲是早稻田大学的学生，这只是我对日本的一种好奇。我觉得更重要的是鹏飞这个导演，他非常年轻，正因为年轻，他用他年轻的视角，用年轻人的那种切入点，不是那种压力很大的，他希望是轻松一点的，有一点冷幽默的，这样来讲述这个故事，让大家记住这段历史。所以我接受了这个角色。

曹：整个戏都是在日本拍摄，语言肯定是一个比较大的障碍，你们有一些什么样的诀窍，来保持彼此之间沟通顺畅？

吴：我们组里头有翻译，跟我们接触多的是一位东北的女翻译，她是东北定居日本的，还有一位是中国台湾定居日本的，她们两个人。另外就是为了传达方便，导演的监视器离我们非常远，所以导演就创造了几个手势，这个手势就是再来一遍。

曹：这是再来一遍。

吴：再来一遍。然后这样就是过了。导演在那边，就这样，就过了。还有就是请演员，就是爱心，特别好玩。

曹：您里头要说日语吗？

吴：我没有，但我要说俄语，因为是东北的妈妈。里头有一个情节就是，我跟这个小孙女，她的前男友要跟她分手了，来家里收拾他的东西。收拾的过程中，我就怕他把小泽的东西拿走，一直盯着他。然后他走的时候我跟他说，"八嘎"。"八嘎"在俄语里头是再见，结果在日语里头是滚蛋、混蛋这意思，完了以后他就很奇怪地看了我一眼。然后他还跟小泽说，看来你奶奶是不喜欢我，她那天还骂了我一句。

曹：我曾经跟日本演员拍过戏，因为他不懂我说的话，我也不懂他说的话，所以我们有的时候会设置一些特殊的暗示，比如说某一个语气的加重，或者说某一个手势。我看到他这个手势，我就知道，这句话基本就是说完了。所以您跟日本演员演对手戏，有没有这种默契和约定？

吴：我们没有约定，我跟国村隼的对手戏不算太多。他那个语气和他那个行动线，我能够感觉到他是说完了。

曹：厉害！你们在拍摄过程中，会不会有一些即兴的桥段？

吴：会，我跟国村隼有一段戏，就是大家传说一遍过的那段戏。就是那儿有条长凳，我本来就坐在那儿。他坐下来了以后，我们两个人交流了一下，觉得也没有话说，也不知道说什么，语言也不通。他突然从他的兜里头拿出一个照片来，就是很随便的，意思让我看一看。我一看，可能是他小时候，我看看。后来我一想，我也掏出一张照片来给他看看，他也看了一下，他觉得，哦。两个人，说完了这个又没事干了，我突然想起来我们那个小泽，她回国以后，除了在工厂工作，还要做一些小手工才能够补贴她的生计。我到了日本以后，我也帮她做，所以我随身带着，我就把那个小旗子倒出来，倒出来的时候，没想到这一次倒出来会有日本旗。我看见有日本旗，我这个手就缩了一下。然后国村隼就停下来了，他就问翻译，他说，奶奶伸手又缩了，是不是因为那场战争？然后这个翻译就翻译，传到导演那儿，导演远远地就答应一声，是。然后我们就从这个地方接着拍，我一伸手，他就把那个日本旗全拣到他那边去了，他把彩色旗全推到我这边。我就有一种感激之情，但觉得特别不好意思，对人家国家，他还很友好的，我就那样微微地一笑。然后我就粘红旗，他粘日本旗。然后他拿起日本旗，我拿起红旗，我们这样就对视一笑，导演就喊过。这段戏就是这样，完全是即兴的。

就在电影《又见奈良》上映前不久，吴彦姝刚刚在荧屏上火了一把，因为她在热播电视剧《流金岁月》中饰演了"南孙奶奶"一角。这位戏份并不算多的奶奶意外成为关注度最高的人物之一，被观众津津乐道，吴彦姝入木三分的表演更是收获了如潮好评。

曹： 其实这个人物在小说里头还是挺招人恨的，但是您把这个人物的那种立体的面表现出来，所以呈现出她善良的一面。

吴： 我觉得一个人是有多面性的，他有可恨之处，也必有可怜之处。所以这个人物不能把她单一地处理成很可恨、很讨厌的形象，剧本上有一个情节写的是，我吃梨，吃完梨以后有渣滓，要吐。本来那个剧本上写的是，儿媳妇拿手接着，吐到她（手上）。我觉得接受不了。当然从角色，从那个人物来说可以，但是我觉得这个地方要收一下。我的意见就是，她来接可以，她来接，我没要她，我自己抓了一个纸，我吐了，但是递给她，她去帮我扔。像这些地方，我就希望收一点，后来导演也同意。另外就是，她对儿媳妇就是老也看不上，有这种母亲。我见过一个朋友的妈妈，就是这样。她特别讨厌媳妇，她的心情就是说，她儿子本来是应该对她好的，怎么去对那个……

曹： 爱被分割了。

吴： 对，所以她就特别讨厌这个儿媳妇。我就这样掌握了这种心态，我眼睛不看她的。有一段台词，我儿子坐在这儿，她坐在这儿，吃饭。就说到南孙出去住了。我就不看她，我这手就这么指她，说但是你不行。我看着我儿子说她，你不行，我就是见不得她。这种人（南孙奶奶），她有旧社会出来的那种烙印，要让她身上带有那种烙印。我小的时候是在上海读小学的，我读的是教会学校，所以这些人物，来接学生的爸爸妈妈都是开车来的，我都见过这样的人。就是爱男孩爱得不得了，对女孩不一定喜欢。当然我家里不一样，因为只有我一个。所以我觉得她是带有那个时代烙印的那种人。生活当中有这样的时候，你不愿意跟那个人接触，就是不愿意看到，看到那个人过来，扭头就走了的。

曹： 瞧着就讨厌。听说剧中有一场儿子跳楼的戏，也是导演临时跟您商量加进去的，

《流金岁月》剧照

是吧？

吴：这场戏在我准备剧本的时候，我是把这场戏当作重场戏来的。但是沈严导演是一个很有度的导演。他觉得我八十多岁了，演那么撕心裂肺的一个场面，会感到担心。但是他没有跟我说他的担心，他就说，奶奶，那场戏好拍，我就拍你一推门，那个窗帘动，然后就接下一场。我说那不拍我还行吗？他说，我想不拍你了吧。我说不拍我，我准备了好长时间这场戏。他说要拍你吗？我说要拍我。然后他说，好吧。他就这么说了。第二天我化好妆，他就站在那儿。他说奶奶，拍窗帘还是拍你？我说拍我，我就进去了，然后就拍。

吴：我拍完这场戏以后，那么老远听见他（导演）喊，停！他就在跑，过来就抱着我，一直摩挲我。

曹：在这个戏里边还有两个年轻演员跟您合作，刘诗诗和倪妮，是您的孙女辈了。

吴：我太喜欢她们俩了，我觉得导演选择她们，也很正确。用京剧的行当来说，一个是小青衣，一个是小花旦。倪妮是个小花旦，诗诗是小青衣。特别可爱，她们在现场，两个人的关系也特别好，跟大家相处得也特别好，而且进入角色也特别快，跟人的交流很真实。倪妮前景戏准备得特别好，在现场，有一场戏是她把鸡蛋打碎了，在地上。拍完这个要隔好几天，再拍我开门，但是已经隔了好几天了，她准备的那个头发，就是在地板上擦过地板的那种情况。啊？谁来了？就那种样子，带着前景戏出来。我觉得她们两个人都特别好，真的。所以看见她们就觉得很高兴、很开心，年轻真好。

近几年吴彦姝作品不断，"国民度"越来越高，观众在为她点赞的同时往往也心存疑惑：这样一位优秀的演员为何才刚刚被发掘出来？她年轻时都演过些什么戏呢？其实原因很简单，年轻时的吴彦姝，压根就没有置身于摄影机镜头中。1938 年，吴彦姝出生在广州，父母都是知识分子，而她则是那个年代极为罕见的独生子女，家境优越，同时也家教严格。

吴：我的父亲出生在一个大家庭，一个有田有地的大家庭。房子很大，也有院子。但是我父亲后来就自己出去，到日本留学了，他学的工厂管理、国际金融，都是这样一些东西。然后他自己就做生意，后来又参加地下工作，就是这样，很复杂的一个历史。我家里只有我一个孩子，我的父亲很开放。

曹：那个年代只生一个孩子的家庭特别鲜少。

吴：对，他就跟我妈妈说，说是儿多母苦，不要生多了。现在医疗条件很好，男孩女孩都一样，就给我妈妈减压。因为那个时代，总是要生一个男孩才行，就像南孙的奶奶一样。

曹：家里要有个男丁。

吴：对，一定要有男丁来继承家业。但是我爸爸就跟我妈妈说，无所谓，我们有一个就好了，现在医疗条件也好。因为他当时就在中山大学教书了，生我的时候在中山大学教书，所以就只有我一个。

曹：您妈妈是一个什么样的人？

吴：我妈妈也是个知识分子，她大学读的是中文系，但是兼修家政。过去的家政和现在的保姆不一样，她是要打理家庭。所有男生那时候都要到家政系去选夫人。她学的就是管理家庭、管理孩子。

曹：对，我家里也有长辈去学家政专业。

吴：对。她是兼修，中文系兼修家政。我小的时候她就会管我，坐要什么姿势，走要什么姿势。我小的时候很皮的，我们家是那种四合院，有一棵桂花树跟房檐就能接上，我就爬树，就上了房了。

曹：真的啊？

吴：对。让我妈妈就给叫下来，然后就训，说哪有女孩子上房的？管得很严，走路什么，拿勺、拿筷子都要教，说话不许高声。

曹：您小的时候在上海读过教会学校，是吧？大概从几岁到几岁在上海生活？

吴：大概是七岁，六七岁到九岁，上一二年级。

曹：那时候父母在上海工作吗？

吴：对。我爸爸在上海开了一个允华公司，就是做进出口贸易的。

曹：您还记得那会儿住什么地方，在哪儿读书？

吴：善钟路，善钟里73号。

曹：在现在长乐路常熟路那个地方。

吴：那个胡同一进去，那里边，我们是往右边一拐，就两栋别墅，就在那儿。

曹：那您在哪个学校读书？

吴： 震旦附小。

曹： 那您那会儿学会说上海话了吗？

吴： 溜着呢。

曹： 您现在还记得上海话怎么说吗？

吴： 会说的。

曹： 您说得蛮好。您还记得小时候住在上海那些年，去哪个地方印象是最深的？

吴： 城隍庙，城隍庙吃东西。最爱吃小笼包，阳春面。

曹： 您出身于书香门第家庭，在那个年代，演戏其实对于当年的知识分子家庭来说，大家是用有色眼镜看的。所以当时是一个什么样的缘由，您走上了表演之路？

吴： 那个时候我父亲在山西大学教书，我就去山西。一下子就看到报纸上，山西话剧院招学员。我就说要去，爸爸没有意见，爸爸那个人很开放。但妈妈很有意见就觉得三教九流，不能去。

曹： 对。

吴： 三教九流，不能去。我爸爸说，行行出状元，不要管，让她去，然后我就去了，我的父亲一直是一个很开明的人。

曹： 去山西话剧团学习表演，那个时候表演对您来说，完全是一个从来没有接触过的艺术，所以当您第一次走进这个团体的时候，会不会觉得有点懵？

吴： 一开始我为什么会看到那个招生广告？在这之前，我父亲带着我去看过山西话剧院的一台话剧，我那个时候才了解，还有话剧。过去都看电影，我从小就看秀兰·邓波儿的电影。

曹： 除了外国的电影，有哪些中国的女演员您是特别崇拜的？

吴： 田华、张瑞芳、于蓝，这是我特别崇拜的。

曹： 您都喜欢革命类型的女演员。

吴： 对，当时就是受革命教育，都特别喜欢她们。但是我不知道有话剧这个艺术，我父亲有一次就带我看了，我就说山西有个话剧团，觉得挺好玩的，他们当时演的都是农民戏。后来我就看到那条广告，然后我一考就考上了。我当时瘦瘦的，可能是觉得我还精干。因为他们当时就在选《刘胡兰》的扮演者。

除了 1959 年出演过一部电影《流水欢歌》，吴彦姝的整个职业生涯全部奉献给了话剧舞台。而她最重要的一部作品，无疑就是话剧《刘胡兰》。

吴：我年轻的时候真的是很忙，你就不知道当时那个话剧繁荣到什么程度。我们一天要演6场《刘胡兰》，就像演电影一样，一场一场这么演。

话剧《刘胡兰》中饰刘胡兰

曹：其实刘胡兰的生活背景跟您的成长背景相差得比较远，所以在准备这个角色的过程中，怎么让自己跟这个角色慢慢地走近？

吴：那个时候剧院把我派到刘胡兰的那个村，住在刘胡兰家旁边一个老乡家里头，住了半年。每天跟着刘妈妈，就是胡文秀，一起下地，一起在她家里做饭，一起生火。胡妈妈就在做饭或者下地的时候，就给我讲刘胡兰的故事。我记得在那儿，我得了一次病，病得很重，咳嗽一直不好。胡文秀妈妈，还有那个房东，他们用萝卜削皮，用那个皮给我煮水喝。反正在那儿就体会到贫下中农和农民的那种真实的感情，对人的那种真诚，对扮演角色是非常有好处的。

曹：这个戏后来你们还去了北京演出，周总理还亲临演出现场，是吗？

吴：对。我们去的时候都不知道，大家都不知道，只是说给中央首长演出，不知道具体都有谁来。我们开演了以后，我们院长从前面走到后面来说，周总理来了。大家就轻轻地传，周总理来了，就在那儿演。演完了，总理上台。你看我们那个舞台，我站在中间，我们演员站两排，周总理一般要握手的话，是从第一排的那个人开始。

曹：从一端开始。

吴：但是总理直接，我以为他要到那儿去，结果没想到总理大步地就冲我这儿来。我一下那个眼泪，就不由得要流出来。总理就跟我握手，跟我握完手，又拍了拍我的肩膀。然后他再跟这边这个人握手，一直握过去。我就这么一直看着他，流着眼泪看着他。我这边的这个演员拍了拍我，我这么一回头，李先念副总理站在我这儿，已经站了半天了。你想，总理过去就是他，我一直看着总理，大概握了四五个人。然后他一拍我，我才看见李先念副总理，赶快握手。

曹：李先念同志候着您呢。

吴：对呀，真是不好意思，完了我赶快跟他握手。然后总理从第二排握完手，再从这边上来。

曹：再绕过来。

吴：跟第一个又握手，走到我面前，总理就问我，你是哪里人？你多大了？然后他就跟我们院长说，有一场戏，就是妹妹探班那场戏，要不要？人家总理没有这样命令式的，把那场戏去掉，没有。他是说，你们考虑要不要？他说我的意见不算数，你们还是多演几场，看看再说。他觉得妹妹探班那场戏把整个节奏拉下来了。说完了以后他说，再见，再见。然后灯就黑了。当时灯再亮了以后，总理已经不见了，我们都傻了，大家站在那儿，完全在回忆当中。就觉得好像是一个神话一样。

曹：所以现在想起来，还是记忆犹新。

吴：对，1965 年 3 月 19 日。

曹：您记得那么清楚。

吴：对。

2003 年，吴彦姝从山西话剧院退休，没想到本该安享晚年的她，却一脚踏入了影视圈，并且作品一部接一部，越来越风生水起。2016 年的《北京遇上西雅图之不二情书》让她真正走到了观众面前，事业第二春也就此拉开了序幕。2017 年，她凭借电影《搬迁》荣获金鸡奖最佳女配角。此时的吴彦姝，已年近八旬。

曹：当时是个什么样的缘由，退休之后反而拉开了你人生新的一幕？

吴：其实我退休的时候是作为话剧导演退休的，因为我演戏以后，我们话剧院当时话剧导演比较匮乏，我们剧院的领导就说，我们自己培养导演，就把我弄去当导演。我觉得自己逻辑思维不行，演戏会比导演要好，我就不想做这个导演。但是那个时候是要服从领导的，就还是开始做导演。做了导演以后，也没有想着再演戏，没有像现在的有些导演，自己演一个主角，不可能。那个时候就觉得，我要把这个角色演了，就好像抢了人家演员的饭碗了。我们分配角色都是院部有一个艺委会，导演提名，艺术委员会来分配角色。所以我做导演以后，就没有演戏的机会。但是这段做导演的经历，对我分析角色非常有利，因为做演员的时候，我只分析我一个人，但是做导演，你要分析所有人，哪怕是一个群众演员，都要去分析。这样就让我的思维更开阔些，更多地掌握分析角色的技巧。到了退休，我以后也没有想着（演戏），一直就伺候我家里的病人，我的先生和我的母亲。我

《北京遇上西雅图 2》剧照

的父亲是在我还工作的时候就去世了。等到我的母亲和先生都去世了以后，我女儿把我接到北京来。那个时候就是张纪中版《新西游记》，他那个副导演是我们山西话剧院的。他就说，您来给我们演个菩萨吧。

吴： 就是演菩萨的过程中，认识了一些副导演，他们后来就推荐我演戏。就在2015年的时候，有一个副导演说，有一个电影，保密，导演也保密，需要一个80岁的角色，就是面部皱纹是八十岁的，但是年龄最好是六十岁。为什么呢？因为90%的戏在国外拍，怕她坐飞机不行。但是他们找了半年都没有找到一个合适的，那个时候我79岁，他就说，你能不能给我一张照片，我给你试试看。我就发了一张照片给他，结果下午就约我见，就是薛晓路。

曹： 就是《北京遇上西雅图之不二情书》。

吴： 下午见了面，当时就定了我。就这样，从2015年拍了《北京遇上西雅图之不二情书》以后，大家开始认识我。其实我也没想到那个角色能够赚很多人的眼泪。

曹： 可能也是从这个戏开始的。您知道人家称您为"国民奶奶"吗？

吴： 我看过网上的。我觉得很荣幸，大家能够认可我，我没想到大家能够认可我。我一直在问薛晓路，她在编片子，我就一直问她，我说行不行啊？她说蛮好的，蛮好的。我总觉得导演是一种对演员的安慰，真的没有想到，我们那一段短短的戏，能够得到观众们的认可。

　　吴彦姝之所以能够成为"国民奶奶"，除了精湛的演技，还有她身上那份超越年龄的青春活力和时尚气息。如今耄耋之年的她依然走南闯北忙于拍戏，而令许多老年人望而却步的电子产品和各类软件，对她来说也是驾轻就熟，不在话下，甚至时不时还会蹦出几句时髦的网络流行语。难怪不少网友评价：奶奶有着一颗少女心。

吴： 我这个人不记年龄，不过生日，从来不过生日。我在演戏的时候，也不想我八十多岁了，我得小心点。我还打篮球呢。

曹： 您还打篮球？

吴： 对啊，打篮球。每天平板撑，要撑一分钟。这个燕儿飞，肚子贴着地的那个燕儿飞，后头脚也抬起来那样，也是一分钟。每天早上一分钟，晚上一分钟。因为我要做演员，我希望自己的胳膊腿灵活一点，就是这样，所以平时我也做一些这样踢腿什么的。

曹： 所以我刚才看您走进来，步态还是非常轻盈的。听说您还喜欢上网？

吴： 对。反正抖音什么的我都看。

曹： 您抖音也看？

吴： 看。我是这样想的，我觉得老了，也要跟上这个时代，要不然就被这个时代抛弃了，这样演戏也不行。什么网络用语，这些我都会查的。有一次特别有意思，我看见侯明昊，他演过我的孙子，我们俩关系很好。他在朋友圈发了一个"掉坑里了"，然后配了一张图，是一个摩托车。我说这孩子真是不省心，他骑个摩托车掉坑里了，这我得说他一下。我在那儿给他发微信，刚要发，我心想，这会不会是网络语言？我就问问"度娘"吧，就查了一下百度。一看，就是玩疯了，玩过了的意思。

曹： 玩过了。

吴： 玩过了，就是太迷这个摩托了。亏了没有去训人家，掉坑里了。

曹： 所以您依然保持那种好学的状态。

吴： 对，要有一个好奇心，要有一点活力。当然这个跟身体有关系，我觉得，身体要是不行的话，想有活力，想打篮球也不行，对吧？所以我就觉得要继续演戏，就要保持一颗好奇心。我这个人好奇心很重，我女儿说，妈，你不要去人多的地方。我看见人家围观的时候，我也想去看看到底在干什么。就是要保持一颗好奇心，一颗上进的心，这样才会年轻。

曹： 听说您自己还很习惯用软件来打车，订票什么的？

吴： 对。

曹： 您厉害。

吴： 打车、订票，预定酒店，我可以一个人自己出去。我订了飞机票，自己出去，告诉我女儿他们一声，他们都支持我。他们知道我经常要去查一查我的身体。我要去一个戏，比如说要去一个月，我一定要去把血啊什么都查过，因为我要对人家剧组负责。如果我血栓啦什么啦这些，我还跑到人剧组去，躺到人家那儿了，然后把人家的戏毁掉一半。

曹： 给人添堵了。

吴： 对呀，不能这样的。所以我每次要去（拍戏），一般我是半年一查，但是比如说《流金岁月》，我去的时间要长，我就要去查一次，我要对人家的戏负责。

曹： 您一般现在一年会接几个戏呢？

吴： 这就说不准了，主要因为角色，我这个年龄演主角的很少，像《又见奈良》，还有《没有过不去的年》，这些角色主要一点，会时间更长一些。其他都几天，几天的戏，所以哪儿需要就去。我去年拍戏时间比较长，我去年拍了几部？我没数，大概有三四部吧。

曹：那您接戏有一些什么样自己的准则吗？

吴：我是喜欢那种比较有个性的角色，也不一定他写出个性来，但是我一看那个剧本，我觉得我可以走一个什么样的个性，那我就接了。虽然我演的都是奶奶辈的角色，但每一个角色不能雷同，你出来一个角色，要让观众有新鲜感，要觉得她是另外一个，她不是南孙奶奶了，她是别的哪个奶奶了，要不一样。

《人不彪悍枉少年》剧照（与侯明昊）

曹：您做了大半辈子的艺术，做了这么多年演员、导演，你特别想给那些年轻的演员，提一些什么样的人生想法和忠告？

吴：其实我觉得年轻人并不一定全都要向老一辈看齐，因为时代不同，生活条件也不同，接触的东西也不同，我们那个时代哪有网络？反而是我们这些老的，要向年轻人学习。我的这些网络知识，网络打车等等，都是跟年轻人学来的。而且我在表演上，也愿意学年轻人。为什么呢？他们的节奏，尤其语言节奏，更适合现代观众的语言节奏。我们老一辈的语言节奏慢，别人看起来着急，他说什么呢？还不说，半天了。我觉得有点拖。所以"八百标兵"这些都要继续练，还要练快，要说得清楚，又要节奏掌握好。其实现在的年轻演员，你看我接触的，演我孙子辈的，全都很努力，真的是很努力。他们比我们那个时候压力更大，他们在这儿演戏，还有其他的又是广告，又是什么，一会儿飞到哪儿，他们的时间非常少，每天很紧的，我是很同情他们，我觉得他们很努力。

曹：您记忆当中还跟哪几位年轻人合作，您特别喜欢他们的？

吴：侯明昊，那个孩子很用功，很愿意看。你看，我到了那个剧组，我演他的奶奶，我在包包子的时候，我那个围裙上，因为我们话剧演员有习惯，就是自己去造气氛，我就把面粉拍点在围裙上，然后在脸上、鼻子上都抹了点粉。他正好路过，他看了一眼，我觉得他看进去了。等到拍他的时

现场合影

候，拍他来帮我，他是我孙子，帮我一起包包子的时候，他也这些地方都拍上。

曹： 眼睛里有活儿。

吴： 眼睛里有活儿，那个孩子挺不错的。还有刘诗诗她们，还有黄子韬。我前些时候跟黄子韬合作，也挺好，很用功。

芳华再现 真爱永恒——江志强、王丹妮专访

　　演艺圈中有昙花一现的流星，也有持久闪耀的恒星，还有一些人虽然早已远去，却仿佛从未离开，始终在被人念念不忘、长久怀念着。梅艳芳就是这样一位明星。她四岁出道挣钱养家，十九岁参加歌唱比赛崭露头角，一路辛苦打拼成长为一代巨星、百变歌后。与此同时，她的人品和艺德也备受称道，被誉为"香港的女儿"。2003年12月30日，年仅四十岁的梅艳芳因病逝世，一朵芳华绝代的女人花就此凋零。十八年后的今天，一部关于她的传记影片呼之欲出，这部电影背后是中国香港知名电影制作人江志强延续十八载的情结，以及长达七年的筹备拍摄。电影《梅艳芳》上映之际，江志强携主演王丹妮走进《可凡倾听》，畅谈台前幕后的点点滴滴。

曹：江先生好！丹妮好！非常高兴，《梅艳芳》这部片子很快要和观众见面，我相信作为主创，两位心情肯定也比较特别。

江：完全不同。因为这个电影不是从一个拍商业电影的思维出发，我当时拍这个电影的动力就是，我欠梅艳芳一部电影，我要在我退休前完成这个心愿。我做了很多商业上不应该做的事情，拍这个电影，某种程度上，在花钱的角度上，非常任性。我的合作伙伴都"投诉"，但这个事情我停不了，因为梅艳芳是我恩人，我做电影发行的时候，她帮了我很多，很重要的时刻，她都站出来帮过我。但是我后来拍电影从来没拍过她，很遗憾。所以2003年她走了以后，我总是觉得欠她一部电影。2009年尝试拍过两次，找了两次编剧都不成功。到了2015年，当时我是刚拍完《捉妖记2》，我就放下其他，决心把《梅艳芳》拍出来。现在电影出来了，我的任务很快完成了，我也可以很轻松地说一句，梅姐，我答应你的事情，我做完了。

曹：丹妮作为一个演员来说，能够在大银幕上塑造梅姐这样一个角色，应该是一次非常难得的经历。

王：说真的，我是和梅姐最光辉的那个舞台的时代错过了。我还记得小时候家里会在电视听到梅姐的歌曲，也会看到梅姐的电影，可惜那时候对我来说，印象还没有那么深刻。我最记得就是2003年"非典"的时候，我在电视上看到梅姐出心出力去邀

电影《梅艳芳》海报

请很多歌星明星演员一起登台，去做"1：99音乐会"，筹款去帮助有需要的人。这是我印象非常深刻的，因为梅姐就是一个很仗义，很有大爱，对社会也是非常有贡献的一个前辈，当下我是觉得她是一个侠女。真的是缘分，让我遇到江志强先生、遇到团队，真的有这个机会能重新认识梅姐的时候，我们一起收集了很多资料，一起去研究，一起去学习，也看了梅姐很多电影、演唱会。我自己最喜欢的是访谈，因为访谈的时候，你真的能感受到梅姐本来的性格，或者她说话的方式，很多细节能留意到。对我们后辈来说，也是非常值得去学习的，是一个很好的榜样。

江志强是安乐电影公司总裁，曾经制作、发行过《卧虎藏龙》《英雄》《捉妖记》《寒战》等多部爆款电影，在业内享有盛名，被誉为"亚洲最成功的电影制片人"。他与梅艳芳之间的渊源，还要追溯到20世纪80年代。当时江志强初出茅庐，而梅艳芳已是当红歌星，一场电影宣传合作让他们结缘，也令江志强感怀至今。

曹： 第一次和她见面大概是一个什么时间、什么场合？

江： 我第一次见她是1984年，当时我是个无名之辈，在香港地区做一些小的进口片，买了一个日本电影叫《子猫物语》，我问她可不可以来帮我站站台，她就来了，这是第一次和她见面。通过她的朋友介绍认识的。1984年，她已经是最佳女歌星了，我是个无名之辈。我这个朋友说，江志强是一个很小的发行商，只是做一些日本电影，所以问你可不可以帮他站个台，他也不是什么大人物。她（梅艳芳）就说有空，去，能帮人就帮人。当时在香港地区有一个很火的商场，叫新城市广场，六层楼，一千多人站满。台上站着梅艳芳，都是为看她来的。她也不单单帮我，也帮过很多人，做过很多，为一些地方赈灾，她筹款非常多。她在世的时候帮了很多人，她走了以后，她的故事，我希望能够帮到未来的人。我们这个电影，希望全世界的华人都能看到，我也希望能够把一些正能量传递给现在的人。

曹： 通常来讲，梅艳芳给观众和歌迷的感觉是比较霸气的。可事实上，我从梅姐周围那些朋友的叙述当中可以感觉到，她其实是一个内心特别柔软的人，而且特别善良。

江：我可以说她这个人，她爱其他人多过爱自己，她为其他人做的事情比为自己做的事情要多。她从来都是这样的，你说她霸气，其实她就是表面上很霸气，这是她从小走江湖的个性。但她的内心，她讲过，其实我就是一个普通的女人，我最想要的就是一个爱我的男人，有一个小小幸福的家庭就满意了，我就够了。你说霸气，我觉得是仗义。她这个人其实什么事情都会为人家出头。后来为什么所有人都佩服她？她爱亲人、朋友、社会，多过爱自己。尤其是她最后的时光，知道自己有病，是可以医的，但她有很多事情要做，心里面有很多人要照顾，所以这个事情很可惜。她这个人，她爱自己不够。

2002 年年底，梅艳芳被确诊罹患子宫颈癌。也许是预感到自己时日无多，她开始争分夺秒，着手去完成那些未竟的夙愿，比如为抗击非典而发起的"1∶99 群星慈善演唱会"和香港红馆的八场告别演唱会。然而病魔却没有留给她足够的时间，她想再拍一部电影的愿望最终没能实现。这部计划中的电影，就是江志强监制、张艺谋执导的《十面埋伏》，最终电影里虽然没有梅艳芳，却永远为她留下了一个位置。

曹：当时您是怎么跟梅艳芳去谈这个角色的？

江：2003 年，我和梅姐喝咖啡，在一个很安静的地方喝咖啡。她说老江，我马上要做一个演唱会，我希望开完演唱会能够演一个戏，我觉得我可以，我想演一个能留得下来的戏。当时不太听得懂这个意思，就说行，可以可以。当时我在跟张艺谋筹备《十面埋伏》，我就打电话给张艺谋说，梅艳芳很想演戏，我们下一部戏，你有没有角色给她？张艺谋也非常喜欢梅艳芳，一听完，没问题，我马上把角色改了，充满霸气的，所有江湖人都佩服的一个角色，特别为她写的。我跟她聊完以后，差不多三两天就签约了，她也不说什么钱不钱的，就是我要做好的事情。一路给我们的消息，到了（2003 年）11 月中旬，演唱会已经做完了，听到她已经进医院了，她还是放话出来告诉老江（江志强），告诉导演，放心，我会出来演，你放心，我一定会演好的。11 月，我们去乌克兰拍戏，三百人的团队已经出发去乌克兰了，准备 2004 年 1 月 1 日开拍。张艺谋说我们等她，我相信她，我们坚持等她。所以我们真的是等到 11 月底的时候，她传话出来说了，告诉张导，感谢他，恐怕演不了了。当时已经是 12 月了。所以对张艺谋来说，对我来说，都是一个终身的遗憾。后来张艺谋就在片尾里面留了这句话。

曹：您最后一次跟她见面是什么时候？

江： 我 10 月份都有去她家里，她已经状态不太好。我去她家里，陪她的人很多，我没有机会尝试跟她聊，我不想跟她聊什么，更不想给她压力，只是期待她能够好起来。最后她走的时候我没在，我没有见到她最后一面，这是很遗憾的事情。

曹： 当您听到她噩耗的时候，跟张艺谋在乌克兰拍《十面埋伏》？

江： 应该在乌克兰，因为我们 2004 年 1 月份就拍了，她 2003 年 12 月 30 日走的。

念念不忘，必有回响。为梅艳芳拍一部电影，成为江志强始终萦绕于心的一个念想，他在等待一个合适的机缘。2015 年，江志强终于物色到了理想的导演人选，也就是电影《寒战》导演梁乐民，对方也拿出了令人满意的剧本。万事俱备，只欠东风，剩下最重要也是最艰巨的任务，就是寻找梅艳芳的扮演者。

曹： 江先生，您从多少候选人当中选了王丹妮？

江： 四五千个。

曹： 四五千个？

江： 选了一年多，超过一年，两年。丹妮，从找到她，第一次告诉丹妮你有没有兴趣做这个事情，参加一个选角。她说有兴趣。好，你准备一场戏，里面有一场戏是要唱一首南音，就是《胭脂扣》里面的，你准备好，一个星期后过来。由第一天告诉她，到最后选定是你了，过了半年，她才知道。所以从几千个人选出来的时候，是花了很多时间。这个电影有很多困难，但最困难的是找到梅艳芳的扮演者。

曹： 这半年时间，你都做些什么？

王： 我一直觉得我就是陪跑的，再怎么也不会是我吧。到最后，第二、第三轮、第四轮面试的时候，可能会有时候说，这一段你要跳《坏女孩》，下一段你要跳《烈焰红唇》，你就回去准备吧。给我可能两个星期左右，我就自学，自己去研究那个片段。

王丹妮现场照

曹： 江先生最后怎么作出最终决定，选择丹妮？

江： 最后六七位，我们叫带妆彩排。带化妆，演最后一场戏。当天上午她是最后一个，她来，化妆，在上面唱，唱完以后，后面全部人都哭。我们有一个化妆师，是帮梅姐化妆化了十几年的，所有梅姐拍的电影都是她化妆的。她后来告诉我们，老板，如果你没有选她，我就不干了。她也觉得，大家有一刹那都觉得是梅姐回来了。没有争议，完全没有争议。

王： 其实那是最终选角，当然首先要化好妆，弄好头发，穿上那套婚纱。他们还特地做了一个小的梯阶，楼梯还要走上去的那种。我唱着唱着，突然有一个，我看到有工作人员跑走了，离开现场了。我吓了一跳，可是我还要继续做好自己当下的表演。唱完之后，导演后来跟我说，其实当天晚上是他扭过头，很多工作人员都已经在哭，有一个工作人员是忍不住了，最后跑出去大哭。我自己知道的时候是很惊讶，我没想到去选角，表演这一场戏，好像打开了大家有些回忆。

王丹妮出生于1989年，是一名专业模特，此前从未有过影视剧表演经历，可以说完全是一张白纸。被确定为梅艳芳扮演者之后，她经历了大半年的高强度"魔鬼训练"，剧组特意为她请了三位老师，"三管齐下"教她唱歌、跳舞和表演。其中担任表演老师的，就是2021年3月因病去世的资深演员廖启智。

曹： 你大概经过多少时间，慢慢你觉得接近梅艳芳这样一个人物，可以走进她的内心，然后建立起一个表演的自信，告诉自己，告诉别人，我就是梅艳芳。

王： 团队真的给我很多时间，也是帮了我很多，在各方面都是帮助我，在拍摄上也对我非常好，尽量去顺着拍。当然中间也会有一些跳拍，可是也尽量让我顺着感觉去。当然教我演戏的廖启智老师，他也非常用心，我们的化妆师、发型师、造型师，也都真的非常用心，他们都跟梅姐工作过，所以很多方面他们都知道怎么去营造那个感觉。当然我穿上戏服之后，也是非常有帮助的，能助我入戏，投入这个角色。而且他们对我都非常好，每天早上一到，会说梅姐早，然后你就会感觉，我就是。

曹： 你觉得自己就是梅姐。

王： 帮你去投入，对。当然拍摄演唱会的时候，他们全部后面的工作人员都会当观众，真的会在那里叫，会有荧光棒，他们也非常享受，我也非常享受。

曹： 丹妮觉得整部电影当中，哪场戏你自己觉得还是挺满

廖启智指导王丹妮表演

意的？

王：我自己觉得有很深感受的，其实就是和姐姐那段关系，到最后，知道她已经生病了，可能快要道别的那一场戏，那个感情其实是很深的，很沉重，也有很多不舍，也很难过。所以我们拍完，一喊停，我搂住廖子妤，我搂住她，两个人真的痛哭，因为真的很不舍。另外一场戏，就是和张国荣道别的一场戏，在殡仪馆里面。当天拍摄的时候，大家真的都是很静，不说话，真的当下只听到殡仪馆那种冷气的声音。走进去，其实我整个人都在抖，那个心情是很害怕去面对，最后我也是真的哭惨了，也是一喊停，我就马上搂住刘俊谦，哭崩了，因为太不舍了，是一个好朋友，一个最亲的人，像亲人。那个关系，你看起来还有点像男女朋友的感觉，那么亲密的人离开你的那种感觉是很深的。

一方面主角大胆起用新人，另一方面，影片中的一众配角可谓是群星云集，包括古天乐、杨千嬅、林家栋、杨祐宁等。出于对梅艳芳的感情和对江志强的信赖，他们对演出邀约都是一口应允，不计回报，甘为绿叶。尤其是扮演梅艳芳至交好友刘培基的古天乐，不仅是演员，也是这部电影的投资人之一。

江：古天乐，他看完剧本以后，我就去见他了。两个问题，你愿意不愿意演刘培基？第二，比较大胆的一个要求，就是这个电影很贵，你愿意不愿意投资？这个是比较大胆，因为我知道这不是一个赚钱的东西，但希望能多一个人帮我一起赔。两秒钟不到，他说两个都做，那就这样了，好了，我去忙了。这个就是古天乐。林家栋跟我合作了太多戏，跟他也是非常好的朋友，根本不用说，杨千嬅也是。所有这些人，第一他们是跟梅姐关系好，第二也非常认同我们这个剧本，所以不需要什么努力。我们这个电影，除了这些绿叶以外，我们还提拔了很多，现在中国香港的一些年轻演员，我们是按照梅艳芳做人的态度，用了很多现在没人知道的演员。

曹：丹妮，看到像古天乐、杨千嬅这种大家都喜欢的演员在电影里为你充当绿叶，是不是也会有点压力？

王：压力是肯定有的，可他们都是对我非常好，非常善良，对我很疼爱的

电影《梅艳芳》剧照（梅艳芳与刘培基）

170

前辈们。在每一场戏，比如说古天乐先生还会在拍之前，我们聊一下一会儿那场戏怎么做，你看看你会不会有什么相似的感觉。真的有一场戏我印象特别深，就是刘培基帮我准备一套婚纱，为我最后的演唱会准备的。试装之后，我还和他聊天，古先生跟我说，你想一下你自己跟父亲的感觉，那一下就触动了我，因为我自己也是非常渴望父爱的，我就把自己的感觉也投放在这个角色、这段对白里面。

曹：我特别想知道你们拍这场戏的时候，那套婚纱是新做的，还是原来刘培基给梅艳芳做的那套？

江：新做的。

曹：因为刘培基对这套服装是用心、用情很深的。

江：是。这个服装放在博物馆，我们想借都借不出来。

　　刘培基：她（梅艳芳）说我连结婚时候戴的首饰，20 年前就已经买了，到现在都没有用过，既然这样的话，我就嫁给舞台了。心疼她，很心疼很心疼。我觉得我这辈子设计得最好的一件衣服，就是梅艳芳最后的这套婚纱。

曹：我特别想知道，刘培基先生怎么看待丹妮演的梅姐？

江：刘培基是前几天才看的，他说丹妮很努力，确实有几个地方，真的我都有感觉。他没有说由头到尾。

曹：刘培基是以苛刻著称。

江：非常苛刻的。

曹：他有这个评价已经是表达了他最满意的一种态度。

江：曹老师我告诉你，以前所有有关梅艳芳的电影，他都没看过。这个电影，没拍之前我去问他很多关于梅艳芳的事情，他有讲。当时他就问我，他说老江，你是不是在消费梅艳芳？他说当然我相信你不是这样，因为你没必要消费梅艳芳，你自己拍其他电影都会成功，你干吗要拍一个《梅艳芳》？他不会来探班，我不想和这个电影有任何接触。直到他看完电影，他说我感觉到这个电影的爱，他觉得很好。

曹：听说关锦鹏导演在你们拍摄过程当中来探过班？

王：对。很惊喜地出现，因为我们完全不知道原来团队有邀请关导演，关导演来的时候，他第一句就说哇，好像啊，好像梅姐啊，好像梅艳芳啊。他说很像。我自己是有点不好意思，从他嘴里这样说的时候，我当下的心情不知道怎么形容，开心也是，我怕做得不够好，所以也会有担心。当然拍完之后也有跟他聊天，关锦鹏跟我说，他说丹妮，你记得千万不要是模仿大赛那样模仿，他说你必须要真诚、用心，因为梅姐就是一个爽朗、真实、真诚的人，所以你必须要把这一点做好。

曹： 这部片子其实除了戏剧表演的部分，其实也运用了很多纪录片的素材，把戏剧和纪录片这两种不同样式做一个有机的嫁接，其实这个对于创作者来说，也是有一点冒险的成分在里头。

江： 你说得很对，这个事情我们是经过几个月，三四个月的讨论，剪辑老师建议尝试一下，因为要传达一个精神出来，我们最想要的就是把梅艳芳这个精神传达出去，用什么方法，你说得对，风险很大。到今天这方面都有两极的讨论，有一极就说这个太讨厌了，到现在都有不同的意见，说应该这样做，应该那样做。你问我们，这是我和导演、这个团队的选择，我觉得这个做法适合传递梅姐的精神，不知道错、不知道对，电影是不能重新再做了。由作品去讲话，不去解释了，由观众去讲话。

在江志强的电影履历中，《梅艳芳》是相当特殊的一部。对于这样一部追忆故人的文艺片，他从一开始就把票房和盈利置之度外。而他过去的作品几乎都是商业大片，从《卧虎藏龙》《英雄》到《寒战》《捉妖记》，屡屡在海内外创下票房佳绩，被称为"将华语电影带入大片时代的人"。

曹： 差不多二十多年来，华语地区很多有影响的电影，其实背后都有您的身影，所以大家称您是亚洲最成功的制作人。

江： 他们每说一句，我都很感激。但是你问我自己有什么感觉，坦白讲我觉得我自己是一个有些自卑的人。是这个年代的改变，中国市场起来，我刚好碰上这些导演，刚好碰上这个潮流。有一个事情，就是我喜欢电影，我爱中国，我是在中国香港出生的，我八几年就跟我爸爸来深圳，大家不敢投，我敢投，就是这个理由。我又碰到一些好的机会，我觉得不是我厉害，是张艺谋厉害，是李安厉害，所以我觉得是他们的成就铸成我的成就。我只是挂在他们身边，一个制片人而已。

曹： 您对电影的投资可以说是经常一掷千金，但是您自己是一个非常克勤克俭的人，很多人说起江志强，都说江老板特别"抠门"，去纽约出差，来回都是坐经济舱，对自己很苛刻。

江： 短程，我是坐经济舱的，因为短程不坐经济舱等于是浪费钱，但长途，是对身体不好的。所以我年轻的时候还是坐经济舱，我去买卖片，去多远都是经济舱。但当年纪大了以后，我担心在飞机上起不来。其实生活平淡是我的个性，我不喜欢喝酒，不喜欢卡拉 OK，从来都不喜欢，我是比较安静的一个人。我是一个早上六七点起来，晚上十点十一点就睡觉的人，但是就是我喜欢电影，可能大家相信我的原因，就是因为相信我对电影的投入。所以往往都不是我去找这些导演，都是导演找我的，都是好的剧本找我，不是我去找这些剧本。人家觉得你，简单讲就是靠谱，我写了一个好东西，我交给你，我有信心，我安心，你会尽心尽力。这个是因为我对每一部电影都好像是我自己的儿子一样，可能是这个特点。大家说我怎么厉害，其实我一点都不觉得厉害，由头到尾，准备剧本、拍摄、筹钱、找钱、请人演，上片，帮演员拉行李，坐飞机坐经济舱，这其实是我对电影的爱的一个体现。我从来都不觉得我是一个电影公司的老板，从来都觉得我只是一个电影人。

江志强进入电影圈属于"子承父业"，他的父亲江祖贻早年白手起家创立安乐影业，并且从一家小公司逐渐发展壮大。江志强 13 岁那年第一次跟随父亲去往丹麦买片，耳濡目染之下，对这个行业有了一定的了解。但直到 30 岁以前，他对电影都没有产生太大的兴趣。

曹： 我知道您从事电影其实应该是受父亲的影响。

江： 我们一家人出身都不是有钱的，都是没钱出来的，我们那时候小孩都是七个人住一个房间的，后来中国香港经济起飞了，我父亲的事业慢慢起来了。我成长的过程中，父亲自己做影院，做电影公司，从来没有给我们压力要做什么。从小父亲没有叫我去为公司做事情，告诉你喜欢做什么就做什么。所以我们后来，我二十几岁的时候还不知道自己要做什么，只是一个游手好闲的年轻人，不知道自己想做什么。我读书，也不是读得特别厉害的一个人，也没有读到什么医生、律师，我真是没有能力读到这个地步。差不多已经三十岁了，因为已经没什么好做的，有一天就开始做电影了。看到一个剧本，喜欢剧本，就去买这个电影，买了电影赔了，就是一个"赌博"。我是三十几岁开始做这个事情的，一开始是失败的，但后来做了一两年，给我碰上宫崎骏，我买了宫崎骏的电影，做得很成功。

江志强现场照

1986 年，江志强购买了宫崎骏的动画片《天空之城》，结果大卖，由此赚得第一桶金，并且建立起了稳固的合作关系，宫崎骏把之后的十多部影片都交给江志强发行。此后江志强也渐渐对电影找到了感觉、摸出了门道，越做越顺手。

曹：那时候您怎么会看中宫崎骏的潜力？

江：当时我看了《天空之城》和《风之谷》，我觉得很好看，我就去买了，买了回来赚钱，从此我就开始做这个工作，我就是喜欢看剧本，看电影。从我看完以后去买，赔了、赚了，这是锻炼我对电影的判断，我很喜欢这个过程。

曹：赔得多，还是赚得多？

江：坦白讲，赚得多，所以我发觉我的天分在那里，从此我就找到，我三十几岁才找到……

曹：人生的方向？

江：人生的方向，人生的挚爱。什么是挚爱？你可以不眠不休。当时我们去戛纳买片，晚上读剧本读到凌晨四点五点，七点起来去抢，抢到晚上五点钟六点钟开完会了，又跑回小小的房间读剧本，明天又去抢。如果你没有爱，只是为了赚点钱，很难做到的。那段时间锻炼了我对电影的爱，对电影的判断。所以不是我父亲叫我做，我父亲就给我机会去发挥。但是我真的很感谢，有些人真的不一定是十八岁第一天就懂得自己要学什么的。

曹：您还记得当时买片、看剧本，您怎么去判断这个戏将来在市场上是有赢面的？

江：经验，这个真的是天分。有一部分是"赌博"，因为我们看剧本，这些剧本是没拍的，有些好的剧本，但是拍得很差，你要赌这个导演的能力。所以我自己认为我最厉害的就是看剧本，我看完剧本，我会说这个我拍。所以很多人会说老江拍电影很精的，他不是乱花钱的，这是对的，很多朋友叫我拍，我都不拍。因为商业电影真的是讲这个东西，我觉得不够好，我就不拍的。当你做得多，当你错得多，我这个人每次错，我都不觉得是错，我都认为是赚，我是赚到我错的经验，我会把它记住，下一部我要做得更好。所以看东西这是累积经验，我现在经常训练很多公司的小朋友，你每个月给我看 30 个剧本，读 30 本书，看 30 部电影，当你看得多，你就心里有数了。你看了两三年，你都没有判断力那就不要做了。

曹：没有这个天赋。

江：你的天分不是这个东西。

174

1999 年，正在拍摄《卧虎藏龙》的李安因原投资方破产而陷入困境，找到了江志强。江志强早年发行过李安的处女作《推手》，他认可李安的人品和能力，也预见到功夫片东山再起的可能性，于是大胆地押上了全部身家。结果这一把，他不仅赌赢了，而且大获全胜。

曹：《卧虎藏龙》，其实当时李安在筹备这个片子的时候是困难重重。

江： 当时是 1998 年、1999 年的时候，中国电影是非常低潮的，资金上是蛮辛苦的，大部分，说不定是全部，都是向银行贷款拍的。

曹： 其实当时武打片，市场已经开始走下坡路了？

江： 非常下坡。

曹： 所以那个时候你怎么有这个勇气来投武打片？

江： 当时很多人问我，你是不是有些感情用事？我说《卧虎藏龙》不是我要拍的，是李安要拍的，我喜欢和李安合作，因为我和他是好朋友，他拍《推手》，我就已经跟他一起合作过了。我相信他。当时我没有那么多钱，就是去银行贷款。

曹： 您想过吗？如果这个戏失败了，其实您和李安都会赔得很惨。

江： 两个戏，《卧虎藏龙》和《英雄》，如果没有这两个戏，我今天不会坐在这里。《英雄》也是，拍了很多钱，你问张艺谋，当时他叫我不要，他说老江，不要花这么多钱，因为中国没有市场的，你不要花这个钱。我拍《英雄》不是我最担心，张艺谋最担心，他担心我会"死掉"。

曹： 但是您想过？如果真的失败了怎么办？

江： 我不会想的，因为我这个人，我刚说了，我只是一个很平淡的人，输就输了。睡觉就这么大一个床就够了。我这个人生活比较简单，我爱电影，我不追求赚最多的钱，我追求拍好的电影。

曹： 在您见过这么多华语导演当中，李安具备一种什么样特别的品质？

江： 他就是一个非常爱电影的人，对电影迷恋得很厉害，程度、层次都很高。我现在可以告诉你，李安最好的电影还没出来。

曹： 您在等着他吗？

江： 我可以肯定地说李安如果未来继续拍中文电影，一定是跟我合作的，我也一定会支持他。他也相信我，因为我们都不是商人，我们不是老板，拍电影我们是合作伙伴。

曹：你们都是热爱电影的人。

江：对。我们从来都是讲，不是为了要赚最多的钱，你看李安现在也没太多钱，生活非常简单，我们都很简单。

继《卧虎藏龙》和《英雄》之后，2015年上映的《捉妖记》是江志强第三次押上全部身家投拍的影片，最终票房超过24亿元，创内地影史之最。这部电影的出炉可谓是一波三折，就在上映前夕，由于主演之一行为不端导致电影搁浅。江志强毅然决定追投7000万元换人重拍，最终拯救了一部好作品，也再次证明了自己独到的眼光和精准的判断力。

曹：当时的这种决心和魄力从何而来？

江：因为我爱《捉妖记》，我不当它是一个投资，我当是自己的儿子，自己儿子有点病了，你不去救他，不能嘛，对不对？就这么简单。

曹：所以当时有没有犹豫过？

江：当时有一家很大的投资方，本来是参与的，后来撤股了，因为要再拍几千万，他觉得风险太大了。有的。但对我来说从来没有，因为钱不是最重要的，很多人觉得是用钱来衡量。这个导演是我从美国找回来的，我请他回来，如果我拍到一半放弃，我怎么对得起他？从来没考虑过放弃，一分一秒都没有。

曹：而且这些年，除了跟李安、张艺谋这样的大导演合作，您在您投资的这些片子当

江志强监制作品《捉妖记》海报

中也提携了很多新导演，比如《寒战》的导演，《北京遇上西雅图》的导演，包括周杰伦的片子，您都对年轻人给予提携，给他们一些机会。

江：当时我觉得需要新的人。因为拍好电影，一部不够，你要继续拍，导演，你不能永远等张艺谋拍，你要培养新的。这才是一个电影工业。

曹：您怎么用自己的眼光去发掘他们？

江：他们给我看剧本，我通常都是看剧本定的。我跟所有新导演都没有一个合约，我从来不和他们签长约的，我培养你出来，你慢慢不要想我会继续再帮你拍戏，你自己要继续努力去外

面打拼。我听说有些导演现在是签约的，签一家公司，我从来不签，不是为了赚他们的钱。我是觉得中国需要一些新导演。

曹： 但您不觉得很亏吗？您把他们培养出来了，可是后面赚的大钱可能不是你赚的。

江： 我对商业电影的判断很准，我拍的电影，像《捉妖记》还在赚钱，就够了。我为什么要赚导演赚的钱？跟我有什么关系，人家投给他就人家赚好一点。因为我是相信整体，每一个公司好，中国电影好，总会轮到我的，我自己相信。就我一个好，大家都不好，很快我也会不好，都是这样的。所以大家这样一起出来，才可以百花齐放。

曹： 有一位圈内人士跟我讲，要提高自己对于电影的商业性的判断能力，很重要的一点，不仅要去研究成功的电影，也要去研究那些不成功的电影，特别是烂片，您看烂片吗？

江： 必须。必须看烂片。

曹： 您现在通常一年自己要看多少电影？

江： 坦白讲，最近比较少了。我以前看电影每年通常都有两三百部。

曹： 从您自己投资电影的角度来说，最想拍的是什么电影？

江： 合家欢，我觉得中国很缺乏合家欢。我计划继续拍《捉妖记》，现在拍完《梅艳芳》了，可以回去拍《捉妖记》了。我还是希望自己做一些能够让中国人喜欢的、开心的电影。

现场合影

最后的旅程——怀念傅聪

当地时间 2020 年 12 月 28 日，著名钢琴家傅聪因感染新冠病毒在英国去世，享年 86 岁。傅聪，这位横跨东西方文化的艺术家以极其戏剧性的方式突然离开了所有热爱他音乐的人，郎朗、李云迪、陈萨等青年钢琴家也纷纷在社交媒体上发文悼念。

郎朗：傅聪病危的时候，我通过我德国一个特别好的朋友，替我带上慰问。但是最后是他的太太给我回的，她和他孩子在他身旁。

曹： 你是在一个什么样的状况下得知他得了新冠，以至于最后他去世？

陈萨： 我是从社交媒体上发现的，最近两年我们并没有保持很频繁的联系。事实上从我认识他以来，都不是在一种非常密切的交往的关系里，但是每一次都是很有质量，非常掷地有声的交流，以及一见如故的那种亲切感，一直是这样的。我知道，他前两年做了一次背部的手术，一直在卧床休息。我当时有一些隐隐的担心，因为我知道上了年纪的人，如果老是以卧床的姿势待着的话，对内脏和整体状况不会有太好的帮助。我当时担心的是并发症，但没有想到是新冠，因为他平时都不怎么出门的，所以这真是非常遗憾。

因为一部《傅雷家书》，让傅聪成为了中国人尽皆知的名字，人们最熟悉的是傅雷在信中对傅聪的谆谆教诲。自 20 世纪 80 年代开始回国后，每每被问及与父亲的往事，傅聪在耐心回答之余也不止一次地说明，自己早已不是《家书》里的那个小孩子。晚年的傅聪更多地被业内的后辈们称为"傅爷"。在他人生的最后二十年中，一度每年回到故乡上海演出、教学，并在国内结交了不少知音，今天我们拜访的就是傅聪的忘年交，上海音乐学院钢琴系教授孙韵。

曹： 在这个琴房里头，其实还保留了一些傅聪先生当年用过的家具、沙发，我特别想知道您是什么时候第一次见到傅先生？

孙韵： 傅先生是我们从小老听到的一个名字，我是出生在江苏路，所以我是他的邻居，那个时候我妈妈就认识傅雷先生，去他们家听过唱片。我妈妈经常会看到傅聪先生穿着花格衬衫，在那儿等公共汽车。傅聪先生在市三女中开音乐会，我妈妈都是去的，当时我妈妈可能也就9岁、10岁。我第一次看见傅聪

傅聪与孙韵

先生是初一的时候，当时是1982年，他跟他太太卓一龙老师一起到中央音乐学院讲课。我记得卓一龙老师烫了一个很卷的爆炸头，傅先生也是拿着烟斗，戴着帽子，在我们中央音乐学院的操场上，特别显眼。我就记得有大课，我的同学弹给他听，初一的小孩弹了一个贝多芬的第四钢琴协奏曲，回来在宿舍里面哭得乱七八糟，我们就问怎么回事儿，说被傅先生说你弹得完全不对。当时我们对傅先生的感觉，是觉得这人很恐怖。真正接触，可以说是2003年回到上海音乐学院的时候，他开始来系统地讲大课。上海是他老家，所以他每学期都会回来，有十几年。你想每学期回来三个月，渐渐地我因为各方面都会参与钢琴系的工作，帮助钢琴系一起给他做一些事情，像助理一样，就这样大家关系变得非常熟。

正是傅聪在上海音乐学院开设大师班期间，《可凡倾听》节目有幸采访了傅老，当时的他已年过七旬，依然意气风发，言谈之间流露出一位艺术家的自信与真诚。

曹： 为什么愿意抽出这么多的时间来到上海开设大师班，跟学生进行交流？

傅聪： 这不是我愿意不愿意的事情，而是我应该做的事情。而且这是一种寄托，是一种乐趣。

曹： 那您觉得跟学生进行交流，最大的乐趣在什么地方？

傅聪： 我现在跟大部分学生还谈不上交流，好像我这句话说得有一点不够谦虚。可是凭良心说，假如说这个学生的水平还停留在基本的文法上，还有很多问题的时候，那我就没办法了。音乐是活的东西。其实也就是我趁此机会跟大家一起去享受音乐的乐趣，追求音乐的奥秘。我不过是比下面的老师或者是大部分的学生走得稍微远一点，

曹可凡与傅聪

所以我可以带带路。老师同时是学生，带着学生一起追求学问，学问是无限的。

曹：你觉得他上的钢琴大师班，和其他一些钢琴大师所开的大师班的最大的不同在什么地方？

孙韵：一般的大师班就是画龙点睛，比如说我只来这么一趟，我不可能非常深入地把你所有的问题全部剥开来讲，因为你没有时间去解决。很多的大师班也是这位大师表演自己教学的这么一个机会。所以他不光是要帮到你，他还要表现自己，因为这是来显示他自己的教学和各方面能力的一个机会。傅先生不是这样的，上课对他来说是很真诚的，他最喜欢的音乐他才上，他不喜欢的音乐，他是不会上的。他只上那么几个作曲家，就是他弹的莫扎特、海顿，贝多芬也讲了部分，舒曼也讲过，但主要是肖邦和莫扎特，还有斯卡拉蒂。他就是在做慈善，而且他不保留。毕竟是我们的行当，千金不卖道，你到底准备要把自己的教学经验拿出来多少。他是不管的，在音乐面前，他全部泼出来这么讲，所以很过瘾。而且他不讲情面，大家都在一起吃饭，关系非常好。听到你的一个学生，比如弹得非常让他气愤，有某一种声音他很讨厌，就是机械的，一种不太有乐感的触键，或者弹得很快，只管技术的，他就会非常反感，会骂得非常难听，等于从人格上把你否定掉了。就觉得怎么会是这么俗气的音乐，他会这样讲。大课就是全学校，学生、老师全部坐在下面。一开始就不太适应，因为你就觉得当着很多人的面。他说你们太要面子了，我不是讲面子，他说我讲的是音乐本身，我是对事不对人。他可以把你骂到那样，但是你受益匪浅。同时他还可以把你夸到，简直就是狂欢节了，上音有你，我还来干吗，这种话都说过。他的语言能力之强，有的时候这种艺术的夸张能力上来，你要是真被他的话带着走也会有问题，你会真以为自己怎么样了，这也是问题。

曹：所以要客观地来理解他的评断。

孙韵：慢慢到最后，我们才适应，而且在所谓的原则上，你如果不按照他的原则做，他真的是会跟你断交的。

曹：有那么严重？

孙韵：比如说肖邦作品乐谱的版本，他一定要用波兰的扬·艾凯尔老先生的一个波兰国家版，当然现在也被"肖邦比赛"纳为他们的御用版本。但是你要是用他最不喜欢的老波兰的潘德列夫斯基版本，他真心就会说这个人我跟他断交了，他竟然还在用潘德列夫斯基的版本，他觉得是品味的问题，或者整个音乐的一种格调。他就觉得你跟他说的不是一种语言了，咱们不同道了，我就无法跟你再继续讲话讲下去，到这种严重的程度。

曹： 那平时他在上海，除了上课练琴之外，他都干些什么？

孙韵： 其实傅先生的生活是非常非常有规律的，没什么花头。他特别热爱上海的红烧肉、小笼包、生煎馒头。反正一下飞机，要先带他去面馆，先要吃红烧肉，还有什么黄鱼腰花面，臭豆腐这种东西，他就超级爱吃这些东西，这是一口家乡的味道。所以他很想念这个，他的生活就是这样。他其实真的就是每天都在练琴，他练琴的时间是雷打不动的，早上吃一顿，一直练琴练到下午四点，然后上课。七点钟上完课，他就要说话了，光上课已经吼了半天，他还是需要我们这些人轮流陪他吃饭，继续讨论音乐的问题。我们就说，要么咱们说点黄宾虹吧，找点别的话题说。他很喜欢谈论，跟他讨论关于绘画、文人的境界，中国古代的这些事情，他都非常有兴趣。我想这都是受他父亲影响，他小时候因为没有上学，是他爹把他放在家里自己教，他们家经常高朋满座。他整天在那儿听他们高谈阔论，说一桌里面如果有他爸爸说话，别人根本插不进嘴。只有一个人说话，他爸爸会笑着听，就是钱钟书，旁征博引，那个博学他很佩服。大人又不让他听，所以这两个小朋友就在客厅外面躲着听。一打开门看到他们在，他爸爸就会追着他们打。杨绛帮他挡过拳头，好像还被他爹不幸地打到了，挡过很多次拳头，所以他非常爱杨绛阿姨，他就会经常讲这些故事。我们大家老是一起吃饭，他永远都是等着他那个红烧肉。其实他有时候不说话，你貌似看着不知道他在想什么，很深刻的样子，其实我们完全知道他在想什么。

曹： 脑子里想着红烧肉。

孙韵： 不是红烧肉就是他的指法，他其实就这点事。他非常简单，真挚，一颗赤子之心，而且没有年龄的这种区分。他总是半天才反应过来，到最后说怎么我是最老的呢，他说我永远觉得我是这一桌里面最小的那个人，真的是这样。

傅聪与钱钟书夫妇

1955 年，傅聪参加了在波兰华沙举行的第五届肖邦国际钢琴大赛，获得第三名。并以全票获得了玛祖卡最佳表演奖，成为中国第一个在国际性钢琴比赛中获奖的音乐家。从此赢得了世界乐坛的关注。然而无论走到哪里，傅聪的个性始终如一，无惧任何表达。他讨厌李斯特，认为他"夸夸其谈"、说拉赫玛尼诺夫"只有肉没有骨头"，而勃拉姆斯则是"故弄玄虚"，对音乐也好，对世事也罢，他一生秉持自己的原则，并愿意为此付出代价。

曹：你刚才说到他爱憎分明，其实对于傅先生来说，他的职业生涯当中，遭遇过一些非常严重的挫折，因为当年"中东六日战争"以后，巴伦博伊姆、艾萨克·斯特恩等请他去参加音乐会，他断然拒绝，这样的话其实他的很多演奏会的合约就会被取消，他只能去一些东欧国家演出。按照一般世俗的眼光来看，他的职业生涯就一个断崖式的坠落。所以他日常的过程当中，有没有跟你们回忆过这样一段不是太愉快的经历？

孙韵：有，丹尼尔·巴伦博伊姆是他的兄弟，要知道他当时是住在伦敦透纳的工作室，大画家透纳的画室是他们的婚房。而且是所有年轻的艺术家以能够来聚集为荣的一个地方，他们每个礼拜都有一个派对。梅纽因是大小提琴家，纽约乐坛是被斯特恩控制很多年的，这些人都是在西方音乐界起到一个主导地位的人，他们想让你的事业起来，只要一推。傅先生当时是梅纽因的女婿，天之骄子。整个音乐的水平和才能，当时如果他继续的话，绝对是红极一时。后来他说不太愉快的经历，因为他这个人的个性就是这样，所谓的赤子之心，他心里有什么，他是很真诚的，他不会去稍微掩饰一下或者怎么样。他说其实当时巴伦博伊姆请他，好像以色列成立有一场音乐会请他去弹，那是一个很大的荣誉。那么他就跟他说，你请我去弹那个音乐会，就像我要去给侵占了我们中国的日本人，我要为侵略我们国家的一个人演奏是一样的。以色列的独立，那时候犹太人的这样一种行为，傅聪觉得是没有原则的事情。丹尼尔当时听完这个话以后就说那好，我懂了。他们俩就结束了像兄弟一样的友谊。丹尼尔·巴伦博伊姆的太太是大提琴家杜普雷，当时都是傅聪介绍的。所以他一直非常伤心，当时因为这件事情，他就一直老讲丹尼尔。最后他回来的时候，拿了一个录像带，逼我们大家都要看一遍，那是什么呢？丹尼尔·巴伦博伊姆做了一个乐团，用音乐来让大家得到爱，让大家在音乐里面有和平。他做了一个音乐会，要在高地上用巴勒斯坦人和以色列人，一起在同一个乐队里面演了贝多芬第五交响曲。这是一个壮举，因为丹尼尔最后等于接受了傅聪的想法，变成了一个人文主义者、和平使者，他感动极了，看得泪流满面。他说那是我兄弟，自豪得不得了。我觉得还是受他父亲影响，当时甘地被刺杀的时候，他父亲绝食了两个礼拜，关在房间里面。甘地跟他有什么关系？傅雷就觉得这么一个人文主义者竟然被人刺杀，他不能忍受人类的这种冷酷和邪恶，他是这样的一个人。所以傅聪也经常为人类的一些事情颤抖两下。

曹： 你刚才说到其实杜普雷和巴伦博伊姆，是在他们家认识的？

孙韵： 对。杰奎琳·杜普雷当时已经很有名了，但是丹尼尔·巴伦博伊姆当时刚从以色列来，还是个年轻人，还没有那么有名。当时杜普雷是和傅聪合作的，他们合弗朗克的大提琴奏鸣曲，他就觉得杜普雷当时拉琴是那样充满激情，每次合完了以后，杜普雷在沙发上躺下去，人完全像瘫掉一样。他们每次排练以后，他就让他的小兄弟丹尼尔把她送回家，连送了几次以后，傅聪就说这两人好上了。他当时好像还不是很同意这件事情，还说了一堆。我们就说哇，在你们家。而且他说你们动不动就说要面子，像这种问题，我经常跟玛塔争论，或者跟拉杜这么说。拉杜·鲁普和玛塔·阿格里奇都是我们心目中的大神，是他最好的朋友。

曹： 我看过一个录像，他和阿格里奇四手联弹是吧？

孙韵： 对。他们合的是舒伯特，他是弹曲子下面这一部分。他说你能不能练一练上面这一部分，我要和玛塔去合，你帮我练一练这个，我要排练。我就弹，练完了之后还得到他各种赞扬说弹得很好怎么样。跟阿格里奇演出完回来就说，我跟玛塔合完了以后才知道，你们俩弹的是一个天、一个地。

傅聪演奏的斯卡拉蒂、莫扎特、肖邦和德彪西，在欧洲乐坛享有极高声誉。上世纪60年代的英国首都，是世界青年文化的策源地，被誉为"摇摆伦敦"，那里汇集着来自世界各地的一批年轻的音乐家，傅聪也是其中活跃的一员，大家虽然有着迥然不同的文化背景，但却在一起交流切磋，共同成长。傅聪的音乐诠释有着极高的识别度，了解他的人，往往能从其触键、音色、分句和气息中察觉到只属于他个人的独特风格，并进一步品味出其深厚的东方文化基因。

郎朗： 实际上他特别牛在哪儿，一般人想到亚洲男士会比较腼腆，也不爱说话。傅大师不一样，傅大师在那个时候，他的家是一个音乐家的客栈，而且人家弄得就像那种18、19世纪的沙龙文化。我真的很佩服他，人家从小很年轻的时候就对这个很重视，因为这也是他成功的一个很重要的据点。因为当你整个所处的环境变成一个重要的据点的话，你肯定会有更大的力量能释放出来。所以他在这个方面做得非常成功。巴伦

博伊姆跟我说他也希望能多和他聊聊天，但那时大家都很忙。他年轻的时候几乎每周都待在傅聪家，他只要在伦敦的时候他们就聚。他说他对傅聪的感觉是很有意思，有的时候他能弹出一些音色，他的一些感觉和一些瞬间处理，简直就是高级到超级。因为巴伦博伊姆和他关系特别好，他跟我说，很多时候有些文人用东方的一些语言来说西方音乐，自己感觉自己很懂，但说出来，他说我们完全听不懂。但是傅聪跟他说的时候，他就能理解到底唐诗在肖邦的音乐里起到什么作用，他说完以后，就觉得真是有这种衔接的可能性。因为有的时候很可能特别经典的作品，表达都差不多，但大部分可能有时候真接不上，起码从语言上说不太通。但是傅大师真能给你说通，比如他说莫扎特像孙悟空一样，有这些特别好的对比，七十二变。他说完再弹一弹，我就感觉他说的确实让我很通。东西方的文化在他的诠释下，真的变活了，而且你就会感觉他是一个融合体。特别逗，当时我说中国新的作品。他说我告诉你，德彪西和拉威尔的作品就是中国新的作品，就是东方的曲子，几乎就是中国乐曲，说你听听这个庙啊、什么塔是不是差不多。我说你说的还真是。他认为很多人只看到了我的技术方面，而我的音色丰富的诠释的风格，很多人没有看到，所以他也是鼓励我在音色丰富的情感上，往这个方向多走，越深越好。我觉得对我很有激励，而且我很喜欢他的录音，比如说他的德彪西、他的舒伯特、他的莫扎特，当然还有肖邦，夜曲、玛祖卡。玛祖卡我最近还在听，确实是很不一样，他很有自己的特点，弹出来一听就能听出来这是傅聪弹的，这是很难的，作为钢琴家能有自己的音色和自己的处理，很难。

曹：你从钢琴家的角度看，怎么去理解傅聪那代中国古典音乐家在欧洲所占据的那个高度，在西方人统治的这样一个古典音乐森林当中有他自己独一份的地位？

郎朗：傅聪是一个非常特殊的存在，他是真正打进了当时的主流。而且我跟你讲更好玩的事，你知道他的第一个英国巡演，你知道当时是替补谁吗？他替补格拉夫曼。我老师格拉夫曼，成天跟我讲这个，他在医院里打点滴，反正打针，在那儿躺着，傅聪拿着一束花去看他，说谢谢你生病了，你这个巡演，我接得好。这是真事。

1959 年，傅聪在欧洲首次登台，从此定居英伦。20 世纪 70 年代，他与现任妻子、英国皇家音乐学院教授卓一龙喜结连理，同样作为钢琴家的卓一龙不仅是傅聪音乐上的知音，更在生活中无微不至地照顾着不擅长处理琐事，又有些任性的傅聪。直至去世，傅聪一直在这栋并不豪华却充满着音乐氛围和中国情调的房子里过着平静而恬淡的生活。

陈萨：他住在伊斯灵顿，比较安静，没有很多人，但是都是住宅区，有很多的花草在房屋的外面。最上面那一层是属于他的琴房，可能是他待得最多时间的一个房间，放着两台琴。这边有一点像起居室，是一个软软的沙发，可能他休息的时候会坐在那里。然后再往那边去，就是一扇窗户，会看到窗外的景色。在楼道的这些能够被看到的地方挂着一些字画。

傅聪在英国家中

曹：所以还是一个中国文化的那种氛围？

陈萨：对，我觉得有。

曹：你到他家跟他一块儿去练琴吗？

陈萨：后来我到伦敦去留学了以后，有一些机会去他家里拜访，弹给他听。在弹给他听的过程当中，当然是在那边弹边讲。他是一个很奇怪的人，我觉得他总是能够把音乐里的很多境界拟人化。比如说他想象某一种音乐动机，或者把它角色感，然后找到和中国的文化里面相对应的东西。但是一切又是非常非常自然，就像我也经常想到过，包括后来很多次地想到过，不仅仅只是在当时。我弹肖邦的幻想波兰舞曲的第一句的时候，一开始是一个引子，但是又是如此饱和的情感。当时我弹给他听的时候，他说你知道吗？这里就是残阳如血、苍山如海。当时我就完全被电到了，觉得就是这样的，很多的东西就随即被打开了。他经常是讲啊讲啊，会觉得语言不够用，他就会在琴上去一遍一遍地弹。包括比如说我跟他学习玛祖卡的时候，这个东西真的很难教，语言这个单位太大了，在音和音之间有着很多的小分子，他就只能是用那样的一种方法去做示范。但是是讲得通的，你听多了以后，慢慢地你就明白他想告诉你的东西，他用音乐和那种音符的时间感去讲话，抑扬顿挫的一种语气，所以非常难忘。

傅聪曾说，自己甘愿一辈子做音乐的仆人，他用钢琴来与心中至高至美的音乐对话。因为幼年并不系统的学琴经历和身体等各方面的因素，他的手经常被疾病和疼痛困扰。即便如此，对音乐的虔诚促使傅聪依然每天坚持不懈地练习，他的一生也是与钢琴这个难以驯服的工具搏斗的一生。

曹：我们很多次聊起你，他经常说我如果有一双郎朗的手多好，他特别羡慕你年轻有

活力。

郎朗： 那我得感谢他，因为傅大师毕竟学琴比较晚，而且那个时候不像我们现在，训练从小就非常猛。所以他能到这样，我觉得真的很棒了。因为你想，十岁练琴或者五岁练琴，和十几岁学琴那确实不一样。所以他就一直跟我说他得不断地去练，来弥补他从小练琴少的这样一个情况。

曹： 傅先生好像 80 岁以后，身体状况就比较差。

孙韵： 对。他 79 岁的时候，其实就是开始在全国演出的时候，开始出现一些问题，血压高什么的。有一次是摔了一跤，从飞机上下来的时候，他就觉得很痛。但是第二天演出在成都，他竟然病着就上去演了。他一个礼拜以后说他仍然很痛，他的太太卓一龙就说麻烦你们哪个人带他到医院去拍个片。傅先生有一个毛病，就是他很恨去医院。所以我就说带你去淮海路吃，那里不光有小笼包，那个食品商店还有鲜肉月饼，连哄带骗把他弄到鲜肉月饼那儿，他说我要吃这个，我记得给他买了五种口味的。拎着两盒月饼，我说你看上面就是徐汇区中心医院，我就把他带上去了，就是这样连哄带蒙地把他弄到里面去，他在里面吃着月饼说，女人之见，我不会生病。跑到楼上照完了 X 光，他还在那儿吃月饼，吃得很高兴的样子，人家出来说有人叫傅聪吗？两根骨头断了。他说你是他什么亲戚吗？你们怎么这样，这是虐待老人吗？我说真不是虐待老人。傅先生特逗，他前面觉得没事，一听到骨头断了，人整个趴下去，一下就崩溃了。医生说这个骨折也没有办法，就给他固定慢慢养。经纪人也说我不应该让他演出，这个严重一点的话，肋骨可以刺到里面去。

曹： 气胸。

孙韵： 他竟然在台上忍痛还弹了一场音乐会，就是这样，完了以后就绑着那个东西，又练琴，又上课。这种事情发生太多次了，我们其实也招架不住了。

曹： 他在上海曾经连续取消过好几次音乐会，也是因为健康的原因吗？

孙韵： 一是跟健康有关，因为他要巡回演出，也确实很累。第二个他非常固执地要弹肖邦 24 首前奏曲和肖邦 24 首练习曲，这是在我们钢琴技巧上面可以说是最难的两套东西。他每天都要练 24 首练习曲，练三个小时，但其实要真正上台开音乐会，他又不满意自己弹的最后的成品的样子。我们就说拜托您能不能别弹技术上这么跟自己过不去的曲子，您就弹全场玛祖卡，全场夜曲，我们都热爱，行吗？他说那我不行，我必须要弹这个。因为你们学生弹得再好，也还是弹不到我要的那个意思和境界，就又开始斗争，到最后他又不能上。就恶性循环了三次，当然身体也是跟不上了，最后他其实觉得无颜见江东父老，其实我们根本无所谓他弹什么曲目。

曹： 江东父老只要听你弹琴就可以。

孙韵： 你为什么非要弹那技术性的？

曹： 较劲。

孙韵： 他就有这个东西在他的骨子里，而且我们大家越说他，比如你这个技术，您别跟自己较劲，他就觉得我就要较给你看看。

曹： 后来他在伦敦做了一个什么手术？

孙韵： 他这个人驼背，有的时候弹着弹着，人整个会往前掉，背部很紧，等于一直撑着背。他整天这样练，如果在中国，有人经常带他去一个推拿医师那儿或怎么样，他就会缓和。但是他在家这么练，长年以后背部很痛很痛，痛到已经没有办法的程度。我们的师母就带他去医院，人家说就给你做一个手术，直接把那根筋给割了一段，等于把好的筋拉在一起，那么就短了。所以我 2019 年去看他的时候，他是这样的，走路是一瘸一拐的。每一次都要爬上那个楼梯，爬到四楼那儿去练琴，一瘸一拐的可能没有撑好，又摔了一跤，尾椎骨骨裂，就没有办法动了，只能师母给他弄个床放一楼。他没有办法起来，而且那个时候耳朵也不太好，他要用助听器。所以听不见音乐上有问题。他就觉得整个人好像不知道要干吗了，就是这样的一个状态。

曹： 所以你最后一次见他是 2019 年？

孙韵： 2019 年 8 月份。我问他几年没回来了，他说五年了。我们都没有见面，但是我们一直保持非常密切的联系。联系都是通过卓一龙师母，因为他也不写电子邮件，傅聪后面有个非常伟大的女人就是卓一龙，师母是非常温暖的一个人，而且也是英国皇家音乐学院的教授，她教得也非常好，很理性的一个人。他们家所有的饭都是她做的，整个的打扫，傅聪一切的一切都是师母在维持，她自己还要开音乐会，还要教书，而且年纪也不小了。

曹： 像他那样一个对钢琴、音乐如此痴迷的钢琴家，晚年不能弹琴，是不是对他来说是挺痛苦的折磨？

孙韵： 非常痛苦的一个折磨。但同时我觉得这也是双向的，因为他练琴也练得太苦了，傅先生是一个有双重性格的人，他是有两面的。他在音乐里面的是那种自由和游刃有余、天马行空的那个劲儿。但是他在生活中，其实是非常按规律做事情，而且他可能需要一种安全感。譬如说有人教他做六字诀气功，他就会每天把这六个字，他一定

傅聪妻子卓一龙

187

要给你做一遍。你跟他说，比如维他命 B 对你身体好，他就一定要吃。各种好心人，关心他的人比较多，就跟他说你一会儿吃这个、一会儿吃那个，给他送来各种补药，他就非常严格地把这么大一堆补药全部吃进去。他表演吃药的技术，我们看着，二十几颗他一口能吞下去。他就觉得吃了安心，他要把琴练了，他安心。他就是这种双重性。我们说有用吗？你练肖邦练习曲非要练 24 首，得从第 1 条练到第 24 条，干吗要这么练，浪费时间。但是他就要这么走，不走这么一遍，他觉得不安心。他自己觉得这种双重性，有的时候让他非常难决定事情。你让他吃哪个、不吃哪个，他无法决定，他索性都吃了。一件非常简单的事情，他会好像突然迷失，他说他自己是哈姆雷特，to be or not to be, that is the question，他整天都在 to be or not to be。鲜肉月饼无法选择，我说那有什么味全买了。就是这样一个人，就是很不肯定。

曹： 你最后一次见他，他有没有跟你聊起过有关生死的问题？

孙韵： 有。他是无所谓说死这件事情，他不忌讳。因为音乐里面，他整天会讲到肖邦，包括舒伯特，都是整天生死，浪漫派的这种，我为什么生？我为什么死？他整天考虑这些问题，而且因为他父亲发生的事情，所以生死这件事情会经常在他脑子里过。他以前在我们面前，你都不觉得他是个老人，他也不觉得自己是老人，他总觉得他比你小。那一次是真觉得他老了，他听不见你说话了，整个人反应开始很慢，他以前不是这种反应。而且他的夫人说他甚至对音乐都开始有点没有热爱。因为傅先生其实胆子不是一个很大的人，他有的时候表现出艺术上的这种骑士般的英雄精神，其实他是向往，但他这个人不是。他自己觉得他是像妈妈一样有一颗温柔的心，他是舒伯特，他不是贝多芬，他爸爸是贝多芬，他没有那么勇敢。他就说我回不去了，大家都知道在说什么，我说你害怕吗？第一次觉得他老了，我说你怕？等于我说你怕死吗？然后他说很近了，就在拐角，我说你怕吗？他说我不怕，你为什么不怕了呢？他说因为我都空了，我该说的都说完了，就是这种感觉，我没有什么遗憾，我没有感觉，他说老了真麻烦。就来了这么一句话。就聊不下去了，因为他肯定难受，对吗？他又没法，他的眼睛也不是很好，所以他也不能整天看书，但是他喜欢看书。电视只有看一点球赛，中国的那些节目他又看不到，琴又没法弹，也没有很多朋友或者是学生围着他。所以他就没感觉了，索性就进入一种比较冥想的麻木状态吧。最后一次见到他就是这么一个情况。跟他聊，他还问学校，他对上音还是一直很关心，毕竟在那儿教了十几年，又发生了那么多事情。他每个人都问，而且他的好友都在这儿，他特别喜欢的几个教授，李民铎、尤大淳都是他的老友，他就在问。我说我给你录一段？他对这些新的技术也不是很知道，但是他其实就很渴望有朋友、有知音。

傅雷曾在信中对傅聪说:"赤子孤独了,会创造一个世界,创造许多心灵的朋友,你永远不要害怕孤独,你孤独了才会去创造,去体会,这才是最有价值的。"傅聪的一生是追求音乐的一生,他始终用一颗赤子之心去无限接近理想中的艺术和品格,他把他的爱,他的美德献给了音乐,在生命最后的旅程中,钢琴诗人安然地离开,因为他真正地活过。

傅聪:事实上我有时候会很忧郁,很痛苦。而且甚至简直痛不欲生。告诉你,我常常想到死。可是同时,其实我还是个相当开朗的人,我觉得我比很多人都幸福,我有很多比我要成功得多的朋友们,可是我一点都不羡慕他们。他们苦得很呐!整天想着人家怎么看他,而不是他自己怎么看自己。对我来讲人家怎么看我,我根本不当一回事,我根本不考虑,最重要的是我自己怎么看自己。

傅聪

爱笑的女孩——谭松韵专访

演员谭松韵因其在电视剧《以家人之名》当中，出色地饰演阳光开朗，充满治愈力的李尖尖，在今年获得中国电视剧三大奖之一——上海电视节白玉兰奖最佳女主角提名。与她一同提名的还有与演员闫妮、童瑶、倪妮和热依扎，其中最令人瞩目的是，1990年出生，刚刚年过三十的谭松韵，是首位被该重量级奖项提名的"九零后"新生代演员，无疑，业内专家对其演技实力给予了充分肯定，虽最终童瑶折桂，但谭松韵对于这一稍显遗憾的结果显得尤为乐观。

谭松韵做客《可凡倾听》

曹：松韵，你好。

谭：可凡老师好。

曹：首先要祝贺你，入围白玉兰奖的最佳女主角。

谭：谢谢。

曹：《以家人之名》这部戏其实也挺复杂的，原生家庭有缺陷，但是因为爱，可以把没有血缘关系的人放在一起，生活在同一个屋檐下。我觉得人与人之间的那种善良，可能是这部戏打动人的一个很主要的原因，所以跟我们说一下，你演完这个戏当中的角色之后，对于人性有没有一些新的想法？

谭：这部剧是非常治愈人的，是真真实实地治愈到人的，我自己看剧本的时候就被治愈。我喜欢李尖尖，也喜欢李尖尖身边的所有人，喜欢她在面对事情时候的思路和她的心态。她是一个非常"皮"、非常"虎"的女孩，可是她的内心很细腻，好像跟别的女孩不太一样，她总是反套路出牌，你会觉得这个女孩不矫情，但是她又非常重感情。当她面对离别，哥哥们要离开的时候，她有那种小纠结和难过，那么多年没见面，哥哥回来后，她会觉得陌生，她也不是故意跟你赌气，就只是时间把大家分

《以家人之名》剧照

开了，各自生活各自的，没有什么共同话题了。可是她自己都不知道，在她内心深处，这个根是多么坚固，当她知道小哥突然进医院了，可能会失去他的时候，一下这么多年的心结什么都没有了，内心的那个东西又出来了，然后三个人又和好了，就非常治愈。包括两个爸爸对这三个孩子，两个哥哥对妹妹，两个哥哥之间的关系，都非常非常地让人觉得温暖。

曹：虽然这三个人的个性不一样，也没有血缘关系，可是就是没有通常我们认定的那种人际关系的诡谲和阴暗，它有很多甜美的东西在里边。

谭：而且这又是真实存在的东西。

曹：今年入围女主角的人选可以说是竞争力特别强，像闫妮、倪妮、热依扎、童瑶等等。你们都是候选人，如果用一句话来点评那几位"神仙姐姐"的话，你会怎么说？我们先来说闫妮姐姐。

谭：我在十九岁的时候拍了一个空政的戏，正好有幸看到她来上班，她生活中就是一个非常低调的姐姐，可是她只要一演戏，出现在镜头前的时候，整个人都是散发着光芒的，特别特别喜欢和欣赏她，特别喜欢看她演戏。

曹：倪妮呢？

谭：倪妮是很多年以前，就是她拍《金陵十三钗》的时候见过一次，但是我不知道那是几几年了。

曹：十年，2011年，拍摄的时候是2010年。

谭：对，那会儿我对她的印象就是，她是一个很开朗的女生，英文很好，很可爱。现在她有越来越多的作品出来，我觉得也是一个很棒的演员。

曹：还有谁？热依扎。

谭：热依扎。

曹：热依扎的《山海情》还是影响很大的，虽然戏不是很多。

谭：热依扎是老朋友，我们在拍《甄嬛传》的时候就认识，那时候我们住一个屋。印象特别深刻，我觉得这事我能一直记着。我当时生病了，她有戏她就出工，出完工回来就给我煮梨水，因为当时我们也没有助理，就用宾馆里的热水壶，她就把梨削到里面，然后帮我煮热，给我喝，给我带吃的。

曹："母性大发"。

谭：就特别温暖。后来这么多年当中，我们俩如果遇到一些挫折，或者是小困难什么的，也会互相给一些鼓励和安慰，我觉得还挺好的。

曹：很温暖。

谭：很温暖。这次她入围我特别特别开心，北京姑娘，她一直有股劲儿，从那会儿到现在一直都保持着她的这个东西。

曹：我觉得她戏里的爆发力特别让人印象深刻。

谭：对。

曹：还有童瑶。

谭：童瑶姐也是我很喜欢的一个演员，长得又漂亮，气质又好，演戏也好。当时《三十而已》有个片断，我就觉得她是又有生活性，但是又带着艺术性的表演。

曹：我记忆当中，在男、女主角的入围名单当中，你大概是第一位"九零后"，如果没有记错的话，所以我觉得这个是有标志性意义的。任何一个权威性的奖项提名，实际上都是代表着一种荣誉，代表着对你的认可。所以特别想对自己说什么？

谭：我也不知道。入围白玉兰我就觉得，我的家人肯定会为我骄傲。不管得没得奖，我觉得入围已经是对我的一个很大的认可了。我在表演这条路上一直让自己的心态放在新人阶段，永远去探索新鲜的东西，所以我永远都觉得我有进步的空间。如果有机会，有一天能获得白玉兰的奖项，我一定会非常非常非常开心，非常非常非常骄傲。

早在 2005 年，谭松韵就因出演电视剧《好好过日子》开始接触表演，如今她虽年纪不大，但也是入行十六年的"老演员"了，这些年除了为观众们奉上《以家人之名》这部代表作之外，她也曾在热播剧《甄嬛传》当中饰演天真烂漫、活泼可爱的淳贵人。凭借青春励志剧《最好的我们》《旋风少女》等，受到不少年轻观众的喜爱。主演的古装爱情剧《锦衣之下》《锦心似玉》更是获得不俗收视表现，剧播期间频频登上互联网热门搜索。显然，谭松韵这位新生代小花对于普通观众而言，也是十分具有吸引力的存在。

曹：《好好过日子》，现在看起来肯定是比较青涩的，但是我觉得那个时候，也有一种另外的青春勃发。当时拍戏的时候是一种什么样的懵懂状态？你还记得吗？

谭：我记得。当时能把词背下来就会得到导演的表扬。

曹：因为任何人去做一个从来没有做过的事情都会很紧张，所以当时是"初生牛犊不怕虎"呢，还是说心里边有一点打鼓？

谭： 打鼓的，但演的时候你就不能打鼓，再打鼓你都要把它给屏蔽掉，然后再去演。但是你能感觉到当时那种青涩感其实就是一种小小的不自信，或者说有一些不确定的东西在里面。

曹： 可能大家最早熟悉你还是因为《甄嬛传》里的"淳贵人"，是吧？我觉得这个角色实际上跟你的个性相对来说比较吻合，有点本色表演。

谭： 一部分，但跟我当时的年龄是蛮吻合的。

曹： 对，跟你的年龄是非常匹配的。所以现在回忆起来，当时拍这个戏，有些什么细节会觉得特别难吗？这个戏现在看起来还是很经典，这么好的导演，这么好的创作班子，这么好的演员。

谭： 因为戏不多，总共也就不到五十场吧。

曹： 当时你这个年龄能够拿到这样的角色，已经很不容易了。

谭： 对，而且是刚毕业。

曹： 对。

谭： 其实当时我都不太懂这些，也不知道有多么不容易，我觉得还是"初生牛犊"。去了以后有一场哭戏，就是被吓到了以后跑到甄嬛那里去哭。我紧张啊，从化妆就开始紧张，一直在酝酿，一会儿要怎么哭。后来导演嗑着瓜子就来了。

曹： 对，晓龙导演爱嗑瓜子。

谭： "孩子，别紧张，一会儿你好了我们再开始。"就是特别特别保护演员，你会觉得导演很好。因为你刚开始拍戏，肯定怕导演凶你。当导演给了你这种安慰的话语，再加上孙俪姐又是一个非常好的演员，她像一个姐姐一样在给你爱的时候，你很快就进入角色了。

谭松韵在片场

曹： 我发现不少女演员演哭戏真是有本事，眼泪就跟"自来水"似的，开拍一下就能哭出来，这个对男演员来说是有点困难的。

谭： 是吗？

曹： 所以你是很快就能调整到情绪吗？

谭： 我要看这场戏能不能打动我，因为有些戏我在看剧本的时候就被打动了，都不用自己去酝酿，只要进入了角色我就能哭。可能有一些戏我这部分的共情能力还没有达到，那我就会去用别的方法去调整。我有个很"奇葩"的方法。

曹：你说。

谭：就是看小品，看那种喜剧小品。

曹：为什么？反差吗？

谭：可能。因为有一天，我正好在看一个喜剧节目，我前面笑得很开心，看着看着我就哭了。我当时就想为什么？我为什么会看喜剧小品看哭了呢？可能因为喜剧它有反转，前面你笑得越开心，后面就越有那个泪点。

曹：其实好的喜剧本质上有点悲剧的成分。

谭：对。

曹：你看卓别林的戏剧，笑完之后是有点苦涩的。

谭：对，可能是这种。

曹：这个我还是第一次听说，调整自己的哭戏状态靠喜剧。太有意思了。你刚才说了，《甄嬛传》里面有很多好的演员，像孙俪等等，你从他们的表演当中能够获取一些什么养料吗？我觉得好的演员的表演，在现场看跟在屏幕上看的感觉是不一样的。

谭：我觉得是放下，就是你不太能看见演员本身的一些光环，"我是个演员，我是个明星"这种东西。她很多时候是在一个角色里，或者说她是跟你生活在一起，在同一个屋檐下的小姐妹，是这种感觉。所以你看到她，你不会觉得有距离感。你相信使你相信的这些东西。

曹：孙俪会给你传授一些表演的心得吗？

谭：心得？因为当时我在里面是最小的，我们有三个"九零后"，是属于很小的那一波。我很久没戏，突然又来，她是每天都在，她会说，"有没有去哪里玩呀？后面有个游乐场，你可以去玩。"

曹：把你当小孩，是吧？

谭：对。然后有一场戏她怀孩子了，我说要把镯子给她。那场戏就需要淳儿活泼一点，跑来跑去，"你要生好多好多孩子给我玩。"其实当时她有给我提点一下的，"你看其实你可以这样，你可以那样。"

曹：其实这种现场的指导，哪怕是只言片语，都挺有效果的。它不是一种体系性的，像你在学校里边提到的表演的体系，它就是只言片语。所以你在拍摄的过程当中，会不会特别注意去积累这样的一些经验？

谭：对，因为我毕业以后演了很多家庭剧，跟宋丹丹老师、林永健老师，他们都是非常有经验的，演戏也特别特别生活的演员。我跟他们一起拍了很多戏以后，我觉得我的基础就会打得很好，不会很浮躁。而且丹丹老师也好，林老师也好，也经常会在现场提点我。

曹： 他们几位都是特别能演戏的人。

谭： 对。特别特别受教。

曹： 你还记得他们在现场跟你怎么说的吗？

谭： 其实就是让你贯彻真听真看真感受，对吧？

曹： 对。

谭： 其实就是这样。

曹： 其实演员挺难的。第一，他处于一个比较被动的状态。第二，还有一种悖论，就是说当你某一个角色演得非常成功的时候，后来找你的角色都有点相类似。所以"淳贵人"之后，是不是会出现这种情况，就是相类似的角色的邀请纷至沓来？

谭： 有，对。

曹： 怎么去解决这个问题？就是既可以把这样的表演风格不断地丰富，另外能够在这个当中找到一些突破。

谭： 其实"淳贵人"之后，像这种可爱天真无邪的小"吃货"，我就没有再演了。因为我觉得，"淳儿"已经可以了。演了一些别的戏。我一直觉得每个年龄阶段应该做每个年龄阶段该做的事。像当时演完"耿耿"，也是有很多学生戏过来找我。我不排斥演学生，但是每个人物的性格和她做的事情和她的三观，可能会有一些不一样。耿耿是一个很普通、很平凡的高中生。《旋风少女》里边的"范晓莹"也是差不多的年纪，但这个女孩就是很"二次元"，比较跳脱。其实她们是同样年龄的少女，但是感觉就不一样，这样的话我也会去做。十五六岁的很多性格的女生我都愿意去演。

曹： 刚才说到"耿耿"，《最好的我们》这部剧当时还是影响很大的，你现在回过头来看这部作品，它是不是对你来说有一点转折意义？

谭： 有的，这部戏是让更多的人看到我。

曹： 你后来也演了一些古装剧，跟任嘉伦，跟钟汉良演古装剧。相对演现代剧，演古装剧的状态会不一样吗？

谭： 会。因为现代剧比较接近生活，古装剧，不管你的穿着打扮还是你的人物设定，它都会有一个古时候的人的韵味在。我拍《锦衣之下》的时候，可能武侠江湖气会多一些，拍《锦心似玉》就文气一点、稳重一点。

曹： 我印象中《锦衣之下》前两年播的时候，在微博的排名很靠前的。

谭： 还可以，播得还可以。

曹： 你这个角色还是有她的个性和多面性，她不是很单一的可爱，或者清新，不是。她看上去好像有一点小缺点，但是她有大情怀，是一个特别接地气的、活生生的人物。因为有时候古装剧的男、女主角都会有被抽离的感觉，就是过于完美，而不是生活在我们周围这个世界。可是这个人物，恰恰是很生活化的，这个是跟其他的古装剧很大的不同。

谭： "袁今夏"，那个女主角，我也是非常非常喜欢。她就是有江湖气，非常接地气。

曹： 虽然你是个"九零后"，但是这些年的演艺经历还是比较复杂的，演了很多复杂的人物。你觉得从刚刚开始入行到现在，从个人表演信念上来说最大的不同是什么？跟我们说说吧。

谭： 以前就是比较"无脑"，"无脑"冲，往前冲。只是把自己代入角色，感受当下。现在可能在这样的基础上又多了一些，比如说"第二自我"，或者是观众视角，会从一些别的角度去看这个人物和故事，我觉得可能会让角色更丰富。自己生活中的一些小小的经历，或者你看到的、见到的东西，我觉得都会给我的表演带来一些新的想法。

曹： 所以这些年的生活经历，是不是也给你的表演增加了很多营养？

谭： 会，因为它会影响我的思想，所以可能有时候表现出来的东西就会不太一样，可能会比以前要成长、丰满一点点。

　　长相甜美灵动的谭松韵，笑起来十分具有感染力，同时，私下里的她也是个乐天派。说起自己积极阳光的个性养成，谭松韵表示这都要归功于家庭的培养和爱护。所以即便在生活当中遇到打击和挫折，她也始终会让自己用着正面的态度去接受命运中的坎坷。

曹： 你是舞蹈演员出身，其实很多女演员都有跳舞的经历，最典型的就是孙俪。是不是跳舞跳得好的人对艺术有一种比较特别的领悟力？其实你想，跳舞也要表现人物，表现情绪，也有那种表演的成分在里头。

谭： 有，我觉得舞蹈也是要表现出就像您说的情绪也好，人物也好，这些东西。我以前上舞蹈学校的时候，有个老师说了一句话，我印象很深刻，他说，我们的基本功很重要，但是这不是舞蹈演员最重要的东西，因为如果比软，体操运动员比你软；有一些学武术的，人家毯功，翻、跳、滚比你好。舞蹈演员最可贵、最重要的一点，就是他的舞蹈的感觉，你表现出来的你的表情，你的肢体带动你整体的氛围。所以，我觉

谭松韵（正中）在练舞蹈

得是种感觉吧。比如说以前在我学舞蹈的时候，在我专业上怎么着的时候，我的父亲是会有什么说什么的。比如看到我的戏，看见我在舞蹈学校的表现，他看到了问题，他会提出来，希望你能够做得更好。所以到现在每次拍完戏，播出的时候，我都会让他给我提意见，因为他说得都非常对，非常好。

曹： 你爸爸做什么工作的？

谭： 最早是舞蹈老师。

曹： 那难怪。

谭： 对，所以他这方面就比较专业。

曹： 专业意见。

谭： 对，专业意见。

曹： 你后来决定去考表演专业是基于什么样的考虑？是觉得自己在演艺方面有一种天赋，还是说是一个喜好？

谭： 我没有想这么多，我就觉得喜欢、好玩。因为我很小就喜欢看电视，那会儿我就说我也想上电视，应该是这样的。

曹： 当时你决定去考北京电影学院的时候，你爸爸妈妈是什么态度？他们支持吗？

谭： 他们很支持，我选择走艺术这条路的时候他们就很支持。第一年没去北京考的原因是，我在成都补文化课，中途峨影厂叫我去演戏，当时就演了特约，影响到了我的一模考试，二模考试，我的成绩单就是空的。当时我爸爸妈妈来，看到我的成绩单特别生气，往桌子上一拍，"考什么北京？你就这个成绩，你还考北京？不许去了，就在成都考吧。考上就考上，考不上就别考了。"我也知道这样挺不好，挺不该的，我说行吧，那我们就考四川，结果也耽误了文化课的补习。突然一下我也没有犹豫，因为我当时的专业成绩很不错，但是文化又差了一点分数。他们就说，其实四川除了四川大学，别的学校是能上的。父母就在纠结说，要不要上。我一想，我说我还有进步的空间。

曹： 对自己还是很有信心的。

谭：对，我说我还可以的，还有空间，空间还很大，我的文化课。我说我能不能再复读一年，第二年我们去考北京。

曹：有点勇气的。

谭：那会儿还挺有勇气的，突然一下。

曹：复读虽然是一年，但这一年日子不好过的。

谭：不好过。

曹：因为我就是复读生，考了两年才考取的。相对来讲，这一年的状态跟你在学校里边正常读书的状态会不一样。

谭：会不一样，但是也挺好的，我觉得。反正复读了一年，第二年就考上了。

曹：当时去考的时候做了哪些准备？

谭：就是找了老师补课，跟普通的艺考生一样。

曹：你觉得难吗？考试的时候。

谭：还好，不是难，就是紧张，然后充满了未知。从我决定要去考北京的那一刻起，我们全家都紧张。来了北京以后，三个人穿着厚厚的羽绒服，里面穿着大高领毛衣。结果发现，北京有暖气，受不了这种大高领。我们又赶紧去商场，买一些薄一点的内搭，然后那件羽绒服一穿就是一个月，因为你过了初试，还要等一个星期再复试，再过一个星期三试。又开心，又觉得外套都有点打油，都脏了，赶紧又去买衣服。相当于莫名其妙地就在北京待了一个多月。我们当时在学校附近有一个酒店，应该是一个宾馆，说离得近，就在那住，早上很早起来，穿过小月河，去电影学院考试，门口有卖烤红薯的，我说我想吃红薯，就买呗。我咬着红薯就进了电影学院的门。当时我爸妈还在笑我，说你看看，目前好像就你一个人啃着红薯，进了这个学校的门。

曹：所以后来红了。

谭：反正特别难忘。

曹：后来是考取北电了，是吧？

谭：对。

曹：电影学院那是强手林立，是非常优秀的学生才能考进的学校。所以跟别人相比的话，你觉得自己有什么优势？

谭：第一次初试的时候就会看，看别人，这个女生好高，人家北方姑娘都是这种感觉，她好有气质，你总觉得好像自己差点，但你又本能地给自己信心，可能那会儿没想那么明白，就觉得我也有我自己很棒的地方，就是在给自己信心。

曹：其实在《民初奇人传》之前，我就关注到你。我始终觉得，这个女孩很可爱，出

童年时期的谭松韵

现在镜头前总给人一种甜甜地微笑的感觉。但其实这些年的成长道路当中，你也会遇到一些困难、挫折，这样的一些经历过后，如何让自己依然以一种乐观、宽容的态度去看待人生？

谭： 可能是我获得了很多爱吧，我就是像尖尖那种被童年治愈一生的人。所以我会有一股来自我的童年的力量，可能是我的父母给予我的，我的家人，亲朋好友给予我的爱。所以我有时候不开心也好、难过也好，或者是负面情绪来的时候，我会告诉自己，这些都不重要，你开心、你好，他们愿意看到的是这个。你就努力地让自己去更好地、向上地生活。

曹： 中国人一直有一个观念，就是女孩子要"富养"，对女孩子要宽容一些。男孩子要"穷养"，对男孩子的教育要严厉一些。但是也有很多家庭无论对男孩还是女孩都比较严格。我不知道你的爸爸或妈妈对你的教育是什么样的？

谭： 我们家的教育就是很传统的那种。他们时而对我很严苛，时而对我又很，怎么说？

曹： 宽容？

谭： "放纵"。

曹： "放纵"，打括弧的"放纵"？

谭： 父母就会觉得，小姑娘很小就出去了，也没有得到太多照顾。其实我一点都没觉得他们没有照顾到我，他们作为父母就会觉得，好像你离开我们出去上学太早了，我们希望你不要那么严格，工作是忙不完的，你开心最重要，身体最重要，安全最重要，不要太拼了。

曹： 你记不记得，如果小时候犯了某一个错误，父母会怎么处理和对待？

谭： 有。因为我们那个地方特小，就是每天上学、放学都可以自己走路去，走路回来，这样子。正常就是每天我放学以后，跟同学一起走路回家，妈妈做好饭我就吃。有一天我就没有回去，去了一个小伙伴的家，没给我妈打电话，我直到在人家家吃完了午饭，我才说我得给我妈打个电话。

曹： 你妈急疯了吧？

谭： 急疯了，那么小，小学，也没有手机。把她气的，回来就是一顿骂。

曹： 爹妈打过你吗？

谭： 打过。

曹：下得了手？

谭：打过。用以前织毛衣的那个签子打过我。我印象很深刻，当时让我跪在床上，软软的那个床，我就跪在上面，我还穿着公主裙。然后说，"你知不知道我们很担心？以后你要去哪里，一定要提前说。得到同意了以后你才能去。"

曹：对。

谭："不然爸爸妈妈会很担心，万一出了什么事怎么怎么。"我说我知道了。当时我跪在那里，他们就用那个签子打我。我一点都不疼，因为那个裙子是蓬蓬裙。但是我觉得，如果我不疼的话是不是还要打？我就开始惨叫。一打就"啊"。然后看我叫得这么厉害，就不打了。"你就在这，面壁思过吧！"然后就走了。过一会儿外婆来了，外婆给我带了糕点。"起来起来，跪什么？"我说不可以的，妈妈不让我起。"我说让你起就让你起。"我们家就是这种，从小就是被打也是很幸福的感觉，现在想想。

曹：有一句话我觉得真是对的，一个幸福的童年可以治愈一生，一个不幸福的童年，你要靠一生去治愈。

不过在表面的青春、年少之下，谭松韵也有着一个十分成熟和理智的头脑，面对自己早早地就在演艺事业上取得的不俗成绩，她显露出的更多是客观和踏实的品质，毕竟一步一个脚印，才能走得更稳，走得更远。

曹：你平时有没有时间，比如说看看碟，看看国内外的一些好的演员的表演，从中汲取一些养料？因为拍戏往往是一个付出的过程，付出之后其实你需要更多的吸纳。

谭：有，就是只要不拍戏了，有时间我就会去看看电影什么的。

曹：有没有想过自己想成为一个什么样的演员？

谭：我以前的回答是，我希望别人听见是谭松韵演的他就想要看。现在依然还是，可能会多一层，就是我希望在我自己的心里，我能看见我在表演上的进步和丰富。我可以演一个人，就是她这个人的优点、缺点都有，她可以做错事，但她有她的原因，我希望把一个完整的人呈现得比较丰富。

谭松韵在工作之余

曹：其实你是一张娃娃脸，按照现在的很多刻板的美学标准，娃娃脸是有点吃亏的。大家会认为你的形象可能就比较适合表演那种青春、快乐、清新可人的角色，会不会在平时有这样一种烦恼，可能人家找你的角色，都有一点偏向于清新可人？

谭：没有，这个我还真没有。我一点都不排斥我这张娃娃脸，但是我有时候就想，我的肉能不能少一点，瘦了上镜好看。我觉得，在我的这张脸的可塑范围之内，比如说古装戏我得瘦一点，但是像"淳贵人"这样的角色，我就可以吃胖一点。而且我觉得每块肌肉，每一个毛孔，以及你的五官，不一定笑就是这么笑了，每个角色的性格，或者她遇到的事不一样，她呈现出来的东西还是不一样的。

曹：其实你现在慢慢进入到人生的最黄金的时间，最好的时光，褪去了早年的青涩，然后有生活的积累，有表演技巧的积累。所以，你希望给自己一个什么挑战吗？人有的时候要有一种给自己的压力，这样的话可以催促你前行。

谭：我觉得每天都在挑战，我经常自己给自己压力。比如说，当我要减肥也好，或者说我遇到角色上的一些困难也好，不知道该怎么办的时候，我就会有压力。我觉得心理是一个非常重要的东西，就是你的意识和你的心理。不管遇到什么，我希望它一直保持一点，就是健康。健康以后，你好像做什么都会没那么难。杂念一多，就什么事都变得很难，所以就简单一些。有时候你实在解决不了，你就先放一放再去走，可能很多压力就迎刃而解了，而且的确也没必要老给自己压力。

曹：你如果遇到一些压力，或者困难的话，怎么去疏解自己身体当中的负能量？

谭：我的快乐很简单，就是吃个好吃的。真的。

曹：那不是跟你减肥的目标相悖吗？

谭：可不咋地，但是就是这样的。

曹：你是一直要控制饮食吗？

谭：对。

曹：好辛苦。

谭：但是如果我的身体告诉我，我不行了，我受不了了，我难受，我生气，现在什么都治不好我，我必须要吃，那我就会吃了。偶尔一顿嘛，吃完了以后我再减，哪怕多跑十圈，多做几个下蹲我也愿意。

曹：总体上你还是一个比较乐观的人，是吧？

谭：对。我应该是属于那种一步一步往前走的人，我也不会给自己定一个贼老远的，像做梦一样的目标。当然，做梦可以有。

曹：就所谓的近期目标和远期目标，对吧？你有远期目标吗？

谭：远期，我不太愿意把它当作是目标，我觉得你可以叫它梦想，你可以叫它梦。因为如果你把它列为目标的话，就很现实，我是一个喜欢自由的人，说不定中途就拐弯了。但是，比如说我走了一步，那这一步我一定要走好它，不管中间出现任何问题，我希望以一个最健康的步伐把它给走了。走到这里，我可能又看到了新的风景。

曹：另外一个风景。

谭：然后我再往前走，我觉得这可能比较像我的风格。

曹可凡和谭松韵

我为歌来——G.E.M. 邓紫棋专访

14岁签约经纪公司，16岁正式出道，19岁刷新香港地区红磡体育馆最年轻举办个唱的女歌手记录，23岁在内地音乐市场爆红，24岁备受负面新闻困扰陷入情绪低谷，28岁与前经纪公司解约，正式独立。虽遇困难却勇往直前，正所谓"无限风光在险峰"，她是 G.E.M. 邓紫棋，"90后"华语流行乐坛代表女歌手。

G.E.M. 邓紫棋

曹：紫棋，你好！

邓：你好！曹老师。

曹：首先给你拜个年，牛年大吉！

邓：牛年大吉！新年快乐！

曹：祝你紫气东来！

邓：身体健康！

曹：今年在上海过年，跟外公、家里那么多亲戚朋友一起过年的感觉，跟过去在香港地区过年相比，有什么样特别大的不同？

邓：特别不同。因为以前在香港地区过年的时候，我们见到的亲戚都是爸爸那边的亲戚，这一年在上海过年，我已经很久没有在上海过年了，所以我看到的亲戚都是妈妈那边的亲戚。有一些人实在太久没见过，见到的时候，我都有点不好意思问舅舅，"他（她）是哪位？"实在认不得。有一些人在我的印象里面他年纪很小，但是一转眼已经有这么大的变化。

曹：当你们聚在一块儿的时候，会不会说起你小的时候是什么样的？

邓：我外公每次见到我都会说。

曹：他经常提起小时候的情景吗？

邓：他其实常常见到我，但他还是这么说："以前我们去长风公园，你从滑梯上跑下来，吓死我了。"他每次都讲那些故事。

曹：你现在还能不能讲一点上海话？

邓：可以说一点点，但是会听。

曹：会听？

邓：会听。可以听懂百分之八十，但说不出来。

曹：你刚才讲的那几句话，虽然寥寥数语，但还是很标准的。

邓：还可以。

曹：在家里你跟妈妈讲上海话吗？

邓：不说的。她跟我说，但是我说不出来。

曹：你回到上海的时候跟外公说上海话吗？

邓：外公不跟我说上海话，舅舅跟我说。

曹：因为你去香港地区的时候还很小，现在对小的时候住在什么地方还有没有印象？

邓：曹杨新村。

曹：还记得当时生活的环境吗？

邓：我看录像，录像可以看到当时的房间，有一个很长的走廊，走廊上面有钢琴，外婆跟妈妈会在走廊里面弹钢琴，还有一个连着客厅的房间，有个床，有个电视，小小的一个家。一般其他小朋友可能喜欢到外面玩，或者喜欢看电视，但是我小时候的兴趣就是坐在外婆旁边听她唱歌。

曹：所以唱歌是外婆给你启蒙的吗？

邓：是，而且我小时候以模仿外婆的声音为骄傲。我觉得外婆唱歌很好听。

曹：她是从事声乐的吗？

邓：她是小学老师，然后也会有很多比较年长的、退休的太太们来家里，她就教她们声乐。

曹：学音乐其实除了唱歌之外，还要学乐器，比如说钢琴。小时候学钢琴会不会觉得很枯燥？

邓：在我印象里边，我根本没有好好去学钢琴。因为我其实很小就开始学钢琴，三四岁就开始了，我是很喜欢它，但是我不喜欢看谱子练习。所以现在回看，我其实并没有真的很努力地学古典钢琴。我记得我常常跑去跟我的钢琴老师说，"我又弹了段很好听的旋律，我弹给你听。"长大之后发现，原来我那时候是在尝试作曲。我记得五岁的时候写过一个很搞笑的内容，以前可能看电视剧看得有点多，小时候我又喜欢

童年邓紫棋学音乐

美少女战士，我搞不清楚卡通和剧里面的那些古代仙女，就是有个印象。所以我当时写了几句歌词是："在我出生的时候，忘了在天界的开始，明白这一次的开始，不想再记。"

曹： 五岁的孩子就会有这样的思维，那是很奇特。

邓： 是很奇特。我还记得我当时是写下来的，我写的字又很丑，我爸找到那张纸条，他还拿过来问我"你在写什么"，他以为我怎么了，是不是生病？为什么我写天界的开始？

曹： 所以大人会吓一跳，这孩子在想什么东西？

邓： 对。

G.E.M. 邓紫棋出生于音乐世家，从小在家人的耳濡目染下学习唱歌、弹琴，十四岁参加联校歌唱比赛，演唱了由自己作词、作曲的歌曲，并一举夺得冠军。

曹： 你第一次去参加歌唱比赛是带着一种什么样的心情去的？是去玩一下，还是说志在必得？

邓： 是玩一下。就是很喜欢唱歌，我从小学就很喜欢唱歌，结果到初中一年级的时候，学校居然有唱歌比赛这回事，我就觉得我都没参加过，好开心地去参加。

曹： 当你去参加比赛的时候在台上是什么感觉？紧张吗？还是说跟平时在家里唱歌一样非常放松？

邓： 太紧张了，我在台上动都不敢动，双脚钉死在台上那个位置，手肘也钉死在腰间，说什么都不能动，很僵硬。

曹： 很机械？

邓： 对。后来参加过一两次之后，知道有个东西叫"台风"，我回去就练习，我得注意我的台风，下一次去比赛的时候，我在台上在某一个段落起的时候走了一步，就觉得自己有台风。

曹： 台上正好有点风，"台风"。

邓： 我在副歌起的那一瞬间走了那一步，就觉得自己已经做了很多东西了。

曹： 后来签约公司也就意味着可能将来要走职业的道路，你就要放弃学业，所以那时候有没有考虑是选择还是放弃，究竟应该怎么做？还是说一往无前？

邓：我觉得我当时因为才十五六岁，可能太幼稚，太天真了，根本就不知道人生是什么，不知道未来是什么，所以对我来说就只是喜欢。我有个很天真的想法，我到大学还是想去音乐学院，还是想学习音乐，还是想做跟音乐有关的东西，那现在有这个机会，不就是和以后的是一样吗？所以我是这样的，我并没有觉得放弃学业对我来说是多大的一件事。

曹：其实对一个人来说，这是一个特别重要的决定。

邓：对，我觉得如果要是再年长三四岁，那个机会放在我面前，可能我会很纠结，但当时我一点纠结都没有。

曹：所以你现在回想当时做的决定，是不是有点后怕？万一这条路走不通怎么办？

邓：但是我其实觉得是幸运的，我没有这种纠结，因为我觉得人做一件事情，你必须得没有备选计划。

曹：没有退路。

邓：对，你才会真的把你所有的精力都集中在这个事情上，如果你一直想着我这个做不成还可以怎么样，那其实你潜意识里就觉得自己做不成。

2008 年，16 岁的邓紫棋推出首支个人单曲《等一个他》，宣告正式进入演艺圈。同年发行首张音乐 EP《G.E.M.》，并以黑马之姿迅速打开香港地区市场，随即获得十大劲歌金曲"最受欢迎女新人（金奖）""叱咤乐坛生力军女歌手（金奖）"等重量级奖项，当时还未成年的她也刷新了"叱咤乐坛生力军女歌手（金奖）"的最低获奖年龄。

曹：你 2008 年出道不久就做了一张特别受大家欢迎的唱片，甚至最贵的时候卖到 1500 元一张，一个新人，一张处女作的唱片，竟会受到观众和市场这么大的欢迎，是不是觉得有点惊讶？怎么会有这么多人喜欢我的歌？

邓：我觉得挺神奇的。其实我知道那个契机在哪儿，是一个年初的颁奖礼，颁奖典礼之前那张唱片卖的是 58 元，颁奖典礼之后大家知道了我这个人，那张唱片变成了 1500 元，一下子转变很快，我觉得那些买我唱片的人也太惨了吧！我在我们的活动里面见过那些歌迷，我觉得他们都是跟我差不多的年纪，

邓紫棋首张 EP《G.E.M.》

我觉得我们很像的，突然一下子拿一千元出来，一千元对当时的我来说是很多的，我就觉得太惨了吧。我还在网络上面呼吁大家，这个东西原本 58 元，大家不要买。

曹： 自己砸自己的市场？

邓： 我就觉得不行，不可以，太惨了。

曹： 随之而来的就是很多的荣誉，当各种各样的荣誉纷至沓来的时候，作为一个孩子，面对这么多的赞扬声，会有一些恐惧感吗？当你跨出第一步的时候，刚有台风的时候，就受到这么大的欢迎？

邓： 其实我没有觉得恐惧感，因为我是非常后来才知道我当时是怎么个"红"法，因为太年轻了，你不知道自己到底有多"红"，他们对我来说是一群我看不到的人，你看不到，你就不觉得它有多真实，反正对我当时的生活来说，并没有太大的改变。我还是每天跟我爸妈、妹妹在一起生活，每天去录音室练钢琴，就是没有什么太大的交集。所以当时的我，根本就连接不起来，我只看到一个数字，现在多少点击量。

香港地区歌手一直以在红磡体育馆举行个人演唱会作为事业的主要目标之一，2011 年，19 岁的邓紫棋以在该馆举办个唱最年轻女歌手的身份，在这里连唱五场，用人气和实力印证，她作为职业歌手在事业道路上的成功和成熟。

曹： 可能对于香港地区以外的爱乐者来说不是特别清楚，红馆对一个歌手来说意味着什么。所以当时是什么样的契机，让你在那儿能够开演唱会，还连着开五场。

邓： 虽然有时候看回去会觉得 19 岁的我当时就已经站在红馆开演唱会，给一万人唱歌。但是我怎么走到那边？其实也是一步一步走到那里的，它是慢慢在转变，然后走到那里。

曹： 你觉得这种慢慢的转变，你有意识吗？还是说是一个无意识的状态？

邓： 没有意识的，起码对当时的我来说没有意识。我只是每天在做一样的事情，每天弹琴，继续去写歌、唱歌。我当时一个礼拜上好几个不同的课，我也不知道是什么样的东西，我只知道我从 7 岁就去红馆看第一场演唱会，郭富城的演唱会，我现在自己要站进去，就觉得是很兴奋的一件事。但是你说有没有害怕，我觉得潜意识里是有的，因为我记得我在红馆之前开过一个小型的演唱会，在 Star Hall（汇星），那是一个两三千人的演唱会，当时因为那个演唱会，我好几个礼拜都在生病，看了十次医生都没好。

曹：当时在准备这个演唱会的时候，比如说运动、饮食方面，对你有一些什么特别的要求吗？

邓：有。突然让我去打拳了。以前我是一个极其不爱运动的人，学校体能测试跑9分钟，我跑到第3分钟就已经胃痛了，我是体能很差的那种人。所以开始要去健身，接触打拳、有氧运动，天天觉得自己腿酸背痛，醒来好像是被打了一顿的那种感觉。

但也是在那一年，她的外婆因病去世，于是，紫棋在一边迎接自己人生的高光时刻，一边面对音乐启蒙老师渐渐离开的情况下踏上红馆，此时虽然外婆已不在身边，但她还是特意在观众席为外婆留了一个位置。

邓：现在看起来大家可能会觉得外婆是不是指导我的音乐，但是不是，我外婆是指导我整个人的品德。我十几岁的时候有一段时间非常叛逆，天天在骂脏话，我小时候对外婆非常尊敬，但是那时候也会开始发脾气，反正有经历过一段时间，好几年，非常叛逆，外婆会给我写信。

曹：她在信里跟你说点什么？

邓：就说曾经你是怎么怎么样，那封信我现在还收着，外婆手写的，3页纸。里面说外婆也很心痛看到你什么什么，会看到人哭的那种信。她还是给我鼓励，即使我那时候非常叛逆，我当时可能也不觉得自己很叛逆，只是觉得同学全都是这样。

曹：我长大了，我可以有自己的权利、自己的思维来决定我自己要做的事。

邓：对，是这样。但是，你看完之后还是会觉得很愧疚，觉得我不乖。

曹：那次你飞回来看她，外婆是不是特别开心？

邓：那一次我飞回来看她的时候，外婆已经在医院里边了，我到医院，她的床位旁边的时候，她还在睡觉。我记得我把一叠歌词拿出来开始背，背到一半，外婆醒了，她看着我，她是这样的一个表情，呦！你怎么在了？她都不知道我来了，她是一个非常开心的状态，但是她明明就在病床上，其实很虚弱的。

曹：所以你给她注入了一个能量。你好像写过一首歌叫《不存在的存在》，送给外婆的

邓紫棋和外婆

是吗？

邓：对。

曹：当时是什么样的缘起写这样一首歌？

邓：那是后来可能过了一两个月，外婆就离世了，我在上海参加她的丧礼。那一天我舅舅哭得不行，我妈妈哭得不行，外公哭得不行，所有人都哭得不行，我自己本来也很不开心，但是我在那个丧礼里，听着外婆自己唱的一些歌，听着外婆的声音，我看着眼前的那个遗体的时候，我就觉得外婆没有走，因为我觉得那个遗体跟外婆太不像了，我连接不到这个声音和现在面前的这个身体。所以我突然看懂了一件事情，其实死亡并不是终结，它只是换了一种方式跟你一起存在。

2014 年，23 岁的邓紫棋在香港地区已是专辑销量最高的女歌手，但在内地却很少有人知道她的名字，终于在《我是歌手》节目的邀约下，她开始了自己的北上之旅。

曹：当时怎么会接受《我是歌手》的邀约，来参加一个音乐综艺竞技类的节目？

邓：是我妈先看到的，我妈妈看完之后给我听，说唱得太好了，然后我就知道《我是歌手》这个节目。当时我公司给我打了一通电话，就说《我是歌手》邀请我们去，我还觉得，啊？我第一个本能反应是那当然不要去。

曹：为什么？还是因为普通话的问题吗？还是觉得这个平台挺高的？

邓：我当时是觉得你让我去比赛，我已经多少年没比赛了。我就觉得，因为在香港地区，当时我的成绩非常好，我觉得我去参加比赛，万一我不好了呢？我回来不是很丢脸吗？我本能反应就觉得不要去，但是后来，跟我一个很好的朋友打了一通电话，我那个朋友就说你想想，为什么让你做音乐。突然这么一问，我就觉得不可能上天给我声音，给我音乐，是为了让我成绩好，这个东西太个人了。如果我回归到最纯粹，我为什么当歌手，为什么做音乐，就是希望能像我的偶像影响我一样去影响我的歌迷，我应该珍惜每一个可以去发挥的平台，每一次的机会。然后我就打电话给公司说好吧，我们去吧。

曹：来了之后，看到这么多在音乐上都非常有成就的歌手，大家同台竞技是什么样的感觉？是不是会觉得大家都是音乐上的高手，互相的比拼，其实并不在于纯粹的竞技，而是在于彼此之间可以得到很多灵感？

邓：我并没有想得这么深奥，纯粹是我来的时候，觉得我自己是谁啊，我就是一个小妹妹，我就是一个没什么人认识的后辈。我在幻想自己至少可以唱多少首歌。我就想我第二集如果不被淘汰，我极有可能在第四集被淘汰，如果第四集会被淘汰，我还有一场返场，还有最终的表演，所以我总共会唱六首歌，我先把这六首歌搞定，我就是抱着这么一种心态来的。

曹：上海人叫"倒轧账"，就是倒数，就是你写过的那个歌《倒数》。

邓：我就反过来想，我一定要把这六首歌做好，因为我在这个舞台上极有可能只会唱六首歌。我根本就没紧张，因为我根本就不觉得要赢，根本就没想过要赢。

曹：所以那种状态是最轻松的，就是，不受名利得失的影响，纯粹就是借这个舞台来抒发自己对音乐的感想，对生活的感受。

邓：对。而且我还记得当时《我是歌手》我的那一组的导演，他每次问我现在会不会紧张，我全部都说不会，你想要拿第几名，第几名都可以，全部都是这种。他就是一脸狐疑，我不是想要你回答这个，能不能有点竞争力？当时不管怎么样我都是一个很淡定的状态。你说我会不会紧张，我还是有紧张的点的，每一次我上去，站在那个舞台上面，有几下心跳的音效，倒数的那几秒钟，我每次都很紧张。但是我紧张的点，是怕我会唱得不好，我觉得我即将要唱这首歌了，我希望我可以唱得好，是那种紧张感。但是我从来没有想过我会拿第几名。

曹：你在《歌手》当中安排的那些歌都是被大家所津津乐道的，比如你第一场的第一首就是唱你自己的歌曲。

邓：《泡沫》是导演组安排的。

曹：不是自己的想法？

邓：我本来想唱《A.I.N.Y 爱你》，后来导演组那边反馈说《泡沫》这首歌很好，要不要试试看呢？人家比我有经验，我就说好的。

在《我是歌手》的舞台上，G.E.M. 邓紫棋首次亮相时演唱了由自己作词、作曲，讲述自己恋爱故事的《泡沫》，随着节目播出，她一炮而红，顺利进入内地市场，自此，这个年纪轻轻、身材瘦小的"铁肺公主"再一次用歌唱的实力和原创的音乐给观众们留下了深刻的印象。

曹：有没有想到这首歌唱了之后，引起这么大的反响？

邓：没有，这个绝对没有。因为我还记得我当时写这首歌的时候，我是战战兢兢地拿着小样去给我当时的音乐制作人听，我心想他肯定觉得我又写这种超级无敌慢的歌，我觉得他应该会不喜欢吧。但是我还是写了，为什么？因为这首歌是我当时自己感情上很挫折的一段经历，所以我写了。写完了，我只是想要找个抒发的出口，写了还不敢发的那种。

曹： 但是这首歌确实是吸睛能量特别强，一炮而红其实就是"泡沫"，虽然泡沫碎了，但是你的音乐却被大家记住。

在接下来为期十三周的比赛中，邓紫棋屡次颠覆《存在》《你把我灌醉》《龙卷风》《如果没有你》等诸首经典歌曲的演绎，用全新的理解、独到的方式来多方位地展现自己的歌唱素质，并且在与韩磊、韦唯、张宇、张杰等实力歌手的较量下，数度登上观众投票第一的宝座。

曹： 实翻唱对一个歌手来说，也是一个很大的考验，你怎么去寻找一个新的突破，能够唱出一些自己的风格？

邓： 其实我觉得翻唱的这些思维，真的是《我是歌手》整个赛程给我慢慢训练出来的，以前我对于翻唱，我可能就是好像进去 KTV 里面唱一遍，就只是自己唱法上面有什么改动。但是因为上了《我是歌手》这个节目，反而让我开始有了新的思维，什么叫作邓紫棋的版本，我会怎么样去做这个改编。无论是我声音上面或者唱法上面的一些改动，还是编曲上面的改动，我现在想要呈现的是什么想法。这些思维我以前都没有，我以前搞不清楚改编和翻唱的区别。

邓紫棋在《我是歌手》

曹： 通常你的改编，呈现出的邓紫棋版，你希望它有什么样的共同的特征？

邓： 比方说通常我会改编成比较钢琴的版本，就是钢琴作为主要的脊椎。因为我觉得自己弹钢琴，比弹吉他要厉害太多了，不是厉害，是自然太多了。弹吉他，我还是会很紧张地看着自己的手。然后我觉得心境会很不一样，比方说我在《我是歌手》第二期，我唱的《存在》是汪峰老师的歌，他唱的《存在》可能是我已经经历过什么之后，我回头看为什么存在。但是我当时的诠释版本是我满腔热血进来，我告诉你为什么我要这样存在，对于同一篇歌词的态度很不一样。

曹：你的演唱被大家所认可的，就是"铁肺"，好像嗓子是永远唱不坏的。所以整个过程当中，除了准备音乐之外，做过一些什么样别的调整，让自己的状态能够维持特别长的时间？

邓：就是什么都不做，其他东西都不做。

曹：就专心做这一件事？

邓：每天都在家里跑步、练歌，每个礼拜再飞回长沙，好像在学校里面，什么其他东西都不做，非常专注。其实我觉得还是对的，而且不只是在《我是歌手》，可能在人生的不同阶段或者不同领域，有时候都会这样想。首先你要知道你自己的极限是什么，你的集中力、你的精力、你的能力都是有限的。那么你现在如何分配它？太多事情在搞的时候，你就注定没有一件事情搞得特好。

曹：通过《我是歌手》，大家都认识了你，而且特别喜欢你，当你发现自己被大家所接受，被大家所追捧，自己心态上跟以前比有一些什么样特别大的变化？

邓：本来是没有的，后来才慢慢开始有。像我一开始说的，我在香港地区红的时候，我也没觉得我的生活有多大变化，我还是每天练歌、写歌，做我的事，跟身边的人去生活，谈恋爱，是非常个人的。因为我觉得歌手，尤其是你创作，或者是你表演，你只是在表演的那一刻表演，其他时间都是在生活，你必须生活才会有灵感，不生活就没有灵感。我觉得红不红、支持不支持，那种东西其实并没有太影响到我真实的生活。直到后来开始有不同的人骂我，开始面对更多的网络暴力的时候，我觉得我的心态是有变的，很多以前敢去做的事情，或者敢于表达的东西，我开始觉得没必要，还是少惹麻烦，就会变成这样。

　　伴随着走红，负面效应也如影随形：私人生活被挤压、事业上的挫折被无限放大。对于邓紫棋来说，2015年因演唱曲目问题与《我是歌手》节目组发生误会和2019年与原经纪公司的解约，都成为了被关注的焦点。

曹：你刚才说了一点非常重要，我发现很多艺术家或者年轻人火了之后，就会脱离原来的生活，原来提供灵感的土壤不见了。你有没有有意识地，比如说就是戴一个口罩，做一些修饰，跑到一个比较热闹的地方，我该怎么做还是怎么做？

邓：我是这样的。我还记得我在香港地区刚出道不久的时候，我还戴着眼镜，而且我的眼镜经常被我身边的人吐槽很土，扁的那种近视眼镜，去逛书店的时候被认出来，问我可不可以拍张照，我没化妆，戴着眼镜，我说"好呀"。我后来就再也不愿意拍这种照片，是因为拍了之后，那个人很开心，发到网上去，然后一群人骂我，怎么长得这么丑。开始不自信，被骂出来的。

曹： 从生活当中学会很多，上了很多课吗？

邓： 但是我觉得，如果有机会，如果你心理足够强大，你还是应该继续去生活，你不应该被别人骂到不敢去生活，这样不行。太多人不化妆，走到大街上，为什么人家可以，你作为一个明星就不可以了？但是这只是一个大道理，你能不能做到，就看你的心理现在在什么样的状态。我只能说我还做不到，我还记得有一次去广州开演唱会，又是犯了同样一个错误，我非常内疚。我跑去游泳，游泳肯定是没化妆，我以为我戴着游泳镜。

曹： 人家认不出来？

邓： 对，我以为人家认不出来。结果我游完之后，有个粉丝站在门口就说"紫棋，可不可以给我签个名？"他都已经不说拍照了，人家只想签个名。我当时戴着游泳帽，眼睛红了两个框，我又觉得自己很丑。我没理他，我就让他以为他认错人，就跑了。后来我极其自责，觉得他只是太兴奋，我可以跟他多说两句，不好意思，我现在没化妆，不方便拍，我穿着泳衣，滴着水等等，说两句总比一句话都不说就走了好。但是当下，我真的就是不自信，就走出来了。

曹： 你刚才说了，其实这些年虽然事业总体来讲是顺风顺水，但其实也会遭遇到一些挫折或者困难，你其实在事业的过程当中也经历过两次生逢绝境的时候，比如说解约的事件，比如说换歌的事件。所以对于一个刚刚涉世不深的年轻人来说，那种冲击会很大。当事件过后，现在回过头去看，是不是会觉得其实经历这个事件，对你来说也是一种成长？

邓： 我觉得我是感谢这些事情的发生，因为它让我保持清醒。我觉得如果上天不给我一些考验，有些事情我不会想得这么清楚。

在2015年《我是歌手》巅峰会的舞台上，就邓紫棋是否配合导演组演唱指定曲目，还是表演自己原创曲目的问题上，双方发生误会，随即导致不明真相网友的误解，再加之部分媒体炒作，最终演变成为铺天盖地的"G.E.M. 邓紫棋耍大牌"新闻，这个曾被屡屡夸赞的小姑娘，又瞬间被重重质疑重重打击，她甚至一度情绪低落到七天躲在房间里不敢出门。

曹： 在那些事件发生的时候，会不会有点沮丧？

邓：简直是太沮丧了，不是有点沮丧。

曹：超出你的想象范围？

邓：对。第一次感受到什么叫 7 天不出门，7 天以泪洗面，一直打电话给别人，无论是打电话给我当时的团队伙伴，或者是打电话给我的朋友，每个人接到我的电话，我都在哭，太惨了。因为我觉得好委屈，为什么大家都看不到真相，我觉得我是一个极其真心的人，对每个人都很诚恳，如果做错了，我会坦诚地去承认，但是我觉得我并没有错，为什么你们看不到？我以前在另外一个访问里面就说过，我当时其实是想是不是要去写封遗信，这样你们才会相信我？

曹：有那么极端的想法？

邓：非常极端的想法。因为我觉得我要让他们愧疚，我希望他们愧疚，为什么你们要这样去误解一个人？而且你们都不知道发生什么事，你们居然可以这么反应激烈。

曹：你大概花了多长时间走出这样的魔怔？

邓：一个礼拜，几天。看了一部电影叫《受难曲》，那个电影，如果你看过，那个画面是血淋淋的那种。真的，我看着都觉得痛。我觉得他流这么多血，都还能复活，我现在算什么。然后我就写了《新的心跳》那首歌。

最终邓紫棋把自己在生活中和事业中的感受和体会，都转变成了她笔下的一首首作品，那些曾经打击她的一个个箭头，都磨砺了她的盾牌，铸就了她坚强的武器。出道 13 年，发行 11 张专辑，她担任了几乎所有自己原唱歌曲的词、曲创作，将自己的故事和感受统统记录成音乐，与更多处在相同心境下的听众分享。作为歌手，邓紫棋也一直在思考自己和听众的关系，她希望自己能以音乐为媒介，不但为人们的生活带来丰富多彩的旋律，也能用自己的歌曲传递更多正面、积极和有意义的能量。2020年疫情期间，邓紫棋写下歌曲《平凡天使》，一人作词、作曲、弹奏、演唱、录制并剪辑 MV，用自己的音乐和每个处在隔离、封闭、低落状态中的人们交流，并歌颂在黑暗时期仍在闪烁着的每一点点爱的光亮。

邓：因为我看到很多新闻，我自己被感动了，我被那些新闻的片段所感动了。

曹：抗疫的片段。

邓：对。无论是那些医护人员，还是一些平民，比方说火车上面的一个小伙子，他看到一个老人没有口罩，就把自己的口罩给了她。或者是一对平民母女，一起到车站去送洗衣液，帮他们打扫。就是这种很平凡，但是让我觉得很感人的事情，我只是想要大家看到这些，很纯粹地觉得世间有爱。所以我写了这首歌，然后剪辑了一个 MV。

2019 年，邓紫棋成立个人工作室，除歌手，词、曲作者的身份外，她还担任了专辑制作人和公司老板，正式宣告独立。常说"三十而立"，2021 年迎来而立之年的她，早已羽翼丰满地在自己的音乐天空中尽情翱翔。

邓：其实我觉得很神奇的一点就是，虽然我已经到了以前小时候觉得很成熟的年龄了，我都快要 30 岁了，但是我感觉我自己还是跟当时十几岁的时候差不多。可能你有一些知识上的长进，思维上的长进，但是我觉得心态还是像十几岁一样。对于我之后的人生要怎么规划？没有规划，随遇而安，我反而觉得人生就是每天过好自己的生活。首先一点，再多的规划都肯定会变，第二点，我曾经看过一个访问，里边的那个人说很多人都想着明天、明天、明天，所以忘了今天。

曹：这个非常好，谢谢紫棋，真是没想到你小小年纪，已对生活、音乐都有很深的感悟，所以难怪你的歌能够获得这么大的成功。

曹可凡与邓紫棋

足球追梦人——武磊专访

眼睛不大，身材精瘦，这个总带着一脸笑容，看起来极其普通的小子，在足球场上却充满了灵气，他就是武磊。很多人都认为他靠的是"天分"，但他对于踢足球有着自己的思考。在上海崇明根宝基地，小时候的武磊并不被多数人看好，但在徐指导的大胆启用下，他不负众望，表现出非凡的足球天赋。如今，武磊已一跃成为西甲球员，接受先进足球理念，球艺大进。短暂的归国日子，武磊参加了《可凡倾听》节目录制，聊聊那个球场之外的自己。

武磊在录制现场

曹： 我知道你其实对很多的中国的水果有一点特殊的感情，因为有一些水果是国外没有的，我们今天给你准备了，看看。

武： 杨梅，杨梅我喜欢，对。

曹： 所以这个，我们可以先尝两个，好不好？

武： 好。

曹： 访谈前先尝两个。

武： 这个好。

曹： 是不是杨梅是最喜欢的？

武： 对，因为每年就基本上这个时候回来，回来之后正好杨梅上市了。

2019 年 1 月 28 日，武磊正式从上海上港转会到当时的西甲西班牙人队，身披 24 号球衣，开启了他在欧洲的旅居生活。

曹： 你现在在西班牙踢球，基本上是住在巴塞罗那。其实巴塞罗那从城市来讲，它的

武磊与他的 24 号球衣

建筑和艺术氛围，跟上海还是有点接近的。

武：对。

曹：所以在那个地方，是不是也常常会想家，尤其是疫情，你很长一段时间没有回来了。

武：现在这个年龄想家也不会像小时候那样，最主要是现在自己也成家了，我老婆还有孩子们都在那里陪着我，所以现在这方面会好一点。

曹：你在西班牙最想念国内什么样的好吃的东西？

武：其实我对食物真的没什么特别的讲究，因为从小也是跟着球队，全中国各地都去比赛，所以什么样的菜都能够适应，到国外去，西班牙的菜也挺好吃。

曹：西班牙很有名的海鲜炒饭 paella（西班牙海鲜饭），你能够接受吗？

武：可以，还有火腿，火腿我也很喜欢。

曹：因为疫情的关系，你在西班牙待了很长一段时间，这次回来参加世界杯预选赛亚洲区 40 强的比赛。总体上是一个什么样的感觉？

武：我是非常兴奋的，一年半，整整一年半，因为疫情没有回来。所以回来之后，自己内心就很兴奋，看到队友，他们进入了国家队这个团队之后，给我有一种很亲切的感觉，相比以往可能更加有归属感一点。

曹：这次回来，跟队友们的这种合作，跟过去相比有一些什么样的长足的进步？

武：我觉得回来最明显的感受就是，整个球队的氛围，比以往更加团结，更加有凝聚力。

曹：西甲是全世界足球水平最高的一个区域之一，作为一个运动员，在那样一个环境当中，得到最大的一种成长是什么？

武：我觉得就是自信心更强了，因为去到那里之后，确实那里的氛围和足球的文化，国内还是和他们有很大差距。特别是去了之后，这种训练的节奏、比赛的节奏，我觉得在那样的一种环境下，经过两年多的时间，回来之后，我感觉自己自信心这方面确实是比之前又要强了很多。

曹：你觉得西甲的比较先进的足球理念，主要体现在哪些方面？

武：主要就是节奏很快，不仅仅是比赛，平时训练当中的节奏都很快。也不光是我们成年的队伍，六七岁的小朋友开始，就是一直是这种节奏。

曹：因为我那会儿在阿根廷和巴西采访，尤其我去里约热内卢，发现海边的孩子，无论男孩女孩，足球在他们的脚底下就跟玩似的，尤其女孩颠球可以颠100多个。是不是你觉得足球在这些区域的人民当中，实际上就是他们血液的一部分？

武：对，他们真的是发自内心地热爱，不仅是球员，所有的老百姓也是，他们是真的热爱这个运动，热爱这个项目。其实就像您刚才说的，巴西、阿根廷，其实在西班牙也一样，大街上，水泥地上，任何地方你都能看见有人在踢球。

　　武磊在近期比赛中状态出色，很大程度上得益于他最近两个赛季先后在西甲、西乙联赛的历练，继续努力学习是武磊不变的目标。

曹：你刚到西甲的时候，还是一个新手，所以你进了这个俱乐部以后，第一你是个中国人，语言不通。进入队里，是一种什么样的感觉？

武：确实语言是个大问题，包括自己也没有出去踢过球，不知道真正的国外的水平到底是怎么样的，其实自己心里也没底，所以做了很多困难的准备。

曹：当时你准备得最多的是什么？

武：准备得最多的可能就是比赛踢不了，或者训练可能跟不上节奏，就没有比赛的机会，这个是做得最困难的一个准备。

曹：到了这个队里之后，可能语言的交流还有一点困难，可能要借助翻译来进行彼此的沟通。所以你从感觉上来说，无论是教练，还是俱乐部的管理者，包括你的队友，是一种什么样的眼神看你？

武：他们首先是对我非常好奇，因为他们对中国可能也不是特别了解。

曹：对。

武：但从我来说，我自己告诉自己，从第一堂训练课开始，就一定要表现出水平，因为第一印象非常重要。

曹：你还记得第一堂训练课是一个什么样的情形？

武：第一堂训练课我觉得自己表现得还是可以的。其实我去了以后，第一场比赛就替补上场了，也给球队带来一些帮助。我觉得大家可能看到我的能力，随着时间的推移，

武磊西甲首秀

他们可能对我的信任也越来越强。

曹： 其实你没过多久，就进入他们的首发阵容，可能对于这个球队来说，这种情况也相当罕见。

武： 对，确实我自己也没有想到。我的队友在第三场比赛他就受伤了，我上去之后表现还可以。可能还有一个重要的原因就是，因为在亚洲杯的时候，我这个肩膀摔了之后，在那个时候要决定是否马上手术，但是因为我已经决定要去西班牙踢球了，所以当时我是做了一个决定，先暂时不手术，等到这个赛季结束之后再手术。因为如果说马上就手术，可能这半个赛季基本上就没有了，所以我觉得自己做的这个决定还是比较正确的。

曹： 西班牙有很多世界级的超级球星，在这些球星当中，从个人的喜好上来说，你更偏向哪一位？有没有机会跟他们私下，或者场上进行切磋？

武： 最大牌的肯定是里奥·梅西。

曹： 对。

武： 对，肯定是梅西。在 2008 年的时候，阿根廷国奥来上海打奥运会，我是作为他们的陪练，等于说内部的训练练了一堂课。11 年之后，跟他变成了对手，我觉得一路以来是对我这么多年努力的一个比较好的回报。

曹： 在场上跟梅西这样的超级球星对抗或者过招，是一种什么样的感觉？

武： 原来都是在电视里，包括游戏里玩的。真的是到了现场之后，感觉更加直观了，确实是比电视上看要更加出色一些。

曹： 在这种近距离的接触和对抗中，你对梅西有一些什么样的新的认识？

武： 首先他天赋真是太好了。他能在球队打不开局面的情况下，完全靠自己个人的能力，去改变整个比赛。

曹： 在场下，你们有机会私下交流吗？

武磊、梅西

武： 没有，因为我们和巴塞罗那是德比的对手，德比的对手。

曹： 实际上当一个球员进入一个新的群体中，如何去适应新的生活，特别是适应球队的文化，实际上对一个新来的球员来说，是一个特别大的挑战。所以你刚进入皇家西班牙人足球俱乐部，你觉得这个球队的文化跟其他球队，特别是像皇家马德里这种西班牙最有名的球队，它的文化的不同在什么地方？

武：可能和大俱乐部还是有很多不一样的地方，因为西班牙人相对来说可能算是比较中等，或者说比较小规模的俱乐部。那么其实从我们俱乐部来说，整个球队非常重视青训，非常重视青训球员的培养，每年都会有非常多的小球员，能够上升到一线队里。包括球队里的，更衣室里的文化，我去了之后也是给我印象非常深，感触非常深。就是和我之前在上港的时候其实是感觉差不多的，大家都非常的团结，因为很多都是从小的时候一起上来，到一线队里。

在到巴塞罗那生活了四个月之后，武磊决定以周记的方式与球迷们分享自己在欧洲的旅居生活，包含了他留洋生活的点点滴滴。在周记里，我们看到了一个球场之外的武磊，一个形象更丰富、更立体的武磊。

曹：当时是什么样的起心动念，希望用文字的方式，以"周记"的形式来跟大家进行交流？

武：其实主要还是因为大家对我特别关心，但是我觉得可能大家更多地看到的是我在训练场上和比赛场上的一些东西，所以我也是想把平时生活，包括在那里看到的一些和球场上看不到的事情和大家分享。另外一方面，也是给自己一个回忆，将来以后再回过头来看这些事情，可能还会有不一样的感觉。

曹：我想适应当地的生活，第一步就是语言，西班牙语在欧洲语言当中，也不是那么容易学的，所以在学习语言的过程当中，你有些什么样的窍门，能够让自己迅速地，掌握这门语言？

武：语言其实对我来说还是挺难的，因为拉丁语系和我们中文是完全不一样，刚开始需要翻译来帮助我，现在其实在球场上，教练包括队友，足球方面的这些术语和话语，其实我完全能够处理，差不多能够听懂，平时生活可能，词汇量还稍微差一点。

曹：因为你在那生活，等于是全家都搬过去了，太太、两个孩子。两个孩子多大？

武：一个 6 岁，一个 4 岁。

曹：所以你通常每天的生活安排是什么样的？

武：其实我还挺享受这样的生活的，因为在国外可能事情更加少一些。

曹：就更加纯粹、简单。

武：对，能有更多的时间陪伴家人，而且我也是比较喜欢这样的生活方式。

武磊一家四口

曹： 就是你每天早上都要自己送孩子。

武： 对，每天早上送完孩子之后再去训练。

曹： 是两个一块儿送吗？

武： 对，两个在一起。

曹： 一般你要几点起床，给他们准备早饭？早饭也是你准备吗？

武： 早饭我老婆做，做好早饭大概8点，8点起床，给他们送到学校之后，我就直接去基地训练了。训练完之后，下午只要我在家，肯定是我去接的。

曹： 然后那顿晚饭谁做，是你做还是老婆做？

武： 老婆做，我完全不会。

曹： 所以在那这种比较简单的生活状态里，自己会想得更多的是什么？

武： 能更多地陪伴家人。

曹： 通常一般每天队里边的训练要多久？

武： 训练一般就是上午，上午训练完之后，中午在球队吃完饭，基本上下午就没什么事情了。

曹： 其实他们跟我们想象当中的运动员的训练有点不一样，我们通常会有一个比较刻板的印象，好像足球运动员从早到晚都在训练，是吧？

武： 对。其实就相当于一个工作一样，就是上午去上班，上完班了之后回到家里休息。

曹： 那通常你下午或晚上会做点什么呢？

武： 下午有的时候会睡个午觉，睡好午觉之后，孩子这边也差不多放学了。

曹： 平时比赛的节奏是不是很快？

武： 其实一样，比赛节奏一样。在那边其实比国内更轻松，因为路途各方面也会短一些，我们国家太大了，那时候打个客场飞机可能两三个小时。但是那边基本上四十分钟、一个小时，可能有的时候比完赛，当天就能回到家里。

曹： 那你通常跟自己的队员，有些什么样的互动和交流？

武： 带他们去吃吃中餐什么的。

曹： 巴塞罗那的中餐也不错。

武： 对，什么都有。

武磊的"周记"里，还记录了一段非常特别的时光，在西班牙期间，武磊和他的家人先后确诊感染了新冠病毒，这样一段日子，对于武磊来说意味着什么？

曹：当时是一个什么样的状况？你是属于轻症还是重症，还是别的什么样的状况？

武：我觉得有那么一两天，其实自己身体的状况还是比较难受的。

曹：主要是体现在什么，呼吸有困难？

武：主要是发烧和头痛，可能有两天的时间吧。

曹：太太跟孩子也都得了吗？

武：对。

曹：那当时采用了一个什么样的治疗方式？

武：当时因为刚刚发现疫情，其实欧洲对这个病也不是特别了解，基本上也不让在医院里住，哪怕确诊了也是回到自己家里。

曹：那有一些治疗的手段吗？比如说服药，或者是吸氧？

武：没有。

曹：就硬挺着？

武：对。

曹：没有给你开任何药？

武：没有。

曹：那你太太或者两个孩子，有没有出现这种发烧，或者呼吸有困难的症状？

武：两个小朋友症状稍微轻一点，基本上没有什么症状，大人可能严重。

曹：所以当时你在西班牙，根据周围的情况，你是怎么来看疫情？因为当时国内已经是非常严重了。

武：对，当时我感觉可能对西班牙来说情况还是比较严峻的，其实当时我已经被确诊了，但是医院里的护士、医生跟我说话的时候完全不戴口罩。所以就这个举动给我感觉，他们可能思想上就不是特别重视。

曹：这种不太舒服的时间持续几天？

武：两天左右。

曹：那基本上还是属于轻症。

武：对。

曹：当你确诊之后，你们全家出去都戴口罩吗？

武：戴，那时候我爸妈也在西班牙。

曹：也都在西班牙？

武：对，因为正好过年的时候。过来是想一起在西班牙过年的，他们也确诊了。

曹：他们也都确诊了？

武：对，可能我爸妈稍微严重一些，因为毕竟老年人，可能抵抗力确实要稍微差一点。

在武磊的足球生涯中，有两位主角，一位是徐根宝教练，另一位就是武磊的父亲。2003年年底，武磊和父亲带着李红兵的一封推荐信来到了上海崇明根宝基地，开启了他与足球的不解之缘。

曹：我发现你跟小的时候比一点没变，我印象当中还是你刚到上海，十二三岁的模样。你还记得那会儿到上海来，刚来的时候，花了多少时间来适应球队，适应基地，适应上海这座城市？

武：刚来的时候，第一年其实都挺想家的，因为毕竟那时候还挺小的，一个人到外地来，所以基本上第一年的时间都是在适应的这个过程中。最主要是想家，其他的也没什么。

曹：你爸爸当年是特别支持你搞足球的，是吧？

武：可能看我从小就比较喜欢吧，从小就特别喜欢，他确实也非常辛苦。我觉得可能从小，跟我同龄的人都喜欢看动画片，但是我从来不看动画片，就是体育频道，就是看球。从小这种熏陶吧，可能是，因为我爸爸比较喜欢看球，我就跟着他看。自己也喜欢模仿电视里的动作，什么凌空倒钩什么的，小的时候在水泥地也不怕疼。

童年武磊爱上踢足球

曹：其实你小的时候学习成绩是不错的。

武：对。

曹：按照正常的升学完全是没有问题的。

武：对。

曹：那既然决定要做足球这个项目，其实你跟其他的学生，你要走的那种路就不一样。而且体育这条路很容易

226

在半道上夭折，所以这个实际上是一个高风险的选择。当时是你自己非常坚定地要走这条路，还是爸爸认定这条路可能更适合你？

武磊和爸爸

武：我觉得两方面因素都有吧，首先我自己非常坚定，也非常喜欢，我爸爸可能也看出来我确实想走足球这条路，所以也给他了信心，就互相的一个信心吧。

曹：后来把你送到徐根宝教练的崇明基地，其实也是一个挺大胆的人生的选择，这个选择是爸爸给你做的吗？

武：应该是的，因为当时我也不是特别了解，因为太小了，也没有这种概念。我就是想踢球，那里踢球氛围好、环境好，我就可以了。

曹：所以后来你爸爸有没有跟你说过，当时为什么会做这样一个决定，离开自己的家乡，跑到上海来？

武：因为当时第一个，可能南京足球的氛围没有上海那么好；第二个，当时我个子确实太矮了，太小了，小的时候，可能南京那些教练，觉得我身体比不过同年龄的人。

曹：其实你小的时候从身体素质上来说，并没有被大家看出你有多少优势。

武：对，可能还是劣势，都是劣势，因为实在太矮了。到了徐指导那里之后，徐指导给了我很多的机会，一直培养我。

曹：你当时有什么志向吗？就是我希望将来成为什么样的运动员？也许你当时没有想到，可能会去欧洲踢球，是吧？但是心里边会有一个目标，就是我将来会成为一个什么样的人。

武：希望成为国家队的球员，这个就是因为小的时候看国家队的比赛，那种感觉是完全不一样的。

曹：你还记得第一次见到徐指导是一个什么样的情形吗？

武：小的时候其实徐指导带我们还是比较少的，因为这个基地的开销也是非常大的，他在外面还要当教练，拿着当教练的钱再来补贴我们所有人。到了后期，2005、2006年的时候，可能就直接带我们带得比较多了。

曹：你眼中的徐指导，是一个什么样的人？

武：非常严厉，但是现在和他当我们教练的时候，感觉就不一样了。

武磊与徐根宝在异国他乡的碰面

曹： 那会儿他会打你们吗？

武： 特严厉，特别抓细节，有的时候一个踢球的动作，一个传球的动作没有做到位，就反复地练，反复地说。

曹： 你还记不记得他骂你最厉害的一次是什么？

武： 我记得有一次徐指导说我之后我哭了，因为那个时候再过几天可能国少队就要集训了。但是我也记不清哪里有点受伤，就很疼，那几天训练就没有练。徐指导就说，这点小伤有什么关系？没有关系，坚持！后来我就觉得挺委屈的，确实很疼。

曹： 你觉得在当时的那波孩子当中，你属于是被徐指导特别宠爱的那种，还是说其实跟其他的孩子是差不多的？

武： 我觉得还是有一些不一样吧。

曹： 你觉得不一样体现在什么地方？

武： 就像我刚才说的，虽然我个子很小，年龄也比他们要小一些，但是徐指导会一直给我机会比赛。

曹： 徐指导当时第一次看到你的时候，就觉得你是有这个天赋的，踢球的天赋。

武： 我觉得徐指导可能不是说把我跟同龄的球员去用同样的标准看待，因为我和同龄的队友相比，首先身体、力量肯定在当时是比他们要差的，所以徐指导没有把我跟他们用同样的标准，可能更多的是看我怎么去解决这样的问题。因为小的时候确实身体各方面比较小，可能我就会去想办法，怎么样去弥补身体上的这些劣势，可能徐指导看出我这方面意识比较好。

曹： 那你在徐指导那学习踢球的时候，你觉得自己是一个什么样的孩子？是不是就说，你特别能够敏锐地捕捉到一些信息，让你的足球的技艺能够在比较短的时间里边，有一个比较大幅度的飞跃？

武： 我觉得还是跟徐指导有很大的关系，因为到了后期，其实每天的训练徐指导都会在球场上，所以就反复地这样强调，反复叮嘱，包括看录像，对我们整个这批球员来说，其实都灌输了很强的概念。

曹： 其实每个人的学习悟性，中国人讲两种，一种就是顿悟，就是一上场，或者一上手，有的人就能够悟到其中的真谛是什么，但这种人相对来说比较少。大多数人是要渐悟，是需要在不断的练习，不断的实践当中，慢慢去悟出其中的道理。你觉得自己是属于哪一种？是说话顿悟，还是渐悟的那种？

武： 应该是属于顿悟的。

曹： 所以你就是比较快能够捕捉到这个关键的信息，是吧？

武： 对，是。

曹： 所以平时你们小朋友之间，会有一些什么样的交流？其他同学是不是也会比较羡慕，觉得武磊学什么东西都比较快？

武： 确实也会有这样的想法，因为我本身就个子比较矮，年龄也比较小，加上徐指导又给我的机会比较多，所以队友确实也会有一些羡慕。

曹： 会有点羡慕忌妒恨，这机会怎么都给这个条件看起来不怎么行的武磊？

武： 所以我也是非常感谢徐指导，因为他其实也有很大的压力。

在崇明根宝基地，有很多低收入家庭的好苗子，徐根宝教练就会想办法给大家认"干亲"。他为武磊选择的是著名画家程十发。

曹： 你还有记忆吗，第一次见到程爷爷是一个什么样的情形？

武： 还是有印象的，第一次去，还吃了中饭。那时候他还在画画，但是身体其实已经有点，画画的时候会有一些疲惫。

曹： 那时候他身体状况已经不是很好。

武： 对，画画可能画一段时间就要休息一会儿，我有的时候就会在旁边看着他画。

曹： 你看他画。

武： 对，看他画。

曹： 他画画的时候会跟你说什么吗？

武： 就是专心地画画。

曹： 他是一个球迷，特别喜欢看球，所以他会跟你聊点什么吗？

武： 聊得其实不是特别多，但是我记得他看到我之后，可能就觉得我长相比较厚道，这个是我印

程十发和徐根宝崇明基地弟子的合影，正中间的是武磊

象比较深的。说得最多的就是要感恩吧。包括徐指导也是，教给我们最多的就是要感恩。

曹： 我记得你那时候是每周都去的，是吧？

武： 两周，两周去一次。

曹： 两周去一次？

武： 嗯。

曹： 通常是什么时候去，什么时候回呢？

武： 周五。

曹： 周五去，然后呢？

武： 周日回。

曹： 等于是在那住两天。

武： 对，住两天。我干妈有的时候会带我去逛逛街，买衣服，买鞋子。

曹： 对，我有印象，那时候你干妈给你打扮得可漂亮了。

职业生涯、专业比赛多年，武磊也听到过很多不同的声音传来。这些会不会给他造成压力？他是怎么去化解这些非议的？

曹： 再好的球员，可能在某一场比赛，某一个比赛当中的某一个节点，他表现得不如观众所想象的那么好，也许就会有一些不同的看法。所以你个人怎么看待动力和压力？

武： 其实一路以来都是有很多的质疑，包括从最小的时候，徐指导为什么用我，明明比别的小朋友小，这个就是一个质疑和压力。到了成年之后，从中甲到中超，其实都有很多质疑的声音。包括在国家队，有的时候表现得不好，都有很多的质疑。但是我觉得，自己现在已经能够很好地去面对了。

曹： 你的成长过程中，有没有特别困难的时候？觉得这个坎几乎就是过不去了，但是最后还是跨过去了。

武： 我觉得比较重要的可能是在2012年的时候，那时候我们还在中甲，但是因为球队确实也是资金各方面比较缺少，所以徐指导也卖了很多的球员。那一年，如果说我们再没有冲上中超的话，可能我们这批球员就要各自分散，去别的俱乐部了。所以那一年是非常困难的，但是我们几个留在球队的人，都非常争气，在那一年冲上了中超，我觉得这个是非常重要的。

曹：那时候比赛，心里会不会特别有压力？

武：在那个时候大家更多的是有动力，就是一定要完成。大家也相信，虽然说可能外界不是非常看好我们，但是我们自己内部，每一个人还是非常有信心的。

曹：其实中国的足球的体制，跟欧美，包括南美洲，它是不太一样的。中国完全是一个全职业化的，踢球的就是踢球，不会做其他的事。其实你看欧洲也好，南美也好，很多球员，其实他们本身会做其他的工作。但中国的球员相对来说是比较单一的。

武：我觉得其实还是有相似的地方，因为走到职业球员这一步，不管是我们国内也好，还是欧美也好，大家首先都是把足球当个职业。但是可能是因为欧洲或者美洲踢球的人太多了，竞争太激烈了。有很多职业球员，可能踢两三年之后，就被年轻球员给顶下来了。

曹：替代。

武：对，替代之后可能就没有工作。其实在西班牙有很多，可能开出租车，可能学建筑，他以前其实都是职业球员，退役了之后去学各种各样不同的专业，其实有很多。

曹：你平时除了踢球以外，有什么样的爱好？

武：我的爱好基本上都是跟体育有关系。

曹：你平时有没有兴趣，比如说看看电视剧，看看电影之类的。

武：有小孩了之后就看得比较少了，更多的时间还是陪伴家人。

曹：以前你看过哪些电影电视剧，你是很喜欢的？

武：最近看的是《编辑部的故事》。

曹：你怎么会看《编辑部的故事》呢？是哪一年，1992 年？

武：对。

曹：跟你差不多岁数。

武：就看见网上说很经典，里边台词什么的都很经典，然后就回过头去看。

曹：而且这个是一个完全北京风味的电视剧，跟咱们南方的味道还不太一样。里边你最喜欢哪个片段？

武：就每个片段其实都挺有意思的，每一个人性格都不一样。

曹：比如说最喜欢谁？

武：我觉得侯耀华演的那个角色，挺逗的。

曹：其实葛优那个角色也挺好玩的。

武：对。

曹： 现在如果陪孩子一块看电视的话，是不是就陪他们看动画片比较多一点？

武： 对，陪孩子看就全是动画片。

　　如今，武磊继续着在西班牙的工作和生活，他却从未停止追逐的步伐，作为一个不算"低龄"的足球运动员，他依旧在追寻自己的梦，也在为我们每个人追寻着足球中国梦。

曹： 其实你这些年，无论是在俱乐部，还是在国家队，都接触到更多的好的球员，你觉得在你的眼中，一个好的足球运动员，应该具备哪些素质？

武： 我觉得首先是自己能够有好的表现，能够给球队带来帮助，特别是球队遇到困难的时候，遇到不顺的时候，这个球员能够站出来。第二个是能够把全队的凝聚在一起，把大家团结到一起，去做这样的事情。这个我觉得是一个优秀的运动员，不管是对个人来说，还是对整个集体来说，都是非常重要的。

曹： 你这些年获得了很多荣誉，同时也进入最佳阵容的人选当中，可以说对一个足球运动员来说，你已经获得了最高的荣誉，而且能够在欧洲西甲踢球，这是一个非常了不起的成绩。作为自己来说，人生有没有更大一点的目标？

武： 最大的梦想就是明年能够踢世界杯。

曹： 踢世界杯。

武： 对。

曹： 你觉得按照目前的这个状况，如果能够踢上世界杯，希望自己有一个什么样的表现？

武： 首先是要能踢上，然后希望在世界杯赛场上能够进个球。当然，首先肯定是先争取能够进入世界杯。

曹： 其实在亚洲足球运动员当中，过去有好多运动员，虽然不算很多，但其实在欧

武磊

洲，在世界杯当中也有非常好的表现，比如说像日本的中田英寿，就是大家非常喜欢的，有能量的足球队员。是不是也希望能够成为像他这样的，能够对足球本身有一定促进作用的运动员？

武： 对，这个我确实感触比较深，因为去到西班牙之后，在巴塞罗那有很多韩国人，也

有很多日本人，他们可能见到我之后，也是会给我加油，给我鼓劲。因为在欧洲那样的环境里，可能我们东亚的几个国家，就是代表的亚洲。

曹：对。

武：所以在那样的环境里，可能我们亚洲的这几个国家的球员，反而大家有一种像一家人的感觉。当然回到国家队，各自国家队，那肯定是各为其主。

曹：对。你在队里边，如果跟西班牙的队员他们进行交流，他们是怎么看待像中国、日本跟韩国这样的足球的发展？

武：其实大多数的队友对亚洲的足球都不是很了解，哪怕像日本、韩国这几年表现比较出色，他们对亚洲其实也不是特别了解。

曹：因为你在西甲踢球，所以你就会接受很多比较先进的足球的理念。反过头来你来看，我们中国本身的足球的发展趋势，你觉得这个当中最大的落差是什么？还有其实这几年对于中国足球的投入，它的重视程度都是前所未有的。但是你发现，它的进步还是跟人们的预期有很大的差距。所以你觉得这个落差，这个当中主要存在一些什么样的问题？

武：我觉得是需要让更多的人热爱足球，不仅仅是小球员。

曹：就还是个普及。

武：对，从每一个人开始，从小学的家长，就每一个人自己要热爱这个运动，可能才会让自己的小孩去参加到这样的项目当中。只有我们的基数大了之后，选材也好、出人也好，肯定是会更多的。现在我们和欧洲的，单纯从氛围来说，确实差很多。

曹：你自己的两个孩子，会让他们碰球吗？

武：踢，儿子会踢。

曹：喜欢吗？

武：挺喜欢的。

曹：有没有这个想法，将来儿子长大了，让他走你这条职业的足球之路？

武：关键是看他有没有天赋，要看他自己。

曹：所以你对自己的未来有一些什么样的长期的目标和短期的目标？

武：我希望能够尽可能的在欧洲长时期地踢下去，只要自己身体允许的情况下。我也希望能够把在欧洲看到的一些好的东西，包括一些文化，包括俱乐部的运营、建设，整个联赛是怎么样的一种体系，能够把这些好的东西带回来，也给我们中国足球作出一些贡献。

曹：最后还想跟观众说一点什么？作为运动员，在西甲，在欧洲踢球。

武磊与曹可凡

武：非常感谢他们吧，因为在西班牙踢球，很多时候比赛都是凌晨，他们很多都是熬夜看我比赛，非常感谢他们。也希望他们能够有好的心态，因为有的时候可能我出场时间也比较少，对吧？也希望他们能够理解，能够一直在身后支持我。

曹：你有没有机会在私下，跟这些球迷有一些交流？当然不可能跟所有球迷，会有机会跟一些球迷做一些交流吗？

武：其实每年都会跟他们做一个活动，有的是线上的，会和他们有一些互动。其实周记也有很多朋友留言，我也都会看。

曹：其实我觉得现在我们有线上的方式，我觉得如果你一年当中有几次，能够跟大家在线上做个交流，那种交流是最直接的。

武：对。

曹：所以我觉得对你一个孤悬海外的中国球员来说，它也是另外一种温暖，一种力量。

武：对。能够给他们带来更多的快乐，不仅是球场上进球带来的快乐，可能跟他们距离更近一些。

．．．．．．．．．．．．．．．．．．　花样年华

我的"体验派"人生——刘涛专访

提起演员刘涛，恐怕在每一位观众眼前，都会浮现出截然不同的荧幕形象。出道伊始，她因饰演刁蛮任性的慕沙公主和重情重义的丫鬟阿朱为大众熟知；为人妻母之后，她又以一系列现实主义题材的都市情感剧演绎普通人的家庭事业，尤其是《老有所依》中上有老下有小的江木兰一角，可谓深入人心；此后，刘涛的戏路越来越

刘涛做客《可凡倾听》

宽，可谓全面开花，她在《琅琊榜》《芈月传》《欢乐颂》等一部部现象级电视剧中千人千面的出色表演，让喜爱她的观众们看到了一位成熟演员的塑造能力。然而在刘涛看来，自己的每一次演出都是用心体验的结果。

曹：我们这个访问约了且有一段时间了。在我的印象中，你的工作节奏一直是非常忙碌，参加各种活动，拍戏，然后现在又有直播。通常你一年当中，是怎么来安排自己的这种工作和生活节奏？

刘：其实好像都已经成为一个习惯了，也没有说刻意去安排什么。比如说今年要是没有合适的、想拍的剧本的话，可能就歇一年，我也有过歇一年的时候。基本上 2019 年，一年都没有拍戏。但是如果说刚好都碰上，都还挺合适的，那就可能忙就忙一点。

曹：你是一个随遇而安，还是说是一个自我规划比较好的人？

刘：其实我没有特别去计划什么，但是我会把我手头要做的事情给做好。因为在我们这个行业，大部分都是下半年的案子、明年的案子，多多少少会有一定的时间段，是自己比较了解的。在那个时间段，可能我能做什么、不能做什么之类。

曹：其实这些年你拍戏，每个阶段都会给大家一些惊喜，往往是不囿于公众对你认定的一种角色，可能某个阶段大家认定刘涛是演贤妻良母这一类的，可能过段时间又变

成一个"霸道总裁"的形象。我觉得这个对于演员来说，是一个特别幸运的事情，不把自己固定在某一个特定的形象当中。那么最近看到你两部戏，《星辰大海》和《大宋宫词》，其实是两种完全不同的剧。我们先来说古装剧，因为李少红导演的《大明宫词》是珠玉在前，所以大家对《大宋宫词》也是有很大的期待，而且你演的这个角色，其实她的人生经历也非常特别。对于一个演员来说，接古装戏是一个什么样的感受？

刘：我个人特别喜欢拍古装戏，我是一个有古装戏情结的人。我很沉醉在那种状态当中，就感觉一扮上，就自然地跟着她，感觉魂就跟着她走了，会很享受在那段时间成为一个古代的人。虽然可能一切都是陈设，都是一些美术做的，包括剧本写的，但是那一刹那，还是会觉得太美好、太美妙了。不管是哪一种古装戏类型，哪怕是神话剧，包括"妈祖""白娘子"那个时候，我也很陶醉。很多人说是因为扮相很好看，你很喜欢，我说不光是，是因为那种角色和那种人生经历，还有故事桥段，是你在现实社会当中体会不到的。可能是你曾经听过的故事，或者是你曾经知道的人物，厚重感不一样。

　　电视剧《大宋宫词》以刘娥和赵恒的爱情故事为主线，以"咸平之治"与"仁宗盛治"为历史背景，讲述了北宋真宗时代，名臣、宗族及周边国家之间邦交，相互依存，相互牵制的故事。刘涛饰演的刘娥，是宋真宗赵恒的皇后，大宋王朝第一个摄政太后。刘娥乃蜀地孤女，名将之后，性情机敏，才能出众，通书史、熟知朝政，战乱时与三皇子赵恒相识相恋，助宋真宗赵恒上位。真宗病逝后，宋仁宗即位。开启了自己垂帘听政的生涯，号令严明，赏罚有度，稳定了北宋初年安定。这也是刘涛的演艺生涯中塑造的少有的真实历史人物形象。

《大宋宫词》剧照

曹：其实《大宋宫词》里面，你演的刘娥那个角色，通常我们研究历史的人不会把焦点放在她的身上，但是她却是帝王背后非常重要的人物。北宋有一个兴盛期，实际上跟她是特别有关系，所以少红导演在跟您讨论人物，确定人物基调的时候，你们聊得最多的是什么？

刘：其实当时少红导演找我的时候，我是很惊喜、很意外的。因为我觉得可选择的演员应该挺多的，以少红导演的实力，她的审美，还有她的文化素养，其实很多演员都特别想和她合作。包括您说的有《大明宫词》在前，大家对"大宋"都是非常有期待的。我们第一次约的时候，我也问过导演，我说为什么您会选择我呢？我觉得这个答案很重要，这个答案是奠定了我要用什么样的感受去和您作为导演，包括编剧，我们的感受是一致的，是我知道我的特点和我与众不同的地方，能够胜任这个角色。后来我就记得导演说了一句话，她说整个故事看完了，是你的形象放在那儿，我们会更加有相信的力量。她说可能有些演员，也许她戏也很好，但是这样一个角色，这样一个人生经历，承受力。其实与刘娥的人生息息相关的，包括她在宫外近20年，她所处的时代背景，这个东西有的时候不光是靠演员演出来，她说我看到你的时候，我认为我相信你的根里也有这种东西，这可能也是我选择你的很大一部分原因。其实说实话，我当时是有点感动的。每个导演看待演员的视角不一样。比如有人说你戏好，我认为你能够演得很好；或者说其实你不用演，你就是；或者说你让我看到了真实的她的样子，我相信在你的身上，我能将你们合二为一。我很喜欢跟导演沟通。

曹： 实际上是一个互信的建立。

刘： 对，我觉得这个非常重要。因为在开拍之前，团队之间彼此能够有一种特别相信的力量。这是女人和女人之间的默契，因为我们也要去把北宋时期那样一个了不起的女人呈现出来。可能很多时候，大家会用一种历史的视角，或者传说是什么样的故事去想象她。但是我是先了解导演和编剧眼中的刘娥，然后再去翻一些历史。其实说实话，在很多的历史记载中，对刘娥的记载真的很少。我也翻了很多书，她的篇幅实在是太少了，可借鉴的也确实不太多。包括也有很多时候大家会有一些异议，真实的历史是什么样？真实的历史中，她的成长，哪些是她的功劳？哪些可能是传说中的样子？我觉得作为一个文艺作品来讲，更多的就是去刻画。

曹： 其实这个有利有弊，当某一个历史人物，她的历史记载比较少的时候，恰恰给演员提供了一个想象的空间，你的表演空间、想象空间会比较大。

刘： 对。我们想象的空间很大，少红导演她的镜头语言是很唯美的。她要求演员在任何时候的坐姿，很细腻，我很喜欢，导演的艺术追求其实是很让人感动的。我们在现场只要一开机，导演基本上就不会离开那个座位，大家可以轮流吃饭，但她就一直在工作。我觉得无比钦佩。

曹： 因为一部好的剧，往往会让所有的创作者有所留恋，当你离开这个角色的时候，会有一种难舍难分的感觉。我不知道拍这个戏，会不会有这种感觉？

刘：当然一定会有，因为我是 2018 年的时候，差不多拍了八个月吧。为什么我说我到 2019 年，后来一整年也没接戏呢？我就一直在等后期做完了，我要准备去配音。我很害怕，配音的时候，又需要再找回去。其实我更希望把这个角色留在我的灵魂里久一点，我也先不要再去演别的戏了，就一直在等配音。有很多人说其实我们可以去找专业的老师去配音。但我会觉得很遗憾，因为她和我是完整地包容在一起的。也许专业的配音老师，她在一些声音上，会有一些帮助。但我觉得情感上我是不可替代的。

曹：你自己配就是原装的。

刘：对。包括少红导演也坚持说还是应该你自己来，你要有信心。后来我们也找了非常好的配音导演，就在现场一点点去帮助我。因为有的时候，我是有一点点前后鼻音不太分。我也很感谢大家的包容，因为确实是挺用心的一部作品。

曹：相对于《大宋宫词》来说，《星辰大海》是一部现实主义的题材，人物跨度也特别大。所以对演员来说，所塑造的角色跨度大，是不是演起来也挺过瘾？

刘：其实《星辰大海》的跨度还不算大，《追梦》也是余丁导演拍的，我和王雷演的，那个年龄跨度是大的，基本上也是从 20 多岁演到 60 多岁。但就是因为演完了《追梦》，余丁导演和我也有了非常好的默契，他很了解我的空间在哪儿。很多时候导演跟明镜似的，心里特别明白，也不用特别去说我来调你，彼此之间的这种信任感，他知道你还能够怎么样去变化，或做得更好更深。所以到了《星辰大海》的时候，他就说涛，你没问题。还有编剧苏晓苑老师。说实话，这个剧本我们拿到的时候，就是全剧本。现在很少能够看到全剧本，每次找我们的时候可能都是五集、十集，能给到十五集，都感觉已经很了不起了一样。但是那个是完完整整的全剧本。

曹：所以准备特别充分。

刘：非常非常充分。所以你能够把整个人物带进去，当我们再跟编剧老师聊的时候，编剧老师就特别感动，她说你吃得很透。然后再跟她聊我对人物的一些想法，编剧老师都哭了。我第一次跟苏晓苑老师见面的时候，导演也在，制片人、平台都在。结果聊到最后，苏老师哭了。她当时也觉得很感动，她说没有想到，我把所有的剧本、所有的细节、所有的人物，每个阶段的一些感受、情绪和发生的事情，和我认为的是否有什么其他的疑问或者变化，都有很多想法。

《星辰大海》剧照

我第一次有一种感觉，大家都那么享受，还没有开机之前就已经满怀期待。而且余丁导演也好，苏晓苑老师也好，他们都是很纯粹、很单纯，但是又很热爱艺术的人。我觉得我特别希望跟这样的人在一起，没有什么杂念。当然也许会有人说你这个故事还是比较老套，毕竟讲的就是那个时期，外贸人一点一点到"广漂"，感觉像是新一代的外来妹。但是又有一些那个时期的特点，有很多外商开广交会，也有一些异地恋。可能有的时候他们会觉得剧情上又很真实，但是有的时候又很梦幻。

　　电视剧《星辰大海》讲述了 20 世纪 90 年代初，孤女简爱辗转来到广州打工的故事。她当过餐馆小工、外贸公司茶水小妹，凭借聪明、善良以及敢打敢拼的斗志，成长为出色的外贸跟单员和业务经理。几经周折，她成立了自己的外贸公司，并且在经历了 1998 年东南亚金融风暴和 2008 年金融危机之后，依托改革开放的成果和不断蓬勃发展的中国外贸大势，独立创业，创立民族品牌，最终成长为跨国集团总裁。有意思的是，这段波澜壮阔的时代记忆，正是刘涛父辈的真实经历。

曹：你好像说过简爱这个角色，好像跟自己上一代人的经历就有点相似。

刘：是的。因为我母亲是做纺织品进出口的，我父亲也是做化工进出口的，所以从小我自己和我的家人，还有我的爷爷都是做外贸的，我们全家是外贸体系的。

曹：好像是在演你家的事。

刘：在 20 世纪 90 年代的时候，每年春秋广交会我们家里人都要来的。而且我父亲那个时候还自学英语，因为要去跟外商洽谈，我当时还觉得我爸好棒，他怎么能够还会说英语呢，可厉害了。后来我在想简爱也是这样的，她也是自学英语，想要进取，可以和更多的外商洽谈贸易，不放过任何一个机会。因为那个时代，机会大家都有，就看你能不能抓住。我觉得我很有感触的就是，我曾经和我的父母经历过那个岁月，那时候我就是像小简爱那样，十几岁，现在我要演的是我妈妈那一辈。我妈他们也是每天晚上都看，她说她也看得很感动，她会回顾到过去的岁月。做过外贸的人，还是会有一些情结，那个岁月大家都是这么过来的。

曹：他们算是改革开放刚开始的时候第一个吃螃蟹的人。后来叫外贸，在这之前，20世纪 70 年代初的时候，那会儿做生意叫"投机倒把"。

刘：时代不一样，现在全都是在网络上，我们都有网站了。

曹：你刚才说到自己的成长经历，你现在回想起来，小的时候是一个什么样的成长环境？小时候跟外公外婆生活的时间比较久吧？

刘：对。我小学之前是跟外公外婆一起生活的。说实话，我其实还蛮怀念没有微博、没有微信、没有手机、没有互联网的时候。大家回家就吃饭，就坐在桌上，一家人看电视、聊天，父母之间会关心，你做了什么、我做了什么。如果你离开家久了，会给家里写信，我怀念那个时候的情感。我觉得现在的时代飞速发展，你在想你给父母打电话了吗？其实很少，为什么呢？都有微信，你一句、我一句已经沟通完了。过去像我们在部队的时候，每天最想看到的就是收发员、通信员，有我的信吗？拆信的时候热泪盈眶，还要回信，给同学回信，给父母回信，给家人回信。我特别想要回到那个时候，我觉得那时候所有的情感都是无比地令人怀念和真挚。现在大家都是朋友，都认识，朋友圈点个赞就都叫朋友了。我不知道是不是自己开始有点怀旧了，如果让我选择，我好想回到那个年代，看晚会的时候放鞭炮，大家去扫地，一家人吃个团圆饭，其实也没几个菜，但是那个情感就很美好。

曹：因为过去生活条件差，一年就指着那几天吃好一点的东西。

刘：弄点花生、瓜子、大麻枣，隔壁敲个门，然后给两元钱压岁钱，好开心。

曹：你小的时候已经开始有电视，我们小的时候还是向阳院里头有一个黑白的电视，好几十个小朋友聚在一块儿看电视的那个年代。

刘：我也经历过，我在我外公外婆家的时候，那是 20 世纪 80 年代初，我们住的是那种两层楼，用公共的厨房，每一家只有一间房间，所有人都住在那一间房间里，所以一间房就是一家人。好像上上下下好几百户的感觉，所以就很热闹。比如说谁家里是北方人，家里有做面食的，看见孩子就会说给你个馒头，给你个花卷，小孩就去分。有一家人有一个黑白电视，排着、坐着、站着，那种头叠头，感觉一栋楼一共也就一到两台黑白电视，女人们会在一起织毛衣，缝补。

曹：有烟火气，这个场景能够想象出来。

刘：对。每天早上，每家每户拿着他们的痰盂，就去楼的后边，要走好几十米，才有一个公共洗手间，大家都去那边，就是这样的生活。可是你就觉得很有烟火气。

曹：那会儿大家生活条件比较差，可是彼此之间有一种融合感，现在住着大楼，可能旁边那户人家住 20 年都不知道姓什么，是吗？

刘：对。因为小时候在这样的环境下长大，如果说我现在隔壁要是有个邻居，搬过来，我还是会去敲一下人家的门，我说你好，比如说送点水果。我还是希望我们之间是有邻里之间的互动。

曹：所以你还是一个特别喜欢沟通的人？

刘：我很害怕冷漠，但也很害怕影响、打扰别人。因为有的时候你过分热情，人家不知道你是在干什么，你哪儿来的。但是我很害怕冷漠，你对我比较温暖，我会很热情的。

曹： 所以很多跟你熟的、来往比较多的朋友都会说，刘涛是一个特别愿意关心别人的人，所以是不是从小到大就是这么一个个性，特别愿意去付出一些你自己的情感、爱，关心朋友？

刘： 因为可能我小时候就是在这样一个环境下长大的，虽然可能那个时候家家户户的条件都比较一般，但是真的是那种，你们家盐给我用一下，我们家锅给你炒一下。比如说我就记得我小的时候，可能最多四五岁吧，但是谁家说涛涛过来，你帮我看一下弟弟妹妹，我去做个饭，或者说去洗个衣服。每家每户就像一个大家庭一样，所以我会不由自主地问，你吃了吗？这是一个习惯，这是一个从小环境的养成。我以前跟他们说，我说我觉得我像吃百家饭长大的，因为在我们的大楼里，住的人实在太多了。我小的时候，因为不上幼儿园，搬一个小凳子、小马扎，很多小孩蹲在那儿，玩泥巴、玩土、玩石头，见到一个人就会叫什么张伯伯好、李阿姨好，也不是说嘴甜，就是一个习惯。因为人家家里有点什么，就自然把你叫过去了，有的时候也会说叫你帮他干点小活儿，虽然你也是个小孩。但有的时候他们家有好吃的就分我一点，我们家要是有点什么好吃的，也会去照顾别人家的孩子。我觉得这种人与人之间的关爱是最温暖的，不管未来有一天你是谁，你有什么成就或者你怎么样了，在任何的环境下，我觉得这种关爱是最温暖的。

曹： 你小时候在家里，长辈对你有一些什么样的要求吗？因为每个家庭可能对孩子的教育，都有他们一些不同的理念，所以在你成长过程中，爸爸妈妈或者外公外婆对你有什么要求，说涛涛你长大以后应该怎么怎么着？

刘： 说实话，我们家，特别像我外婆他们，好的东西永远是等客人来，自己随便一点就好了。但是如果说有人来了，家里有点什么好的，比如说就像一箱苹果，我们一定会挑烂的吃掉。反正就是好的东西，一定是要留给别人，或者留给客人的。还有一点，小时候比如说菜或者什么东西掉地下了，我们的习惯是要捡起来吃的。所以现在有时候菜会掉地下，我还是会情不自禁捡起来，我旁边人就会提醒我，说掉了你就别吃了。后来我说不是说现

刘涛与外婆

在的条件问题，是小时候养成这样的习惯，因为父母也是这样。我记得我外公，因为有的时候老人会抖，他吃什么，总是会一不小心掉一下，但是掉下的东西，他真的都要放在嘴里吃掉。我觉得不管你有没有条件，不要浪费。我到现在，比如说要招呼客人，我还是会点很多东西，因为我认为大家既然来了，坐在这里要开心，所谓的吃好喝好聊好玩好，但是尽可能地不要浪费。我的朋友或者我的家里人有时候也很受不了我，我到最后能吃很长时间，我是扫盘子的那个人。人家跟我说要不就不要吃了，你这又是何必呢？你吃完了长在自己身上。后来我们就有个习惯，谁点的菜，我们每个人认领一盘。所以跟我吃饭，经常要遇到的事情就是，到最后结束的时候是每个人要认领一盘。你点的虾还剩下五个，吃不下了，你认领虾，我认领青菜，你认领黄瓜，我认领炒饭，每个人要认领一盘。

曹：所以跟你吃饭，下次要少点菜，要不然最后得承包。

刘：要不然的话，我真的要打包回去，就是会有一点点害怕浪费。

曹：你刚才说到入伍的时候，读到家里的来信就会特别感动。我特别好奇，部队的经历对日后自己的成长有一个什么样的影响？

刘：我觉得首先是有一种习惯性的服从命令听从指挥，哪怕是当演员之后，我对这个角色的想法、创作的理念，虽然有我自己的一个感受，但是到最终我都会去听导演的，服从命令听从指挥。我会跟团队的每一个人去沟通，会尊重每个人的想法，而且我尽可能地去配合你想要完成的东西，然后我会自己去调整。我不是一个比较自我的人，所以可能就像您说的，很多人会觉得说跟我在一起工作也好，做朋友也好，比较舒服、比较自然。我确实是一个比较照顾大家感受的人。

曹：我曾经看到你的朋友圈晒了几张图，你给团队做饭是吗？

刘：对。我喜欢，因为我是觉得团队在一起，我们每个人都离开了父母、家人，我们在一起是工作伙伴，大家都生活在一个环境里，我们一定要相互照顾。可能我年长一点，会的多一点，那我觉得我也可以照顾一下大家。我喜欢我的团队就像一个大家庭一样，我更希望我们像兄弟姐妹，不要太个人主义，我是一个集体主义比较强的人。

曹：这种感受说起来容易，但是其实做起来并不是那么简单的一件事，你要有心才能做到这一点。

刘：我觉得可能是我自己也养成了一个习惯，它是一种很不由自主的。有的时候我们团队人都躲我，我太喜欢喂他们吃东西了。跟我在一起是很难减肥的，从早餐开始，我就会告诉他们，你们要吃好，吃饱了才有力气干活。然后吃饱了，就要开始说你们要锻炼身体，因为我喜欢健身，我就告诉身边的这些孩子们，你们现在比我年轻，但

是你们体力现在俨然还不如我。他们
会觉得你怎么保养的，你怎么保持的。
你都跟在我身边了，我可以免费当你
老师、教练，我会分享给你。我就希
望我的团队，身边的人也可以跟着我
一起积极、阳光地生活。

参军时的刘涛

曹：你当时在部队里是一般的普通兵，
还是像孙俪一样，就是文艺兵？

刘：招当然是一个特招的文艺进去的，但实际上我们还是在做话务，我是总机班的。

曹：所以我觉得无论是你还是孙俪，你们经过部队的锻炼，都有一个特点，自律。我
觉得你们俩挺像的，对自己都比较狠。无论是工作还是生活，有条不紊，对自己是有
要求的，所以我觉得部队的生活特别重要。

刘：我觉得对自己有要求是非常重要的一件事情，你开始了，就会有一种坚持下去的
恒心，因为所有的努力到最后的回报也好、成绩也好，和一点一滴的成长也好，你自
己都是能看到的。那个喜悦也是你自己的收获。可能很多时候，大家会为你开心，但
是更多的喜悦、收获和成长，其实都是给予你自己的。所以在这一点上，如果自己自
律，别人去督促你，其实就像孩子的教育一样，如果他自己不喜欢钢琴，你每天陪着
他练，练了 5 年，当他有一天离开你身边，他就再也不碰了。你就会觉得还不如在小
的时候就尊重他的选择。所以我就会去跟自己对话，你想要做什么，你喜欢什么，什
么是你愿意持之以恒的，那就要为之付出努力。可能我也会自己做自己的家长，跟自
己做一个对话。

曹：这个了不起。其实你出道，跟很多的女演员一样，都是先从拍广告开始。

刘：因为刚开始人家找我去拍广告的时候，其实就是在帮别人一个忙，因为客户没
收货，人家也没有钱了，就说你愿不愿意帮我个忙，我给你三百元钱，你帮我演一
下。所有都是蹭别人的，蹭别人的灯光摄影，人家全用完了之后，你就帮人家补个镜
头。那也算是我第一次，不懂，又是个护肤品，但是我就刚好看到旁边那个女孩，她
拍的也是护肤品，等到让我补镜头的时候，我真的是照着她演的演了一遍。因为我那
时候不知道护肤品一定要弹脸，代表有弹性，这样弹一下、那样弹一下，我完全是现
学现卖了一下。然后演得还挺好，后来选角导演就留了我的联络方式，后来就有越来
越多的机会。说实话，我觉得可能是因为我在部队也是有一些表演经验，而且我这人
比较好的一点就是让我做什么，我就大大方方的，也不扭捏。而且那个时候，演员都

要去试戏，我完全就是被试戏试中的。其实我觉得在我初期得到很多的表演机会，真的都是因为当我去试戏的时候，总是会有导演跟我说几点。那时候赵宝刚导演，包括《天龙八部》和《还珠格格》，每一次试戏的时候，他们都说你笑着的样子很有感染力，就觉得这丫头笑起来不是那种说很甜，就是很有记忆点。

曹：其实你的笑这么多年来一直很有特点。你那个笑是会感染别人、带动别人。很多人也笑，可能有的笑比较职业，但你的笑，就像我们对话一样，你几乎就一直在乐，好像是从心里出来的，跟你的性格还是有关系。

刘：对，他们说你很喜庆。反正小时候也是这样，能拍广告也是因为很喜庆。因为广告最后所有的定点都会落在合家欢。

军人出身的刘涛能吃苦，爱学习，无论做什么都能迅速上手。在她的荧幕处女作《外来媳妇本地郎》中，毫无影视表演经验的她将一个上海媳妇演绎得惟妙惟肖。通过严格的试镜，她又以大热琼瑶剧《还珠格格3》中的慕沙公主一角，成为一代人的童年记忆。而在2003版《天龙八部》中，她饰演的阿朱甜美娇俏，也堪称许多金庸迷心中的不二人选。尤其是在"阿朱之死"的落水戏中，刘涛在高烧的情况下完成了导演所要求的"最美的微笑"，令所有人印象深刻。

曹：你刚才说了，拍了一些琼瑶剧、金庸剧，对于一个刚刚出道的演员来说，你在拍戏的过程当中，自己有没有那种随时随地去偷学一些表演的本事？因为毕竟你不是专业学表演出身，需要在工作中不断地要长记性，要不断地去偷学别人。

刘：其实我一直都是，即便是在拍广告的时候，我也在偷学。其实拍戏也是这样，刚开始的时候，是当群众演员，有的时候就一天站那儿或坐那儿，我就一直看。后来我也演了一些，比如说《九记饭馆》，跟中国香港的狄龙老师，还有方舒老师，演他们的下一辈，其实戏很少很少。当时选我的时候，我说我可以不要钱，因为本来也没什么钱，但是我可以每天去现场看看，就真的去看怎么表演。只要没有我戏的时候，我就是蹲那儿，也不打扰别人，就在基本上人家也看不着我的地方，我就在那儿看人家怎么演戏，因为有很多确实都是戏剧学院来的老师，或者是一些老艺术家，还是不一样的。我觉得实践出来的锻炼是很快的。

曹：我觉得做演员也好，做我们主持人也好，有一个非常重要的东西就是你的心理状态、你的自信。那么比如说你刚进剧组，还是一个小演员，也不是学表演出身，会不会有这种略有点自卑的感受？

刘： 我这么多年就没自信过。我常常告诫自己你要加倍努力。我其实也不是说完全不自信，我相信我自己是有能力的，因为你一定要知道自己是有这个能力，你才能去做这件事情，如果你没有这个能力，你硬生生去扛，其实是会很累的，我这人责任心很重。但是我说我会比较不自信是因为你到任何一个剧组，周边肯定都是各大院校的一些师兄妹、师姐师弟，然后共同的班主任是谁就这么聊起来。但是我经常会去问他们，说你们都学过一些什么？有没有什么可以跟我分享一下的？大部分时间得来的答案都是你不用了，你可以了。就胡歌还算是真的给我介绍了王苏老师。

曹： 台词老师？

刘： 对。后来王苏老师和刘宁老师，我来上海的时候就会去看望他们，上上课。有的时候比如说我接到一些任务，包括配音的时候，主持的时候，包括上一些节目去朗诵，我都会把我所有的内容先给王苏老师念一遍，或者说用我的感受念一遍。王老师就会马上以她的调整，再给我发一遍，但是她说涛涛，你不要全部都照我，你刚才也非常自然、非常好了，你要保持住你自己的特色和味道，但是哪几点要比较注意，因为这是比较重要的一个代表和情绪。然后说很棒了。虽然没有真的去院校学，但是有的时候在现场的时候也会有些戏剧学院的老师，他们也会是我们剧里的演员，我们也会一起去探讨一些表演。

曹： 比如说你跟你的闺蜜秦海璐，她是专业学表演的，她会怎么说你？

刘： 她很了解我，其实因为我一直喜欢用感受，我是真的叫"真听真看真感受"。

曹： 你是标准的斯坦尼。

刘： 我一定要去感受，我用方法不是说做不到，但是我觉得观众和我是同一种感受，我不认为我这样就过去了，我认为我能够达到更好。但是其实有很多老师，也包括海璐，他们也会告诉我说，相对而言有些时候是需要用点方法也可以达到的，有些演员是累死自己。有时候你觉得很好，但也许观众看着也累。她说其实没有绝对，我们的感受派也对、体验派也对，但是方法论也对，其实都是相结合的，没有唯一性。

曹： 其实很多前辈的艺术家，或者有时候看石挥、赵丹他们的谈艺录，其实也都谈到一个问题，实际上感受对一个演员来说非常重要，因为对于他们那代演员来说，他们其实也不是专业学表演出身，很多他们的领悟都是从生活当中来的。

刘： 而且我觉得感受会有惊喜，因为当你真的触动的时候，你的对象也会触动。然后那一刹那，可能节奏就不一样了，还会出来一些不经意的东西，我觉得感受会制造惊喜。

曹： 刚才我们在交谈开始的时候，我就说其实你在不同阶段，会被观众贴上一些不同

《老有所依》剧照

的标签，比较早给你贴的标签就是贤妻良母型的，可能就是和跟赵宝刚导演合作的《老有所依》这样的片子有关。这类角色是不是实际上跟你本人的性格、经历、个性、情感，都是比较相吻合的？

刘： 其实我觉得首先，包括宝刚导演，会认为我的气质上可能是比较温婉大方的样子。还有我历来接到的一些角色也好，包括导演们对我的感受也好，就觉得你是一个很有韧性的人，你的骨子里有一种逆风翻盘的感觉，很多戏里的那种女主角可能都是到最后一定会做到这样，但是你让我觉得你的骨子里和你的气质上，无论命运是怎么样的，你总能够向阳而生，也许很多角色都是这样的，大家觉得在你身上能够看到向阳而生的力量。所以宝刚导演那个时候就说，你让我看到了现代女性江木兰，她本身就是我们这个年龄，上有老下有小，什么都要顾及，工作上也不一定全部都是顺利的，一切的不顺利压在你身上的时候，可能当你无所适从的时候，你要怎么扛过去？可能有些人就选择得过且过，不管了，我不想管，也没能力管，其实好多人到最后都会说这么句话。但是明天太阳照样升起，他又出去了。其实很多现代的这种作品里，其实都在展现一种这样的精神，这也是一种艺术作品想给出的时代精神、人物精神。所以可能在我身上，包括宝刚导演，包括郑晓龙导演，都觉得你为什么总是能够接这样的角色，是总觉得你合适这样的角色。

曹： 身上有那种韧劲。

刘： 还有一点，我也拍过很多打戏，包括《琅琊榜》。其实当时孔笙导演，包括李雪导演，还有侯鸿亮先生，他们会觉得因为你当过兵，一扮上就有力量感。整个云南边境归你一个人来守，一介女子、女将军，不是说你穿上盔甲、骑上马，你就能镇得住。所以他们觉得通过对我的了解，我自身有一种气质，他们觉得你能够撑得住那样一个人物。我觉得其实很多演员都很害怕有局限性，觉得演员就应该是有更多的可能性。但是说实话，每个演员依然还是会有在你的气质里和骨子里，最适合的东西。很多导演和制片人，包括编剧，告诉你其实我写这个人物的时候，我脑子里就是你的样子。那你听了，当然也会很感动。你会去跟编剧老师沟通，为什么是我的样子？你看中我的是哪些方面？如果我们要合作，其实我身体里还有很多面，要不我们再加一些其他的东西，把整个更丰富？

曹: 适应性和延展性。

刘: 对。包括那段时间《欢乐颂》播出之后，一系列的同类型的剧全在拍，上海、杭州、苏州、无锡，包括青岛，那时候遍地开花都是这种戏。后来不是说你演了好几部这样的戏，确实那段时间已经没有什么别的剧本了，其他的演员遇到的也是同样的问题。

曹:《欢乐颂》其实是你拍过像《琅琊榜》，还有《芈月传》之后，又一个爆款。

刘: 真的，这么多年遍地开花，而且到现在依然在延续。所以你说这是市场的需求也好，是观众爱看也好，还是从商业性来讲，可能各方面，比如说平台、植入、招商、播出平台，所有的一切融在一起，然后收视率、点击率，一定是供需平衡。当它有存在价值的时候，演员一定都会选择和被选择，所以我觉得很正常。不是说你在固化你个人的创造力，其实没有演员想固化。其实我还特别想演好多，农村戏、部队戏、警察戏。我觉得演员是不设限的，只有这样你才会觉得你的生命很完整。不光是可塑性，我觉得更多的是惊喜，这个惊喜是给观众的，也是给自己的。

曹: 所以录扶贫的节目，我说刘涛农活干得也不错，你演个农民也挺合适。而且你干得有模有样的。

刘: 因为我们以前在部队也是，自给自足，我都说么我以前养猪种菜，有这么三年的经历。

曹: 所以你一出手就知道有没有，有那个生活。

刘: 人生其实就是应该不停地体验。我觉得演员的好处是，有的时候你个人没有体验到的，可以跟着角色去体验。

曹: 就像你在《芈月传》里头演这个角色，其实这种角色对于演员来说，尤其是对于女演员来说是有点挑战的，她是个反面角色，可是你要把这种人性展现得非常充分。

在电视剧《芈月传》中，刘涛饰演的芈姝是楚国楚威后所生的嫡公主，后为秦惠文后，她性格温婉沉稳，与芈月是同父异母的姐妹，两人在楚国时曾是好姐妹，在秦宫岁月中则和芈月分分合合，既有相互扶持也曾三番五次要置芈月于死地。作为刘涛演艺生涯中少有的反面角色，从初始的娴静善良到"黑化"后的丧心病狂，角色前后巨大的反差给了刘涛施展演技的空间。

曹: 当你接到这样一个角色，是不是会觉得挺兴奋的？

刘: 其实那个角色，当时确实很多人想演。晓龙导演看到我的样子，他也不太认为说

《芈月传》剧照

你最后能变成多邪恶，但他就说你最后一定要邪恶。因为她受了太大的打击了，她的人生所有的灯全灭了，所以她心里有一个心魔存在。当他看到我的时候，他说你老笑嘻嘻的样子，他很担心。

曹：所以我觉得晓龙导演在这点上，选择你来演这个角色，是有眼力见儿的，很难想象你能把那种邪恶劲儿给演得那么出色。

刘：后来晓龙导演，包括编剧王小平。第一，他们希望有一个不一样的，不要是那种脸长得就有一种可塑性的邪恶，大家觉得她的邪恶很正常。因为你本来是一个最善良的人，所有的人都在欺负你的妹妹的时候，只有你去帮她、照顾她、拉着她、陪伴她，甚至去分享给她所有的，与你有关的幸福、权力、一切，到最后你才发现她夺走了你的一切，甚至是爱。这些你忍到最后，当她的孩子与你的孩子再竞争的时候，你那时候就已经不得了。其实她是有一个过程和过渡的，当这个孩子都没了，爱没了、丈夫没了，该是你的都成了别人的那一刹那，其实心里是有点点无法接受、无法面对的，而且是你曾经最信任的人夺走的。一切都是因为你曾经的善，导致了你最终要面对的结果，这个恶果就变成了你的心魔，她无法再打开她的心结，再去接受她这个妹妹。纵然她留在这个世界上唯一的情感，只有这个妹妹。所以其实晓龙导演他也希望你有了你自己的善，你自己的大度、自己的美好、自己的帮助别人，才会到最后一刹那的心魔，整个已经变态了，为什么？因为不断地在受刺激，因为她再怎么挣扎，最后都不行，这种挣扎，身边没有一个人，没有一个帮她的人，没有一个有用的人，所有的都是坏消息，每天都在失去。如果一个所谓的长公主，贵为嫡公主、皇后，每天都在失去，那一刹那，她就是要崩溃的。当她崩溃的时候，她一定要反击，但是她又不是一个有智慧的女人，如果她有智慧，她就不会失去那么多，就因为她只有一个当初的善和现在的无所适从，和不断经历的失去，所以导致她整个人就已经疯了，有这种疯魔、心魔在里面。晓龙导演他们每天就是这样，我就看着你，今天一开工，有的时候早上六点开机了，晓龙导演跟小平姐就已经在那儿，压力好大。一整天都是我的各种戏。

曹：所以在具体拍摄的过程当中，是不是也会有一个磨合的过程，还是说你一上来，那个劲儿就到了？

刘：一上来导演就说，你原来还有这一面，然后就说我得让人好好看看，他就会这样。

曹：当然你每个角色都演得好，但是这个角色，我觉得对你来说特别不容易。因为跟以往我们对你的认知，其实是有距离的，真的就是看出你的所谓延展性，看出你作为演员的另一面。

刘：海璐就特别喜欢我演这个戏，她就说你演这个戏真的演得挺好。

曹：这戏真好，这个角色也真的好，是奠定你一个好演员非常重要的一个基石。你演过那么多非常成功的角色，所以你现在挑选角色是一个什么样的态度？

刘：其实现在更多的是市场和我们互相的一个选择，我们也是在等剧本，因为我们也不知道现在市场上还有些什么样的剧本。

曹：你通常一年会接到多少剧本？看得过来吗？

刘：其实也没有特别多，反正十个差不多总是有的。首先他们会先给一个意向或者时间段，如果你没时间，也别耽误别人。现在大部分的都是给一个大纲，五集剧本、十集剧本，然后就说等等，我们在写。磨到最后，我们有时候也不知道，到底你们要做一个什么样的戏？

曹：所以你自己一般怎么去做评判？因为你一年就这么点时间。

刘：我觉得首先一个戏的制作公司很重要，因为制作公司其实直接决定于给导演多少预算和成本，能够去拍这么一个戏。如果说导演没有办法，不能说大刀阔斧，起码是能够有一个空间，去完成这个作品。还有就是一定要看，首先这个剧本扎不扎实，到底是在说什么，我们跟编剧、导演，包括制片人，我们能不能有个很好的沟通，大家有个一致性。我觉得先有个方向上的一致性。然后当然导演非常重要，因为导演是整个戏的审美的保障。其实每个导演展现出来的都是他的思维方式，有的时候我是这么理解这个戏和角色的，我这么演了，然后导演给你掰回来，你就会在想他为什么给你掰回来。我当然要尊重导演，后来想原来导演是这样的思路，所以其实我们选择剧本是要在创作上跟着导演的思路走。当然有的导演跟你很有默契，他就说涛，你怎么想的？或者说其他的演员，我们坐下来聊聊，是不是应该这么改会更好？经常会到现场改一些台词，或者有的时候场景不对的时候，可能这些话就不能说了，我们怎么把后面圆得更完整。所以其实现场经常会要调整，演员和演员之间的能力也好、默契也好，你也不能跟太自私的人在一起。他有时候要是就管他那部分，说什么他都不同意，那就很尴尬。当然我们都没有过这样的情况，但也会很害怕，所以有时候在拍之前，我们会打听一下，这人你合作过没有？在你要去跟谁合作之前，每个演员多少都

《琅琊榜》剧照

会问一下，你和他合作得好不好？他脾气怎么样？他会不会很霸道？都会打听一下。有时候一到剧组，对方比如说第一次合作，会说我们俩有共同的朋友，谁谁谁说你挺好的，跟你问个好，先不要让大家那么尴尬、那么陌生，先互相客气一下。

曹： 还有是不是有的时候接一个角色，除了团队、公司、剧本、导演之外，其实你的合作对象也很重要，尤其是大女主，或者男一号、女一号，你们要对眼是吧？

刘： 你看完剧本了，你会觉得跟着你脑海里的样子，想象和他在一起的感受，你要想象，这是要有一个想象空间。然后我们如何去加分，我觉得这个很重要。

曹： 听说你最近跟我们的演艺界"劳模"刘德华同志合拍了一个戏，华仔是这个圈里边出了名的劳模，做事严谨、认真、善良，所以你们俩一起合作，是不是有什么火花？

刘： 说实话这是一种学习，当然也是一个圆梦。其实刚开始的时候还是有点紧张，很害怕自己做不好，因为我演电影很少。当然还有张子枫，非常非常好的一个演员。我们叫他刘先生，第一次大家开剧本会，就觉得他很幽默，经常比如说剧本里在说一件事，他会说出第二种和第三种可能，他会开玩笑。他经常自问自答，特别幽默的一个人。后来他们说本来不知道该怎么跟他沟通，没想到他真的很爱聊。但他真的很热爱创作，他会从剧本开始去分析，我们还能有什么可能性？这时候你是怎么想的？如果说你去想象这个人物的原型，你会想到哪个戏里的谁？其实都在发挥每个人的创作空间。他在现场也很敬业，因为他打戏太多了，后来也受伤了，我们就改戏、改台词。他伤得还挺严重，天天得带着夹板固定。但是就是骨折了，他也是照常把打戏完成，一点都不耽误工作。而且还有一点，比如说今天没有他的戏，他也会来现场陪着我们。

曹： 我觉得他在这点上跟你有点像，他也是一个很愿意照顾和关心别人的人，是吧？他周围的人他都关照得特别好。

刘： 亲和力很强，而且他对艺术、电影的热爱，就是可能有的人会说拍完了，我休息一下，或者今天没我，我今天一天调整一下。但他不，好像他的分分秒秒都是在为了电影服务，都是在为了他的人生梦想，如何完善得更好，不留一丝遗憾。每一个镜头拍完，我们回头再看回放，看着看着，边看他又开始开玩笑，又开始说另外一种可能性。一说，大家总以为是真的，后来想想知道他又在开玩笑。他确实是个非常有趣的人。

曹：想象中他是一个特别正的人，不太会开玩笑。

刘：他是一个极其有趣，永远都很幽默的一个人，但是又很温暖。而且还有，我比较喜欢的一点就是，他为了这个戏好，会经常把很多的镜头给别的演员。他就觉得我们是一个团队，不是说以谁为主，谁是主演，是每一个人都是参与者。包括其实我和他，因为我们是演一对夫妻，也是为了孩子，我们是有一个很浓重的情感线，从家庭的完整到破裂，到想要修复这个家庭，遇到一系列的事件，其实还挺精彩的。

曹：期待"双刘"。我发现这些年，其实你除了拍戏，也做一些其他的事。比如说参加一些综艺唱歌，也做主持、直播。作为一个演员来说，当然要涉及各个门类，所以你经过了这样的一些尝试，你觉得对于你回到镜头前做演员，有些什么样的影响？

刘：唱歌我自己本来就挺喜欢。你说唱得有多好也不是，但是就觉得一直有机会能够唱，比如说自己演的戏唱一唱，或者在晚会上能唱一首歌，就是很幸福，也是一种艺术表演形式。主持是从来没想过，说实话感觉好像越来越厉害。接到任务的时候，心里是有点紧张和忐忑的，但是又会问为什么是我呢？为什么大家会这么信任我？为什么他们会认为我可以？我自己要问一下，其实我每次接到邀约，我都会去问一下对方，你们为什么会觉得我合适之类的。那个时候我就要找我们的王苏老师了，我说老师，现在有这样一个任务。每次老师都告诉我，涛涛没问题，涛涛你可以的，涛涛你要加油。然后我就会把我的任务和大概可能要说的话给她说一下。综艺就不会了，包括有的时候临场的主持也不会，因为这个东西还是要有一个自己的风格。

曹：我觉得你主持跟你演戏一样，都挺自然的，至少我看不出来你有多少紧张，挺自然的。

刘：我是这样的，一上台就一点都不紧张。我是一个"人来疯"，当我看见下面全是人，我就很高兴。

曹：做主持人，我们过去前辈跟我们讲要注意两个字，"半疯"，你在台上要稍微有点"人来疯"，有控制的"人来疯"。

刘：确实，包括主持金鹰奖什么的，我觉得我站那儿，其实只不过是颁个奖或者说说流程。但是偶尔我还是挺愿意开开玩笑的，只要合适，其实我真是不紧张。接到这个任务的时候，还是会有一点害怕自己做不好，但是只要一上台，我一点都不紧张。

曹：下次请你来一块儿主持"白玉兰"颁奖。从获奖者变成主持人，也是很有趣的转换。

刘：那是我的荣幸。我觉得这是锻炼自己，如果有平台信任你，如果这个栏目给予了你这个任务，我觉得对我来说是一个非常大的锻炼。因为人生不是任何时候，你都能有这样的机会，当机会给你了，我觉得是不要怯懦，也不用说担心什么。但是如果说这个机会错失了，还是会比较遗憾的。

曹：而且我觉得你就是一个特别有责任心的人，你接了一个活儿，不管是什么活儿，都得拼着命把这个活儿干好了。

刘：首先不管是什么活儿，我体力上一定是没问题的。然后我觉得所有的东西，一定要全在我的脑子里，我很害怕别人主宰我，虽然是交给你的事，但是要变成你自己由衷说出来的话。

曹：你主持也是体验派。

刘：是的。我希望的就是所有的东西都是我由衷而说的话。

曹：其实主持也是可以有方法的。要不然你每天这样，得累死。

刘：对，所以还是要学习。当你入门的时候，你觉得说这是你舒服的方式，毕竟在你最舒服的时候，你就不会有什么错，不会不自信。但是当你真的入门之后，你才会知道其实是有很多种方式，而且在不同的节目当中或者不同的角色当中，其实你就可以用上，这就是特别好的学习，赶紧教教我。

曹：不敢当。

刘：拜师了。

荧幕上的刘涛在角色中真听真看真感受，而作为现代社会中的一名独立女性，当她和许多人一样面对着高强度的工作和琐碎的家庭生活时，又有怎样的平衡之术呢？

曹：我觉得一个女演员，其实她在生活、事业上所承受的压力，可能会比普通的女性更大一些。比如说在镜头前，你是光鲜的人物，可是到了光圈之外，你还是有一大堆的生活要去过。比如你在生活当中，有不同的角色，你是演员，不错，但你也是妈妈，也是女儿，也是妻子。对于一个女演员来说，要做好这个就是非常不容易。

刘：其实大家老说的一个平衡，但我觉得平衡是相互的支持和理解。比如说你的父母因为爱你，希望能够看到你越来越好，所以说你不用担心，妈妈没事、爸爸没事什么的，有事的时候会跟你说。比如说你的家人、爱人或者孩子，他们都知道妈妈在干什么，妈妈去哪儿了，然后一看打开电视就能看到，会为你感到自豪、骄傲，你也会让孩子们感觉到你的人生就是在奉献，就是在奋斗。你的价值观，一个积极的价值观，其实也是非常影响小孩的。其实你每一天的进步，对孩子来讲，他也是能够看到，能够激励他。

曹：你平时在家里头，跟孩子们是怎么相处的？对他们严格吗？

刘：一点都不，就是跟朋友一样。他们觉得我应该是他们最信任的人，什么都跟我说，而且只跟我说。因为他们知道我性格比较好，我会给他们出主意。说白了，我们是一伙儿的。但是我也会注意方式方法，比如说在学习上，因为很害怕他们偷懒，有的时候你也害怕说孩子会糊弄你。他总会跟你说好的，他会比如说我考的什么都是最好的，明明你还有一个中等的，你怎么不说呢？后来我说那个呢，那个也可以、也不错。我就觉得其实你要让他们面对，如果我有什么不足的，没有关系，我觉得这个不足是正常的。但是你不要把它藏起来，如果你什么都藏起来，你只表现你自己能的一面，然后发现自己不能的一面，就不面对。甚至可能就慢慢放弃了，不学了，这不行。所以我有的时候也会用一些方式方法，反正正面地去跟他们做一些沟通。

刘涛和孩子们

曹：你在忙碌的时候，不在孩子身边，他们通常会怎么跟妈妈保持一个特别通畅的沟通？

刘：我每天，哪个时间点，我都知道他们在干什么。说实话，现在的孩子学习功课还是很重的，课外自己也还去，比如说运动，他们又很喜欢阅读。所以除了去学校，晚上回来还要写作业，有的时候上一些网课，还要再去阅读，真的刷牙洗脸就睡了，但是我们也是经常视频。

曹：每个演员可能对自己每个阶段都会有一些不同的想法，所以在你这个年龄段，对自己未来有一些什么样的期许？希望将来成为一个什么样的演员？因为每个阶段，尤其女演员每个阶段可能所做的工作都不一样，所以对未来有些什么样的近期或者远期的规划？

刘：我没有任何的规划，我就不是一个特别会规划自己的人。我是觉得如果我一直朝着这个方向努力，比如说就像奚美娟老师这样，过着自己喜欢的生活的同时，也做着自己热爱的事业。这是我认为很完整的人生和很圆满的一个女性，就是比较简单，做做自己喜欢的事情，没有特别的规划，我没有想要说我要成为谁，或者说我的未来要

刘涛与曹可凡

有多了不起，我觉得我就是不负时光，因为时光是最值得珍惜的，而且是最抓不住的。每一个时光留下自己最好的状态，努力地成长，因为真的学无止境，而且时代还在飞速地发展。比如说你看现在都在讲元宇宙了，我觉得我现在跟人还没聊明白，就要跟这些另外一个世界的人去沟通，我觉得这是很可怕的一件事情。我可能没有跟得上时代步伐的思想和沟通的能力，但是我希望我不被落下，我还可以有无限的好奇心去学习。

曹：我觉得好奇心对一个人特别重要，一个人有好奇心的话，无论到什么年龄都可以说是非常年轻的一个心态。就像老艺术家黄永玉先生，98岁了依旧还是有好奇心，他不断地希望明天能够有新的太阳升起，能够带来更新的作品。所以这个心态特别特别好。

种树的人——陈数专访

提起陈数，许多观众眼前首先浮现的可能是《暗算》中聪明绝顶，却为爱痴狂的数学家黄依依，或是《新上海滩》里风情万种，又情深义重的交际花方艳芸，也可能是《倾城之恋》里进退维谷，我见犹怜的传统女性白流苏，又或者是《铁梨花》中坚韧执著、不屈不挠的"女中丈夫"徐凤志。一个个鲜活的人物

陈数做客《可凡倾听》

形象随着这些红极一时的热剧，早已让陈数的名字和"旗袍女王""气质女星"这样的标签紧紧联系在一起，在观众们心中打下了深深的烙印。一贯以精致优雅的女性形象示人的她，近年来却开始频频挑战自我，出演了一系列专业人士的角色。在电影《峰爆》中，陈数饰演一位中国铁道建设者，在指挥隧道施工一线时突遭地质灾害，千钧一发之际展现出巾帼不让须眉的气势。而在生活中，她积极参加公益，为边远地区的孩子们带去美的教育，呵护他们的梦想。相比出道伊始和事业上升期时的分秒必争，如今的她更像是一个种树的人，但行好事，静待花开。

曹： 最近带来了一部新作《峰爆》，是一部灾难片。我觉得你似乎是每过一个阶段，都会以一种比较特别的形象，出现在大家的面前。可能灾难片在你过往的拍摄作品当中，也算是第一次吧。

陈： 对，因为特别是以前在电视剧作品中，我们几乎很难遇到灾难主题的作品。当然在国内电影也不是一个特别大比重的类型。所以当主创、导演、编剧团队最早接到这个指定性的方向的时候，他们也在想，怎么样能够找到一个形式来反映这个主题，关于老铁道兵和今天的中铁建的故事表达。所以后来想到了一个灾难片的类型，可以把很多内容装在里面。争取做到又好看，同时能够表达一种精神风貌吧。

电影《峰爆》原名《无限深度》，讲述了中铁建在西南地区隧道工程建设只剩最后一公里时，施工区突发透水事故。陈数饰演坐镇指挥建设工作的项目总经理丁雅珺，肩负修通隧道的责任。突发的地震来得毫无预兆，地面轰然裂开，16 万人命悬一线，众人开始了惊心动魄的救援过程。

曹： 你过去其实演过不少职场剧，但是这次演的那个角色是一个隧道的项目经理，所以她这个职业，这个身份，还是有那种特殊性的。

陈： 为了演这部电影，我们做了很多案头工作，深入生活。严格来说，这个岗位女性特别少。不知道是约定俗成，还是真的是难度系数太大，可能真的是在很多行业当中，有的岗位注定就不是为女性来设置的。我就记得，有一天我们拍完了一场戏，导演拿了一个粗剪的片段给朱一龙看。朱一龙同学看了说，数姐演了个女英雄。我听说在粗剪的时候，有一个内部的样片给大家看，有一些可能完全不知道我们这个剧本的业内的朋友看了以后说，原来陈数演了个男的。这两个形容大概是能反映出，她一定不是个标准的女性化角色。所有可能女性身上传递的很多的魅力，或者讨喜的地方，优势的地方似乎没有空间。

曹： 所以你在做这个戏的案头的时候，怎么去找那种人物的基调？这个跟我们通常认定的女性的角色是完全不同的。

陈： 是。其实也有一点点像当年获得白玉兰奖的《铁梨花》。

曹： 那个有点剽悍。

陈： 她也是不以女性的特色来获得更大化的赞美。所以当时我就说过郭靖宇导演，虽然写的是个女人，但事实上是按男人来写的，看来我是不是跟彪悍的女性人生有那么一点点缘分。所以这次也是一样的，我先抛弃性别，先要进入行业，所以看了大量当年铁道兵的资料，真的是受到震撼和洗礼。我们享受着今天的成果，但那段历史我们确实并不知道。当年很多的艰辛的细节我们都不知道，所以能够唤起一种真诚的尊重。同时想想怎么结合今天的角色和我们这个电影来表达。我们到了贵州的一些正在建设的项目部去体验生活。接待我的可能是书记，是项目经理，是其他的一些工程师，我就在感受他们。今天的中铁建人是怎样的，他们是一个什么样性格和状态。因为我们长年在大城市生活，可能没有机会见识到。

曹： 他们的生活跟我们还是有点距离。

陈： 完全不一样。因为只有不发达地方才需要修建，等修建好了，他们就去另外一个

准备修建的地方。所以他们每个人的样
子，都肯定比自己真实的年龄要大好几
岁。但是个性，状态，也许真的因为前
身是铁道兵的缘故，他们身上有一种直
接和利落，甚至非常纪律严明的一种作
风和工作状态，这点我觉得也是很让人
受到鼓舞的。

《峰爆》工作照

曹：听说你们整个拍摄都在贵州的山区
里头，在这么一个封闭的环境当中拍戏是很辛苦的。

陈：对。我们在遵义市绥阳县驱车一个小时的山里头拍，我们就住在山里头。所以没
有戏的时候，就散散步，爬爬山，锻炼一下体能。空气是绝佳的，吃的青菜是地里现
挖的，非常新鲜、清甜，确实就是远离都市。特别有意思，一个机缘我有了一件中铁
建的衣服，除了特别冷的季节我可能要套大羽绒服之外，我几乎永远穿着这件中铁建
的衣服。我就希望让我自己完全脱离都市，改变一下自己在大家心目中以往的一些印
记，能够进入到这个角色。当然，这次对于我来说，也有一点点小压力，就是可能自
身外部条件的所谓精致度，会不会让大家不太相信，你是在一个项目里面工作很长时
间的一个负责人。

曹：所以你是担心这个精致度影响可信度。

陈：对，太像城里人也不行，因为毕竟长年是在山区工作。所以特别拜托我们化妆组
的那些老师，千万要帮我好好造型，我说我不怕丑。

曹：你是希望能稍微有点粗粝化。

陈：对，化妆往往是在修复演员，让演员变得更好，更完美。别人都是遮毛孔遮什么
小血丝，我是要化妆师像画画一样，在我脸上画那些红血丝，画晒斑点。因为是大银
幕，它必须要很真实。所以化妆师老师也说，难死我了。确实是很要感谢他们。

此番出演铁道建设者，并不是陈数第一次饰演专业人士。2020年，她先后出演
了《最美逆行者》和《在一起》两部抗疫剧，分别饰演陆军某医院传染科主任肖宁，
和海军军医大学医疗队护士长陈如。前者不仅是温柔坚韧的母亲，也是义不容辞的军
人；后者则是由建设火神山医院的真实故事改编，陈数扮演的护士长陈如必须在72
小时内完成 ICU 建设的任务。

曹：前不久你参与的两部抗疫剧，其实也有点类似职业剧的意思，扮演医务人员，虽然两个戏的角色稍微有点不同。其实拍抗疫剧，第一时间会比较紧；第二因为是反映抗疫，所以你得穿着防护服，戴着口罩、护目镜。对于演员来说，你可以展示的空间非常小。但是恰恰是这种狭窄的空间，往往会逼迫演员，能够在某一点上有一个代偿性的，更大的发挥。所以整个拍摄过程中，作为一个演员，是一种什么样的感受？

陈：两部抗疫的电视剧，都是在2020年拍摄的。我也没有想到，我能够在两部抗疫的作品当中都扮演军医，一个是陆军的医生，一个是来自海军的护士长。真的是难得有机缘能够致敬他们，也是我应该做的。虽然确实拍摄很苦，一个是在6月底拍摄，一个是在三伏天拍摄。穿防护服在里面闷着汗的经验彻底是总结出来了，比方说一定要穿合适的打底的衣服，可以更换。不然长期沤在里头拍确实是也受不了。可能因为防护服的那种憋闷，真的是能体会那种呼吸不畅，更能发自内心去尊敬这些冲在一线的防护人员、医务人员。其实对于我，是一次特别难得的经历。因为还是那句话，当我们在今天都市化的环境中，生活越来越方便，还比较舒适的时候，为了塑造一个角色会有一种极致的生活的体验。我觉得能唤起和调动一个演员内心，可能你忽略了的部分。所以在这两部抗疫剧中，我觉得似乎这种东西被唤起。当然戴着那么大的一个护目镜，以及全身装备之下，该怎么表演，确实是有难度的。

曹：好像只有眼睛能够用。

陈：对，因为特别是在《在一起》，讲来自海军的陈静护士长为原型的角色陈如。她就是以防护做得非常专业而帮助了很多医护人员，帮助了大家。所以她的防护装备一定是最严谨的，她没有其他任何可以用的展现方式。所以在拍摄过程中，我也跟导演、编剧，跟出品公司沟通，我们想想怎么能够又符合人物，又能够展现不失她职业这种专业度的一种表现手段。就比方说有一场戏，基本上是在我琢磨出来之后建议的。当然很开心，导演包括对手演员陆毅都非常愿意采纳。加了夫妻俩终于在火神山医院里见面的一场戏。又不能说很多话，又不能像我们在日常生活当中，好久没有见了可以拥抱，可以有什么样的肢体接触。因为都是在防护状态下，所以我就加了一些细节。比方说，两口子好久没见了我会说，穿着防护服，我也不知道你胖了瘦了。你这个手套没有扎好，我不是跟你说了吗，如果开了一定要拿黏胶黏上。赶快帮他扎好，这样你才会让家人有一个可以手碰手的接触的机会，然后才会让丈夫有机会也握住你的手说，我和家里都很想念你。他的感情表达方式都只能非常含蓄，以至于最后我说，不行，我要带你去做全身消杀。所以两个人才有拉着手，走向火神山医院的长廊的一个背影的机会。因为你只能这么演，只能用这种很小很小的细节。

曹： 这种生活化的细节让人物显得特别可信。

陈： 像个真人。当然篇幅很小，可能很快过去，也不一定每个观众都能迅速感受到，因为我们不能过度渲染。但是我希望这些医护工作者的真诚能有一点展现。我跟摄影老师有个建议，

《和平饭店》剧照

我说，因为是我们夫妻俩见面了，您现在这个景别不够。因为按照平时我们拍戏那个景别已经是近景了，我说可能还得再近点。因为我们脸有一半都是看不见的，只有眼睛。所以在这种情况下，您应该把景别再拉近一点，再强化一下两个人的眼睛，两个角色眼神上微妙的交流。大家都是花很多心思去想办法为这些角色和人物来做点事情。

曹： 所以我觉得一个角色塑造起来越困难，其实对演员来说挑战越大，它可以激发你的某种创造力。说到角色的复杂性，《和平饭店》这个戏里头你演一个打入日本情报机关的特工，这个人物也是一个很复杂的人物，这部戏也特别烧脑，词也巨多，人物关系很复杂，她的身份又比较特殊。所以演这种戏对于演员来说，是不是特别劳心劳力，但是同时你也有一种辛苦付出之后的快感？

陈： 我必须说《和平饭店》是一部非常好看的，而且有非常正向的价值观输出的商业剧，它并不是一个完全的真实历史的讲述，它是个商业故事。但是它所有的价值观非常正确，所有的阵营的展现都非常客观，所以很多，特别是年轻的观众都很喜欢。好像在之前也没有一个女性共产党员形象，是可以那样来塑造的。你可以漂亮美艳得像个女特务，但是确实在党性上又非常正确。在很多和敌人，或者各方面的势力在交涉的时候，确实是有超强的智慧。所以看起来，包括演起来还是很爽快的。

2018 年播出的电视剧《和平饭店》可以说是一部许久不见的现象级谍战剧。故事讲述了 20 世纪 30 年代东北沦陷期间，东北敖东城黑瞎子岭土匪二当家王大顶，在追查一批即将流入民间的鸦片膏时意外进入和平饭店内，并遇见了南铁情报部门机构特聘的行为痕迹分析专家陈佳影。同时，警长窦仕骁为了追查携带重要证据胶卷而潜入和平饭店的文编辑，下命令封锁整个和平饭店。陈佳影作为潜伏的共产党，为了能将藏有日本在东北试验细菌武器证据的胶卷送出和平饭店，并突破日本宪兵队的包围，只好和萍水相逢的王大顶假扮夫妻，躲避日伪敌人的调查。与此同时，作为世界

政治格局的缩影，和平饭店入住的每个客人都不简单，日本、德国、美国、法国、苏联、中统、军统等各方代表在一个闭合的空间内合纵连横，展开了长达十天、240小时的生死博弈。复杂的剧情，烧脑的台词，在紧张刺激的同时又不失幽默的色彩，令观众们大呼过瘾，再次掀起了国产谍战剧的新风潮。

曹： 像这种戏是不是比以往拍摄其他的一些剧，可能要准备的时间更久一些？

陈： 背台词确实需要大量的时间，也感谢我们的编剧张莱老师，他能够用两年多的时间，写出如此严谨的剧本。我们第一遍看的时候，都难免有的地方没有看懂。我记得有一天，好像是多方间谍在一起，我们有一场互相讨论的戏。然后雷佳音就说，你们确定你们都搞清楚自己的行动线和逻辑了吗？然后我说有一个地方，他那条线我就是没有太弄懂，所以现场还得大家再顺一顺。这就足以证明，这个剧本确实高度浓缩，让观众们非常投入进来烧脑，确实是不太适合以中间出去上个洗手间这样的一种状态来看这部戏。当然李骏导演的拍摄，我也觉得非常好，可以说是精品电视剧，非常电影化的镜头的表达，让这样一个比较有当今国际视角和审美的谍战剧，变得非常有趣和与众不同。

曹： 而且这个戏比较有意思的，就是它除了通常我们所看到过的悬疑剧的那种紧张、悬念之外，它有点幽默感。有紧有松，张弛有道，这是它很大的一个特点。所以你们在拍摄的时候，比如你跟李光洁、雷佳音之间怎么去琢磨这种人物之间的关系，拿捏整个火候。

陈： 我觉得雷佳音的角色非常讨喜，他那个角色实在是太招人喜欢了。有些时候看他演得比剧本那个度要大，但是你又觉得他表达得非常好。所以我在现场看他演，就得马上临时调整，就不能按照原来剧本设定的那个度。因为我始终觉得，演戏其实是大家互动的一个结果，我不能只演我自己。有些时候演员好，我看我要怎么配合，就像捧哏一样，我得把他捧起来。或者由于种种原因，这个演员，这个戏的度没有达到那个状态，我怎么再来支撑一下，弥补这里面的一些缝隙，这是彼此要配合的。所以跟佳音的合作非常愉快，而且我们两个角色实在是太紧扣在一起了，就是很默契。

曹： 雷佳音是属于那种创造力特别强的。虽然我没有看过他现场拍戏，但我相信他的这种机灵，一定在现场会有很多火花，一定不是平铺直叙，按照这个剧本走的。所以我觉得演员之间往往是这样的，两个特别有创造力的演员，在现场会迸发出很多火花。所以现在想起来拍这个戏，除了你刚才说的这些细节之外，还有哪一些场景，你们临时的火花可以促发你们的这种创造力？

陈： 因为这个戏当中，我们比较追求一种国际化的审美，并不是传统东方式的，所以有些地方可以表现得再放开一点。雷佳音扮演的角色看上了陈佳影，就是我这个角色，老是想要往我身上凑。我就得老勾着他，然后既要保持距离，要跟他配合好，同时又不能让他太造次。所以有很多两个人像拉着线一样的这种摇摆的状态。我就记得有一场戏，明明是我们两个在大厅里头观察众酒店宾客，按理说就是两个人在讨论厨房后面有多少人，后院有多少人，一个在分析的台词。后来我就跟雷佳音说，我说你"壁咚"我，你趁机又开始要"调戏"我了，把我"壁咚"在墙上，然后让所有的宾客看到我们，以为就是一对情侣，可能在调情说话。但是我们一边是在调情的一个体态，一边其实在不断地分析案情，甚至我在警告他。所以这个就会有一种很强烈的反差感。然后雷佳音说，这个好，那就这样来。所以可能也许真的是跟好演员之间的互动，大家立刻就知道，所有的好点子都是为了这场戏可以表达得更好，就非常流畅。

可以说《和平饭店》中的陈佳影是陈数演艺生涯中又一个里程碑式的角色，也是她时隔多年之后，再度成功挑战谍战题材。巧合的是，陈数最初被广大观众认识并认可的第一个角色，就是当年红遍大江南北的谍战剧《暗算》中的数学家黄依依。如果说陈佳影是为了理想和大爱而有意冰封个人情感的冷美人，那黄依依则像一团熊熊燃烧的生命之火，让当时初出茅庐的陈数第一次感受到了表演的极致魅力。

曹： 说到悬疑剧，大家肯定会说到你演的《暗算》里的黄依依。你怎么看她们之间的差别？

陈： 我曾经说过一句话，如果我做演员一生只能演一部戏，我希望是黄依依。因为我觉得那是一个作为女性演员，在一个角色当中可以充沛表达，甚至可以肆意表达属于自己的个性、美好，以及才华的一个集中体。说来也是一个特殊的缘分，由于种种原因，原定出演这个角色的演员不能来了，所以剧组是停机了大概十天左右，临时再找演员。我是以最后三个候选人的状态，进入到最后的试妆、定妆。我后来才知道，其实一开始柳云龙导演好像对我也不是最满意，因为难免每个人对于黄依依这个角色的期待都太高了。只是从几个候选演员当中，觉得我长相比较成熟一点，可能接近黄依依三十几岁的这个年龄。事实上我扮演黄依依的时候，比黄依依角色年龄要小。但是由于种种原因，我没有时间，没有可能去做案头工作，去观摩一些东西，没有可能。

曹： 所以只能边拍边琢磨了。

陈： 本能，完全凭本能。当然看到剧本就会觉得剧本真的好棒，而且我没有见过这样

263

《暗算》剧照

的剧本，也没有见过这样的角色。说来也神奇，我的直觉就是这个角色跟我好像，甚至差不多有80%的比例跟我很像。我没有去过美国，我小时候数学成绩很一般，这么肆意的人生我也没有过过，但是我不知道为什么，我就觉得跟她很像，所以很多戏是一种直觉性地演出来的。比方说在小树林里头，黄依依老是对着安在天说很多表达自己个性的话。我觉得以前我都没有那么自由地演过戏。比如说我就是说着话看着他，就转着这个树，我就自己转，也不顾镜头在哪里，我就这么演。我就记得有一场戏，我现在想想其实抓得挺对的。他来我们的数研所，我第一次拿到他的试卷。我主动要求，要来做这个试卷。"啪"我的手往他身前一伸，我说拉钩，柳云龙老师没有动。我一转身，就像个活泼的小公主一样，特别无瑕的那种年轻小女孩一样就走了。我后来再看到这段戏的时候，我觉得这就是我理解的黄依依，就是我认为的这个角色，一个女性可以肆意生活的状态。但是我没有设计这场戏，现场就这么演了。

曹：所以有的时候演员这种本能反应，往往是很珍贵的。

陈：这么多年演了这么多角色，这个角色是最本能的一个。所以后来为什么我在看的时候我也会觉得，我还能演成这个样子？因为按理说，如果我们真的塑造一个角色的时候，总归是要设计的。当然前提就是，这确实是一个非常优秀的团队，非常优秀的小说和非常优秀的剧本。这是我的幸运。

曹：像柳云龙这样演员出身的导演，他们在现场指导的时候，是不是会更感性，更会从演员的角度去理解？

陈：其实现在想想，整个在《暗算》的拍摄过程是非常愉快和流畅的，包括摄影师也非常棒。我作为演员，在那么好的一个剧本的基础上，配合导演的要求。他比方说可能有这样的要求，那就再来一遍，或者有个什么样的调度，我们再试一下。在这个问题上，我确实是比较无条件听从导演的要求的。我相信他也看到了我可能在表演这个角色中很多的光彩，他也一定捕捉到了，所以我一直也是觉得，一个好作品需要一个好导演。

曹：刚才说到本色表演，其实黄依依确实像你说的，她的个性当中有一种特别张扬、热情的特质，最后走向枯萎。相对来说，可能陈佳影这种角色就是完全不一样，完全拧着的，比较神秘、高冷，当然最后还是怀揣着一种坚定的信念。所以这两个不同的人物之间，是不是你觉得黄依依跟你本色的个性当中，有更多重叠的部分？

陈：黄依依和陈佳影这两个角色，相隔差不多11年。如果说起来的话，10年对于一个女性的成长和变化，也一定是必然的。假如说在2005年拍摄《暗算》扮演黄依依，调动了很多我自身，我认为的一种很自然的状态，甚至可能有我的理想中的一个女性的样子的话。那么到了2016年底，拍摄《和平饭店》的时候，我其实是将那个时候的我的状态，给予了这个角色。我觉得都是很对的，第一是角色设置完全不一样；第二，在那个时候的我，可能会更加成熟一点，或者说能够更加有一些思考地去理解什么叫自由，什么叫承载，什么叫做成就自己的同时，我还能给予世界和给予他人，而这个其实是陈佳影这个角色需要去传递的。也算是一个对的时间，遇到了一个对的角色。

曹：过去我对你的总体的感觉，就是一个穿旗袍的精致的女人，所以大家称你为"旗袍女王"。确实你身着旗袍之后有民国风，好像是那个年代过来的。我接触过很多二十世纪在上海生活的"老上海"，虽然我认识她们的时候，她们年龄已经有点偏大，但是你可以看出她们年轻时候的那种风姿绰约，不是每个女演员都适合穿旗袍的，但是旗袍对你来说，就像是跟你身体一块儿长出来的，这个很难得。

陈：说来也很神奇，我是湖北人，但是因为小时候爸爸妈妈都要去演出，没有办法带我，所以我是跟随着姑妈在浙江长大的，然后再回到湖北上的小学。现在想想，也许在浙江那段生活，我已经不太记得很多细节的幼儿时光，会不会多少会对我有影响。就比方说长大之后，我会发现，虽然是湖北人，虽然我在北京上学、工作，但很喜欢吃上海菜。因为我的姑父是书香世家，在我很小的时候，可能给我立了很多规矩，让我长大之后还是受益匪浅。后来我再想想，在我还没有上中戏，还是东方歌舞团舞蹈演员的时候，来上海看望我的同学或者亲戚，就会有上海的朋友说，你长得很像我们上海人。包括我去坐出租车，说什么说到北京，他说，啊？你不是我们上海人？后来可能大家都是无意在讲这个事情，就会给我一个印象，大家可能会觉得我像上海人。后来是我上了中戏之后，一位上海的作家朋友说，我印象特别深刻，他说你像大家心目中上海女人的样子。再严格来说，你像大家心目中二十世纪三四十年代女人的样子。其实都只是在聊天，就过去了。然后就是拍完《暗算》，我也在思考，作为年轻演员，我是不是应该主动争取一下一些作品的类型，或者角色的类型。然

陈数旗袍造型

265

后这些记忆就都浮现在我脑子里了。我很想演年代戏，很想演穿旗袍的女人。但是那是个角色，我不是个模特，穿旗袍是一方面，仪态也一定是要有训练和重新去寻找的，最终还是演那个人物。所以确实，我花了前前后后差不多半年的时间，纯粹地在体验生活，包括阅读。不仅是张爱玲的小说，包括白先勇先生的作品，包括请教上海的很多作家的朋友。真的是带着更强烈的一种体验生活的方式，去逛逛弄堂，去"小红楼"转一转，看看那种很有传统特色的一些建筑。当你抱着更大的一个期待，或者愿意打开自己去接受这些信息的时候，会发现确实能够吸收到一些东西。然后我自己尝试，就是去做旗袍，请摄影师帮我做造型什么的，拍照片。甚至我在拍照片的时候，也不是摆一个姿势，而是希望我的每一个动作，举个手、转个身，我希望让它跟自己身体随顺起来。有一天我是毛遂自荐，去客串了一个年代戏。其实那个戏的制作并不大，造型也谈不上多么精美。但是我就希望，哪怕是很小的一个客串的角色，我也能够在里面有练习的机会。我就记得是拍那个角色靠近尾声的时候，我去了"小红楼"。那个时候"小红楼"的墙上，还都是大幅大幅的老上海的明星的照片。我就去看这些大照片当中的那些老电影明星的容颜、仪态。其实我仔细在看的是她们的眼睛，特别希望跟她们能够有隔着岁月般的一种交流。那天我去的时候已经是晚上 9 点多钟了，餐厅已经没有客人吃饭了，我就在其中的一个房间走，摸摸桌上的桌布，看看简单的一些餐具，我都知道，这是现在的东西，不是过去的东西，但是我就让自己装进去。然后正好到窗边，那种方格的窗户，外面就是徐家汇公园。我就是很自然地往窗户那一倚，好像自己是某个角色一样，就像是自己进入一个情境中，往那儿一倚。那一刻我知道，我连接上了。自此之后，我演最后的几场戏，那个年代戏我就觉得都对了。两个月之后，我就拍《新上海滩》了。

2007 年播出的电视剧《新上海滩》，云集了当时最炙手可热的主创团队，导演高希希、许文强的扮演者黄晓明、冯程程的扮演者孙俪以及冯敬尧的扮演者李雪健均可谓一时之选。因为 1980 年周润发、赵雅芝版的《上海滩》早已成为一代人的集体记忆，《新上海滩》剧组在万众期待的同时，也面临着巨大的压力。该剧播出之后，陈数饰演的"上海滩第一交际花"方艳芸几乎获得了一致的好评。剧中的她，浓妆艳抹却仪态端庄，笑容妩媚却进退得当，既是北平名牌大学的毕业生，也是流落到旧上海弱肉强食世界中的风尘女子。陈数的表演细腻丰富，不落俗套，完美诠释了这个外表风光，内心早已腐朽的悲剧性人物。

曹： 你拍《新上海滩》的时候，其实那种人物的基调已经慢慢从你心里边感悟出来了。

陈： 可以说是已经比较顺了，因为这个像是个协调性的东西，说不上来。虽然我是舞蹈演员出身，我给自己打造旗袍造型，做了半年的准备工作，在那之前的日子里，我是不会穿高跟鞋的一个女生。可能舞蹈演员走路有作为舞蹈演员的那个劲儿，但是穿高跟鞋，包括旗袍，是另外一个劲儿。但她又不是舞蹈，是一个常态当中的真实的人，所以我也在想，因为扮演穿旗袍的这样的一些角色，因为接触了海派文化和这样一个人物的机会，我觉得我自己也受益很多。

曹： 所以旗袍这个东西真的很有意思，一件合身的旗袍，它穿对人，或者说一个人穿对了一件衣服，两者是合一的。我有一天听音乐会，走到前面一看，有一个精致的、瘦瘦的老太太，穿着一件非常漂亮的旗袍，红色的高跟鞋。我一看，周小燕先生。我说周先生，这件旗袍跟皮鞋都非常好看。她说你猜猜我什么时候买的？我这是20世纪40年代买的，一直穿到现在。到她晚年的时候，她身材也没有变。虽然她年纪大了，但是她那种从那个时代走过来那种气质非常不一样。

陈： 气韵，对。

曹： 所以你后来除了《新上海滩》，也拍过《倾城之恋》，是吧？

陈： 是的，包括话剧《日出》。

2008年正处在事业上升期的陈数，遵从内心的声音，毅然中断了影视剧的拍摄，腾出了整整一年的时间，排练、巡演新版话剧《日出》。虽然曹禺笔下的这部经典作品并非是发生在上海的故事，但女主人公陈白露的气质与心境却与《新上海滩》中的方艳芸有着不少相似之处。事实上，早在2001年，尚在中央戏剧学院学习期间，老师就曾戏言陈数"你就是演陈白露的命"，当时的她并不明白老师指的是什么，但这句话却在她心中埋下了一颗种子。为了以后能够有机会真正演绎出"陈白露"式人物的灵魂，陈数把了解那个时代的历史背景和文化故事变成了自己的兴趣。

曹： 因为你对那个年代的人物，对这个城市的过往，有一种理解。是不是就觉得游刃有余？

陈： 可以这么说，在我积累的素材当中，上海对于我是一个非常重要的起点，以及爆发点，它是我切入对于二十世纪三四十年代中国文化理解非常重要的一个汇渠。其实穿旗袍穿的是风韵，风韵不是说手在多少度，头在什么角度。它是让你身体整个带动甚至你的眼神，带动你的仪态的一种风范。我觉得那个时候，确实有一种风范是很迷人的，跟我们今天完全不一样，所以我只能零星一点点一点点，自己来组合它。甚至包括看老电影《小城之春》的女主角，您肯定记得一个细节，就是她拿着一个手绢，一点点在手里把玩。这个就是很代表那个时代女性性格的，性情优雅，非常重要的一个小细节。

曹：欲言又止，把握分寸感。

陈：对，它是个度。所以为什么他们说，可能外国人穿旗袍，跟我们真正意义上旗袍文化所展现的气质会不太一样。似乎就是要把那个度掌握好，它在外面一点里面一点，那个度就对了，不然好像就是不太对。

在他人的眼中，陈数是一个幸运的女演员，在对的时间遇到了对的角色。但旁人没有看到的，是她在《暗算》走红之后，主动寻找适合自己的戏路，从拿出自己当时大半年的收入，定做旗袍拍摄造型照开始，到对张爱玲、白先勇小说的细致研读，琢磨老上海电影明星的一颦一笑，到最后将自己对海派文化的理解和想象，化用在方艳芸、白流苏、陈白露三个人物身上，完成了自己对"穿旗袍的女人"的多面诠释。在拍完电视剧《倾城之恋》后，为了走出角色带来的影响，陈数曾"使劲地穿球鞋、牛仔裤，随意地走路"。一年后，她怀着寻求再次突破的心情走进了《铁梨花》剧组，演绎了另一段截然不同的女性史诗。作为绝对的女主角，陈数在《铁梨花》中的出演场次高达678场，相比《倾城之恋》的550场又多了100多场。她也经历了从影以来的造型之最：面部化妆5种，发型10个，造型17个，服装28套。功夫不负有心人，这段异常辛苦的拍摄经历，也让她收获了出道以来最广泛的赞誉。

曹：《铁梨花》跟你这些旗袍戏完全不一样，真可谓有天壤之别。看过你的那些民国剧，然后来看这个《铁梨花》，完全是两个不同的人物，那好像是一个特别剽悍的，是杨排风式的人物，有她的那种英气、豪气。这个戏我觉得真的是演得特别特别好，就是没想到你能演这路。郭靖宇挺了不起的，胆儿也够大的。

陈：记得看到剧本的时候，我觉得很棒，剧本很好。但是我很清楚，跟我所有演过的角色，和我已知的我自己的表演经历差距非常大。我还专门真诚地问过他，我说导演，你觉得我能演吗？导演说，可以的。当然，杀青之后他说，他其实也有点打鼓。

曹：你会觉得身体里面是有这种剽悍的东西吗？

陈：应该这么说，我不演我还真不知道自己身体里有这样彪悍的东西。在演《铁梨花》之前，通常女演员就是标准的女性化角色，包括海派旗袍女子，她的优势、美好、擅长点，都应该是那个样子的。但是这个角色，她所有的光彩点，价值观是在于仗义。我就是要冲出这种束缚，我要走到江湖去。到了一定阶段，我有的是家国情。我大概只有三分之一的段

《铁梨花》剧照

落是相对年轻和干干净净、姣好的形象，中间江湖阶段就是灰头土脸的，像扮演乞丐的那种着装。最后三分之一，就是直接演 60 岁的娘，张桐演我其中的一个儿子。一个儿子小我一岁半，一个儿子小我三岁，每天就两个一米八的大小伙子喊我娘。它有极大的假定性，但是你又得让自己融入其中，不能让观众觉得，是在看一个无关紧要的角色。甚至包括跟所谓敌人在抗争的时候，绝对不可以用只是一个女性来形容她，而是个大写的中国人的状态。这些都是我演着演着才发现，她的力量很大。这个难度系数是远超过我一开始做的案头准备的，包括大段大段如同戏剧般的那种慷慨激昂的、强烈情绪冲撞的戏。每一集剧本都有三四场这种大戏，演自己的主场景的时候真的好累。比方说我跟杨志刚的角色，有那种真推搡的戏，胳膊真的是会酸的，因为两个人真的是在使真力气演。所以我经常说，我演了一个跟我距离特别远的角色，就是外形，经历，我也没有当过这么大的一个人的娘等等。但是，她似乎让我意识到了我自己生命底色的很多东西，就是这种情怀吧，我也无法再去形容她。最后从角色当中呈现出来，让大家觉得，这个女演员还能演这种类型的一个女人的史诗。

曹： 所以因为《铁梨花》这个角色，你也得到了白玉兰奖最佳女主角，实至名归。

陈： 谢谢。

曹： 对自己来说是一个很重要的人生节点？

陈： 是的，无论是业内还是中国南北观众，因为南北观众的口味是不太一样的。这部剧可以说在中国的南北观众中都得到了很大的喜爱。所以这个对于我来说是非常重要的一个成长点，也非常受到鼓舞和肯定。

2011 年，陈数与自己相恋多年的爱人钢琴家赵胤胤携手走入婚姻殿堂，正像他们在结婚誓言中所说的那样，是对未来生命共同的期许，让两人最终决定牵手一生。转眼十年过去，作为一名更加成熟的女演员，陈数对于自己的生活又有什么新的认识呢？

曹：其实作为女演员来说，需要在社会上承担不同的角色，你可能是个好的演员，但是你在生活当中，你要承担的角色，是女儿，妻子，也可能是一个母亲。有一些演员把事业看成人生的一个最大的追求。还有一些女演员把生活放在第一位。所以你怎么看待自己作为一个女演员在事业和生活当中的不同的身份界定？

陈：每一种选择都有这个人必然的一个需求或者喜好，我觉得每个年龄段也不一样，我在我很小的时候就有非常清晰的认知，我认为对女性来说，事业特别重要。这个重要并不是说，我一定要多么事业有成，因为成功确实需要命运的一些好的机缘。但是你可以把事儿做好，你可能处在一个相对平凡的岗位，但是你做得不差。你既对得起自己，让自己很坦然，同时还能够有一些让他人可以尊敬你的地方，这就很好。所以我一直没有想到过，当演员还可以有今天的成绩和机会，我已经很感恩了。但是另外一方面，我又不觉得有了工作，有了自己的事业，就应该忽略自己的家庭生活。我是女性，我希望有自己的家庭生活，有属于自己的情感，这是人之常情。好像到了一定阶段，我势必就需要留出一点时间和空间给它。但是到了再往后的成熟的阶段，我会觉得不要把某一个单一项作为绝对选择，人生是平衡的。如果这种平衡可以处理得好的话，其实是相得益彰，此消彼长，互相成就的。所以现在我会更加觉得，我不追求我必须怎样，但是我希望我的人生没有绝对短板。

曹：就是顺势而为。

陈：是的。因为有一些东西其实也是欲速则不达，不是我自己铆着劲就一定能成的。而且真正的演员，演的真的是戏吗？我觉得不是。真正的演员进入到成熟阶段之后，其实是你这个人对于生命的理解。我来演，和张三李四演一定不同，不同在于我们会有自己的理解。

曹：不同的人他有不同的生活背景。

陈：它一定有微妙的那个度，比方说情感的度、喜悦的度、悲伤的度、愤怒的度，它都会在你的理解当中，你来表达。

曹：因为女性往往跟男性不一样，她在社会上所承担的这种职能，或者别人看你的眼光是不一样的。会有些固有的，对于完整或不完整，成功或不成功，有一些既定的，也许是刻板化的印象。这是一个坊间，大家认同的一个看法。你看到差不多年龄的同行，有孩子的，你会羡慕这样的一种天伦之乐吗？

陈：其实我是个很喜欢小朋友的人，我是小朋友的时候我就很喜欢小朋友。现在看见旁边的小朋友，眼神还是会藏不住，所有人都看得出来，你是真心喜欢小朋友的人。但是，可能就是因为我跟我先生经过了沟通，我们确定我们不要小孩。我跟我的继子关系很好，我也很感激跟他相遇。遇到一个好孩子也是我的福气。很遗憾就是，我没有经历他5岁以前的人生。但是当他5岁的时候我跟他遇到，可以成为他的继母，我觉得我经历了很多丰富的东西。

陈数参加真爱梦想基金活动

曹：所以其实也体会到了做母亲的感觉。

陈：我体会到了很多生活的质感。可能因为我抱有一种不求回报的期许，所以反而在这个过程中，我觉得就很坦然和松弛，不会给旁人一些压力，也不会给孩子压力。当然我也不敢说，一直陪伴得很丰富，因为我可能也有我自己的工作。有一天我突然意识到，成为一个母亲或者给予孩子爱，不一定是因为你拥有他。比方说我生了一个属于我自己的孩子，法律层面上，你拥有一个跟你有绝对血缘关系的孩子，我不需要这种拥有。我前几天还陪我的干女儿吃饭，还给她梳头，给她吹头发。她刚烫了头发，我说你烫的时候应该这么吹风就会比较好看，以后不要留这么长，这样不好打理，然后就拿吹风机给她吹头。我很乐于参与这个部分，但是这一切的完成，我不需要通过自己去生一个孩子来完成。而且我是上海真爱梦想公益基金会的理事，我们这个基金会已经13年了。我从创建伊始就和基金会在一起，特别是这几年，我每年都会有探访，为基金会做一些事情。我不知道用使命这个词会不会过大，我是觉得每个人生来一定是有属于自己的命运轨迹，有的人可能是生儿育女，有的人可能是其他。我不一定用一种既定的方式来成为我自己。

从2008年至今，陈数作为真爱梦想基金会理事，在内蒙古、西藏日喀则、青海、四川马尔康等各地的梦想学校留下了自己的足迹，她走近当地的孩子，和他们交流对生活和美的体验，帮助他们成长为更加全面、美好的人。陈数对于素养之美的重视源于自己的成长经历，她出身于湖北黄石的一个艺术之家，父亲是当地著名的舞蹈家，而母亲则擅长演奏长笛和钢琴。童年时代的陈数跟随母亲学过两年钢琴，却更爱披着纱巾模仿大人跳舞。虽然父亲作为过来人觉得学舞太苦，但看到女儿对舞蹈的热情，也认为她确有舞蹈天赋，便开始悉心培养。陈数小小年纪便考上了北京舞蹈学院附中，后进入东方歌舞团，有着长达12年的职业舞蹈演员生涯。因为偶然参与了中文版音乐剧《音乐之声》的演出，陈数意外展露出的表演才能促使她再度出发，放弃了东方歌舞团的正式工作，选择进入中央戏剧学院，从零开始做一名演员。而她的演艺之路也并非一帆风顺，直到毕业四年之后，才遇到《暗算》中的黄依依一角，真正为人所知。作为一名女演员，陈数可算大器晚成，但内心的笃定与充盈，让她有信心将每一段经历都化为下一次出发的动力。2017年，主动减产的陈数在休整之后，选择重返话剧舞台，主演了由舞蹈家王媛媛跨界执导的作品《海上夫人》。多年从事影视、戏剧表演的经验，和曾经的专业舞者经历，促使她对于戏剧大师易卜生笔下这个最神秘、最复杂的女性角色做出自己独一无二的诠释。

曹： 无论是《倾城之恋》的白流苏，还是易卜生的话剧《海上夫人》。作为一个演员演了这样的一些角色，它会不会反射到你自己的人生观、爱情观或者婚姻观？

陈： 演《倾城之恋》是命运的垂爱，遇到邹静之老师那么好的改编剧本，加上我也是"张迷"，《倾城之恋》也确实是我最喜欢的她的作品之一。能够遇到，扮演并且得到喜爱，已经是非常好了，这里面更多的是顺随命运的安排。但是易卜生的《海上夫人》是我主动的一个选择。可能是进入一个不同的年龄段，开始会引发自己这方面的思考，正好又遇到这样的一个主题。你就会特别希望通过一个这样的作品，来跟大家共同探讨，我们怎么来表达女性对于外面的世界，对于自主、自我的一个内心世界的关注，这有主动的一个部分。同时期其实是有另外一部戏剧作品，非常传统的、民国的一个作品。但我觉得在那个时候，我应该往外走，不要再往回走，应该往前走。

曹： 女演员除了她的生活的面向以外，事业的抉择相对男性演员来说往往也是，可能要经历更多的挑战，因为演员是相对被动的一个职业。怎么去把这种被动变成一种主动？其实在你过往的经历当中，无数次你都是希望能够主动去掌握某一些东西，而不是纯粹处在一个被动的状态。当然这个难度特别大，往往很多女演员到了某一个年龄会有年龄上的焦虑，甚至有演员公开跟导演喊话，说到我们这个年龄，我们的戏就比较少。但其实任何事情、任何个人所处的状态都不一样，你有没有这种跟你相同年龄，或者背景的同行，有相同的这种焦虑？

陈： 我没有跟我同年龄的同行做过太多过深的交流，特别是演员朋友。但是之前我也有我自以为的设定，就比方说，我也认为女演员过了40岁，可能就真的有限了。一定是更年轻的女演员的机会、作品的量、可选性更多。所以我就在我快进入40岁这个年龄的槛的时候，我自己就跟自己说，不要去做过多内心的期待，要学会从某种峰值当中往下走，人不可能一直往上的。所以这种自然的、提前的心理建设我已经形成了。当然面对这种事情之后，你说我没有情绪，或者没有内心的波澜是不可能的。但是起码有一份理性在我心中已经形成了，所以反而我会想着说，进入这个年龄段，我可以为我的人生做点什么？比方说之前的人生很忙碌，很感恩有很多的机缘和成果。其实我也缺少很多蓄能，那我是不是应该给自己蓄能一下。所以有那么两年，我基本上工作量很少，第一是调养身体；第二，我去上了一些国学课。

曹：享受一下生活。

陈：对。你可以说是享受生活，因为它对于我来说是很重要的精神生活、精神补给。包括可以去大自然，去一些地方纯粹地去感受，不是去购物，不是去国外旅行那种。可以不以一个很忙碌

陈数

的、人气极热的女演员的身份，去跟朋友们聚会，去认识陌生的人。我觉得这个对于我都是很好的一个积累，为我之后再一次遇到一些新的作品，开始所谓更好的表达，有一个很好的积累。因为有一个问题大家可能会忽略，所谓年轻和中年，本质是有不同的。我们都会很容易停留在肉身这个问题上，但是肉身的减退，你内心的东西的饱满，它其实是可以互相融合的。我们不能否认青春之美，因为有些时候看到非常非常年轻，很棒的年轻演员，我也会感慨。看到他们真的是没有办法掩藏的，都是溢出来的那种青春之美的时候，你是会被那种青春之美打动的。你也会理解，为什么那么多人会喜欢青春之美的作品，青春的演员，那是由于它的美好和力量。但是那个跟天然有关系，那个跟你处在真实的青春年龄有关系。但这个阶段每个人必然都会走过去，你难道只能拥有天然吗？你不能给自己蓄能吗？我不能让我自己身体里面的东西可以稍微平衡一下自己肉身青春的褪去，让自己变得更加丰富吗？这个是我可以为我人生做的，它跟我当演员没有关系。假如这个部分我可以做得好的话，我不做演员，也可以成为一个还可以的中年女性。如果可以做演员，我可能也可以让我的中年女性的角色，变得不那么枯燥，甚至令人喜爱。为什么不去做这些事呢？说肯定是要说，还是要呼吁一下，关注一下我们这些还可以的姐姐们。但是最终，事情是做出来的，如果可以让自己变得更有做事情的能力，这是我要关注的。所以人到40多岁之后，我不建议干很多很多的活，做很多很多工作，一部戏接一部戏地拍，那个不适合成熟的演员。因为成熟演员需要你拿出的作品和表演，是有更高的质的提升，不是可以靠量来完成的。有机缘我就做，没有机缘我可以休养休养，做一点其他的事情，让自己等待

更好的机缘的来临。其实相对来说，我觉得我的主动性并没有那么强烈。因为着急没有用，我希望我自己平衡。

曹： 平衡其实是非常重要的。我采访过一些欧美的演员，差不多都是中年以上的，像法国的于佩尔，像梅丽尔·斯特里普，你看她们在不同的年龄段，就能演出那个不同年龄段的角色，而且很富有吸引力。演员的潜力跟丰富性，其实它跟男女是没有关系的，有些女演员她在不同的年龄依然能够散发她那种光芒。

陈： 是。所以我经常跟很多同行朋友见面，我说我始终做的事情就是，让我自己状态良好。当能遇到你们给予我的这些机会的时候，我们能做点事情，并且让这个角色发光。

曹： 所以我觉得，你一直把自己的状态调整得特别特别好。

陈： 其实是件不容易的事情。

曹： 尤其对女演员来说不容易。如果说我们现在有一个所谓的陈数状态，你会怎么说？你把自己调整成一个什么样的状态，你才觉得是属于自己的、最好的一个状态？

陈： 首先是健康，健康是一切。其次，我希望我对这个世界永远保有一种对于美好的敏感度，我觉得这个很重要。因为有些时候所谓你看得到一些美好的东西，是来自你

陈数和曹可凡

内心愿意打开这个部分，哪怕可能会有受伤的可能，你的意愿依然会打开这个部分，去吸收那些美好的东西。有些时候我们太容易害怕受伤，但也许美好的东西是要伴随一些勇气的。我希望自己健康，希望自己能够拥有不断对于世界美好的捕捉的能力，并且也希望能够不断在传递这些东西。

最美的舞裙——朱洁静专访

要说近几年最为火爆的舞台演出，上海歌舞团出品的谍战题材舞剧《永不消逝的电波》定能占据一席之地。自 2019 年首演以来，这部舞剧在全国各地已经演出了三百多场，所到之处场场爆满，一票难求，观者好评如潮，看过几遍、十几遍甚至几十遍的大有人在。可以说，《永不消逝的电波》完全颠覆了以往舞剧曲高和寡的小众

朱洁静现场照

印象，成为万众争睹的大众化经典，被誉为"现象级舞剧"也毫不为过。

在剧中饰演女主角兰芬的，就是上海歌舞团首席演员、青年舞蹈家朱洁静。趁着两轮演出之间的短暂休整期，朱洁静第二次走进《可凡倾听》，眼前的她比上次作客时更加成熟、自信，而始终未变的，则是她那纤瘦轻盈的身材。

曹： 距离上一次你跟野芒老师来我们节目，已经好多年过去了是吧？

朱： 四五年了。

曹： 四五年了，依然保持这样一个好的身材，让人羡慕。你是不是一直那么瘦？

朱： 可能就是天生基因里面的，反正就是老天赏饭吃。

曹： 对你们舞蹈演员来说，是不是饮食比较讲究？

朱： 学生时代特别苛刻，肉包子吃一半，一半以后那个肉还不能吃，只能吃半个包子皮。然后每天称体重，而且我们不只是站在秤上称体重，连头围、胳膊围、大腿围、腰围每天都量。所以从小形成了一种观念，就是舞蹈演员除了身体的技术能力过关以外，身体本身也是要像一件艺术品一样呈现给观众。而且大部分舞蹈演员衣服很单薄，如果说身体稍微多了几块肉，观众一目了然。

曹： 像现在这种情况之下，是不是会对自己稍微仁慈一点？

朱： 不敢吃。

曹：不敢吃。

朱：短短几天休假，如果你稍稍放纵了，在这几天之内你很开心。但是几天之后的演出，你就要从头开始，再让自己瘦下来，再让自己的肌肉紧实起来。所以就算是休假，其实还是不太敢大吃，依然要保持训练，所有的排练都不能停。因为我们有一句话，舞蹈演员可能，一天不训练不排练是自己知道，两天不练是老师知道，三天不练观众就知道了。

曹：比如说重了一斤或者两斤，你到了台上跳舞，自我感觉会不一样吗？

朱：就是吃饱以后，你的那个饱腹感，好像会让你身体机能的运作开始变慢。包括双人舞的时候，我连水都不敢大喝。因为咕嘟咕嘟喝水以后，你托举，就是在空中，你能听到你肚子里面咕噜咕噜的声音。

曹：真的啊？

朱：对。这对舞伴会特别不尊重，所以不敢吃东西，也不太敢喝水，就是空腹。但是很多人说，你空腹不会晕过去吗？

曹：对啊，会不会低血糖呢？

朱：我觉得在一个高度兴奋和亢奋的状态，其实人是完全有张力和有支撑力的。所以也是一个很不好的习惯，就是可能一天的演出，我几乎不怎么吃东西。但是演出完那顿夜宵，一定要好好地犒劳自己。

曹：要对自己好一点。

朱：对。

2021年7月，舞剧《永不消逝的电波》在原有A、B两组的基础上发展为"风、雅、颂、韵"四组演员，在上海美琪大戏院正式开启了驻场演出，让更多观众能够有机会亲身领略这部经典舞剧的风采。驻演近半年来，观众踊跃，效果很好。而与此同时，这部舞剧的全国巡演也一直在进行中，"空中飞人"已成为朱洁静的生活常态。

曹：同时要完成巡演任务和驻演任务。对演员来说，可能跟过去相比，身体跟心理所承受的压力会更大一些。

朱：对，可能我们去纽约，去英国，看这样一个音乐剧的非常成熟的驻演的生态。对于国内来说，更多的可能是像旅游秀，一些实景的演出，可能会有驻场的概念。但是我们舞剧，一驻场以后，就是所谓的批量生产，那人就跟机器一样，或者说周而复始的这种情感。特别是《永不消逝的电波》是个大情感戏，你就会麻木。麻木以后，你对角色没有感动了，观众对故事就没有感觉了。所以我们其实对驻场还是挺害怕的。

曹： 怎么去克服自己身体和心理上的这种疲劳感？

朱： 我觉得人要回头看一看。很多年以前，没有人看舞剧，或者说舞蹈只是伴舞，有时候我们有了一个角色，一年也演不了几场，我们天天想跳舞，天天想上台。可是现在呢，好像我们天天就在台上，习以为常了。所以你要找一找当年的心态，你渴望舞台，渴望演出，渴望被看到的那种迫切的动力和欲望。我觉得每天打开剧场那块幕布的时候，你要相信，在台下永远是第一次看你跳舞的观众，可能你会开启他一点什么，他可能就会因此关注舞剧、关注舞蹈演员了。这就像一种修炼，你每天在重复地做一件事情，重复着一部舞剧，重复着一个角色，你是不是真的在重复，还是在这个量变的过程当中，你能慢慢达到一种质变。

在舞剧《永不消逝的电波》中，朱洁静不仅展现出纯熟精湛的舞蹈技巧，也融入了细腻真切的情感，将兰芬这个人物作为女性的柔情似水，和作为共产党员的勇敢坚强都表现得淋漓尽致，令无数观众潸然泪下。难怪有人说，《电波》和朱洁静互相成就了对方。

然而就是这样一个现在看来仿佛是为朱洁静度身定制的角色，最初却令她心中颇为忐忑。

曹： 当你第一次接到《电波》任务的时候，心里是怎么想的？

朱： 当知道要排新舞剧的时候，那绝对是兴奋兴奋再兴奋。但是当我知道，要排《永不消逝的电波》的时候，我就想，这里面就是孙道临老师演的李侠这个角色。还有什么角色呢？因为我一直期待的是一部大女主戏。

曹： 其实这部戏不算是个大女主戏。

朱： 对，它是一个大男主戏。第一天进教室，导演进来了。她没有教我们任何动作，而是把《永不消逝的电波》的导演操作台本，从头到尾给我们说了一遍。然后她告诉我们，这个剧中有九个角色，你自己最对位哪个角色，报名。

曹： 那个时候你们没有被确定究竟演

舞剧《永不消逝的电波》

什么角色？

朱： 没有，自己选择。看过《电波》的人一定知道，里面有一个女反派，她非常美丽、非常张扬，她有戏剧张力。因为是反派，很多人会觉得一般反派特容易出彩，如果演好了的话，甚至是她的光芒能够盖过女一号。我心里想，我好想演那个反派，她的名字叫柳妮娜。我就去跟导演说了，我觉得我自己挺适合那个柳妮娜的。导演就跟我说，小朱，我也觉得你特别适合柳妮娜。因为我平时生活中的性格其实也很奔放，挺不像南方女孩的。别人都觉得，你是不是特温柔？我特咋呼你知道吗，我的性格也是那种直来直去的。然后导演又说，如果我是小朱的话，我会选择兰芬。所以当时我选择兰芬有两重意思，两重感觉，非常现实。第一是因为，愿意听导演的话。第二就是，更加现实的，就是因为兰芬是女一号。

曹： 那个标签对你有吸引力。

朱： 对于2017年的朱洁静来说，有多么需要被证明，因为我优秀，所以我是女一号，女二号都不行。因为听了导演的话，和女一号的标签，我才被动地选择了兰芬。她跟我哪儿都不像，甚至我会觉得这个角色，在我听到导演给我的脚本以后，我觉得非常平淡，或者寡淡，没啥味儿，身上也没有色彩。所以在我进入了这个角色以后，甚至可以说是我从艺这么多年中，遇到的最大的创作瓶颈。因为我抓不到那个人物。

曹： 你抓不住。

朱： 对，我说我要走进角色、塑造角色，那个角色她身上就有一个壳，你打不破它。然后导演跟我说，小朱，你要跳兰芬，你要学会的第一件事情就是学做女人。我说，啊？学做女人，我不是女人吗？

曹： 难道我这么多年不是女人吗？

朱： 第二句话，你要学会生活。所以我从打扫卫生开始，从做饭开始，我还真正地去找那种做饭的感觉。

曹： 以前都不做的吗？

朱： 全是外卖。就《渔光曲》那一段，其实讲的就是一开始在小板凳上，女人在煲汤，去生炉火。虽然现在家里面已经没有那个煤炉了，但我自己还拿着那个燃气炉，在那儿找那种感觉。

曹： 找生活的烟火气。

朱： 对，然后在剧中有一条围巾，贯穿全剧的围巾，有一个环节是我要坐在床上织围巾。当时我就拿两根针，我就这样，不会织，就搓呀搓呀。导演说，你搓得像个机器人一样。我还找我的服装老师去学了平针，手指要勾一下，从这儿下针，然后把毛线掏过那个针，再这样。真的是从这些看似跟舞蹈没有关系的生活日常开始，去强硬地找我身上那个时代的女人的气息。所以进入得非常艰难，甚至一度我怀疑跳不了了。这个跳不了就是说，我认为我自己训练了这么多年，我最棒的"武器"就是我的身体、我的线条，我的那种优美，我的那种大幅度托举的轻盈，毫无用武之地。导演把我捆起来了，她不让我轻易地去施展"武器"。所以当时会觉得被束缚，非常难受。但是慢慢地，当这个角色真的开始生长，她的壳开始软化、剥落，你开始真正地走进她的时候，你会发现，生活加女人的力量，来自她的平凡，来自她的朴素，来自那些最容易被我们现在所遗忘的那种，小小的温暖和温馨。我觉得这个才是兰芬在这个剧里面最大的功能，她要帮助她的丈夫，就是帮助李侠去营造每个人、千千万万人对于美好小家的渴望。她一定要足够温暖，足够幸福，最后我的丈夫李侠，为了千千万万的小家，而舍去了他的家，成就了我们所谓的大家。她有这么一重任务，如果说我不够贤惠，我不够温暖，我不够居家，我不够像女人，李侠的这一笔，它就砸不响，它就砸不到人的心里。

曹： 大概经过了多少时间，然后才觉得自己豁然开朗。

朱： 我觉得到今天为止它依然在深入。

曹： 所以你现在每一次演出，还是会感动到自己。

朱： 对，我现在跟您说的时候，我都会觉得，好想再去跳一场。因为跟您说完以后，我突然发现这个故事，好像又赋予了我自己一种新的感觉。

2020 年和 2021 年，《永不消逝的电波》和《朱鹮》这两部舞剧的精彩片段分别登上央视春晚，并且都成为当年春晚最受欢迎、好评度最高的节目之一。作为这两部戏共同的女主角，朱洁静集万千瞩目于一身，在这方无数人梦寐以求的舞台上收获了前所未有的关注。

曹： 通过央视春晚的传播，是不是你现在有更多的艺术知音？

朱： 真的没想到，突然之间，自己接到了春晚的邀约。而且我觉得更欣喜的是，很多时候春晚的舞蹈都是为了春晚的设置而重新编排的，但是那两年的春晚，都是我们舞剧当中的某一个经典片段。我觉得既是对于上海歌舞团作品的一种认可，也是种信任。我们带着这两支舞蹈，踏上了春晚的征程。其实我的心理压力比参加比赛还要大。几十亿观众在一夜之间，全部会看到。他们看到好的就是好的，他们看到瑕疵，这个瑕疵就会永远被放大，被留下，一生的遗憾，所以压力非常大。

曹：据说央视因为考虑到晚会的效果，曾经希望你们做一些修改，比如说最好不要拿这么土的蒲扇，能换成好看一点的团扇。

朱：春晚导演有他的要求，他觉得人们一定喜欢美的东西。如果是一把蒲扇，我们一说蒲扇，可能手都会不自觉地……

曹：生炉子的。

朱：和一把团扇，蒲扇可能手势都是这么拿的。但是一说团扇，你这个小指可能会不自觉地翘起来，手不自觉地会有一种兰花指的感觉。因为你对这两个扇子，闭上眼睛，你就会有自己的想象。所以他说能不能换成团扇？然后我们一听，啊？不行啊，这怎么能换？换了团扇，我们就不是这支舞蹈了。最后因为我们的坚持，也很谢谢春晚的导演，他很包容、很相信我们艺术家的创作，完全尊重，最后我们胜利了。在我们表现《电波》和《渔光曲》的那个时代，那群女人，她可能就是上海弄堂里面的张家姆妈，李家姆妈。就是我们左邻右里会共用一个厨房，会生火做饭，会把那个竹竿，那个衣服……

曹：撑到对面。

朱：撑到二楼。街坊邻居都会非常热情地打个招呼，手上挎个菜篮子，说今天这个菜场便宜几毛钱，明天那个怎么样。它就是这样一种充满市井味的，这样一个浓浓的生活氛围和烟火气里面，不可能出现团扇。所以这把蒲扇，就变成了我们对于这个生活记忆的一种载体。为什么我们经常说，我们要扎根于生活？所以它是有道理的。最后观众鼓掌，老百姓喜欢，其实你一旦把握了这个艺术最精要的那个东西，我们不要小看今天的老百姓、今天的观众，他都能够懂你。

时至今日，朱洁静已经是中国古典舞领域的顶尖舞者，是众人眼中一个"天花板级"的存在，但回首往昔，最初促使她走上舞蹈之路的动因却出奇的简单。1985年，朱洁静出生在浙江嘉兴，6岁那年得到的一件礼物，为她开启了一扇神奇的舞蹈之门。

朱：是在我6岁那一年，大年三十，我爸妈就拿出了一个盒子，一个袋子，打开一看，我整个人就被点燃了，那是一件非常漂亮的裙子。它的那个材质，它的那个荷叶边，它的那个剪裁，好像在我们嘉兴，在我那个年代，至少我看到过的裙子里面，没有那么漂亮的。我就把它挂起来，挂在了我的衣橱上面，就是睡觉的时候我都要看着。那件裙子给我的感觉，除了它漂亮以外，我还记住了一件事，就是装它的那个

袋子上面写着"上海第一百货"。妈妈就跟我说，特地托亲戚从上海买回来的，怎么怎么的。我就觉得，穿着裙子跳舞，可能在上海有比它更好看的裙子。所以就带着一种对于美丽这件事情的向往，就是很莫名其妙地就觉得，要跳舞，跳舞要穿裙子。

朱洁静童年照

曹：你那会儿来上海读书的时候多大？

朱：9岁。我父母都是工薪阶层，没有任何一个亲戚、朋友是搞艺术的，没有，就是特普通的工人。我妈一说，不读书了？去上海干吗？跳舞啊？你知道吗，对于他们来说，那就是不务正业，那就是疯了。

曹：那他们最后怎么会愿意放行？

朱：最后就是我说，妈妈，我先去试一试。然后看到了上海市舞蹈学校这样一个考学的环境，从初试、复试、总复试，一榜一榜。我妈妈就感受到了这个氛围是嘉兴没有的，上海这个城市充满竞争力，可能会带给我女儿未来的人生带来更多不确定的东西。就是可能在嘉兴，对于一个女生来说，可能就是按部就班地完成学业，然后嫁人、生子，她逃不出这个。但是到了上海，舞蹈学校考学，三千多人，家长带着孩子，小孩全是那种头梳得倍儿光，站在那儿笔挺。那个环境我妈妈是没有见过，她其实有一点被震慑到了。

曹：有点懵。

朱：那是嘉兴之外的世界，我妈妈其实是非常放养式的，对于她来说，舞蹈不是她的梦想，她也不需要我去靠舞蹈养活我自己，我妈从来不奢望。即使到今天，我妈都还会说，洁洁，我妈叫我洁洁，太累了。我跳成这样了，我妈说，回嘉兴吧，换一份工作，别太累了。但是在那个时代，那个年纪，我就跟妈妈说，我真的挺想去考的。最后我的名字还出现在了最终入围的这个榜上，而且非常靠前。我妈妈，第一次我觉得是脱离了她给我规划的这个人生方向，她也在冒险，我也在冒险，但是我们都踏出了那一步。

在童年朱洁静的认知里，跳舞和穿裙子、和美丽都是画等号的。带着这样一份天真的梦想，9岁的她独自离家，来到上海舞蹈学校开始了全新的生活。

朱：到了舞蹈学校以后，首先裙子没有，更别说化妆品了，连鞋子都不让穿。光着脚，就一点一点，可能就非常长的时间，你就擦那一个地。我不骗你，甚至有很多孩子，一年级的，低年级的，睡着了，扶着把杆睡着了。因为一堂课真的可能就这一个动作。每天就是把自己所有的天性，都关起来，很军事化的训练。然后每天晚上，我们当时舞蹈学校的条件，还不像现在的学舞环境，都有地胶，以前都是木头地板。木头地板，光着脚，你就算是长年累月打平，它依然会有一点小小的毛刺。每天晚上回家（宿舍），就是在（宿舍）里面这样拔那个刺。疼啊，你也不敢叫。

曹：远离自己的父母，那时候想家怎么办？

朱：我的想念会藏得比较深，可能很多孩子会非常直接，这个直接就是想家便哭。

曹：所以你不会？

朱：不会。我可能是，我今天过得非常不好，非常糟糕。回到宿舍，熄灯了，把被子蒙起来，这个时候非常非常想家。但是更多时候，我就像海绵一样，疯狂地吸收。其实我甚至是把想家的那一点点情绪，都拿过来去吸收舞蹈给我的迫切的……

曹：所以把那种情感转移掉。

朱：我会转移掉。进入舞蹈学校学习舞蹈，是我自己想要的，对我自己想要的东西，我从小就知道，咬碎牙，再多不如意，我都要忍着，认了，因为这是我的选择。

2000 年，还在上海市舞蹈学校就读的朱洁静，迎来了人生中的一场"大考"，她参加了第六届"桃李杯"舞蹈大赛。这项赛事是国内规格最高的青少年舞蹈比赛，被称作中国舞蹈界的"奥斯卡"。在校时成绩优异的朱洁静为之精心准备，踌躇满志。

朱：我是作为上海市舞蹈学校那一届的种子选手。当时所谓的种子选手就是，一定是专业最好的，最有希望拿奖的，2000 年的时候，15 岁，15 岁就被抱以巨大的期待。当时还不觉得有压力，就是觉得自己优秀。因为你优秀，老师才会选择你。可能别的孩子结束了训练，老师会多留下来半个小时、一个小时，给你加练。甚至是有时候吃饭，学校的食堂不够好，老师都会把你带到家里，亲自给你煲点汤，补一补。所以一直会觉得你是与众不同的。所以在那一年的比赛当中，我认为自己的优秀，跟所有选手的不同，注定会让我成为那一届最大的王牌。

曹：结果呢？

朱：往往就是这样，期待和现实……

曹：希望越大失望越大。

朱： 真的是这样，当时最后结果出来的时候，其实挺可怕的，到现在为止我都感觉，第一次有这么不好的感觉，就是特丢人。那场的发挥不能说是完美，但是下来以后，我自己也开心，老师也跟我拥抱，其实我们就觉得，很多人就觉得稳了。

曹： 稳操胜券。

朱： 恨不得没有公布就去庆祝了，就是如此沾沾自喜的那种感觉，整个人就飘了。最后成绩出来了，我连三等奖都没有。最后只拿了一个优秀表演奖，就是入围的人都有的一个鼓励奖。所以当时第一次质疑自己。我突然意识到，我有那么多缺点，我真正意义上意识到，不是别人说你优秀，你就真的优秀，能配得上别人嘴里那个优秀的。所以是带着很大的遗憾，因为您不知道，桃李杯对于我们来说有多么重要，可能你附中六年的时间，就为了这一个比赛。

曹： 桃李杯对你们那么重要？

朱： 非常重要。

曹： 所以这个算是你人生第一个重大挫折，或者失利吧？

朱： 而且是第一次比赛，被寄予了如此高的希望，重重地摔到了谷底。

好在朱洁静并没有因为"桃李杯"的失利而一蹶不振。从舞蹈学校毕业后，她进入东方青春舞蹈团工作，很快又迎来了舞蹈界的另一项重要赛事：荷花奖。这一次，她要挑战的是一段高难度双人舞《根之雕》。

朱： 荷花杯是我踏入了工作岗位以后的第一年，当时就遇到了这个作品。在那个时候，他们给我搭配的那个男舞者，是当时我们团里面最棒的，最有资历的，最成熟的哥哥，所以刚进团的一个懵懵懂懂的小朱，跟一个老刘在一起跳舞，你知道吗，我可能连手都不敢去碰。跳双人舞的时候我整个人就像被石化了一样，非常艰难。每天头顶乌云，从宿舍到排练厅的这条路，我觉得漫漫长路，每跨一步都特别艰难，特别害怕这种排练，自己找不到自信，导演也在否定我，全世界都在否定我。我在这个里面像一个陌生的，无助的孩子一样。就是这么不痛快的排练过程，持续了近三个月。跟桃李杯不一样，桃李杯我是，每跳一遍老

舞蹈《根之雕》

283

师都说好，肯定我、鼓励我。在排荷花杯的那支作品《根之雕》的时候，导演没有肯定过我一句。导演也就是我们《朱鹮》的导演，佟睿睿老师。她天天质疑我、打压我、骂我，我对自己也觉得非常糟糕。桃李杯的时候我觉得我自己优秀，但排这个舞蹈的时候，我就会觉得，自己怎么那么糟糕，我不配，我不行。但是我咬牙，我依然是硬着头皮每天在排。就是在这样截然不同的两种心境下的工作状态里，在荷花杯的那一场比赛当中，还发生了史无前例的一次失误。我的服装上面，根雕嘛，服装上面有很多那种须须，就是那种带子，缠在脚上、缠在身上。我们所有排练、试装、合成，都没有发生过问题，唯独现场比赛那一天，跳着跳着，左脚脚上那个带子，就像鞋带一样，散了。结果跳着跳着，我右脚的带子也开了。

曹：天哪。

朱：就等于是我演出的时候是这样的，你看，两根带子就在那儿甩啊甩。

朱：其实我自己也知道，我肯定是分神了。就不停地去照顾这根带子，然后就是有惊无险，没有摔跤，没有大的失误跳完了。但是我们就觉得，这种意外就是不完美的表现。没有抱任何希望，当时那口气喘完，就觉得这个比赛终于结束了，我终于可以大口地呼吸了，不用再那么压抑地跳舞了。结果那天晚上，导演就把我叫到了她的酒店，我们团长也在。我一进去，整个人就这样。她在后面拍了我一下，她说"臭猪"，她叫我"臭猪"。"臭猪"，可以啊。我说咋？然后才知道，拿了金奖。就是感觉莫名其妙，怎么就拿金奖了呢？

曹：该你的还是你的。

"荷花奖"打了场漂亮的翻身仗，令朱洁静重拾自信，在艺术道路上一步一个脚印踏实前行。那些年她陆续主演了《霸王别姬》《舞台姐妹》《天边的红云》《野斑马》等多部原创舞剧，业内口碑很好，不过在大众领域仍然属于默默无闻。直到2013年，她参加了一档电视舞蹈真人秀节目并跻身全国四强，一下子火了起来。时至今日，朱洁静在专注于舞台演出的同时，也会抽空友情参加一些综艺节目，每次表演都会引发强烈反响。

曹：舞蹈是一个小众的艺术，舞蹈要破圈，舞蹈家要破圈其实不是那么容易的。

朱：当时我也是觉得，只要你去参加综艺节目，真人秀节目，你就不"根正苗红"了。你有一种所谓的想去娱乐行业，想去那个圈子里面，是不是想去获取一些关注、热度？那时候还不叫流量，但是现在看来就是流量。

曹： 那时候叫热度。

朱： 热度，对。最后就是收入，对吧？很现实，你一定是有所需，你才会去。其实当时，这些考虑在我这儿可能都真的没有发生，只是当时的导演跟我说了一句话，他说，你有想过，你跳一年，有多少观众看到朱洁静跳舞？看到你的作品？你的舞姿？

朱洁静

但是你参加节目不一样，就两分钟，我只需要两分钟，我让所有的，每家每户拥有电视的都看到，在两分钟时间里，你跳给全国的观众看。所以你自己一算，心里那个小算盘一算，好像这笔买卖可以做。去了以后的确吓到我了，打开微博，我第一次知道，原来未读消息是可以不显示数字的。就是太多了以后，它就变成点点点。我第一次看到点点点，成千上万的留言，赞美你的，想认识你的，一夜之间，非常美，我都没有睡觉。非常认真地一条一条刷。

曹： 每一条都好好读。

朱： 真的第一次有这种感觉，一直刷。怎么刷新又有了，又有了。真的是第一次让一个舞蹈演员，有了这样的关注度、热度。所以你说开心吧？当然开心，特别开心。但是渐渐的，突然又有一次，我在一个节目上面哭了，好像是我身体不好，影响了排练进度，大家的声音又变了，朱洁静怎么那么矫情？她为什么哭？她是装的吧？她是不是真生病？那些也是我第一次遇到。我是真的哭了，是真的难受了，但你没有办法跟他们开口，突然之间你就非常无力了。

曹： 所以这是双刃剑，是吧？

朱： 对。其实我还是觉得，这个行业开始慢慢变得壮大了。这个行业里的人，开始慢慢苏醒了。在综艺节目的世界里面，我觉得你可以打开舞蹈所谓的一潭死水的局面，因为综艺会有很多符合综艺的、符合年轻人的、符合当下的一些观念、一些观点的输出，舞蹈被解读和被解构得越来越丰富了，越来越多元了。所以我参加节目也好，我在讲舞蹈也好，我觉得，你不要觉得我不务正业。不是我没有在剧场里面跳舞，我就不务正业了。

曹： 像你这个年龄，其实是最成熟的一个年龄，因为你对艺术、对生活有比较深的体悟。但同时在舞者当中，你这个年龄已经算是"高龄"了。所以，如何让自己的舞蹈艺术的时间轴拉长，我觉得是每一个从事舞蹈艺术的人，必须要面对和考虑的。我一直觉得两岸有两位非常重要的人物，是值得年轻一辈效仿的，一个是杨丽萍老师，还有就是林怀民老师。

朱： 我觉得可能有几个我认为的关键词。第一就是你要自律，这个自律不是说我每天去健个身，打个卡这种自律，是你方方面面都要拥有，我甚至认为是不同于常人的生活。就像杨丽萍老师一样，你会觉得，她是仙儿的，她的世界跟我们不一样。她的服装，她的指甲，她对自己的要求何尝不是一种自律？因为我们都是女人，我们知道女人捯饬自己是很累的，你每天工作压力那么大，我可能今天好不容易还弄了个头发。我在平时的时候是披头散发的。但是我觉得杨老师对于自己身体状态的那种自律，她每次不光是在电视机镜头前。

曹： 她生活当中也是这样。

朱： 我在春晚的后台看到杨老师，也是这个时候，一大早，她已经把自己弄得，就像练了一场功一样，那么神清气爽，我觉得这个是需要自律能力的。

曹： 你怎么看林怀民先生的云门舞集？

朱： 我觉得林怀民老师，他是个特别简单的人。你看他的舞台，包括美术，包括他的舞蹈动作，他可能一个动作非常慢，但其实他已经到了一种化繁为简，这是属于一种境界。

曹： 而且你发现，云门舞集的演员也很有意思，跟我们通常概念当中舞蹈演员选取的标准不一样，有高有矮，有胖有瘦。

朱： 对，他更在意的是生命的力量和能量，可能在我们大部分院团、科班训练里面，我们还很注重形，就是外形，但是可能我觉得云门舞集给我的感觉，它已经化外形为无形了，它已经打通了那个通道。它其实关注的并不是技术的东西，它可能在关注水的流动、云的浮动、阳光的照射，一花一木、一草一世界。我现在如果有失误，我会整夜整夜睡不好，我非常不能容忍自己的这种失误。但是我觉得云门一定不是这样的，就算失误，也是当下发生的舞蹈的一部分。我觉得它更淡然、从容地去理解跳舞。

曹： 另外我想知道，因为你是跳中国古典舞的，你对其他舞种，对于一些欧美现代舞蹈家，不知道关注多少，比如早年间的尼金斯基、玛莎·葛兰姆、皮娜·鲍什这些。

朱： 她们都是我们的"神"，到现在每天我还会刷她们的视频。我觉得她们都是，在艺术和舞蹈的领域，都是第一个吃螃蟹的人。你不能说她们反叛，但是为什么邓肯是邓肯？她就是看到了芭蕾的"反人道"，她看到了为什么胖的女人就不能跳舞了，为什么芭蕾必须瘦，为什么我一定要把脚尖踮起来，踮到全是血，我也不能脱下那双鞋？有很多人心里知道，但她跨不出那一步，她只能默默忍着，要不就是彻底离开舞蹈。但是像这些真正的，我觉得大师级的艺术家，就像邓肯，她以前也是跳芭蕾的。她脱下了那双芭蕾鞋，她开始赤脚了。那时候芭蕾界都疯了，你怎么可以赤脚跳舞？对于女性来说，赤脚跳舞是特别不尊重的。但是现在你看，我们现代舞者，第一件事情，他们就会把鞋脱了，把袜子脱了。

曹：放松身体。

朱：赤着脚，我们经常说用身体去打扫地板。你有想过吗？芭蕾就是只有这一个点。

曹：得立起来。

朱：在地上，所有都要在空中，但现代舞是你所有都要在地上。你说如果没有她的这一步，何来现在的现代舞？所以我觉得，勇气、创造力，一定都是这些真正的大师带来的启发。因为我现在也陷入一种状态，就是你现在可以自己跳，你不停地去用你的身体完成你的使命，或者是完成你对于舞蹈这条路的执着追求。

朱洁静与曹可凡

生活在歌剧中——和慧专访

和慧，享誉国际的抒情戏剧女高音，18 岁前她还是一张来自陕西安康的音乐白纸，而今她已独自闯荡西方歌剧世界近二十年，成为欧美各大剧院争相邀请的头牌女角。近年来，随着国内古典音乐演出市场日渐繁荣，再加上国际新冠疫情的影响，长期旅居海外的和慧也得以有更多机会与国内观众见面。从 2020 年年末回国至今，她已辗转上海、北京、广州、深圳、苏州、厦门、武汉、南京、珠海等多个城市举办独唱音乐会，并与其他演奏家或乐团合作奉献了多场精彩的演出。无论走到哪里，这位"歌剧女超人"都无法停下自己的脚步，歌唱已成为她人生最重要的使命。和慧的歌声拥有深色葡萄酒般的浓郁

和慧

色调，圆润洪亮又不失细腻，其强大的穿透力更令她无惧任何舞台的挑战。阿依达、托斯卡、巧巧桑等一个个歌剧迷们耳熟能详的经典角色如同珍珠一般串起了她的璀璨人生，今天的节目就让我们走进和慧的歌剧生活。

曹： 非常高兴，我们能够在这么漂亮的一个"圣殿"跟您做访问，这是 1930 年落成的剧场，当年是放外国电影的地方，现在变成了音乐厅。这使我想起当年上海大剧院落成的时候，您演了歌剧《阿依达》，而且上海也是您歌剧事业的启航点。

和： 对，我感慨特别多，因为今年是我的国际歌剧舞台生涯 23 周年。我和上海这个城市又特别有缘分，因为人生中第一次演歌剧就是在上海，1998 年在上海大剧院落成后演出的第一部歌剧《阿依达》。那个时候我才 20 多岁，就能唱阿依达这样的角色，当时非常激动。现在想起来也是我非常难忘的、一辈子都会记住的一个经历。而且我也很感谢上海这座城市，接纳一个 20 多岁的年轻人，给她一个机会。

曹： 可以说现在您是在欧洲演出最为频繁的中国歌剧演员之一，大部分的时间是居住在意大利的维罗纳，维罗纳的夏季歌剧节是全世界歌剧爱好者向往的一个圣地，所以

您觉得维罗纳这样一个城市，对您一个中国的歌唱家来说，它意味着什么？这个城市对您的歌剧事业起到一个什么样的作用？

和： 维罗纳是我在意大利的第二故乡，因为我就住在维罗纳，而且就是在维罗纳竞技场，我在 2005 年第一次演了《图兰朵》里柳儿那个角色。从 2005 年一直到 2020 年，每一年都邀请我唱，从 2007 年每一年《阿依达》都是我担任的阿依达，还有《托斯卡》《蝴蝶夫人》，还有《假面舞会》，还有威尔第的《安魂曲》等等。作为一个中国人，能够在这个剧场持续唱 16 年，在他们歌剧院的历史上，这也是绝无仅有的，所以我感到非常荣幸。而且这个剧场是一个考验歌唱家技巧的剧场，它能容纳两万多人，是全世界最大的露天歌剧院。歌唱家声音的穿透力，能不能传送到剧场最顶端的观众的耳朵里，这是非常考验歌唱家技巧的。所以我非常荣幸，我在那儿唱了这么多年。而且那个舞台也历练了我，我和这个城市也很有缘分，我的第一个国外的经纪人也是住在维罗纳，所以在维罗纳这个城市，我有很多朋友，对我来说真的可以算是第二故乡了。

曹： 刚才您说了维罗纳这个竞技场可以容纳差不多两万名的观众，在没有麦克风的情况下，如何让声音做到非常完美？让最后一排的观众也能够清晰听到您的声音？那种感觉是在剧场里完全感受不到的。

和： 是的。因为剧院的形状是一个椭圆形的，是一个古代的斗兽场改的，所以石头本身有一点反射声音，有一点天然的音响，但是坐上观众以后就会少一点。一般在正常的剧院里面顶多就 2000 多个座位，大都会歌剧院也就是 5000 个座位，这个剧场的整个音响是够的。很多歌唱家是不敢在维罗纳竞技场唱，因为那是完全要在一个露天的状态下，而且你要把声音传出去。而且对我来说，我一直在提醒自己，在这样的一个环境下唱，不要太推你的声音，不要为了让别人听见，用很大的声音唱。因为如果失去控制的话，会很伤嗓子，是非常危险的。所以我还是保持我在关闭的剧院歌唱的习惯，用我的声音去调整最佳的位置。比如唱《阿依达》的时候有很多弱音，最远的观众大概至少离你几百米，你的声音要非常有穿透力才能让他们听见

维罗纳竞技场

高弱音。所以这是非常神奇的一个舞台，它又是很大，那个舞台非常大。剧场因为是古代的斗兽场改的，所以它后台的化妆间不像正常的剧院，非常狭窄，突然进到一个巨大的舞台，那些观众夏天的时候也都是穿着非常讲究的礼服，坐在下面听。我觉得就是这样的一个氛围，特别特别有戏剧性，我是很喜欢这个舞台的。

曹： 就像您刚才说的，最远的观众离您的距离可能有数百米之远，非常遥远。可是另外一方面，往往这些演出都会通过电视直播或者转播的方式，来传播到世界。可以在近景特写的时候，抓到你特别细部的表现，会对您的演唱或者表演带来一些干扰吗？

和： 其实还好，因为他们拍摄时，一般在舞台上不会有机器，都是在舞台下面。我们其实真正进入那个角色以后，不会去考虑旁边有什么机器，因为歌剧演员在舞台上，长十个脑袋都不够，因为你又要考虑表演，又要考虑声音。仅仅声音，你就要考虑你的呼吸、你的技巧、你的音准、你的节奏，看指挥和同事的交流，你的位置，包括你的鞋、你的服装。你同时要在音乐中行进，你同时要考虑的事情非常多。所以那个时候，你最关注的就是如何把所有需要进行的这些肢体语言各方面，全部结合在一起，达到一个最好的状态，诠释一个角色，你的声音要带着情感去让每个观众能够感受到这个人物。所以那个时候已经顾不上去考虑哪儿有个机器在拍我，已经想不到那个。

　　每年夏天在意大利维罗纳举办的歌剧节，令这座属于罗密欧与朱丽叶的城市也成为全球歌剧爱好者关注的旅行目的地，而这里也是和慧在意大利长年工作生活的地方。十几年来，吕嘉、许忠等中国指挥家也曾登上过这个全世界最大的露天歌剧院的指挥台，在意大利这个歌剧传统深厚的国家，和慧和她的中国同行们为什么能持续获得西方观众的认可？她又如何看待当地的歌剧生态呢？

曹： 维罗纳歌剧节是欧洲所有爱乐者，或者说歌剧爱好者的一个每年夏季必须朝圣的地方，所以底下坐的都是内行。您感受到的当地的观众对你们这些外来和尚到来的反馈是怎样的？

和： 事实上我觉得歌剧院的氛围是非常国际化的，都来自非常不一样的国家，亚洲歌唱家确实在歌剧院里面从事职业歌唱家的人比较少，有美国来的，有欧洲来的，还有各种各样国家的，甚至乌拉圭。我觉得声音是很神奇的，某一个人特殊的声音，好像不会根据你的国籍去选择，所以我也是很幸运，我有这样的一个声音，得到了国外观众和歌剧界的认可。我觉得音乐是很国际化，是特殊的语言，不会考虑你的国籍不一样，你的声音就是不一样，当然我们亚洲人声音的特点，比如女高音就比较偏亮一点，那种音色相对来说唱抒情女高音多一点。我的声音有一点特殊，所以他们欧洲人还是很接受我的声音，我觉得是用实力说话。在舞台上的那个时候，是你和音乐的关系，所以那时候观众不会考虑这是一个中国人唱的，只会说这个歌唱家唱得好不好，她有没有把这个角色唱对了，她的语言是不是准确，我有没有听懂她在唱什么，这是很重要的。

曹：这些年因为长年在欧洲演出，有机会和很多大师一起合作，比如说我们都非常熟悉的指挥大师洛林·马泽尔，还有祖宾·梅塔，他们两位曾经来到我们这个节目作客。所以您在和他们的合作中，现在回忆起来有一些什么样特别记忆深刻的印象？

和：我记忆深刻的，和洛林·马泽尔大师的那次合作是在斯卡拉歌剧院，2006年的时候，因为当时斯卡拉歌剧院选我演《托斯卡》，这是在斯卡拉歌剧史上第一次请一个亚洲人演托斯卡这个角色，因为托斯卡是一个非常意大利式的角色，很多亚洲的歌唱家都是唱蝴蝶夫人、柳儿这些亚洲的角色。所以到现在为止，在斯卡拉歌剧史上，我可能是唯一的一个唱过托斯卡这个角色的亚洲人。当时我和马泽尔大师第一次排练，所有的歌唱家都坐在一个排练厅，总监陪着他过来的，他坐在钢琴边上。然后他看了所有的人，很冷静，突然眼睛就盯着我了，然后他说先唱《为艺术，为爱情》，就是托斯卡那段咏叹调。我突然觉得这怎么有点像面试的感觉。我就唱了。唱完了以后，他笑了一下，什么话也没说，就从头开始排。后来这个演出很有意思，因为当时有一个意大利很有名的女高音，叫丹妮拉·黛西，现在已经过世了，她唱的是首演，我是唱她的第二组。我的首演已经结束了，有一天我就去剧院看她的演出，我从维罗纳坐火车到米兰，在火车上的时候接到斯卡拉办公室给我打电话，说你在哪儿，我说我在火车上，他说你还有多久，我说很快，他说很快是多快，我说快了，大概十几分钟就到了。他说你赶紧来剧院，丹妮拉·黛西感觉嗓子很不舒服，她可能唱不了，今晚要让你唱了。因为当时大概离演出不到一个小时了，我还在火车上，所以我就以飞快的速度赶到了斯卡拉剧院，我到了化妆间后台的时候，医生、总监、经纪人全部围在她的化妆间里。他们总监就告诉我，赶紧去练声，赶快去练声。我就到另外一个化妆间开始练声，用了15分钟，因为我已经演过一次，我的服装什么都是现成的，就这样上了舞台。那一场有很多人是冲着她去的，因为她在意大利是非常有名的一个女高音，我那场唱完了，我记得也非常成功。到谢幕的时候，大幕关上了，马泽尔大师就拉着我，他说我带你去纽约唱《托斯卡》。

曹：祖宾·梅塔和你是什么样的缘分？

和：我记忆非常深刻的是我在很早的时候，在以色列第一次碰见梅塔大师，那时候我在以色列参加一个大师班。那个大师班的老师推荐我去跟他面试，希望梅塔大师听一

《托斯卡》剧照

下我的声音。我记得我给他唱的《阿依达》，他听完了非常高兴，我那时候二十几岁，很年轻，我记得我还非常崇拜地跟他照了一张相，现在那张相片还在我家里。后来我再一次碰见他的时候，是我在维也纳国家歌剧院唱《阿依达》，是他指挥的。我记得梅塔大师非常高兴，演完了以后还请我吃饭，他是印度人，很能吃辣椒，他随身会带一个小小的辣椒盒，里面有辣椒。他吃饭的时候就会给我放一点辣椒，他知道我是中国人，也爱吃辣椒，那么我们的辣椒情缘就开始了。第二次跟他合作是在意大利的佛罗伦萨歌剧院，五月音乐节，我记得那次演出也非常轰动。我们演完了以后有一个很大的宴会，宴请所有重要的人参加，他在宴会上非要让我表演给大家吃辣椒，然后他就在我的意大利面里面放很多辣椒，把他那个辣椒盒又拿出来，给我撒很多辣椒，让我吃，让他们看，意大利人都特别害怕，这么能吃辣椒。第三次和祖宾·梅塔大师合作是在国家大剧院的《阿依达》，他非常和蔼可亲，真的是非常有胸怀的一个大师级的指挥，我觉得他非常亲切。我和祖宾·梅塔大师应该是有辣椒情缘，下次我再见到他，一定要送给他一瓶陕西的油泼辣子。

曹：我估计他受不了陕西的油泼辣子。

和：他也很能吃辣，他有时候会带朝天椒，吃饭的时候就给我两个。

曹：你和大师的辣椒情缘太有意思了。

除了各路指挥名家，和慧也曾和意大利歌剧黄金时期最重要的导演佛朗哥·泽菲雷里有过交集。这位传奇人物凭借一系列名垂史册的制作，重新塑造了二战后意大利歌剧主流剧目的演出标准和美学典范。他与玛利亚·卡拉斯在伦敦柯文特花园合作的《托斯卡》通过黑白录像流传至今，成为难忘的经典版本。

曹：你们是一个什么样的机缘能够相见，泽菲雷里有没有分享给你一些有意思的故事？

和：非常有意思。我记得那个时候我刚刚在意大利开始我的歌唱事业，我在中国参加了北京的新年音乐会，是在人民大会堂，我的意大利经纪人就告诉我说，我在意大利有一个巡演，在很多意大利小的剧院做《阿依达》，不是那么宏大制作的，做了一个小版本，但是那个《阿依达》非常精美。他说是佛朗哥·泽菲雷里的制作，他让我1月

1日必须赶到罗马。我当时最后一晚，还在北京唱新年音乐会。我记得当时到了北京的意大利大使馆，签证打印不出来，因为新年一到，电脑系统突然签证打印不出来，我的航班是中午的，反正是到最后一分钟终于拿到签证，用最快的速度到了机场，登机。我记得到了苏黎世转机的时候，又碰见暴风雨，这个航班又延误了。我的经纪人已经在罗马机场等我了，我在苏黎世，他就告诉我，你到了罗马不要取行李，他在广场上找了一个出租车，他就问谁开得最快，找了一个车。然后我上了车以后，他说你可以练声了，我就在车里练了两声。到了剧院的时候，其他演员的妆都化好了，我还没有化妆，到了剧场就赶紧穿衣服，开始唱。唱完了以后，我记得第一幕下来以后，泽菲雷里大师就走到后台，我是第一次见到他，他当然是一个泰斗级的人物，因为他和卡拉斯，苔巴尔迪，黄金时代的这些最伟大的歌唱家都合作过，真正的一个大师中的大师。所以我见到他，那次我印象很深。然后他看见我，他就摸了一下我的脸，他说你是谁，你这么美，唱得这么棒。我那场演出当时很成功，我记得后来我的经纪人说泽菲雷里大师在很多歌剧院说有一个中国人，唱得非常棒，在很多剧场他就说我。

曹：口口相传。

和：对。我再一次碰见他是在2007年，我在斯卡拉的《阿依达》，那时候我稍微胖了。他见到我，他说怎么长胖了，以前那么瘦。我说大师，对不起。他很喜欢我的声音，我们合作得也很愉快。在维罗纳竞技场，唱过他制作的《阿依达》，他还专门来看过我的演出。最后一次见到他的时候，也是在维罗纳竞技场，他已经坐在轮椅上了，我和他拥抱了一下，他每次见我都非常高兴。我觉得我接触到的那些真正的大师，都是非常和蔼可亲的。

　　阿依达是和慧职业生涯中出演的第一个歌剧角色，早在1998年她就在上海大剧院的开幕演出《阿依达》中出演了这一同名角色，从此开启了自己辉煌的歌剧事业。《阿依达》是为庆祝苏伊士运河通航而作的庆典歌剧，故此，故事场景设置在古代埃及，音乐充满了19世纪下半叶风靡一时的东方情调，其中的"凯旋进行曲"是歌剧史上最宏伟壮丽的场景，最适合在大型场地体现出歌剧制作的豪华壮观。写作此剧的威尔第正处于笔力雄健、经验丰富的鼎盛时期，剧名主角阿依达在个人爱情和国仇家恨之间难以抉择，这一尖锐矛盾在她的咏叹调"祝你胜利归来"中得到了淋漓尽致的抒发。从2007年开始，和慧连续13年在维罗纳竞技场演出这部歌剧，阿依达这个角色几乎贯穿了她的整个职业生涯。

曹：刚才我们一直在说阿依达，可以说阿依达其实是您演过的非常有标志性的一个角色。您觉得这么多年来，在不同的时期、不同的地方，和不同的音乐家合作，你对阿依达的角色有什么新的想法？

和：我演过了 170 多场《阿依达》，从我二十几岁一直演到了现在，对我来说是一个不断地调整自己的声音和状态，和对这个人物理解的一个过程。因为在我大概二十多岁的时候，那时候对这个角色的理解是懵懵懂懂的。我记得在上海大剧院那次的那个制作也非常经典，导演是洛伦佐·马里亚尼，是一个意大利很有名的导演，后来我在意大利也和他合作过很多次。当时我很小，从来没有演过歌剧，他每天都鼓励我。而且那是一个非常经典、传统的制作，当时是上海大剧院和佛罗伦萨歌剧院合作的，所以那个制作，我是从来没有见过那么金碧辉煌的舞台，那么漂亮的布景、舞美，对我来说是印象非常深。我现在还能记得，当时的那个柱子长什么样子，他们的服装是什么样子。对我来说，当时我唱阿依达那个角色是懵懵懂懂的，只是凭着一种年轻时候的本能，或者说是自然的一种反应，对她的理解其实不深。后来我经过了这么多不一样的制作，对我来说这些制作对我的阿依达的塑造，就是不断从浅入深，而且到后来我因为随着年龄的增长，身体的变化，声音不断在变化。也是一个一直在寻找自己声音，驾驭自己声音的一个过程，因为阿依达这个角色是非常考验歌唱家的技巧的，有很多高弱音。比如第一幕、第二幕完全是一个戏剧女高音，抒情戏剧的角色，第三幕实际上是你要用完全抒情的声音，有很多高弱音的技巧的挑战，有很多歌唱家是完成不了的。而且每个人的声音随着年龄在变，我现在的声音和我最早的声音已经是两种声音了，从录音上听得非常清楚明显。不断改变的声音，怎么样去驾驭，我也是不断地学习、探索、摸索我自己的声音。在这个过程中，去调整，达到一个最好的状态。

曹：除了《阿依达》之外，其实《假面舞会》您演得也非常出色，里边有一段大提琴伴奏的咏叹调，其实唱得如泣如诉。其他的唱段，你可能会遗忘，但是那段咏叹调听完之后很难忘掉。作为一个演员，怎么在舞台上能够把那段咏叹调，不是一个纯技术性的呈现，而是有情感地，演员和这个角色处在一个共生的状态？

和：我觉得我对感情的这种表达，可能是我区别于其他有些歌唱家的一个

《阿依达》剧照

特点。因为歌唱家也分很多种类型，有的歌唱家是纯技术型的，技术非常好，但是声音里面缺一种感情。我可能从一开始学声乐，就是有非常浓烈的感情，我的所有作品里面都是充满了感情、充满了情感的。当然威尔第的作品，不像普契尼的作品那么感性，我老觉得威尔第的作品是比较男性化的，普契尼的作品有点阴柔，女性化的，所以是很感性的。威尔第是很技术的，我老是感觉是很力量型的，肌肉的那种感觉。所以威尔第是很考验技巧，在技术和感情中间找到一个平衡，去诠释威尔第的角色。普契尼就完全是剧场效果，完全是情感型的，如果从技巧上来说，威尔第要比普契尼的技巧难很多。但是普契尼，如果一个演员不会去表达感情，这就是最大的一个障碍。

　　作为一个擅长演唱普契尼和威尔第的女高音，和慧最崇拜的偶像是玛利亚·卡拉斯，而托斯卡则是这位传奇女高音最具代表性的角色，尤其是该剧中最著名的唱段《为艺术，为爱情》，一度成为人们回顾卡拉斯一生时最常使用的标题。在西方的歌剧舞台上，鲜有亚洲女性出演这一角色，但主演《托斯卡》却是和慧在欧洲得到的第一份演出合同，自从 2002 年在帕尔玛皇家歌剧院首演该剧一炮而红之后，各种演出的邀约纷至沓来，和慧在演唱时所展现出的浓烈饱满的情感和出色的声音技巧，让国际舞台开始关注到这个来自东方的声音。

曹： 刚才您说到托斯卡是一个非常意大利的歌剧角色，一个亚洲人来诠释托斯卡的这种为艺术、为爱情能够付出一切的情感，最大的挑战在哪里？

和： 我觉得她是一个西方的角色，我记得我第一次演托斯卡的时候是在意大利的首演，帕尔玛皇家歌剧院，那时候我第一次在意大利演这部歌剧。之前我只在上海大剧院演过《阿依达》和《乡村骑士》，《托斯卡》对我来说是一个全新的世界，因为我认为普契尼是类似带着唱的话剧，你需要的是一个非常了不起的演员，才能把情节里面的爱恨情仇表达清楚。而且你的声音技巧要没有任何负担，因为他写的唱有很多，一下高音 C 就出来了，有的地方又很低，上下你要非常自如才行。因为帕尔玛皇家歌剧院是意大利一个非常挑剔，以挑剔著称的歌剧院，当时很幸运，因为当时有一个保加利亚的女高音，叫莱娜·卡芭凡斯卡，她是代表一个时代的最棒的托斯卡的代表。

曹： 听说她给你很多指导？

和： 对，她教了我托斯卡怎么演。当时其实对我来说，完全是一个很大的挑战。

曹： 她用什么方法来教你？

和： 她就教我，你唱到这句的时候，她在想什么，你想到什么，你才能表现出来。她教我怎么样在舞台上当一个大演员。我记得我当时演出的时候，事实上是心里没底的，因为我不知道观众会是什么反应。当时是卡芭凡斯卡唱她的告别《托斯卡》的演出，我和另外一个意大利的年轻女高音一人唱两场。另外一组的唱，我去看了，观众都乱成一锅粥，我当时压力特别大。我记得我快出场的时候，特别紧张，卡芭凡斯卡说你不要紧张，你上去，什么都不要怕。我当时其实还不太会说意大利语，我每一个唱的词，都是一个字一个字查字典学下来的。我上台之前，我说我怎么办，我一想到我自己，就紧张得搓手。后来我就想，我说我最崇拜的歌唱家是卡拉斯，托斯卡也是一个歌唱家，那么我就演卡拉斯好了。因为我看过很多卡拉斯的录像，她的举手投足，她的那种高贵的气质。所以我就突然一下，"马里奥马里奥"，就开唱了。我突然一下就有一种代入感，好像忘掉了我是谁，所以我就找到了这样一个小小的钥匙，开启了那扇大门，进入了那个角色。我记得我当时的演出还是很成功的，我第一次感受到观众的那种欢呼声和一个人在异国他乡感受到的那种成功。我记得我从舞台上出来的时候，整个后台，包括他们一些搬道具的人，全部在给我鼓掌。他们那个总监，眼泪都快出来了，那一次真的是对我来说，是在欧洲非常好的一个起点，从那以后就开始了我在国外的事业。《托斯卡》演成功以后，意大利很多剧院就来了邀请，我几乎一个月一部新戏，我真的"压力山大"。

曹：我觉得不可思议，那么频密的演出，而且是不同的歌剧，不同的角色，您怎么把它记住？

和：我记谱非常快。这方面我真的有天赋，背谱对我来说不是一个很难的事。我记得我第一次唱《阿依达》，用了七天的时间，把谱子学下来了，没有背会，但是谱子全部学下来，只用了七天，谱子这么厚。我现在每一年都是盼着演新歌剧，因为对我来说，每一部歌剧就像一个世界，我去触碰了一个全新的世界。比如说我演《曼侬·莱斯科》，就变成了另外一个人物，演阿米莉亚（《假面舞会》）、莱奥诺拉（《游吟诗人》），我完全进入一个全新的世界。我在过去的每一年，几乎都要首演两到三部歌剧。

曹：所以每一部新的歌剧对你来说，实际上都是在触发您的兴奋点，多巴胺要释放。

和：对的。我看见一个陌生的谱子我说我肯定唱不下来，这个好难。比如说今年我接到一个邀请是唱威尔第的早期歌剧《阿尔齐拉》，你知道威尔第的这部歌剧几乎完全是美声歌剧时期的那种技巧，有很多各种各样的花腔。我第一次看到谱子，我说这个我肯定唱不下来，可是我很喜欢挑战，我一旦开始练，练好了以后，就有一种特别满足的感觉，我觉得我又攻克下来一个非常难的东西。因为每一部歌剧都是不一样的时代、不一样的角色、不一样的人物、不一样的世界，里面人物的爱恨情仇，关系错综复杂，非常有意思。每一次读谱的时候，我就怀着一种很兴奋的心情，就像看了一部新的电影，翻了一个新的书。对我来说反正背谱不是一个问题，尤其是我现在意大利语也没有问题了，背谱就更快了，以前最早的时候我只是把发音唱出来，但现在经过这么多年，背谱对我来说不是问题，我的音乐记忆力还不错。

曹： 除了谱子以外，还有语言方面的问题。

和： 在国外的歌剧界，他们是把我放在威尔第、普契尼的女高音，所以我几乎全部是唱这个类型的女高音，还有真实主义歌剧，都是意大利语歌剧。我也唱过德语歌剧，唱过《阿里阿德涅在纳克索斯》，当时也是准备了好长时间，我当时也是看着谱子，我说我肯定唱不下来，到最后我也都唱下来了。而且怎么说，我很享受这个过程。当然语言，我觉得我有一点天赋，在意大利，他们的乐评是非常挑剔的，他们说我的语言是无可挑剔的，因为我有一个非常好的艺术指导，我的艺术指导会把我的语言，挑得精准到非常清楚的一个地步。

曹： 我也耳闻过有中国的歌剧演员在西方一些大歌剧院排练的过程中，因为语言的问题，最后被换掉了，这个是很可悲的一件事。

和： 是的。因为语言是非常关键的，我一直在说，我见了很多年轻的，这些学声乐的、美声的，我说如果你想真正触碰到歌剧的灵魂，你首先要学会语言，因为你要知道你在唱什么。而且你不光是要学会它，你要把它变成你的第二母语，就像你在唱的时候，不能是脑子想着这个中文翻译是什么意思，而是你要真的非常理解这个语言，它的逻辑重音，什么都要变得非常自然。我一直说语言其实没有什么神秘的，它就是一个工具，但是对于一个歌剧演员来说，如果你没有语言，没有这个工具，你就手无寸铁。

曹： 它是一个情感的载体。

对于一位亚洲女高音而言，出演《蝴蝶夫人》固然有着外形的先天优势，但此剧在声乐上的超高难度也不容忽视。在歌剧史上，普契尼以刻画女性形象著称，而巧巧桑则是大师笔下性格发展最清晰，人物弧光最饱满的一个角色，从第一幕开场时天真柔弱的少女，到剧终自刎之前充满尊严与平静的女英雄，音域也跨越过从抒情到戏剧之间的宽阔空间，是极具挑战的一个歌剧角色。

曹： 还有一部戏其实也是您这些年的演出经常会出现的剧目，那就是《蝴蝶夫人》，

2003 年在波尔多演了之后，巧巧桑这个角色其实也成为和慧的一个非常标志性的角色。

和：我第一次在法国唱这个角色，是因为 2000 年我在洛杉矶多明戈世界歌剧大赛获奖，有一个评委是波尔多歌剧院的总监，当时在颁奖音乐会的时候他就告诉我，他说我要请你去我的剧院唱《蝴蝶夫人》。他是欧洲第一个给我录用函的剧院，我那时候很小，懵懵懂懂，真的完全不知道外面等待我的是一个什么样的世界。

曹：其实《蝴蝶夫人》这个戏看上去非常唯美，非常有戏剧性，其实对于演员来说是很难的，音域也非常宽，介乎一个戏剧女高音和抒情女高音之间。

和：是的。我觉得它是挑战极限的一个歌剧，因为《蝴蝶夫人》恐怕是女高音在舞台上唱得最多的一部歌剧，从头到尾就是一个女高音在唱。其他的角色，比如男高音就唱一个重唱、一个咏叹调，结束了。蝴蝶夫人是从头唱到尾，第一幕，从进场一直唱到她死，15 岁一直唱到她 18 岁自杀，在这三幕里面。这个戏如果女高音唱得不好，观众就会觉得非常无聊，因为女高音决定了这天晚上的演出质量。即使男高音再好，如果女高音不灵那就完蛋了。对我来说，对这个人物的理解是很容易的，因为本身我是亚洲人，我也去过日本，看见过很多日本那种非常纯洁的女孩子的形象。所以我对她的理解，她一开始是一个单纯、善良、纯洁的 15 岁的小姑娘，但是她又同时是一个刚烈、忠贞的女子。我要把她性格的两面，在这个角色的人物中全部表现出来。她甚至还带一些调皮，带着一种天生的固执，这是我对这个角色的理解。我是身在亚洲文化里面的，我们中国从小认为爱情就是应该忠贞、从一而终，对西方人来说也许他们没有这种非常固执的概念，所以对我来说，理解这个角色不是问题。它的难度是整个对你的技巧、对你的表演的考验，从 15 岁演到三年以后变成一个有孩子的小妇人，天天等着她的丈夫回来，爱而不得，最后走上了一个自杀的道路，要把这个情感的过程诠释给观众，要有一个很合理的，她怎么想到自杀那一步的，最后她和孩子的告别。每一个情节对人物的诠释，我自己加入了很多我的想象。所以我觉得这个角色，当然我从二十几岁唱到了现在，算是我唱得最多的一个角色，超过阿依达了，对我来说是一个一起成长的角色。我的阿依达、托斯卡、蝴蝶夫人，是三个最

大都会版《蝴蝶夫人》剧照

具标志性的角色。

曹：明格拉给大都会歌剧院做的那个版本影响特别大，我们都看过明格拉的电影《英国病人》，那时候我还有幸在电影节期间和他见过面，但第二年他就血管瘤过世了，非常遗憾。您能不能跟我们说一下大都会明格拉做的这个版本？

和：这个版本是我演的所有版本里面制作最美的，我认为它是最精妙的一版制作，因为我演过的很多其他的制作是很规规矩矩的，老老实实把这个剧情，比如这是一个房子，这有树、这有花，很实在的场景制造。明格拉的舞台是非常简洁的，他的舞台没有那种很具象的东西，就是一个推拉门，代表了日本的风格。他的手法里面加了很多东方的元素，比如说灯笼，中间他用了人偶。我觉得是一个东方艺术和西方艺术完美结合出来的最精华的版本。

擅长用东方色彩包装戏剧故事的普契尼创作的最后一部歌剧，是以古代中国北京为背景的《图兰朵》，作曲家巧妙化用了中国民间曲调茉莉花，讲述了一个用爱情化解暴力的传统故事。剧中有两个重要的女高音角色，温柔、善良的柳儿为爱献出自己的生命，其音乐造型也突出了哀婉的感伤情调，富于歌唱性，一般由抒情女高音出演。而女主角图兰朵的冷酷、蛮横与柳儿恰成对比，其声乐线条包含突兀的跳进和棱角，要求演员具有镭射光一般通透的声音，通常由戏剧女高音来担当。和慧在职业生涯的不同阶段分别饰演了这两个角色，展现出其超越一般歌手的声乐能力。

曹：普契尼其实他的音乐，包括他的戏，都是非常阴柔的，而且情感非常丰富。《图兰朵》是他最后一部歌剧。我觉得很奇妙，你在这个戏里演过柳儿，也演过公主，从个人的喜好来说，你更偏爱公主还是柳儿？

和：事实上我很多年一直都拒绝唱图兰朵，国外有很多剧院邀请我唱图兰朵，我一直拒绝了很多年，一直到 2019 年我才接。

曹：是不是之前觉得自己还没有完全准备好？

和：对。因为我是一个中国人，而且我的声音也适合唱图兰朵，我很怕他们把我固定在演图兰朵，然后我的图兰朵就变成像托斯卡或蝴蝶夫人一样，所有的剧院都邀请我唱这些角色。我不想把我自己限定在唱图兰朵，这样我就会失去很多唱抒情女高音的机会。比如像《游吟诗人》，比如像《假面舞会》这些，因为图兰朵唱了很多以后，别人就会把你归在一个纯戏剧的女高音上，开始邀请更戏剧的角色，比如说《纳布科》里的阿比盖尔这些角色，往那儿走了。所以我尽量让我的角色在我还年轻的声音

《图兰朵》剧照

状态下，保持在唱抒情女高音、抒情戏剧女高音之间。这样我的角色会更多一点，我就控制着不要让他们立刻一窝蜂地来找我唱图兰朵。所以一直到2019年才接图兰朵这个角色，第一次首演，是在意大利的博洛尼亚歌剧院，非常适合我，我的艺术指导说你现在准备好接图兰朵这个角色了。因为图兰朵写得很高，而且对声音有一定的危险性，如果你的技巧没有完全准备好的话是有一点危险的。我把图兰朵和柳儿两个角色都唱了，我倒是觉得她们之间有一点共通。普契尼笔下的这些人物都是非常完美的女性。但是图兰朵和柳儿，事实上她们从根本上说，我觉得都是对爱非常渴望的。虽然图兰朵表现得那么残酷，冷酷无情，一开始杀了那么多向她求婚的王子。但事实上她的内心只是被封闭了，她的内心对爱还是有一种渴望又很害怕的感觉。因为以前她的祖先受到了凌辱，所以她就认为所有的男人都是该杀的，根本不相信有爱情这件事情。等她真正遇到爱情以后，她心里的冰山就融化了。当然所有的歌剧最后女主角都会死，我觉得《图兰朵》这个戏到最后是一个皆大欢喜的结局，也是很有意思。柳儿是一个为爱而牺牲的角色，柳儿的爱情就是看见王子对她微笑了一下，因为这一个笑，她就爱上了这个王子。图兰朵是王子看见她的时候，她是一直拒绝，你不要看我，她事实上一开始也是感受到一种很神秘的东西，只是她的冰山解封需要一个时间。所以我觉得从本质上说，两个女性都是非常类似的，只是表现方式不一样。

曹： 其实普契尼没有把《图兰朵》写完就去世了。所以当这部歌剧首演的时候，托斯卡尼尼演到普契尼写的最后一段，柳儿死的那段，就说大师在这儿去世了。然后有很多后世的作曲家，希望是能够把它续下去，可是大多数认为这是狗尾续貂。就像《红楼梦》一样，您要续上的东西，和原作还是有点不一样，所以从歌唱演员的角度来看，您是怎么看这种续接？

和： 最常上演的版本中的续接是普契尼的学生完成的，当然他引用了普契尼的很多和弦的手法。普契尼写到《图兰朵》的时候，他得了喉癌。我觉得《图兰朵》和他所有以前写的这些歌剧都不太一样，他以前的这些歌剧都是那些很感性、很美的，《图兰朵》一开始用的和弦就是那种惊悚的。我甚至都在想，是不是普契尼在弥留之际，已经出现了一点幻觉。包括他对平、庞、彭的描写，包括里面有一些宫女的合唱，整个声音都像一个梦境一样。当然我现在也开始画画，我很想画一幅人在弥留之际出现幻觉的那样一个作品。所以我觉得他是不是脑子里出现的音乐、和弦，他推翻了，和他以前所有用的笔法都不一样。所以他的学生，接着普契尼的音乐写下来，我觉得他是用了一些和声的元素，但是还是和普契尼的音乐不太一样。因为他主要是写了后面的二重唱。我觉得很奇怪的一点就是，我唱完了以后，很难记住这个二重唱。我是2005 年唱的柳儿，后来因为我的声音在国外唱柳儿，也算是个号很大的柳儿，所以，如果我唱柳儿，就要找一个图兰朵号更大的，不太好找。所以柳儿他们邀请我唱的不多，我只在国外唱过三次柳儿。到现在柳儿的咏叹调，我还可以从头到尾唱一遍。但是这个二重唱，我唱完就忘了。如果再唱，我又得从头学，我记不住。我觉得这可能是唯一的一点区别，但事实上音乐也写得很美，这是我自己的感受。

曹：刚才我们一直说到一个歌剧演员的天赋，我们经常给年轻人灌输一个错误的概念，就是你努力就会成功，其实对于艺术这个东西来说，确实不是如此，你没有天赋，在这个道上走就越来越困难，你会走得很艰难。所以我就想到，您刚才说自己对于音乐的这种天赋，听说您在 18 岁之前也没有经历过什么音乐的专门训练，准备了差不多一个月时间就去考试了，然后还考取了。

和：对。我觉得我的路不可复制，因为我 18 岁之前，甚至连音乐课都没有上过。但是我就是从小爱唱，学什么东西都很快，电视上或者广播里听到一个什么音乐，我立刻就能哼出来。我记得我考音乐学院的时候，我连视唱练耳叫什么都不知道，我考了85 分。老师说你听和弦给我唱出来，我说什么叫和弦？他就给我按了一个和弦，他说你把里面能听见的音给我唱出来，我就给他唱出来了。然后又给我弹了一段旋律，他说你把它模仿出来，我也模仿出来了。可能那时候考得比较简单。我是在高中的联欢会上唱了一首歌，被我的数学老师发现的。

曹：不是音乐老师发现您，是数学老师发现了您的音乐才华？

和：对。数学老师说我觉得你的声音怎么比我隔壁教声乐的老师，他教的学生声音好听，我带你去给他鉴定一下，他就带我去那个老师家了。那老师一看我，他说你考我们师范学校音乐班，可能都得跟我学一年吧，现在来不及了。他说你给我唱两首，我给他唱了两首歌以后，他说我觉得你今年可以试试西安音乐学院声乐系了。我就跟那个老师学了一个月，然后就去考了西安音乐学院，竟然考上了。当年我们那一个班只招七个人，我就给考上了。进了音乐学院以后，我才开始正式地学这些，乐理当时我抄了一本书就记住了，所以我觉得我和音乐很有缘分。

曹：真是有天赋的。

和：所以我觉得搞艺术没有天分是不行的。我记得陈丹青老师说的，艺术家是天生的，如果你不让他做这件事，他会很痛苦。这句话我觉得我是感同身受的。

曹：听说您当年父母其实是不赞成您学音乐的是吗？

和：我父母一开始是反对的，因为我爸觉得我们家离文艺界非常遥远，我父亲是医生，妈妈是老师，就希望我比如说考个外院，或者学个医，或者从事比较脚踏实地的职业。我当时也非常固执，我其实从小就是一个听话的孩子，但是这件事情上，因为当时我的数学老师点燃了我内心想也不敢想的一个愿望。我以前也没有想过，觉得音乐学院多么遥不可及，跟我有什么关系，想都没想过。我只是喜欢唱歌，我也不知道自己唱得好还是坏。老师说你说不定可以在音乐方面发展，所以当时我就觉得有一个巨大的冲力推着我，我就觉得这事，我特别想做成，突然一下觉得生活有目标了。一个人的道路，有时候就像一条河流，很难说碰见一个什么样的机遇，你就改变了流水的方向。

曹：我听说您当时西安音乐学院毕业以后是留校任教，可是其实您从内心来讲还是向往这个舞台，这个过程是非常平顺地过渡，还是说经历过很多的挫折？

和：经历了很多挫折，我当时在中国参加了 6 年的声乐比赛，都没有拿奖。因为我是一个地方院校的，西安音乐学院不是中央音乐学院，也不是上海音乐学院，我们是地方音乐学院，所以我去参加了很多比赛，都是名落孙山，有的比赛甚至连二轮也上不了。那个年代没有互联网，也没有国外的任何消息，所以那个时候在中国唱美声的，只能通过文化部选拔，然后送到国外去参加国际比赛，只有这一条路。而且当时的中国也没有这么多剧院，和现在的中国完全不一样，几乎没有任何机会。比如中国那时候大概一年演这种经典歌剧，一次或者两次，北京、上海。我记得我第一次看歌剧是在北京看《图兰朵》，中央歌剧院演的，对于我来说，当时是真的被这门艺术吸引了，我特别热爱。我觉得我的生活像坐了火箭一样，我就特别激动，每天都特别想学好它。我就记得对我来说是一个非常艰苦的过程，因为当时六年的比赛都没有任何机会。

曹：这个转折点在什么地方？

和：转折点事实上就是 1998 年在上海的《阿依达》。

曹：那当时他们怎么选中您的呢？凭什么？

和：当时饶余鉴老师就推荐我到上海歌剧院参加面试，因为当时要选一组中国的阿依达，是由佛罗伦萨歌剧院的艺术总监来选，佛罗伦萨艺术总监肯定不知道我是地方院校还是中央、上海的。他们没有这个概念，他就觉得我的声音比较适合唱阿依达，他就选上我了。所以我当时也很感谢上海大剧院、上海歌剧院，他们相信我一个二十几岁的小姑娘可以唱阿依达这么大的一个角色。

曹： 那时候您在歌剧界或者古典音乐界，还是一个无名之辈。

和： 是的。然后那个演出演完了以后，因为刚好那一年来了一个纽约的经纪公司的人，当时他听了以后，就给了我一个多明戈比赛的简章，就寄给我了。我就把我的录音寄到了多明戈比赛的组委会。

"多明戈"世界歌剧声乐大赛始于1993年，由世界三大男高音之一的普拉西多·多明戈创立，旨在发现歌剧新秀，吸引了来自世界各地的歌唱家，让他们在最杰出的评委和演出经纪人面前有展现自己才华的机会。每一年这项赛事都会在世界各地轮流举办，荣膺此奖的选手，很多已是活跃在国际歌剧舞台上的明星，如何塞·库拉、乔伊斯·狄杜娜朵、罗兰多·维拉宗等等，中国歌唱家和慧、廖昌永也因为曾在多明戈声乐大赛中脱颖而出为世界乐坛所瞩目。

和： 事实上我1999年就被多明戈比赛选上了，那个时候我没有拿到美国签证，但是当时夏天的时候，一个日本赞助人崛内纪良，他赞助了很多中国、韩国、亚洲的歌唱家，他赞助我到意大利维罗纳去学一个月的大师班。那是我第一次出国，1999年的时候，当时刚好多明戈大师在维罗纳竞技场演出，演完大概半夜一两点了，我们就等在演员出口那儿。多明戈大师出来了，那是我第一次见到他，我觉得他好帅，好有风度。其实我心里特别紧张，但是我还鼓足勇气上去用英文跟他讲，我说大师，我是一个来自中国的女高音，我今年被您的多明戈比赛选上了，但是我的签证被拒了，我说您能不能听我唱一下？他是个非常和蔼可亲，很有教养的一个人，他说很抱歉，我明天一早的飞机，我没有办法听你唱了。他说如果你是因为签证问题，明年我再继续邀请你。意大利大师班结束，我就回到中国，果不其然，过了没多久，我就接到了多明戈比赛第二年的邀请。所以我是2000年去

和慧（右二）在多明戈大赛上获奖

的，又是美国，但是那一年因为我参加了一个中央电视台的青年歌手电视大奖赛，当时签证官问我去美国做什么，我说去参加多明戈比赛。他说有什么能证明你会唱歌这件事情，我说我现在正在参加一个比赛，我就给他看了比赛选手的证，签证官就给我过了。所以 2000 年，我就很顺利地到美国，没想到我在美国就拿奖了。我觉得多明戈大师是在我的歌唱事业中非常重要的一个导师，因为如果没有多明戈比赛，我也很难开始我的国外歌唱事业，很难。当时这就像一个名片一样，我的意大利经纪人当时把我推荐给这些歌剧院，就说这是多明戈比赛的获奖者，所以这些歌剧院的人才愿意去听我面试，就像一个敲门砖一样。多明戈大师是非常愿意扶持年轻人的，我记得 2001 年他在上海的独唱音乐会，他请我做他的嘉宾，那时候有我和廖昌永，我们两个人都是他的比赛获奖者。我们都是看着他的 CD，在学习中听着他的声音，是很神奇的一个经历。后来我记得 2003 年我开始在意大利唱了以后，在维罗纳的街上，突然有一天碰见多明戈大师了，他说我听到你的好消息，他每次见我都说你是我的骄傲，他问了问我情况。结果三天以后，我的经纪公司就收到了他邀请我去华盛顿唱《蝴蝶夫人》。但是当时那次没有去成，因为斯卡拉邀请我唱《阿依达》，就没有去成。多明戈大师后来又到维罗纳，我又碰见他，他说好遗憾，你竟然没有来成，但是我表示理解，但是我希望以后你还是一定要来一次华盛顿。后来多明戈大师，我在北京和他又合作了《西蒙·波卡涅拉》，他演我的父亲，我演他的女儿，所以我们有一段父女相认的场景。我记得有一次，我在柏林唱《乔康达》这部歌剧，大概是 2018 年。有一天剧院告诉我，多明戈今天晚上专程来听你唱。他当时在柏林国家歌剧院

和慧与多明戈

唱《麦克白》，我是他演出的前一天晚上在德意志歌剧院唱《乔康达》，没有想到多明戈大师竟然专门来听我的演出。第二幕完了以后，他就到我化妆间来了，我见到他，特别激动，我当时还穿了一个换装的睡衣，我当时很兴奋，说大师我要跟您照张相。他说我没有想到，他说我很担心你唱这个角色，因为乔康达是一个非常有性格的角色。他们都知道我唱蝴蝶夫人是那样的一种形象，《乔康达》是很激烈的一部歌剧，真实主义里面最激烈的那种情感，剧情又是错综复杂的。他说你让我很吃惊，他每一次见我都在鼓励我。第二天我又去了柏林国家

歌剧院看他演《麦克白》，我给他献了一束花，然后我写了，我说您是我永远的指明灯。多明戈大师真的是非常令人敬佩的，他算是一个歌剧的超人，在人类歌剧史上，他应该是演过角色最多的一个歌剧演员，是一个划时代的、最伟大的大师。他每次见到我都说永远不要觉得你达到了，你一定要不断地提高自己，不要认为自己已经到了最好的状态，因为艺无止境，用我们中国话来说。我觉得他也是这样做的，他已经是80岁高龄的一个老人了，仍然还在世界各大歌剧院活跃，唱这些非常难的歌剧。我听过他的很多现场，他也在不断地调整他的声音，在声音里面，他前几年有的时候会有一点小的问题，但他现在的声音仍然保持得非常年轻，所以我觉得他是所有歌唱家的一个楷模。

　　在 2020 年新冠疫情期间，原本的空中飞人突然有时间停了下来，和慧开始用绘画表达内心的所思所感，并在微博上和大众分享。和慧曾在拍摄自己舞台生涯的纪录片中说道：每天晚上我都会在舞台上死去，作为蝴蝶夫人我自杀了 150 多次，扮成托斯卡从圣天使城堡上往下跳了 100 多次，我还会被他们用匕首刺死或者活埋。死亡终结了戏剧，我不相信在我死后我的声音还会流传下去，不过也许会活在那些听过我的演唱，并为之感动的人心中。这就是生活，一幅画在沙滩上的画。从 1998 年至今，和慧在歌剧舞台上已走过了 20 多个年头，她在充满爱恨情仇的戏剧中生活，体验生命中最浓烈的情感和最极致的艺术追求，那么在卸妆之后，这位为歌剧而生的女高音又是如何看待自己的生活呢？

曹： 其实当我们看到演员在舞台上谢幕的那个刹那，那是他人生的高光点。当大幕关上，所有的灯光关闭之后，你回到自己的化妆室卸妆，然后一个人带着行李回到酒店，您可能一整年就是在全球旅行，从这个城市到那个城市，这个酒店到那个酒店，这个剧院到那个剧院。所以那种反差会特别大，会不会觉得特别孤单和寂寞？

和： 我觉得孤独是艺术家的常态，这个事情我很早就想通了。比如说 2002 年的时候，我那时候在意大利帕尔马唱完《托斯卡》，我当时那种反差是非常大的。因为那个时候我还没有接受这样的一个状态，在中国是另外一回事，因为有朋友、家人，在国外真的是孤孤单单的一个人。在剧场里，你像一个女王一样，所有人都在为你欢呼，出了演员出口，你就在一个完全陌生的城市，完全异国他乡，语言不通。我甚至在国外还迷路过，找不到自己酒店在哪儿。有各种各样的生活问题，碰见各种障碍，而且可能今天你在这个城市，过几天或者过一个月又换一个。不过我们歌剧演员比钢琴家、小提琴家好一些，他们两三天换一个城市，我们一部歌剧的制作差不多有一个月或一个半月，最短也要一周或者两周的时间，这期间就在一个城市。所以你要完全面对一个陌生的城市，陌生的语言环境，陌生的文化，陌生的人。我觉得这种反差，我在很多年前是不接受的。我大概用了10年的时间来接受这样的一个状态，因为我从小在家里也是非常受宠的，我父母、哥哥姐姐都对我很好，我是家里最小的。

曹： 万千宠爱集一身。

和： 对。我的生活自理能力也不是特别好。但是经过这么多年的旅程，我现在也会做饭了，什么都会自理了。因为国外吃不到特别可口的饭菜，演出的时候喜欢自己给自己做点吃的。我觉得我想通了一件事情，在舞台上一定要做一个大艺术家，但是下了舞台，一定要做一个最普通的人。你接受这种反差以后，你就会变得比较舒服。因为如果在生活中，你还要当女高音的话，你就是给自己制造灾难，也给别人制造灾难。有很多歌剧演员，在生活中也要当女高音，也要当女主角，我是希望生活中我埋在人群中，没有任何人看见我是最好的。我在生活中，喜欢藏在人群里面，没有人注意到我，我喜欢那种最简单的生活，不太愿意让很多人关注我。所以我觉得对我来说，这个平衡我掌握得还不错。这种反差的确很难，在剧院是一个环境，所有的演出大幕关上，人走楼空的这种状态，一个人回到一个酒店。

曹： 情绪上会有一些低落。

和： 对，有的，但是我已经习惯了，因为经过20多年，你说不孤独，那是假的，肯定是有孤独的时候。但是我觉得事实上，我认为歌唱家不应该生活得太好，所有的艺术家都需要苦难，有一种苦难的东西在里面，你的声音可能才会有一些宝贵的东西。我觉得一个歌者能够唱出来一个人物，他一定不是一个肤浅的内心，一定是内心有一种锤炼的过程。所以这个苦涩的东西是很重要的部分，对我来说。所以我觉得我接受了这一点以后，我反而就释然了。

曹： 西方人有一句话，中国人翻成有得必有失，其实作为一个歌唱家，您必须要聚焦在您的艺术当中，同时也会失去一些天伦之乐，比如说一个普通女人可能要经历的一些过程。比如说为人妇、为人母，这些生活当中的乐趣，实际上对于一个歌剧女主角来说，

和慧绘画作品

可能是比较奢侈的一种状态。所以其实您会损失那样的一些东西，您会觉得我是义无反顾，还是如果我重新换一种活法，我也许活成另外一种样子，您希望这两种，是哪一种？

和：我经常在想这个问题，如果当年我的数学老师没有点燃我这样一个梦想，没有开发我这方面的才能，我也许就是一个歌唱爱好者，天天在卡拉 OK 里面唱，或者在一个单位里面拿着话筒唱很多中国的歌，可能不会走这样一个道路。我经常在想，如果当年我没有走这条路，我会是怎样的一个人生，我会和谁结婚，会碰见什么样的人，会有什么样的孩子，我经常会想这样的问题。但是我觉得我也不后悔，因为虽然我吃了很多苦，不管是内心的苦还是遭遇的很多事情，我觉得这些都是人生的一个体验，因为人生事实上就是体验的一个过程。我所体会到的，也是别人体会不到的人生，是一个特殊的人生。它就像钻石，有非常闪光的一面，但是也有很晦涩的一面。实际上每个人的生活，都不可能十全十美，对自己来说也是一种历练。当然我很渴望过一个普通人的、正常生活，在一个城市定居下来，但是我做的这个事情不允许，我离不开歌唱这件事情。如果想唱，我就必须要接受这样的一种生活，到处旅行，今天在亚洲，明天去美国，后天又到欧洲了，天天要做各种旅行，要住一个陌生的地方，在不一样的城市。我妈妈就经常开导我，她说你现在什么都很好，但是你也有你的苦恼，就像一个人的手，有四个手指全是这个方向的，有一个手指一定是这个方向的，这样你才能握住东西。我觉得我妈妈说的这个话特别对，所以我觉得人生有遗憾也好，都是人生，因为人生就像一列火车开向坟墓。

曹：单程票。

和：对，只有这一条路。比如说我们现在在做这个采访，我就在体验这样一个过程，我在和可凡老师分享我们之间的一种交流。我体会到的人生是一个五光十色，非常神奇的一个世界。因为歌剧在全世界，在主流歌剧院唱主角的歌剧演员，可能不到 500 个人，全世界 70 亿人口，连 500 个人都没有。所以我觉得我也很幸运，我算是这500 人之一。

曹：人在每个阶段都会有一些不同的困惑，在现阶段，你觉得所面临的困惑是什么？

和：我觉得我现阶段的困惑就是如何让我的歌唱技艺提得更高，如何保持我的状态，这是我最主要要做的事情。剩下的我觉得一切都交给命运，我遇见什么人，我会过什么样的生活，我觉得就是一切随心吧。

曹：其实我想我今天跟您聊天，其实不仅仅是作为一个主持人，也是一个喜欢您的爱乐者。所以每当看到您在世界各地的歌剧舞台上演出，尤其是作为一个中国的歌剧

和慧和曹可凡

演员，其实我们都觉得真的是很欣慰，非常了不起。如果借用多明戈大师的那句话，他说为你感到骄傲，我想我们其实所有喜欢您的艺术的朋友都会说我们为您骄傲。

和：谢谢！我也希望我通过自己对艺术的这种热爱和努力，不让大家失望，谢谢！

……………… 不惑年华

乱云飞渡仍从容——王劲松专访

《大明王朝1566》中的杨金水，《北平无战事》中的王蒲忱，《琅琊榜》中的言侯爷，《军师联盟》中的荀彧，《破冰行动》中的林耀东……这些人物并非主角，但每一个都是如此生动鲜活，令人过目难忘。而各个角色之间的反差之大、个性之迥异，令人几乎难以相信他们的扮演者都是同一人，他就是王劲松。凭借360度无

王劲松现场照

死角的精湛演技，近年来"金牌绿叶"王劲松赢得了越来越多关注与喝彩。建党一百周年之际，王劲松以话剧《人间正道是沧桑》主演的身份参与全国巡演，登上了睽违已久的话剧舞台。很多观众并不知道，其实他原本就是南京市话剧团的一名话剧演员。

曹：非常高兴这次你能够跟你的伙伴们来到上海做一个话剧《人间正道是沧桑》。常年耕耘影视剧，这次重新回到舞台，面对观众，是一种什么样的感觉？

王：特别激动，为什么呢？因为我告别舞台时间太长了，大概有十多年。这其中也有一些机会，但是我觉得，如果我参加话剧演出，必须是跟南京市话剧团在一起，因为我是南京市话剧团的演员。这么多年了，一直对这块土地还是非常眷恋的。而且南京话剧团培养了我，所以我演话剧，一定是跟南京市话剧团在一起。去年的时候他们就跟我讲过这个提议，我就说好，没问题，我来。所以咱们不但是演了话剧，而且有了参加《可凡倾听》这样的一个机会。

曹：谢谢劲松兄。

王：咱们俩约了也有快一年了。

曹：对。

王：去年夏天最热的时候。

曹：对，去年夏天最热的时候，我们一块儿拍《光荣与梦想》，就约到现在。

王：你演傅作义将军。

曹：对，你演蒋介石。作为一个演员，其实在舞台上那种享受，跟拍影视剧完全不一样。

王：不一样。

曹：你回想过去在舞台上演戏，哪怕是一个小的角色，可能都跟现场观众的呼吸，相互之间有一种刺激、反馈。作为影视剧来说，它很难有这样一种享受。

王：对。

曹：你记忆中，过往在南京市话剧团演出的时候，哪一些场景觉得特别过瘾？

王：你在舞台上，其实舞台上的光起来的时候，你站在上面，是看不见下面的。尤其是那光强的时候，面光、侧光，它起来的时候，你是看不到下面的。但是你完全可以感觉到，下面有无数双眼睛就在你的脸上。在台上的演员，他的那种热情和热血，是被底下的这无数双眼睛一下就提起来的，这和电视剧是不一样的。我经常说电视剧是什么呢？它是罐头。这个东西做好了，但是怎么做的，你是不知道的，怎么包装的，你也不知道。我只是把这个罐头给你，卖给你，你回家以后用什么容器装，怎么去摆盘，那是你的事。但是话剧不一样，话剧它是热腾腾地摆在你面前，你可以直接品尝，不用去加热，也不用再经过什么这样摆那样摆或者怎么搭配。话剧是最直接的交流，所以在演话剧的时候，它也避免了影视剧的那种切换。说这个镜头停，咱们再拍一个近景，演员那气一下就泄了。所以我有时候在拍影视剧的时候，经常导演说停，我说，你让我说完。不不不，到这儿就可以了。我说不是，我难受。

曹：对。

王：这气我没吐完，所以回来，把它痛痛快快地吐一次。

曹：你还记得当年在南京市话剧团，作为一个演员，在舞台上最过瘾的是哪一次经历？

王：最过瘾的，这得回到二十多年以前。我演的《秦淮人家》，演一个书生，秦淮河畔的一个书生。他学建筑，东南大学建筑系毕业，叫许经年。他把秦淮河畔所有古老的建筑，绘制成了一个长卷。经历了战火以后，他又想把这些建筑，当年秦淮河的景色重新复原过来，也有几十年的跨度。当时演这个的时候，我有一个想法，就是话剧上比较少以这样一个民间知识分子，作为一个主要角色去演。后来就想到了我的父辈，想到了我认识的一些比我年长的知识分子，我的长辈们，我就觉得这个话剧是为他们去塑造这样一个形象。

除了话剧《人间正道是沧桑》，今年王劲松还参演了《理想照耀中国》《光荣与梦想》和《大决战》三部革命历史题材献礼剧。有趣的是，他在《光荣与梦想》和《大决战》这两部戏里都扮演了蒋介石一角，俨然成了一名特型演员。更难得的是，他的演绎不仅形似而且神似，被观众评价为还原度最高的蒋介石。

曹： 过去在我们的认知当中，你跟这个人物之间还是有一定距离，生活中并没有觉得你像是一个特型演员。所以当你要去塑造这个角色的时候，怎么去慢慢靠近这样一个人物？

王： 完全不搭边，我也不知道怎么就把我弄到这个角色上去了，也没有这种准备。之前有过两三次机会，有导演说，你愿不愿意演这个角色？我这个戏里面有，我觉得你可以演。我都回掉了，我就觉得我跟这种特型是不搭边的，甚至是有一些排斥的。《光荣与梦想》，就咱们合作的时候，是第一次，我也是从别的戏上下来，8月份下来，剧组还特别宽容地等了我一个多月，我才进组。因为牵扯到一个发型的问题，没法两边串，到这边我必须就把头发全推光了。如果说这边拍一点再回去，你就没法演那边的戏了。其实《光荣与梦想》，我觉着很惭愧，我的准备工作没有完全做好。一直到了春节的时候，我才把这些资料陆陆续续全部看完。看完以后我必须要在我身上建立起来，我要的答案，就是国民党为什么会败？你占尽了天时地利的优势，你为什么会败？那么败的原因是什么？不是我们大家都能够看到的原因，我必须要找到它更深一层的原因。其实我做的准备无非就是这些。主要和人物的状态有关，和人物的，我们剧本上的台词没有太多关联，它只是间接的关联。但是我想，你如果不找到你自己的这样一个答案的话，在这个角色的建立上面，就会空，就会有假，我不想让它流于那样的，泛泛地、表面地去演。

《光荣与梦想》中王劲松、陈都灵与曹可凡合影

在系列剧《理想照耀中国》里，王劲松主演了《雪国的篝火》单元，饰演一位牺牲在长征路上的炊事班战士。为了这个角色，身高将近一米八的他减肥减到只剩五十多公斤，在拍摄过程中更是吃了不少苦头，但他却甘之如饴。

曹：你希望这个角色在塑造的时候，摒弃一切过去所惯用的表演手段，让这个角色在极端寒冷的状态下，表现出这种人物生理上的极端化。

王：对，您说得特别对，让自己的生理去表演他正常的反应，而不要用任何技巧。因为太普通了，一个炊事班的战士被冻死了，他只是千千万万倒下的红军战士的一个。这么多人参加长征，最后到达的三分之一人都不到，那些人去哪儿了？他们就在这个过程当中，一个一个倒下了，他只是一个最质朴的，甚至没有留下名字的一个人。

曹：连个名字，姓和名都没有。

王：对。我们其实是找到了原型的一个饭盒，是在四川的一个革命烈士纪念馆里面找到的。这个饭盒上面刻了九个人的名字，没有真实的名字，是代号，或者是他的外号，或者是一个姓氏刻上去了。这个饭盒，我们可想而知，它是经过了九个人的手，前八个人去哪儿了？一个饭盒，一个金属的饭盒，当时那种军用的金属饭盒很珍贵。这个战士牺牲以后，这个饭盒不会扔掉的，别人会继续拿着用。所以它一直传了九个人，在炊事班里面。历史上记述下来的这个连队，在过雪山的时候，是没有减员的。那减员的是什么？减员的是炊事班，是炊事班减员了。那么可想而知，炊事班在保障整个连队过雪山的时候，他们做出了多大的牺牲。他们是和粮食有最直接关系的一个队伍，不是冲在前线，但是减员却是最厉害的一个，所以《雪国的篝火》是根据这样一个段落改编过来的。

曹：你们当时拍摄的时候，也是在一个真实的、极度寒冷的状态下拍的吗？

王：是。当时温度不是特别低，但是体感温度极低。为什么呢？我们选择的全是山口，就是风最大的地方。在天池，长白山那个天池下面，坡下面一点点的位置。它难度就在这儿，因为那个地方无法扎营，车辆上不去，就是没有供给，没有热水，没有卫生间，你也没地方坐。拍不拍你，你都要站在那儿，是风最大的地方。你不可能说我躲到一个地方，一棵树都没有。当地的气温是零下二十度。那手出来就是几秒，几秒钟的时间，你再想拿回去，是没办法攥起来的，它就是僵硬的。然后要把这个扣子解开，把手放到里面，把它焐过来。选择这个地方，还是导演团队做的选择，已经降低难度了。开始选的是四川，海拔4700米。后来总导演傅东育坚决反对，他说你这是要出人命的，你为什么选这个4700米？因为刘国彤导演去勘景的时候，把4700米的所有影像资料全拍回来了，我也看到了。他第一个选择点是在那儿，后来回来以后一讨论，傅东育导演认为，他说你在这个将近海拔3000米的地方，最起码不会死人。你到4700米，他万一有基础病，呼吸系统各方面的，是有生命危险的。

曹：危险系数很高。

王： 他说你不是旅游，待一个小时就下来了，你是一天到晚待在上面，那是喘不过气的。

曹： 在那个风口拍了多久？

王： 八天。头三天是一个地方，第三天我们收到景区的通知，绝对禁止拍。是封山的一个状态，因为暴雪要来了，就把我们给赶到外面去了。然后我们换到了北坡，在北坡继续拍。其实北坡也是一个封山的状态，到北坡那儿只是说海拔低了一点，不用爬到那么高了。北坡那边就允许我们，你们只可以在这块地方，不许再往上走。

曹： 这是不是你过往拍戏经历中，最艰苦的一次？

《理想照耀中国》之《雪国的篝火》剧照

王： 我觉得还不算，因为时间短。

曹： 还有更苦的？

王： 还有，苦的戏，我记得我第一次拍电视连续剧，南京电影制片厂，叫《江南风云》。在安徽泾县陈村，非常美丽的一条小河，就是黄山的背后，在那儿拍。那个地方是没有住宿条件的，不可能考虑到你一个电视剧组来人。我们住在一个非常简陋的小旅社，四个人一个房间，一下雨那个房间就漏。房间里是四张折叠床，一个很小的、简单的两抽屉的写字台，没了。我们四个人就在房间里面挪床。

曹： 躲那个雨是吧？

王： 躲那雨，一漏我们就挪床。最后那个床被我们挪成了，不知道是一个什么形状。本来是靠边的，四个摆得整整齐齐。反正就这样，依然躲不过去。后来拿毛巾把它叠起来，叠得厚一点，放在那个地方，让那雨滴在毛巾上面。那时候并没有觉得这个多苦，现在想想，你跟现在的环境比，拍摄环境和住宿条件，那不是提高特别多吗。

1967年，王劲松出生于江苏无锡。由于母亲是上海人，王劲松童年时代曾经在上海生活过一段时间。

曹： 你的名字特别有时代特色，是不是跟领袖的诗句有关？暮色苍茫看劲松。

王： 有关。这是我父亲给我起的。这个也应该是我小时候，最早会背的一首诗词，因为跟我的名字有关。所以我父亲起的这个名字很有意思，有时代特点，我的姐姐叫海燕：是吧，那时候特别多。

曹：对。

王：我叫劲松，后来长大了以后，我认识了很多叫这个名字的人，都是年龄差不多的。

曹：我记得我们拍《光荣与梦想》的时候，你跟我说过，其实你祖籍也是无锡的。

王：无锡人。

曹：你的祖上实际上就是"三凤桥酱排"的前身，叫"慎余肉庄"是吧？

王："慎余肉庄"。我父亲的叔公，他是这个店的创始人。曾经我的祖父，我的爷爷，都是这个店里面，它是一个家庭式的产业，都是在那个里面一块儿打工的。他们一起做这个店，后来我爷爷从这个店里面出来，因为结婚以后，成了家以后，他自己要独立出来，我父亲跟我讲过。我父亲是一个不善于交际的人，他每次就是站在那个店里面看，看他叔公的照片，然后把我也带去。说你看，这是我的老叔公，你应该叫太叔公。我说那你应该找找他的后人，他始终就不愿意，我父亲是个不太愿意交际的人。

曹：你父亲是做什么工作的？

王：他学的是矿井设计，他这一辈子都是和煤炭那个行业有关系。

曹：你妈妈是上海人，是吧？

王：对，我妈妈的祖籍是，我的外公是宁波人，他们下南洋，后来又到了上海，定居在上海。

曹：所以你初中之前，在上海生活过一段时间？

王：生活过，我小学的时候都在上海，长宁支路第一小学。

曹：长宁支路第一小学。

王：现在拆掉了，以前里面有个教堂，很美的一个教堂，那个彩色的玻璃。在长宁路有一个五角场，那个五角场是路很多的，然后有一条路，斜斜进去一个小菜场，小菜场进去里面是长宁支路第二小学、第一小学，两个小学紧挨着，我在第一小学里面。

曹：那你也住在那个地方？

王：走回家就几十米，一百米吧。

曹：你记忆中，那时候在上海，这个城市给你留下一个什么样的印象？

王：鹅卵石，鹅卵石被磨得锃亮。梅雨季节人人都穿着那个小胶鞋，不是北方那种高筒的，就是那种短的。北方就没有，全是高的。南方那种短短的，小胶鞋。黄的油布伞和黑的洋伞，黑的洋伞少，黄的油布伞多。

曹：对。

王：踩在那个发亮的、圆圆的鹅卵石上，是这样一个记忆。我每次走到那个小菜场里面，都有那个粢饭，它煎的那个香气。

童年王劲松

曹：那个叫粢饭糕。

王：粢饭糕。还有小馄饨，会搁一点点猪油在里面。

曹：是。

王：搁上一点葱花，调出来的香味。所以每次拍到年代戏的时候，我就觉着，年代戏对于一个城市的描绘，你说它是上海，你说它是天津，我如何在你的镜头语汇和你的剧作里面读到它是上海，或者它是天津，或者它是旅顺，这个很重要。

曹：你记忆中，爸爸妈妈带你跟姐姐去玩的最好玩的地方是哪里？

王：中山公园、动物园，我最向往的地方是南京路的第一食品商店，我进去就不愿意出来。

曹：我们年龄差得不多，我觉得记忆还是基本相似。

王：那你要不给我买一包橄榄，买一点糖，我是不会出来的。在里面看着各种各样的糖，太羡慕人了。还有咱们上海那种半块的雪糕。雪糕可以卖半块。蓝色的包装，这样一个方方的，大概有这么厚。比如这一块是一毛一，你买半个是六分钱。

曹：对，光明牌中冰砖，有这么半块买的。

王：对，我站在那个地方就赖。

曹：那是我们这个年龄的一个最美好的记忆。

王：那要是一个人吃一个，那时候我们小，一个人要是吃一个，买一个，不用切开的话，那是奢侈的。

曹：太奢侈了，对。

王：而且这个冰砖吃的时候，我都能想起来那种心态，要慢一点吃，要让这个味道，品味的时间更长一点。但是慢一点吃带来一个最不好的就是，它会……

曹：化掉。

王：化掉了。化了以后你要是滴在地上，那就太浪费了。于是就拼命要找它哪个要滴落的地方，赶紧把它舔进去。

曹：你现在上海话还能说一点吗？

王：有点生硬了。

曹：但听还是能够听的。

王：听一点问题都没有，说有点生硬，就是长时间不讲的原因。

曹：对。那在家里的话，那会儿妈妈跟你讲上海话吗？

王：她不会特意跟我讲，我妈跟我爸说话会讲上海话。

曹：你初中的时候，从上海到徐州，心里边会有一点恋恋不舍吗？

王：会恋恋不舍，每年暑假我都期望着再回来。但是我有一个，小时候不是先天性视力不好吗，每年的理由就是你要带我回去，我要再检查视力。其实我妈也愿意回来，我妈每年就说，放暑假了，我带孩子回去检查视力。所以暑假的时候，我经常会回来，住在外婆家里，住在阿姨家里，都住过。这边玩玩，那边玩玩。这些印象太深了，留得太深了。

尽管家中并没有长辈从事文艺工作，少年时代的王劲松却偏偏对表演产生了浓厚兴趣。中学毕业时，他瞒着家里，自作主张报考了江苏省戏剧学校。

曹：我听说你那会儿去考表演专业，父亲是很反对的，是吧？

王：很不高兴。我考的时候他都不知道，到最后要做一个决定性的选择，这个事情是怎么暴露的呢？

曹：怎么暴露的？

王：我考的是江苏省戏剧学校，但这个戏剧学校是代培生。现在想想，我们那时候简单，没有考虑那么多。代培生就是等于你考进了一个单位，这个单位出钱，把你放在这个学校。

曹：明白。

王：我两边考，一边是南京话剧团，一边是徐州话剧团。到最后的时候你必须要选择，徐州话剧团的团长，当时我填的那个家庭地址，找到我们家来了，这个事情败露了。一个导演，一个团长，两人找到我们家来了。跟我的父母说，你们俩，二老就这一个儿子，应该让他留在徐州，那这个事情就没有办法隐瞒了。最后考的时候，我父亲还算是不错，虽然一直反对但并未刻意阻拦，只说你这个唱歌跳舞有什么意思。他对话剧是没有什么概念的。

曹：你去考是因为自己喜欢，或者说发现自己有点表演的天赋？

王：喜欢，我上高中的时候就是学生会主席，平时很活跃，老师对我都挺好。最后那天要去考试了，父亲拿出五张十块，放在玻璃板上。

曹：那会儿是巨款。

王：对，给我钱是让我自己选择，但是我觉着我父亲那时候也是，现在的父亲不会做出这样的选择，我只有十七八岁。你想想，这个选择是决定了你这一生，你去哪儿，他竟然没有替我选择。我也不怪他，正因为他这样一个行为。拿钱，去南京，你去考试，去吧，自己去；不拿钱，就在徐州。

曹：其实他这种方式也很好玩，就看你做一个什么样的选择。

王：对。

曹：拿钱或不拿钱。

王：对，他不替我选择。我最后考上了去南京的时候，我也记得很清楚，他给了我一个20世纪50年代的帆布的大箱子。那个箱子不装东西也得有十几斤，1987年。他说这个箱子大，你可以多带两件衣服。然后就往里面塞东西。塞不进去还有一个网线兜，网线兜里边要放脸盆和暖瓶，开水瓶，那个是不能塞在箱子里的，一个网线兜，一个箱子。我是一个手拎着网线兜，一个手扛着箱子，从楼上下来的，没有人送。我走到楼底下了，就是回头看看家里面，我父亲在阳台上面叉着手，跟我说，说了四个字，好好学习。我说哦，就走了，扛着箱子。

曹：现在的父亲绝对不会这样。

王：不会，现在父亲肯定追到学校，帮他把床铺好，对吧？那时候没有。我父亲来过学校两次，都是因为换季。他经常会到南京来开会，因为他们那个总公司是在南京，他经常来，会有一些业务上的往来。他来开会，开会的时候就会带一床厚的被子，每次不超过五分钟。拿着那被子，用塑料袋全包好的，大的那个塑料袋，封好，绳子扎好。到宿舍以后，坐在那个床铺上面，我给他倒一点水，他就拿着那个茶杯，很认真地坐在那儿说，这是冬天的被子，天冷了，你要换一床被子，有没有东西要我带回家？我说没有。没有的话，好，你的钱要省着用。我说哦。够不够？我说够了。好，你妈说的，让你要和同学搞好团结，都是我妈说的，他绝对不会说他说的。然后完了，没什么事了，没什么事了那我走了。

曹：如此简洁。

王：如此简洁，从来不做情感表述。所以我说我感情戏要是演不好，我父亲要负责，绝对要负责。

曹：他是比较内敛的那种性格，

王劲松和父母

理科生。

王：老知识分子。我跟他第一次情感的表露还是我主动的。我工作了以后，他这种送东西的形式送到我们单位了。一个深秋寒冷的夜晚，还下着小雨，他还没吃饭。我实在不忍心让他就这样走，他又是那一套，放下东西就要走。我说你吃饭了吗？他说没有。我犹豫了半天，我只有50块钱，我犹豫了一会儿，我说我请你吃饭。他愣了一下，他说你请我吃饭？我说啊，你不是没吃饭吗？我也没吃饭。他说那好。他就拉出了一副要吃一碗馄饨的架势，但是我当时就想，不能让他吃一碗馄饨就走。我说咱们俩去四川饭店吧，太平南路上的四川饭店。他说去饭店干吗？他说我们吃一点小笼包子，或者吃一碗馄饨。我很坚持，我说去四川饭店。但是到饭店，我们俩一坐下来，我的忐忑是，我的钱够不够。但是我想，实在不行，我要个赖皮，他也会把钱给我垫上，这是我心里的想法。但他第一个就把菜单拿过去了，他说拿过来，我来点，完了以后他看了半天，真是仔仔细细看了半天，他说我们点一个火锅就可以了。因为这个火锅里面有荤菜有素菜，叫什锦火锅，里面有几片牛肉，几片羊肉，有鹌鹑蛋，有豆腐，有一点青菜，还有粉丝。他说我们俩吃这个就行了，每人要一碗饭。我就听了他的，每人要了一碗饭。后来我实在觉着我第一次请他吃饭不应该是这样的，这是我从有记忆开始，第一次跟他在外面，在饭店吃饭，从没有过。我坚持要再点一个菜，他又把菜单拿过去，点了一个芙蓉炒蛋，我到现在都记得。结账的时候是43块钱，我非常高兴，我能付这顿饭钱，还找了几块钱。从太平南路的四川饭店出来，他要回到他住的那个招待所，就是单位的招待所，应该是在鼓楼附近。我叫了一个人力三轮车，因为那天下着小雨，他还是要坚持坐34路公交车。我就给了那个蹬三轮车的师傅五块钱，我说你把他送到他的招待所。他上去了，我们俩出来的时候就是汽车站，都已经站在汽车站那儿了。他一直在埋怨我，一直埋怨，他说这有公交车，你为什么要叫这个呢？我说我钱已经付了。他说这样干吗，等一会儿车就来了。他坐在那个三轮车上，我站在雨里面看他，他回头看了我两次。

曹：你父亲有没有来剧场看过你的演出？

王：没有，从来没有过。

曹：像影视剧什么的，后来都没看过？

王：看，影视剧看，他在家里看。现在坐轮椅，也不能讲话了，但是他知道。

曹：他那会儿比如说，第一次在电视里看到自己儿子演的影视剧的角色，他会怎么说？

王：不表态，一开始是不表态，不给评价。但是他每次都看，我妈都说，他每次就等在那儿看。后来慢慢的，他有认同，会说，你进步了，他会这样说。他说你进步了，他说得很不专业，只会说，你的表情比以前好了。

曹： 表情比以前好。

王： 他还闹过一个笑话，那时候在南京的时候，他来看我。他住了有一个星期以后，有一天晚上很严肃地跟我说，王劲松，吃完饭我们俩谈一谈。这是让我很紧张的，他从来没有说我们俩谈一谈，而且直接称呼我的大名。王劲松，吃完饭我们俩谈一谈。我想肯定是有什么不满意的，然后就到里面的房间，我就把门关上，怕他有什么情绪。我说有什么事你讲。他说我也来了这些天了，你们这个行业讲究的是台上一分钟，台下十年功，我怎么没看到你练功？他说你为什么不对着镜子练练表情什么的，你是不是应该对着镜子练一练哭啊笑啊什么的。我当时差点就喷了，我说你完全不懂，我不跟你说这个，我说我为什么要对着镜子练。他说那你怎么练？你总要练的。这是他对这个行业的理解。

曹： 你母亲怎么看你过往演的那些角色？

王： 我母亲就一味说好，我母亲是不管的。她是觉着只要是你出来就好，别人我不看。

从江苏省戏剧学校毕业后，二十岁的王劲松被分配到南京市话剧团工作。初出茅庐的他并没有太多登台的机会，除了卸车装台做场工，就是无所事事地坐着冷板凳。由于经济拮据加上无处可去，很长一段时间里，他独自一人栖身于剧团的资料室，与满屋子的书籍相依为命。

曹： 你现在回想起来，重新审视那段岁月，对后来自己做演员，是不是其实是一次非常难得的、积累的这么一个过程？

王： 我从来没有抱怨过那段时光，我觉着每一段时光都是给我的积淀，我会感谢那个时光。我在一个这么大的窗洞里，每天钻来钻去，为什么呢？因为我的房间里面是没有水管的，我要洗脸刷牙怎么办？隔壁是有的，但隔壁是锁上的。中间有那么大的一个洞，是窗户。我把这个窗户打开了以后，在那个窗户底下放一个凳子。我每天钻过去，洗脸，洗完脸我再钻回来，再把这个窗户关上，每天都是这样。现在想想，当时年轻，也没觉着什么。但是现在我讲这个的时候，别人可能觉得，那时候你连个水都没得用。我到现在都没有觉着苦，我觉得挺快乐，就钻来钻去，在两个房间中间钻，这边全是书。那边是锁起来的档案，所以要把那个窗户插上。我不能碰那些档案，但是我要用那个水，我每天在那个洞里面钻过来钻过去，很有意思。

曹：虽然是没有地方住，你住到一个资料室，然后周围都是书。所以你现在想起来也是很有意思的，你想，一个人睡在一个书包围的空间中，也是蛮奇妙的。

王：全是架子，一架子一架子的书，我在中间躺着，两边都是书。很方便，伸手就抽。躺那儿，每一套书摆放的位置我全部知道，顺手就能抽出来。

曹：你现在回想起来，那会儿读过的书，哪一些对你后来为人为艺是影响特别大的？

王：我看了不少，《莎士比亚全集》《布莱希特全集》《中国十大古典悲剧》《中国十大古典喜剧》。

曹：全看了个遍？

王：全看个遍，但是很多我都忘了，实话实说，忘了。那个时候看，第一是消磨时间，因为看书不花钱，你就在这儿看吧。第二也是实在没有事干，就看书。看完了以后，当时我不会意识到，这个东西对我有没有用，我不知道。可能你在之后，十年二十年以后的创作过程中，我突然想到一个人物，是那个里面的；突然想到了有一段台词，它是这样的，它是这么写的。那是有用的。

《大明王朝1566》中的杨金水，《北平无战事》中的王蒲忱，《琅琊榜》中的言侯爷，《军师联盟》中的荀彧，《破冰行动》中的林耀东……这一系列生动鲜活、个性迥异，令人过目难忘的角色，让王劲松在荧屏上大放异彩。其实他最初并非影视演员，而是作为话剧演员出道的。那么，他是如何完成从舞台到荧幕的跨界，并且逐渐闯出一片天地，找到最适合自己的位置？这与他事业上的一位贵人密不可分，那就是已故著名演员傅彪。2001年，王劲松与傅彪合作了电视剧《等你归来》，尽管王劲松扮演的只是一个小配角，却引起了傅彪的注意，开始对他格外关照、大加提携。

曹：你跟傅彪的关系非常好，那会儿他也建议你去北京发展，是吧？

王：他不是建议，他是强迫。

曹：强迫。

王：强迫。他的邀请，我把它当成一种客套。就是，劲松啊，春节以后，因为我们俩的合作，正好中间有一个春节，我把它当成是一种客套。就是春节以后你到北京来，你也不用考虑别的，可以住在我家里，我带你去剧组，帮你介绍一些导演。我想我不愿意去给人添这种麻烦。应该是大年三十的时候，大年三十那种拜年的电话，大家礼貌性地打电话，他又问了一句，你买票了吗？啊？我说什么？买火车票到北京来。我说好，过完年买。他说你记着买。我说哦，记着买。到初六，应该是初六，初六的时候，他又问我你买的哪一天的？我说我没买，我说真买火车票？他说现在就去买，买最近的一趟车。我就去了，

傅彪与王劲松合作《等你归来》

北京站，他开了一个白色的大众，在那儿等我。看到我第一句话就是，你怎么拿了一个这么小的箱子？我说我住两天就回。他说你回去干什么？我让你来，就是让你待在北京，你就在这儿发展了。我说那再说吧，我说现在就来看看你，如果是接到戏什么的……他就说你不可能接不到戏。这是去北京的一个开端。

曹：那是哪一年？

王：2001 年。

曹：后来是不是他带着你去找各个方面的人，导演、制作人。

王：接的第一个戏，就是把我介绍给李少红导演，拍一个电视剧，叫《蛐蛐四爷》，那个戏并没有播出，但是拍了，是一个民国剧，讲民国斗蛐蛐的一些事。不但是介绍了这个戏，傅彪就问我，详细地问，这戏是说什么的？你演的是什么人物？你是干什么的？你跟谁谁谁有关系？我说我演的是斗蛐蛐这个场所的一个老板，也是斗蛐蛐的一个把式。他说你会斗蛐蛐吗？我说小时候玩过，但就是小孩之间的玩。他说不对，他说这个是完整的一套，是很有讲究的，包括它的行话怎么说。他说你这个完全不懂，剧本上有吗？我说剧本上也没有规定这些个东西。他说我帮你想想办法。第二天他帮我找了一个老先生，从八岁开始玩这些东西，那老先生也姓傅，跟他是同姓本家，就住在东郊民巷的一个胡同里面。傅彪说老先生在北京玩得挺有名的。

曹：玩家。

王：玩家。他说我带你去，你别空手。我就去拜师，跟那个傅老先生拜师。个儿不高，一头浓密的头发，很精神。我就说是这样，如此这般。老先生非常好，茉莉花茶泡了一大缸，就跟我说从民国到现在的过往。罐有什么讲究，行话是怎么说。包括那个探子，蛐蛐那个探子，不是我们童年时候薅一个草，这里边有象牙的，有红木的。那个须子是什么讲究，怎么看这个蛐蛐，怎么叫厉害的。黑头的叫什么，红头的叫什么。后来我回去在剧组显摆，为什么显摆？小叶紫檀的那个探筒，斗蛐蛐探子的那个探筒，象牙的探子，老鼠须，那须子那么长，那老鼠得多大个儿？老鼠须。傅老先生

早期作品《蛐蛐四爷》剧照

交给我说，拿去用。

曹：让你拿到剧组里头用了？

王：对，他说你拿去用，保证这个东西，你们剧组是没有的，你既然是演一个把式，你必须要用这样的东西，你才是一个有一定身份的把式，不是一个趴在那个街角胡同里边，跟人在地上玩的。我一拿去，全剧组都傻了。说你还有这个东西？我就跟他们说，我说我认识一个老先生，傅老先生，他教我斗蛐蛐。我们剧组说，能不能请过来做我们的顾问？我又把傅老先生请到了组里面，去了两天。这都是因为当时傅彪，他对我的创作给予的帮助。

曹：从表演的角度来说，他也是一讲究人。

王：讲究人。

曹：一丝不苟。

王：他能说戏，半夜把我给说得困得不行了，他还滔滔不绝。为了防止我困，他拿那个铁观音，九点钟以后，电话打到我房间，说劲松，晚上干吗？我说我没事，我不会出去玩，对玩没兴趣。他说到我房间来。去了以后，也是一个大缸子，铁观音，一把，然后倒掉，告诉我这叫洗茶。我说哦。然后一人一个宾馆的白瓷杯子，倒一点，他说喝了你就不困了，听我说。但我怎么喝也就撑到一两点。大哥那边是噼里啪啦，我说你五点钟不是得化妆吗？他说没事，我可以不睡。真的受益匪浅，非常感恩这一段时光，我能够遇到他。人是有惰性的，他就是那个鞭子，不停地抽你。他以自己作为榜样，然后抽打你，让你不要懈怠，不要骄傲。我经常能够想起来，这么多年了，他已经不在了，我依然能够想起来，站在外面拿着个盒饭，在五星级宾馆大门口，因为人家不让我们在大堂里面吃，有失风雅，出去吃。剧组协调完了以后，傅彪可以在里边吃，但是他不，他说我要跟大家一块儿吃。就端着盒饭，站在我旁边，吃盒饭。我说你进去吧，他说不，你知道吗，这个风吹起来以后，有灰落到这里边，这才是盒饭的味儿。我们就乐，就在那儿吃盒饭。

曹：他后来病了之后，你去看他，聊得最多的会是什么？

王：第一次我回去看他的时候，气色很好，还是很健谈的。后来第二次再回去，就不太能讲话了，就没说什么。

曹：傅彪也去世很多年了，你现在回想起来，他在你脑海当中最鲜明的一个印记是什么？

王：温暖，非常温暖。你跟他在一块儿的时候，你觉着安全、踏实、温暖。他会考虑得比你要多很多，他会考虑到你今天吃什么，你明天吃什么，你从这儿离开以后去那个地方是用什么交通工具，路上安全不安全，他都会替你考虑好。

曹：这年头这样的人凤毛麟角。

王：没有再遇到过，其实我有时候内心里面在想，我想成为他这样的人，但是我做不到。我是会躲避热闹的人，我不会迎着热闹上去。可能拍完戏以后，我最反感的就是大家一起，一起有个酒局什么的，我不愿意，我愿意一个人待着。经常拍戏的地方，一个宾馆会有好多认识的人，其实大家都是好意，大家见了面都很热情。有时候几年不见的朋友，突然跟你提出邀请说，你到我房间来，或者我到你房间去，或者咱们今天晚上聚一下，你不太好拒绝，是一种热情。我是这样的，可能性格上跟他不一样。但是我真的回忆起来，我会想成为他那样的人。他有一种想把温暖给每一个人的，那样一种热情。他哪怕再累，已经累得不得了了，来一个朋友说明天那场戏，好，你进来，请进，给你倒上一杯水，咱俩说明天的戏。再累都不要紧，我可以不睡，我也跟你说。但我是做不到的。

也许是傅彪对戏、对角色的一丝不苟、极度讲究影响了王劲松，又或者是两位优秀演员对待表演的态度和理念高度契合，产生共鸣，进而惺惺相惜、成为知己。在后来的演艺生涯中，王劲松始终保持了这份近乎强迫症的认真、严谨和执着，也正因如此，他塑造的每一个人物都经得起审视与推敲，格外令人信服。

曹：你现在回过头来想，这些年拍了那么多戏，塑造了这么多角色，大概从哪一部戏，从哪一个角色开始，慢慢建立起自己对表演的那种真正的理解，塑造了一个自我的信念？

王：信念的建立应该是，我觉得是张黎导演最早的一部戏，2005年拍摄的，叫《锦衣卫》，可能好多人都没有看过这部戏。是一个讲明代锦衣卫的电视剧，和皇权有关，那个时候这样的题材并不多。

曹：你属于是顿悟的还是渐悟的那种？

王：可凡兄，应该这么说，我不是那种悟性特别好的，我是一个脸皮极薄的人。如果说我现场听到了一句导演对我的那种批评，我会很难受。是这个原因，让我去寻根，就是他为什么要这样说我？我错在哪儿？其实有时候现场导演他是没有时间跟你去解释那么多的，你也知道现场那么乱。过了过了过了。说导演这场？行行行，就这样吧。就这种话会让你很难受。那我错在哪儿了？我回去把剧本摊开，一点一点再回忆，第一句话怎么说的，我的调度是什么，我的对手是什么样的，然后一点点去找，我到底错在哪儿了。我到现在还能记得一些场景是怎么回事，这都是我事后去找补回来的，一点点找回来，是在这种环境下找回来，找回来建立你自己的信念。其实再回过头看作品的时候是有得失的，到现在依然是有得失。因为影视剧，我们经常说的是遗憾的艺术，其实那个是一种解释。

曹：你刚刚说到张黎导演，其实你跟张黎导演合作的《大明王朝1566》，你演的太监也是分寸感拿捏得非常精准的一个角色。

王：我到现在都不认为我那个时候有很高的控制能力。其实是现场和剧本，首先是剧本，这个剧本首先是站在巨人的肩膀上。刘和平老师的剧本洋洋洒洒，不像现在我们拿到的有些剧本，只有台词。它对环境和人物内心描述的那种细腻程度，其实和文学作品，我们常说的小说，没有太大的区别。它会描述一个环境，就是人进来以后，杨金水走进了织造局，旁若无人地往前走。织造局是什么样的？织造局是干干净净的，就是一点灰尘都没有，他的四个干儿子是如何跪在那个地方，谄媚地看着他。他像没看见一样，怎么走过去。这时候桌上有刚刚上市的橘子，秋天的那种橘子，他轻轻地拿起来，然后把这橘子怎么在鼻子上面去闻。闻完以后，把外套轻轻地用一个手掸起来，然后有一只手迅速去接。他又怎么走到那椅子上，怎么坐下来。吸了一口这个橘子的香气，长长地吐出来。才有第一句台词，或者第一个字的描述。

王：它给演员提供的那种心理基础是非常扎实的，这种剧本现在特别难得。这首先

《大明王朝1566》剧照

是一个剧作的基础，另外一个就是导演现场给你的这种解剖性的、丝丝入扣的解释。当时我们是一天只拍AB两个组，一天也就拍个3页多纸。那个时候可是没有时间限制的，不是像现在，说我们规定工作的时长是多长时间。经常睡觉的时候就4个小时，5个小时。这么长的时间，一个组拍一页多纸，可以想见那种精细程度。

曹：现在不可能了。

王： 不一样。我们的道具，那个时候在 2006 年的时候做出来的道具，一张大明朝的银票，你拿起来看，这样看看不见，拿起来，水印，我给你做上去了，用不用是你的事，你可以用，也可以不用。这样看是没有的，这样对着光一看，是有水印的，是有一个官方的大印盖在上面。那是做得极细致。

曹：《大明王朝1566》那个角色，是不是有一个扎很多针的场景，是吧？

王： 的确是真扎的。扎到我们那个剪辑师都不信，刘淼淼跟张黎说，不可能，你骗我的。张黎说就扎了。他说他哪受得了这个？你这四十多针扎脸上，他还能演戏？后来他俩是，张导叫人去喊我，把我喊到剪辑房。他说我不说，你自己问。他说我就想知道你这是真的扎吗？我说是真的扎。他说真的扎？他说你不疼啊？我说针灸不是那么疼，但它是有那种……

曹： 酸。

王： 酸胀的感觉。他说你这扎得像刺猬一样，你也能受得了？我说我就硬受呗。

时至今日，王劲松对于《大明王朝1566》中这场触目惊心的针灸戏已经不愿多提。在他看来，这就是做演员的本分，是当时情境下自然而然的选择。也正是秉持着这样一种"戏比天大"的信念，包括王劲松在内的一众实力派演员争奇斗艳，共同成就了《大明王朝1566》这样一部经久不衰的口碑神剧。

此后的 2014 年和 2015 年，王劲松又接连出演了两部爆款剧：《北平无战事》和《琅琊榜》。这两部剧的热播，也让更多观众真正开始注意到王劲松，感受到他透过角色所传达出的非同寻常的力量。

曹： 这两个戏其实你从戏份上来说，不算特别多，但是这两个角色却把观众给抓住了。所以一个好的演员怎么在有限的时空里面，让自己绽放更多光彩？

王： 可凡兄，这些问题就把我拉回到回忆里了，《北平无战事》的剧本，王蒲忱的出场是 19 集，事实上在剧作播放的时候，他的出场是 26 集。我给刘和平老师打过电话，我说我不愿意演。刘老师说，你为什么不愿意演？我说你看，他是个光棍，没有展现他的家。他一天到晚抽烟，烟不离手。我说我在读这个剧本的时候，我想象的画面是，他是一个蓬乱的人，他的头发长时间没有梳理，他的手是黄的，他的牙齿是黑的，他的扣子是零散的。我说这样一个状态，还有一个，我顾虑他 19 集才出场。刘老师就说，他说我写的时候，其实是出现过你的样貌的。他说你说到这个蓬乱的时候，我想你应该去了解一下，当时在民国的时候，蒋经国提过一个"新生活运动"。

曹： 对。

王： 他说既然是"铁血救国会"的成员，就一定是江西青年干训班出来的。你了解一下这个，你就不会再提这样的问题了。我瞬间就觉着，我的准备是如此不充分，如此无知。我就去了解这个"新生活运动"，了解完了以后我接受了这个角色。他出场虽然很晚，这个人也是对我来讲难度也很大，因为他没有什么行为，他始终是旁观的一个人。他像一双眼睛，静静地，他唯一能够表达内心的就是他手中那支烟。他靠这支烟来平息他内心的那种波澜壮阔，让自己冷静下来，是一个比较清淡的人。当时拍的时候还是跟了一个全程。《琅琊榜》是10天。

曹：《琅琊榜》才拍了10天？

王： 只拍了十天，而且我当时已经在接别的戏，都签了合同了，他们说，这有一个角色还是不错的，叫言阙，你要不要过来演？我说我要看一下剧本。剧本发过来，我一看，我说挺好的。然后跟那边的剧组协调了一下，是可以有这个时间的，我才过去，其实就10天就拍完了。不是很多。

曹： 但印象很深。

王： 印象很深。

曹： 有一场戏，梅长苏来跟你说，要你去支持靖王，其实我很喜欢这场戏，就是演员之间有那种张力。

王： 它是有一个过程，从不信任，互相揣摩、探测，到最后完全接受。言阙是冰冷的一扇门，梅长苏等于是单刀直入进来，要融化他心里面的坚冰，把这扇大门打开。等他彻底敞开的时候，发现他这个冰冷的外表，其实里面是一团熊熊的烈火。这场戏是三页多纸台词，就是这样一个过程。我很感谢和孔导的这两次合作，你说的这两部戏导演都是孔笙。

曹： 都是孔笙，对。

王： 现场鸦雀无声，给了演员一个非常好的创作环境。真的所有人走路都是踮着脚，生怕会踩到地上发出任何响声。那真的是在现场，我们在拍摄的时候，一根针掉下来都听得见。我非常感谢这样的创作环境，我觉得这是整个创作团体，包括导演给予演员最大的支持和信任。

曹：《军师联盟》当中的荀彧这个角色，我觉得也是可圈可点。

王： 他是我的偶像。

曹： 特别是最后你跟于和伟的那场对手戏。听说你们俩是没有排练过的？

王： 对，没有排练，我们简单地对了一下词，不带情感色彩，说了一下简单的调度。

因为张永新导演说，我这段词只拍到哪儿。后来不是有个起身吗，他说我另外再拍。然后于和伟就说，我请他坐下，然后我顺手抽一个垫子过来，我一定要坐在他对面，就是能看见的地方，规定了这样一个位置。张永新导演就说，那我们就碰吧，我们别走了，因为这是情感戏，就不要走了，直接来，行吗？我们都说可以，我们就直接碰，碰一遍。和伟在这儿，我在这儿，我们对面坐着，监视器是在这个房间，导演往这个方向走。他走了几步，又回来了，还笑嘻嘻地看着我们俩，站在那儿，说这场戏我们看南京的两位

《军师联盟》剧照

优秀演员。然后走了，手上拿了一支笔，晃荡晃荡进到房间里面。第一条拍完，喊停，喊停以后都没动，我记得和伟没有动，我也没有动，就坐在那儿，半天也没有人动，工作人员也没有动。第一个动的是张永新导演，他从房间里出来，出来以后，在门口站了一下，眼睛是红的。我看到他站在那儿，站了有几秒钟，讲不出话，我就知道他认同了。

曹： 他也被感动了。

王： 对，认同，他说不出话来了，站在那地方，一直站着，用手捂着眼睛。这是那天的现场。

曹： 是不是对一个演员来说，跟一个强有力的对手一起拍戏的时候，往往互相之间会有那种刺激？

王： 我这么多年，一直是深爱着我的对手。我真的是深爱着我的对手，我希望他是强大的，并且我可以信任的。

曹： 你记忆中，除了像于和伟这样的演员之外，还有哪一些对手，你现在想起来，来回两个人的气场可以融为一体。

王： 少，真的少，可能这句话会得罪人，但是真的是少。不多，但是有，有的时候我就会很高兴，非常高兴。

2019 年，王劲松在缉毒题材悬疑剧《破冰行动》中饰演大毒枭林耀东，是剧中的头号反派。通过对人物细致入微的分析和对细节恰到好处的设计，人性的复杂多面得到了淋漓尽致的展现，完全避免了此类角色容易流于模式化、脸谱化的弊病。

曹：像《破冰行动》里头这样的反派，很多细节的设计，都是事先有一些预案的，还是说是一种在表演过程中的即兴所为？

王：都有，特定的东西是要设计的，因为那个毕竟是要走戏的，是要走一遍的，在走的当中会不断地磨进来，调整进来，会有的。但也有些东西是随机出来的，杀陈光荣那一场，等于他最后决定要杀掉这个人，这个人留着是个祸害，他用手不停地划那个木头，那个不是设计出来的。擦眼镜也不是。后来我看到很多人评论，说这个眼镜摘得好。其实那个不是设计，是随机的。因为我要看清楚这个人，但是我站在雨里，那个雨水不停地从你的眼镜片上流下来的时候，你看不清。我们戴眼镜的，有这个经验的人都知道，那一定要拿下来擦。但是我下意识的是，不愿意让我的视线离开这个人，那我拿眼镜了，我还要在这儿，还要完成擦这个动作，就这样擦。这是一个，其实是戴眼镜的人能够做出来的一个习惯性动作，和角色在那一刻能够融合。抠木头那个东西是，那种恨不知道怎么发泄，我就抠了。抠完以后导演就说，拍特写。我说拍什么特写？他说你刚才抠木头了吗？我说抠了。他说就拍那个特写，就是指甲盖在上面狠狠地划。这两个恰好是有意识和无意识，划是有意识，擦眼镜是无意识。

曹：还有父子分别，给儿子把扣子扣上，那是有设计的吗？

王：那个也不是设计，那是我父亲就经常这样对我做的。我上托儿所的时候，他（父亲）经常会来看我。热了，孩子在里面玩，跑了一头汗，我父亲就来，然后摸摸这个里面湿了，就把外套给我脱下来，挂起来。然后冷了，拿了一件衣服来，又给我这样一个一个扣好。这都是父亲的动作，只是把它用在戏上。

曹：通常你接到一个角色，有一些属于你自己的、独特的方式来接近这个角色吗？

王：会有，会有。我会寻找在我的生活轨迹里面，有没有跟他相交错的那个点，可能会并行。如果能并行会更好，但是有些年代更久远的，可能就找不到并行，但是在情感上你能找到共通的点，也就是我们说的情感上要做到共情。其实这些点是我们要找的，其实要找的是温度，角色的温度。

《鹤唳华亭》剧照

曹：我知道你一向对细节非常关注，听说你有的时候拍古装剧，甚至道具、器物，你都要自己去考证过，然后带给剧组。是不有点"洁癖"？

王：有点，在这个方面是不

能允许出问题的。反正就不好，人家会说我矫情，会说，别人能用，你为什么不能用？但是这个东西在我来讲，是真的不可以这样，它会毁掉你的信念感。如果说你不知道，不知道这个时候应该用什么样的东西，然后给了你一件东西，你可以非常有信念地去用它。但是当你知道这个东西不对的时候，你每次一看到它，它会不断地提示你，错了，错了。就这个东西在说话，它会不断地告诉演员，你错了，你很丢人，你错了，你很丢人。它会破坏我的信念感。其实做这些功课我是顺带的，但当我能知道的时候，我一定会告诉他们这个东西不对。比如说前两天在拍戏的时候，一个术语，我们有一个年轻的演员，他可能是说错了。他说日本的军队，五十六团。我说日本没有这个编制，它的军队没有团这个编制，我说只有师团，没有团，没有师，也没有团，只有师团，一定是你错了。那可能是口误，但是我不接受这种错误。

曹：像你这样在艺术上有"洁癖"的人，在艺术创作，尤其是今天这样一个相对比较浮躁、喧嚣的状态下，会觉得有时候挺痛苦的吗？

王：我开始的确痛苦过。其实你痛苦的同时别人也痛苦，对吧？你告诉人家这块玉，你戴错了。别人也痛苦，怎么你那么讨厌？我这换不是换你一个人，我要换全剧组的玉，全要换了。我就说过一个道理，汉代的玉，且不讲制式，那么流传到今年，我们现在到博物馆也好，我们到古玩市场也好，我们到藏家手里面，行家手里面，大鉴赏家手里，我们能够看到的实物全是带沁的，为什么？两千年以前的东西不可能传世。你能相信吗？突然有一个人拿了一块玉说，这是我们家家传的。你们家传两千两百年？这不扯吗？一定是出土的。那么既然是土葬，埋在土里，两千两百年一定带沁。所以我们看到的每一块汉玉，极少数可以没有，极少数。除了明代的时候就被藏起来了的，又传到现在这个时候，那无形当中它就短了好几百年时间。那么你现在，我们演了一个汉代的剧，你作为服装，你把这个玉全部配上带沁的是对的吗？当年的玉可是新的，它不可能带沁。你给我弄一个，头上也是，腰上也是，全带沁，我说我是一个挖墓的？我天天刨人家坟，然后把这玉拿出来戴上？我就不讲你这制式对不对，对吧？这个细节我不允许，别人我不管，你给我换了。别人也痛苦。现在我会养成一个习惯，我提前就说，我看着剧本我就说，让副导演带话，拜托一下哪个老师，这个东西应该是什么样，那个东西应该是什么样。咱们提前沟通好，就避免这些矛盾。我现在倒不会这样说，我可能更会避免这种矛盾。斗争是为了角色，你接了这个剧本斗争就开始了，斗争已经开始。你不要在乎任何人不高兴，你斗争结束了，这个角色也完成了。只看结果，而不看你的过程。你如果放弃你的斗争，我不说，我要做一个好人，你损失的不是你，是角色，你呈现给观众是什么样的品质？所以我的斗争还在进行，只是我可能会"圆滑"一些。

"暮色苍茫看劲松，乱云飞渡仍从容。"这是毛主席的传世诗篇，王劲松的名字来源于此，而他也恰如一棵青松，在繁华喧嚣的娱乐圈中坚守着初心，保持着一份难能可贵的清醒和从容。欣赏王劲松的观众对他有过一番妙趣横生的评价，说他就像是"入错行的特工"，演的角色全都记得住，但迎面与你擦肩而过，你却未必能把他认出来。按照当下流行的说法，王劲松似乎长着一张"剧抛脸"，千人千面，演谁像谁。他把所有光彩全都赋予镜头前的角色，生活中的自己则尽量低调地隐没在暗处，深藏功与名。而另一方面，当自己心目中神圣的职业被某些不敬业的行为所践踏时，一贯温和儒雅的他也会忍不住直抒胸臆，一吐为快。

曹：我记得有一年电视节，你专门做过一个主旨演讲。讲到过现在的演员好像把背词作为是自己了不起的一个功绩，引起大家很大的关注。

王：可凡兄，我得罪人太多了。因为现在的剧组可能跟二十年前、三十年前那种剧组的情况就不太一样，整个的速度、运作的方式都不太一样。

王：节奏快。

曹：节奏快，可能资本介入的力量也比过去要强得多，这个氛围跟过去来比，其实有很大的差别。

王：有差别，因为制作的原因，我们的美术，我们的陈设，我们的服装，我们的装束看似奢华了，看似更大、更雄伟、更壮丽、更五颜六色、更色彩缤纷，事实上它离准确越来越远。就是考究这两个字，差得太多了。这是第一点，就是表面的奢华和真实的准确度差得太多了。另外一点就是，在高节奏的工作之下，放弃了我们应该有的标准，这是向资本在妥协。我们可能更多的时候，不是说你内在的条件是不是符合，而是说你外在的条件符不符合。经常会说我们可以用外力，比如说我们有 CG 技术，有剪辑的这把剪刀，甚至我们还有一些音效，我们后面有一些音乐的铺垫，可以弥补很多东西。但是演员的这颗心，他这种真诚的东西是谁也补不了的，真的，谁也补不了。

曹：其实你有很多爱好，你爱品茶，爱文玩。你觉得所有这些是不是对演员来说，总体的这种审美会带来很大的益处？

王：倒没有想到是跟审美有关系，因为你喜欢它是没有原因的。而且你喜欢它以后，实际上我是觉得它能让人安静。你看我这些爱好哪个是跟别人玩的？

曹： 就是独处的时候玩的。

王： 对，你可以一个人喝茶，你手上拿一块玉，可以自己玩。而且在我们这个行当里面，你跟人家聊这些东西，很少能有知音。前两天王刚老师，我跟他请教事，他还在讲，还在鼓励我，他说劲松，你有这个爱好特别好。他说你看我们这个行业，我也这样几十年走过来，他说很少能够找到知音，能够有这样独特的爱好，而且建立起自己一个很好的审美体系。我也跟他说，其实我也是，这种审美是很孤独的，我跟谁讲？我跟谁讲这些东西？它涉及比较行内的一些术语，别人就不接受。我说我想做得更好一些，我想在这个领域里面，因为我有兴趣，我想把我的鉴赏能力再提高一些，我说我得多学习学习。

曹： 你文玩当中主要是对玉特别有兴趣？

王： 对，玉器是我的最爱。

曹： 这是一门大学问。

王： 太难了，我在这个上面也经常会吃亏，很正常。但是我也不气馁，我觉得这个东西挺好玩的。

王劲松与曹可凡

将门虎子·大武生——奚中路专访

2021年劳动节，全本京剧《霸王别姬》在上海大剧院上演。今时今日，京剧舞台上观众所熟悉的西楚霸王项羽多由花脸应工，而实际上这是一个武生、花脸两门抱的角色，并且最早就是由武生泰斗杨小楼先生饰演的。这版《霸王别姬》延续了这一传统，前半部分《九里山》中项羽的扮演者，就是武生名家奚中路。

奚中路现场照

作为公认的"当今菊坛第一大武生"，奚中路功底扎实，功夫过硬，扮相英武，身手矫健，其表演集"勇、猛、冲、稳"于一体，深受戏迷喜爱和追捧。尤为难得的是，他虽已年逾花甲，却依然活跃在舞台上，威风八面，宝刀不老。

曹： 我们知道您在舞台上演大王，生活当中大家给您起个外号，叫"奚大王"。这个外号什么时候出来的？

奚： 这个纯粹是小孩们调侃出来的。很多年前，有一个孩子，那时候不是老放动画片什么的，他跟我逗，来了就喊我大王大王的，孩子们就这么叫起来了。

曹： 前不久您跟史依弘演的《霸王别姬》，前半出的霸王，完全按照杨小楼先生的武生的这个路子走。你大概是在20世纪90年代，好像是音配像的时候接触过这个角色、这出戏，您还记得当时是一个什么样的机缘，来学这样一出戏？

奚： 听说过这样一个故事，就是杨小楼先生的外孙，刘宗杨要学这出《霸王别姬》。他说外公，我们也愿意过过瘾，您给我们说说这出《霸王别姬》吧。外公说，这个戏我每年大义务戏都会唱，你们看看就会了，但是有一点，不过四十岁，这个戏先别动。那么早早听到这个故事，这个戏我也就没有弄。后来过了四十了，也接触过比方说朱家溍先生，茹元俊先生，张关正先生等等。特别是有一年让我弄音配像的霸王，当然这之前也唱过《霸王别姬》，就重点进行了研究和学习、琢磨，就音配像完成了。完成了以后就感觉，如果武生唱霸王，首先说是一个分量、气度，还有一个嗓子，我在这方面还是一个缺憾。就是说在这方面一直是努力的，那么就是说他头里打仗什么的，你得念出来，念出霸王那种气势来。武生唱就是偏向于比较清秀一些，毕竟项羽三十来岁就没了，他后边还得跟虞姬谈情说爱，他太花脸、太鲁了也不行，就是说很有武生清秀的那一面。但他确实是得有分量，得有那个帝王之相。所以几点凑起来，你不到一定年龄，这个戏恐怕还是唱不好。

曹： 当时音配像的时候，是谁给您说的这个戏呢？

奚： 找了几位老师，茹元俊先生，张关正老师负责勾脸，包括也说身段，还有孙元意老师给说唱念，还有朱家溍先生。

曹： 朱先生跟您说什么呢？

奚： 朱家溍先生就聊过当年的杨小楼，当年的霸王是个什么意境。先生说，杨小楼这个戏他看过几回，当时他还很小，也没有动这个戏。由于跟刘宗杨很亲近，一块儿学习、练功，后来也是对这个戏特别上瘾。每次杨先生唱这个戏，他们准去看，有时候在后台看着勾脸。好多照片，都是他拍的，所以这个是很珍贵的。他讲这个霸王，他说他自己唱这个霸王，从勾脸到身段，哪点有一个颤，那点那个念法，是一个什么样的意思，就讲一些这个东西。

曹： 我记得尚长荣先生跟我说过，说那会儿他爸爸尚小云先生跟他讲，跟杨小楼演戏，在台上跑圆场。他已经觉得自己跑得很快了，可是依然跟不上杨小楼的节奏。可见他在舞台上那种张力，那种速度。

奚： 据说，杨小楼先生练功是很刻苦的，绑着沙袋。蹲、跪、起、鞠躬，再跪、再起，一百下。就是完了戏回去干这档事，满身大汗。擦擦汗以后，喝点水，擦擦汗，落落汗。完了大家坐在一块儿聊聊天，吃点夜点，这是高盛麟先生描述的。就在饭桌上聊戏，戏班的可不主要就是聊戏。

曹： 您这次重演霸王，跟那会儿音配像的时候相比，有一些什么样的新的感触？

奚： 我这次主要唱的就是《九里山》，我有一个老师叫李可，他的师傅是张世麟先生。张世麟先生当年在东北，跟许德义先生学了《九里山》。许德义先生一直傍着杨小楼先生，那么后来散班或者是杨小楼不唱了，许德义先生就各处搭班，走到东北，有幸张世麟先生跟他学了这个《九里山》了。先生一直要给他说《九里山》，给我这李可老师。李可老师老跟我提这档子事，一直也没有学。后来有幸就跟张幼麟先生学了。张幼麟先生给我说了，他这个武生唱霸王，他表现前面《九里山》，有三套"一封书"的开打。一般的花脸恐怕累，打不了那么多，就招招架架，过来过去，完了就完了。他怎么表现枪挑汉营数员上将呢？怎么表现敌众我寡呢？他后面念的这词，那么前面如何表现呢？这个《九里山》他表现得很好，一阵一阵的，一个将一个将的，有打死的，到最后实在是招架不住了，那么就被困在垓下了。

奚： 我个人主要是从武生的这个角度上，一个是打这三套"一封书"，这三套把子也很别致。重点就是说，还是表现他前面《九里山》枪挑汉营数员上将，一直到最后的寡不敌众，整个这么一个场面吧。

1958年，奚中路出生于天津。他的祖父奚啸伯，20世纪40年代与马连良、谭富英、杨宝森并称为"后四大须生"。奚啸伯自幼爱好京剧，青年时代是京剧票友，拜"前四大须生"之一言菊朋为师并得其真传，逐渐走上专业道路。他虽未受过正统科班训练，但经过刻苦自学，名师指点，博采众长，融会贯通，终成一代大家。

曹： 您祖父奚啸伯先生当年也是四大须生之一，但他是票友下海。当年他也是出身书香门第，诗文书画几门都擅长。他当时是怎么迷恋皮黄，跟言菊朋先生学戏，最后索性就下海了。跟言先生一样，也是下海。

奚： 爷爷小时候是在家里听唱片，喜欢京戏。那时候老有堂会，他老在堂会上跑前跑后，跑上跑下的。慢慢熏陶，就喜欢戏了。大概是在上小学念私塾的这个阶段，他就跟着唱片学。凡是唱片有的，他基本上都会了。言菊朋的哥哥跟爷爷的父亲学画，这么一个契机，就说这孩子喜欢戏，我给他介绍吧，就介绍了言菊朋先生。跟言菊朋先生学戏，爷爷说，自己那五年特别用功。每天早晨起来到城外去喊嗓子，冬天也是学习余叔岩，拿着把扫帚在那儿扫雪。走到一个城墙下，喊嗓子。多少年下来，有人形容说那块砖都凹进去了。

奚啸伯

曹： 我相信这事应该是个戏说吧？

奚： 戏说吧，不可能，就是说用功的程度。早上喊嗓子，上午回来吊嗓子，下午到先生家去学戏。祖父跟我说，我到了先生家，有时候高朋满座，没有时间学戏，我就坐在旁边，就是递茶、端水。如果客人都走了，还剩一点时间，就给我说说。有幸今天去正好没人，来吧，说戏。说完了戏，他再一路走回来，再背戏。有时候自己饿了，带的干粮掏出来，咬两口。还有一次说背着背着，撞在电线杆子上了，有过这样的事。他就说，那是我最用功的五年。

曹： 那会儿书香门第家，如果要下海的话，通常是会受到……

奚： 家族的反对。

曹： 反对，有色眼镜的看待。所以当年您祖父决定下海，有没有遇到阻力？

奚： 听说是遇到很大的阻力，长辈就是不同意。

曹： 对啊。

奚： 不同意，但是家族已经破落了，落魄了。那么唱戏这个行当自己又喜欢，而且收入也不菲，就不顾家庭的反对，一意孤行，毅然下海了。

曹： 当时他下海的时候，因为还没有能够自立门户，必须要搭班演出。据说当时梅尚程荀四大名旦，其实对您祖父都特别关照。

奚： 特别有提携。刚开始是搭的尚和玉先生的班。那是武生班。如果武生挑班的话，那老生就是二牌，或者是旦角二牌，那么老生可能就是三牌。他就是从搭武生的班，唱开锣戏开始，经常唱《击鼓骂曹》《上天台》开锣戏。听贺永华老师说，尚和玉先生跟我爷爷同班，因为尚和玉先生个儿大，爷爷个儿小，还曾经在台上说，你离我远一点，让他离他远一点。后来慢慢唱红了，有机会搭了梅兰芳先生的班，一下子就声名起来了。再之后就自己挑班了，21岁。

曹： 那会儿自己挑班，其实压力也挺大，整个班里头人的收入，他们的生活，都指着你一人。

奚： 就是这么一个规矩。听说是言菊朋先生雄心勃勃要挑班，找来旦角、花脸，武生找的听说是孙毓堃先生，小花脸，唱了一期戏。一期戏大概四十天吧，赔了。赔了把自己的积蓄都拿出来，把份儿都给了大家，自己就不再挑班了。不再挑班你还得唱戏，干吗呢？就挂二牌，给旦角跨刀。那么纯粹就是凭自己的能力、自己的本领、自己的号召力去干这件事情。爷爷确实在那个时候非常走运，也确实是红，确实就自己挑班了。花脸侯喜瑞说高盛麟先生的武生也搭过那个班，旦角最早是一位男旦，后来是李少春先生的爱人（侯玉兰），唱程派的，一直跟着爷爷。后来一直就挑班，上海、北京，很红火。

曹： 他当时红到什么程度，能够跻身四大须生的行列？

奚： 他说，开始是三大须生。三大须生，过去有一个刘备"马跃檀溪"，有人写过那么一篇文章。就是马连良、谭富英、奚啸伯这三个，后来杨宝森先生起来了，起来就并为四大须生。但是爷爷跟我说，四大须生，马连良鹤立鸡群。那是非常突出的，马先生是前四大须生第四位，后四大须生第一位。前四大须病故了，作古了，后来又

奚啸伯《四郎探母》

续上四大须生。爷爷在前半生还是运气不错，也很挣钱，声望慢慢一点一点起来了，被称为奚四爷，红到沾沾自喜，不用功了。

曹：他也有这个时候？

奚：我父亲说的，说有一个管事的，看见奚四爷这种状态也不敢说，不敢说怎么办呢？这样吧奚四爷，咱们遛遛弯吧。有一次主动带他遛弯，把他带到程砚秋先生的楼下，听见程砚秋先生在楼上吊嗓子呢。那时候程砚秋先生已经是四大名旦之一了，这对他触动很大。你看，成那么大名了，还在那儿用功呢。后来他就不那么颓废了，又重新振作起来用功。爷爷聊天说，艺术这个事还是在自己。我曾经很幼稚地问过爷爷，我说，我能成好角儿吗？他说这就看你自己了。就这么简单的回答。我们戏班也有这样的话，就是说，师父领进门，修行靠个人。当然这种俗谚大家也都知道，真正自己怎么努力、怎么去学习，这个事就看自己吧。

除了祖父奚啸伯，奚中路的父母也都是梨园中人。父亲奚延宏工花脸，是一位集编、导、演于一身的全能型艺术家。母亲杨玉娟工青衣，是梅兰芳先生的亲传弟子。在这样的家庭熏陶下，奚中路走上京剧道路似乎完全是顺理成章的。

曹：那您小的时候，多大开始学戏？

奚：我在三四岁，四五岁这个阶段，老在后台。他们演戏，我就跑上跑下在那儿玩。我记得很小时，他们经常会把我叫过来，唱一段，来唱一段，我就给他们唱一段。后来在"文革"中，1971年考了戏校，从此就学了戏了，就是说我这个学戏还是跟小时候环境熏陶有关系。后来又听说我妈妈在唱《玉堂春》跪在那儿的时候怀着我，那个时候是不是已经开始有胎教了，就不得而知了。但是确实是，从生下来到成长，就这么一个环境，对我的影响很大。

曹：那祖父跟您说戏吗？

奚：祖父就是说，"文革"期间是不许说老戏的，就是说一些样板戏。戏校离家很近，下午没有事，别人排戏，我没事就会回家，帮着爷爷倒倒痰桶之类的，完了就再坐那儿聊聊天。他说你今天学什么了？学什么了，我们学的《沙家浜》。他说你唱唱，我听听，我就给他唱唱。唱唱他说，讲究这个吐字、收音，给我讲拼音，讲四声，讲三级韵，这些都是在那时候讲的。他唱得还跟样板戏有点不一样，比如"朝霞映在阳澄湖上"，我们学的是"朝霞映在"，他说这样唱太白开水了，白菜帮子味儿，你应该有点味道，"朝霞映在"，收音，"映在"，他让这么唱；"提篮小卖"，他说这样唱也是太白，"提篮小卖拾煤渣"，他带个虚字。

曹：挂味儿。

奚：对。我妈妈在那儿做饭，她说可千万别出去唱去，这要出去唱去让人说……

曹：闯大祸。

奚：篡改样板戏，爷爷教的还不能出去唱，但是讲了一些吐字、发音，字的运用的原理。比如说头一个字的收尾，就是虚字的垫字的这个……

曹：开始。

奚：开始。"拾煤渣"，他讲这个。那么后来，1976年开老戏了，"四人帮"粉碎了，老戏可以唱了。那时候开始学习唱段，学习余叔岩，讲杨宝森，讲余叔岩，讲言菊朋先生，讲他们怎么学戏，过去老先生怎么练功，激励我嘛。

曹：您还记得他给您讲的这么多老前辈的故事，哪几个人的故事你是印象特别深的？

奚：特别深，言菊朋先生。言菊朋先生也是属于票友下海，就是开始喜欢谭派，老生。那时候他给人做文书，做秘书之类的工作，就是喜欢唱。平时在票房里，嗓子也好。曾经谭鑫培先生灌的唱片，基本都是半段，一段他不灌，怕你偷偷学会了，灌的半段。谭鑫培先生作古以后，有些人觉得这个很遗憾，是不是能给补上后半段。谁来补呢？挑挑挑，挑到了言菊朋，说你来补吧。他补完了以后，大伙儿一听，真好！所以说是老谭派第一人，后来就下海了。自从下海，据听说，没有一天过上好日子，就不痛快了。后来嗓子坏了，爷爷说，我在大马路上老远就看见言菊朋过来了，我当时把围脖一围，就躲在商店里了，不敢看先生。

曹：为什么呢？

奚：好像他唱红了，先生已经败了。

曹：先生有点落魄了。

奚：对了，先生败了，他觉得见先生说什么呢？没话说，就赶紧躲开吧，躲开了。爷爷说过这个事。那么言菊朋先生，就是嗓子坏了以后，还要唱，而且什么戏都唱，就研究了后来这么一个闪展腾挪，就是后来形成的言派。但刚开始人们也不认可，就说言三爷整个一"言三怪"，怪。但是言先生对于字的唱腔、字的运用特别准确，四声方面，他是逢上必滑，可滑可不滑，怎么运用湖广音，他这个编腔特别……

曹：讲究。

奚：对了。特别从他那个《卧龙吊孝》《让徐州》，那两出代表作里边，特别能听出言菊朋对于唱腔运用，字的这个水平。所以他什么戏都唱，而且都进行了研究，重新再下挂，就研究成了这么一个样子，后来，成立了自己的言派。

曹：您祖父有没有跟您回忆比较多，有关梅兰芳先生他们之间合作的故事？

奚：这是祖父的长辈给他们家的孩子看过病，跟梅先生家相处得很近。当时就提出来，奚啸伯先生现在已经唱得很红了，您也一块儿提携提携他。有这么一个契机吧，就搭了梅先生这个班，二牌老生了，就是这么一个情况。跟梅到了上海唱戏，在南京，也在北京，声名鹊起。从那以后，就不搭梅班，自己挑班了。

曹：那会儿到了改革开放，其实您祖父已经身体不是很好了是吧？那会儿已经不良于行了。

奚：爷爷在"文化大革命"刚开始的一两年中，就偏瘫了，偏瘫了十年。就是1966年，"文化大革命"刚开始，每天早上起来打扫卫生，在那儿蹲着掏炉灰，还好是蹲着，就躺在那儿了，如果站起来一躺，恐怕就没了。那么就进了医院进行治疗，后来治疗了一年多，医院不让住了，说你们回家吧。回家房子也没有，没地儿住。我父亲带着我，印象非常深，找了一间破房子，那里面半屋子都是稻草。我们把那稻草给搬出去，给腾干净了，完了住在那个地方。后来就好一些了。

曹：祖父什么时候开始跟您说老戏？

奚：就是"文革"以后，"文革"当中我们爷儿俩在屋里边不太敢说，特别害怕，人人都很自觉，偷偷说都不敢说。

曹：在家里偷着说也不敢？

奚中路与祖父奚啸伯

奚：不敢说，只说样板戏。1976年"文化革命"结束了，结束了就开始说老戏了。一年多以后，他就走了。

曹：给您说的第一出戏是什么？

奚：当时我们第一出学的是武生，《三岔口》，我们在那儿念白，"今奉将令换征袍"，我给他念。他说你这个没有韵味。我说那我怎么才能有韵味？您跟我说，我学吧。开始学《失空斩》的"羽扇纶巾四轮车"，开始念话白，就开始学韵白，那是刚开始接触。

曹：祖父有没有看到您上台演出的情景？

奚：学了《三岔口》，也学了那么多唱段。《三岔口》练得差不多了，要彩排了。因为剧团离家很近，我说有一天下午要彩排，还要化妆。爷爷说，你化好妆，扮上戏，上我这儿来，我看看。那天，不知道什么原因，彩排没有举行。那天中午正在学校睡午觉吧，有人把我叫起来了，让我赶紧回家吧，说爷爷已经走了。很可惜。

曹：这个太遗憾了。

奚：没见到。

1977 年，一代京剧大师奚啸伯去世。这一年奚中路 19 岁，正在经历着艺术生涯中的一段艰难时光。他遭遇了很多学戏的男孩都经历过的"倒仓"。由于变声期以后嗓音不复从前，不得已由老生转行武生。而这一转，也相当于为自己选择了一条更为艰难崎岖，甚至是血泪铺就的成才之路。

奚：刚开始学戏是样板戏，我们接触了几年，大概有四年吧。李玉和（《红灯记》）,《沙家浜》，都是学一些唱段，那时候没"倒仓"。朔风吹、林涛吼、参谋长，唱这个。后来"倒仓"了，嗓子就不行了。不行了，就重点学习武戏，正好赶上黄元庆先生到了我们戏校。我们那个戏校的那一拨人，毕业了以后，成立了一个青年京剧团，还是这一拨人。我们算有幸接触了黄元庆先生，把《三岔口》又重新给我们说。他说你们这个连单刀都不会拿呢，说的《探庄》《三打祝家庄》，说的《战马超》，说的《挑滑车》，说的《狮子楼》，就是在那两三年中。小时候学戏，爷爷那次病故没看着，但后来彩排，父亲去了。去了以后，那时候我们都在食堂吃饭，特别把我叫到家里，回家吃饭。那天还包了点饺子，还给了五块钱，说去买个蚊帐，奖励我。说你照这样发展下去，能成为一家不错的武生，当时父亲就看中了。后来又学习了《八大锤》进行过青年会演，在石家庄的时候，得过奖。父亲也进行过奖励，那时候奖励给二十块钱。就了不得了。

曹：因为"倒仓"从老生改为武生，爷爷是不是会觉得挺失望的？从他的个人意愿上来说，一定是希望第三代当中能够有一个孩子继承他的流派。

奚：当时"倒仓"，学习武生，爷爷还跟我说过，他说谭鑫培先生四十岁以前都唱武生，余叔岩先生在"倒仓"期间也唱很多武生戏。就是说，你学武生唱武生，对于老生是有帮助的。谭鑫培先生唱《定军山》唱得那么好，那脚底下，靠功，厚底功，他是有《挑滑车》的底子。那么就是说，前人都是顾一门舍一门，谭鑫培先生四十岁以后，武生戏一出都不唱了，重点研究老生戏。他说，你现在目前先学武生，对于艺术是有帮助的，对一个人唱老生，有武功，拿起枪杆来，扎上靠，厚底都有功力，那多了不起。唱武生，前辈也有这样走过来的。

曹： 其实他是安慰你，也是鼓励你。

奚： 好好学，好好学武生。就一直学，一直学到现在。当时也学一些老生戏，爷爷病故了以后，跟爷爷的徒弟欧阳中石先生，还有张荣培先生学习老生戏。

曹： 当时作为一个孩子，突然发现自己"倒仓"了，是一个什么样的感受？

奚： 我十五岁的时候被选中去拍了一个新版《平原游击队》电影，演的那个郭小北。我就是到那儿的那天，那儿有一个人会拉胡琴，他说你是剧团的？那你唱两段吧。他给我拉，我就唱不出来了。

曹： 之前都好好的？

奚： 对，之前调门很高，后来就唱不出来了。也知道可能就是"倒仓"了。是生理上的一个成长过程吧。

曹： 您后来在学武生的过程中，最苦的是什么？

奚： 我觉得学习武生，最痛苦的就是得不断坚持练功，你练到一定高度了，但只要不练了，它就回了。以身为业，你比如压腿，这两条腿你不压，就回了。但有时候苦觉得在哪儿呢，你不想练，你不愿意动，还得坚持练，还得动。

曹： 人总是有一点惰性的，是吧？我们有时候懒了可以不跑步了，可以睡个懒觉。可是作为一个武生演员，这一切都是不行的。所以有没有，就是像您祖父一样，也有懈怠的时候，也有懒惰的时候，想放弃的时候？

奚： 他们说这个星座，我是白羊座。白羊座的人好运动，你看这球星好多，C罗什么的都是白羊座，白羊座确实是好运动，好动，我也具备这个特点。那您说有犯懒的时候吗？有。休息好了马上督促自己，上午没练，我下午给它练，或者是晚上我给它补上，经常鞭策自己。

曹： 据说您练得最辛苦的时候，导致化脓性关节炎？

奚： 这您知道？我们那个时候，黄元庆先生给说的《挑滑车》《打店》，我们到了煤矿那个地方去演出，大礼堂，景山煤矿。那儿煤随便烧，结果礼堂都很热。我们早上起来，早早起来去练功了。有两三个同学结伴一块儿，早早起来练。练完了以后等大伙儿都起来的时候，我们跟着大伙儿再练一遍。练一遍就开始吃早点，吃完早点，有的去排戏，我们没事，就又去练功了。太热了，我就走出剧场了，一下子可能就受凉了。当时是冬天，后来就感冒，发烧，腿就蜷着，伸不直了。到医院一检查，化脓性关节炎。说不能再唱戏了，这两条腿得截肢。

曹：啊？那么严重？

奚：哭得简直是了不得。后来父亲有熟人，医生，中西医结合，在那儿住了四十天医院，吃激素，人吃得简直……基本好了。好了但是伴随着疼痛，很多年。

曹：那会儿多大？

奚：19岁得的这个病，一直伴随着。21、23、24、25，疼了很多年。

曹：在这么疼的情况下，怎么还能坚持练功呢？

奚：活动热了就不疼了。平时走路、坐时间长了它就会疼。那怎么办呢？练功的时候就使劲把它活动热了，活动热了，出了汗了，就活动开了，那时候就忘了疼痛。但是完了以后，特别是早晨起来，就会有这种疼痛感。阴天、下雨有疼痛感。找点药吃，反正就是伴随着疼痛，疼了很多年。后来到上海，有人给找了一个针灸的先生，给灸了灸，他说去去寒气，从那以后就不疼了。

曹：真的啊？

奚：很怪。

曹：那会儿病最严重的时候，有没有想过放弃？

奚：不愿意放弃，心里边特别舍不得，到现在仍然不舍。对这个戏好像，怎么说，天生派下来就是唱戏来的，你说把它舍了，舍了它还能干什么呢？好像舍了它就活都别活了，有这种感觉。那么当时就是说，那么努力地学戏、练功，突然得了那种病，那就努力治疗吧。现在想想，其实糊里糊涂的，发烧四十度。你想想。

曹：都烧煳了。

奚：还有什么想法，没有了，就等着治好病。还不错，幸好治好了。

奚中路出身梨园世家，祖父奚啸伯是大名鼎鼎的"后四大须生"之一，父亲奚延宏编、导、演多项全能，母亲杨玉娟则是梅兰芳先生亲传弟子。在皮黄声和锣鼓点中出生、成长，奚中路幼承庭训，起点甚高，将门虎子，非同凡响。尽管奚啸伯先生去世较早，没有太多机会亲自教授孙儿，但得益于家中长辈们在梨园界的声望和人缘，奚中路在学戏方面有着得天独厚的优势。

曹：除了祖父之外，父母在您整个的演艺过程中，都给您一些什么样的影响和指导？

奚：对于艺术上的聊天，平时的熏陶，父亲多一些。因为父亲见得多，学得也多。那

奚中路父亲奚延宏　　　奚中路母亲杨玉娟

时候我爷爷一句话，给高盛麟先生写封信，高盛麟先生就到家教戏来了。写封信给侯喜瑞，侯喜瑞先生就上家给说戏去了。

曹：所以您父亲实际上是真的看过好角儿，学过那么多好角儿的戏。

奚：是。跟那么多好角儿学过戏，也见过那么多好角儿，也跟好角儿演过戏，当然一直后来陪着爷爷演戏。那么说从艺术上、成长的道路上，还是受了父亲很多影响。跟谁学戏，回来就问，这个老师怎么样？比方说，黄元庆先生，到了石家庄了。我说黄元庆先生您了解吗？他说太了解了，那点东西且够你们学的。那就好好学吧。就是说，每次去学戏，总是先听父亲聊一聊，请教请教。家学渊源的东西，就在这方面成长，父亲给一些指点和指导。

曹：当时你们哥儿几个都学吗？还是光挑了您一人学？

奚：我是走在先，第一个学的，那么后边两个也跟着学了。我那四弟是长在天津，在天津卫长大，我们小时候都长在天津。不过我跟着父母跟得早，他们一直跟着姥姥在天津上学。后来小学毕业，也让他们学一些快板书，想考戏校什么的，练一些武功。但是他们大舌头，天津话，改不了，没学成。

曹：所以无论是祖父还是父亲，基本上觉得您是唯一可能将来成大角儿的。

奚：没有。反正还是看自己，爷爷老是说，修行靠个人，就看你自己了。听着这话老记着，自己努力吧。那么就是说，努力取得一些成绩，家里也给予肯定。就生在这么一种环境里，回家也是聊这些事情，过去谁谁谁怎么样，那出戏怎么唱的，怎么怎么好，怎么怎么不好。

曹：我知道您很崇拜高盛麟先生，为什么特别喜欢高先生？您父亲跟高先生学过？

奚：对，我不理解高盛麟先生，也看不懂。小时候是跟茹元俊先生学戏。

曹：茹先生也跟他学过。

奚：茹先生是家学渊源，后来拜了高盛麟先生了，实际就差几岁。但是他太喜欢他了，就非拜他不可。我说拜了他以后，您学了什么了？就学了一个三点腕的云手，其他什么都没学。他说，但是他用的那东西我老看，他上台唱我就看，那都是我爸爸（茹富兰）的东西，但人家走得好看。喜欢高盛麟，那么就是说，从艺术成长这条路来说，高盛麟那是北京科班，富连成科班，之后又成了杨小楼的外孙女婿，守着杨小楼，搀上搀下，看戏、聊天、学戏，那是受过真传的。

曹： 高盛麟先生高在什么地方？您见过他吗？

奚： 看过，见过，见到他已经是病入膏肓了。我 1988 年天津新剧目汇演，排了一个《洗浮山》，新版的《洗浮山》。唱完了以后，梁斌老师拿着录像到了高盛麟先生家，我也跟着去了。他当时已经说不了话了，偏瘫了，就见过那一回，之前看过他的《古城会》。我们说画龙画虎难画骨，这个骨子里的东西，高先生那还是，绝对正宗的。再一个，我们这个艺术就是贵在自然，它不能找帅、不能找美。而且我们讲究传承，你那哪儿来的？你不是瞟学的。其实咱现在想，悟出来，如果你凭空悟，恐怕也悟不出来的，你一定看见什么东西，感悟到了，一定是这样，那多数都是看的。

曹： 您父亲跟您回忆高盛麟先生，说过一些什么有关他的故事？

奚： 很有意思，就是说爷爷（奚啸伯）写封信，高先生来给说戏。我说哎哟，我那时候非常崇拜高盛麟先生，我说您太有幸了，还跟高盛麟先生学过戏，我说他怎么说的？他说那个人不爱说，也不善说。他说你走走我看看，好好，行了，好了。完了。我说这就叫说戏了？后来知道，高先生自己比画比画，特别好，但是说，不如茹先生说得清楚。这个说戏还是一门……

曹： 学问。

奚： 学问和本事，能说。我见过厉慧良先生讲课，绘声绘色，底下笑声朗朗，特别爱听，特别精彩。他就有那表达能力。

曹： 每个人的特长不一样。

奚： 高先生不大爱说话，随遇而安的一个人。这是小时候经历，奠定了他后来这个基础。而且他到了南方以后，看了那么多好角儿，看见麒老牌（周信芳），看见盖叫天，确实也吸收了很多。高盛麟先生最好的是勾脸戏，像《铁笼山》《艳阳楼》，包括老爷（关公），勾脸戏。再下来是《洗浮山》《一箭仇》，盖叫天，黑三髯这一套。再下来才是《长坂坡》《挑滑车》。所以杨派的戏，《铁笼山》《艳阳楼》《挑滑车》《连环套》，基本上还是宗的杨小楼。像《恶虎村》都宗盖叫天了，《洗浮山》《一箭仇》，这都是宗的盖。那么老爷戏，包括一些老生戏……

曹： 麒老牌。

奚： 麒老牌。

曹： 所以他是个融会贯通能力特别强的人，能化成自己的东西。

奚： 对。到北京演出，老先生给他起名叫"杨乞丐"，杨派、麒派、盖派。

曹：对，这个名字好。

奚："杨乞丐"。那么就是说，他父亲是"高杂拌"（高庆奎），他说我就是"小杂拌"，艺术嘛，方方面面都得吸收。但是他那根不丢，就是京剧那个根，宗旨、基础，那东西深厚。

在讲究口传心授的戏曲领域，拜师学艺显得尤为重要。作为名门之后，加上自身条件优越，又肯下苦功，奚中路在成长道路上有幸得到诸多名师指点，获益匪浅。如果说祖父奚啸伯是奚中路艺术道路上的第一位领路人，那么第二位重要的领路人，就是奚啸伯先生的嫡传弟子，著名学者、书法家、教育家欧阳中石先生。欧阳先生虽然没有下海，但却是奚啸伯最为钟爱的徒弟，尽得其真传。

曹：我们先来说一下欧阳中石先生，他是您祖父的学生，后来您也拜他为师，是吧？是自己的想法，还是说祖父有这个意愿？

奚：地震那年，就是1976年吧。欧阳中石先生去看爷爷了，大夏天，拿着把蒲扇。我说这是谁啊？他说这是欧阳中石，是我一个徒弟。见了爷爷，一通拥抱。完了后来他把这个过程写成一篇文章，看得人流泪的。

> 我看到了他（奚啸伯）那半身不遂骨瘦如柴的样子，怎么也控制不住感情，一下子抱住了他的双肩说："我看您来了。"他没有马上说什么，我只能听到他的鼻息。过了好一会儿，他反而安慰我说："别难过，让别人看见，不合适。"
>
> 走到门口时，听见他既似叮咛，又似自言自语地说："中石，我不难过，咱们都不许哭……"我再也不能控制自己的感情，返回身去扑在了他的膝前，他双手抚摸着我的头，眼泪簌簌地落在我头上，我紧紧地趴在他的腿上，他最后劝我说："快走吧，不然晚点了……"
>
> 不想，这一次分别竟成了永诀！

奚中路与恩师欧阳中石夫妇

奚：他（欧阳中石）聊天，看爷爷，跟爷爷睡通脚，没地儿睡，爷爷脑袋冲这边，他脑袋冲这边。他们入睡了，躺下了，我才走的。第二天再来，欧阳先生已经上火车站了。我说，我去火车站送一下先生吧。我就跑到火车站，就送了一下欧阳中石先生。回来以后跟爷爷聊天，就聊到欧阳中石先生。我说他什么时候开始跟您学戏，究竟是一个什么情况？大概聊了聊。爷爷说这个人好，我说怎么个好呢？那个时候爷爷很挣钱，很四海，花钱无度，这个月就把下个月的钱提前花了，预支。他跟着旁边演出，欧阳先生也不敢说。不敢说他就想了一个办法，什么办法呢，就撒了个谎，跟爷爷说，母亲病了，每个月需要一点钱。爷爷说这不是什么问题，每月给点钱，给他。后来有一次爷爷生病了，戏唱不了了，唱不了就没有收入了。他就把这笔钱拿出来了，拿出来以后，爷爷说，哪儿来这么多钱？他说我先告罪，这是我撒了一个谎，这钱是这么回事。爷爷讲这故事，说这人就这么好。后来我突然间一激动，就说，我能拜他为师吗？爷爷说可以的，我给你写封信。后来拿着这封信，就到了北京了。师父一看，师娘一看，这好啊，师赐徒，不能不收，从那以后就叫师父了。1982 年，我在那儿住了差不多一年多，就是腿坏了以后，住了一年多，在那儿学习老生戏。

曹：他给您说了哪几出戏？

奚：《卖马》《搜孤救孤》，主要是余派的戏，也就是关中戏。先生说，什么是余派？余派就是关中派，大家都那么唱，只是他唱得好听，唱得别致。那么就学这些戏，《二进宫》什么的。有一次学戏，师娘那时候教课，小学教师，上课以前把那个炒饭都搁到焖锅里边，给我们搁好了。到吃饭的时候一点火，一热，就可以吃饭了。结果我跟师父在那儿说戏，那边蒸着火，结果全糊了。

曹：忘了是吧？

奚：忘了，说戏说忘了。乌烟瘴气这屋里，怎么了？哪儿着火了？一看那锅，糊了。有过这么一个小小的插曲，就是一聊戏、一说戏，什么都忘了。

---

20 世纪 90 年代，欧阳中石、奚中路师徒曾经联袂出演过奚派名剧《白帝城》，欧阳中石饰演刘备，奚中路饰演赵云。演到"托孤"一节时，刘备于穷途末路拜托赵云照料阿斗，恰如当年奚啸伯将孙儿托付给自己的爱徒欧阳中石，戏里戏外气韵相通，格外打动人心。

曹：欧阳先生除了给您说戏，还教您学问，或者还教您书法吗？

奚：我说我要学书法，先生说你别学，你把所有时间都去唱戏、练功吧。你学书法，想用学习书法来提高戏曲，我告诉你就得了。就给我写字，"泉"，但中间那一笔没填，写三个，写完"泉"，他说你看看这个，差一笔，他说这一笔我给你填上。从头到尾，填上一笔，他说你觉得好看吗？我说好像太死板了吧。他说你看我再小点。又填了一笔，大概没填到头，填了百分之八十吧。这一笔，他说你觉得比较起来呢？我说这个好像好点。他说你再看这一笔。他中间填了一笔，"泉"中间这白字填了一笔。他说你看这个字呢？这个字是不是比它们都精神？写字需要眼睛，演员需要眼睛，唱戏需要眼睛，写字也需要眼睛。说这个，就是说让我把更多时间去练功、去学戏，就没有让我去练书法。但现在有时候在家没事也练练，玩嘛，平时聊天也讲一些道理。

曹：他有没有跟您回忆一些梨园行的有趣的往事？

奚：回顾过梨园行的事情，印象很深的就是爷爷跟筱翠花先生组班，到上海来演出，到了这儿以后很不开心，闹了别扭。原因是什么呢？就是火车上这个卧铺票没分配好，跟我讲这个。讲这个就是说，当时爷爷底下有管事的，没顾上。他说今后办事，这个都得想到。实际他的不高兴，原因是那个。就讲过很多类似这样的事情。

曹：好像欧阳先生说过这样一句话，我觉得挺感动的。就是说，他给您说戏，是希望把奚家的东西再还给奚家。

奚：是这样说过，跟别人这样说过，但是我没有这个能力继承，承载不下来。

曹：欧阳中石先生也是刚去世，这些年，您每年是不是还都有机会去跟他聊聊天什么的？

奚：只要到北京就去，他后些年由于书法，教育和社会活动太多了，就没有时间聊天了。在这之前，总是单独相处，聊一些往事，爷爷的逸事。

1993 年，奚中路凭借《夜探浮山》和《挑滑车》两出剧目，荣获梅兰芳金奖大赛武生组金奖。其中《挑滑车》的指导老师是武生名家茹元俊先生，他是奚中路艺术生涯中的又一位引路人。20 世纪 80 年代初，奚中路在中国国家京剧院进修期间与茹元俊相识并拜师，由此结下了师徒胜似父子的深厚情谊。

曹：茹元俊先生也是您的义父，是吧？

奚：后来认了义父了。

曹：是吧。

奚：我们 1980 年到 1983 年之间，到国家京剧院进修，有人就给我介绍茹元俊先生，他说你哪怕学个起霸呢，都认为他好。那时候我也不懂，但就这样认识了。茹元俊先生问我，你叫什么？我说我姓奚，叫奚中路。他说你爷爷是？我说我爷爷是奚啸伯。他说那行了，别说了，有一次我们到石家庄演出，你爷爷请吃饭，特意把我叫出来，说元俊，你那"右派"帽子摘了吗？两人感情特别深。他说行了，别说了。后来我下午练功，先生偷偷跑到旁边看我练功。现在回想，就是看上我了，喜欢我，把我带到家里去了。带到家里跟师娘说，我看中一孩子，这孩子是奚

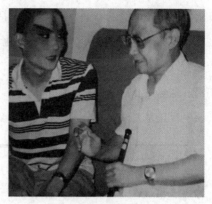

奚中路与恩师茹元俊

家的后代，好，厚底儿，在那儿练功。给我从楼底下叫朝鲜冷面，叫了两份，我就都给吃了。后来先生跟我说，你看我这么喜欢你，这搁过去就得认干爹了，就"豁翎子"（暗示），告诉我认干爹。我说行，我就叫您干爹，认干爹吧。当时还拿出一百块钱来请客，他说不用请了不用请了，就没请。

曹：您觉得茹先生教给您最多的是什么？

奚：茹先生家武生四辈，茹莱卿、茹锡九、茹富兰、茹元俊，到后边没有人了。家传四辈武生，茹富兰先生的小生给了叶盛兰，武生给了茹元俊先生。茹家的这些戏，从《探庄》《夜奔》《武文华》《麒麟阁》《状元印》等等，是在内行界很著名的。它就是茹的风范，是规范，华贵的。

曹：他晚年教学的时候，那时候应该年纪很大了，但是依然是行云流水。

奚：不断教了很多学生，后来跟别人说，他说他这么多学生，有两学生不让他费劲，一个是我叔，叶钧，叶钧是叶盛章先生的儿子，他们叶家都是亲戚嘛，再一个就是我。不让他费劲，就是接受比较快，或者是学习得比较快吧。

曹：他赐您十一个字，是哪十一个字？

奚：我们学戏当中平常也聊一些理论知识，戏班所谓的理论知识，也是钱家的口诀，钱派身段口诀里面的话。其中就有十一个字，就是三形、六劲、心意八、无意者十。说横平竖直，达标准了够三成，劲儿够了，劲儿就是老生要弓，花脸要撑，武生在当中，小生紧，旦角松，这是那个劲头儿，这个对了。当然我们不涉猎旦角和小生，武生、花脸、老生，这个武生都得涉猎。这劲头儿对了够六成了。心意八，就是说所有唱念做打，从心里发出来的，够八成了。无意者十，那么就到了一种随心所欲不逾矩。

曹：就自由王国了。

奚： 对了。那就是历史上有活武松、活赵云，就是鲜活的人物，活曹操。那就是说戏曲上先人有这样的例子，到了一种化境了。但是到这种境界的人实在太少了，（到）心意八的人都少。

曹： 您觉得自己现在可以到几成？

奚： 反正是三形也不全面，六劲也不全面，心意八在往那儿走，只是这么一个过程。

除了黄元庆、欧阳中石、茹元俊这几位恩师，奚中路还曾经向厉慧良、贺永华、李可、梁斌、苏德贵等诸多前辈名家请教，学习他们的拿手剧目，可谓是转益多师，兼收并蓄，博采众长。

曹： 我记得差不多二十多年前，那会儿上海东方电视台办了一个《东方雅韵——南北京剧汇演》。我记得那会儿厉慧良先生带着您跟王平演《艳阳楼》，是吧？厉先生我跟他只有这么一次见面的机会，后来就没有机会跟他请益。我不知道您在整个学艺过程中，跟厉先生有一些什么样的交往，他有没有跟您说过戏？

奚： 1981 年，厉慧良先生到石家庄演出。我父亲带着我到后台去看他，后来又到宾馆里边，当时宾馆也很简陋的，还带着一些吃的东西。后来父亲跟我说，之前他跟他学过《嫁妹》，还住在厉先生家里边，帮着厉先生写《甲午海战》剧本，那时候厉先生准备排点新戏。另外在他家里吃饭，总是四菜一汤，从来是多没有，少也没有，规规矩矩的。父亲经常提，到了天津以后，爷爷（奚啸伯）准吃三家，一个是小盛春先生，一个是张世麟先生，还有一个就是厉慧良先生。这么说交往还是很深的，几代人吧。

左起：奚中路、曹可凡、厉慧良、王平

曹： 等于是跟你们家三代都有缘。

奚： 是。后来就看戏，看他的《长坂坡》《艳阳楼》《挑滑车》《闹天宫》。当时父亲很激动，他说你赶紧跟他学吧，学《艳阳楼》。就追到天津。学戏有一个小小的插曲，我追到天津以后，厉先生答应给说这戏。就说由苏德贵老师先给说，说完了以后，约好了哪一天他来看。就是约好了第二天上午，早上吧，早上七点钟。我那时候住在哥哥家里边，路上骑车去，半路上吃了一个汤圆，挺烫的，耽误了点时间。到那儿大概是七点一刻，他已经在练功房等候了。看见我以后，对我进行了严厉的批评。他说你知道谁给你说戏吗？厉慧良。全中国有几个厉慧良？我给你说戏，你应该早早过来，压腿，准备了。好，赶紧开始吧。好，就开始，就这样学了一出《艳阳楼》。学了一出《艳阳楼》，在学戏的过程中，他不断告诉一些法则，指点我，最后给我做了一个总结。他说你现在唱这戏还太早，这个戏是花脸勾脸戏，但它不是全是武生的身段，它还得有花脸的身段。你这个身上也不行，你喊一喊，我听听，搭个架子。我铆足了劲儿喊。哪吒出来了。当时大伙儿都乐了。就是说你这个声音形象就不像那个高登，一搭架子就不对。当然这个学习的过程确实给我感受很深。

有道是"师父领进门，修行在自身"。奚中路练功之刻苦业内闻名，用他自己的话来说，"武生没有资格两条腿站着。"1987年，奚中路调入上海京剧院工作。他深知艺术的提升不仅需要勤学苦练，更要多演出、多见观众，在实践中磨炼自己。因此在戏曲演出市场并不繁荣的年代，他也始终在想方设法拓展自己的舞台，哪怕那个舞台再小、再简陋。

梁斌：奚中路特别爱戏，他已经达到痴迷的程度了，我们有时候开玩笑，说这个人得了"戏癌"，就是戏瘾很大的意思，这多难听。所以我就想，那干脆咱们叫中路"戏痴"吧，所以这个名字就落下来了，从那以后经常报纸报道"戏痴"奚中路。我觉得不是贬义，是很大的肯定。一个青年演员有如此痴迷程度，奚中路这一点是在我教的学生中，少有的一个，所以他取得成绩也比别人快，得到的荣誉也比别人多。

曹：我听说20世纪90年代的时候，您有一段时间，一年中会有俩月去温州。
奚：20世纪90年代上海排新戏，演出机会很少，现在这些年好像好点。
曹：我觉得现在京剧、昆曲的市场都有点儿回暖。
奚：好多了，那个时候刚改革开放，人们好像都去做买卖，奔钱、工作、玩命，哪有闲暇去看戏？演出机会确实很少。但是温州这个地方很特殊，他们那儿每逢节日、忌日都要举行活动，那么就请一个戏班在这儿演戏，他们哪个县的乡镇都有戏台。我去

奚中路剧照

了这么多年都演不过来，有的地方，这没来过吗，这地儿，隔不远又有一个戏台，就得唱戏，还不要现代戏，主要就是……

曹：传统戏。

奚：对，才子佳人，主要就是这个。艰苦，很艰苦，有人受不了就走了。有人受得了，一直在那儿唱了很多年。我去的时候这些人还在，有好多长年在上海成长起来的那些老人们，他们也在那儿演出，麒派居多。好多一九二几年的戏那边还在唱呢，《八宝公主》，一九三几年的戏。当初小杨月楼唱红的戏，在上海，他们那儿还在唱，我们都没见过。《黄飞虎反五关》，很多这样的戏。这儿不唱了，那儿有些戏还保留着。

曹：现在回过头来看那段时间，作为一个演员来说，是不是也是一个特别好的捶打的过程。

奚：太是了。我去了，人家说，我就是老师怎么说的，我到那儿怎么唱。我严格地要求自己，你们泡汤，偷懒我不管，反正我认认真真唱戏。我跟鼓师关系处得很好，下串关系也处得很好，反正我这几出戏，我演出的时候都认认真真。我想象我是在北京演出，每一场都把它认真地完成，是这样一种态度去的温州。

曹：毕竟就是说，它跟在北京，上海唱戏不一样。北京、上海这个戏园子里头可能是真正来品戏的观众，那儿可能就是看热闹的观众。

奚：过去杭嘉湖也是看热闹的观众，不是说唱着唱着，觉得《空城计》太瘟，胡子一摘，"台蛮"就翻下来了。相对来说，那个地方比较火爆，特别是武戏。文戏主要是麒派为主，喜欢热闹、火爆。你太滋滋味味了，他觉得不刺激，属于麻辣烫口味。

曹：现在大家说起您，都会给您一个雅号，就是"戏痴"，就是爱唱戏。作为一个武生演员，您现在已经过了花甲之年，听说您每天还是练功。每天要练多久？

奚：吊嗓子吊一个小时，完了压腿、练功、拉戏，一个半小时，加起来两个半小时吧。

曹：这是雷打不动的？

奚：对。如果今天有事了就没办法，那就活动活动。一般情况下都是完成这些，数量

352

的增加、质量的提高，而且这个以身为业的。先生说，经常得潮乎潮乎，就是让你经常练着，不练就完了。

曹：年龄对于武生演员来说，实际上是一个特别大的挑战。我想随着年龄的增长，您对人物、对戏肯定会有更深的理解。但是从体力上来说，肯定不能跟您年轻的时候同日而语，所以这是一对矛盾。

奚：肯定是这样，老不以筋骨为能。到了一定年龄了，你练它也回，这是一件很矛盾的事情。理解力、感悟力深了，理解得更加好，好像觉得年轻的时候不如现在明白得多，更深刻地理解了。但是怎么体现出来？绝对不如年轻那时候的体力，这是肯定的。我觉得戏曲这行，特别是武生，更是得付出辛苦，如果同样是晚熟的话，他到了晚熟这个年龄段，还能弄得动，这个就了不起了。一般老师过去说，武生过去用火车拉，四十岁一过，没这号了，力量型的、技巧型的，主要是卖那堂戏的东西多。那么就是说过了四十岁就完了，就不行了。但是比方说，《霸王别姬》《长坂坡》，厉先生的话，六十岁你能动还能唱，它不跟短打的那个折腾，纯折腾那个东西还是有区别的。但是您看盖叫天先生就是以短打取胜，但他也不折腾了。年轻的时候折腾，后来他也不折腾，后来留下那些影像，连个飞脚都不打了，哪有扫堂旋子，根本翻身也没有，都是在那儿招招架架，一手一式的，摆造型，就是这个东西。这个东西如果天天练的话，我恐怕到七十岁都没问题，不会有问题。盖叫天先生真是了不起，他一直坚持。

曹：有没有想过自己可以唱到多大岁数？

奚：能唱到什么时候就唱到什么时候。就是那句盖老作为座右铭的，活到老学到老。我们这一行叫学、瞧、熬，学着，瞧着，熬着。瞧也是一个学的过程，熬也是一个毅力的比拼。一生中一直这么熬过来，一直这么坚持不懈地努力练着，也是非常不容易的事情。

曹：您现在平时的生活作息是什么样的？

奚：一两点睡。

曹：那您睡很晚。

奚：一两点睡，看手机、看新闻。

曹：早上几点起呢？

奚：早晨九点钟吧，起来喝茶什么的，喊嗓子。下午去练功，下午一般在四点钟以后，没人了，排戏都结束了，去练练功，练到六七点钟。

曹：饮食有什么讲究吗？

奚：没有，没有任何讲究，随便吃。

曹：辣的烫的都吃？

奚：都能吃。谭元寿先生不是也吃辣的吗，没事，好像没有关系，反正今天有戏就别吃了。

曹：您觉得60岁以前跟60岁以后，自己在想法上有变化吗？

奚：体力上有变化，就是觉得，比如说累了一宿缓不过来，原来睡一觉就缓过来了。现在就觉得，好像第二天更累了，缓不过来，好像得再缓一天。

曹：但看到舞台依然会有那种冲动，和表演的欲望。

奚：那是肯定的，毕竟干了一辈子了。

曹：锣鼓点一起来，可能就是兴奋。

奚：所有血液都沸腾了，也确实是体力上不如年轻的时候了，有感觉。厉慧良先生说，六十岁以后一年不如一年，七十岁以后一个月不如一个月，八十岁以后就一天不如一天了。当然现在没那么严重，但是确实是六十岁以后会有感觉，一年不如一年。

曹：您现在教学生吗？

奚：教，我全国各地跑，地方戏的也有。这不前两天……

曹：地方戏还跟您学？

现场合影

奚：前两天到浙江戏曲学校去了，那儿有小百花的，十二三岁的小孩，去给他们教《探庄》。给他们打一个基础，身段方面打一个基础。过去老生、花脸、小生、武生，开蒙戏都是《探庄》，这是一出横平竖直的红模子戏，学这戏。温州的瓯剧有两个学生，也给他们教。国家京剧院也有学生，上海也有几个学生。

354

"看我七十二变"——于和伟专访

作为演艺界唯一一位既演过曹操又演过刘备的演员，于和伟同时驾驭了刚愎多疑和宽仁忠厚。演技实力了得，却也经历过灰暗岁月，一度险些错过影视道路。入行25年，出演影视作品近百部，有包括《历史的天空》《搭错车》新《三国》《大军师司马懿之军师联盟》《觉醒年代》《悬崖之上》等几十余部代表作品，还揽获"白玉兰奖""金鸡奖""华鼎奖"等众多专业领域至高荣誉，更被喜爱他的观众冠上"一人千面""万物皆可于和伟""行走的演技教科书"等头衔。

于和伟做客《可凡倾听》

曹： 今天特别高兴在你的母校，上海戏剧学院给你做访问。回到上戏，回到当年自己学习的氛围中，跟现在的孩子们做一些交流，师弟师妹们肯定把你看成一个成功的楷模，通过刚才跟他们互动交流，你最大的感慨是什么？

于： 真是，我个人是感慨颇多。现在叫"端钧剧场"，当时我们叫小剧场，我在那个剧场里面至少演过三台戏，《群猴》《与天使在一起的二十分钟》和《打野鸭》。有着这份回忆和感情，我一走到那就满怀感慨了，台下还有表演系的学生，戏文系的学生，就觉得特别亲切，也特别放松。

曹： 你还记不记得当时第一次跨进上海戏剧学院大门的感受？作为一个北方的男孩子，跑到一个距离家乡千里之外的南方城市，肯定有诸多不适应的地方，怎么慢慢适应这个学习环境的？

于： 现在回想起来心情特别复杂。我出生在北方，东北离上海挺远的，到二十一岁考过来的时候，既有乡愁，离开家便有乡愁了，又有喜悦，从考上戏剧学院、拿到录取通知书后，这个喜悦就伴随了我很长的时间，就是没想到。之前是特别无畏，就觉得没什么，既然学这个专业了，就要去学习、去考，中戏又怎么样，上戏又怎么样，这是真实的想法，可是考了一圈下来，看了那么多考生，考完试后才知道，上海戏剧学院就是我们表演系表演专业的高等学府，所以很为自己骄傲，但同时又觉得很想家，互相的情绪也就抵消了，觉得值得，是吧。就是这样一个心情。

曹： 你来到学校的时候是什么样的性格？比较内敛的，还是比较奔放的。

于： 内敛的。因为我那个时候刚来，跟其他同学也不熟，而且刚到学校遇到的第一件事就是我的所有的行李都丢了，没有跟我那趟火车一起到达上海，放到别的车上了，行李晚到了四五天，那我就等于是什么都没有，床也没有铺盖。大三的表演系的师哥，也是我老乡，让我住在他们寝室，所以一切都是慌慌张张的。我也不太跟别人说话，吃也吃不惯，因为北方是咸口，上海是甜口，到食堂打饭，包子看着挺好，一咬，甜的，喝点粥，也没味，看见咸菜黄瓜，点一份，一吃，甜的，包括上海话，也听不太懂，都是那么地不适应。但是现在我会想念上海的甜口，就是这样的一个过程，慢慢地就适应了，等过了第一个学期就好了，跟同学熟了以后，同学就觉得你不内敛，而是非常"欠儿"，我是属于慢热型的。

曹： 所以你跟周围的同学熟了之后，是不是也跟人家开开玩笑之类的？

于： 不开玩笑就感觉不能活。

曹： 常常"招惹"别人吧？

于： 对。我们班同学跟我关系好的人有很多，而且那份感情到毕业多年之后还是特别深。

曹： 我听说那会儿，你跟大家熟了之后，原来内敛的性格慢慢褪去，你就会常常"招惹"别人，然后别人也会"报复"你，你还记了一个"复仇笔记"，里头记的是什么？

于： 就是逗他们玩呢。因为他们总惹我，上课的时候就写了一个："某天他瞪了我一眼。"然后还故意把这本子落在课堂上，好让他们发现，就是觉得好玩。上大学的时候，正好就是那个年纪，就想跟大家闹，我们同学如果看到我今天的采访，他们也会笑，知道我说的是对的。我没有"同伙"，一般都是我独立地跟他们做斗争，我也不知道为什么，在对付我的这个事情上，他们特别容易团结在一起"收拾"我。给我摁那，问我服不服啊，为什么这么"欠儿"呢，你为什么写那个呢，我哪天瞪你

于和伟在上海戏剧学院

了呀，都是些特别无聊的事情，但是我觉得就是这份无聊，会成为我们毕业以后互相想念的东西。

曹： 其实那是一个特定时代的生活的烟火气。

于： 对。

曹： 现在想起来大学四年一晃就过去了。

于： 太快了。

曹： 有没有哪些片段让你觉得特别地难忘？尤其你现在塑造了各种各样不同的角色，在表演上也有一些自己的见解、自己的想法，是不是某一个老师的某一句话可能就让你顿悟了？

于： 我记得我们三年级实习大戏的时候，李学通老师，我的表演老师，让我去演齐洛夫，就是《打野鸭》的那个主角。当时我觉得我的专业课不算差，但也没有那么突出，为什么在那么多同学当中挑我来演主角呢？我有点诚惶诚恐。但是李学通老师说，你能演，你要相信你自己，我就是相信自己的判断才让你演的。听下来好像很平淡，但是我觉得给我的鼓励很大。

曹： 建立表演的信念。

于： 还有范益松老师，当年还是年轻小伙子，刚刚从美国学习回来后翻译了第一版的《借我一个男高音》，我们班做了第一版的演出，这些事我都历历在目。当时我们演出是在上海商城，那个商城有很多外国人，包括剧场里面的经理、工作人员都是外国人，他们看我们的演出的时候，也在哈哈大笑。我就问范老师，他们能听懂中国话吗？他说听不懂。我说那他们为什么笑得那么开心？他说不一定是台词，表演不全部是台词，只要你有意思，它就是没有国界的。这些都让我印象很深刻。

在上戏求学，接受表演领域最好的专业教育，还担任大戏的男主角，昔日的于和伟无疑是象牙塔里的佼佼者，但高光时刻总是伴随着一些灰暗的日子，毕业后他被分配到南京军区前线话剧团，少了很多演主角的机会，心理也遭遇了巨大落差，那时的他还不知道，人生的机遇究竟潜伏在哪里。

曹： 回顾你这些年的艺术成长经历，我觉得2003年《历史的天空》可以说是一个非常重要的转折点，当时跟高希希导演合作是什么缘起？

于： 这个我要感谢我在南京军区的3位老师。我从上海戏剧学院毕业，分到南京军区了，三位老师正好是《历史的天空》的编剧，他们仨联合改编的。在团里的时候，我演过他们的话剧，他们了解我。他们写了这个戏之后，就跟导演和制片人推荐我。我当时没有名气，到南京军区已经五年了，我觉得我跟电视剧已经不靠边了，在戏剧学院读书的时候，人家来找演员都是找主演的，到了地方单位以后，人家去找演员都是找配角或者群演的。这个落差，我觉得所有的毕业生将来一定都要经历的，就是我心态已经几次跌入谷底了，当时我所有的愿望就是在话剧舞台上。现在话剧兴起了，很多人看话剧，那个时候话剧很难的，受众太少了，我在戏剧学院学的表演，我觉得我的热爱、我的理想就是在这，我只希望能够有一次机会让更多的人看到我，我可以塑造好角色。

曹：让自己发一次光。

于：当时就是这么想的，没有其他的愿望，即使是这样，我也经过了很多波折。那时看了很多书，看完之后，突然有一天副导演来电话跟我说，"于和伟，你演不了万古碑那个角色了。"我说"为什么?"他说"不为什么，原来想找一个演员，因为价钱高他不来，现在看完剧本，觉得合适了，来了。"很实在，话说得很实在。

曹：人家没说错。

于：没说错，对吧，我不认为我去爆料这个东西就是在批判。

曹：是。

于：对吧，这个是一个市场的情况。他说，如果你还想来的话，你可以演另外一个人物，叫李文彬，是个叛徒，看过《历史的天空》的人一定知道这个人物。我当时拿着电话，基本上没犹豫，因为我准备这个人物已经准备了一个多月了，我说，那就很遗憾了，下次再说吧。我把电话挂了。挂了之后，心里还是挺失落的，在南京军区食堂吃饭的时候，正好蒋晓勤老师在我对面，是他推荐我去演《历史的天空》的，我就跟他说那个戏可能不去了，他问为什么，我就把情况跟他讲了，他说为什么会

青年时期的于和伟

这样，你等我打个电话。他把筷子放下，就给制片人打了电话，"我跟你们打招呼了，于和伟不是我一个人推荐的，是我们三位编剧联合推荐的，他已经准备了那么长时间，人物的种子已经在心里发芽了，你为什么突然不让他演了?"制片人一听就说，哎哟，蒋老师，这个情况我不了解，我问问是什么情况，是不是导演那边有什么想法变化了。"你不了解是吧? 那好，我给导演打电话。"放下电话又给导演打电话，我亲耳听到的。

曹：就在你边上打的?

于：就在我边上打的。"导演，于和伟可不是我一个人推荐的，是我们三位编剧联合推荐的，功课准备了一个多月，人物的种子已经在心里发芽了。"

曹：再说一遍。

于：再说一遍同样的话。"你们为什么做这样的决定？"我听不到导演那边的话，大概就是说不了解情况，先问问。"好好好，那你问问，我等你回复。"电话挂了，又坐在我旁边继续吃饭，就是这样的情景，我当时特别感动。所以我借今天这个节目，感谢蒋晓勤老师对我的知遇之恩。

曹：贵人。

于：是吧。下午就接到电话，还是那个副导演，依然非常干脆，"于和伟你那个角色不换了，还是演万古碑。好，就这样。"电话就挂了。所以拍那个戏的时候，我就像刚进大学一样，他们所有人对我的印象就是太内敛了，因为我不跟任何人交流。

曹：据说高希希导演请你吃饭你都不去？

于：高导对我特别好。但是我那个时候就是没有多少自信，唯一的自信就是我的专业课还不错，我不信我塑造不好角色，基本上拍完戏我就回酒店了。直到有一天，我们同屋的老演员说导演叫我一块吃饭，我还是不自信，我说我吃过了。他说你去嘛，导演夸你呢。我就问导演怎么夸我的，因为他一夸我，我就来劲了。导演说这小子年龄不大，心理素质很好，就这么一句话。

曹：你那会儿多大？

于：二十九岁。其实哪是心理素质好，是吧，是不自信，但是导演这句话给了我自信，从那开始，戏已经拍了三分之二了，才跟大家熟起来。也就是那次吃饭，李雪健老师说，于和伟，你这个角色将来有可能会有震撼性的效果。

曹：当时雪健老师就这么说？

于：当时就这么说了。全剧我只有九十几场戏，其他人都是几百场戏。

曹：其实你发挥的空间是不大的。

于：不大的。他说完之后我还挺有自信的。我经常拿那个时期的状态来安慰我现在的烦恼。

曹：你现在的烦恼是什么呢？

于：无病呻吟，真的。因为那个时候已经很高兴了，我的目标就是这样的，剩下的都是多得的，别本末倒置，还是要找到自己最初的源动力，自己喜欢的究竟是什么，我觉得这个特别关键，所谓的高低其实都是阶段而已。

曹：万古碑这个角色成功之后，你再去拍戏，心态会跟过去完全不一样，就会比较松弛。

于：对，不一样。可以沉静下来去想一想更重要的是什么，角色的内心是什么，而不是急吼吼地去表达什么。

在《历史的天空》中，于和伟饰演自私卑鄙的反一号万古碑，随着电视剧的热播，于和伟的名字也被诸多观众熟悉，他出色的演技得到了认可，而导演高希希更是十分赏识这个低调沉稳的年轻人，以至于在他随后导演的《搭错车》《真情年代》《纸醉金迷》《光荣岁月》《三国》等多部作品中，接连与其合作，对于高希希来说，将角色交给于和伟是放心的选择，而对于于和伟来说，出演高希希导演的一系列高收视作品，是他影视发展道路上的重要启程和坚实基础。

曹：《历史的天空》之后，你跟高希希导演一气拍了8部戏，是吧？

于：是八次，不是一气。我中间也拍了别的戏，但是我们合作了8次。

曹：这是非常难得的，导演和演员在一个时期形成固定搭档。

于：对，因为高希希导演也比较信任我，第一次合作最后剪出来的戏他可能觉得还挺好，我也很开心，就是任凭着我用自己的方式去塑造，那之后我也很幸运，是第二部戏还是第三部戏，就直接跟李雪健老师搭档，他是男一号，我是反一号。

曹：《搭错车》是吧？

于：《搭错车》，对。

曹：那个戏也特别好。

于：对，这一路上其实需要去感谢很多老师，包括高希希导演。那八次的积累非常非常重要。

曹：我听说当时高希希导演拍新《三国》的时候找你演刘备，但你其实心属诸葛亮？

于：其实不是，这个也是要感谢高导。我一直挺感性的，而且那个时候的认知有限，就没考虑那么多，他说要拍新《三国》，问我想演什么角色，我张口就说曹操，因为曹操在戏剧冲突这个层面是没有人能比的。

曹：对。

于：对吧。我说曹操。他说不行，曹操是陈建斌老师的，早就确定了。我说我演诸葛亮，他也说不行，因为诸葛亮年轻，我说我不够年轻吗，他说不是一波的，其实他心里面已经锁定我演刘备了。我说那就不演了。后来我才知道，新《三国》是朱苏进老师的剧本，这里面的任何一个人物演好了都足以笑傲江湖了，是吧，因为人物好。但当时觉得刘备哭啼啼的，没什么演头，是不是。结果到发布会那天，直接把我的宣传海报搬到了现场，一人多高，打印出来，搁在那了。然后叫他的制片主任给我打电话，问于和伟演不演刘备，这是真实的，我说我很想参加导演的这个大戏，如果要演的话，让我演司马懿吧。

曹： 你还挺会挑。

于： 是吧。

曹： 对。

于： 我说我可以扮老。那个制片主任说就是刘备，我告诉你于和伟，导演已经让我们把你的照片打印出来了，一人多高，都放在发布会现场了。我当时

《三国》剧照

就说那什么都不说了，我去。我今天把这事讲出来，真的应该感谢高希希导演，是吧，又有方式、又有策略。

曹： 导演有他劝说你的方法。

于： 其实是帮助了我。

曹： 对。

于： 对不对。拿到这个角色，我才看了《三国》《后汉书》《三国志》等等，准备得越多，我才越有这样的思维方式。

于和伟在新《三国》中塑造的刘备不但有人们往常印象中的宽仁忠厚，也有君王之所应具备的权谋深重，人物塑造层次丰富。多年后，于和伟在《大军师司马懿之军师联盟》中获得了出演曹操的机会，而这一回的精彩演绎，更是得到了三国史学家易中天的肯定，称其为"最像曹操的曹操"。

曹： 这种历史人物，虽然我们没有看到过他的影像，可是因为过往的戏曲、小说往往会给人一种比较概念化、脸谱化的印象，而且之前也有像鲍国安老师塑造的曹操形象珠玉在前，所以对你来说，重新在屏幕上演绎这样的角色，最大的挑战在什么地方？

于： 我觉得最大的挑战，也是最大的欣喜，就是它的文本基础，首先我觉得是有了新的角度和新的解读，我是特别期待这样的。关于三国的人物、三国的故事，在演新《三国》的时候，我就做了一些功课，这个功课当时是为了出演刘备，但因为曹操跟

刘备是对立的，所以我一定要去了解曹操。

曹： 而且很有意思，你演了很多三国的人物。

于： 对。

曹： 是吧，除了刘备，还有鲁肃、荀彧。

于： 没错。

曹： 演了好多三国人物。

于： 但是我不是故意的。

曹： 我知道。

于： 就赶上了。

曹： 冥冥之中。

于： 就赶上了。所以是有了那些基础，有了一些自己的理解、看法。我觉得既是压力，同时也很让我欣喜。压力是珠玉在前，你能不能让别人认可，对吧；欣喜是至少我觉得跟我的认知接近、相通，我觉得再去演一个老样子的人物没劲，对吧。这个我觉得有意思，那就按这个来吧。所有的艺术作品都要有自己的独立思维嘛，要有自己的历史观，自己的见解，为什么不去尝试这个呢？我觉得是在这样一个思路的指导下，才成了那样的曹操。

曹： 比如说这部戏开始的时候，华佗要给曹操做开颅手术，曹操还跟他说，这个世界上，要取我项上人头的人不只你一个。

于： 不只你一个。

曹： 你给他的眼神非常凌厉，这里头有愤怒、蔑视，可以看到很多不同的情绪，你还记不记得当时拍这场戏的情景？

于： 我记得，我记得非常清楚，因为我很看重演员塑造角色的三场戏，其中的一个，就是你进组以后，跟这个团队合作的第一场戏、第二场戏、第三场戏。我很看重，为什么呢？我觉得这是一个建立信任的过程，就是你跟工作人员、跟导演建立信任。我觉得一下就会融洽了，他会信任你，信任很重要，这是很关键的。另外就是人物出场的前三场戏我觉得非常重要，如果前三场戏你还看不到他的人物性格，我觉得可能就会比较吃力了。所以曹操那场戏，刚开始我跟导演一起商量，前面他在病榻上痛苦的戏，都不要给脸部的镜头，这么一个人物的出场，戏曲里面讲究亮相，一定要在那个特别准确的锣鼓点下出现。刚开始也就是手、后背、冰帕的镜头，"疼死了"的声音出来，我觉得最关键的是华佗说完了那个话之后，他坐起来了，我当时做了特殊的出场，这个冰帕没有拿下来，先捂着看的，拿下来之后依然是闭一只眼看着他，对吧。

曹操的多疑，"天下想取我项上人头之人，可不只你一个哟。"你治病，我怎么知道你是真治病呢，是吧。那个台词也很有代表性，那是编剧写的，就是这样的出场。我把这个想法说完之后，导演当时就觉得特别好，所以就有了曹操这样的出场。

曹：那个眼神、那一句台词，画龙点睛。

于：对。

曹：这个人物就呼之欲出了。

于：对。所以我觉得其实是综合的，就编剧的、导演的、演员的思维方式、理念都在一块，可能才会营造出这样一个人物吧。

曹：还有像曹植误入司马门，曹操被迫把曹植关到大牢里头，然后就问曹丕和众大臣，你们是不是满意？其实这个眼神也露出凶光，因为他对兄弟阋墙这件事非常在意。包括后来问曹丕，为什么兄弟之间要不合？有一连串揪着他的动作，这几场戏从演员的表演来说，尺寸的拿捏非常重要，稍不留神可能就过犹不及。所以，我个人觉得这两场戏是特别精彩，面对两个儿子，父亲的那种进退难舍，怒其不争、哀其不幸的感觉，你是怎么把它体现出来的？

于：其实我有一个大的原则，就是别"顺撇"，在情理当中，也在意料之外，就是它是在情理当中的，但是表现它的方式方法不要走常规。这样的一个人物，你要表现他的特质，怎么可能"顺撇"呢，是不是。他要怒的时候也许就是面露微笑，我觉得他一定是这样的，这个是反差的，这些有魅力的人物都有一个共性，就是反差，只有有反差了，才会好看，我个人认为，这只是其中的一个原则，那些善良的人，你就演他的善良其实没什么劲，你演他面目狰狞、内心善良，其实更好看，那么可能就是基于这样的原则，我在理解曹操这个人物的时候，我才会设置了很多这样的表演方式。你想想曹操，建安文学的高峰，文学家、思想家、政治家，他的思维方式在当时那个时代，我觉得是高出很多人的，他最后很孤独，别人不理解他，这些有一些艺术想象，但也是有史可查的，这样一个人物怎么能够"顺撇"呢？他一定是特别有意思的。

曹：所以当他联吴杀掉关羽之后，看着满目疮痍的景象，听到洛阳民谣，潸然泪下，那种无

《大军师司马懿之军师联盟》剧照

奈、那种落寞、那种孤独，就是把一个帝王的复杂性非常好地体现了出来。

于：是的。

曹：当时你是不是也希望演出人物的反差？过去在大家的眼里，他就是跋扈霸气的一代枭雄，但其实他内心也有非常丰富柔软的地方。

于：当然，不能又怎么可以"观沧海"呢，是不是。

除《历史的天空》《搭错车》新《三国》《大军师司马懿之军师联盟》等代表作外，于和伟在电视剧《觉醒年代》中饰演的中国共产党早期主要领导人陈独秀也颇受观众喜爱。不同于以往塑造伟人形象"崇高""光辉"的单一思路，于和伟还花了不少心思了解角色的个性特征，最终成功地将直爽磊落、不拘小节、心怀大爱的陈独秀活灵活现的搬到了观众面前。

曹：今天你们在台上讨论的一个共同的话题，就是关于《觉醒年代》里你演的陈独秀，他最近成为大家特别关注的焦点，虽然过往的影视作品中也有涉及陈独秀的形象，但是《觉醒年代》第一次把整个焦点聚集在这样的一个人物身上，而且整个这部戏中，你跟导演一起合作，用很多的生活细节，把陈独秀非常立体地展现在大家的面前，可能就像刚才范益松老师说的，表演不全部是台词，你一个随意的小动作、一个眼神、一个手势，就能传达出人物的立体感。

于：是的。陈独秀就不多说了，因为我觉得刚才你说得特别棒，尤其是在新文化运动时期，他是一个必不可少的存在，从《新青年》的创立，到新文化运动的开始，我觉得首先是剧本的角度好，写的这个时代好。1915年到1921年，中国共产党成立的这个阶段，新文化运动的"三架马车"：陈独秀、李大钊、胡适，是必不可少要书写的，所以我觉得是得益于剧本，就是"落地"，写一些先进的知识分子，写一些思想界的启蒙人，对吧，他没有那样"高大上"的或者形式化地去写，而是落在地上写，我觉得有了这个基础，气质就对了，就特别过瘾了，对吧。在这个基础上再二度创作，我觉得就很有信心了。

曹：我举个例子，比如说有很多戏都在描写陈独秀怎么吃，过去的电视剧如果去描写伟人的话，肯定是他在一些重大事件当中的慷慨激昂、激扬文字，但是这会儿导演或者编剧，就把它化解为很多生活的细节，一开场吃日本料理，跟蔡元培吃花生，跟工人吃火锅，在家里喝酒，跟朋友一块吃饭，每一个不同的"吃"实际上都体现出他的生活的方方面面。

于：我觉得这个人是个性情中人，一个性情中人他会怎么吃？大家觉得好像不得体的东西，他不在意，狂狷之气一直在他身上，就是那么真实的人，我饿了就要大口地吃，渴了就要大口地喝，喝呛着了就咳嗽一口，我来形容这个人他就是这样，本着这个原则，我觉得就可以了，那他的特立独行、他外放的性格就表达出来了。在涮羊肉馆刚说完涮羊肉应该怎么吃，看见一个苦力那么吃，他马上就改，你看这就是他的性格特征，对吧。其实这里面的一些台词，很多都是演员和导演商量之后二度创作的，因为我觉得，塑造这样的人物，最重要的还是要抓住他是什么样的人，

《觉醒年代》剧照

抓住人物的性格类型，并往这个类型上靠，这样的人该怎么说话？有这样性格特质的人，他一定不会说那样话。这个跟我的认知也有关系，就是演了这么多年戏，经历了这么多，对吧，读过这些资料，我觉得跟这些有关系。他在嗑瓜子，看到蔡元培在说话，他就下意识地把这瓜子往蔡元培那边推。第一，这两人物关系好，第二，他不是遵循常规的人，是一个调皮的、跳脱的人。刚刚跟学生座谈的时候我也说了，我看他在北大的时候的老照片，大家都是正襟危坐，陈独秀就偏偏把腿伸出来挡在蔡元培面前，就是我这个形态，拍了一张照片。我就会去揣摩这样的人物的性格、心理和特质。我觉得在生活细节里把这些东西带出来，让观众们看到他是一个什么类型的人，才会理解他更高层次的想法。

曹：我觉得正是因为你和导演共同设计了人物的细小动作、眼神、表情，所以当他后来看到一群饥肠辘辘的人民的时候，他才会有这种感慨，说我要建一个党，我要建一个给中国人带来光明的党，让他们过上好日子，让他们有人的尊严、人的快乐等等，如果他不是一个对人民充满爱、对生活充满爱的人，他是不会想到要建立一个党去拯救黎民百姓的。

于：对。不是高台教化，不是一个句句都是口号的人物，他是一个落地皮的、有着烟火气的人，有着知识分子的精气神，同时也有着人的烟火气，所以他才能感同身受，看到那些衣不蔽体、食不果腹的人，他才会有感觉，这是基于人物的，观众也会信。

曹：对一个演员来说，要塑造一个历史上的真实人物，实际上是很有挑战的，就是所谓"一千个观众会有一千个哈姆雷特"，每个人对具体人物的认知都是不一样的。对

于一个演员来说，最初设计这个人物的时候，基调的确定非常重要，所以当你拿到剧本，看了一些相关的材料之后，怎么去设定陈独秀这个人物的总体基调？

于：我觉得不管是陈独秀也好，还是其他的影视剧中我演过的人物也好，我的方法，首先就是要找到他的类型，因为我觉得，大类型其实就是那些人家说人类基因的大概分类其实也就一百多种，我们经常会说，这个人跟那个人挺像，所以我觉得我是从这出发的。首先我大面积地分类，我拿到这个人物，第一从剧情中，从故事中来看，他是一个什么类型的人，如果是历史人物，不管是古代的还是近代的；我了解了他的生平以后，确定他是什么类型的，然后拿着这个类型在我的生活当中找，他可能很像我的某个同学，我先把他划类，那这样的话从基调上来讲基本上就差不多了，当然这个基调也要跟编剧、导演去印证，基本上不会跑。还有一部分是艺术想象，这个我觉得很重要，艺术想象不要心虚，因为艺术想象是艺术创作的一大部分，要相信想象。你做的功课越多你就越自信，你越自信你的信念感就越强，我觉得其实很多东西就是要解决相信的问题，就像刚刚跟学生们交流的话，就是相信自己，去靠近角色、寻找角色、成为角色、替代角色。

正如于和伟所说，塑造角色，他既从书本、资料当中去寻找灵感，也从生活、日常当中去寻找方法。在他出演的一系列现代作品中，他都将自己多年的人生经历、经验融入每一个人物的表演细节里。于是我们看到了执著又敏锐的"刑警队长"顾铭、看到了猥琐又势利的县长郑重，看到了桀骜又倔强的"猎毒人"吕云鹏。

曹：《刑警队长》这个戏我特别喜欢，《刑警队长》所表现的人物就比较生活化，比如在家里哄孩子、做饭、在办公室里处置一些公务、调兵遣将，在街上抓捕坏人等等，这个人物是不是另外的一种处理方法，你尽可能地把他变得特别特别生活化？

于：对。我小时候就想当警察，结果没当成，那就想当演员，因为演员可以演警察，所以我觉得塑造好一个警察形象是非常重要的。我跟制片方商量，让我去体验生活，我就到了那个人物原型的单位，南通刑警支队，去体验了半个月的生活。之前我就对警察的屏幕形象有自己的想法，那么这些想法要更细致的话，我就得再去看，到那去体验了这么长时间后，我觉得差不多了。他不是很多人认知的屏幕上的警察形象，首先他是个人，他是一个什么类型的人，还是从这出发。《刑警队长》是个人物电视剧，它不是一个纯意义上的情节剧、涉案剧，很多时候都得从他的生活着手，必须有生活细节，而且必须不能"高大上、伟光正"，陈独秀也是，我并没有觉得他很"高大上、伟光正"，恰恰是这些地方，让大家看了更亲切的形象。我觉得《刑警队长》的顾铭也是这样的，他一定要像你生活中看到的人一样，其实很多人在演那些人物的时候，总是演那些他们认为的，其他文艺作品里面的，还不是特别对的那些人物，我觉得他们忘了生活，其实要从生活当中找，你也有警察朋友，

《刑警队长》剧照

他们生活当中其实不是那样的，他们一样有老婆、孩子，他们一样为很多事在发愁，一样会有很多喜怒哀乐，对吧。但是到了工作岗位上，因为肩膀上有肩章，头顶上有国徽，我觉得抓到这个重点就知道了，顾铭的老婆有很多意见，我觉得那都没关系，我要演的是刑警队长，他在刑警工作这一块忘我和执著，"命案必破，不破不休。"我觉得就够了。

曹：所以我看你的戏我就体会到一点，"魔鬼"是藏在细节里头的，细节又是决定成败的。比如说像《我不是潘金莲》，其实你的戏份不是很多，但这个人物就特别传神，见着比他位阶高的人，他就是比较谄媚的样子，看到比他职位低的人，就是颐指气使的样子。是不是也是像刚才你说的，就是靠生活和想象这两大法宝？

于：是的，没错。

曹：是事先有一个设计，还是说只有一个想法，然后在演的时候靠即兴火花的迸发？因为你的基调对了以后，可能你的动作、你的思维方式、你的语言、你的表情就是完全准确的。

于：对，是的。曹可凡老师，你已经说得很准确了，就还是要找对方法。像刚才说的《我不是潘金莲》，就是我在生活中看到过这样的小人物，我不做褒贬，但我知道，这是一个什么样的人，那从这个出发，其实很多东西就都对了。

曹：像《猎毒人》当中的吕云鹏，听到哥哥去世的消息后就开始打嗝，然后摇摇晃晃地走过那个过道，最后晕了过去。

于：还是从生活当中来。

曹：那个打嗝的设计挺妙，很少有人用这样的方式来表达一种深不见底的忧伤。

于：对啊。我自己认识的人，她的老公突然出车祸，可能在我们想象当中她会在医院里面撕心裂肺地哭，其实没有，她不是突然就哭了。那样演是因为词穷了，她不知道用什么方式了，只能拿惯性的东西去抵挡。实际上她完全是懵的，然后突然就问，

我的手机放哪了。她完全是反的。我就举个例子，我见过很多。不是戏剧里面常规表达的那样，战友牺牲了，就开始哭什么的，其实我了解到的也不是这样的，他会把战友安排好。突然有一天，他的徒弟要去执行一个非常重要的任务的时候，没穿防弹衣，他会突然在这个点爆发，你给我穿上，你必须穿上，然后他的眼泪才会流出来。从生活真实里面来的就肯定是打动人和震撼人的，所以我觉得艺术来源于生活，所谓的高于生活，就是进行艺术想象，把它的精神、气质，提炼出来而已。

于和伟的出色演技受到了导演张艺谋的赏识，接连主演其最新导演的两部电影作品《悬崖之上》和《坚如磐石》。于和伟也不负期望地再度塑造了两个经典银幕形象：沉着机智的正派角色：卧底周乙和心狠手辣的反面人物：富商黎志田。

曹： 这次你跟张艺谋导演合作《悬崖之上》，据说在冰天雪地拍了有百余天？

于： 对。

曹： 虽然你是东北人，但是在一个冰天雪地里拍戏，其实也挺熬人的。

于： 特别冷。其实我还好，那些在雪地里面戏多的人才冷，最冷的时候我也赶上了，零下四十度。在里面穿着电发热的卫衣卫裤，然后有给你准备的服装，什么皮的、棉的戏服，外面再穿一个皮大衣，看着好像少，其实里面很厚的，全都穿上了站在那，肌肉还在发抖。

曹： 在这样的温度下要持续工作多久？

于： 我那天还好，因为我那天是没有台词的。看过的人就会知道，那场戏是那个车砸到冰面上，沉下去，我就静静地在桥边看着。但是静不了，因为一动就会发抖，那个抖动是本能，太冷了。

曹： 控制不住。

于： 控制不住，就得吸气，我的感觉就是空气很冷很凉，吸完之后你的肺都不舒服，但是吸一口气，能够让你停止抖三四十秒。我要装成沉着冷静的状态，这就是感受。我们那些场工，就是现场的工作人员，一干活忙着忘了，只要不戴手套，手就冻了，冻到什么程度，就是我亲眼看到那个手上是有冰碴的，它就是没有温度了，制片主任发现之后，马上就送医院，就那么冷，所以这也是我感受到的《悬崖之上》。

曹： 这次跟艺谋导演合作最大的感受是什么？艺谋导演是一个特别擅长把演员的兴奋点调整到最佳状态的导演。

于： 我觉得非常地受益。其实很多导演都有这样的品质，就是敬业，追求细节、很严谨、高标准。我只是觉得张艺谋导演比我所了解的这些标准还要高，比我所了解的精益求精还要精，这是我特别震撼的地方，我跟他合作了两次。

曹：前一次是《坚如磐石》。

于：《悬崖之上》是在《坚如磐石》拍了不到三分之一的时候，

于和伟和张艺谋

导演就让他的助手问我愿不愿意去演下一个戏的男主演，我说当然愿意了，特别开心。他的标准，他对艺术的执著追求，对细节的要求，都让我有了新标准。我原来以为我可以的、挺好的，还沾沾自喜呢，结果到他那一看，发现那才是高标准，而且他不断地对自己提出要求，我们前一天把剧本都聊完了，都觉得大方向定得差不多了，该定稿了，聊了很多细节了，到第二天现场拍的时候，他又拿着剧本过来了，"你看，昨天我看了这个戏，这句话你这么说，他这么说，最后还是有问题。"他会再重新提出更高的标准，就是永远在思考的状态，永远在追求更好。另外他对演员，不光是对演员，对任何人的态度很谦和，我觉得他是一个谦谦君子，真的是，不是假装出来的，你自己没有意识到，但是他会怕你难受，怕你尴尬，他会体恤你，这都是我这两次跟张艺谋导演合作下来的感受，我觉得人好，相当好，体恤别人，把别人的感受当回事，很难得。

曹：其实作为一个演员，能够跟艺谋导演这样的艺术家合作是一件非常幸福的事情。

于：对。

曹：你可以百分之百地把自己交给他。

于：信任他。

曹：可以信任他。

　　无论在专业人士还是在普通观众的眼里，于和伟都算是表演疆域十分广阔的演员，但对于他自己来说，在不同角色中游刃有余的任意驰骋的背后，其实是一次又一次鼓起勇气的冒险。

曹：作为演员来说，每个人都希望自己的表演能够不断地丰富，不是专演同一类的角色，而是不断地突破自己表演的疆域，可是每个人也都会受个人条件的制约，并不是

说什么角色都能演的，你怎么看待突破表演疆域的问题？

于：我觉得就是要想办法去突破。

曹：对。

于：有意思也在这，是吧。

曹：尝试每个角色都像探险一样，是吧？

于：对，去挑战。你说的这个特别对，演员是有疆域的，不是说什么都能演，不是孙悟空七十二变，需要去找，你有兴趣，你就去找，有可能失败，有可能成功，但是我觉得不要太在意，因为乐趣就在这，没有疆域就没劲了，七十二变，我说变就变，那没有意思，就是因为有疆域，难，才好玩，我是这么看的。一个是你是否敢于去挑战，不要把其他的东西看得太重，可能我也面临这样的问题，一个角色演好了，获得了荣誉，获得了认可，接下来我是不是敢去演另外一个完全不同的角色，这里面是有风险的，我说的是市场风险。

曹：对。

于：是吧，有时候到了一定程度，不是你一个人的事，是关系到很多人的事，那你怎么办？那我今天说实话，我还是希望能寻找到更新的角色，我没有试验过的，我试图去触碰到的角色，我觉得这是一种做演员的幸福和快乐。

曹：做演员最大的好处就是能在不同的角色里寻找自己的快感。

于：对。

曹：释放自己对于人物的共鸣。

于：对。

于和伟的魅力除了体现在过硬的专业实力外，也体现在他朴素低调的为人态度和踏实勤奋的做事风格上，而这一切则得益于培养他的平凡而又自强的母亲。

曹：你现在回想起来，什么时候开始发现自己对表演是有兴趣的，或者说发现自己在表演方面是有一些天赋的？

于：我觉得是从上中专开始吧，因为中专是师范专业，毕业就要到小学去当音乐老师的，但是我当时没好好学音乐。我们是抚顺市幼儿师范学校，我们那届之前培养的都是幼儿园的老师，叫幼师，所以是清一色的女孩子，只有到了我们那年，才开始招中专音乐班，定向分到小学去的，所以就不可能全是女生了，才开始招男孩。我是第一届考进去的，那个班只有二十名男生，也可能是因为这个学校女孩子太多了，分心，就没太学好，毕业之后就觉得不自信，怕误人子弟。正好那个时候抚顺市话剧团过来招生，去考的学生，毕竟是音乐是跟艺术沾边的，我们学校有几十人报考，我就考上了，而且考上之后，在等的时候，他们话剧团的人就说，这孩子好啊，这孩子肯定能考上，那个时候就觉得，可能我还挺适合这个的。

曹： 我听说你在初中的时候遇到一个特别好的老师，对你特别关心。

于： 对。

曹： 情同父子是吧？然后他给你提出一个建议，你可以去学音乐？

于： 对。

曹： 当时老师怎么看出你有音乐艺术的天赋呢？

于： 过元旦的时候，要去别的班拜年，叫团拜会，我就到别的班去唱歌，我们老师一听，你唱歌挺好听啊，结果在开春开学以后，要去报考学校的时候，他就给我建议，他说于和伟，你这个成绩，第一，考高中费劲，第二呢，你考上高中又能怎么着？我们家条件不好，他知道，就说你还要接着念大学吗，没有意思，那今年幼儿师范学校第一年招男生，我觉得你可以考，而且它分数线相对比较低，其三，从这个学校毕业之后，直接就有工作。

曹： 解决吃饭问题了。

于： 对，解决我的工作问题，就是这样，我就觉得挺好，考，就是一路这么阴差阳错地、机缘巧合地到了现在这个状态。

曹： 你说这个初中老师知道你的家庭经济状况不是太理想，其实你很小的时候父亲就过世了，你们家兄弟姐妹也比较多，所以记忆当中，小的时候，妈妈怎么一个人含辛茹苦带这么多的孩子？

于： 我们家比较特殊，我3岁的时候，父亲就没了，我妈妈45岁才有我。

曹： 你妈妈有你已经45岁了？

于： 嗯，高龄，就不可能再有了，结果又怀了我，我们家姊妹九个，就是上面有哥哥姐姐，我是老九。

曹： 最大跟最小差多少？

于： 差24岁，差两轮。之前在一些节目和采访里我也说过，我妈生完我之后，不像现在有奶粉什么的，她年龄大了，奶水就不充足，正好没过多久我外甥女出生了，就是我大姐姐的孩子，我大姐姐奶过我，长大她也说，小伟，我的乳名，特别"不要脸"，抱过来就吃，吭吭吭就吃，所以我跟大姐感情特别好，是这样的一个家庭环境，这个细说就多了，大概就是这样的情况。我初中又什么都没考上，然后就到另外

于和伟的母亲

一个学校去补习，那个年代你如果不是原来学校的同学的话，就要交补课费的，补课费好像是两块儿，当时就很贵了。因为我妈的理念不一样，她不识字也不会写字，她对孩子的要求就是不做"睁眼瞎"，所谓"睁眼瞎"就是拿着报纸看不懂，所以她觉得，目的已经达到了，你们已经不是"睁眼瞎"了。

曹：就能认字了。

于：认字了可以了，毕业以后又下来一个劳动力，干吗呢，跟我一起卖烤地瓜。一个铁桶里面放上焦炭，卖烤地瓜，我妈妈就是靠卖烤地瓜养这些孩子，一辈子也没有工作。

曹：你小的时候跟妈妈一块儿干这个吗？

于：放学了没事就要干，那个时候就是靠这些把我们养大的。我现在经常回想我的母亲，我觉得她挺伟大的，是吧，我一直想把她的故事讲出来，但是我又没有想好从哪个点去说，我觉得不仅仅是母爱的问题，我觉得是他们那个年代的生存问题。

曹：你还记得，妈妈常常会跟你们说点什么样的做人的道理？就是古人讲叫"下下人有上上智"，其实你别看那些老头、老太太不认字，他们心怀非常朴素的真理，其实他们是真有大智慧的。

于：是的。

曹：你记忆当中，妈妈在你小的时候，在你耳边唠叨些什么样的做人的道理？

于：太多了，所以我不认为文化就是识字。

曹：是。

于：我是觉得那个年代的传承还是有的，因为我姥爷，我妈妈的爸爸是秀才，我亲眼看见过他写的书信，蝇头小楷，我妈妈让我们读书，回头家里来了信了，我给她念，念完之后就回信，回信好玩，我妈妈虽然不认字，但是出口成章。

曹：真的？

于：嗯。"父亲你好，勿挂念，儿在千里之外。"全是这种。

曹：还带点文言色彩。

于：我觉得挺逗的，规矩、传统，我们这些孩子都是从我妈身上学到的。我们家困难，但是如果别人家吃饭，那时候邻里之间都互相敞开着，我小时候要是在那多站一会儿，我妈就会揪我的耳朵把我拎回屋去。很多道理，比方说，我妈不认字，但她会说，"自大一点念个臭。"我识字以后，自大多了一点。

曹： 正好是个"臭"。

于： 念个"臭"，这都是我妈告诉我的，特别棒。我经常会想，我们这样的家庭，我觉得特别有意思，因为从中国这个大时代开始，改革开放开始，各个年龄阶层在我们家都有，他们的思想特征，他们形成的经历，我都了解，所以我觉得对我现在做这个工作是有益的。

曹： 妈妈或者哥哥姐姐们看了你的戏会有什么样的评价？他们是不是特别骄傲？

于： 是啊。其实母亲在十几年前就已经去世了，那个时候她看了万古碑。

曹： 她怎么说？

于： 她说"这小子很坏。"山东话，"很坏"，所以她还是骄傲的。因为我回到家之后知道，别人说你儿子演了个电视剧，经常在电视里放，然后她说，"嗯，坏蛋。"对吧，她会去说。我以为她不认可，可是有一天你会发现，她跟她的好朋友会说，"那个电视剧你看了吗，那个坏蛋就是他。"山东到了东北，她一辈子口音不变，想想特别有意思。

曹可凡和于和伟

腹有诗书气自华——喻恩泰专访

2021年末，一部悄然上映的小成本电影《扬名立万》意外成为票房黑马，在不到一个月的时间内突破七亿大关，且依然有着稳步上升的空间。在片中，我们见到了因《武林外传》而家喻户晓的演员喻恩泰，他的最新角色是一位失意的电影导演。自2006年爆红之后，许多观众将"吕秀才"当成了喻恩泰的代名词，这一角色

喻恩泰做客《可凡倾听》

既为他赢得了巨大的声誉，却也成为甜蜜的烦恼。事实上，入行二十年来，他从未停止自己的脚步。

曹： 其实很有意思，可能你留给一般观众的印象就是吕秀才，你是一个演员，现在很少有人知道你其实是学主持人出身。

喻： 有一个角色被大家记住，这是一个很荣幸的事。同时有一点小小的伤感，因为这么多年在这个行业里默默地耕耘，也创造过很多别的角色，他们每次只说吕秀才，就像是一个标签。我心想我演了那么多电影、那么多电视，也有很多人爱看的，怎么他们就不说那些呢？所以我觉得我的角色是被消融的。我入行是因为做主持人，您就是见证我第一次，不是做演员，做主持人的那个人。您可能还记得在1995年我入校之后，您来教我们的一门课，《主持艺术》。

曹： 当时你是一个什么样的缘由来考主持人？

喻： 我考主持人是因为，我从小有一个特殊的家庭环境，父母让我好好地学习，他们认为这是最重要的，于是就剥夺了我看电视的权利和自由，父亲把电视机锁在大衣柜里，他们陪我一起不看电视。于是电视就成了我心目当中最向往的东西。我们那个专业也叫电视艺术系，就是因为我缺乏对电视的这种直接接触的机会，于是我渴望接近它。

曹：是一个补偿的心理？

喻：没错。那年只有这一个专业叫电视专业，我不考它考什么？因为我最缺它。由于我进了这个专业，进入了戏剧学院的氛围，有机会去接触声台形表，而且我一学，学了两轮，本科四年、研究生三年，我有七年在学声台形表，后来才有机会成为一个演员。我记得那时候在静安寺逛新华书店，还看到电视机摆在外面，里面有曹可凡老师在主持大晚会，大型的节目，然后我们就会在橱窗门口看。在学校的时候是没有机会的，通过表演被大家认识之后，把我请到了电视行业里去，后来我主持了各大卫视的节目，中央台、东方卫视，都有。

曹：做主持要比较客观地去完成你的表述，但作为演员，其实要把自己丢掉，把自己扔到角色里头。所以你从拍戏的现场，跑到一个做主持的现场，两者之间心态最大的不同是什么？

喻：其实主持人比演员要难，因为演员有台词，演员可以安静，安静的时候你会获得更大的尊重，说他在默戏，艺术家的世界不要去打扰，他正在琢磨角色。而主持人很难，主持人就是你该说话的时候要说话，你不能冷场，迎来送往、起承转合，还不能说错。演员没关系，演员可以 NG。但主持人不是，你一句话说错，这叫失误、失败。

曹：因为你做主持人跟我们做主持人的起点不一样，我们从底下一步一步走上来，而你被各大卫视请去主持节目，是因为你表演上已经成功了，所以心态上可能会有一些不一样，会更自信一些？

喻：当时很心酸。为什么我在一年级到四年级，在学主持人的时候、在大学的时候没有机会去主持，而且很多人会说你不适合做主持。就像我第一次入行演戏的时候，别人说你不适合做演员，你跟我做副导演和导演吧。我每一次入一个行，我都清晰地记得这两个行业给我当时带来的第一次的反馈。我去做主持人的时候，第一次的感觉是心酸，这是我原来的行业，因为我做不了它，我才去表演，现在因为表演，我回来做它了。我现在无比珍惜这种心酸，它给了我表演上很多的灵感，以后再演各种复杂的人物、情感、性格，这一丝心酸就可以开始了，它是一个小种子，可以衍生出来各种不同的心酸、快乐、美好。所以对我从业来讲，那一丝丝心酸是非常重要的。

曹：其实我觉得做完主持人以后，再跑到片场去拍戏的话，至少从心理感觉上来说，会觉得放松很多。

喻：环境不一样，工作人员不一样，交流的方式也不一样，其实这一切是顺其自然的。我昨天在拍一部戏，而我前天在拍另外一部戏，是两个完全不一样的角色，可是我的长相、我的胖瘦程度是一样的，因为只差一天。我就问我旁边的工作人员，我说我今天的演在监视器里跟昨天一样吗？工作人员说完全是两个人，那么主持人和演员也类似，你进入到不同的环境，就是两种心态。演员有他的压力，是在另外一个方面，他无数次地去够一样东西，他得最终能够到，而不能说我够不到，我就放弃了。主持人必须一下得到。其实见到曹老师，我还想说另外一些心得。去年冬天我们在上海相见，是因为我们在参加一个讨论会，研究喜剧的创作方向。这么多年来，我一直很感激我在学校里那七年的声台形表，上了第一轮之后，我又进了表演系，读研究生。后来老师说你当年的那一套再来一遍，于是我又来了一次三年的学习过程，又是声乐、台词、形体、表演。当一个人养成了一个习惯，这个习惯超过了一年，到了四年、五年、六年、七年，就改变了你这个人。人一定会被时间改变，其实没有谁有天分，只是被时间改变。这是我这些年的一个心得体会，于是我意识到不管你做哪个行业，不管你有什么样的成就，我心里永远知道我是一个学生，我还在教室里，我希望这七年并没有结束，我现在还是在那个过程中，我被那种力量所保护。实际上我永远都知道，在表演行业里面，我也没有做得特别好，主持上更是远远够不着。所以我对自己的一个定位，我希望我这一生都是一个学生。

曹： 所以你是不是就是一个特别爱学习的人？你看学表演的人，一般学四年就开始工作了，你学了本科，然后硕士研究生，又读博士，也去英国进修，学莎士比亚。无论是主持还是演戏，就是一个自我能量消散的过程，然后在消散的过程当中，能够不断地吸纳。

喻： 学习对很多人来说是一种习惯和生活方式，比如说很多人看书并不是为了要考试，也不是为了要获得什么，这是他的生活。我记得曹老师第一次给我们班上课，第一堂课，您在黑板上写了一句话，叫"腹有诗书气自华"，从那句话开始，我们讨论一个主持人的修养，研究主持人的语言艺术。我一直记得那句话，就像时间会改变一个人一样，慢慢看书，有些地方就会被改变，因为我们毕竟是站在人类经验的肩膀上，有很多人在帮助你，把他的经验，传承下来的经验说给你听。当然现在我们获取知识的方式有很多种，我们一般说"读书人"就读书，

喻恩泰在英国留学

376

现在不光是读书，还可以听、可以看，可以有网络上的、视频上的。因为这种读书的经历，后来我入行之后拍的电视剧，像《武林外传》里的吕秀才，他也是个读书人。所以后来我对研究如何去演读书人有一些心得，包括后来《清平乐》里面的晏殊，演这些读书人的时候，我会有另外一些东西，你只要用他的眼睛看世界、用他的脑子去体会每一句台词，你就会演出另外一个味道。如果说读书在表演上对我的帮助，可能就是给了我一种眼光，当我接到这样的角色的时候，我只要睁开这双眼睛就行了。看这个世界，然后心里有感受，把它表达出来，别人说这个人演得像，其实只是因为学习了他们的眼光。

2006年，一部古装情景喜剧《武林外传》横空出世，在一个天马行空的武侠世界里，上演着现代人的琐碎生活和喜怒哀乐。喻恩泰在高度的戏剧假定性中，将吕轻侯的学贯中西和手无缚鸡之力演绎得惟妙惟肖，许多经典场面至今看来，依旧令人捧腹。

曹： 我想说起近20年来的喜剧，我们有很多标志性的作品，《武林外传》实际上就是一个里程碑式的作品。我们过去讲一戏一命，你不知道出来那个孩子，他们的命运怎么样。当时尚敬导演让你演吕秀才，你看了这个剧本的时候，是一种什么样的感受？

喻：《武林外传》的契机其实根源于一部它的"前传"，就是上海拍的《都市男女》。我在恒隆广场第一次遇到了尚敬，当时"韩流"，我穿了一个褡裢衣服，大头鞋，嘻哈式地走进办公室。他要选一个办公室的年轻人，看到我那天的那身装扮，他说这个年轻人挺潮流的，就让我来演一个广告公司的员工。由那一件事开始，我入了情景喜剧这一行，我们在西康路拍《都市男女》，就有了这个即兴表演的开头。在一个优秀的剧本的基础之上，演员不能拘泥于剧本，而要把自己的全部能量发挥出来，要结合这个时代，甚至要结合刚刚几分钟之前你看到的新闻和现在的事，是那样创造的。在《都市男女》的拍摄过程中，就诞生了《武林外传》的萌芽，于是说以后拍一个古装戏。就按照那个方向做成了《武林外传》，其实它的源头是在上海。表演上来讲，其实我后来慢慢演戏演到一定程度，我认为这个世界上所有的艺术作品，你都可以用悲剧来形容。因为我认为一个演员的法宝，我心里的武器，能够帮助到我最多的一样东西，就是悲悯。哪怕看很多喜剧作品，卓别林的戏也好、周星驰的戏也好，在我看来满眼都是泪。

曹： 喜剧的底色就是苍凉。

《武林外传》剧照

喻：都是悲剧。在这个基础之上，我们再去考虑如何演好一个喜剧。喜剧的演法有很多种，但是《武林外传》的那一种就很让我意外，我们探讨出了一种假定性的方式。这是我和尚敬聊出来的，我说一定要假定性，所以后来我们敢把机器转到后面去，看到一帮工作人员有举杆的、有穿棉大衣的。就是把戏这件事本身给你看，我在拍戏，这是喜剧的一种方式。假定性能够解除掉你身上的所有的约束。你可以用各种方式大胆地去玩，但如果你没有假定性，一切都是真的，怕穿帮，怕这个、怕那个，你就不敢动了。比如我们俩正常在演着一个戏，有举杆的老师，有一个带着海绵的麦克风进来了，我就可以说哪儿来的毛毛虫。这个没有关系，不怕穿帮了。

曹：所以你们在表演的时候有很多即兴的成分在里面。

喻：在优秀剧本的基础上，有很多即兴的部分。好的编剧还有一个好，他能慢慢地了解你，包括了解你的过去，也可以为你量身定制。我们演完之后，你这个人物的感觉就有一个固定的感觉在那儿了，于是你就可以根据现在的你感受到他的角色的命运、他的特征，往下去延伸，所以你可以为这个角色去写他的未来。这是情景喜剧在当时，至少《武林外传》当时是做到过的，别的地方没有做到过。它是有一个新的体制建设和表演理论、表演实践的一个整体磨合的过程。不是用正常的、普遍的、大多数的方法创造出来的东西。

曹：从演员的角度，在拍戏的过程中，你怎么看姚晨和闫妮这两个演员的潜力？

喻：在拍戏的时候，我经常会感受到一点做主持人这个行业之后，产生的"后遗症"。我会观察别人，跳出来。主持人是要照顾全场，眼观六路、耳听八方，演员要投入。我就看姚晨、闫妮，我说这两个女演员怎么演得这么好，实拍的时候我就经常走神。出戏了，马上到我说台词，我再开始，所以别人说吕秀才的这个角色真好，一进一出，跳进跳出，变成这个角色的性格特点了。其实她们两个人的现场表现力特别强，你能感受到一种真挚。姚晨，说实话这两年她的风格又变了，我就仅仅说《都市男女》《武林外传》，我和她合作期间的这样一个变化。你看世界上有很多遗憾，我和姚晨合作了五百多集情侣戏，大家出来了，恰恰由于咱们走上了各自的发展之路，到今天为止，我和姚晨再没合作过一场戏。这个世界很荒诞的，我们俩彼此特别友好，前两天在家楼下还偶遇，平时也经常联系，不是说我们就再也没见过，但就这样一场戏没拍过，这是很有意思。当年的姚晨，还在电影学院读大四吧，她比我小两岁，那就是一个小姑娘，完全是睁开一双单纯的眼睛看这个世界，她会用舞蹈表达自己的心情。你说现在姚晨还能做这个吗？有一天她开心了跳个舞给你看？我想她今天应该不是了。那个时候我陪她去上海影城看电影，回来坐公共汽车，就是在华山路戏剧学院附近的一个公交车站，夜里大概九点半，只有咱俩坐那儿。我当时就看着她，因为我知道这个演员一定会出来，那是我们的第一部戏，但我知道，她是不信的。包括我说《武林外传》会火，他们没有人会信。其实《都市男女》的时候，尚敬导演劝慰我们，说，同志们，你们一定要好好拍，这个戏一定大火。我们所有人都铆足了劲，后来《都市男女》其实反响不错，但不至于说大火，大家就都对这个话有质疑。后来到《武林外传》，尚敬又开始动员大家，说，这个戏一定大火。所有人都觉得，上次也是这样说。后来我就去看剪辑房里的配乐，配上了我们选的音乐，我记得是《茉莉花》，配着这个画面。我当时说这个戏一定会大火，他们觉得不一定，好好拍吧，没有人想这方面的事。因为它太特别了，我是最早认为《武林外传》会大火的人。再说回那次公共汽车站的姚晨，你看现在我们一起看电影，一起坐公交车，等你大火之后，你还会跟我玩儿吗？因为那时候我演汤姆，她叫青青，她说汤姆你说什么呢。我记得她在我右边，我都记得那个画面，我说会记住你今天这个样子，在公共汽车站陪我坐车的样子，你将来大火之后，我会怀念这一天。

曹：其实她跟我们传统概念上会走红的女演员的刻板印象是不同的，所以你觉得她那种内在的，作为一个演员最特别的品质是什么？

喻：姚晨当时最好的特质，按尚敬导演的话说就是不怕丑，她没有一种漂亮的包袱。你看她有时候一炸，满脸都是泥，她也能乐呵呵出来。各种喜剧的桥段、段落，包括她的情感又很真挚，当一个演员可以忽略掉自己所谓一个美好形象的时候，就解除了一种负担。当时我一看，就是很通透，她很快能够抓住情景喜剧的那几个点，那场戏的主要东西都能表达出来。而且她还会给你一些意外的东西。闫妮和姚晨的方向是不一样的，两个人的风格不一样。闫妮是有一些深刻的部分，当她演某种情感的时候，她不会跟你说得很直白，我要怎么演，她其实心里会想过去的事情，会把自己整体的这种气场调动起来，她会默默地做那种演员的梳理工作。有一次她在《武林外传》里有一场哭戏，她默默地流泪，哭完之后，旁边可能姚晨就问，妮儿，你演得真好。可能妮儿是这么回答的，她说年轻的时候觉得一场哭戏有多么复杂、很难，但是到了一定的时候，你会发现其实那些哭戏是非常自然而然的事情。

曹：有了生活的积累，有些东西可能是天然而成的。我听说你过去对自己的规划，是向着一个动作演员的方向走，有没有想到偶然因为吕秀才的角色，走上了喜剧的路线？

喻：您可能看到的就是 20 世纪 90 年代在上戏校园里，我们那时候很年轻的时候拍的照片，当年都想走动作路线。那个年代就是每天健身、跑步、举哑铃，拍各种照，"请详看我微博的前几条。"配这样一句话，当年一直想的是动作路线，后来以文弱的形象出来，演一个书生，这其实就是人生的偶然性和荒诞性。荒诞是个中性词，不是好和坏，你永远无法想象一件事情的转换是如此自然，但同时又是如此不可思议。对于一个少年，当然相信的是力量和速度，想成为一个动作明星，因为对他来讲，这个就是你认为的全部。可是慢慢才发现你被这个社会接受，是用另外一种方式，安静的、弱小的方式。包括我在《武林外传》里面表演的时候，我会用非常小的声音，我希望我能造成这种反差。老师们会提醒，恩泰，你的眼睛要睁大一点，我们一定要这样演戏。的确也很精神，我心想有没有可能演一个眼睛睁不开的人，或者是半睁的人，因为只有这样，我才能跟他们不一样，而且还符合这个人。我当然现在仍然很向往去演动作戏。前几年《火锅英雄》的时候每天还锻炼，希望演成一壮汉，让别人认不出来。但我也很能够理解让我演另外样子的角色，但前提是要了解他的世界观，跟他有一样的眼光。所以现在在对我而言，角色我是不挑的，我觉得只要能够给我带来美感的角色，我都愿意。

曹：《武林外传》这个戏火爆之后，你却安静地又退回到"象牙塔"中继续学习，而不是乘胜追击。当时是怎么想的？

喻恩泰

喻：应该说当时的做法可能是比较违背市场规律。其实我一直希望做一个学生，学生在"象牙塔"里、在校园里是被保护的，同时你是一个成长的状态。我也去演话剧，或者偶尔寒暑假出来拍一点作品，我还是在这个行业里的。但是后来给别人一种错觉，老是觉得这个人找不着，这个人躲起来了，这个人不愿意去接戏。有一年我在云南大理一个艺术家的家里，遇到了一个著名的导演，上来跟我问好，他说见到你了，你知道吗？我们那个戏，哪个角色就想找你找不着。我说你现在找着我了，哪个角色？

什么时候拍？他说三年前都放了。我后来知道有一个原因，我从来没有签什么经纪公司，我们也没有在一个公开的平台上留下自己的联系方式，只是这样而已。《清平乐》建组的时候，我们的选角团队把我请到了公司去，他问我愿不愿意来一下，我说为什么不可以。去了之后大家看你的眼睛是非常仔细和谨慎的，在观察你。我当时并不是很理解。等到《清平乐》都拍完了，选角的负责人跟我讲，恩泰老师，特别感谢你能来我们这个戏，我们没想到你真的能来。他说实际上在你来之前，他们开会讨论，一个演员消失这么久不正常，他一定背后有事，出国了？生病了？或者是被法律制裁了？他肯定是有什么不能告诉你的事。于是他们就反对，说请他来太危险，他都这么久不拍了，他一定有事。他们观察我，就看这人身体还行，腿脚还麻利，谈吐还正常，气色还算健康，一直在北京，说明他这个人没事，他们放心了。有段时间不拍了，会带来一些问题，人家会质疑你为什么不拍。我仔细地算我这些年来经历的路，几百场话剧、几千次电视节目，我拍了那么多电视剧，还有电影，我说我就是一个"菜市场"长大的孩子，我在红尘当中从未离开，这一切都是你们对我的误解。

离开《武林外传》之后，喻恩泰来到中央戏剧学院继续攻读博士学位，虽然因为学业他大量减产，但他始终遵循着自己内心的声音，有限地涉足演艺圈。在电视剧中饰演自己感兴趣的历史人物，在各类能够施展所长的综艺中偶尔亮相。不希望永远只是"吕秀才"的喻恩泰就像一座宝藏，每每都能给喜爱他的观众们带来惊喜。

曹：其实刚才说了，吕秀才之后演过很多很有意思的剧。比如说你在丁黑导演的《大秦帝国》里演张仪，一个巧舌如簧、能言善辩的辩士。这种角色和吕秀才距离较远，对于演员来说，这是考验你的塑造能力的。

喻：张仪是一个政治家，要演他也是去演他的眼光。我从小到大对老照片很喜欢，照片这个技术诞生的时代不是很久远了，我们能看到的，我们中国能看到的最多就是清朝末年了。我经常去看那些一百多年以前人的样子，去想象古代人的样子，那时候没有护肤品和防晒霜，基本上肤色都会比现在黑很多，哪怕是王公贵族。还有那个时代的人的眼神。后来我慢慢是这么理解的，我去农村考察的时候，就有很多地方真的还是按照老时代的习惯，天黑差不多了就要睡了，早上就早起。他关注的是他的庄稼，和他家的鸡和鸭。他最担心的事情是他们家的鸭被隔壁的狗给吃了，而且吃了几次之后，去反映之后，对方不认，他心里就很生气。这是他们要处理的事情。包括

《火锅英雄》剧照

那个时代的人，如果能够长途跋涉，一般身体都很强壮的，因为古代的平均寿命都不长的，有各种疾病。那么一个政治家能够长途跋涉，他在那个时代，他应该是什么样的眼神、什么样的感觉。然后在这个过程中，我有乐趣，因为这个实际上是我永远够不到的，一定跟真实的那个人是不一样的，他只是我眼里的张仪，我想象他有可能是这样。而以前的《武林外传》的吕秀才是一种虚构，是一种戏剧表现性的、情景喜剧的那种方式。而《大秦帝国》开始给了我一个考证的，从社会学意义上思考的东西。我看古装戏，我最关注这个古代人物的眼睛。如果他的眼睛里面让我感觉出来他经常看电影、上网、玩游戏，我就会跳戏，我现在经常能看到现代人的眼睛，那个眼睛是经历过大世面的，看到过宇宙奇观的那种眼睛。如果有机会，我们把这一百多年前出现的照相技术带到那个时候，拍下他们，一定跟我们现在想象的完全不一样。是跟土地、土壤、太阳、月亮、雨水、大雪，那些具体的大自然信息紧密结合在一起的。不是我们现在的这种，可以瞬间掌握到过去几千年信息，而且我们马上可以了解一个新的内容，然后我们可以通过浏览，通过网络上的传递，我们可以瞬间分享，我们已经形成一个现代的互联网思维了。这种思维的变化，他的眼神一定是有变化的。

曹：你刚才说到《火锅英雄》，这是不是算你塑造的这么多角色中，一个比较具有颠覆性的人物？

喻：我跟导演说，我希望在不化妆的情况下，让大家认不出我。于是我大概做了一个月吧，就开始长得不一样了，没有化什么妆，把胡子留起来了。只是戴了一个假发片，吃火锅会让你的肚腩长大，做俯卧撑会让你的胸肌变强壮，晒太阳让你变黑。我家亲戚一帮人去电影院看，几个外甥女还是谁说，舅舅他演谁？家里人都不知道我演的是哪一个，我当时就很高兴。当时我还在做河北卫视《中华好诗词》的节目，我是那儿的常驻嘉宾，平时是温文尔雅、白白净净的。在演《火锅英雄》的那段时间，节目组特批，允许我改变我的状态和造型。所以这是一个演员的私心，演一个角色，特别希望在不打字幕的时候，别人不知道这个人是我。表演工作的实质是塑造一个角色，而不是塑造一个演员。我们要看到的不是演员，要看到的是角色。

电影《扬名立万》作为第一部"剧本杀"概念的电影，混合着悬疑与喜剧色彩，喻恩泰饰演的郑千里是一个经常拍烂片的导演，开始他所构想的电影片段中充满了各种庸俗的套路和噱头，随着剧情的深入，他也展示出自己作为电影人的价值判断和独立审美。

曹： 最近一段时间挺火的一部电影《扬名立万》，我觉得是有点横空出世，悄然进入市场，但是没想到有这么好的票房。

喻： 这也是我们的荣幸。实际上在筹备这个电影的时候，我想制作方、创作团队，并没有去仅仅考虑票房而创作一部电影。当年这部电影的名字叫《一部电影的诞生》，讲的是一批电影行业的工作人员，他们如何艰辛地创作出一部电影，就是这么简单的一个故事，它是想表达这个行业的艰辛、辛酸和人性。我们用的是非常非常少的钱，一点点的资金去完成了这个作品。这部电影给我的感觉，就是它提出了一个问题，真正艺术的终极目标是什么？你是为了讨好观众吗？你是为了挣得票房吗？它是一个开放式的结局，我在脑海里也一直在想，我每天都会去思考这个问题，我相信将来几十年，我还会去思考这个问题。其实只要表达出自己的情感，只要让人家能够看到一件事情完成了，谁生活当中没有瑕疵、没有伤感、没有遗憾？只要有一丝一毫的弥补，我都认为这叫"扬名立万"，这是我对它的理解。这部电影教会了我如何面对遗憾、面对瑕疵，如何去珍惜和热爱瑕疵，如果你能够很好地和它相处，多么快乐的一件事情。

曹： 你和导演或者制作人，你们有没有讨论过为什么这样的一部小成本的戏会这么打动观众？

喻： 昨天和大前天，我遇到了王晶导演。他在我们现场监视器旁边出现。

曹： 我看你里边好多台词都是从他那儿借鉴过来的。

喻： 首映式的时候，王晶导演就去了，我说我这部电影的这个角色是向您致敬的。王晶导演说，我知道。我们这部《扬名立万》的导演刘循子墨见我的时候，第一句话说的是，恩泰老师，您没怎么胖啊。因为他们是看了《火锅英雄》想到的我，那里面我是个胖子，体型上略微接近一点。后来一看这么瘦，我说我瘦，你们能接受吗？他说没问题，瘦，你就按你瘦的演。我没有改台词，后来他的意思就是你演完之后，跟我们当时创造剧本的初衷和感受完全不一样，但是他喜欢，有一些新的东西进来。其实他们自己也是意外的。所以一个电影的诞生，肯定没有一个死板的、铁定的创作规律。

曹：所以这部电影是今年中国电影市场的一个奇迹。像这种小成本的电影，你丢到市场上，很快就被汪洋大海吞没，也许跟你说这个电影的票房50万、500万，都是很正常，如果有5000万已经是很好了。

喻：我们见过有的电影成本是5个亿，但票房只有300万。

曹：我也主持过好多电影的首映式，那种都是大牌的演员，你认为都是很卖座的演员，几个亿的投资，可是可能出来就几千万、上亿的票房。所以大家觉得投入跟产出形成巨大的悬殊。

喻：因为电影行业本来就很有风险，所以我们的台词里有一句话，叫十个项目九个黄，商业投资很正常，这是对自己的嘲讽。这一帮电影人创造了一部电影，讨论我们为什么拍电影的故事。不敢花太多的钱，因为大家都很穷，于是用了最小的成本去做，最后做出来之后，获得了市场的认可。现在想起来，我觉得心里很温暖。

曹：随着年龄的增长，在生活当中你要承担的责任也很多。男孩子的成长，尤其是在少年或者青年的时候，其实父亲对他的影响特别大。你现在也做父亲了，你现在回想起来，小的时候在成长的过程当中，自己父亲给你树立了一个什么样的榜样？

喻：我父亲是2006年去世的，就是在《武林外传》刚刚播了没多久，剧组刚刚火起来的时候。他看过一点点。我现在也是作为一个父亲的角色，我跟我儿子在一起的时候，我就会经常想到我父亲跟我。我儿子喜欢妈妈，对我就有时候要逃避，亲的时候挣扎，反正见到我，他就觉得他跟我要保持距离。而且家里，他只允许有一个男子汉，就是他，所以他跟我是竞争关系。我想只有一种办法，我能够跟我的孩子好好相处。我说小罗汉，你可不可以跟爸爸一起出差？就我们两个人，我和我儿子两个人，他前两天五岁还不到。我说我带你去见识美好的世界，家里其他人在我不在的时候

喻恩泰全家

就劝我的儿子说，你别跟你爸去，会吃苦的。后来他说爸爸，我能不去吗？我不想跟你去吃苦。我就骗他，你不会跟我去吃苦，我要带你去吃香喝辣。后来我们俩就真去了，去了武汉，去了九江，去了庐山，慢慢地教会他怎么分享，教会他怎么去克服大自然当中遇到的困难，雨、寒冷，什么

事应该自己做，这就是我跟他交往的一个特殊方式，一对一。如果身边有很多人，这个很难实现，因为转身他就跑到别人怀里去了，因为他觉得你在为难他。我的父亲给我的帮助，最大的就是我觉得他有一种斗志，我眼睁睁见到我的父亲面临了那么多的困境和绝境，但他从来没有气馁过。比如知道肝硬化的不可逆，知道他的寿命就已经快要到极限了，但是他依然是个斗士。所以在我的儿子出生的时候，我发现我的儿子有个特点，刚出生脖子就能自己仰起来，而且挺得很硬。我就想起我爸爸，于是我给他起的小名叫"小罗汉"。因为我看过一个力士的像，脖子是仰起来的，永不屈服、不折不挠的感觉。人这一辈子一定会遇到很多很多的困难和问题，但是前提是我们如何面对这些困难和问题。还有一个画面，我是记忆终身。有一年大夏天，父亲送我去小学，我的父亲骑着自行车，我五岁读的书，那时候小学一年级。在一个坡度很大的、乡村的、有石头子的小路上，很长，我父亲让我骑在他肩膀上。我非常害怕，但是我说好。一路那几十米下来，我就很害怕、很紧张，但是很快乐。我一辈子记得我和父亲的这一次冒险，就是这一次车"唰"地下去，我相信这次一定改变了我的生活。因为我印象太深了，那一瞬间我感受到的那种挑战和紧张感。我相信我父亲一定是照顾到我的安全的。我最后一次见到他是 2006 年的中秋节，我在江西的家里，带他出去散步，出去看月亮。我父亲坐着轮椅，那是我们最后一次散步、最后一次回家。回家的路上，我没有走电梯，我走地下车库的一个滑坡道。我就跟我父亲走，我说爸爸，你还记得小时候带我骑自行车冒险吗？他说他记得。我说我们今天再冒一次险好不好？你用你的轮椅，我跟你一起。没有冒险，只是我带着他冲下去。我爸爸很开心地笑，那是我和我父亲的最后一次冒险。但是一前一后是有呼应的，对我而言，我也记得这一份情感，我父亲是怎么教我的，我是怎么和我父亲告别的。我觉得任何好的东西、理念、精神、信仰，各方面的一切，包括文化、传承、传统，都是可以继承的。我相信我父亲身上有些东西，是在我的 DNA 里面的，我的一些 DNA 也会给我的儿子。不要急于把我所知道的一切、所想的一切，快速地告诉我的小孩，因为他要用他自己的方式去经历，但是有一份精神要去继承的话，可能就是斗志昂扬。然后有个开放式的结局，如何和瑕疵做朋友，这可能是将来要跟他们分享的。你看我的儿子，他跟我去了武汉、庐山之后，我们俩的父子关系得到了极大的改善。但是一回到家里，又投入到妈妈的怀抱，家里人的怀抱，又是女儿天天腻着我。前两天我们一个新的电影，《凡人英雄》，就是讲在武汉封城时期，我的那部分的线索是一个中年人遇到一个孩子，他们在路途上的故事。我的儿子和家里人就在电视上看，在里面看到爸爸和另外一个小男孩在一起，感情那么好，第一时间就让妈妈打电话过来，说爸爸，你不要这样对他好，你跟他太亲近了。我说爸爸很喜欢那个哥哥，他也是爸爸很好的孩子。他说不，我是你的孩子。

曹： 他觉得自己的爱被分享了。

喻： 他觉得这不是平时照顾我的父亲吗？怎么会在电视里照顾别人呢？于是我说，那下次我带哥哥来家里和你一起玩好吗？用这种方式去化解。我就意识到了，原来是要用这种感觉，让他能够注意到你。如果我天天在他身边，他不会理你的。你要带他去冒险、去旅行，你要带他产生反差，你要有时候让他觉得他够不到你，那么他反而会更珍惜你在他身边的时候。

曹： 很有意思。谢谢恩泰！我们认识这么多年，还是第一次这么面对面谈这么多对于生活的感受，对于表演的心得。我觉得今天跟你聊起来，还是有深刻的体会，腹有诗书气自华，读过书的演员跟不读书的演员毕竟是不同的。

曹可凡和喻恩泰

喻： 谢谢可凡老师，你永远都是我的老师。

曹： 不敢当！谢谢！

386

·················· 高光年华

故事入丹青——叶锦添专访

因担任电影《卧虎藏龙》《赤壁》《夜宴》《英雄本色》等大片的视觉设计，叶锦添蜚声中外。为东京奥运会中国体育代表团设计领奖服，他亦堪称塑造中国冠军形象的"操盘舵手"。担任总导演和视觉总监的舞台剧作品《倾城之恋》通过多媒体影像和舞台表演相结合的形式，为观众们打造出一场全新、全观戏剧美学盛宴，尽显叶锦添这位视觉艺术家的独特匠心与非凡天赋。

叶锦添做客《可凡倾听》

曹：你首度担任导演的话剧《倾城之恋》和上海的观众见面了，上海的"张迷"特别多，所以我相信作为导演来说，这出戏在上海演出的时候你的心情可能会有一些不一样。而且你是首度担纲导演，为什么会选择《倾城之恋》？

叶：当然我自己很喜欢张爱玲的作品，这本小说特别有感觉，因为《倾城之恋》里面的故事好像跟其他的有点不一样，我觉得它是张爱玲早期创作的非常原创的作品，好多东西都有一种不确定性，那个不确定性对我来讲有很大的吸引力。

曹：其实当年你在台湾地区的时候就和吴兴国、林怀民做过很多舞台剧，之后和杨丽萍也有合作，以前你的主要职责是在视觉艺术方面的，现在从视觉艺术家变成导演，当中有什么需要跨越的地方吗？

叶：其实是很自然的。我最近一直在研究自己的艺术形态，我之前也参与了很多不同形式的舞台，非常大的、非常小的、非常精致的、非常古典的、非常前卫的等等。所以对我来讲，我自己储存了好多可以说故事的语言。

曹：其实你是一个不太希望重复自己的艺术家，每部作品都渴望去呈现一种新的风格。这次用"戏剧＋影像"的方式导演舞台剧，你是怎么实现自我的颠覆的？

叶：上海大剧院找我做《倾城之恋》的时候，我忽然间就想到了用电影和舞台结合的

叶锦添和杨丽萍

方式。这跟传统的舞台剧不一样，传统的舞台剧是用演员来讲述整个故事的，包括他的内心世界，都是直接向着观众讲的，这次之所以会加入电影，是因为我想把观众放在事件的旁边，演员是不会向着观众讲话的，而是演员之间相对地讲话的，所有事情发生的来龙去脉都无法预测，人和人的关系也不是表面的。在《倾城之恋》原作里面，我觉得有很多这种说不清楚的东西，我们花了很多时间去研究对白，对白不容易念对的，它的逻辑好难，这句话怎么样讲出来是没有问题的？后来我们又去研究两个角色的背景、心理状态，然后再引导演员讲对白。文字诉说故事线，影像更重于气氛，张爱玲的东西好像缺一不可，所以我把电影加进来了，人的细微表情、细微关系的表达更多维，看上去好像是两个人在聊天，其实对白里面还有很深层的其他的意思，要连贯起来你才看得出来关系是什么。既希望能够呈现出一个细节全都合乎张爱玲的意思的戏剧，又加入了很多我们看它的视野。

《倾城之恋》讲述20世纪30年代发生在上海和香港两地的一段传奇爱情故事，万茜饰演的女主角白流苏出生于落败的旧式大户家族，一心指望通过婚姻拯救自己，宋洋饰演的范柳原则是巨商之子，风流多情，两人之间不出意外地展开一场婚恋拉锯战，又因香港的倾覆而意外获得成全。

叶：我觉得白流苏很有趣的一点是，她和她老公离婚7年了，还是守旧的，她也没有出去玩，没有其他的机会。不是家人用光了她的钱，她根本不会有任何变化。所以当她被逼到走投无路的时候，我设计了一场戏，徐太太鼓励她说，你现在还是很美，为什么不去试一下？她被白家排挤，连她妈妈都不留她，所以她唯有一条路，就是出去。出去之前在家里思前想后，重看整个白家的环境，有冷的感觉，也有离不开的感觉，很复杂的。她准备去香港地区的时候，我设计了一场戏，她在看衣服，一边看一边想，我这些衣服怎么办？她觉得自己美，哪里美？她忽然间又把以前的那些衣服拿出来，因为那时候她有很漂亮的衣服，不要忘记的一点是，她那些衣服大概是七八年前的款式了，有些甚至更早，所以她在20世纪40年代的时候还是有点古典美的。因为那时候战争来了，所以衣服也没有30年代尾巴的时候那么华丽，但是她的华丽感

又延续到了 40 年代，所以那个时候范柳原看得好清楚是她，就像我看得好清楚是她的感觉。

如今活跃在影视镜头前的万茜，鲜少亮相舞台，这部剧则是她近十几年来"唯二"的戏剧作品之一。而对于此次的回归，万茜其实早就有所期待。

曹：戏剧或者影视作品，特别是从名著改编而成的戏剧和影视作品有一个最大的风险，就是那些原著原本就拥有很多观众和读者，每一个人的心中都有一个不同的"哈姆雷特"，所以，为什么宋洋和万茜这两位演员会打动你，会成为你作品当中的范柳原和白流苏？

叶：我当然认识好多男、女演员，但是我遇到的问题是，很多很好的演员在电影界"呼风唤雨"，但是一上舞台就紧张，而且他们也不敢贸然去演这样的角色，就像你说的，因为原著大家都看过。所以我一直在寻找，首先我心里有一个白流苏，然后我再去辨认，到底是谁？很有趣。因为对我来讲，白流苏有几个很重要的要素，一个是她的样子，需要是一种有点失传的样子，就是那种不是按照现在的标准来评判的美，但是你一看就觉得很美。就像范柳原想象的，她是一种中国的、很长久沉淀下来的美。

曹：万茜是一个塑造力特别强的女演员，几年前我给她做访问的时候，她就说，希望有一个角色、有一部剧能让她重返舞台，而且她对待戏剧特别充满敬畏，所以你对万茜是什么评价？因为导演是要总体把握气氛、节奏的，但是演员细微的表演就要靠她自己的天赋了。

叶：像你说的，她有很好的舞台经验，这个很重要，而且她很美，条件很好，你看她穿旗袍真的是合适。

曹：我觉得万茜虽然不是上海女孩子，可是她穿上旗袍以后，就特别符合你的"新东方主义美学"。

叶：就看你们觉得怎么样了，你们看看地不地道。

女主角万茜出身舞台剧，演技实力有目共睹，原本就具有极为丰富的塑造力和表现力，而一件件富含寓意的旗袍，更帮助身为湖南妹子的她褪去自己的干练和洒脱，完美化身为精致、古典又浪漫的上海女人。而该剧的服饰造型也颇为考究，每件旗袍的样式、颜色、工艺等等甚至也能反映出人物的身份背景、个性特征和在不同场景下的心理状态。

曹： 你从艺术家，特别是视觉艺术家的角度，怎么去解读和看待 20 世纪三四十年代的上海都市的文化风采？

叶： 如果是 20 世纪 20 年代，民国时期，上海是有很大的发展，很多不同地方的中国人都会聚集在这边做生意，慢慢就产生了海派文化。那个时候我觉得非常有趣，因为产生了一种不完全是中国的，但非常讲求中国性的，又融会了国际上的外来的文化，所以变成了一个独立的体系，形成了海派文化，产生了非常多中西交接的、很有趣的东西。

曹： 其实很多人都觉得 20 世纪 30 年代的上海跟巴黎的生活状态类似，虽然它们是属于东、西方的不同的城市，可是都有很多波希米亚族的人在当中。

叶： 其实上海滩都在讲那种故事，就是一个人经过好多挣扎，最后成为一个人物，他以前的东西就变得很神秘，而那个神秘的过去又不断地在他面前出现，我觉得这些都很有趣。我把这类故事用在范柳原身上，我在他的背景里藏了好多东西。电影里面出现了一些范柳原从前的故事，我尝试去把它做出来。

曹： 你在香港地区长大，我不知道你小的时候有没有见过从上海去香港地区的移民，因为 20 世纪的 40 年代末，有很多上海人迁移到香港地区居住，我们家族里面也有很多长辈迁到香港地区去了。所以你小的时候有没有接触过这类人？好像他们那时候都住在北角。

叶： 是。我觉得很多香港人心目中是有一个上海文化的。他们有一种很有趣的骄傲感，事事都很讲究，对很多东西都研究得很深，也很喜欢聊，生活在一个很讲究的状态里。我觉得很有趣是因为它牵涉到从中国古代就慢慢沉淀下来的生活里面的品位、品质、学问，又加了一些外国最高级的贵族文化在里面。所以这些人不论去哪里都还穿着旗袍，好多年过去了也还是这样，她们特别有一种精神状态，很有意思。

曹： 虽然生活在香港地区的社会当中，但其实他们的生活状态还是保持着当年在上海的样子。

叶： 很多。

曹： 你小时候接触过这样的人吗？

叶： 有。感觉他们特别贵气地坐在那边，讲话、喝茶都很讲究，很有意思。

在刚刚过去的东京奥运会中，中国队共获得 88 枚奖牌，而叶锦添设计的中国体育代表团领奖服也随着这些奥运健儿们 88 次登上领奖台，获奖者们或笑逐颜开、或眼含热泪、或严肃庄重、或活泼可爱的瞬间，都被这套中国红点缀的白色衣装所承载，全世界也因此而感受到中国儒雅又活力、包容且进取的精神意象。

曹：东京奥运会中国体育代表团的领奖服出自你手，这套服装不仅体现了我们中国人的精神面貌和活力，同时也体现了中国人的蕴藉、内敛和儒雅的特色。大家都觉得这次的服装设计很有意思，开玩笑说从过去的"番茄炒蛋"，变成了现在的"白糖番茄"。当你接到这个任务之后，最大的压力是什么？毕竟将要面对公众的评头论足。

叶：是。我其实没有太担心这些东西，我很珍惜这个机会，我反而是很好奇，现在的中国在国际上应该有什么样的表情？有什么样的表达自己的方法？表达自己什么方面？我很有兴趣地一直找下去。我也做了很多关于奥运服的研究，是有一定规矩的，你不能破坏那个规矩，不能硬把特色放进去。

曹：所以对于设计者来说更困难，就是你要"戴着镣铐跳舞"，你不能完全按照自己的想法，因为有一个基本的规矩在那里。

叶：但是我没有把它看成是"镣铐"，我觉得每个工作都有它的属性，在了解这些规矩的时候，我也在了解它的属性，因为必定是有原因，所以才要去守着这些规矩，是否守着这个规矩也是最后呈现出来的效果好不好、合不合适的标准。我了解了好多运动服的最新材料，然后就发现任何一个材料都不行，后来就用了好多其他材料。哪个地方是容易出汗的，哪个地方是需要膨胀起来的，还要考虑到不同的运动员的需求，然后才做出来的。而且我最大的关注点，是中国人应该怎么穿，可能现在也有一点不太一样，以前感觉亚洲人比较小一点点，现在亚洲人也很高，但是小一点的还是有很多，有些真的十几岁就是奥运冠军，十二岁、十四岁，我觉得好神奇，看着他们好小，中国人真的好厉害，还有那些举重的运动员，有很巨大的力量感。所以我就做了一个"倒三角"的形状，上面都是连在一起的，你会感觉人有往上升的趋势，不会往下去的，我就觉得好像可以融合所有人，而且还能体现儒雅之气，很干净、很精神、很利索。后来我在电视上看到他们领奖的时候，我觉得还蛮好的，一出来就特别不一样，也没有跳出他们所谓的规格线，但是又非常突出。我们选的衣服材料特别好，其他人的衣服可能比较软，但我们那个衣服好挺。

叶锦添与奥运的缘分，最早可以追溯至2004年，因为雅典奥运会闭幕式"北京八分钟"演出的服装造型和舞台设计就是由他一手打造的。灯笼、旗袍、京剧行头、民族服饰等中国元素一一登场，向世界展示着来自东方文明古国的艺术精粹，叶锦添用现代手法演绎传统美学的"新东方主义"，连接起东西方世界精神沟通的桥梁。而作为跨越东西方艺术前沿的典范，叶锦添对两者之间的探索，也曾经历由陌生、到冲突再到融合的过程。

叶锦添和张艺谋筹备"北京八分钟"

曹： 2004 年雅典奥运会的闭幕式，你和张艺谋呈现了"北京八分钟"，一个非常令人难忘的、具有现代东方文化色彩的展示。所以大家说起叶锦添，可能马上跳出来的字眼就是"新东方主义美学"。你的作品通常给人一种繁复、华丽但是又内敛的感觉，我称它为"中国巴洛克"。其实把中国的文化用西方的语言讲出来不是一件简单的事情，这是一个特别大的学问，所以在你的成长过程当中，是怎么把这两种文化有机地结合在一起的？

叶： 其实我分几个阶段的。第一个阶段是我在香港地区的时候，我小时候，西方的东西我是比较容易接触到的，所以对西方文化，对西方的前卫艺术下了很多功夫。

曹： 你有一段时间去欧洲旅行和游学，当时为什么去欧洲？都去了哪些地方？

叶： 当时是因为我在香港地区经常看到很多杂志，看到很多关于欧洲的介绍，但是我觉得都很片面，而且是二手的，你并不知道真正发生了什么事情，因为都是经过很多翻译的。我就想看一下真正的东西，亲自去和它们碰面，在欧洲坐火车，还睡在火车上，就是有各种各样的经历。

曹： 当时一共跑了多少个国家？

叶： 有七八个国家，东欧也去了，南斯拉夫也去了。我到外国的时候就觉得，好像我们不做中国的东西不行，不然跟外国人聊天聊什么？回来就开始研究梅兰芳，为什么会"意在形外"？他不讲外在的形态，因为外在的形态已经出来了，是内在的更强大的形，让他有动作、有美感、有气氛。我找到了蛮多东西，然后就把我认识的西方和东方撞击得很厉害的人找来。也因为有吴兴国的参与，他是一个京剧演员，他搞了一个团，这个团做了非常多中西合并的东西。后来因为他，我去了台湾地区，去做舞台剧，做《楼兰女》，把京剧和希腊悲剧撞到一起，那时候引起很大的影响，好多人讨论。

曹： 从经济和商业的视角来看，舞台剧相对来说比较辛苦，不像做电影，可能有很多商业利益。

叶： 其实当时好多人在找我，而且机会也不错，但我没有回去，就一直留在台湾地区，不做其他，只做造型，做了七年。

曹： 现在想起来，这七年时间对你来说最重要的收获是什么？尽管那段时间，从物质生活来说还是很辛苦的。

叶：也还好，因为我可以做很多东西，所以不太辛苦。但我的确不太计较那些东西，一直在做，帮了好多人。后来一关一关地打通，因为其实台湾地区有很多"山头"的，他们一关一关地接受我，最后林怀民也找我去做欧洲的歌剧，他要"出战"就找了一个不认识的我，那个时候在那边，好像开疆辟土一样，我趁那个时间研究了全世界的文化，听全世界的声音，非洲的鼓、越南的鼓曲等等，后来我也有机会做歌剧，重新听了所有的歌剧。

叶锦添在欧洲游学

曹：是不是也因为在台湾地区做出了这么多作品，所以让你有机会跟世界上不同领域的艺术家产生交集？

叶：这个是比较简单的。因为我的作品经常受邀请，每年的艺术节我都一定会去的，而且可能有四五个作品都是我的，所以变成我是蛮好的。我们也走遍了全世界，所以我有机会跟世界上纯艺术界的朋友交流。他们把世界看成是一个整体，很多国际文化都得到了尊重，所以我也看到非常多印度的、泰国的、日本的文化，我也开始慢慢研究西方的源头，它怎么影响亚洲、怎么影响欧洲，那个时候我已经不把西方看成是独立的母体，而是有根源的，其实很多在西方里面的高手都是非常东方的，我遇到的那些高手，他不会不知道东方的。

除了叶锦添的设计理念横跨东西方文化外，他的视觉作品所使用物质媒介材料也十分广泛：照片、雕塑、服装、电影、电视剧、舞台剧等等皆可以成为他的"画布"。此外，对于叶锦添这位热爱思考的艺术家来说，他的作品甚至还能"穿越时间"。

曹：我觉得你的作品跨越的媒介很多，你也设计出了一个虚拟人物 LiLi，还把它带到不同的空间跟不同人合影，它对你意味着什么？

叶：2008 年我做了自己的第一个当代艺术展，开始做雕塑，我以前没做过视觉雕塑。做到第三个的时候我就开始想，LiLi 的前身叫"原欲"，它是一个流眼泪的铜雕，那时候我发现那个东西可以跟很多人不确定地交流，不确定性是我自己很喜欢的一个东西，因为没有办法定义它是什么，你看到它在流眼泪，你感觉什么你都会投射进去。

所以一段时间之后，作品反映还蛮好的，我就开始做跟我们人体大小一样的人物，就是 LiLi，把它摆在不同的地方拍照。拍出来的照片，几乎就是我们平常看到的照片，只是多了一个它，但它也不会跳出来，就好像是一分子一样，衣服都一样，好像在跟别人"聊天"、"玩"。所以就会造成一个时间真实性的怀疑，我们平常的生活究竟是什么？我已经拍了十多年，当我拍了一万张照片的时候，你就会看到里面同时出现了不同的人，因为它是不会变的，拍完之后，它的时间就会归到所有的照片里面，所以我重新命名它叫"零时间"，就是一个时间消失的点。它代表了人的反映，人所面对的东西，当我们把时间都抽到一个点上的时候，它就会在里面发生所有的可能性。

天马行空的想象、对艺术的敏感、欣赏美的天赋，都源自叶锦添的童年时期。小时候叶锦添就非常喜欢画画，后来还专门去学习了摄影，虽然担心儿子"不务正业"的父母曾严厉反对，但也无奈难改其我行我素的本色，年纪轻轻的叶锦添坚定的似乎是生来就知道自己应该做什么事。

曹：在大家的心目中，你是一个创意无穷、可以时时"异想天开"的艺术家，你觉得这种特性是从小就有的吗？你小时候喜欢画画，是不是也是因为它能够满足你的天性，毕竟绘画的对象不仅仅是你看到的事物，也可以是你脑子里想象的东西。绘画最早是怎么起步的？

叶：我开始画的时候是没有对象的，但是我在画的过程中产生了对象，是我创造出来的对象。所以好多人喜欢围着我、看我画画，很小的时候就是这样了。

曹：所以你在学校里是不是会成为同学们关注的焦点，因为你特别能画？

叶：那个时候画画是蛮有名的，"不务正业"地画画。

曹：听说你的父母很恼火，怕你走上养不活自己的穷艺术家的道路？

叶：对。

曹：他们有没有采取过一些比较绝对的动作？

叶：蛮激烈的。

曹：怎么个激烈法？

叶：很多我画过的东西就完全消失了，好几次都是这样，他们不跟我讲，所以我很多东西都丢了。

曹：你用什么方法跟他们对抗？

叶：我躲在洗手间画。

曹：后来考上了摄影专业，其实摄影是画家的另一支画笔，那么摄影对你来说意味着什么？我看到有一个摄影家讲，其实摄影的目的不仅仅是捕捉光与影，有的时候摄入的是某一种精神、某一种气氛。如果说你摄影的话，一般什么样的景象会激发你的创作欲望？

叶锦添和曹可凡

叶：我拍摄很多年了，也做过好多展览，也思考过好多关于摄影的东西。我对摄影的看法是，看到时间的内容，时间的内容就是说，不是现在几点几分几秒，而是现在发生了什么事情，为什么这种事会来到？在我拍摄的照片里，我会看到这些东西。在摄影里面我经常发现时间不是横向的，而是纵向的。我拍出照片的时候，我看得到时间的纵向，虽然不太现实，但它又是你拍出来的东西。在搞展览的时候，我有个在英国的很资深的策展人，他也帮我挑照片，我们永远都挑那些时间以外的东西。有机会给你看一下，那些作品都不是拍摄当下的，但是都是当下发生的，好像时间框不住它。

曹：父母会不会对你的绘画和摄影这两项爱好比较为难，因为这两样东西都是不能创造利益的，而且特别花钱。

叶：其实还好，因为我哥哥是摄影师，他蛮赚钱的，所以当我开始摄影的时候就还好。

曹：当时你们家生活条件怎么样？在香港地区的话。

叶：一般般，没有钱，也不穷。

曹：你进入电影圈其实就是因为徐克导演看到你的绘画，当时徐克是在一个什么样的情况下，看到你的一幅什么样的作品，以至他的内心产生了波澜？

叶：我那时候参加了一个香港地区的公开比赛，比赛有三个部分，我拿了两个金奖，第三个我没有参加。他就觉得这是什么人？他的星探就介绍我给他认识，他很喜欢有可能性的新人。

曹：他也很喜欢画。

叶：对。他也很有才华。所以他看到我就觉得我好像是他的小兄弟一样，一直跟我聊他想要做什么，聊了很久，但因为那些东西都比较理想化，所以就没办法实现。

曹：不太容易落地。

叶：所以后来他就说让我先进入他的公司，那时候就拍了《英雄本色》。

1986 年，19 岁的叶锦添从香港理工学院高级摄影专业毕业，因受到徐克赏识，他被推荐给吴宇森导演，当时吴宇森正在筹拍电影《英雄本色》，于是叶锦添就成了该片的执行美术。《英雄本色》讲述由狄龙饰演的黑帮大哥宋子豪，挣扎于有着生死之交的、由周润发饰演的黑帮兄弟 Mark，和由张国荣饰演的亲弟弟、警察宋子杰之间的情义故事。影片通过对比主人公们面对黑、白之间人生道路的不同抉择，启发观众关于善恶、正邪之间的复杂人性思考。

曹：那时候从平面摄影或者绘画领域进入电影行业，虽然大的门类看似差不多，但是电影的美术设计还是有很多新的内容。作为一个新人进入一个新的工业领域，电影实际上是电影工业嘛，你觉得自己在心态调整上最大的跨越点在什么地方？

叶：我做这个电影的时候觉得很困难，对我来讲。因为我不懂人际关系，一直都是我行我素的，不讲话的那种人，不太适合电影圈。那个时候就做得比较辛苦，做得很多，但是连沟通都不太容易。还好有几个人对我特别好，所以才慢慢做起来。做完《英雄本色》之后，我的确想过自己可能不太适合，电影好像真的比较复杂，对我们这种性格的人。

曹：比较内向是吗？

叶：比较内向，但又很坚持自我，所以说很讨厌。

初入电影行业，叶锦添备受煎熬，但因为有徐克、吴宇森、周润发、张国荣等一众亲如兄弟的同事照顾，才使他得以继续留在剧组，如今这些名字虽个个名扬四海、引人注目，但叶锦添与他们都是识于微时，当时吴宇森遭遇雪藏生活拮据、男主角狄龙被邵氏炒了鱿鱼、周润发则背着"票房毒药"的称号。一直到请来刚走红不久的张国荣加盟，剧组才得以解决投资问题，张国荣还不止一次在私下询问吴宇森是否需要借钱周转。观众们看到的是银幕上《英雄本色》的兄弟情义，看不到的是私下里剧组主创们用真实人生经历写下的、属于他们的同甘共苦故事，而影片中那句最经典的对白"我不做大哥已经很久了"，更是完全属于真实生活的写照。这部流于真情实感的创作，打动了无数观众，影片上映后空前卖座，开创了香港地区黑帮英雄片的电影潮流，并在香港地区百部佳片当中，获评排名第一。《英雄本色》不仅表达了吴宇森积郁已久的失意与抱负，更为香港影坛发掘了包括徐克、张国荣、周润发、叶锦添等在内的一批优秀人才。影片首创性地将东方武侠特有的浪漫和诗意与现代动作片完美融合，镜头画面明快的色调，则为这部催泪故事抹去一丝伤春悲秋，更显几分现实色彩。

曹: 虽然导演是吴宇森，但其实《英雄本色》的成功离不开徐克，他们哥俩是惺惺相惜。你当时在工作的现场，和他们两位接触下来，你觉得他们两个人是怎么共同努力把这部经典做出来的？当然做的时候，他们并不一定能够想到这部片子在以后能成为经典。

叶: 我觉得他们两个人不容易的，很辛苦地做出来，尝过人间冷暖，也有过很低潮的时候。我记得在拍《英雄本色》的时候，晚上拍完戏已经很晚了，我们还要陪着吴宇森去中环喝酒、听爵士乐，他很喜欢听爵士乐。还去吃消夜，三四点的时候在街上吃消夜。他特别照顾路上的猫，他吃到一半就把那个东西全都给路上的猫吃了，给我留下特别深刻的印象。他特别有那种宣泄情感的东西。

曹: 吴宇森导演也是通过这部片子"翻盘"的，所以其实你们都在积蓄着能量，希望能够得到人生中、在艺术上的飞跃。当时你看到的吴宇森导演是一个什么样的人？

叶: 很明显，吴宇森给我的感觉就是，他是一个理想主义者，他非常理想主义，尤其是在人和人之间的情感关系上。所以说任何事情都挡不住为兄弟赴死什么的，他的作品有很多这种题材，他几乎都是围绕着这个主题走的，他是比较诗意的。而且戏里面很多对白都是他们平常聊天聊出来的，原本不在剧本里面。他们跟发哥聊了很多，比如"你不要指着我的头"，"我没做大佬很久"。

曹: 其实就是一种人生的喟叹。

叶: 当时那个戏就是徐克希望吴宇森导的，他们都是兄弟，也是因为这个原因，所以后来我说好，我就去了，我觉得我自己不太知道那个东西的里面是什么，但是我从美学的角度参与了。也有些很宝贵的经历，跟发哥，发哥现在都没有变。

曹: 你觉得发哥是一个什么样的人？尤其是当时拍片的时候。

叶: 那时候其实他没有那么红，那个戏也帮他跳了好大一步，所以在那个时候，也没有大牌明星的感觉。张国荣也是刚刚进入电影行业，那时候大家都没有什么架子，其实现在也没有，大家在一起是比较放松的。

曹:《英雄本色》里面穿着风衣、西装的"小马哥"是内地年轻人膜拜的对象，大家都是学着样，披一件雨披就开始模仿周润发。当时他服装的设计是源于什么样

《英雄本色》剧照

的灵感？其实后来成了一个经典。

叶： 当时我们一帮人在聊，我觉得有一个很有趣的点，我们聊的时候很开心，现在聊也很开心。其实吴宇森是很想拍武侠片的，因为他是跟着张彻导演的，像《刺马》那种戏，他是很想拍的。但是那个时候没有人投资，就一定要拍这个。他就跟徐克讲，要不要拍一个不一样的，把古典的武侠片的元素放到当代来，也是有江湖的影响，就是那种古典派的现代。所以他的袍子是古装的侠士的袍，一打起来，"风萧萧兮易水寒"。

曹： 很有飘逸感。

叶： 对，就好像是去赴死的英雄。所以吴宇森绝对是英雄主义。

　　不知《英雄本色》的大获成功，是否动摇过叶锦添当初一心想要离开电影行业的想法，但紧接着而来的《胭脂扣》却是实实在在地将这个年轻人的未来牢牢地与电影拴在了一起，1987年，叶锦添担任关锦鹏导演的电影《胭脂扣》的执行美术。影片讲述梅艳芳饰演的"如花"和张国荣饰演的"十二少"一段凄美的爱情故事，背景主要设定在20世纪30年代和80年代的香港，五十年之久的时间跨度，为叶锦添的创作提供了广阔的空间，他乐此不疲地穿梭于大街小巷，搜罗着各式各样具有年代感的道具，寻找着关于过去的记忆，重现着他没有去过、却可以经他之手还原的历史，自此，叶锦添就真的迷上了电影美术。

曹： 现在回过头来再去看你过去的电影，《英雄本色》还不能完全看出你后来的"叶氏风格"，但《胭脂扣》应该说是慢慢地奠定了你的"东方古典主义"的风格。

叶： 其实《胭脂扣》给了我一个机会，就是用不同的方法去看电影。而且那个时候我的确是着迷了，因为我觉得当我们很认真地去做细节的时候，电影会产生一种很奇妙的感觉，我们对电影有一种敬畏感，做到那个点的时候，你看电影就会肃然起敬，因为那个东西不是那么简单的，它里面提供的东西其实已经带你到另外一个世界了，带你到了一个可能是你以前感觉到的，但是没去过的世界，那个东西很重要。当你重新看到这个东西，你会发现自己跟它是连接起来的。我后来看到很多老东西就能分得出年龄了，街上的每个房子，你都看得出它和你的关系，很有趣。我开始对一些有关时间的东西非常敏感。为什么我们能分出东西的好坏，就是在这里，因为有年份和没有年份是差很多的。

曹： 因为视觉艺术家的工作是通过导演和演员的工作来呈现的，所以你跟关锦鹏导演在拍摄的过程中，有些什么样的默契吗？

叶：关锦鹏很开放，好多东西他都交给我们的，我们做给他看，看完之后他会提出疑问，但是基本上他不会说一定要怎么样。有时候他看到我们设计出来的东西，他就会想怎么拍，还会用很特别

《胭脂扣》片场（叶锦添摄影）

的角度，跟我们讲得兴高采烈的。梅艳芳看到张国荣的第一个镜头，他们在酒家第一次见面，导演好兴奋地跟我讲那个镜头怎么拍。我觉得他特别注重细节。

曹：在整个拍摄过程中，张国荣和梅艳芳给你留下什么样的印象？有没有哪一些细节，你现在想起来觉得特别难忘？我觉得这是他们俩合作的最经典的一部作品。

叶：比如说，有一次我们拍一个艺馆，"如花"把"十二少"领出来，把他安置在戏班里，"十二少"是一个公子，他很不喜欢这里，但是他也知道自己如果不这样子的话就生存不下去，很委屈地。那场戏，我们等梅小姐等了大概七个小时，我和张国荣他们坐在那边等，张国荣一点感觉都没有。梅艳芳可能是吃了火锅还是什么，肚子不舒服，来晚了，大家就很安静地等她来，她来了之后，又很安静地帮她化妆，大家都没有提任何事情。

曹：没有任何抱怨？

叶：没有任何抱怨。张国荣是一个修养非常好的人。

曹：在拍片之余，你跟张国荣通常会聊什么话题？

叶：我觉得最好玩的就是他好自恋，一直在问他的额头漂不漂亮。有一次带他去试衣服，在那边等的时候，我们又聊起来了，他说，你觉得我的额头漂不漂亮，我说很漂亮。他额头是很漂亮的。

1993 年，叶锦添凭借其担任美术指导、服装造型设计的电影《诱僧》获得金马奖最佳美术设计大奖，首次获得国内电影界重量级奖项的认可。

曹：从美学架构上讲，你当时的灵感是怎么被触发的？

叶：我不会做一个已经有的东西，这个对我来讲很重要。因为罗卓瑶很敢试新东西，所以我们一拍即合，大家都很"嗨"的感觉。西方工业革命之后的那段时间，好多人

开始想"精神分析",想"超现实主义",开始疯狂地把美术变成电影语言。我看得非常透彻,所以就想用到我的电影里面,想改变中国电影看东西的局限,所以那次,就像你说的,蛮受认可的。

1999 年,叶锦添受李安导演邀请,担任电影《卧虎藏龙》的美术指导和服装造型设计,当时李安带着数百人的工作组驻扎在北京,承受着巨大的拍摄压力,而同样性格内向的叶锦添的到来,竟意外地为他苦闷的生活带来一丝色彩,同样对东方文化有着深入研究、同样喜欢在脑海里思考各种哲学问题的两人,虽在之前并不熟识,但却在一番合作之后,结下了非常深厚的友谊。

曹: 从你的观察来看,你觉得整个片子的拍摄过程中,李安导演承受的最大压力是什么?

叶: 我觉得工业压力很大。怎么做出来?沟通我觉得也很难,但是对他来讲应该不是最难的,最难的就是工业,怎么拍出来这个东西?我觉得他是一种内疚型的人,很容易内疚,但内疚也让他去做很多事情,他的内疚很深,所以就越做越大。他的内疚还牵涉到他所处的世界,所以他做了很多关于美国的反思题材的电影,他有文人学者的那种态度,但他也是充满欲望的一个人,有非常大的欲望。

曹: 听说在《卧虎藏龙》之前,其实他拍《饮食男女》的时候就曾经想过找你?

叶: 其实也是因为徐立功、焦雄屏,他们都是我很好的朋友,焦雄屏一直推荐我,归亚蕾他们一提起我就起哄。

曹: 都是你的忠粉。

叶: 我和归亚蕾是在拍《大明宫词》的时候认识的,她对这个戏的印象很深,后来我们情感好得不得了,不知道怎么形容,像亲人一样的,她一直对李安讲不可能有另外一个人的。那时候我刚好在台湾地区做得有一点累,剧场的条件没有改变,但我已经花了七年时间了,虽然也去了世界各地,但我还是觉得很难发展,那个时候正是我在苦恼的时候。然后徐立功他们就打电话来了,最后是李安打来的,他第一句话就是问我能不能上北京?我问上北京干吗?他说"拍我的戏。"

曹: 拍《卧虎藏龙》之前,你对李安是什么样的认知?

叶: 我那个时候对他的了解没有那么深,我对他认识深起来是《卧虎藏龙》拍完了以后,因为我们两个人经常会聊天,其他人都不理我们的,我们的话题太严肃了,我们两个人一坐下来就可以聊通宵。他的压力很大,我就会跟他说笑,解闷的情况比较多，不是谈工作。我们经常会坐在那边开玩笑，开好多人的玩笑。

曹： 很难想象你和李安会开玩笑，在我印象中，你们两个人都不太说话。

叶： 我们私底下会说。

曹： 你们俩开什么样的玩笑？

叶： 好多。后来见面也一直在聊。第一个笑话是，我们在拍《卧虎藏龙》的时候，我们旁边剧组在拍一个很厉害的武打片，我以前的一个助理在帮他们做美术，助理打电话给我，问我怎么办？他们要搭太和殿，导演要他弄一个水晶灯在太和殿中间，然后两个高手在水晶灯上打斗。他说好难，我说是蛮难的。我也不知道怎么安慰他，因为你已经接了这个戏，导演也要求了，不做也不行。我和李安那天正在吃便当，就看到他们里面正在拍，我助理又来找我，说那个高手一推掌，整个太和殿的一面墙就轰倒下来了。我们之前刚刚拍完一个镜头，还跟武术指导、摄影师吵得很厉害，争执章子怡偷剑怎么翻那个墙，他们就觉得麻烦，觉得我们这两个人好麻烦，人家那边一掌就能推倒整个太和殿，我说我们真的没用，偷一支剑都要小心翼翼的。

　　《卧虎藏龙》中，大侠李慕白一心隐退江湖、寻求安宁自由，遂将青冥宝剑托付红颜知己，不料却招惹江湖新人玉娇龙觊觎宝剑，反倒引出更多恩怨情仇。影片不但有浓烈的江湖侠、道气息扑面而来，更体现出对于东方人文内涵和情感理念的诠释。叶锦添凭借自己对于电影美学表达手法的娴熟运用，一边向中国古典主义致敬，一边又营造出文艺片的细节质感，其中他对于色彩的运用更是炉火纯青：京城压抑的灰色、新疆火热的红色、竹林飘逸的绿色，全都向观众暗示着人物内心复杂的情感基调。

曹： 那个时候武打片已经进入到比较落寞的阶段，你怎么在视觉方面重塑它的信念，给大家看到跟过去的武打片不太一样的武打片？其实我觉得武打片后来就变成了"行货"，就是很商业。

叶： 我觉得李安的电影有一种老电影的节奏，很像黄梅调，有中国老一辈人的人生价值观，牵涉家庭伦理，牵涉人情世故，其实《卧虎藏龙》一直在讲这个。他跟我们聊，其实《卧虎藏龙》是一部黄梅调的电影。

曹： 李翰祥的黄梅调。

叶： 你情我意，很缠绵，很艳丽，但是他就是把它变成武侠片，他很想做这种带有古典味的东西，我跟他聊得最深的就是这些东西，这里面究竟是什么东西？因为你不

《卧虎藏龙》服装造型

能讲，讲不出来的，真的只能做。那我们的责任是什么？做出来给所有人看，不做出来可能就看不见。

曹： 这个戏的色彩感非常强烈，比如竹林的绿色，戈壁滩的红色，包括京城的灰色，窑的黑色等等。这种色彩感的设置是出于什么灵感？

叶： 因为当时我觉得清朝好像不太适合这个戏，我们很想追求一个文人的境界，所以受北宋山水画的影响很大。你要拍一部世界看得懂的电影，而且人是要飞起来的，在物理世界里怎么能够让人家喜欢看这个？我的第一个动作就是把颜色全部去除，让画面都在人的线条里。另外是在空间上，所有戏的空间都很大，平常的戏就是你后面的背景是中堂什么的，但《卧虎藏龙》的背景经常很远，人永远坐在一个空的空间里面。北宋山水画有一个"多视点"概念，一幅画里面有很多个视点。

曹： "散点透视"。

叶： 所以到最后，空间是想象的，产生了一种气魄很大、很空灵的感觉。这就是《卧虎藏龙》为什么要减颜色，为了让人能够"飞"起来。

一心隐藏自己的李慕白衣着朴素至简；一面面对情人、一面面对敌人的俞秀莲，在典雅和简练中来回切换；个性矛盾复杂的玉娇龙则是影片中造型最为多变的人物。细致到极致的叶锦添，甚至还用不同材质、裁剪、层次的各式服装来衬托人物的动态和静态行为表现。

曹： 在这个戏当中，你给周润发、杨紫琼、章子怡三个人设计服装，各自都有一些什么着眼点？你的服装不仅要体现他们个人的特色，比如周润发穿的是飘逸的米白色，同时还要兼顾服装的静态和动态效果，比如说文戏的时候，衣服是什么样的状态，打戏的时候，又如何有衣袂飘飘的感觉，这对于你来说可能是一个特别大的挑战。

叶： 这个挑战，很幸运，很快就解决了。发哥几乎是第一个做造型的，我想把他的衣服做得宽松点，让他整个人"飘"起来。他当时刚刚拍完《安娜与国王》，我见到他第一天就觉得他变得好瘦，整个人的状态很健康、很瘦。我那时候其实把他的衣服做大了，但还是给他穿了，我试了好多种布料，每件衣服在他身上穿出来的效果，我觉得都是对的，很有趣的，大家都看得傻了。大概两个小时就把所有的装都试完了，大家都不讲话了，后来也不提了，因为大家都好喜欢。我觉得有可能是因为我那七年做舞台服装的功夫，我知道衣服怎么跟着身体飘，每种布料的飘法都不一样。你看李慕白的衣服，几乎是一样的，没有款式，永远都是那个大袍，但是有各种不同的材料在不同的戏里面出现，每种材料都代表他当时的性格，因为李慕白是一个隐藏的角色。俞秀莲也是一个比较隐藏的角色，但她有镖主的身份，也有贵妇人的身份，所以身份还是给她带来很多不同，但她的东西调子很低，没有什么改变，头发也都没有改。玉娇龙的变化就多了，整个人都在变，选择她的时候很担心她和发哥、杨紫琼的比重的平衡问题，所以我们都把精力放在她身上，让她变成焦点。

最终，叶锦添出类拔萃的才华，获得了英国电影金像奖最佳服装设计奖和美国电影奥斯卡最佳艺术指导奖的倾慕。在《卧虎藏龙》横扫各大颁奖典礼的同时，叶锦添也一举成名，跻身国际顶尖视觉设计师行列。

曹： 后来在那年的奥斯卡颁奖典礼上，这个戏是大赢家，得了很多的奖，不仅电影本身得了奖，你的美术、鲍德熹的摄影、谭盾的音乐都得了奖。所以当时你们在现场是什么样的感觉？有没有预感到这个戏会得到这么多的殊荣？

叶： 当时蛮梦幻的，其实不是忽然间发生的，是在半年前就发生了。我们之前也去过英国，在英国也很风光，拿了好多奖，我也拿了大奖，那时候我拿服装奖。到奥斯卡的时候，我们的声誉已经很高了，之前其实已经参加了好多派对，每次派对我们都要上台演讲，已经不是无人知晓了，大家都认识你了。

曹： 所以你们其实是有点预感？

叶： 有的。尤其是我们排着队进中国剧院的时候，我们已经学会了，安排你坐在哪里，你就知道自己的机会有多少。

曹： 原来如此。

叶： 这些都是学问。坐在旁边，有可能是不小心叫你的名字，但我们是坐在最中间的。*Gladiator*，就是《角斗士》，就在我们的另外一边。我是被安排坐在边上的，你知道这意

叶锦添获得奥斯卡奖

味着什么。我出来的时候，三台机器都对着我的位置。

曹：当你听到颁奖者读到你的名字的那个瞬间，你怎么想？

叶：几乎听不到声音，就很想跟他们拥抱，后来好像发梦一样地上了台，讲话也讲得口齿不灵。

曹：我听说李安导演在颁奖典礼结束以后，跟制作人拥抱，号啕大哭，是不是也是一种压力的释放？

叶：压力很大。他是很重感情的人。

入行三十多年来，叶锦添先后与吴宇森、关锦鹏、罗卓瑶、李安、蔡明亮、田壮壮、李少红、陈凯歌、冯小刚等多位影视导演合作。面对风格迥异的各类搭档，他也一直在遵循自我特色和适应导演风格之间寻找着平衡，并创造着传奇。

曹：后来你又和内地的很多导演合作，比如和陈凯歌合作了《无极》，和冯小刚导演合作《夜宴》《1942》，也和田壮壮合作了《小城之春》，从李安到冯小刚，他们是两种完全不同个性的人。你第一次见小刚，他给你留下一个什么印象？

叶：我觉得小刚是一个很好玩的人，他叫我去谈《夜宴》的时候已经很晚了，十一点多，我去那边听他讲了好久。其实当时他的一个德国朋友已经帮他做了一个舞台了，模型都做给他了，他很想找一些不同的人帮他。我当场没有说要去做他的戏，我就听他讲，他讲了好久。因为我觉得这个人好像不是冯小刚，他很严肃，讲到最后，他忽然间跟我讲，"如果找你的话，这个戏会不会变成你的戏？"他就说我的风格很强。后来他就笑起来，说这样也不错。他一笑，看到他的那个表情，我马上就知道他是冯小刚。我觉得他是好"嗨"的，好好玩的一个人，后来我们做下来也很顺利。他其实对《夜宴》很有感觉，你看他的位置、摆位，应该怎么拍，他有很多想法，包括声音、影像、构图，他有非常非常多的想法。

曹：因为后来你的视觉艺术风格非常成熟，所以就很容易出现一种情况，就是拍完电影后，它就变成叶锦添的电影了，毕竟你的风格比较强烈。所以你怎么和不同的导演合作？既能有你自己的特色，但是又不是看上去特别"叶锦添"，既能够有一个相对统一的风格，又能显出各位导演自己的艺术特色，其实这是一对矛盾，尺度怎么把握？

叶：我其实很早以前就已经不做叶锦添风格了。我帮蔡明亮也做了好多戏，我跟蔡明亮最好玩了，我们一起去挑衣服，我以前做过二十几万一件的衣服，更贵的衣服我也做过，但是我和蔡明亮一起去夜市挑衣服，一百元的衣服都觉得贵，台币哦。两个人挑了一个小时，挑一百元以下的衣服，挑完之后，买了一堆回去，又觉得好浪费钱。后来就叫演员自己带衣服，就没有买任何衣服，到最后是一件都不买。我觉得电影是一个擦出火花的过程，我一定要跟导演很密切的，心灵上走得很近，他怎么想电影的，我就怎么想电影，我就只能希望是这样。比如说我帮吴宇森拍戏，我就会照顾他很多场面，甚至连摆道具的时候，我都给他预留了轨道的空间。所以你看《赤壁》的道具都可以移来移去，摄像头位置怎么摆，这个很有讲究，他用镜头一直都很方便。比如说李安，他后来就不讨论了，很多东西就交给我了，好多都是这种感觉。蔡明亮就是一个墙纸、挂一个什么东西都会跟你讲好久的人，你要解释，跟他聊到很深，他才会说好，这里就不挂这个了，挂另外一个。

曹：你跟陈凯歌、田壮壮导演合作，是什么样的状态？

叶：壮壮很有意思的，他是一个很"温"的人，也一直在抛问题出来，我们就一直在想。我跟他聊到美术的东西，后来我跟他讲，《小城之春》好像变成一个永远的文艺片的源头，《花样年华》其实就很《小城之春》，你看所有的情节，那面墙等等，好多东西都很像。

曹：长城的那段断壁残垣。

叶：连《倾城之恋》也有那面墙，很奇怪，有好多这种在《小城之春》里面建立起来的一种精神的画面。

曹：你和凯歌导演合作，会有一些观念上的冲突吗？因为凯歌导演是一个自觉性比较强的导演。

叶：我和他反而很少冲突，我们"飞"得好远，就都"飞"，那个戏是很"飞"的，真的让你很有想象力。

曹：其实《无极》这部戏对视觉艺术家来说，是有很大发挥空间的。

叶：是。他就随便你想，我想了很多超现实的东西。

曹：我印象当中你给陈红设计的那套服装特别好看，和所有我看到过的造型都不一样。

叶：有些是她想的，像鸟笼什么的。

曹：那套衣服好看的。

叶：他的东西好像比较像骈文，很工整的、措辞很华丽的东西，这些方面其实我手上也有，我本身也有这种能力做到这个程度，所以跟他合作，然后我又把它推得再广大一点。他的东西我觉得其实有一点贵族气，凯歌的东西一定要有某种东西，像人的态

《橘子红了》"秀禾"服

度，贵族也有贵族的黑暗面，贵族的虚弱面，他就很喜欢这种东西。

曹：在《卧虎藏龙》之前，可能内地的观众认识你还是通过李少红导演的《大明宫词》和后来的《橘子红了》，你的影像风格给人们带来一个特别深的印象。其实现在看《大明宫词》的整个的视觉，感觉依然不过时，包括《橘子红了》里，你给周迅设计的服装，就是现在很多新娘结婚穿的中式礼服，还管它叫"秀禾服"。过去来讲，电视剧的美术不是那么讲究的，我觉得你的加入使得电视剧的美学呈现，跟过去完全不同了。

叶：我觉得所有东西都是你花多少本钱，就有多少价值，现在的电视剧如果不那么不讲究的话，它可能也慢慢提升成一种比较严肃的艺术。

近些年，叶锦添为影视作品设计视觉美术的工作并不算多，即便已经成为行业扛鼎之人的他，其实依旧面临着新的考验，与美国网飞公司合作的《马可·波罗》使他思考起艺术被当下数字化和市场化的商业思维所掣肘的新难题，而面对前所未有的挑战，我们更为期待的一定是在未来去见证他全新的突破。

曹：你给"网飞"的《马可·波罗》做视觉设计，你觉得现在剧集的影视形态是不是跟过去的呈现很不同？

叶：我跟你讲一个笑话，我拍《马可·波罗》的时候，他们当我是一个大师，我在那边做什么都可以的，受到好大的尊重，但就算是这样，还是经常会有那些邮件，一天有六十封邮件，有好大的杀伤力，因为美国是数据化的。蒙古人是穿袍子的，但是他就问你，可不可以让蒙古人穿裤子？现在的观众不接受蒙古人穿袍子。可不可以不要蓝色，要绿色？因为现在的观众不喜欢蓝色。有好多这种标注，有一批他们认为的数据……

曹：有大数据。

叶：对。数据来跟你讲这个不行。蒙古人是东方人，怎么可能不戴帽子？它就每个人都不要戴帽子，连成吉思汗都不要戴帽子，好奇怪的现象。所以我后来反思，美国片影响了所有人对古代的认知，看了《魔戒》什么的，也是没有帽子的。观众喜欢哪个，他们就会用大众的好恶来改变。到最后，不管什么电影，《星际大战》也好，古代的也好，史前社会也好，衣服都是一样的，都是皮的，做出来都是貂的，全都是一样的衣服。我自己感觉作为艺术家、作为电影人，或者说很

曹可凡和叶锦添

热爱电影的人，还是要拍给那些很想看电影的人看，不能完全是为了市场。就不要自己变成一个一样的东西，这一点其实很重要。

讲故事的人——黄建新专访

黄建新，曾被誉为中国"最会讲故事"的导演。1986年，他执导的第一部电影长片《黑炮事件》横空出世，其先锋的电影语言，混合着黑色幽默与人文关怀，令黄建新成为第五代导演中的中坚力量。他在20世纪90年代推出的"城市百态三部曲"，生动表现了改革开放年代，中国城市化进程中小人物的命运，是许多中国影迷心

黄建新

目中的经典之作。此后，他不仅以导演身份继续活跃在中国影坛，更是成为多部主旋律类型影片的制片人，无论是"建字三部曲"的全明星阵容，还是《湄公河行动》《智取威虎山》的成功类型化，都与黄建新对中国电影发展的长远构想密不可分。2021年7月1日，由黄建新监制并与郑大圣联合执导的电影《1921》正式与观众见面，至今票房已突破五亿大关，今天就让我们倾听这位中国主旋律大片最重要的幕后推手，畅谈其最新创作中的心路历程。

曹： 作为监制跟导演，您执掌过很多历史大片，比如《建国大业》《建党伟业》，包括

《1921》海报

《建军大业》。对于您这样着手指导过这样一些宏大题材的导演，当您接手《1921》的时候，您觉得最大的挑战是什么？其实当中很多的片段，《建党伟业》已经有过展现。

黄： 是，《建国大业》你还参加了，《建军大业》也参加了。大概应该前后有5年。上海市委宣传部领导找我，建党100年的时候得拍一个片子，特别作为上海得拍。因为你毕竟拍过《建党伟业》，再拍怎么拍？接了任务回去懵了。第二天醒来的时候，这事难了。因为其实它首先要讲中国为什么有个共产党，《建党伟

业》就讲了十年的历史，从 1911 年 10 月 10 日，武昌起义开始讲，讲到 1921 年，共产党建立。前头两个小时是讲的历史中各种事件、各种人物，最后集中了十几分钟，大概是 19 分钟，讲了一大，一个纵轴上的宏大叙事。如果你再拍一遍，就算你技术好，节奏快，摄影机的角度多，它不改变本质，那就很难。后来有一天，我记得是几个月以后在上海开过一次会，突然不知道谁说的，说大家想过没有，一大为什么会在上海开？就说了这么一句，这句进我脑子里了。为什么不是武汉？为什么不是广州？那时候武汉也很发达，也是中国的工业基地，广州是到处都通着海外，南洋留洋的人很多。当时很多的革命思想，像孙中山在南洋、日本。为什么在上海？我就好奇了，就说《建党伟业》的时候我们真没从这个角度想过，就觉得自然而然就找到一个开会的地方，就是这样一个想法。

曹：后来您是怎么解读这个原因的？

黄：突然发现五四运动以后，陈独秀到上海了，就我们说的共产党最早的发起人到了上海，《新青年》诞生在上海，鲁迅也在上海，实际上上海当时是一个中国文化思想最活跃的一个地方。

曹：其实从 1919 年，1920 年，共产主义的思想就已经开始在上海这座城市传播，陈望道 1920 年翻译了《共产党宣言》。所以，在 1921 年之前，您是不是觉得上海这座城市，无数的年轻人，或者向往进步的人士，其实他们在理论和思想上，已经建立了一定的信念。

黄：是，因为它活跃，全世界的思想在这儿交流。中国近代史上各种各样的革命，各种各样的组织，用各种各样的手段想改变中国。因为到清王朝的末年，光签卖国条约就签了 1700 多个。这国家完了，所以有无数的人想改变，但是都不行。那么大家就开始要放眼世界了，就不是在中国找。上海是一个国际化的地方，全世界的思想、文化都在这个地方交织，有会聚点。所以为什么《共产党宣言》，陈望道也是在这儿翻的，《新青年》也在上海创办，包括李达他们办的革命杂志也在这个地方，大量都是从这出去的，所以它是一个汇集点，马克思主义传播开以后，俄国十月革命一声炮响，有无产阶级的政权了，他们获得政权以后，列宁实际上是想向外输出革命，那么就成立了共产国际，就向世界输出革命。当时远东地区的点就是上海，所以共产国际的代表就到了上海，跟日本共产党、朝鲜共产党、越南共产党、东南亚的共产党在上海聚集见面。变成一个会聚点，这是一个国际大背景。第二个就是上海按无产阶级革命的理论，那个时候都认为是工人阶级的运动才能革命成功，那么具有工人这样的城市就是上海、武汉。上海因为沿海，就更方便了。它具备了很多很多的条件，促使这个地方成为一个知识的聚集地。不光是这样，我们看电影公司也是在上海，大作家们在上海。它就是自然形成的一个中心。这个是为什么在上海第一次开，我们觉得是有它的客观原因的。这些原因你可能直接对位不上，但是综合起来，你就觉得很自然。

曹：但如何在影像的风格上进行呈现？

黄：后来我就开始跟上海的一些专家讨论，有党史专家，有殖民史专家，还有租界文化专家。找了很多的专家开会，就讲上海的特殊性。比方说他们讲，在中国这块地方，上海这个地方，法租界跟公共租界的交通规则都不一样，这边走到这，一个圆岛，一下就跑这头来了。

曹：不同区域这个轨道宽和窄都不同，然后电压也不一样。

黄：对，给我们讲这些，我们就脑子里就开始出现它的特殊性，其实给我们展开了一个丰富的空间想象。后来我们就说，这个国际化应该是我们这个电影跟以前不同的地方，我们把它拓开。接着就开始找资料，你看我们前头拍的，不管《开天辟地》也好，《建党伟业》也好，马林、尼克尔斯基他们基本就是一个代表，好像一个影子在回忆里存在，而不是介入了一个事件并行发展。我们觉得我们就得国际化，那么这两个角色得成立。既然是远东地区共产国际在这个地方，跟那么多国家的共产党见面。这个横向的、亚洲的，跟中国共产党之间，还有没有什么联系？或者跟中国当时革命的情况有没有联系？我们就委托了我们合作的伙伴，在法国找，在日本找。巧得不行，日本的团队竟然在日本的警视厅档案室里，找到了一张日本1921年6月份发的一个密电，说6月30日，中国要在这成立一个政党。这个代表来自长沙、武汉，它还说了苏州，当然其实没有苏州。说日本共产党要去参加，特高课就紧张了，因为当时他们把革命，共产主义革命，视为洪水猛兽，觉得是对他们世界的整体，资本主义世界的推翻，或者是抵抗。因此马林在奥地利就被抓了。抓了以后，他一说他要到上海，那边就说，赶紧让他走，别留咱这儿。他就从意大利坐着船到上海，但是密电一直到了上海，就说有这样一个"赤色分子"要到上海。

曹：所以马林在沿途一直是被监控的。

黄：被盯，我们就找着了这条线，就发现日本政府认为，共产党的地域性合作，会影响它的"满洲国"政策，他们会集合起来。所以他们得按住他。这一段的发现，证实了真的是有这样的事情，不是我们臆想的，所以就拉开了一条线。当时黄金荣是法租界巡捕房的华董，当时上海工人阶级闹事，马林也来了，法国的巡捕就说，你要跟踪，他们就开始派人找。所以马林这条线、日本这条线，跟黄金荣这条线，就构成了一条完整的线，就变成我们所说的故事片的动作线、反动作线。以前我们拍这个线，宏大叙事基本上是没有贯穿人物的，它都是点状的衔接。我们有了这个线索以后，我们就知道，我们有建立故事片的可能。

曹：您可以做出一个谍战风格的。

黄：我们主人公得有贯穿人物，才能完成这么复杂的交替。如果你都是点状人物，那也成立不了。

黄建新《1921》工作照

后来就再去查，所以我们第一次把这个戏的主角，放到了李达身上。所以《1921》的男主角是李达，因为李达受陈独秀的委托，在筹备一大会议的整个进程，是个召集人物。他又在日本待过，会好几国语言，还有一个李汉俊，当时也在上海，法语、日语都很好。那么这个国际化的对应人物就产生了，他们跟共产国际代表直接可以用英文对话，跟法租界的巡捕也可以直接用法语对话。更巧的是，李达是1921年4月份结的婚，王会悟又是一个新时代女性，很漂亮。我们就觉得，我们故事片所需要的元素都有了，我们就很兴奋。就是想写一个能够讲人物、讲事情，又有逻辑关系、心理关系、情感关系、理想关系的这么一部电影。

曹：您这一说我们才明白，为什么《1921》这个主角落在李达和王会悟身上。

黄：对，我们就放弃纵向的讲述方式，用一个切面的讲述方式，把事情切在了1921年。但是它很难不讲过去，不讲未来，因此我们给了七分钟的时间，用蒙太奇的方式讲过去和未来，用两小时五分钟的时间讲1921年，就这么一个设置。

曾参与打造过《建党伟业》的经历，令黄建新在驾驭同类题材上有着丰富的经验，但同时这也是如何创新的最大难点。在遍寻各国史料之后发现的这一条"谍战线"令全组兴奋不已，当电影成片以全景式的国际视角将这条线索演绎出来时，获得了众多党史研究专家的认可。而在还原历史细节、展现时代风貌的视觉呈现上，电影《1921》也做到了最大程度的真实与精致。

曹：在整个拍摄过程当中，我知道您对很多的细节都精益求精，比如说一大会址、二大会址，包括当时来参加会议的很多代表所居住的博文女校，您都是通过原型的复建，把当时建筑的风貌，很好地呈现出来。

黄：如果拍一部好电影它有很多前提，比方说它应该有空间不受限制，就是我的摄影机跟随我的意识应该的移动方式移动。但是如果我们没有完整的景，就得躲。比方说一个孤立的景，就没有办法完成跟随人物复杂的穿越。像是上海的石库门，它前门进去后门出来，可以在胡同一拐弯又拐弯。你就没有办法完成，你只能是切换，不完整。这样摄影机就受限，大量的受限以后，电影就变得支离破碎，就是空间关系没有那么微妙了，这就失去了光线在各种不同角度的变化。以固定机位拍，光线就是一个问题。如果我跟移动的机位拍，光线是无穷的变化。光线跟心理有关系，移动跟心理有关系，韵律跟心理有关系，音乐跟镜头配合以后，跟心理的关系更强，这是电影空间、声音艺术的一个特征，如果你要做得好，就得解决这个问题。所以我们最早拍片的时候，都是实景拍的，这个商店不让，我们就没办法，就偷巧的角度拍。可是我们到好莱坞影城一看，整条街地搭景。它为什么搭那么大的影城？光咖啡厅就几十个风格，就是让你不受限，就是让你自如。就像我们拿笔写字一样，我们不能就这么点纸，得是大纸，就是这个意思。

曹：可以铺展，这个空间就比较大。

黄：这是一层意思，就是空间表现力问题。还有一层意思就是质感，搭的景，就是假的东西，质感是不够的，特别在阳光下，你是没办法长时间停在这个地方。这样我们就觉得，20世纪20年代上海是那样发达的一个地方，我们其实真的是人站住我就能站住，人靠在门上，我就敢摇到门上，这个门廊就是真石头的。就这些想法，这样你拍出来，会觉得你很讲究。这个讲究是今天很难做到的，我们就觉得也得搭。这个前提定了以后，我们就在上海车墩，就在他们原来石库门那边有一个花园，重新设计了完整的一大会址、二大会址、博文女校、《新青年》杂志社，还有三条石库门的胡同，一个街心花园，一个小的饭馆，还有一个就老虎灶烧水的那个，这样我们就跟过去的石库门构成了一片，一大片，就自如地开始拍摄。这次大家都觉得我们视觉特别丰富，跟这个是有直接关系。

曹：一部电影，除了场景的真实感，演员的表演，以及导演跟演员之间的互动，它的默契程度，都是决定它质量优劣的重要因素。您其实从《建国大业》开始，开创了一个先例，就是在一部影片里头，可以找上百位在海内外都非常有影响的演员，很多有名的演员可能就说一两句台词。当时《建国大业》就像是一个行为艺术，给大家带来一个耳目一新的感觉。这次《1921》，你同样要选择来自不同领域的一些演员，尤其当年参加一大的代表都非常年轻，他们的平均年龄其实也就28岁。刘仁静最年轻，才19岁。所以必然会找一些年轻的演员，当然也有些资深的演员。如何挑选演员，如何让不同年龄、不同背景的演员，在一个电影里边呈现出统一的表演风格，但是又各有特色？

黄：实际上挑选演员的标准是没变的，我记得我们的工作室里，四面墙上全是照片，每一个角色都有十个左右的候选人，都是由我最后决定。如果这个人没演过电影，我不了解，尽管演过很多电视和网剧，我还是要见面，还是要试。有的说这个都很有名了，我说很有名跟电影没关系，还是要试镜。其实我在找那个青春感，实际上你跟演员见面的时候，你盯着他，一直跟他聊天，看他的眼睛，你就能判定，他眼睛中那种单纯的程度够不够。因为青春有一个特别重要的特征，就是单纯。我这次拍戏就有一个特别重要的体会，我在横店拍的第一场。那一天不知道是暑假还是因为什么原因，原来约好的学生没来。就从横店"横漂"的群众演员里去找了一些年轻的人来演，当时湖南军阀烧书，学生抗议的场面，到了现场，摄影机一架，一运动，糟了，就是不像学生。这样没办法，我还请了一些在横店的很年轻的演员，帮我在中间串一些主要的学生领袖。我就把他们拉到前景，把后头虚掉拍的。回到上海就不敢了，所以我们拍五四运动那一点点戏的时候，才会把去年艺考中的前四名，都是十七八岁的四个女孩请来。你只要对着她拍，她就是青春。这个特别特别重要，因为现在人们保养得好，你觉得他很年轻。但是你真把那十几岁的拉出来往那一搁，还是有区别的。最主要的是眼睛，因为生活的磨难，人会思考很多，自然会有木然的感觉，你不在意，你不当回事的感觉。但是年轻的时候，啥都会当回事。所以看起来很简单，其实对电影的青春感是致命的。我们会拍那些孩子们来开一大会议，刚一报到就跑了，跑哪去了？跑大世界去看哈哈镜。十几岁，他好奇。就像我们一样，现在小孩说到上海要去哪里？迪士尼乐园。就是好奇心，好奇心是年轻的特征。但是他们开起会来讨论真理，互相不让，争吵、辩论、坚持。

曹：这就是年轻人的特点。

黄：对。这些都是青春感，他们开了一天会，一吃完饭，何叔衡年纪大，在灯底下看书，线装书。这帮小孩屁股撅天上就睡着了。所以青春的身体，自身就是有魅力的。我们就说，这个成长是不能替代的。一大的这些代表，其实就等于在历史的迷雾中寻找一盏灯，等他们找着的时候，他们就开始奔跑。就像我们电影里的毛泽东奔跑一样，这个就是一个心态。

黄建新《1921》工作照

作为一部庆祝建党一百周年的电影,《1921》在尊重史实的基础上更加关注叙事细节的丰富,在拍摄上也采用了更为现代、更为青春的基调,使其在一众历史片中独树一帜,青春感与热血感扑面而来。无论是青年毛泽东的形象塑造,还是李达、王会悟这对"革命伉俪"的深情演绎,都令《1921》迅速在年轻观众中引发了强烈的共鸣。

曹: 这次选择黄轩和倪妮演李达和王会悟,您的选择理由是什么?

黄: 黄轩我认识好久了,《建党伟业》他就演了。我喜欢他几个劲,一个是他好像比较沉稳,他的眼神中,我们可以说他是坚定,也可以说他是执拗,他很坚持,那样的一种个性。另外就是他有性情中人的感觉,会突然动情的感觉。黄轩演这个的时候是不露声色地带出来,他会让你心里头最柔软的部分被拨动,这是我喜欢黄轩的原因。倪妮就是一个具有特别强的现代女性特质的女孩子,有现代感。而且形象符合我们想象中的需求,她演戏又比较细腻,有特别微妙的小感觉,这是我喜欢的。他们两个试戏的时候,那一天在上海,我找不着地方,我就去找上影剧团,说你们这个楼上试戏不错。

曹: 那是老建筑。

黄: 对。我们就在那个二楼里,给演员拍定妆照,聊天,试了一个段落就找着感觉了。我用王仁君的原因,是我看了他拍的《古田军号》。他在《古田军号》里演了毛泽东,形象非常神似。那一天我们在湖南举行首映的时候,中间我们就去了橘子洲头,看看当年毛主席游泳的地方。那里有一个青年毛泽东的塑像,然后我们说合张影吧,王仁君把口罩一摘,往那儿一站,所有旁边的观众都说,太像了。

曹: 他原来那个样子,跟毛泽东年轻时候就非常相似。

黄: 我给他提了个特别奇怪的要求,我说王仁君,你跑步的姿势好看不好看?他看我半天,他说导演,啥意思?我说我脑子里想了一场戏,因为毛泽东在一大的时候,他是个书记员,本人又不爱说话,比较难表现。我想设计一场戏,是写他内心巨大的冲突,用一个意识流和电影蒙太奇的方式结合,来表现毛泽东成长的过程。但是这个奔跑,从上海的法租界一直跑到外滩,这个毛泽东的步伐得是跳跃的,得是有韵律的、向前奔的那个弹性的步伐。如果你跑步姿势很难看,我就不能拍了,这场戏我得想别的办法。他说我还行,我说那你就锻炼吧。到我们拍这场戏之前,他练了6个月。每天跑。我要求他大腿能抬起来。一般我们跑大腿都不抬的,运动员才是大腿抬起来的。他就天天在那里练。

曹：就为了这个奔跑，他练了 6 个月？

黄：对。就是我们现在看到的毛泽东奔跑。他到上海，第一天李达请他吃饭，湖南老乡见了面，他说你多放辣椒。因为沿途一路没吃着辣椒，想吃。结果李达炒的菜没有辣椒，因为李达的胃坏了。但是男人又好面子，赖人家老婆，说王会悟南方人不吃辣。结果这新女性不认这个账，我吃辣。他们三人尴尬地就笑。然后李达就说，这毛泽东，你拿了我那么多书，你从来一分钱也不给我。毛泽东就开始拍李达马屁说，你的文章就是年轻人心里的一盏灯，我们现在入不敷出，一旦我缓过劲来，我立刻奉还。掏出来一个账单给李达，李达就撕了。就说我们现在就像开公司，我供货，你分销。他们就喝酒，为了新公司开张，干杯。这个公司这台词，这次反响很强烈，但是这个是从哪来的呢？是 1948 年，毛泽东给李达写过一封信，因为李达后来脱党了。1948 年毛泽东请他重新回来，回到党内来。那个信里就说，我们的公司。我们用这个反推的，说既然能说这个话，那应该以前两人也说过这话。

曹：要不然那个信里头不可能提公司这茬儿。

黄：所以这段话就很生动，很多人说，这不是跟我们现在说创业是一样的吗？其实真的是一样的。这样他喝了酒，毛泽东不是特别能喝酒的人，喝完了以后，脸红红的，往回走。赶上法国国庆日，公董局举行一个盛大的派对，人家一堆法国人从那边过来，唱着《马赛曲》往里走。毛泽东就混进去，想进去。刚进门口，被人家巡捕给拽出来。门一关，关铁门外头了。毛泽东突然意识到，所有的中国人都被关在外头，里头全是外国人。愤愤然，内心激荡。慢慢走，开始跑。在跑步的过程中，开始出现他跟他父亲封建思想的对立，包括烧日货，那个时候全国不是都抵制日货嘛。然后找到了马列主义，跟杨开慧的一段关于理想的对话。我们就用这个，把毛泽东当时的内心空间打开，充分表现了毛泽东。非常电影，拍摄之前就想好的。

曹：所以您期待观众，特别是年轻观众看了这个《1921》，是不是会对党史有新的认识？或者说他有一个新的认识的角度？

黄：对，因为我们老拿理论的问题，或者是具有理性思辨的语言，给年轻人在电影里头讲，那人就拿本书看就好了，还比你说得准确，因为它是白纸黑字记得很清楚。既然我们有艺术形象，其实我们要观众去喜欢这个艺术形象，然后试图了解更多。我们就日常化处理这些一大代表，让你觉得特别亲近，你愿意了解得更多，愿意看他下一章发生什么事了。

417

早在 20 世纪 90 年代，黄建新就开始了自己的电影制片人生涯，尤其是与陈可辛、徐克等香港名导的合作，令他敏锐地感受到，中国电影市场要进一步迈向繁荣，国产片必须走类型化的道路。2009 年，由他担任导演和制片人的《建国大业》，和担任制片人并监制的《十月围城》相继上映，名列当年中国华语电影票房榜冠亚军。尤其是《建国大业》的全明星阵容，开创了主旋律历史片在商业上的巨大成功，而这正是黄建新作为电影创作者和经营者的两种经验互补的结果。

曹： 这些年您以制作人和监制的身份，做了很多主旋律的片子，并且把它做成一个类型化的影片，受到大家很大的欢迎。这些年，您在做主旋律影片类型化的探索和努力当中，自己得到的一个最大的心得是什么？而且您当时为什么会想到做中国类型化电影？

黄： 对。实际上时间长了我们会发现，每个人喜欢的电影不一样，但是大部分电影都在类型的状态里，比如说爱情片、恐怖片、动作片、战争片、历史片，它都是一个归类。你会发现，每一个类型的美学原则不一样，支撑每一个类型的心理学角度的逻辑也不一样，这跟每个人的学习、成长、环境有直接的关系。甚至有的研究都认为，跟遗传都有关系。他们说，你看平时有的人害怕有毛的东西，对吧？有的人怕蟑螂，有的人怕什么。说这是一个人类进化过程中，不同种族遗留下来的恐惧基因。有的人鸡不敢碰，但是看着蛇不害怕，知道吧，就是这个。它是一个基因编码记录的一个遗传体系，这是类型电影基础的一部分，所以人类是这样的。还有教育不同，阅读的深度要求不同，对艺术的要求种类也不同。这个是电影世界的规则，我们以前的电影就老是想男女老少都通吃。其实偶然一部是可能的，但是想要规律性地生产是没有可能的。这个分类的方法是人类几千年文明，上万年文明积累出来的经验，它不是乱来的，是一个规律。中国电影要持续地发展，其实要尊重一些规律。

曹： 您觉得这些年最成功的案例是哪部片子？

黄： 比方说我跟徐克是 1991 年，我们在中国香港，三地导演谈到了《智取威虎山》。当时谢晋导演在旁边还说，说这个怎么拍？我说我不知道，我们就想拍这个。我记得特别清楚，徐克当年跟我说，他说你不觉得你们《林海雪原》这本书是多么商业的一本书吗？我说你怎么解释？他说你看，孤胆英雄，这杨子荣是孤胆英雄，深入虎穴，蝴蝶迷，土匪，他说你这个电影里头所有的商业因素都占全了。可是当时我们不是这么看这个东西的，因为我们没有开始分类，不是用这种角度来认识问题的。等我们的电影相对成熟的时候，我跟徐克说，我觉得可以做这个事了。徐克说，那我们开始吧。我们就开始准备。其实我们准备中间，换过八个编剧。大家看完了《智取威虎山》都觉得很好看，很类型。但是你要把它从不类型变到类型，我们在没有经验的情况下做特别难。比如说我们全片没有一句高调的话，我们是什么什么，我们要怎么怎么样，这样的表达没有。就是说，来了一个部队的人到夹皮沟，土匪把粮食抢了，自己的粮食给老百姓了，就去打土匪，就行了，剩下的就是这个故事。那么当时我们改编的时候，非常多人都是怀

《智取威虎山》海报

疑的，说这谁要看？结果我们那年面对强大的市场对手，最后还是悄悄地追上去了，取得了很好的成绩，而且大家看完都给了很高的评分。

曹：真的是非常好看，节奏极其明快，人物塑造的个性也非常强烈。

黄建新以编剧、制片人、监制的身份参与制作的《智取威虎山》是以武侠片方式包装红色故事的大胆尝试。以往"高大全"式的英雄人物被赋予了更多富有娱乐性的对话和动作场面，步步惊心的同时又让人看得痛快淋漓。2016年，由林超贤导演，黄建新监制、制片的《湄公河行动》根据真实案件改编，讲述了一支行动小组为解开中国商船船员遇难所隐藏的阴谋，揪出运毒案件幕后黑手的故事。该片在中国、泰国、缅甸多国取景，集中了动作、枪战等商业元素，最终取得近12亿票房，是主旋律电影在商业上的又一次成功尝试。

黄：之后我们去做《湄公河行动》的时候也是，就是说我们得要做一些类型的，当时我们还有那种规定，说我们的公安出国执行任务不能带枪。我说这不能带枪，人家都拿着各种武器，你怎么打？你不能拿个棍子跟人打吧。可是当时的规定就是这样的。后来这还是公安部的领导帮我们想的很多办法，就说我们在对方有很好的朋友，他们可以支援我们一些枪，来让我们临时使用，但是我们不能带枪入境。我们当时的理由说，我们看过汤姆·克鲁斯演的在苏州、上海拍的那个《碟中谍3》，我说他拿了个枪在上海乱跑，我们也没有人抗议，对不对？老百姓看也都觉得很自然，好人打坏蛋。那些解决了以后，它就归到类型电影里，彭于晏和张涵予两人在东南亚把毒枭，就是杀害了中国十个渔民的糯康，抓回到中国。那个等于也是一次比较大的成功，也是取

得了很好的票房。后来我们就《我和我的祖国》的时候，那次我觉得就是运气好，我到现在都总结不出规律来。因为说"十一"要到了，"七十大庆"，我们要表现一个对中国的深情厚爱，有这样的一个情怀也好，或者是意念也好的这样一个作品。当时大家做文案的时候都提出来很多，比方说写一些劳模，写一些英雄，这也没问题。但是后来我们讨论了很久说，我们能不能写普通人？而且有缺点的普通人？但是这些人真的是爱国的，他们也在努力，未必做得成，但是那个心劲儿，那个向往是最可贵的。后来主管领导支持我们这个想法，我们差不多3月份开会，4、5月份开机，到"十一"演。你看我们那里头都是普通人。中国香港的一个警察，一个修表匠。这边陈凯歌拍的是两个少年，还是管教所出来的，对吧？张译演的就是一个普通的基地里的工作人员。徐峥拍的是小孩，结果那个电影突然就爆了。我们原来算账说，这个电影拍得不错，应该有6亿到7亿，结果"十一"那一天，当天4个亿。就突然发现，实际上你如果把观众内心藏得很深的那份柔软的爱呼唤出来，它是一个巨大的能量。

曹：国外类似的短剧集锦有没有成功过的？

黄：市场上没成过。最好的就是持平。结果它突然就爆了，最后过了30亿。去年又拍了一个《我和我的家乡》，也是将近30亿。今年要拍《我和我的父辈》，变成一个系列的。其实这些年我一直是想推动这个事。我的想法其实很简单，就是使我们的电影一种可以重复使用的原则和再生产的方式。因为永远的独创性太难了，你比方说《我和我的祖国》，它做了第二部，也做成了。那以后不能老做，但是它至少能做两三部。我们再去探索一个新的，但是我们有一些经验是可以使用的。类型电影，你比如恐怖片，全世界都拍了可能有几千部了，你拍得好还是有人看。爱情电影，你看好的大家还是看，趋之若鹜地去看。有些孩子爱看战争电影，比如说我们现在拍的《长津湖》，很多人很期待看这个。

曹：我也特别期待。

黄：就是我们怎么在1950年打美帝国主义。

在执导献礼建党百年的电影《1921》之后，黄建新又作为编剧、制片人和总监制参与了电影《长津湖》的制作，这部电影云集了陈凯歌、徐克、林超贤三位风格迥异的大导共同拍摄，由吴京、易烊千玺、段奕宏、朱亚文等众多实力与流量兼具的演员出演，讲述抗美援朝战争时长津湖战役中的感人故事。该片在上映前就已万众期待，对于黄建新而言，这又是一次怎样不同的创作之旅？

黄：因为《长津湖》是一个非常感人的故事，它其实核心就写了一个故事，就是当年第九兵团，有一个济南团的连，叫第七穿插连，是一个特别能打仗的连队。他们奉命到长津湖打仗，到最后炸毁水门桥，堵截美军逃跑。因为当时部队在放假，解放了，不打仗了。突

黄建新在《长津湖》放映活动上

然紧急集合，各个连队都落着十几、二十几个人，只有七连157人，实到157人，全部到齐。走上战场，到最后剩了一个人回来。就看生命一个一个地减少，最后剩一个。火车站回来，各个连队下来，就是我们前头演的，多少多少连，应到135人，实到80多人。报报报，最后就第七穿插连，应到157人，实到1人。报告司令员，我还活着，七连还在。就是那个精神，所以很多人很期待这样的电影。我们也都很投入，非常投入在里头。我是那个戏的总监制，也是编剧之一。它不是三个故事，它是一个故事。

曹：作为总监制，您怎么样调和鼎鼐？能不能跟我介绍一下，不同的导演拍哪些部分，要怎么把不同的风格统一起来？

黄：其实也很难，每个导演他最极致的发挥是他最优秀的方法，其实我们最大的是从宏观的衔接角度解决问题。用一个大的结构，笼罩住所有的风格，就是这个方法。所以我的任务是不停地在各个组里窜，讨论这场戏，这场戏怎么接。

曹：这个就像是什么呢？画一张国画，5、6个人合作，这是一件非常麻烦的事。因为你们各个人的风格都不一样，必须有一个长者，一个特别有经验的长者，最后来调配整个的画面。其实您做电影已经几十年了，一个人在同一个行业做几十年，有的时候会有一些疲劳感。作为您来说，怎么去始终保持自己对同样一个事物的新鲜感？我记得《1921》开机那天，开机仪式也是我主持的。然后您就跟我讲到您看了年轻人做的抖音，有的时候都觉得奇怪，他们这片子是怎么接的？

黄：我就是一个好奇心特别强的人，到今天还是这样，我们戏里头现在被充分赞扬的一个小女孩，就是我们《1921》里有个小女孩，没有台词，有四段戏里有她。我们的演员副导演，帮我找了将近100个，带来了十几个给我看，所有的资料给我看，我都没看上。最后看上两个，说你叫来吧，还是不满意。也是在抖音上刷，这个是哪

的？你们赶紧看看这个是谁？他们去找，说这是吉林的，我们把这个找来。这个小孩就老陪着她爸爸拍抖音。然后从吉林一来，往我跟前一站，当时浙江还来了一个，还有哪一个，三个小孩，都是选完了以后很好的。但是往那一看，这个小孩眼睛看着我，一瞪我，就她了，就现在。就是现在这个小孩，就演了我们几个镜头，现在红得很，到处在请她演戏，就是一双眼睛。因为这个小孩在我们的戏里是一个象征体系，她是李达搬完家以后，他家对面出现的一个小孩，老跟他对望。李达难过的时候她也对望，她的眼睛好像含着忧郁。李达高兴的时候，她的眼睛含有光明。李达呼喊的时候，她会笑着挥手。到2021年，100年了，我们从上海大楼到一大的纪念馆里，一群少先队员进去，这个小孩还在，勒着红领巾，穿越了。所以就是一个完整的象征体系，这个小孩就是我们在抖音里找的。我就是好奇心强，永远不会重复去用一个方法，即使这次这么拍失败了我也认了。因为你往前走就都是未知，已知就是说你可能没有什么新鲜感，但是不会出大毛病，它能交得了差。如果你拍乱了，最后所有的委托你拍的人会觉得，怎么能弄成这样？所以会压力很大。最好的摄影师，我找来曹郁，上影厂我找了吴嘉葵，我跟他合作过，非常相信他的美工能力。我们找了很好的录音师，非常好的作曲家，拼命地找各种演员，找到我认为最合适的。聚合了一个很强的团队，接下来的任务就是寻找新鲜的方法，怎么样把这故事说得新颖、好看、生动。

曹：您现在回想起来，自己从年轻的时候开始，什么时候感觉自己对电影有一种特殊的偏好？

黄：当兵的时候，我是1970年当的兵。那时候部队正在进行反对军国主义教育，就是当时日本要恢复军国主义。日本抗日战争以后，它战败国，不允许有部队，但是他们当时要建国民自卫队什么的，所以有一个反军国主义的教育。要放日本他们当年拍的《啊！海军》《山本五十六》，那些宣扬军国主义的电影，当时只准干部看，不准战士看。我就为了看这个电影，从暖气管道里，贴着那个缝，爬到大礼堂里看。那阵就迷上了。电影理论的书，我有一点点懂，全部是在部队当兵的时候读的。后来我在电影学院上学的时候，我说这本书我读过，我还有笔记。老师都不相信，你什么时候读过？我说17岁，我16岁当兵，就喜欢电影了。后来就发现，所有的那种喜好都没有白费，等你有一天做导演的时候，你突然发现那个积累都用上了。比方说我刚才讲，毛泽东这段跑，这是极度的一个蒙太奇段落，是一个内敛型蒙太奇段落。我跟曹郁商量，毛泽东用多大的镜头拍他第一个跑？升格升到多少？我要什么样的音乐？因为音乐跟画面配合，它可以产生一种律动，有点像我们听摇滚，我会被震撼，跟着它震动，我们怎么能产生这种感觉。那么到他特写的时候，我升到多少格，他回头看他父亲，什么时候回到正常格？什么时候他在跑的时候，回头铛铛车的窗影从他背后划过。他什么时候汽车划过，静态到天上的烟花。这个就开会讨论了好几次，然后完成这个段落，加上梅林茂给我们特别好的音乐，往上一合。当时王仁君来配音，我说我给你放一下。王仁君自己就说他就有那种感觉，他说我不知道接起来是这样的。这就是电影的专业性，所以你的准备都会有用。

青年黄建新

曹：您后来是一个什么样的机缘，进了西安电影制片厂？

黄：西影厂是我当兵回来以后，先到了一个专业部门的报馆。先在那儿上班，然后去大学学新闻。学新闻的时候，教我的老师叫郑定宇，后来做过西影厂的文学厂长。还有一个王忠全老师，说我好像跟同学聊电影，聊得很有意思。他们对电影有点研究，后来就把我推荐到西影，我在西影是文学部的，因为我读的是中文系新闻专业。西北大学没有新闻系，只有中文系新闻专业，所以我是在西影厂的文学部看外稿、当编辑。偶然的机会，一个组缺场记，把我从那儿借过去。我一当场记，这个比坐办公室好，就不回来了。做场记工作了3年吧，做助理导演，副导演，做了几部副导演，去电影学院进修完了，第一部电影《黑炮事件》做导演。

电影《黑炮事件》的故事带有强烈的荒诞意味，在真相大白之后，留给观众的是苦涩与希望交织的复杂况味。尽管电影的语言有着相当的欧洲气质，但黄建新电影探讨的问题却能深入到中国的现实生活，这也是他日后创作最重要的特征之一。除了黄建新的处女作《黑炮事件》之外，20世纪80年代的西安电影制片厂在时任厂长吴天明的带领下，成就了中国电影的一代辉煌，许多在中国乃至世界电影史上留名的经典佳作都是在当时的西影厂诞生的。1984年，陈凯歌被借调到广西厂，开始跟张艺谋、何群筹拍自己的导演处女作《黄土地》。《黄土地》剧组一行人在陕西选景时，不料半路车坏了，也没钱修，于是经人介绍找到吴天明求援。在经费紧张的情况下，吴天明不仅给他们安排一辆车，还给他们加满了油，并力邀他们到西影拍戏。于是，田壮壮、陈凯歌、张艺谋、何平等，这些后来成为"中国第五代导演"代表人物的年轻导演们，纷纷来到西影厂拍片。有了众多新鲜血液的加入，西影厂的拍摄主题，也迅速

从西部片扩散出来，变得更加多元。在这样的背景下，1987年前后，黄建新先后拍摄了《黑炮事件》和《错位》，张艺谋完成了《红高粱》，田壮壮拍了《盗马贼》，陈凯歌的《孩子王》也完成了。在吴天明看来，西影厂既要生产"要钱的"，也得生产"要脸的"，不仅要在国内，也得在国际上争到一席之地，表达出新的电影语言、表现手法和年轻导演的创新。

曹： 其实那个时候西影厂因为在吴天明的带领下，拍了很多今天看来是成为新时代中国电影的经典。包括那会儿张艺谋、陈凯歌、田壮壮都在西影厂拍摄了他们非常重要的作品，当时您跟他们这些人有交集吗？

黄： 有，那时候凯歌在拍《孩子王》，住在西影厂，我经常跟他见面。壮壮我也很熟。张艺谋没有在一起待过，但是也会经常聊天。西影厂当时还有何平，周晓文。当时西影厂有一个特别好的创作空间，所以我们当年那些电影会有点天马行空地拍的原因，跟那个厂的创作原则有很大的关系。你比方说我拍的《黑炮事件》，是一个特别特别现代主义的电影。

曹： 就是那会儿这种黑色幽默的电影几乎没有看到过。

黄： 而且我那种构图，比方说开会，桌子上都是白布、白开水，所有人都穿着白衬衣，一面墙上是个大钟，白色的，黑色的指针，一个镜头四分钟，动都不动，就是好无聊的会。特别表现主义的方法。那个时候就养成了我们对自己追求的一种坚定的信念感，那个是西影厂给予我们的。那时候西影厂基本上投一个片子要开一个会，我们去表达。如果你能够把你的艺术想象表达得非常有趣，基本都会被通过。有的厂不是，你一旦表达的跟常规不一样，你的电影就被否了。我们那个地方是标新立异，有新意的会被通过。

吴天明

曹： 吴天明他身为厂长，对年轻人是不是持一个特别宽容的态度？

黄： 对，他是一个惜才如命的人，不管你是全国什么地方来的，他觉得是一个才子，就一定把这个人请来，所以西影厂给我奠定了一个基础，就是你刚才问的，你拍《1921》的时候，为什么还在不停地变，还在想创新？其实都跟那个原点有关系，那个时候创新是我们一个共同的志向。

曹：您刚才说《黑炮事件》，应该说您采用的电影语汇在当时来说，是特立独行的。可是我记忆当中，当时大众对这部片子的评价还是不错的，观众的反响也很好，刘子枫老师这个戏得了金鸡奖最佳男演员奖。所以怎么让自己这一部影像语言非常特立独行的片子，跟大众的审美、趣味，可以达到一个比较好的融合？

黄：其实我的电影里都会留着一个故事。电影有两种，一种现代主义电影，排斥故事，排斥情节。我不太排斥故事、情节，但是我会在电影的形态里去找特别新的结构方式和影像表达的意象表达方式。就是深层结构引申的那条路的引子，怎么把人引向深层结构那条线，但是故事我不是很排斥。所以我的电影里一直有一个故事，因此当年，大家都在赔钱的时候，我拍电影不赔钱，老赚钱，所以能一直拍下去。我没拍过电视剧的原因，就是因为一直有电影拍。包括 20 世纪 90 年代，中国电影最低潮的时候，我也没缺过拍电影的钱。所以我很幸运，我一直觉得我很幸运，一直有机会做电影。

在完成了"先锋三部曲"之后，黄建新以访问学者的身份前往澳大利亚，一年后回国。此时中国社会发生的巨大变化令他产生了全新的创作方向。为了更贴近现实生活，他一反传统启用了以冯巩、牛振华等为代表的相声演员，陆续创作了《站直啰，别趴下》《背靠背，脸对脸》《红灯停，绿灯行》，被称为"城市百态三部曲"。和当时许多第五代导演不同，黄建新没有把镜头对准中国农村，或者追求更为宏大的历史叙述，这三部作品均聚焦了改革开放背景下的中国城市，讲述小人物在当下生活中的酸甜苦辣。这些至今看来依旧鲜活的作品是中国城市发展历史中非常珍贵的素材，以非记录的方式记录了当代城市化进程中的一个个瞬间。在 1993 年上映的电影《站直啰，别趴下》中，冯巩饰演的高作家、牛振华饰演的个体户和达式常饰演的刘干部精准表达了各个阶层在商品经济大潮中的微妙心态变化，成就了一部寓言式的当代风俗画。《背靠背，脸对脸》则将城市空间具体化，大部分故事发生的文化馆空间被设立在一个传统古建筑中。牛振华饰演的王副馆长既是压迫者也是被压迫者，这个人物的身上自带强戏剧性，对现实的讽刺呼之欲出。在今年的上海国际电影节期间，这部影片作为评委会主席黄建新的代表作，再度和影迷们见面。在映后见面会上，从业四十多年的黄建新也第一次在电影院度过了自己的 67 岁生日。

曹：您始终常做常新，不让自己局限在某一个类型，或者说某一种风格。这种转换您

《站直啰，别趴下》海报

觉得是从主观上刻意地要追求一种不同的风格，还是说它是一个自然而然形成的？

黄：我是有很多面的，我经常被问，都回答不出来。后来我想一想，我应该骨子里有一个比较肯定性的想法，就是职业导演还是一个玩票的导演的区别。我后来把这个事情捋了一捋，我就觉得我比较佩服卡梅隆。你看他什么电影都拍，他都能拍得很好，他是一个职业导演，具备职业导演特别大的能量和技法。如果你终身做导演，其实你应该有职业导演的能力，就是我们说的最好的工匠的能力。艺术导演就是个人表达，你想我最初的电影是有一些这样的。你可以玩，你可以只表达自己，但是你跟电影最初的方式，初衷，是有区别的。电影从它诞生就跟工业的结合，它就是一个通俗的艺术形式。虽然在电影后来的分类里头有一些更深刻的电影，但是它只是一小部分，最大的部分仍然是通俗的、生动的，广大观众喜闻乐见的形式。你要做好各种类型的电影，你就必须是一个职业导演，你有职业导演的技能。因此你拍得好不好，技能是一目了然的。你千万不要找借口，这是我独特的艺术，去掩盖你的技能不足。因此就是想做好主流电影，是非常难的一件事。是不能找借口的，得有真的大本事才做得了。所以我希望中国电影工业的强大，也包括这种职业技能概念的坚定，来让大家都能够这样做，中国电影的整体就会提高。因为我们现在看市场电影，现在上着30部电影，可能艺术电影就两部，剩下的28部都是市场电影。因为电影是要老百姓掏钱买票的，他不喜欢怎么办？所以它有一个供求关系在里头。因此我就觉得，产业化其实对人的职业性的要求越来越高。我们先不说思想，至少给你任何一个故事，你都能拍得很好，然后你有思想加上去就更好。而不是说给你一个故事，你永远拍不好，你永远说我思想很深刻，那是没用的。这个是我一直想做的，所以我做导演的时候，各种各样的都拍过。有一次跟美国人合作，我突然发现他那个监制的体系，对中国电影是非常有用的。在那儿我才决心，我应该停下来，把我导演的那一部分停下来。好像我脑子的另一半是可以做这个事的，我算账速度特别快，你在那儿算着，我这脑子一过就算清楚了。我大概是最早跟陈国富几个人一块推监制制度的。当时大家还都不理解，说这个职位是个什么职位，好像没啥用？但是现在你看，几个好的监制屁股后头大家都在请，因为他可以从宏观、专业、规律的角度，去帮投资公司理清楚关系，把东西都变成可以计算的。可以计算也不一定赢，但不可以计算，就永远是糊里糊涂的，最后你都不知道败在哪儿。

曹： 您经过这些年的努力，觉得中国电影在类型化方面，是不是已经开始走向一个相对成熟的阶段？

黄： 是，我们刻意模仿的阶段已经过去了，开始把内容的中国化跟高超的电影技能结合，这个趋势已经形成了。最早的一个时期是模仿，模仿就是说，你买了个版权买得早，比如说大家还没看过，你模仿了，卖得挺好的。等后来全世界都看的时候，你再模仿，这个就过去了。然后你看最后，中国故事用高超技能拍摄的电影是受欢迎的。你后来发现，电影票房的前十部里头，大部分最赚钱的电影都是原创的，反而不是IP改的。你去捋一遍就会发现，你现在去数，都是这样的。其实电影有它本身的规律，IP是一个长文学，它其实跟电影有很大的冲突，从艺术本性上有冲突，改也是不容易改好的，常常就是原创的反而更好。不是说不能改，有改得很好的。但是中国现在目前你去复盘那十几个，好像80%以上是原创的。

进入21世纪，中国电影工业逐渐成熟，开始走向大片时代。随着银幕数量的逐年递增，中国正成为全球最大的电影市场，无论是像第五代导演群体这样中国电影的旗帜性人物，还是演而优则导的明星们，都借着这股东风创造出一个又一个新的票房奇迹。在近二十年的中国内地电影票房排行榜上，可以很明显地看到，相比20世纪90年代清一色的美国大片，如今票房冠军的位置越来越多地被国产电影占据。

曹： 中国电影其实这几年发展特别快，我觉得观众过去对电影似乎不是那么有热情，现在对电影是充满着非常浓厚的兴趣，大家在网上讨论也非常之多。而且中国票房的增长速度，应该说也是全世界第一位的。可是中国的电影在海外的票房始终没有很大的突破，甚至跟当年张艺谋的《英雄》，在北美的5000万美金的票房，相差很大的距离。怎么来看待这种发展的不平衡？就是国内非常繁荣，但是到了其他国家，可能它相对来说接受程度就比较低一点？

黄： 其实这个问题被讨论过很多次。我的想法是这样，它其实是一个整体的概念，绝不是一个电影的概念。比方说我们的文化，我们的价值观，我们的经济模式，我们其他的一切被接受了多少，我们在跟全人类交流的时候，我们找到了哪些共同点。这些都还没有规律性的东西出现，所以电影都是撞，现在是撞运气，哪一部爆了一下。然后就好久没有，刚说不行，又爆了一个，它常常都是这样的。你刚想否定这个，人又出来一个，不能说了，过两天又没了，所以它不在规律里。我们现在讨论的，就是想讨论规律。

曹：这些年您想做的就是要找出这个规律。

黄：能够把中国电影找到规律，这个规律是一个全人类可以认知的体系，而不是隔阂的体系。因为我们看国外电影，有一些你也很喜欢，也没有障碍，有些是有障碍的，但它的没障碍并不是说它的文化你完全认同。我们得先解决，我们国内人得喜欢看你的电影，而且这个电影最好是心平气和表达的电影，被广泛接受的，而不是利用各种群情义愤去构成的一个短期效应的电影，这样才是你文化本质的魅力，就本身的魅力，而不是依靠外界力量的魅力。我们一直在想找电影本身的魅力，你找着了以后，它就会长远。所以我们会看到谢晋导演的很多戏，多少年以后仍然很好。那天我们因为要研究越剧，又把《舞台姐妹》看了一遍，还是觉得很好。我们看20世纪三四十年代，中国一些老电影的修复版，很好。它是电影本身的魅力，不是依附于当时一个口号去开拍的电影。所以我们今天也是这样，我一直是这么认为，20世纪80年代最早拍《黑炮事件》，去全世界参加电影节的时候，他们对中国电影真的了解很少，对中国人都了解很少。你稍微穿得好一点，你穿得跟国际接点轨，他们就认为你不是中国人。这我估计你也经历过。连这个都不认你，你说你怎么说你输出了？慢慢的，现在大家就觉得不一样了，你中国人聊天什么都可以了。其实就是这个融合的确认，包括我们自身经济的发达，表现出的自信。因为你只有自信了，你的文化才会完整，你才不会利用文化去做某种直接功能型的东西，你才会表达你一个民族最大的情感，广泛的情怀和你的目标，这样的作品就会出去。我们是这样做，我们都在努力。所以慢慢的，我们觉得，我们是在走。我们都在说我们一个口号，说我们不要再去碰运气，我们是不是能慢慢找到规律？就像我们国内的主流市场电影，原来美国片《真实的谎言》一来，我都觉得我们中国电影没了。那时候中国电影一年7个亿票房，那一个美国电影1个多亿。当时大家都傻了，这怎么弄？但是慢慢你就发现，中国人还是喜欢看自己自身的故事，这是母语本性吧，没办法的。我在德国看了一次电影，就是我们的武打片被翻译成德语，把我笑得，姿势一拉，说的是德语，你就在旁边笑。实际上就是这样，这个母语文化的魅力真的是翻译不了的。我们也知道，因为国家发展得好，老百姓生活是活跃的，越来越多的外国人跑到中国来住，他自身的交融就会影响。他在这儿住着，他不看中国电影？他不看中国戏剧？他要学中国话，慢慢的就得这样。我们会发现以前一说电影，说他是留美的，说韩国一大堆是从美国学电影回来的。有一次我在北京电影学院做博士答辩的主任，他们每次主任都是外聘的，结果全是各国的留学生做答辩。你就发现，很多人到中国来学电影，这个在以前是不可想象的。它一切都在变，性急不得，我觉得到时候就行了。但是关键是在于你努不努力，你是不是思路是清楚的，如果你思路清楚、努力，这个速度会快一点。

黄建新在西影厂

曹： 作为监制，您怎么去发掘一些更年轻一代的导演？

黄： 我做监制是两个原则，一个就是做那种最大电影的监制，就是利用我的经验，对工业的理解，因为是导演，对电影比较懂，来怎么样帮助。因为电影是有成本的，电影不能不计成本，在有限的成本里完成到最好。另外一个就是，帮年轻人寻找自己，帮他们能够开拍第一部电影，我做了很多这样的事。所以上海电影节光创投这个，我做过 5 次主席。每次邀请我都来了。因为我觉得支持年轻人，是特别重要的一个事。我就想起了，大家老是提 20 世纪 80 年代西影，是因为吴天明启用了一批年轻人，被传为佳话。那今天也是一样的，年轻人永远会超越我们，根本不用担心。我们那时候老说，谁要压我们，我们也不反抗，我们都在背后说，看谁活得时间长！我们那天说，咱们千万不要变成那个，让人说看谁活得时间长的，咱们要主动支持他们，他们说对对对。

曹： 依您的观察，中国电影在未来 10 年、20 年，甚至 30 年，会呈现一个什么样的井喷式的发展趋势？

黄： 因为中国电影目前还仅限在于电影里的，它综合的收益，或者综合的影响力还没有完成。最新的"版权法"出现以后，我觉得对电影是一个非常好的支持。因为我们以往对版权的保护不力，我们很多从电影转化过来的东西，投资者就没有收益。电影是有巨大投资的，那你怎么样收回来，怎么样良性发展，让它向更好的一个方向去，这都是做电影人的责任。特别我们做监制的，这是他的其中责任之一。中国电影目前慢慢地找着规律，大家已经开始承认主流价值电影。实际上我认为，任何一个国家都有主流价值电影。我们去看美国片，最典型的，它的英雄主义电影，最后坏蛋一定会被打死，最后一定会胜利。它符合人们身上最后那一口气，就是正义战争邪恶。它是一个理想主义的状态，这是主流价值观。你不能电影看完了，都是坏人得逞，老百姓看完都是噩梦似的，那不行的。所以主流价值扬善惩恶，这是全人类的主流价值。我们也应该有主流价值电影，这是为主体的，我们说产业的电影，主要是跟主流价值结合在一起的电影，剩下的一部分是艺术创作。可以探索到人类更复杂的心理活动、精神活动，对人类可能出现的问题进行揭示，为未来去寻找一些道路，或者是给一些启迪。这是一个比例的问题，一旦我们把这个弄清楚了，而且主流电影的类型慢慢出现，我们也出现了郭帆拍的《流浪地球》，我们也出了《战狼》这样的电影，我们也出了这次《你好，李焕英》写妈妈穿越的这样的电影，所以我们的电影类型其实是丰富的。《你好，李焕英》是一个很中国化的穿越电影。这些电影的出现，我们发现其实跟国民心态连得很近，跟我们的情感表达离得很近。我们只要找对了路，再去把这些艺术的能力加强，中国电影的市场是很宽广的。它的宽广的最大的原因，人多，基数大。然后随着我们不同国家的留学生的学习，就把我们这样的价值观，潜移默化地带出去了。《我和我的祖国》"十一"的时候全世界的唐人街都在演。我们弄了两千多万票房回来。我有个朋友说，我还请外国朋友看了，我们的邻居，我请他看。他说

黄建新和曹可凡

他有的看得懂，有的看不懂，但是我看你们很激动，我也很感动。说你们看一个电影会这么感动？其实他就把一种情绪带出去了，带出去他就想探究你为什么的时候，其实就对你多了一个了解。他本来不关心，变得关心。其实一切都是这样，在不动声色之中发展的。

与世界共赴冰雪之约——杨扬专访

在短道速滑的国际赛场上，她是霸气十足的 Yang Yang（A）；在中国，人们则亲切地称她为大杨扬。因为在 2002 年盐湖城冬奥会上实现了金牌零的突破，这个十分常见却又朗朗上口的名字从此被载入中国冰雪运动的历史。在整个运动生涯里，杨扬一共获得过 59 个世界冠军，退役之后，她又相继担任国际奥委会委员，国际滑联

杨扬做客《可凡倾听》

速滑第一理事，世界反兴奋剂机构副主席，国际特殊奥林匹克运动全球形象大使等一系列社会工作。作为北京冬奥会和冬残奥会运动员委员会主席，她积极推动"运动员为中心"理念，努力让所有参赛运动员能够在比赛场馆留下印迹。2022 北京冬奥会举办之即，带您走近这位传奇名将，与世界共赴冰雪之约。

曹： 北京冬奥会开幕在即，作为北京冬奥会运动员委员会的主席，想必你最近一段时间都特别忙碌。能不能跟我们稍微介绍一下，目前我们冬奥会的筹备情况是进入到一个什么样的阶段？

杨： 说起来非常快，我们 2015 年 7 月 31 日申办成功，一晃过去六年了。我记得非常清楚，因为我女儿上周末刚刚过完六岁生日，当时申办的时候，我正好怀着她七个月，所以就好像时间过得非常快。经过这六年的筹备工作，到现在是进入到全力冲刺阶段。那么最近也有一些测试赛和测试活动，来检验我们整个运营的能力。我们现在防疫相关的标准，已经对外发布了。最近几周，我是每周都有一个会，跟国际奥委会一起向全世界的运动员来解读我们的防疫政策。所以现在就是进入到一个冲刺阶段，我们北京是非常有信心，能够去接待来自全世界的运动员。即便在这样一个疫情的背景下，我们仍然非常有信心。按照总书记的要求，我们要办一个简约、精彩，同时又要安全的奥运会。

曹：当时你们在申办北京冬奥会的时候，提出一个理念，以运动员为中心。今年我们遇到这样一个比较复杂的国际疫情的状况，如何在防疫的基础上，又能够突出运动员的特质？

杨：在北京冬奥组委成立之初，就是2016年之初，我们就设立了运动员委员会。这也是在我们国家，尤其在体育的系统内是第一次。我自己特别荣幸，能够带着这些运动员的兄弟姐妹们，一共是19名委员，来自不同的冰上和雪上的项目，其中还有两名是来自夏季项目的，一名是射击女运动员，现在是教练员的杜丽，以及乒乓球的王皓。他们俩能够从参加夏季奥运会的经验，为组委会建言献策。另外还有两名来自冬残奥会的运动员，因为我们叫两个冬奥同样精彩，所以还要保证我们冬残奥会运动员的权益。所以组委会当时成立的时候，还是要求委员会，我们不光是一个形象大使，更重要的是真的把运动员的需求，在筹备过程中，能够及时落实。那么除了每年定期的开两次会之外，我们也定期不定期地，跟各个部门去沟通。凡是遇到交通、住宿、奥运村的设计，包括高铁的建设，听上去好像关系不大，但其实都跟运动员在奥运赛事的阶段使用是非常紧密的，包括近期的防疫政策等等。我也在去年两会的时候，因为防疫它不是组委会一家定的事，特别在两会那个层面上提出了叫以运动员为中心，要做好防疫工作，同时要保证运动员的竞赛的状态。这里面就要考虑运动员的需求是什么，什么对运动员在备战和比赛当中最重要。同时，当然安全也非常重要。所以这样的声音也被其他的，跟奥运相关的保障部门听到，也给了我们大力支持。

曹：在北京冬奥会倒计时一周年的时候，你提出一个建议，就是说希望每一位参赛的运动员，能够在场馆当中留下他们的印记。这个建议的灵感，是什么地方来的？最后这个建议怎么在整个比赛当中得到落实？

杨扬在申冬奥陈述中

杨：这跟我个人的体验有关，我是在2002年盐湖城冬奥会拿到的金牌。几年前，作为国际滑联的理事，我参加在那里举办的世界青少年锦标赛。去的时候我带着家人一起去的，我很想给孩子们看一看，他们妈妈当年获得冠军的地方。但是很遗憾找不到太多痕迹了。我就想在2022年的时候，我们能不能给这些，凡是参加过2022年奥运会的运动员留下一些痕迹。因为大部分的运动员像我一样，退役之后要不然就做教练、做领队、做官员，或者哪怕是一个爱好者，他会一辈子跟着这个项目走的。如果他有机会再回到这个场馆，看到自己当年的痕迹，还是会有一种回家的感觉。另外一个，其实对于后来人来说，比如像我的孩子他们来说，可能他没有参加过那届冬奥会，但是他看到这些具象的一些痕迹的时候，他可能会联想，或者回忆起当年的那些高光时刻。其实这也是奥林匹克的一种传承，我们一直在讲可持续发展。办完奥运会了，可持续发展放在哪儿？除了这些场馆可使用之外，还有一些精神层面的东西，我觉得可以通过这些花销不大，同时又很用心的设计，让人们能够继续感受到奥林匹克对我们的影响。

曹：那现在有什么具体的举措吗？

杨：我们其实已经通过运动员委员会的会议，正式向各相关部门上报过了。因为防疫等等这些新的任务来了以后，有些工作在做调整。但是从我现在得到的消息，比如说像一些获奖选手的脚印、手印，包括我们可能还有冠军墙等等，也会留下相关的这些痕迹，因为有些工作需要简化。

曹：这些年我发现你在自己所从事的冰雪项目之外，担任了一些国际体育组织的职务，比如说之前是国际奥委会的委员，现在又是世界反兴奋剂机构的副主席，冠军基金的发起人。刚才你说了，自己也是国际滑联的理事。是什么原因促使你愿意去做这么多社会工作？其实这些工作都是很繁琐的。

杨：是的，其实您的一个词非常准确，因为大部分人不太知道我的这些身份，很多人认为我是官员，但实际上它就是个社会工作，也不带薪，但花了很多时间。最初还是一份热情，加上一份好奇心。当然最后真正走上这个岗位了，事越来越多，它就成了一份责任，推也推不掉，当然主要还是发自内心地热爱它。我觉得两个方面，一个你很相信体育能够给更多人带来影响，这也给我自己带来影响。我从一个小地方，从一个小破孩儿，然后在冰面上长大。因为冰上运动，我能够从小村子走出来，最后能够走向世界。我觉得对我来说是一个巨大的影响。那么现在，我们看全社会也在有更多的共识，认识到体育对青少年成长的积极作用。对于社区，对于家庭关系，各个层面，体育都是一个很好的纽带和工具，所以我很相信体育的力量。另外从自身来说，我觉得无论是过去带给我的这些成绩，还是大家对我的认知，能够让我去做一点推动这方面的工作，也是我个人价值体现的一个方式。我觉得对内对外，我都有这样的热情去做这样的事。所以退下来，就一点一点在这个领域里边做了越来越多的事情。

曹：除了刚才我们说的，你担任了这样的一些社会组织的工作之外，其实从2013年，你也担任了国际特殊奥林匹克运动的全球大使。作为一个运动员，跟这些特奥的运动员在一起，你有一个什么样的感受？如何用你刚才说的体育的力量，把这些孩子内心的潜力激发出来，能够为这些孩子的未来成长做一些更加有益的工作？

杨： 我觉得世界本身就是多样的，人的组成也是多样的。那么特殊的孩子也好，残疾儿童也好，他也是我们社会的一分子。所以能够通过体育的方式，让他们融入社会生活很重要，能够进入到大家的视野中。我一直觉得，一个文明社会的发展，弱势群体的需求被优先考虑，是一个非常重要的标准。如果他们走不到我们的视线里边，其实很多人他对这个群体都没有机会去了解，那么实际上，等于对我们整个社会的发展来说，是滞后或者说缺少的一个方面。通过体育的方式，能够让社会对弱势群体有了解，同时让他们也有机会，能够进入到社会生活当中，从大的层面上看是非常重要的。从小的层面上，我们作为所谓的"正常人"，当然我们也有很多需要各方面的支持的，能够用你的一点能力去支持非常需要的这些人，也是我们自己的一个价值体现。其实大的价值，小的价值，无论是明星还是普通人，都应该去做一点自己内心里头能够让自己开心的事情。不光对他们有帮助，对我们自己也是一种反馈。当然我还想说，体育还是有这样的一个影响力，能够让我有更多的热情去投入这样的工作。这些小朋友本身也非常可爱，跟他们在一起，体育回归了最原本的那个味道。

曹： 你现在也是母亲，其实作为运动员也好，作为母亲也好，你平时跟这些孩子接触，孩子们会有一些什么样的事情，让你印象特别深的？

杨： 当运动员的时候体育是我的技能，是我工作的一部分，你要去提高它，不断地完善你的技战术等等。其实退下来，当了母亲以后，忽然间发现，体育实际上是一种知识。我会觉得比起普通的母亲来说，因为我有体育的背景，我知道如何用体育去支持孩子的成长，某种程度上去干预他的一些发育。比如说，小孩子很小的时候也可以尝试一些看上去有危险的活动，因为我知道什么样的尺度能够把握好，能够给他最大的空间让他去发展他的能力，让他去探索。随着他年龄的成长，我知道这个年龄他可能要去做一些身体灵活性方面的干预了，在跑步、跳跃，或者是一些游戏方面给他成长的一些支持。再大一点了，他可能需要一些心理建设的支持，教他如何去面对挑战。这些我原来在赛场上都经历过，当然我也要考虑，我不能是说教型的，讲我当年的故事，他不听，那怎么能够潜移默化地去影响他，让他也能够去敢于面对那些困难。其实当了母亲以后发现，原来体育它也是一个知识。所以很幸运，这个运动对我来说是一个长期的影响，不单是当运动员，对待小朋友，其实是一个特别大的话题。当对孩子在面对困难，孩子在面对挑战的时候，我们怎么样去面对这些问题，对我来说也是一个新课题。比如说，我女儿对冰上运动是喜欢的，但是因为我可能稍微给她压力了。我也在想如果我是我女儿的话，我妈都是奥运冠军了，我再滑也无非如此，也没有太多惊喜。

曹：这个天花板很难突破。

杨：对，所以她可能会有一点不喜欢，所以她现在就有点那个状态。然后我就不让她滑了，她有一两个月没有沾冰了。突然有一天她说，妈妈，我想去试试。我再让她去试，所以我也在忍。一方面遵从孩子个人的天性，同时我还要给她一些机会。其实有的时候退一步也是机会。如果施压太过了，我也担心。因为有一天她会问我，你对我今天滑的满意吗？然后我说，为什么你要问我满不满意？她说你要高兴，我才滑的。我说不对，那是你想滑了。所以我也在学习，这也是一个学习过程。

"23年冰场上长大，从跌跌撞撞到自由驾驭，明白了理想不单是美好愿景，它更意味着付出、痛苦、失败，甚至牺牲，而坚持过来，它又意味着美好的回忆。"2013年，承载了杨扬23年奋斗与荣耀的冰面不仅是一段美好的回忆，由她创办的上海飞扬冰上运动中心正式启动。在一个没有冰上运动传统的城市运营国内第一座市场化的专业滑冰馆无疑是一个充满挑战的决定，当梦想照进现实，杨扬又经历了怎样的心路历程？

曹：你现在是主要住在上海，在上海做了你的"飞扬冰上运动中心"。我特别好奇，照理说南方的人对于冰雪运动相对比较陌生，为什么会在上海来推动你的冰雪运动？

杨：中国在过去经济不太发达的时候，运动分南北。尤其冰上运动，它是一个气候型的运动，我们小的时候滑冰都在大河上。季节来了，11月底12月初才可以去滑冰。到了3月底，4月初，就没有冰滑了，夏天就去滑轮滑去。到了经济发展到一定程度以后，其实冰雪运动，尤其冰上运动它是不分季节的。上海又是一个国际化程度非常高的城市，它不单有本地的上海人，还有很多各个国家来的人。

曹：上海本身是个移民城市。

杨：对，所以它的文化就比较多元，加上经济发展各方面，我觉得冰雪运动在这个地方，虽然我们来的时候冰上运动非常非常少，但是我还是很有信

飞扬冰上运动中心

心在这个地方去发展。甚至我觉得，到目前为止，上海的冰场、雪场还是不够。尤其雪场，它对各种气候，包括外部环境、空间要求比较大。而冰场，其实按照上海的人口也还是远远不够。如果对比那些超大城市，那些大城市的娱乐设施。因为冰雪运动它除了是体育设施，同时也是娱乐设施。加上这个地方的文化本身是很开放的，所以我是很有信心。

曹：北京冬奥会提出一个口号，就是希望借北京冬奥的东风，能够把三亿中国人带入冰雪运动。你观察这些年的变化，从你小的时候从事冰雪运动，一直到现在，很快北京冬奥就要在北京开幕。在这样的一个阶段，从个人的观察来说，你觉得中国冰雪运动，是不是有一个质的变化？过去很少有人谈冰雪运动，而今天大家谈论这个话题的频率会特别特别高。

杨：对。我获得第一块金牌是2002年，很多人问我，它的意义是什么？我说对我来说就是实现梦想了，但对于中国的冰雪运动来说，让大家知道还有冬奥会。其实在2002年之前，很多人对冬季项目到底有什么都不是特别清楚。我记得很多人见到我会说，你是滑雪的杨扬。对具体项目还不是特别了解，但至少他知道有冬奥会了，有冬季项目了。到了2015年我们申办成功，我还记得我自己的俱乐部，申办成功第二天来滑冰的人数，是以往的一倍还要多。说明冬奥会申办成功这个事，还是在社会上引起了很多的重视。当然也随着这些年我们的经济发展，在国际上的这种活动也特别多。上海这个城市在十年前就开始引进各种冬季项目的比赛，包括短道速滑世界杯，花样滑冰世锦赛，上海自己也办了上海杯，里边包括了花样和短道的比赛。在上海还有一个在全国都很有意思的团体，就是上海冰球联盟。一群外国人他们自己组织一个赛事，每年大冰场小冰场打比赛。其实在某种程度上，上海是有这样的一个基因的，加上上海城市的这种开放性。所以我们申办成功，当时对世界一个承诺叫三亿人参与冰雪运动。到去年我看到一个报道，有具体的数字，基本上已经达到这样的一个目标了。另外其实在上海还有一个特点，并不完全是因为申办。我们在申办之前，我所在的俱乐部就在浦东新区教委的支持下，开始进校园。那么随着申办成功以后，现在越来越多的孩子通过冰上体育课，能够参与冰上运动，其实我们也是走得比较早的。

曹：刚才也说了，你其实生长在北方的一个乡村里，从小就是跟冰雪运动有不解之缘，从这么一个点走向了世界。你现在回想起来，小的时候，是一个什么样的机缘，迷恋上了冰雪运动？可能很多小孩大家在一起玩，教练是怎么发现你有这样的一个天赋？

杨：其实挺有意思的，我现在看到小孩子，我女儿5、6岁，她就知道世界有多大。

436

那时候，我记得我上小学了，信息都还是很闭塞。我记得那时候脑海里总有一个疑问，老说中国，我们是中国，那时候信息很少，一提国外，就是外国。然后我想，中、外，那哪个是内国？你不知道世界有多大的时候，你会对外界很好奇，自己脑子里会有很多假设。但是我记得1984年洛杉矶奥运会的时候，当时中国女排，还有李宁、许海峰，我们就知道他们在洛杉矶拿了冠军。然后我那时候开始学习滑冰，我就在想，有一天我要像他们一样，去拿世界冠军、奥运冠军，虽然那时候你都不知道世界有多大。然后我们家到学校，中间正好路过体校。体校中间有个

童年杨扬（前排右一）

操场，它一到冬天就冻冰，就能看到大运动员在那儿训练，在冰上滑得很快，挺羡慕的。我小时候也比较好动，学校的运动会都积极参加。我记得有一天，学校老师召集了40多个孩子，让我们站成一排，体校教练就去选才。我们每个人就蹲在那儿，模仿他的动作，去做一些滑行的动作。然后去体校训练一周，最后留下了四五个，我是其中的一个。但是我印象特别深的，就是我上冰的第一天，我们教练就说，这孩子脚脖子很硬。因为其他小孩，可能冰鞋穿了以后是塌帮的，我就立得很正。我们教练就说了这一句话，说那孩子脚脖子很硬。我当时就觉得，我跟其他孩子不一样。自信心马上就起来了，到现在为止，这种感觉都一直提醒我，要对孩子多一点鼓励。所以从那以后开始学习滑冰，中间也是各种各样的成长吧。

杨扬出生在黑龙江省汤源县的一个普通家庭，9岁开始接触滑冰。和许多中国运动员一样，通过教练选拔进入体校。日复一日地艰苦训练，她的成功也并没有什么捷径可走，要想出成绩，就必须付出比常人更多的努力，扛得起责任。1991年，杨扬获得了全国短道速滑冠军赛女子3000米冠军，这是她获得的第一个全国冠军。1995年中国短道速滑国家队正式成立，20岁的杨扬作为黑龙江省的唯一代表进入国家队，开启了她曲折而荣耀的世界冠军征途。

曹：在整个训练的过程中，有没有出现一个阶段，你觉得很难突破那个天花板，甚至有的时候会有一些挫败感？

杨： 经常有，我觉得成功和失败一定是相互伴随着的，总成功我觉得也不太可能。但是失败之后，能够走出来非常重要。我第一次最大的挑战应该是 18 岁那一年，那一年正好是 1994 年利勒哈默尔冬奥会之前的选拔赛，1993 年的年底。那一年赶上我父亲去世，所以对我来说，家里头打击蛮大的。我自己又特别要强，总希望通过去参加奥运会，能够为我父亲去世这事在心里找个平衡，也算告慰我去世的父亲，因为他对我期望一直蛮高的。但那年选拔赛就落选了，赛前训练过度疲劳，一个月掉了十斤，所以当时打道回府。因为我是 1991 年拿的个人冠军，那时候才 15 岁，后边几年在中长距离上在国内都是蛮强的，结果就在奥运备战的前半年，因为训练过度疲劳落选。我还记得当时前十名都可以留在国家队，我的目标是前五名，甚至前三名。结果连前十名都没有进，就打道回府了。回到家里边差不多有两年的时间，那个年龄的小孩在心态和其他各方面都不太成熟，各种各样的自我怀疑，反正心态不太稳定。但是 1995 年成立国家队，我还是很幸运地到了国家队。其实当时我们领导经常说，我是被照顾进的国家队。因为按照当时国家队的选拔标准，是前五名才能进入。

曹： 所以你跟他们相比，其实还有一点点小差距。

杨： 而且年龄还比他们大。因为 1994 年的利勒哈默尔冬奥会我错过了，然后我后边的小孩，当时的小杨阳，包括还有几个年龄比我小两岁左右的，都已经起来了。然后很多人就说，杨扬你已经这个年龄了，比你小的也起来了，你自己年龄又大，成绩又差，当时我是属于这么一个状态。然后进国家队的原因，是因为在此之前，国家队一直成立不起来，主要是两个省势均力敌，大家哪一个省都不服另外一个省。所以国家队成立的时候，比如说这个省的教练当国家队的教练，另外一个省就不去，所以一直都是集训的状态。但是 1994 年，我们又没有实现零的突破。后来说下个周期备战，我们必须要成立国家队。也正好赶上黑龙江新老交替，老的像李琰她们那一拨退役。剩下我当时全国第九，但是是我们省最好的。那自然而然的，国家队是由吉林来组队，吉林省的担任主教练等等。那么我作为黑龙江被照顾过去的，我不去又变成吉林省队了。我记得我去之前，当时有人跟我说，说杨扬咱不要去，宁可当鸡头，不当凤尾。说在黑龙江，我们至少还可以保障你一个助理教练，过几年退役了，还可以有一份工作。但是我当时是对自己不死心的，我虽然 18 岁那一年遇到一些挫折，但是我 15 岁拿了全国冠军，我还是觉得想试一试。而且吉林省的教练，他能够带出那么多优秀运动员来，我还是挺想跟他去试一试的。虽然我也意识到可能你去了以后，会是被"领养"的孩子，可能会遇到各种各样的挑战，但是我还是想给自己一次机会，所以我就去了。确实是年龄最大、成绩最差的一个。

曹： 你能不能用对于冰雪运动比较陌生的观众都听得懂的话，来给我们解释一下，短道速滑这个项目，咱们中国队的优势在什么地方？作为观众去看短道速滑的时候，它的看点是什么？而且在比赛的时候，运动员需要一些什么样的特质？

杨： 短道速滑比较简单的说法就是，冰上的F1赛车。可能大家对速度滑冰更加陌生，速度滑冰就是一人一根跑道，跟田径一样，计时赛，看谁滑得快，最后以时间来决定你的胜负。短道速滑是看身位，大家在一条跑道上，然后这里边就有战术、有技术、有配合，最后谁在前面谁拿冠军。有的时候，可能决赛的冠军成绩，还不如半决赛，甚至预赛的成绩。但是我身位是在前面，我就是冠军。它这里面就涉及很多技术、战术，还有相互的配合等等的一些因素在里头。所以我经常说短道速滑，体能和速度只是我们的基础，在这之上你还要有技术和战术。在短道速滑的项目里面，这个战术发挥其实是非常非常重要的。

曹： 所以刚才说了，短道速滑它的战术占据非常重要的位置，尤其队员之间的配合。可是可能很多次，你最后是孤身一人闯入决赛的，这样你就要面对其他的团体。所以这个时候，怎么去解决自己的心理状态，怎么去对付他们的群体作战？

杨： 其实我还记得第一次赢韩国队的时候，我大概有两三个月晚上睡不着觉，每天躺在床上，闭上眼睛就是，前后左右都是韩国队选手。怎么突围，被他们各种折腾，因为那时候他们专门会有一两个选手来搜我，拉我体力。那时候我们亚运会的时候，是一个国家能出四个选手。通常他们韩国队四个在中长距离上都能进决赛，我和另外一个日本的，我们俩都是孤军作战。所以当时脑子里每天都在想，一想到都是混浆浆的，前后左右全是人。直到有一天我忽然想到，既然你前后左右全是人，就 Let it go，就像那个歌曲一样。但是实际上我还是能够把握一定主动权的，我的主动权不在前面，前面他们肯定是各种拉，但是我的关键点必须是我来把握住的。一个是在起速之前，一般我们在剩七圈、八圈的时候，1500米一共有13圈半。起速之前我要占住第二位，或者第三位。第二位是最好的，第三位也可以，但是你偏后了就不行了。所以我前面的五六圈就爱咋地咋地，你前面折腾我，再挡我，我都不怕。但是关键在七、八圈起速的时候，我一定要占到第二位或第三位。因为它速度一滑起来，位置就不好变了，这是一个关键点。另外一个关键点是我的超越的技术，所以我训练当中就不断地磨我的超越能力。这两个点我把握好了，我就有机会。那么训练的大方向，战术的关键点我找到了。所以我记得那是1996年的哈尔滨亚运会，是我第一次战胜韩国队。当时他们四个选手都是奥运冠军。据说他们的奥委会主席去颁奖了，本来是颁给韩国队的，因为铁定拿那块金牌，结果最后我赢了。后边再去跟韩国队集体作战，

我基本上还是这个原则，就是关键点得是我来把握的，最后冲刺我得有能力，内道和外道超越。

曹： 短道速滑其实还有另外一个外在的影响因素，那就是裁判。有的时候裁判的这种判罚，出现一些争议的话，往往会对运动员产生影响。那你自己本

杨扬在1998年长野冬奥会赛后

人在长野冬奥会，也受到这方面的困扰。所以当裁判出现了一些出乎你意料之外的判罚的时候，运动员怎么去调整自己的心态？

杨： 1998年冬奥会回来以后，我们也做了特别充分的总结。不光是我自己，还有整个国家队。在裁判的一些判罚尺度上，稍微对我们严格了一些。在这个问题上，当时我们自己最后的总结还是认为，裁判对我们了解太少了。我记得那次比完赛以后，我们就力争每年都在中国办世界杯比赛，之前都没有太多的赛事，这也让裁判更多地了解我们。从我个人这块，我其实当时有一个比较让我开窍的小经历。我跟陈露是很好的朋友。花样滑冰的比赛里，裁判是一个非常重要的环节，打分项目嘛。我就记得平常陈露和我们在一起，都是运动员的打扮，也不能说邋遢，但至少都是很平常的也没有化妆。但是一进奥运村，我忽然间发现，她每天都化很精致的妆，然后穿得漂漂亮亮的出来。我说露露，这还没比赛呢，你怎么天天都打扮，还都是比赛妆？她说，我们进了要比赛的环境了，就要给裁判，给所有的人，给我们打分的人一个印象。首先我们态度是认真的，另外我们的形象各方面，其实不光比赛时候要去打动裁判，平常也是。对于短道速滑来说，虽然我们并不是打分项目，但是我忽然间意识到，平常我跟裁判的沟通，对他们的了解，还有让他们来了解我们，也是非常重要的。所以虽然英文不好，但这些裁判我都要主动去打招呼。对裁判也要了解，他们的判罚习惯。其实规则是一回事，但是裁判的理解还是各自有一点点的不同的，所以我们要去学习。另外一个比如说，我们还有一个主场和非主场的问题。比如说像在韩国的比赛，韩国的世界杯，那我这个时候跟韩国队员去比赛的时候，我就要特别特别小心。就是在超越的时候，我要确保没有任何身体接触，有一点接触，从裁判的心理来说他有东道主优势，就像在中国一样，我们也会有东道主优势，所以比如说两个人都可判可不判的时候，那在别人家门口，我的危险就会大，所以我要有这个意识。那么在人家家门口的

时候，我要确保我自己，不能给对手或者裁判任何机会。我觉得多多少少你要多一分理解，对自己多一点要求。因为它毕竟是人在判，我们也是人在滑。

曹：所以那个差异性是存在的。

杨：是有一点点差异性的。当然完全违反规则的事情，现在基本上也做不到。因为现在电视的发达，已经是无死角了，但是多多少少还是会有一点。所以我一直跟运动员讲，你们，尤其在别的国家的时候，在别人主场的时候，就一定要有这样的一个心理准备。现在已经没有边裁了，我们那时候还有边裁。我会观察边裁，这个裁判是来自韩国的，那个裁判是来自匈牙利的，那么对于我来说，可能我这组有匈牙利的队员，我在这个拐弯的时候我要小心一点，我争取去那个弯道超越。这些都是你外部环境需要自己，作为运动员来说，尤其优秀运动员来说，需要去了解的，短道项目是一个要观察环境的项目。去世界反兴奋剂机构之前，我是国际滑联的技术代表。技术代表的身份实际上压力很大的，就是到时候场上所有发生的判罚，各种各样的问题。我是最终解释人，所以当时国际滑联让我当这个技术代表的时候，我压力非常大。

曹：你刚才说过，中韩在短道速滑，特别是运动上彼此的竞争是特别厉害的。到今天，你怎么来看这两个国家的短道速滑技术，彼此的相生相克的关系？

杨：我记得我们那个时代，1996年的时候，我的成绩还起起伏伏。我亚运会虽然赢了韩国队，但后边的世锦赛又输给他们。我记得当时我们办了世界杯以后，在中国的第一站世界杯结束的时候，我们有一个新闻发布会，当时我跟韩国教练一起。记者采访他，他也是个"老油条"了，问他喜欢中国什么？他说喜欢两样，一个北京烤鸭，一个是 Yang Yang（A），他在旁边指着我。我说你喜欢我，你还折腾我？他说我在帮助你提高。就这样说了一句话。两年以后，我基本上就压着韩国队打了，我差不多跟韩国队四代的运动员打过比赛，因为我年头比较长，滑了十三年的世锦赛，他们年轻队员换得也快。我记得那是1999年亚运会，在韩国，当时也是参加新闻发布会，韩国的记者又在问，杨扬你为什么那么强？有什么秘诀？我说因为韩国队，我就指着全教练，我说因为他我才这么强。

曹：就是你的对手往往是你最大的动力。

杨：对。我记得是2006年我退役，正好是长春亚运会。韩国队当时也

杨扬（左一）在国际比赛中

是全教练带，来之前他给我发了一封邮件。他说杨扬你在哪儿？我不知道在长春我能不能见你。虽然我现在一想起你，我心脏病还要犯，但是我很想见你。后来我们在长春还喝了一顿酒。其实场上我们确实竞争蛮激烈的，但是场下，其实发自内心的，我还是很佩服他们。韩国队在技术上还是非常强的，而且在规则的研究，技术的研究上是投入非常大的。短道速滑在韩国的影响，相当于中国的乒乓球，影响力也是非常大。所以从这些层面，包括技、战术层面上，我还是蛮佩服他们的。有个强大的对手，才能够显得我们更强大。否则你赢了也没有那么大的动力。另外，我那个时候的网络环境还是可以的，我还记得在韩国，那时候虽然网络并不像现在这么发达，当时还有一个据说是杨扬"粉丝"的一个网上俱乐部。2018年，平昌冬奥会的时候，我记得当时我作为国际奥委会委员去颁奖，那个播报员说，来自韩国的国际奥运会委员杨扬。完了我就说不对。然后他们赶紧改口，但现场观众们就一直在欢呼。

曹：大家对你都特别熟悉了。

杨：就像乒乓球的瓦尔德内尔到中国来一样，一个项目被熟知的程度很高，所以我在韩国的认知度也比较高。但这几年好像网上的一些声音，总是对立的比较多，但是我是觉得我们还是要尊重。因为我自己的体会，我觉得还是要从尊重的层面上，你才能够更加了解对手。我一直觉得你要认知对手的强大，你才知道怎么样去提高自己。另外某种程度上，这种较量才是值得被尊重的。

曹：这是高水平的较量，不是低水平的纠缠。

杨：对，真的是。所以我也想说，在某种程度上，我觉得他们还是非常强大的对手，特别是在技战术上，非常佩服他们。

曹：你刚才说到盐湖城的冬奥会，为中国拿到了第一块金牌。对于个人来说，就是实现了自己的梦想。其实对于中国的冰雪项目，对于中国的普通民众对冬奥会的认知，实际上它是个非常重要的转折点。而且那次比赛也是一个过山车一样的心情，先输后赢。一般来说，你先赢后输可以，但先输后赢其实你心态的这种调整是非常困难的。所以现在回想起来，那几天的日子是怎么过的？

杨：有人曾经问过我，因为当时我基本上每个项目都有机会拿冠军，说杨扬你要再回到那个时候，还是同样再有四次拿冠军的机会，你想不想再来一遍？我说不，不要再来一遍了，太痛苦了。我还记得我赛前状态特别特别好，因此对这个比赛的结果就越加渴望。甚至有一种赶快比，比完了我金牌揣兜里就回家了，就那种感觉。但是第一项，其实是正常的反应，但是因为你对结果过于渴望，因此对每一个细小的变化就会特别敏感。半决赛的时候，我记得剩十圈，我在前面领滑，也是过于自信，加上你比

442

赛兴奋点也很高。其实我刚才讲了，一般 1500 米都是七八圈、六七圈才是关键的时候。但我剩十圈的时候还在前面领滑，体力也没有分配好。最后两圈被韩国的新秀，第一次出来比赛，外道超越，我完全没有还手之力。那一个超越，一下子把我的信心就击溃了。半决赛和决赛之间有 20 分钟的休息时间，完全自信心就没有了。我甚至跑去找小杨阳，我说要不然我来保你。因为我们俩打配合，那时候我的实力就是高出一块。我赛前是有四个青年队的男孩给我当拉练，像九圈 1000 米，他们四个人，一人两圈，最后一圈我还能外道超越，他们四个跟不上，所以当时我的能力是很强的。半决赛我一看自己状态不行了，信心也崩溃了，我就找小杨阳，我说要不你来，我保你。通常都是她来给我打配合，她说杨扬你一定行，还是我配合你。结果决赛的时候，她滑一半就摔出去了。我剩了三四圈，在那完全摆臂、滑行都失去了感觉。结果我当时脑海里就想的是，前面能不能再摔几个，等于把自己放弃了。我记得很多年以后，2008 年，我们四个女孩当时做过一次采访，我说半决赛的时候，我主动跟小杨阳说我配合你，小杨阳一定说要配合我。当时主持人问，说小杨阳，终于机会来了，你为什么不抓住它？大杨扬要配合你了，那是奥运会。然后小杨阳说，我没觉得是机会，我觉得是个"屎盆子"。就说明她压力太大了，这压力已经不是我们个人能承受得了的。

曹： 而且就是说，你们是凝聚几代冰雪人的愿望，希望在你们这代人身上，能够找到一个突破口。

杨： 对，而且其实那几年连续赢，你就觉得，如果我们短道队不拿这块金牌回来，说不过去了，回不来的感觉。其实现在想想也还好，但当时就是感觉没脸回来。所以小杨阳她说，当时我没觉得是机会，我觉得是个"屎盆子"，你要甩锅给我。所以后来我自己也在分析，也在想，确实那时候压力是巨大的。那场比赛输完了以后，我就觉得自己像"过街老鼠"一样，就想找个地缝钻进去。代表团里边，团部里边也各种人，从不同角度来找我。有谈心的，有可能来批评我两句。我们教练开会，从来不批评我的，那天不知道什么事也找我，我自己都不知道，因为我完全是一种把自己封闭起来的状态。然后小杨阳也在试图唤醒我，因为她知道我喜欢打抱不平，我喜欢看到别人得意，反而能激发我的斗志。当时第一项输完，第一项和第二项中间有两天的训练时间，1500 米和 500 米之间。我记得赛前，我们照常训练，韩国队教练就过来看我们训练。她说，杨扬你看老全的得意样。实际上我知道她在鼓励我，但是我自己那时候就是把自己封闭起来的状态。然后比赛前一天晚上，袁伟民局长找我们四个女孩谈话。我还是非常敬佩他的，他那时候虽然是领导，但是他每一次给我们开会，因为他做教练，总是一针见血。谈话的时候他让其他三名运动员来总结我的比赛，我

中国短道速滑"四朵金花"

当时就想，那就说我这个不好，那不好呗。但没想到，她们三个人都从自己的角度去总结。比如像小杨阳说，我半决赛看到大杨扬状态不对，但我没提醒她。孙丹丹也说，我赛前跟大杨扬说，你一定要把1500米拿下来，后边接力我们就轻装上阵了，因为她只滑3000米接力。大家都往自己身上揽责任的那一刻，我忽然间意识到，这块金牌不是我自己的，是我们短道队拿不着就回不去的感觉。一下子你有那种力量了，就会觉得那份责任，大家对你的信任，我一定要把心里的小鬼揪出来。当时袁局长就说，杨扬你心里有个小鬼，你把它揪出来，你还是以前的 Yang Yang（A）。虽然当时我不知道小鬼是啥，但是我就知道，我必须把这坎迈过去，自己要下决心。所以回去我就把自己所有忌讳的事情都做了，剪头发、剪指甲。以前赛前，教练不剃胡子的。我们东北话叫，不能让人剃了。然后不剪指甲，就是蹬冰怕蹬不住。其实跟那没有关系。但是从心理学来说，我认为是一种赛前让自己静下心来的心理安慰。你这些都按照步骤做了，包括我习惯的背心，甚至刀套的颜色等等，你都按照你曾经经常获胜的那些习惯去安排，这样你心态会更加平和一点。哪个环节出问题了，其实心里会很紧张。

曹：一样，就跟帕瓦罗蒂上台之前得捡一根钉子。搁在口袋里，然后得在这搁一小手绢，这是他稳定自我的一种心理暗示。

杨：对，我那时候也是。但是我在500米之前，把所有忌讳的事情都做了。我让小杨阳拿了一把剪子，把我的头发剪了，指甲剪了，然后把幸运背心换掉。就告诉自己你没有退路，你不能够再像1500米最后三四圈的时候那样，想着能不能有人摔跟头。现在没有运气可言，就是破釜沉舟了。这时候没有好运气，甚至还有坏运气，那你只能去拼了。但是这些也还不够，因为比赛还是要一轮一轮打的，一个不是比赛说我一口气闷完就算了，因为我们还是一轮一轮的，而且依据我前几年的经验，它这种心理变化，还是不断地会返回来，因为你对那个结果很恐惧。所以我还写了九条，把那个纸撕下来，放在口袋里。第二天比赛，不停地在念。就是从技术上呼吸怎么弄，摆臂，反正我把1500米的一些问题总结出来，500米可能会遇到的一些问题写上去，然后不断地默念。因为一轮打下来，下一轮的分组一出来，你看到自己的站位。我第四道，道次不好。你看这组都有谁谁谁，起跑好的，路线好的，我可能又上不去，你

444

会有这种自我否定的起伏的状态。那么赶紧把那个纸条拿出来，让自己开始默念那些。其实回过头来想，我现在经历过了会发现，大家都认为结果是实实在在的，其实结果反而是虚的，摸不着看不到的。它是一个，你没有办法在这个问题上去使劲的东西。反而真正的你能够经历的，去改变的是那个过程。因为你较不上劲，它是个虚的东西。所以我与其去跟那个结果去较劲，反而真正应该较劲是你从起跑到第一刀跑出去，到第一个弯道，第一个直线，甚至到最后冲刺，这些是你能够去把控的，如果把控得好的话。所以我就尽可能把自己拉回到，我能把控的这个现实当中来。因为通常我的状态，像我第二项1000米，完全放开了，就又回到我原来的状态了，在比赛场上更多的是感性的发挥。但是那次500米完全是自我控制，我还记得上跑道的时候，还一直浑身发抖，然后自己内心念那几条。所以500米最后拿下来，是完全在自我控制和自己较劲的过程。

在杨扬的职业生涯中，曾先后三次参加冬奥会，几代中国冰雪人的夺金梦想在她的冰刀下变为了现实。在2002年盐湖城冬奥会的奥运周期里，杨扬在世界短道速滑锦标赛等国际赛事上的成绩可谓一骑绝尘，其中1500米是她的绝对强项。但在盐湖城冬奥会1500米的比赛上，她出师不利，只获得了第4名。但杨扬仅用了几天时间，迅速重拾状态，在500米决赛中一路领先，夺得冠军。1980年中国第一次参加冬奥会，22年后，终于实现了冬奥会金牌零的突破。对杨扬来说，冠军是全力迎接挑战之后的释放和呐喊，是一次次挫败之后仍坚持不懈爬起来的过程，也是面对压力和责任时的担当和勇气。

曹：所以运动员在整个比赛的过程当中，自我的心理控制是非常重要的。

杨：非常重要，我觉得我做任何事情都是一波三折。很顺的时候非常少，但通常是这个波和这个折带给了我成长。很顺的时候其实就顺过去了，有的时候是运气稍好一点，自己训练付出多一点。但是其实它就是一场比赛。现在回过头来，虽然那个波折我不想再来一遍，但是它对我来说，一直都是很难忘的回忆。

曹：所以你才是最厉害的，因为判断一个人厉害

2002年盐湖城冬奥会杨扬夺得金牌

不厉害，不是说他究竟整个结果有多顺，而是说你降到最低的时候，能够触底反弹，再次成功，这是最了不起的。

杨：我也觉得我能够在前一场失败当中走出来，在两天的时间里。我后来听他们讲，国内已经说完了，这次又完了，说中了邪了。但还好，最后还是不负众望吧。

曹：其实对于竞技体育来说，冠军和亚军虽然好像是一字之差，其实相差很多。我记得那会儿我采访王义夫的时候他就说，当得了冠军的时候，山呼海啸，鲜花掌声。可是当他得了亚军回来之后，灰溜溜就自己走了，所以那种心理落差会特别大。但是我今年看了东京奥运会，我觉得整个舆论场有一些变化。就是大家不再追求金牌，有一些没有得奖牌的，但是很有个性，很有魅力的运动员，照样能够被大家所追捧。所以从一个运动员角度来看，是不是这些年，人们其实对于竞技体育，他们的看法有一些跟过去不太相同的地方？

杨：对，其实不光是成绩，你刚才说这次东京奥运会，很多人还关注运动员的肌肉。他的腹肌是有几块等等，大家开始欣赏这种美了。我记得我们 20 世纪 90 年代的时候，那时候提倡的是林黛玉式的美，女孩子要纤弱。这些年参与运动的人也多了，而且越参与他会越知道，运动实际上是很了不起的，要求很强的自律，包括各种各样的困难。所以他通过自身的参与，越来越理解体育的魅力，那么就更学会了欣赏，我觉得这个是这些年的变化。另外大家现在越来越包容，这也是非常重要的一个社会发展的方向，就比如说刚才我们讲的特奥，可能再早一点，我们甚至看不到这些人，这些孩子，这些群体，因为社会的包容性不够，大家的认知度就不高。但是现在社会包容度越来越高，这些家庭也可以走出来。我们发挥的价值也会越来越大，这也是社会在进步的一个标识。所以像东京奥运会，我们看到，这么多运动员从各个方面展示他自己。而且现在的媒体也发达，各种媒体通过不同的方式，来展示运动员不同的角度，其实是非常好的。

曹：前不久我跟李娜做一个采访，我觉得你们俩有一些成长经历上相类似的地方。就是说，都有过两次退役的经历。第一次退役之后，都进了学校去读书，你还去美国进修了一段时间。作为一个运动员来说，她在整个成长过程当中，可能小的时候她花在学习上的时间不是太多，所以让你们有一个重新回到课堂的机会。现在回想起来，

杨扬清华大学毕业照

446

第一次退役之后，回到课堂，对你后来做现在的这一系列的事情，是不是有一些特别正向的作用？

杨：我觉得回到课堂是两个原因，一个是一直心心念念忘不了，另外一个是理想，或者说是梦想，希望能够去到大学里边。虽然我选择了当运动员，但是我还记得我父亲在当时帮我做这个选择的时候说，运动还是吃青春饭的，你只有这些年能够去做这个事情，学习以后还有机会。因为我们那时候经常讲，活到老学到老，所以当时我父亲帮我做这个决定。但是我一直都觉得，有一天我还是向往去学校，尤其好大学，这是我从小的另外一个理想。再者，从运动员退役下来，确实需要一个时间去沉淀。自己要去逐步进入社会，这是一个你必经的过程，学校是一个很好的过渡期。另外一个就是要充实自己，大家也都知道，按照我们的培养体系，大多数运动员从小还是缺失了文化课的学习。你要去给自己补，能够在适应社会的过程中，你的能力也能够匹配上。这样你为未来，其他的梦想和理想打一个基础。所以我现在对年轻运动员，快要退役转型的，我一直跟他们讲，学校是一个非常好的机会。虽然现在好像体育产业也比较热，外边的机会也不少，但是年轻的时候花几年时间在学校里边，是非常值得的。

曹：你后来重出江湖，是不是也是觉得整个冰雪运动，特别是短道速滑这个运动需要你，因为你特别推崇郎平的那句话，被人需要，实际上是一种满满的幸福感。

杨：对，我是2002年拿了大满贯以后，选择去清华读书，后来又去了美国做交换生上学。确实像刚才您讲的，我出去一年多以后，那一年的赛季，整个短道的项目，正好是一个新老交替的过程，年轻队员还没起来。我记得美国那站世界杯我在现场，看到中国队500米，那是我们的优势项目，我的第一块金牌也是500米，没有人进决赛。看了以后，那个心情就是怎么可能这样？怎么可以这样？那时候正好国家队说，杨扬，你有没有可能再复出？对于我来说，其实复出是有一定风险和挑战的，风险就是像王义夫说的，王义夫是我同学，我们在清华的时候一个班。我记得我要复出，他说，杨扬你千万不要复出，拿了第二都是"臭狗屎"，就像刚才您说的。但是其实我那个时候，包括家里人也说，也到了结婚的年龄，二十八九岁了，也该考虑自己的人生等等。我的好朋友也说，我们都希望杨扬是在胜利的时候，世界最高的领奖台上退役。而且从另外一个很现实的，就是我们当时运动员的分配，通常我们有一句话叫急流勇退，不是激流勇进，在你最高的时候退下来，通常你的安排会好一些。像我前辈李宁大哥，他就是1988年从杠子掉下来，本来1984年拿三块金牌退役的话，那个时候可能各种各样的安排都可以，做教练或者是做其他的管理工作。但是1988年退下来，他输了以后回来，他的工作关系一路被贬到县城，所以都是很现实的问题，这些问题都摆在我前面。但是我记得当时我在美国上学，我一个朋友跟我聊这些困惑。他说，那你的心怎么想的？跟随你的心。我的心怎么想？我心里很痒痒。其实当时我在想，我如果两年以后，2006年的时候，我作为一名观众去看中国队比赛，我想我坐在那儿肯定会后悔。但我不确定，我如果拿块银牌、拿块铜牌，输了以后会怎么样。但我非常确定的是，我没有去尝试，没有去担这份责任，接受国家队的邀请，我肯定会后悔。所以，与其为一个不确定的事情困扰，还不如去做自己已经确定的事情，所以当时就回来了。

经过反复思索，杨扬义无反顾地放下学业，再次投入到艰苦的训练中。一年多之后，她在2006年都灵冬奥会上获得了一枚铜牌，在这届冬奥会上，她还成为了中国代表团开幕式的第一位女性旗手，她的笑容给所有人留下了深刻的印象。此后，她正式告别冰场，不留遗憾地开启了自己的下一段人生。

曹：这些年，你除了刚才我们说的一些工作，其中有个工作就是冠军基金的发起人。这些年，无论是外部的那些环境，还是运动员对自身的认知，应该都有一些很大的变化。所以当时你们做这样的一个冠军基金的初衷是什么？

杨：2006年我退役的时候，我是把自己的奖金捐给了一个国际体育公益组织，是我的前辈运动员创立的，叫"儿童乐益会"。当时是跟联合国的儿童基金会一块，在一些战后难民营，去做一些青少年的体育活动。其实我捐的时候，我并不知道我是那届奥运会的两名运动员捐款人之一。对于我，内心当时是两个原因，一个是我很崇拜，很尊重，能够用自己的影响力去做社会公益的这些前辈，这些著名运动员。另外我觉得我自己退役了，我要有一点仪式感。虽然当时得铜牌，也有人说，杨扬你太可怜了。但我内心还是很认可的付出，虽然那个时候还不像现在这么包容。虽然没有人理解我的付出，也没有人夸我，但我内心还是要夸夸自己的，所以我把那块铜牌的奖金捐给了这个组织，也受邀去了趟非洲。冬季项目从来不往那边走的，第一次受到体育运动在那样一个很贫穷的地方，在埃塞俄比亚，我们去贫民窟，去儿童康复中心，去聋哑学校，跟聋哑学校的孩子踢盲人足球，跟儿童康复中心的小孩，都是残疾的小孩去做游戏。看到贫民窟到处都是铁皮房，真的是脏乱差，不能形容了。但是你看到运动在那个地方如何去发展，能够教那些孩子如何去健康生活，去保护他们已经很差的环境，如何积极地去面对困难等等。其实之前我也很热衷公益，更多的是以一个明星大使的身份，去给人站台。但第一次我发现，体育原来也是一个可以推动这些社会发展的一个工具。原来体育对我来说都是竞技层面的，所以那一次虽然我是捐款人，但实际上我认为我是特别大的受益者，因为你打开了对体育的认识。所以2006年我回来以后，就一直念念不忘，想做一个类似的公益组织。当然我要先在清华毕业，后来又去了2008年北京奥运组委会工作。四川地震之后，周边有很多朋友都有这个捐款的热情。因为我经常爱讲，像我今天一样，爱分享。他们说，你不是一直想做公益组织吗？反正我们的钱

杨扬与巴赫

也不多，捐给你，你来做。所以我们后来就在四川什邡，做了青少年的体育项目。因为当时整个地震灾区的学校，都是板房，没有体育活动。那么我们就把这些教材，重新做了一些编辑，给到当地的体育老师，那时候体育老师已经去做安保了。告诉他们如何利用有限的场地和教材，去教孩子。而且以往他们在教学体育课的时候，更多的是看你跑多快，跳多远，投多远。我们的教材更多的是让孩子通过游戏，去了解什么叫团队合作，什么叫尊重规则、尊重裁判。我们甚至让最淘气的孩子做小组的领头人。因为通常淘气的孩子都是聪明的孩子。原来我们淘气就罚站，现在你淘气，你来领头。因为有一些小比赛了，这样他就有带动感，他也不会淘气了。所以很多的理念，我们给体育老师的培训，并不是说以往的那种技能方面的培训，更多是理念上的。总而言之，我们那个项目做了三年，直到2010年，我做了国际奥委会委员以后，我在国际奥委会看到了运动员职业转型项目。因为我自己经历过那一波内心的焦虑、彷徨，所以看到国际奥委会有一个特别符合运动员，为运动员量身定做的这样的一个教材、教案，所以我就特别想把这个项目引进到中国来。后来跟国家体育总局也协调，经历了半年的时间，项目就正式进入到中国。从2011年到现在，做了有十年，还是有很多的经验积累。

曹：了不起。我记得当时有一个视频，就是讲你退役后的第一天，花了一天时间去交电费。作为运动员来说，生活比较简单，但从那个时候起，你要去从事一个日常的生活，可能都不具备这个能力。到现在你能做这么多工作，在国际奥委会，在自己的冰雪场。你觉得退役到现在这些年，自己最大的一个飞跃是什么？

杨：其实我觉得是运动场培养了我23年，给我带来的那些能力，其实我老会给自己

发现一些惊喜。原来你会觉得，运动场培养我的只是运动能力，实际上在走向社会的时候，我有很多的缺失，文化课的缺失、社会关系的缺失等等。但是你也会发现，因为运动场带给你的，就像我们短道速滑，你有结果导向，然后我有技战术，我要打配合，配合队友的关系怎么去处理。技战术我怎么样能够拐着弯的，绕着道的，配着合的，能够到最后冲刺的时候我是冠军。所以像这个运动，它给了我这些能力，等我再进入工作层面的时候，两眼一抹黑，我不知道该怎么做的时候，我知道领导对我的要求，结果是你要先把它拿下来。我记得 2008 年在组委会的时候，我在志愿者部，当时我的第一个任务是，志愿者的首日封发行。2008 年我还不是国际奥委会委员，首日封发行上面要有一句话，希望罗格主席题词。然后我们当时志愿者部的部长说，杨扬你在国际组织做过，去联系罗格主席签名题词的事就交给你了。我想，我上哪儿联系罗格主席去？但是你不能说不行，因为做运动员哪有不行的事？所以我把任务接下来，我就坐在那儿，我说这时候该咋办？我就开始翻我所有的联系方式，有没有人能够联系得上的。反正七扭八扭，最后终于联系上了。

曹： 人家说嘛，不管找谁，拐弯抹角六个电话一定能搞定的。

杨： 当时我也不知道，反正最后是联系到了，也拿到了他的题词和签名。后边陆陆续续也会遇到各种困难，当然有的时候我觉得渠道问题相对能够解决，但有的时候心理上也会遇到一些打击。别人对你的不理解，会质疑等等。反正我自己的总结是，如果你的目标比困难低，那可能这个困难就过不去。但是我的目标在更高的地方，对不起，我可以过得去的。有的时候受点委屈也无所谓。

曹： 其实现在大家把你看成一个女性成功的范例，你自己是不是也会觉得有压力？因为你除了这么多社会工作之外，你在家里还是个女儿，还是个妻子，还是个妈妈，你通常会有多少时间关注自己的家庭、自己的孩子？

杨： 我其实一直也特别怕别人用成功两个字，我一直觉得我们是一个多元化的社会，我周边有特别成功的妈妈，就是全职妈妈，我也很羡慕她。我周边有特别成功的各式各样的人，我觉得能够把一件事做好，都是挺了不起的。

曹： 你想过做全职妈妈吗？

杨： 想过，我其实是个手艺人。我小的时候特别爱编织，特别喜欢下厨房，但这两件事这些年都没有时间。疫情期间我曾经有 14 天隔离在家里，把这个厨艺重新找回来了。练了一下，但后来又都还回去了。但是我觉得，我自己是很幸运的，很幸运在我退役下来，有各种各样的机会给到我，也减少了我退役转型的这些困惑。另外一个，其实某种程度上，这些机会也是责任。这些年是机会和责任推着我往前走，所以我也战战兢兢的，或者是跟小步跑一样。其实有一些任务来了，我也不知道该怎么办。就像这个世界反兴奋剂机构的事情，当年正好是这个工作特别胶着的时候，提名我的。那时候正在处理俄罗斯的问题，当时世界反兴奋剂机构内部也是分两边，吵得不可开交，这边理事会还开着，那边媒体全都放出去了。我头几次列席他们的会议的时候，我都吓坏了，没见过甚至有人身攻击的这样的一个开会状态。反正就任务交给你了。我当时跑去问巴赫主席，我说我该怎么做？他说，随你心意，需要支持的时候，我们会支持你。但是说心里话，等你静下心来，我记得我花了一两个月的时间，去找各种律师聊。因为反兴奋剂工作，它背后有一个法律的问题，它涉及的面比较广，对这个流程要非常熟悉。在世界反兴奋剂机构里面，有百分之七八十的员工都是律师背景。所以我就找了几个律师，尤其对国际法比较熟悉的，去各方面地学习和了解。总而言之，一开始很焦虑、很胶着，到现在为止。虽然疫情期间我们只开了一次面对面的会，剩下全部是线上会议。但是我还可以，慢慢已经进入到角色了。你说当妈妈是不是 100 分？我肯定不是 100 分。

曹： 你平时在家里，怎么跟孩子交流？

杨： 跟孩子就是深呼吸，不断地深呼吸。开玩笑。

曹： 会吼孩子吗？如果他们表现不好的话。

杨： 偶尔会的。其实我当时退下来，这样的一个工作状态和生活状态，也是主动选择的。很多人会觉得，我现在的选择还是可以。但事实上当时也是纠结的。因为我们那个时候可能大多数的奥运冠军，到现在为止应该也是 95% 以上都是留在系统内了。我当时系统内也是有机会的，我那个时候在想，我从小就离开家，缺失家庭生活。我希望未来我是能够兼顾到家庭的一个生活状态。所以我希望我的工作能够符合这个生活状态。再者，我也考虑我的价值，系统内我可能是从副处级开始做起，他们可能并不缺一个这样的干部。但是我个人觉得，如果我有机会去推动冬季项目的发展，我更倾向于在国际组织里去做更多的工作。虽然那些工作都是义务的，都是社会工作，可能没有什么实权，但是我觉得还是可以去发挥作用的。所以也很幸运地有了这些机会。其实回过头来，我当年最重要的选择，也是根据我未来对生活的一个愿景去做出的选择。并不是说哪个好，哪个不好，按照当下的评价去选择它的。而是对未来，对生活有一些预期的。

曹： 在孩子们的心目当中，你是个什么样的妈妈？儿子、女儿都跟你交流过吗？

杨： 我有时候吼完他们后会问我闺女，我说妈妈是不是不是好妈妈？她会很委屈，说妈妈是好妈妈。其实总是要尝试着从他们角度去理解问题，因为我们那个年代，父母

杨扬和女儿

对我们关照并不多，他们更多是忙于生活。但是我也因此会更加体谅父母。所以我也在想，我们现在可能给他太多关注了，所以我很多时候尽量提醒自己，要往后退一步。更多尝试着给他一点时间，让他自己去做决定。再加上我小时候也有点阴影，比如说我妈很忙，走的时候经常会偷偷地离开我，我会哭好几天，那种阴影是有的。所以我每次出差，我都会跟孩子们打好招呼。所以我们家小孩到现在为止，没有分离焦虑。可能就是我很充分地跟他沟通，妈妈要明天出差，几天以后回来，他心里是有预期的。

曹：他习惯自己有个忙碌的妈妈。

杨：对，他们蛮习惯的。然后这两年大了，尤其我女儿，一开始不理解，说妈妈，他们为什么找你合影？前两天我才意识到，她可能开始知道有一些不一样了。前两天幼儿园让他们介绍自己的父母。然后我女儿说，我妈妈是奥运冠军，我爸爸是普通人，特别搞笑。

曹：所以你对孩子有什么期待，希望他们长大做什么？

杨：我觉得现在就给他们定位还太早。我觉得做父母的责任更多的是让他去探索他们自己喜欢的东西，另外一个是让他懂得，喜欢什么，要去获得的话，是要去付出的，首先要去付出。这两个道理非常重要，其他的就顺其自然。像我儿子特别喜欢吃，他如果有一天想当个厨师，我觉得也很好。至少我们家的这个伙食可以改善。我是觉得尊重他们的意愿，但同时要引导他们，要像我刚才说的，先为自己喜欢的事情去付出，用这样的一个心态去面对。

曹：最后请您介绍一个可能公众相对比较陌生，但是您认为是特别值得关注的一项北京冬奥会的项目。

杨：那我只能说短道速滑，必须说短道速滑。其实冬季很多项目都值得我们关注。短道速滑是一个特别刺激的项目，同时它又很考验智慧和团队的配合。这个也是中国的优势项目，在过去的中国冬奥历史上，我们13块金牌，短道占10块。当然这一届冬奥会，我们挑战会非常大，因为对手也非常强大，年轻队员也面临很大的挑战。但也因此带来很多的不确定性，这也是竞技体育的一个魅力，所以请大家关注。另外花样滑冰，我很想让女儿学花样滑冰，我觉得这是个欣赏性非常强的项目。本身是竞技，同时又是艺术，我觉得这个可以满足很多人的视觉需求。雪上项目，它本身一定有很多自我突破的感觉，而且现在参加滑雪的青少年又特别多，非常酷。我们也有像谷爱凌这样非常阳光、美丽的女孩有机会会争金夺银，所以我觉得这些项目都会值得关注。还有很多我们在发展中，不一定能拿到奖牌，但是非常值得看的，像雪车、雪橇，雪上的那些技巧类的项目，包括越野滑雪，像这些很传统的项目，都值得看。

曹：所以我们既期待有一个非常特别的冬奥会，同时也期待我们所有来自世界各地的运动员，能够像你所期望的那样，都在赛场上留下他们的印记。过多少年以后，他们回到这个地方，或者他们的孩子们来到这里，可以寻找到这样的一个痕迹。

杨：是的。我希望北京冬奥会，能够让所有参赛的运动员，成为一生中难忘的一个回忆，这也是我当年的一个梦想。我在 2002 年盐湖城冬奥会实现了我的梦想，我也希望运动员能够在我的国家，实现他们的梦想。我们运动员委员会也会全力保障他们能够有这样的机会。

杨扬与曹可凡

我的"后冠军"生活——李娜专访

李娜，中国最常见的女性用名之一，然而正是这个普通得不能再普通的名字，却成就了世界网坛的一段亚洲传奇。作为中国网球运动史上第一批独立的职业运动员，这位出生于武汉的"80后"女孩，在职业生涯中获得了两项大满贯女单冠军头衔，以及单打最高排名世界第二的辉煌战绩，并成为第一位入驻国际网球名人堂的亚洲球员。2014年9月挂拍之后，李娜回归家庭，成为一位幸福的母亲，同时她也在不断思考如何将网球带给自己的人生财富分享给更多需要的人。她出任国际特殊奥林匹克全球形象大使，在推动特奥运动发展的同时，为智障人士构建"接纳、平等和尊重"的社会氛围。今天的谈话，就让我们从李娜的"后冠军"生活聊起。

李娜做客《可凡倾听》

曹： 特别高兴今天在上海能够跟你见面，我知道其实你退役以后，做了很多对社会公益有益的事情，特别是特殊奥林匹克运动，是一个什么样的机缘，让你涉足特奥这样一个项目？

李： 特奥会是一个很特殊的群体，2007年在上海举办了一届特奥会，那时候大家对特奥会的关注度有一点点提升。说老实话，在现实生活当中，你很少可以看到这样的人群。

曹： 其实他们这个群体跟社会有某种程度的脱节。

李： 对。后来我就会觉得，作为运动员，我是不是应该做出一点点适当的努力，让大家对这个群体有更多的关注。

曹： 就像你刚才说的，其实很多智障的孩子，可能因为家庭或者自身的原因，他们不太愿意走出这个家庭，害怕碰到一些比较异样的眼光，所以往往他们生活在自己的一个小的天地。我觉得特奥会最大的贡献，就是让那些孩子能够走入公众的视野，能够跟正常人一样，通过体育这个活动来展现自己。你希望跟公众来说点什么？怎么让我们在平时的生活当中面对这样的一些智障人士，能够消除偏见、消除歧视？

李：我希望大家可以多一些理解。你可以换位思考一下，如果你的孩子是这样，或者说你本身是这样的，你会期待别人看你的眼光是什么样的？而且我觉得特奥会特别好的是，孩

李娜在特奥活动中

子们通过体育锻炼，可以提升他们的自信。他们在运动场上，你可以看到他们真的是竭尽全力，尽自己所有的努力。重要的是这个过程，他们很享受，我觉得这个是很重要的。

曹：你自己是一个运动员，从运动员的角度去看那些特奥运动员，所以你的感触会特别特别深。

李：其实我觉得这不光只是运动员，而且我现在也是妈妈，又是运动员又是妈妈，当你看到小朋友们在场上真的是竭尽全力去奋斗的时候，不管他的成绩怎么样，作为曾经的运动员，作为妈妈，我都会为这些孩子感到骄傲。

曹：我们再来说说你现在的生活状态，很多运动员退役之后，都会选择做教练，或者去学校任教等等。你退役之后，似乎走的路跟他们有点不一样，你当时是怎么想的？

李：我觉得我比较幸运的是，退役以后马上就到准妈妈的阶段，所以让我没有时间去考虑我要怎么办。很多人都以为我是怀了孕以后才退役的，其实不是的。我觉得这应该算是老天的眷顾，没有给我太多的时间，马上就为我安排好了下一步。

曹：好像你一直说将来如果有条件成熟，希望能够办一个网球学校，而这个网球学校的目标不是说一定要培养运动员成为一个冠军，而是为了那些99.99%可能当不了冠军，成不了职业运动员的孩子，为他们寻找一点出路。所以当时你的想法是什么？

李：我相信大家都知道，不是说你当了运动员，你就可以拿冠军了。而且真的就是极少的人，才可以成为冠军。

曹：天时地利人和。

李：对。不拿冠军的人怎么办？难道他们就是失败者吗？其实不是的。我觉得围绕着这个项目，你其实可以做很多事情。就像你当了运动员，不一定退役以后只能当教练，你也可以当经纪人，也可以当裁判，这些很多附属的东西，你都可以去做。因为

运动员只是其中的一种职业而已。

曹：我知道你小时候练球，教练对你特别狠，特别是余丽桥教练，几乎是用把你逼到角落的这种方式，催促你成长。甚至你在成长的过程中，留下了一些心理阴影。后来你功名成就之后，跟教练去做过一次交谈，从心理学的角度，你觉得自己释放了。老师的严厉，对孩子心灵的冲击是很大的，所以你最欣赏教练和学生之间应该什么样的一种关系？

李：我觉得教练和球员的关系应该是平等的，在教练可以选择球员的同时，球员也是可以选择教练的。而且说实话，在我年轻的时候很不喜欢余教练的教学方式，但是在某种程度上，我必须要承认她的这种教育方式。因为可能在余教练教我十多年的时间里面，有一种很严厉的习惯延续下来，后来就算我换了教练，我对自己的要求还是会很严。

曹：你的要求已经固化，无论是别人对你的要求，还是你对自己的要求。

李：对。所以我觉得现在很难说这样的教育到底好还是不好，因为每个人其实都是独一无二的，要找到适合每个运动员的教育方式，这个很重要。

曹：其实这就像钢琴家郎朗一样，从正常的父子关系，教育孩子的理念，你会怀疑他父亲当年为什么这么严厉。今天的父亲已经不会这样，但客观上你得承认，当时他的方法是对的。

李：有时候必须要，那个度是最难去把控的。

曹：你也强调除了孩子们要学习运动的技能之外，其实文化学习也非常重要。小时候其实你的数学是挺好的，甚至还有老师推荐你去参加奥数比赛。我们通常有一个偏见，好像运动员只要技能，其实你可以发现一个好的运动员，无论是你、邓亚萍、李宁、姚明、郎平，其实文化素养和最后的成就是成一个正比的关系。

李：我也一直跟我的合作伙伴说，我说这个网球学校不是以培养冠军为目的的，就是小朋友们、年轻球员、青少年，你可以来参加网球训练，前提是你的文化课必须要过关。如果一旦接到老师的电话说，这名同学现在文化课有一点点跟不上，你必须要终止训练。你的文化课必须要到一定的水平，你才有这样的机会和资格来练习体育项目。

李娜的网球经历可谓一波三折，她在懵懂无知的年纪早早踏上了专业运动员的道路，并没有多余的时间思考自己真正想要的生活。2002 年，已经获得了全运会女子单打和双打金牌的她，因为身体原因选择了退役，并和同为退役网球运动员的男友姜山一起踏入了大学的校园。这段为期两年的"偏航"时光，却成为她人生重要的转折点。

曹: 作为运动员,走进教室,最大的不适应是什么?

李: 从小经历的就是竞技体育,在竞技体育中,我们所受的教育是,只有冠军才是唯一的衡量标准。可是进到大学以后,我发现原来社会是这么不一样。我当时为什么会去大学,是觉得我想听听其他人对网球的看法。因为我的成长环境可能太狭小了,所有人的想法都比较一致。我想跳出这个圈子,去感受另外一个不一样的世界。我很感谢那两年在大学的时间,相当于人在遇到瓶颈的时候,可以停下来,然后安心地放松下来,看一看周边的事物。我相信现在的生活节奏很快,很多时候只是很努力地往前走,其实你已经错过了身边很多美好的风景。

曹: 所以美学家朱光潜先生说,要慢慢走,人生的风光要慢慢欣赏。

李: 确实是的。因为现在的生活节奏太快了,现在当妈妈了,有时候我也会焦虑说孩子的教育以后怎么办。后来想想没事,那是他们的路,他们自己走。现在我会觉得孩子们,在他们的年龄,就只应该学适合他们年龄的东西。

曹: 所以那一段放慢生活节奏的时光,实际上让你能够更好地冲刺,就像你要打拳,首先要收回来,然后那一拳打出去才会有力量。

李: 可以让我更好地去想想我以后应该怎么走。

曹: 所以你经过那几年的文化上的学习,特别你跟姜山都选了新闻专业,你觉得这几年的大学学习,对后来你回到赛场有一种什么样的提升?

李: 原来我会觉得网球就是我的一切,但是跳出这个圈子以后,我理解到,当我认为这件事情是我的全部的时候,对于别人来说,可能是一件很微不足道的事情。刚开始的时候我特别接受不了,后来慢慢觉得原来世界就是这样的。因为人非常有限,但世界很大,所以只有通过不断地学习,你才能去提升自己。

曹: 中国网球运动的改制,实际上对整个体育界,特别是对网球运动、对你个人,都产生特别大的影响。所以当时你听到有这样一个改制的讯息之后,内心是怎么想的?因为一方面给你松绑,其实另外一方面给你更多的挑战。人就是这样,自由以后你就有更多的责任。

李: 是。其实当时这件事情,非常感谢孙晋芳主任,能够那

李娜和孙晋芳

457

么勇敢地跨出这一步。非常了不起，可以想象她顶着多大的压力，才能走到现在这一步。我当时应该是在国外比赛，一听到就说回来签合同。其实走职业是我一直以来的梦想，当时有两条路可以选，一个继续在国家队待着，另外一个就是可以拥有自己的团队。其实如果想过得更安逸一些，可以选择在国家队待着，因为你不用担心任何经费的问题。但是我会觉得如果以后问你是职业的吗？我怎么回答？某种程度上来说，我是职业的，但是我完全没有任何机会可以拥有自己的团队，那怎么算是职业呢？然后我又想真的走到那个圈子里面去更多地了解网球的文化。特别好笑的是在签合同的时候，我和姜山一起去的。然后我就问他，我说你要做好最坏的打算，有可能我们的银行存款就会变为零。他很潇洒地说，没有关系，我们年轻，我们再来。有这句话就行。签完以后，我们就开始筹备，自己找团队。我那个体能师一直跟了我很久，那个时候很搞笑的就是，他就说李娜不是在办签证，就是在去办签证的路上。那个时候非常夸张的就是，如果我这周是在墨尔本打比赛，我下一周或者下下一周要去美国的话，我就只能在墨尔本当地，先在网上申请美国的签证，我自己要把护照送进去，然后排时间。网球比赛可能是一周，但是你并不知道自己可以打到礼拜几，我会提前去预约。当时真的会花可能 20% 到 30% 的精力，在办签证上面。

曹：所以你刚才说到孙晋芳，她作为排球运动员，当年是对于中国排球运动厥功至伟的选手，她华丽转身，成为网球运动的主管者。所以她对于这个运动项目的推动，包括对你个人，是不是都是一个贵人？因为那时候可能你说话的技巧不那么圆熟，会被媒体抓住把柄，实际上那个压力最后是到孙晋芳那儿。

李：是，我明白。因为孙主任也是运动员，她说话也是比较直的。运动员和运动员之间其实说话没有那么多的顾虑，我想表达什么、我想说什么，我就会直接说出来。可是总是会被有心的人利用，到最后会传出说李娜和孙主任关系不好，以讹传讹。后来有一次有一个朋友就说，你们俩到底怎么回事？我说什么事都没有。包括那个朋友也问了孙主任，孙主任说我们俩之间什么事都没有，就是不知道怎么会传成这样。我相信如果没有孙主任的那一次改革，网球这个项目肯定也不会像现在这么火爆。

"我最大的梦想是希望能打到职业的世界前十，我知道这很难，但我会努力。"这是 16 岁的李娜第一次对着镜头说出自己的梦想，而在此之前，亚洲网坛唯有日本名将伊达公子完成过这一目标，最高排名世界第四。对于当时的李娜而言，进入世界前十无疑是一个宏愿。2004 年复出之后，她从资格赛打起，积分从零开始，排名稳步上升。在 2010 年的澳大利亚网球公开赛上，李娜首次打入大满贯四强，排名进入世

界前十。而这一刻，赢得网球世界最高荣誉——大满贯冠军的梦想也逐渐在李娜和团队的心中成型。在第二年的同一片场地，李娜成为首位杀入大满贯决赛的亚洲选手，正当中国球迷还沉浸在这一历史性突破的喜悦中时，李娜在当年的法国网球公开赛上再度惊艳世界。她一路击败科维托娃，阿扎伦卡和莎拉波娃等夺冠热门闯入决赛；面对卫冕冠军斯齐亚沃尼时，直落两盘，锁定胜利，夺得了中国乃至亚洲的第一座大满贯单打冠军奖杯。按照罗兰加洛斯的传统，法网为第一位夺得冠军的中国人升起了国旗。李娜在网球这一欧美主流运动上获得的成功，无疑让中国运动员的国际声望提升到了一个新的高度。

曹： 通常大家会认为网球在所有的运动当中，是一种贵族运动，好像有钱有闲人业余时间玩的一个运动项目，而作为一个职业运动员，所包含的这种艰辛和苦难，可能是常人不太理解的。就像你自己的书名那样，我特别喜欢这个书名，《独自上场》。因为当一个网球运动员到了赛场之后，你只能单独去面对对手，你不能像其他运动员一样有暂停，可以跟教练、领队进行交流。你在书中也形容过，整个赛场就有点像罗马斗兽场。是不是在那个场合中，其实当你上了场之后，有的时候会有一些无助的感觉，任何困难、任何阻拦都是要靠你自己用体力和智力去完成？

李： 大家都会觉得这个项目是很酷的，可以在球场上穿得很时尚。可是当球员真的走进球场的那一刹那，你要挑战的不只有对手，最重要的是你要挑战自己。就像您刚才说的，上场以后，每个人都会有感觉，你会觉得我那天状态不好。但是我们又要像演员一样，不能表现出自己不好，你要用眼神告诉对手，我很强的，你今天赢不了我，但其实内心慌得不行。你的一举一动，因为中心场差不多都有一万多人，他们的每一双眼睛都是看着你的，还不算电视直播。那个时候，其实内心的想法，有可能你的团队都不太会知道，但是你又不能表现出来，只能所有事情自己去扛，自己去承担。

曹： 其实每个人，即便再坚强，都会有软弱的一刹那，或者有软肋，运动员也是如此。所以当你面对对手的时候，是不是会经常在脑子里有一个坚强的李娜，跟一个相对比较软弱的李娜，两个人开始斗争，

李娜法网夺冠

然后看哪一方能够占上风？

李： 我觉得这个时候就体现团队的力量，在运动员上场之前，我的团队都会说很多鼓励我的话，你是最棒的，你要相信自己。即使他们知道我那天状态非常不好，但是他们还是会说很多鼓励的话，就是像斗士一样，你要提升斗士的那种战斗力。我现在很怀念那种感觉，就是自己跟自己战斗的时候。

曹： 所以通常在赛场上，怎么去战胜自己心中软弱的那一面？尤其是面对一个陌生的选手，突然她出了一个绝招，或者说面对一个大家都知道是比你强很多的选手时？

李： 到后来，我在赛前不会去看对手的眼睛。因为我觉得眼睛是一个人最容易泄漏消息的地方，你的眼神其实骗不了人。在场上后来慢慢也是跟团队一起磨合，其实不管对手怎么样，竞技体育要表现的是你怎么去战胜自我，你只要今天在球场上尽百分之百的努力去展现自己，不管结果是输还是赢，这都是一种提高。

曹： 你刚才说的，其实差不多所有的网球比赛，现场的观众都特别多，都坐了上万人或者更多，然后现场会出现各种各样的杂声，怎么去排除周围这种嘈杂的环境干扰？

李： 说实话，这方面我做得不是很好，因为我是一个注意力非常容易被分散的人。所以卡洛斯教练为了提高我的专注度做了很多练习。

曹： 怎么个练法呢？

李： 刚开始的时候，我特别特别理解不了。比如说我们原定的训练计划可能是一个半小时，就是技术训练。我相信大家都会有这种心态，可能到一个小时二十分钟的时候，你会觉得还有最后十分钟，马上就结束了。可是当到了一个半小时的时候，他会跟我说现在我们再加一个计划，而且那个计划是我非常非常讨厌的，就是任何时候，不管是我状态好还是状态不好，我都非常讨厌的训练计划。他会给我安排，他说今天这是我们最后一个训练计划。打完以后，我心里肯定就不高兴，你说了一个半小时，那我们就一个半小时结束，而且在这一个半小时里面，我会尽全力去训练。

李娜

你也说我这一个半小时训练得非常好，那为什么还要做最后这个我个人认为是没有必要的训练呢？我非常清楚地记得，训练完了以后，我一句话没有说，然后洗澡完了以后我跟他说，我说卡洛斯，你现在有时间吗？我说我必须要跟你聊一下。我记得当时的表情其实非常非常严肃，说完这话以后，他笑得不行了。然后我就莫名其妙，我说你在干吗？他说你知道吗？我等这个时刻等了很久很久。他说你不是一个很善于去表达内心的人，他说我就是故意练了一个你非常不喜欢的计划，我就是在等，看你需要多长时间才会主动来跟我聊。当然因为之前一直都是我主动跟你聊，他说我就是在等这一刻。他真的有计时，他说你现在花了 25 分钟怎么怎么样，然后我觉得这人"好可怕"。因为他带我的时候已经在中国待了三年，他说我也看到过一些对你的报道，我就是想练一下你。他说我知道你是一个很容易爆炸的人，情绪管理不是很好，但是我这次非常高兴，你只用了 25 分钟，就可以找到自己的问题。当你不懂、不明白的时候，你总是喜欢把这些疑问埋藏在自己的内心，不释放出来，不表达，我们的团队没有人知道你是怎么想的。他说我这次非常非常高兴，我想"好可怕好可怕"。而且这也是第一次，教练是用这样的方式来训练我。

曹：其实作为运动员来说，不仅要受到心理上的压迫和困扰，生理上的伤痛其实也是一直困扰运动员的发展。就像你在书中说的，你可能偶然打个喷嚏，肋骨就会骨折，不可思议。我是学医出身的，所以我看了这段就乐了，我说从来没见过打一个喷嚏，肋骨骨折的。

李：我当时不知道自己花粉过敏，所以我在欧洲的时候是打了一个月的喷嚏，然后每天差不多 30 到 50 个喷嚏。打了一个月以后，我觉得我肋骨为什么这么疼？

曹：从来没听说过类似的病例。

李：大家都惊讶，就问我，你是打高尔夫吗？我说我不打高尔夫，我只打网球。大家都很惊讶，就觉得这孩子怎么了？

曹：可能听来匪夷所思。所有的运动员都会遇到膝盖磨损的情况，所以你在慕尼黑做了很多次的手术。每一次手术，其实对于一个运动员来说都是一个很大的挫折，做完手术以后必须要从零开始，慢慢地康复。在比较短的时间里，反复要遇到这样的情况，怎么去排除心里的这种焦虑？

李：其实第一次的手术是最让我焦虑的，因为那时候面临的是做完手术以后不到半年的时间就要奥运会了，5 个月的时间。我觉得那个是让自己又紧张又担心的，毕竟是第一次在中国有奥运会，你肯定想展现非常好的状态，出现在大家的面前。然后在做第二次、第三次的时候，就觉得没关系了，已经有经验了。但其实身体上的恢复，我个人觉得是非常容易的，主要是内心你怎么样再去重新捡回你自己在场上的自信，那个是非常重要的。你如果每年打比赛，你知道这是我的工作，很多事情你不用去多想，很自然而然就会走到那一步。可是当你做完手术，休养三个月、四个月再回到球场的时候，你会觉得一切都是陌生的。而且特别是对手看你的眼神，这个才刚回来，不会像你天天在球场上，出现在大家眼前，就有点像武侠片，你走的时候，后面是会有黑影的，大家看你就这种感觉。

曹： 因为都是人，运动员的状态会高高低低、起起落落，你其实也不例外，法网夺冠之后有一度状态就会比较低迷。在低迷的情况下，怎么慢慢地调整自己的心态？我觉得每一个成功的运动员都必须面对这一刻。

李： 必须面对。那个时候，我觉得这是天大的事情，为什么我会不停地输球？为什么我就没有办法像之前一样在场上赢球？但是现在回想起来，也不是什么事情，这是必须要去经历的。说实话，现在回想起来，还是很感谢有那样一段经历，才能更好地重新去认识自己。因为在你事业算是巅峰的时候，你自然而然接收的信息可能50%是虚假的，那个时候大家都会说你好，其实你并不好。因为成绩的好，会掩饰掉很多缺点，反而是你跌下来以后，你才会更真实地、清楚地看清楚自己的问题到底在哪里。

曹： 在这样一个调整的过程中，姜山起到一个特别重要的作用。

李： 非常非常痛苦。其实我觉得他曾给我打过预防针，他在我法网夺冠的时候，跟我说，李娜，你要非常清楚地认识一件事情，大家喜欢的是冠军，并不是喜欢李娜你这个人，你要记住这点，就算这个光环下换成其他什么张娜、王娜，大家也会喜欢。可是那个时候因为我有点飘，听不进去。他非常冷静，因为他是站在旁观者的角度。我会觉得你说这话是不是有点太不中听了，忠言逆耳，我觉得不太好听，也就没往心里过。但是在自己真的落下来以后，再回想起这些话，我觉得原来真的是这样，如果当时真的自己可以冷静地分析自己的情况，可能结果又会不太一样。

李娜和丈夫姜山

曹： 所以我觉得姜山也挺难的，他一度也担任你的教练，他有的时候可能又要以丈夫的角度给你鼓励，另外可能又要从教练的角度给你提出一些他的建议。

李： 我们俩比较好的是，在生活上，我们从来不聊工作的事情；在工作上、球场上，从来不聊生活的事情。但是我觉得他的角色是比较难，在我没有自信心的时候，他必须要去提升我的自信心。在我自信心膨胀的时候，他又要去打压。我觉得他的尺度把控会好一些，我可能会感性一些。

曹： 其实有的时候看你那会儿参加比赛，你在赛场上吼姜山，往往是我们看到的另外一面，两个人情感密切的特殊表现。你在球场上对他吼一下，是不是实际上也是调整一下情绪？来释放某一些负面的情绪？

李： 因为在球场上其实是非常非常紧张的，但是我又不知道应该用什么样的方式去发泄。在整个团队里面，我不能骂教练、不能说教练，姜山又是我最亲近的人，我不知道别人会怎么样，但当心情不好的时候，我第一时间会找到最亲近的人，会对他们有一些情绪的表现，跟其他人肯定是不一样的。但是我觉得这么多年过来很幸运的是，因为他也是运动员出身，他也知道我在场上会是什么样子。只是可能大家理解不了，如果只是教练，或者如果只是老公，可能又会不一样，但如果又是教练、又是老公，话题就有了嘛。

曹： 他当教练的时候，你在场上比赛是希望看到他，还是说干脆不要看到他？

李： 某些程度，我不太希望看到他，因为我知道我如果输球，他肯定也会不高兴。所以在我特别不好的时候，我不愿意让他看到，也有可能某种程度上，我会觉得在对我自己失望的时候，有一点点辜负他的付出。

曹： 作为丈夫来说，其实姜山要承担比你更大的压力。因为大老爷们总是有自己的自尊心，所以我觉得他能够做到这点，这是非常非常难的。

李： 所以我们有时候开玩笑说，我们俩好厉害，把中国的男女平等演化得淋漓尽致。

曹： 你们别老看我在赛场上吼他，生活当中他也有吼我的时候。

李： 一天就24小时，我只有在场上表现那2个小时，其他的22个小时，大家并不知道。

曹： 那2小时最重要。所以在生活当中，是不是其实我们用一个字，其实也很黏他，你们两人互相都比较黏的那种？

李： 因为大家认识太久了，我12岁就认识他，而且我们俩结婚多少年了，15年了，相互都太熟悉了。

曹： 虽然你和姜山的年龄其实差的也不是很多，但是他在生活当中比较沉稳，情绪管理非常好。某种程度上，就像一个父亲一样。

李： 我觉得有点像长辈。所以跟他在一块儿，我会觉得可能遇到同一件事情的时候，他会很冷静地去看待问题，但是我看待的可能有时候只是表面。他会说这件事情其实有很多面，有他在旁边开导以后，我觉得我可能对看待世界的角度、角色，也会不一样。

　　对李娜而言，携手多年的姜山不仅是生活中的丈夫、事业上的伙伴，也像精神上的父亲。李娜5岁时受到曾是羽毛球运动员的父亲影响，走上运动之路，后在教练建议下改学网球。虽然爸爸经常出差，但几乎每个周六都会骑着自行车来接训练结束的女儿，父亲一直是李娜最坚强的后盾。在李娜14岁时，父亲因病去世。为了不耽误女儿的比赛，他甚至要求家人一直隐瞒着病情，未能见到父亲的最后一面成为了李娜一辈子的遗憾。

曹： 我看了你的书才知道，其实有关父亲的记忆，是你生活当中一段灰色的记忆。现在功名成就了，有一个特别幸福的家庭，有一个你特别爱的像长辈一样的丈夫，是不是也会觉得从心理上实际上是得到了另外的一种补偿？

李： 我是觉得其实人生是非常公平的，在你缺失的一部分，老天肯定会从另外一部分去弥补你。

曹： 小时候的那段比较不顺利的阶段，实际上对自己某种程度上是一种促进的作用，让你能够独立地去面对生活，不像现在的孩子有爹妈管着。

李： 我会觉得其实人生整个过程都是从小到现在，都是像台阶一样的，如果没有之前的一些生活的经历、经验，可能也不会到现在这样的生活状态。虽然也有不好的事情发生，但是必须要抱着感恩的心去迎接明天。

曹： 你书中也说到小的时候其实没有选择的权力，甚至因为练球太苦了，有一段时间对网球采取一个比较负面的心态。你觉得网球实际上给你带来的，除了输赢之外，带来最多的是什么？

李： 这个项目给我带来最多的是让我真的可以自律，我不可能说现在做的每一件事情都是对的，但最起码，做一些自己力所能及的事情。如果我想去帮助更多的青少年，我就会去做，我也会带着孩子一起去，让他们看看世界的不一样，看看更多的不同。

曹： 相对于那时候运动员的生活状态，是不是你更享受现在这样的一种更松弛的生活节奏？

李： 在当运动员的时候，你的整个团队都是为你服务的，你制定什么梦想、目标，整个团队都来配合你去完成。但是回到家庭以后，先得以孩子为主。当运动员可能在每年的8月份就要制定第二年的计划，所以你大概知道什么时间大概出现在哪儿，你会有一个大概的想法。有了孩子以后完全不是了，可能你预计的是八点出门，实际上九点能出门就已经很不错了。我还得去调整自己，现在不是以你为主，是以孩子为主。有了家庭以后，你只能有一个大的目标，但是你不可能计划到每天，精细到每天大概什么时间做什么事情，那是不可能的。

曹：每天把孩子叫醒，给他们做早饭，这是你向往的生活状态吗？

李：是我向往的。包括在我打球的时候，这也一直是我希望的生活状态。

曹：我有个朋友，那时候他是一个报纸的夜班编辑，所以每天要工作到两三点，然后每天早上六点钟不到，还是要起来把孩子叫醒，给他做早饭，我说你干吗那么累？他说你不懂，现在就没这机会了，他现在出国了，我早上起来都没事干。

李：现在我也是，我差不多每天六点多起来，就是每天习惯了，叫他们起来，带他们去吃早饭，然后上学，我们家老大上了3年的幼儿园，几乎都是姜山和我两个人一起接送的。

曹：你希望是用一个什么样的教育理念，跟孩子进行交流？现在的妈妈和爸爸都会比较焦虑，特别是妈妈，尤其是进了学校的家长群，你会发现每一个妈妈都那么"鸡血"。你们家孩子学什么了吗？这个怎么还没学？

李：对。我会觉得难道我当了一个假妈妈吗？因为我们家孩子到现在都没有上过任何的课外班，我觉得以后的学习压力肯定会很大，所以在他们能玩的时候就尽情地去玩，等以后该学的时候再学。

曹：是不是当你享受了比较长的一段安逸、平静生活以后，你也会回想当年那个高压力、高节奏的搏杀状态，其实也蛮有意思的？

李：现在这样的生活状态，唯一让我很怀念当运动员的是，那种在场上自己跟自己斗争的内心的较劲。因为现在在生活当中，你不太会有这样的情况出现了。

曹：其实任何的体育运动，不管我们用什么样的理念，其实都是高压力的，而且是充满着残酷竞争的。当然我们经常会说体育运动，你要去享受那个过程，可是你很难避免所谓的功利色彩，就是输和赢。所以这是一对矛盾，我们怎么去让年轻的运动员平衡这两种矛盾？

李：我觉得体育的魅力就在于它并不是以冠军来做唯一的衡量标准的，我觉得体育的魅力应该在于你永远要不断地去挑战自己，当今天的你比昨天的你做得好一些，我觉得这就是胜利。

曹：一个人不可能永远在聚光灯下站一辈子，所以你希望如果我们过了很多年，当人们再谈起李娜的时候，你希望别人怎么谈你？

李：我不希望别人谈我，这是实话，我觉得如果别人再去谈我，那可能证明中国网球

曹可凡和李娜

没有任何的发展了，因为没有新人超过你，大家才会去谈原来的你。一旦有新人超过你了，当然我就会被人遗忘，我觉得对于我来说，这是一个非常好的情况，我希望被人遗忘。因为这样，自己不会太累。

曹：不用再跟自己较劲了是吗？

李：对。

幸福变奏曲——郎朗专访

1月28日晚，钢琴家郎朗和妻子吉娜·爱丽丝在社交媒体上同时晒出一家三口握手照，宣布吉娜生子的喜讯，并发文："家庭音乐会的小听众，他来了！"祝福与点赞蜂拥而至。郎朗，这位少年成名的天才钢琴家从此也迈入了人生的下一段旅程。时隔多年，《可凡倾听》再度采访了这位享誉国际的钢琴巨星，独家分享专属郎朗的幸福秘籍。

郎朗做客《可凡倾听》

曹：我刚刚想一想，我们上一次采访已经是15年前了，时间过得特别特别快。

郎：是，特别高兴看到您儿子现在都长这么大了。

曹：那时候你管他叫"小西瓜太郎"，现在自己快要做爸爸了。什么样的心情？

郎：特别激动，实际上已经每天都能跟小孩开始互动了。他在吉娜的肚子里面，反正就是在那儿手舞足蹈的，摸一下就能感受到。我把一些特别喜欢的曲子，比如莫扎特、肖邦，包括一些我们中国的民歌，弹给他听。吉娜自己在家练琴的时候也是，我们还专门弄了一个胎教歌单，每周都会给大家弹一弹，趁机给别的小朋友也做做胎教。

曹：有没有想到将来自己孩子出生，也会让他从事音乐这行呢？

郎：我觉得培养是肯定的，起码是会让他练琴，但是能不能从事这行，这是小孩自己得喜欢做才能坚持下去的，不喜欢的话，那很难坚持下去。

在2019年6月官宣结婚之前，郎朗的生活几乎完全被钢琴填满，最高达到每年百余场的演出数量让他成为世界上最忙碌的音乐家之一。职业生涯中的一段小插曲短暂打破了这位钢琴天才一路狂飙的音乐之路，却让他迎来了人生中巨大的变化。结婚生子，对于出道20多年，早已习惯了职业音乐家生活的郎朗来说，究竟意味着什么呢？

曹：当你找到生活当中的另一半，你觉得自己最大的一个变化是什么？

郎：可以说最大的变化就是能更稳一点，尤其到晚上的时候，只要没什么事肯定是往家跑，不像原来出来交流交流什么的，现在很少出来。

曹：我觉得这几年对你来说可能有两个比较大的挑战，第一个就是你在练拉威尔《左手钢琴协奏曲》的时候，手臂出现一些问题？

郎：我当时是发炎，就需要休息，也没有别的什么招，时间是最好的良药。所以我停了一年零三个月，但实际没有碰琴也就是五个月左右，因为后面还得一点点恢复。

曹：手会痒吗？

郎：当然痒，反正我右手一直都没有任何停顿，一直在弹，就是发炎的那个胳膊绑上以后，休息了一段时间。但还好，因为那段时间能让我稍微休息一下，约会的时间也比较多，所以回归音乐会之后半年我就结婚了，所以也挺好。

曹：所以你都赶上趟儿。既然手臂发炎，那就谈恋爱结婚吧，啥也没耽误。

郎：没耽误。

曹：我想，除了个人遇到的一些小小的问题之外，那就是整个外部环境的变化，疫情的变化，疫情的此起彼伏让你很多全球的音乐会都处在一个停滞的状态。

郎：实际我倒是没少干活。因为在整个大环境停摆之前，我已把《哥德堡变奏曲》给录了，所以我觉得还算是不幸中的万幸，3月份正好是全球性疫情刚开始的时候，有幸在巴赫墓所在的教堂演奏了这个曲子。我当时弹的时候是3月5日，我在想大家都不戴口罩，那个时候看着挺吓人的。果不其然，3月9日以后，整个欧洲全都封了。但是在录音棚还好，等我录完音的那天，宾馆都关了，所以真的算是挨到最后一分钟了。回国以后，去年的前一段时间录了很多课程，因为那段时间全是在网上

《哥德堡变奏曲》唱片封面

给大家加油，不管是国内还是国外都在做这些线上音乐会。但是国内实际恢复得很快，我从去年七八月份就开始弹音乐会了，所以我觉得对我来讲还好，当然所有国际的音乐会都取消了，大概七八十场。但是毕竟只要有舞台，还是能展示一下我练的成果的，所以进入内循环的节奏也挺好，而且没有时差，我觉得这个也不错。

曹：这是最主要的。

事实上，巴赫的《哥德堡变奏曲》并非现代钢琴家常演的曲目，霍洛维茨、鲁宾斯坦、里赫特等一流大师从未公开演奏或录制过这部作品。另一方面，又因为其对演奏者的钢琴技巧和音乐修养的全方位要求，成为众多乐迷心目中的神品。自 20 世纪下半叶以来，许多独具特色的演绎都被奉为经典，其中最令人津津乐道的，当属加拿大钢琴家格伦·古尔德分别录制于 1955 年和 1981 年的两版录音。

曹： 我想大家说起《哥德堡变奏曲》，就会想起古尔德，他录过两次，前后差了几十年，那是他的第一张唱片和最后的一张唱片，风格也非常不同。其实你很小的时候，就已经接触了《哥德堡变奏曲》。是在一个什么样的情况下，你希望重新来弹奏这首乐曲，录成唱片，然后进行世界巡演？

郎： 我实际是从 10 岁就开始练，差不多练了 28 年，当时因为练了很多巴赫的作品，突然有一天看录像带，看到古尔德在一个破椅子上面，那椅子几乎就是镂空的，吱吱喳喳的，他边弹边唱。会感觉跟我小时候练巴赫的感觉很不一样，但是听完他录的声部，我一下就震惊了，这是人弹的吗？怎么能感觉比我们多出来五个脑子？他说话也特别有意思，不停顿地说，用今天的话说就是很上头的说话方式和演奏方式，完全在一种非常非常巅峰的状态。我就想，什么时候我也弹弹那曲子，我就开始练。我小的时候是走比较冒险精神那条路的，所以也是挺可笑的。比如说我看基辛当时弹两个肖邦钢琴协奏曲，我说我也弹，我也 12 岁的时候开始弹"肖一"和"肖二"钢琴协奏曲。我还得弹肖邦《24 首练习曲》，还得弹柴可夫斯基，"柴一"，然后再弹弹拉赫玛尼诺夫《第三钢琴协奏曲》，因为那时候好像有个希腊的神童 13 岁弹"拉三"，我也要弹。同时就看古尔德弹"哥德堡"，我说我也要弹。我那一天真是练的什么都有。

曹： 爱跟自己较劲？

郎： 对，练得比较乱，但确实是什么都练，这也是一个挺可贵的精神，但是确实是挺神经质的那种，一看这个人能弹，我也想弹。直到有一天，我 17 岁的某一天，当时跟芝加哥交响乐团弹柴可夫斯基《第一钢琴协奏曲》，那天晚上。弹完以后，那几位音乐家都问我，说看你挺兴奋。我那时候还挺小，17 岁，逗孙子似的逗我，说你是不是还不过瘾？我说是不过瘾。他们就问你想弹点什么？我说弹个巴赫算了。突然，艾森巴赫说巴赫有《哥德堡变奏曲》，你干脆弹这个。我那天也是，因为比较兴奋，就说那行，试一下，我就真弹下来了。这个故事就开始了，我每次想弹的时候都是又害怕，又不敢弹，就拖来拖去。本来我想 26 岁弹，后来想当作 30 岁生日礼物吧，结果过了 30 岁还不敢弹，觉得不行，我就怕一下弹不好，这些年的努力全白浪费了。人家一听，你的巴赫弹得那么差。终于到了我停了一年的时候，这一年是让我真正有时间来学这个曲子，就没完没了地看书，感受德国的田野，还有非常地道的当地文化，包括吃这些食品，争取从全方位来了解巴洛克风格。所以我前三年专门找了一个研究巴洛克风格的大师，安德雷斯·斯塔尔，非常棒的古钢琴和钢琴家，他两个都精通，对古管风琴也很懂。因为他演奏的作品实际更多的是用古钢琴和巴洛克管风琴。这个研究多了以后，再去想在钢琴上怎么来发挥。因为我们如果真是去山寨古钢琴的声音也不行，听着就是那种有点像玩具琴的声，所以还得看怎么样能把这种感觉弹出来，在现代钢琴上面还得有这种音色，去找一些我比较喜欢的音色。实际我特别喜欢佩拉西亚的巴赫的音色，但是我又特别喜欢古尔德的想法，我觉得佩拉西亚的钢琴的音色，对我来讲是比较偏浪漫一点的，我觉得在今天的时代里听这个声音更顺耳一点。

曹： 我听说指挥家哈农库特听你弹过"哥德堡"，给你提过一些建议，是什么样的建议？

郎： 我是 2007 年在萨尔茨堡音乐节，第一次见哈农库特，因为我特别喜欢他的莫扎特和巴赫的录音。尤其因为有很多时候，他的乐队都是用古乐器演奏的，原汁原味的那种拉法。他跟我说，他甚至会去一些坟墓的地方考察乐器，把古代的小号拿出来吹一吹，然后来练当时古乐的那些所谓的指法，还有吹法。当然是小提琴、大提琴的弓法，专门研究装饰音什么的。我实际当时是找他去学莫扎特，因为我那时候想先把莫扎特弄明白。就在他家莫扎特的钢琴弹了一会儿，他实际一开始是想让我在这样的古钢琴上来录莫扎特，但莫扎特的古钢琴和巴赫还不一样，莫扎特的还算钢琴，巴赫的叫羽管键琴，都不叫钢琴。当时我一看这机会太难得，赶紧弹《哥德堡变奏曲》。把那几个慢板都弹了，咏叹调、第 13 变奏、第 25 变奏。他说你这巴赫怎么弹得这么

郎朗在圣托马斯教堂演奏《哥德堡变奏曲》

方，我说不是觉得越古曲越得收敛吗？他说你哪儿学的，什么收敛，巴洛克的装饰音是最具即兴的风格的。他说我给你唱一唱，他就开始唱第 13 变奏曲，我当时一听，怎么还能这么弹巴赫？我心想巴洛克音乐不是比较板吗？他说你这是完全没弄明白，你看你这莫扎特弹得还挺有自由

节奏，你这巴赫怎么弹得这么死板？让我大胆地去幻想，要什么样的角色，实际有点像浪漫派的那种思考方法。我当时就很震惊，那天我也录音了，我再听自己弹，确实不一样，味道也不一样。当然了，他那种自由和浪漫派还是不一样的，还是有一定的所谓风格的界限，不是说乱自由。但有些音是可以非常自由，有些音就得回归节奏之类的。他没事就跟我在聊莫扎特的时候插播一下巴赫、贝多芬什么的。他让我打开了一个巴洛克音乐的门，给我带到这个门里了。

曹：你刚才说在巴赫的墓前弹《哥德堡变奏曲》，是一个什么样的感觉？

郎：圣托马斯教堂的音响还是挺神圣的，尤其是弹管风琴的时候，你真会感觉到巴赫好像还活着。你就会想他每周都在这里有一个全球的首演作品，不管是合唱的作品，还是乐队的作品，你就想象这个地方有多少他最新鲜的作品。走路20秒对面就是他家，叫"巴赫之家"，他当时就住在那儿。现在都是楼了，听说当时是对着一条河在那儿作曲。而且听说他家就巨闹，因为巴赫的孩子比足球队都多。他就在非常吵的环境中，作这些作品。但是有一点，他挺有意思，他在家里每次作曲的时候，写完以后都放到楼上去，因为二楼是挑空了的，他眼睛不太好，写完以后放上去，他们就在上面给他以四重奏的形式传下来。所以他感觉，他要追求的是音乐从天上而来。18岁的时候，他每天拿着佩剑，听说看谁不顺眼就跟谁决斗，好几次就在菜市场那地儿，几乎给人家刺穿了，脾气很暴。你现在一看他的曲子，也不太像这么暴脾气的，但后来就变了。特别有意思，他到圣托马斯教堂的时候也是38岁，但是他从38岁一直到他去世，都在那儿工作。

曹：我发现你弹"哥德堡"的时候泪流满面。

郎：就是弹到第30变奏的时候，现场音乐会，我实在控制不住了。因为我前30个变奏都是完全投入那个曲目里面，不太敢去想太多。到了第30变奏以后，我才想起来，他在我旁边。那时候已经很放松了，快弹完了，我就开始看墓上，去感受一下，享受人生的这样一个最难忘的时刻，那是巴赫呀。特别奇怪的一件事，我一看他那个墓，我从小练巴赫的什么《二三部创意曲》《平均律》，什么《法国组曲》，那些画面全都出来了，特别有那种回忆的感觉，那种回味很强。然后我就觉得太感动了，真的是眼泪情不自禁地下来了。

曹：刚才我们说了古尔德其实有两个唱片，"哥德堡"的唱片两个版本其实差的时间挺久的，所以有没有这个想法，你过多少年后还会再去录一次？

郎：肯定会，过28年再来一次？

曹：岁月的年轮对于一个音乐家来说，实际上是一个非常丰富的养料，像1986年霍洛维茨，50年之后重回莫斯科演奏舒曼的《童年情景》，你就觉得他是一个老僧入定，好像童年的很多回忆经过50年的发酵，慢慢都浮现在眼前。

郎：我当时小的时候看，那个不光是一个老大师在回想这些曲目，更多的他也是对故乡，虽然他是基辅人，但是50年一直在西方世界，回到莫斯科来弹那首曲子。我觉得太震撼，心灵的旅程的终点，可以这么说。那场音乐会我觉得比他平时弹的更有一种回忆感，可能有一些比较复杂的情感。但是像霍洛维茨或者鲁宾斯坦，越老越有味道，这是真的。包括霍洛维茨在七八十岁的时候弹"拉赫玛尼诺夫第三"，听完我真的觉得虽然可能他的技术没有像二三十岁的时候有那么大的力量，但是他弹得简直已经达到了最高的境界，出神入化了，听完以后只能完全是被震傻了的那种反应。鲁宾斯坦也是，鲁宾斯坦从纯钢琴技术角度来讲，他从来就没有像霍洛维茨达到那个技术，霍洛维茨的技术可以说是前无古人了吧，鲁宾斯坦更多是一种心灵的力量。但是他的这种温暖，尤其到了90多岁的时候，那种真的是像一个太阳一样，这种声音出来，感觉钢琴已经融化了，已经不是钢琴了，是一个能量，真的"成仙"了。

在郎朗的成长道路上，曾有幸得到过不少前辈大师的指点，指挥大师艾森巴赫、祖宾·梅塔等人都曾在《可凡倾听》的采访中，对这位来自中国的钢琴天才不吝溢美之词。

曹：你们是不同的年龄，来自不同的文化背景，他们这几位对你平时的教诲，哪一些你觉得特别难忘？

郎：我觉得有几位很重要，就像格拉夫曼，我的恩师，每个人对我的启发是不一样的。像格拉夫曼给我很多就是像俄罗斯学派的作品，因为他是霍洛维茨绝对的弟子，跟霍洛维茨可以说是几乎每星期都在一起有连续七年。当时霍洛维茨不出来演奏的时候，他几乎每两天晚上都会去陪霍洛维茨。他特别逗，他说他每次想给霍洛维茨弹弹琴，结果最后都变成霍洛维茨专场音乐会了。因为霍洛维茨很想演奏，但他又不想在台上演，所以在家每天每天晚上弹音乐会，自己就开始弹，没完没了地弹。后来格拉夫曼说他几乎更多的是一个听众。他真的是把霍洛维茨的技术，包括很多精髓，中心点的思想都给我传授得非常清楚。后来跟艾森巴赫，因为他是比较偏德奥的，尤其是德奥的浪漫派，你听他演奏舒曼，艾森巴赫绝对是最高级别舒曼的诠释者。巴伦博伊姆就不太一样，巴伦博伊姆还是德奥比较传统性的那些作品，比如说海顿、贝多芬、勃拉姆斯、莫扎特、舒伯特。当然他的肖邦也得到了鲁宾斯坦的真传，但是更多的可以说是德奥学派。所以巴伦博伊姆对我来讲，重要性特别大，因为我原来不怎么会弹德奥学派的作品，很多都是大浪漫派，东部欧洲的比较多一些，从肖邦到柴可夫斯基、拉赫玛尼诺夫这种。

曹： 巴伦博伊姆平时给你上课，通常会采取一个什么样的形式？

郎： 他的哲学性很强，会让我更理性地来理解音乐。因为我本人是一个比较感

郎朗与巴伦博伊姆

性的人，但他就是能让我变得更有想法，更有方向感，更有逻辑性，这对我很重要。因为他确实是让我学到了我本身没有的东西。这和性格有关系，有的钢琴家可能属于比较理性的，这样的人可能需要更多感性的人来带你。像我这种是非常感性的人，需要很多理性的这些知识和智慧，所以我觉得他确实对我来讲非常非常重要。

曹： 祖宾·梅塔呢？

郎： 祖宾·梅塔特别厉害，因为他是个东方人。而且祖宾·梅塔的音乐感觉，我可以说是在所有的指挥家中绝对顶级的，他的音乐的情感，自然情感的表露，可以说是最理想的指挥。在他的诠释中，你感觉音乐是完全自然流露的。而且他和霍洛维茨、鲁宾斯坦合作特别多，几乎所有协奏曲，他跟鲁宾斯坦至少一半都合作过。霍洛维茨有几首，他合作过最重要的"拉三"。我挺多年没弹"拉三"了，我最后一次弹就是和祖宾·梅塔，和柏林爱乐乐团，他跟我讲你低音的增和弦得真的弹出来，我说为什么？他说因为霍洛维茨就是这么弹的，他一点，就这个音。他真的是，你在跟他弹协奏曲的时候，你就感觉这个人是"通灵"的一个人，他什么都知道。而且这些最伟大的音乐家，和他合作的所有当时的灵感，他都记着。他把当时的瞬间，都能诠释出来，这很难的。因为有些人，你结束了，可能能记两年、两三年，过了几年，你就忘了，但他全都记得，比如当时鲁宾斯坦是怎么处理肖邦这段协奏曲的。所以后来我录肖邦的时候，我说一定找祖宾来录。

曹： 你刚才说到拉赫玛尼诺夫的《第三钢琴协奏曲》，前不久傅聪先生去世，您在自媒体上也说到，那时候你去伦敦演拉赫玛尼诺夫的《第三钢琴协奏曲》，傅聪先生来看了，看完之后给你一个大大的拥抱，眼含热泪，给予了你很大的期望。能不能给我们描述一下那天和他见面的场景？

郎： 那场音乐会特别特别重要，我实际是非常紧张的，因为是我头一次在伦敦开音乐

会。而且在音乐会之前，我就遇到了一些西方媒体非常犀利的问题，我记得特别清楚，就问我，你一个中国人弹拉赫玛尼诺夫的《第三钢琴协奏曲》，这是一个情感最爆发的作品，你们的文化都是比较含蓄的，我听说你家里有人原来是拉二胡的，你为什么要弹"拉三"呢？而且这里是伦敦，不是一个所谓的小城市，你胆儿挺大，那你说我们为什么要听你的"拉三"呢？

曹： 这有点歧视色彩？

郎： 当然，当时我也不知道怎么说，我说那你就现场听了再说，让我们走着瞧。我当时就说了这么一句话。所以那天我真的很紧张，因为来伦敦是头一次，就在皇家阿尔伯特大厅，逍遥音乐节，人也特别多。让他这么一说，我就害怕了，有点胆儿突。但是那天我就想让他试一试，你看一看我们中国人能弹出什么样的，绝对要征服你。那天正好我现场还录唱片，所以更紧张，这种现场录音还是很紧张的。那天弹完以后，我一出来，傅聪大师竟然就走过来了，他说，你把中国人的灵魂弹出来了，当时我就特别感动。后来傅聪大师经常给我打电话，我有时候没在家，他和我爸聊，说我下一步得怎么怎么，让我看什么书、注意什么事项。后来我回国，在上海演出，他也来过几次，专门看了一下我的独奏会，给了一些建议。

与很多钢琴家一样，郎朗于国际乐坛崭露头角之时，他所驾驭的"战马"是柴可夫斯基、拉赫玛尼诺夫那些以技巧辉煌著称的协奏曲。但随着年龄的增长，郎朗也在不断拓展曲目范围。观察历年来的音乐会和录音轨迹，不难发现他对于自身职业生涯的深入思考和长期规划。以诠释德奥古典曲目为中心，向音乐史的两头开掘，一端是巴赫的《哥德堡变奏曲》，而另一端则是巴托克笔下凌厉迅疾、狂野不羁的钢琴之声。

曹： 要积累多少曲目才能成为一个职业的钢琴家？

郎： 也分人，有的钢琴家曲目多，有些钢琴家曲目很少。

曹： 如果说协奏曲，你的积累有多少？

郎： 我能有 50 首左右吧。不一定同时都能弹，我要练一练，但很快就能出来。

曹： 你通常，比如说练一个新的协奏曲，要花多少时间可以上台？

郎： 我还是比较谨慎吧，如果要说弹下来，一天就弹下来了，但是上台，咱还是多练练再上台，别到时候在台上得心脏病。

曹： 我看到一个资料，说你有一次演出的时候，准备了莫扎特的另外一首，其实乐团准备的是 24 号。因为 24 号里面有一段华彩是没有谱子的，需要你和指挥家去合作，但当你发现的时候离演出大概也就两个小时，你怎么去完成这个不可能的任务？

郎： 那两小时就赶紧集中精力练呗。那次挺疯狂的，那次我在北京音乐节弹了10首协奏曲，而且都是大的，"勃拉姆斯第一"，"柴一"，"普罗科菲耶夫第三"，"拉赫玛尼诺夫第二"，然后《帕格尼尼主题狂想曲》，《黄河协奏曲》，"肖邦第一"，莫扎特，"莫扎特双钢琴"，还有一个"贝多芬第四"。反正那次真的是挺吓人。

曹： 在这么繁忙地穿梭在演出工作中，还要抽出那么多时间练琴，对你来说实际上是一个很大的挑战。

郎： 但我很喜欢练，我觉得练琴特别舒服，所以我每天都练两个小时。我最近练得多，因为我最近这几场音乐会都延期了，延到3、4月份，我最近每天都四五个小时。最近加量了，我想赶紧趁这个机会多背点谱子。我最近在背圣桑的《第二钢琴协奏曲》，舒曼的《克莱斯勒偶记》，新的肖邦波罗乃兹舞曲，还有玛祖卡，也练一些新的。所以最近我倒是大量地练新作品，这种感觉最好。年纪越来越大了，有时候就会有一些很烦恼的事，但是一进到音乐里面就特别好，感觉在水里似的，谁也别跟我说话，我不想知道这个事，就感觉特别舒服。一出来以后，又变成现实的社会，然后就觉得头疼。

曹： 其实每一次，我想主办单位来组织一个钢琴演奏会，都会要求你弹一些观众喜欢的，但我知道有的时候其实你愿意弹一些相对比较小众的，比如巴托克这样的作品，是不是也希望通过这样的方式让更多人知道那些所谓世俗意义上的冷僻的作曲家的作品？

郎： 是的。实际那些大音乐家，他们都是激励我，来弹那些作品。比如说我第一次见巴伦博伊姆，他说你弹点勋伯格，弹点里盖蒂这些。"巴托克第二"，就是他让我弹的，当时。像西蒙·拉特尔更是，西蒙·拉特尔最喜欢当代音乐，每场都弄一个，他就是有这个癖好。有些作品，我是可以感受到的，有些费劲，有的太抽象了，我说我可能境界没达到。有一次有一个阿根廷的作曲家给我写曲子，写完挺好，弹着也挺舒服，但是最后我就没敢弹，音乐会上，他说为什么你不敢弹？我说因为你写的这些东西，我没有完全

郎朗在演奏中

理解，担心到时候弹不明白，自己弹得有点糊涂。我说我可能得需要十年消化一下。

　　如今的郎朗已年近不惑，出道20多年来，他始终保持着常人难以想象的勤奋和活力，受到越来越多名团和大师的青睐。他一反人们对古典音乐家应当低调、孤独，甚至清苦的刻板印象，对大众文化充满了兴趣。当一些人诟病他曝光度太高、参加综艺过于频繁时，却也不得不承认，郎朗始终把音乐本身放在最重要的位置上，从未令人失望。

曹： 现在去音乐厅听音乐会，我发现喜欢古典音乐的年轻人越来越多，这可能和古典音乐的普及力度还是有关的。尤其在国内，你个人怎么看古典音乐的这种商业化的运作方式？

郎： 对我来讲，什么都不重要，最重要的就是你弹得好或者唱得好，或者你的实力，我觉得这是放在首位的。如果你是一个都没弄明白自己弹什么的人，就开始完全迎合市场做一些东西，我觉得你永远成不了一个音乐家。对我来讲，我觉得我不管我是弹纯艺术性作品，比如《哥德堡变奏曲》，还是弹一些体育馆的音乐会，我觉得还是得弹好，质量第一。你想帕瓦罗蒂在世界三大男高音现场，他还是唱得那么牛，还是唱得那么震撼，这才是他们成功的原因，并不是因为他走商业化路线。伯恩斯坦也一样，卡拉扬也是，我觉得首先是实力超群，才有这个资格和资历让更多的人来做。

曹： 这些年除了巡回演出之外，你花了大量的时间做慈善工作，你也是联合国儿童基金会的大使，在国内也做了很多，给琴童提供一些尽可能的帮助，让一些家庭条件并不是那么好的孩子也能够接触钢琴。

郎： 很多人认为弹琴是一个很痛苦的事，都是被逼无奈的，甚至有些人还会认为一个音乐家是打出来的，有很多真的是比较激进的想法。所以我特别想改变，包括练琴的过程，我不认为都是痛苦的，当然会有痛苦的瞬间，练得手疼的时候，或者练不下去的时候。但是真正你在演奏的时候，会有一种超出你生活的喜悦，用言语没法表达的，在真实生活中都完全感受不到那种喜悦。这怎么就没人说了呢？而且如果没有那种喜悦，你怎么会愿意当音乐家？我成天就苦练，没有人会这样，你傻，对吧？

曹： 一定是从中找到一种快乐。

郎： 对，你肯定有乐趣。所以我觉得为什么我们做的普及叫"快乐的琴键"，你看从名字上来直接就体现。另外我还是认为从一些教育方法上来讲，我们也要不断地进化。现在毕竟和1960年不是一个时代，你让孩子完全按照那种方式去学，肯定学不下去。现在都得和新科技结合起来，包括短视频，是一个线上线下结合的方式。问题是你得知道怎么用它，你得知道怎么把它和你结合起来。所以这个方法，我觉得是需要传播的，这也是这些年我想做的。包括上一些节目，也是希望大家看到不是说只能痛苦，只有哭才能成功，不是说只有音乐家在吃不上饭的时候才能写出作品。有的人甚至会认为如果音乐家活得好一点，他就不是音乐家了，真的我有时候都受不了，还有一些学琴的方法，我一看，这还能教学？完全是误人子弟，完全是瞎教，非得累成那样，这是不科学的，也不适合这个时代。

曹： 如果用一句话来总结你过去 20 年的职业生涯，你会怎么说？

郎： 我觉得对我来讲还是有沉淀，是沉淀的 20 年。尤其近 5 年，我觉得不管是谁，到了 35 岁以后，速度会不太一样，当然我也没那么老，我不是自己在卖老。我的意思是感觉近 5 年，因为可能发生的事比较多，可能会让我在做任何事的时候，多想一想，可能和原来比会更啰嗦一些。

曹： 你对未来有一些什么样的想法？

郎： 对我来讲，去年弹《哥德堡变奏曲》，实际就是给我自己一个更大的强心剂，说郎朗你可以继续往前走了，你要相信自己。因为很多时候，我看到了一些所谓的中年危机，除了油腻以外，有一些思想上的危机，看过很多音乐家到了这个年龄，音乐会就突然一下没了或是别的什么，突然一下感觉自己活在另外一个世界了。我不希望这样，我希望我还是一个充满新鲜血液的，追求在音乐道路上行走的一个人，我不希望自己会感觉什么都试过了，可能就会有一个瓶颈期什么的，我希望更加勇敢地往前走。所以为什么我这时候录"哥德堡"也是给自己一个挑战。

曹： 因为大家通常会认为你的个性比较浪漫、洒脱、张扬，所以面对一个像《哥德堡变奏曲》这样宁静、内敛的作品，大家会冷眼相看，看看郎朗究竟是怎么处理。但是现在你交出的这份答卷，大家看得还是非常满意的，非常有意思。再次祝贺郎朗，谢谢！

郎朗与曹可凡

郎： 谢谢曹老师！

在音乐中听见自己——陈萨专访

陈萨，中国钢琴演奏的中坚力量，甜美的微笑和富有深度的音乐诠释，勾勒出她独具魅力的艺术家画像。自 16 岁成为英国利兹钢琴大赛最年轻的获奖者以来，她始终保持着自己在海内外乐坛的活跃度，不急不躁，一路徐行，期待在音乐中成长为更好的自己。2020 年是伟大的作曲家贝多芬 250 周年的诞辰，不料新冠疫情席卷全

陈萨

球，打乱了全世界音乐家们的演出和生活，人们开始重新思考艺术的价值。今天就让我们从陈萨的"贝多芬年"说开去。

曹： 2020 年对于全球来说，都是极富挑战的一年，尤其对于音乐家来说，影响会更大，很多正常的演出不得不取消。但是 2020 年其实也是一个古典音乐领域非常重要的年份，贝多芬 250 周年的纪念。所以作为一个钢琴家，怎么去度过这个贝多芬年？

陈： 是的。我觉得这一年可能对于整个人类史来讲，都会是非常重要的一年，因为我们都经历着很大的变故，不仅是艺术家。当然您刚才提到艺术家会特别受影响，原因是很多人是自由职业者，艺术和生活之间的关系可能在灾难来临的时候，好像就显得没那么有必要，毕竟大家都需要先去面对生活当中遇到的这些疾病和所有的变故。当然我觉得这些东西，我们每个人承受起来，都是非常沉重的。疫情刚刚暴发的时候，我还在继续演出，当时还在旧金山。没有钢琴的话，可能我的日常生活主体会受到非常大的颠覆。因此在这样的一个情况下，我下定决心在一切变得更糟之前，回到我自己熟悉的一个环境。回来了以后，其实每天都充斥着一些非常让人痛心的消息，说实话有一段时间我也挺消沉的。我重新开始想，到底我们做音乐的、做艺术的，真的那么有用吗？当人类需要一些特殊的东西，去支撑我们活下来的时候，好像艺术的位置变得不是那么必不可少。所以有一段时间，我是很迷茫。当然我也试着去继续保持一

种尽量常态化的工作和生活。对于钢琴家来讲，独自练习是必不可少的，而且是每日都发生的事情。为什么说贝多芬年对我们来说显得尤其有契合感？我觉得某种偶然性里面似乎是藏着一种必然性，我从来没有想过在我的有生之年能够经历这么大的一个断层式的人类事件。就好像倒回去几百年，可能我们也很难相信，很难去想象一个作曲家在经历完全失聪的人生变故之后，如何再继续创作，并且产出了这么多伟大的作品，人类的精神财富。所以我觉得这两者特别有共通性。

曹：我觉得就像你刚才说的，契合贝多芬的那种英雄主义的精神，他那句特别有名的话，我要扼住命运的咽喉。

陈：对，是的。

陈萨最早演奏贝多芬的经历可以追溯到十几岁时，那时的她正在准备参加人生中第一场重要的国际比赛——英国利兹钢琴大赛。正是这场比赛让她打开了通往世界乐坛的大门，时任伯明翰城市交响乐团的指挥西蒙·拉特尔指挥了决赛的演出，通过电视转播，陈萨收获了自己在欧洲的第一批乐迷。

曹：其实作为一个钢琴家来说，你出道很早。

陈：算是很早。

曹：16岁就参加了英国利兹的钢琴比赛，现在回想起来，当时去参加这样的一个比赛，一个年轻的中国小姑娘在那儿感受到一种什么样的氛围？

陈：我就是觉得从来没想过要参加这么难的比赛，因为其实在决定去之前，那个时候我还在中国读书，受着老师和我妈妈的庇护，很多的决定是家长帮我定的，我妈妈和老师们共同决定要去参加这么难的比赛。当然也是收到了当时比赛的主席范妮·沃特曼的邀请，她最近以百岁高龄去世了。她当时来1994年的中国国际钢琴比赛的时候，我在青少年组得了第一名。邀请一个14岁的小女孩去参加她的一个成人组的、这么具有历史的一个中心比赛应该说也非

1996 年英国利兹国际钢琴大赛上，陈萨与西蒙·拉特尔爵士和伯明翰交响乐团合作

479

常大胆。但是我的老师但昭义当时的理由很简单，他说既然人家邀请了我们，我们应该赴约，就这样去了。所以到了比赛的时候，我觉得我和老师的心态都是觉得要去见见世面，看看其他杰出的钢琴家是怎么弹琴的，这是一个盛事。在参赛之后的确是掀起了一阵小小的风潮，大概是跟他们的期待值有关。没有想到一个来自中国，那么远的一个国家的那么小的姑娘来参赛，所有的这些都是颠覆了他们传统的认知。所以当时他们对我特别喜爱，就是像喜爱小孩子一样，我能感觉到那种喜爱是非常真诚的。当然在我后来去巡演的时候，我现在有印象的是乐评界除了对我的才能上的一种认可，很宝贵、难得的才华，还有一句话是说她仍然需要好好地去走未来的路。我觉得当时那一句话我记住了，我觉得那是有所指的。当然，我也觉得，虽然那么小的年纪去参赛，也弹了一些非常深刻的作品，比如说像贝多芬的晚期奏鸣曲作品110，我们经过非常多的细致的打磨，完成度是可以，但是真正你要去吃透它里面的这种精髓，往深了挖，其实还是需要时间的。

曹： 我知道但老师其实对于收女孩子为徒弟一直是有一点含糊的，因为怕女孩子吃不起那个苦。所以当时但老师是因为什么样的理由，答应来教你。

陈： 其实有这种想法和担心的人不止但老师一个，还包括在但老师之前，我去找的另外一个老师，他也比较担心，他比较打哈哈，就说我从来不收女孩子。其实在我自己的家庭里面，我爸爸是觉得女孩子如果怕吃苦，或者很容易就掉眼泪的话，你就不是一个好孩子，这是他给我传达的一种思想，他从小就有意识地在培养我，除了当女孩子之外的一些东西。但是但老师当时就提出来一个现实层面的问题，因为当时我们是在两个城市。

曹： 他在成都，你在重庆？

陈： 对，然后说那怎么保证上课的问题。但是我妈很意气风发就答应了，说那没有问题，我们就两周来一次吧，其实完全没有想象到之后是非常辛苦的。但是因为我爸爸妈妈的那种性格，觉得想要做一件事情，尽量我们就去做好它，就是这样接下来了。

曹： 我特别想知道但老师是一种什么样的教育方法？

陈： 一方面来讲，他是一种有一点像大鸟喂食一样的教学状态，很多的东西一直保持自己先钻研，然后再跟学生一起共同工作的这样一种状态，但是教得非常细，甚至说是细致入微，有一点点像俄罗斯老师，俄罗斯学派的老师和学生是共同成长的。但是另外一方面来讲，不管是他当时给我们不同的曲目，或者是有着风格之分，我觉得他是一个因地制宜的这样一种施教方法。

曹： 你是一个艺术家庭出身，爸爸是吹圆号的，母亲也是一个舞蹈演员，你从小是在一个特别浓郁的艺术氛围中长大的，学琴当然就不让人意外。可是成为一个专业的钢琴家，必须要有一些天赋，所以你从什么时候开始认识到，或者说你还是你的爸妈觉得你有这样的天赋，可以成为职业的音乐家？

陈萨一家

陈：其实当时父母觉得我是有天赋，包括周围的有自己的孩子在学琴的家长，是他们的朋友，也三令五申地劝他们一定要重视我的才华。就这样，我们才决定了人生的第一个十字路口，到底是上普通的中学，还是考音乐学院附中。也就是说那一个十字路口之后，你就决定你是把钢琴演奏当成一个主业，或者说一种职业化地去发展，还是另外一条路。当然其实我觉得在这条路上是逐渐的，大家互相能够更清楚，或者意识到我需要更认真地来对待我所收获的一些东西，无论是认可还是一些成绩，都是逐渐形成的。

曹：因为你很小的时候，父亲就过世了，所以我相信对于整个家庭来说，那种压力会非常大，妈妈也做出了很多牺牲，要陪着你练琴，后来但老师又去了深圳，所以你不得不跑到深圳去学琴。整个的这样一个过程对于你的成长，产生一个什么样的影响？因为往往可能是两种影响，一种可能是正面，一种负面，所谓负面就是一个孩子可能会被摧垮，另外一个正向的力量可能让你更加坚强、更加坚韧。

陈：我可能属于后者。因为我觉得我妈妈的一些成长经历和后来我们共同的成长经历，都是让我觉得生活不是一成不变的，如果有一些变化需要我们顺应，我们就应该去做。当时但老师去深圳，我们为什么会跟着去呢？其实因为当时很迷茫，觉得要找到一个真正教得好的、负责任的、有爱心的老师是不容易的，所以当时就决定把家也搬过去。当然搬过去以后，我觉得可能也是天性使然，在我妈妈的影响下，我是一个还比较乐观的女孩子。在无论多么艰苦的环境下，好像也能够从当中生出一些花朵来。其实现在想起来比较艰难，但是好像还挺快乐的。

曹：后来决定去英国留学，你妈妈会觉得失落吗？突然女儿离开了，她会有空窗期。

陈：对。妈妈对女儿总是一辈子的感情，她当然是很舍不得我，而且当时也没有微信，所以联系起来的确比较麻烦。我在学校定期发传真，后来有了英国的电话卡，5镑或者10镑，可以打很长时间，再往后才慢慢地有了电脑电话。所以一开始是不容

481

易的，我也有想家的时候。

曹：到那儿花了多久时间慢慢适应留学的生活？因为一个人独自在异乡闯荡，远离家人的关怀，其实那种孤独感、寂寞感，有的时候会油然而生的。

陈：对。我觉得后来开始独自参赛的时候，那样的一种孤独感就更明显了。当然在一开始是会有一些不适应，因为是我第一次一个人雏鸟试飞，一个人独自去面对生活和一些全新的东西。但是同时也会有一种巨大的好奇，会觉得想去发现更多的东西，所以是一种混杂着的情感。

曹：你到了英国以后是在什么样的环境下有机会和傅聪先生见面？

陈：第一次和傅聪先生见面是我刚刚参加完利兹比赛，后来就紧接着去那边演出。在伦敦的威格摩尔音乐厅，我的独奏会弹完了以后，他就来到后台，竟然是出现在后台的化妆间。我就看到人群当中，他文质彬彬地排在那里，像排队一样，并没有被优先地带进来，他穿的是一个黑色的中式服装，眉眼之间都带着笑。我当时就觉得很难相信那是真实的。

曹：你是一眼就认出他了吗？

陈：对，我是一眼就认出来了，因为我对他的形象记忆很深刻，在我幼年时期参加的第一次真正的少儿钢琴比赛，我的奖品是一个黑胶唱片机。后来我所得到我家里舅舅送给我的一个礼物就是傅聪先生的夜曲专辑，还有他的海顿奏鸣曲，所以对于那个唱片封面，我是非常非常印象深刻的。

傅聪黑胶专辑封面

曹：是不是就是那个穿着红毛衣的？

陈：红色的高领毛衣。包括他弹琴的那个表情，自己在吟唱的那个表情，也是我从小就被打动的。所以他是我的一个偶像，我当时看到他真是惊呆了，非常惊喜。

曹：见到一个现实生活当中的傅聪，跟你想象的傅聪有什么差别吗？

陈：是一种既真实又魔幻的感觉。他真人就跟照片上一样，非常有亲和力，他的那种笑意和温暖的气质扑面而来。所以我并不会觉得惧怕他，哪怕我非常尊敬他，是这样的一种很亲切的感觉。

曹：他对你说了什么？

陈：应该是夸我的话，我觉得我当时脑子不是特别在线，当时他非常喜欢我的演奏，祝贺我说这是很不容易之类的这些话。当时带我去英国巡回演出的深圳艺术学校校长抓住这个机会，问他能不能去他家拜访一下，他欣然接受了，后来就有了我们在他的家里，第一次真正的会面。

曹：你去参加肖邦比赛之前，有没有特别去请教他？

陈：有，像玛祖卡舞曲，我当时完全不知道要怎么弹的。因为我们更小的时候完全凭直觉去弹。长大以后，你要逐渐去找到你直觉的来源，到底是否经得起推敲，所以需要一种理性的支撑。在理性支撑之后，你还是需要让它回归到一种生命最初的状态，或许仍然是以感性为终结的。所以当时那个玛祖卡，我找不到缘由，我找不到为什么应该这样去使劲，或者那个句子应该怎么走，到底这个句子要走成什么样子，这个形状是怎么样的，其实我真的是蒙的。直到后来去跟他上了那次课以后，听了很多他自己在我旁边的那台琴上的示范，带着那样的记忆去琢磨，过了一段时间以后，我觉得我是上路了，带着那样的一个收获去参加了比赛。

曹：当他得知你最后取得了不错的成绩，他是不是也很高兴？

陈：他很高兴，他当然也是提及了他对从广播上听到的每一个获奖者的一些想法，评论了一下，有褒有贬，但是他很为我高兴。

曹：傅先生有一个理论，他认为弹琴只要气氛对、意思对，不要去介意有个别的错音。在当今的钢琴界，可能对错音是有忌惮的，所以他是怎么来跟你说他的这个观点？

陈：他当然从来没有提及过关于错音的问题，但是他很不喜欢的是一种机械的弹琴方式，这种机械的弹琴方式可以把它形容为，比如说一串音几乎是完全平均的完美度，那么在这个时候，音乐性其实已经荡然无存。他相信音乐应该从不同的音律上去走，是需要有不同意义的，这个我觉得是非常正确的。而且他从来谈到的都是音乐的表现，音乐语言如何表现得更加淋漓尽致，这个话要这么说才有表现力。但是我从他身上感受到更多的，是他一种牢牢的核心感，就是他自己的个性在音乐里的体现，是非常夺目的。

肖邦是古往今来最具独创性的钢琴大师，他赋予这件乐器前所未有的声音，无论是歌唱性、装饰音、伴奏音型，还是织体、踏板、和声，肖邦使钢琴音乐的几乎每一个技术环节都提升到了全新的境界。演绎肖邦是所有现代钢琴家都要攻克的难题，在这方面，陈萨所取得的成绩有目共睹，肖邦大赛上的优异表现只是莺声初啼，此后，

她在欧洲录制的两首肖邦协奏曲也非常成功，尽显肖邦早期音乐中的华丽、妩媚与敏感。近年来，陈萨还多次尝试在独奏会上演奏成套的夜曲和玛祖卡，如何合理搭配曲目，在一场音乐会中呈现肖邦一生的艺术发展，陈萨的诠释让听众感受到了一位进入成熟期的演奏家所应有的技巧、眼界与修养。和傅聪一样，陈萨既是肖邦大赛的获奖者，也即将出任最新一届大赛的评委，对于这项钢琴界顶尖赛事的评选标准，她又是如何理解的呢？

曹： 我们都知道傅聪当年参加肖邦钢琴大赛得了第三名，第二名是阿什肯纳齐，第一名其实我们大家都已经忘了他是谁。傅聪后来也做了肖邦钢琴赛的评委，当时他和其他评委就有一些理念上的争执，或者说是不同的见解。他认为肖邦钢琴大赛就是应该选出一个对肖邦音乐有独特理解的钢琴家，可是大多数的评委认为我们只要选出一个大钢琴家就可以了。你将来也要去做肖邦钢琴大赛的评委，如果坐在台底下，你的评判标准会是什么？

陈： 我觉得这个问题真的可以无休止地讨论下去，因为肖邦是一个很独特的作曲家、音乐家或者说人。因为他的作品，其实你需要的不是一个单向的东西，而是很多层面上的东西。你如果完全没有古典气质和一些古典的积淀，是很难弹好肖邦的。但是如果你完全用一种古典的东西去弹肖邦，它的一种氛围感或者一种诗意化的气质，又显得不够，所以是很多很多种东西的一种微量的、微妙的平衡感。因此其实真正能弹好肖邦的人，他一定是一个很好的音乐家，我相信是这样的。而你在其他的领域，其他的作曲家里面，你弹得很有说服力的话，也会辅助你把肖邦的作品弹得更好。当然还有一个问题，无论是演奏肖邦还是其他作品，你自己的个性可以被放大到什么样的一种地步，有说服力、有感染力，然后又不完全被贴上一个标新立异的牌子，所以我觉得这是一个分寸感的问题吧。

43首肖邦玛祖卡谢幕

曹： 我想对于一个古典音乐界的演奏家来说，尤其是钢琴、小提琴家，曲目的积累是非常重要的。因为曲目实在太多了，对一个钢琴家、小提琴家来说是非常辛苦的一件事情。所以怎么去积累你的曲目？当然每个人有每个人不同的逻辑，我发现你的音乐会曲目的安排，有时候也会比较奇特，比如说全部是玛祖卡，全部是夜曲，这种安排也是很大胆的。通常你是按照一个什么样的逻辑来积累自己的曲目的？

陈：我还是从心出发，可能在不同的阶段会对某一种东西，一种曲式突然感兴趣。第一次做这种全套型的音乐会，就是玛祖卡，其实是偶然发生的。因为我后来是觉得玛祖卡真的是一种很奇特，艺术性极高的一种曲式，如果我都把它学完的话，我真的很希望能够尽可能地发现它到底有多少种可能性。而且它赋予一个演奏者的空间是极大的，每一个演奏者不可能演奏得完全一样。我觉得这是一个自我发现的过程，所以带着这样的一种好奇心，我去完成了这个全套，后来就上瘾了，就对我之后感兴趣的东西，比如像德彪西前奏曲，干脆就全套好了。全套其实也给了我很舒服的一种学习状态。

曹：是不是你觉得，比如说德彪西的前奏曲，我索性全部弹完，肖邦的玛祖卡全部弹完，就是一个系统性的学习过程？

陈：对，我会有一种潜水潜到无人之境那种感觉。当然，比如说像德彪西的前奏曲，音乐语言很奇特，你如果只弹几首，我始终觉得没有很完整地去进入他的一种状态和他的一种音响世界。但是当你完成一个整套的时候，你会特别有那种被浸透的感觉，是很舒服的一种状态。

曹：很多人认为像肖邦、德彪西这样在法国生活的音乐家，往往他们的精神内涵会跟中国人的精神内涵特别接近，你觉得是不是确实有这样的一种状况？

陈：我觉得可能真的有。

曹：比如像玛祖卡，傅先生就跟我说，其实西方人去弹玛祖卡也会一头雾水，但是好像中国人对它的理解就会比较深入。

陈：我觉得有可能是一个思维方式的问题。比如说像德国人，他们的思维体系是比较走直线的，他们所相信的东西、所遵循的东西，是直线的一种划分。但是可能中国人的脑回路是很灵活的，有这种灵敏度，所以他的灵敏度可以去触及玛祖卡那种很难去分析出来的一种灵性。

曹：通常比如说你在做音乐会曲目准备的过程中，你是会参考一些其他钢琴家的录音，还是说我完全摒弃，直接从谱子上来进行研究？

陈：我最近几年开始慢慢地听录音听得比较少了，因为我觉得有很多的东西我是很珍惜初见的那个感受，我和这个作品，甚至不是这个作曲家，我和这首作品的一种非常新鲜的第一感受，那个状态是我希望去记住和保留的。但是当我，比如说对于一套作品、一首作品，进行到一定的熟悉度以后，在那个时候我去听别人的演绎，我觉得也是能学到很多东西的，因为是完全不同的角度，就会有一些新鲜感。

曹：那你现在这个阶段，比如说对于曲目的积累，是按照作曲家来分，还是说比较喜欢某一个作曲家某一个作品，就重点来攻。

陈：我觉得贝多芬是我可能今生希望去完成的一个很大的理想，但这是需要时间的，他的32首奏鸣曲，先把它吃下来，然后慢慢地去发酵，可能会伴随着我的成长。但我还是挺希望去完成的，这真是一个灵魂上的洗礼，也是一个旅程。

曹：而且我发现很多音乐家，比如说像巴伦博伊姆，他对贝多芬的奏鸣曲和协奏曲，过一段时间就希望重新录，像一个魔咒一样一直跟着，贝多芬的作品是不是特别有魔力？

陈：我觉得巴伦博伊姆是很奇特的一个人，少有的一个奇才，他对大量作品的这种记忆能力和驾驭能力，包括他指挥瓦格纳的歌剧，全都是背谱，完了以后第二天就在弹全套的巴赫平均律，而且也是背谱。我觉得可能音乐界没有几个人能像他这样。当然他是不断地在翻新，温故而知新这些作品，可能他就想要把它记录下来，用一种不同的形态记录下来，可能是这样的。但我不知道还有多少人能够像他这样做，可能还有安德拉·席夫。

2015年，陈萨成立了陈萨艺术工作室，全权策划与统筹自己在全球范围的演出并独立发行唱片，从《德彪西24首前奏曲》到即将推出的《肖邦夜曲全集》，完全跟随艺术家本人的内心节奏选择演奏的曲目。2021年5月21日，陈萨又再次来到上海，与上海爱乐乐团合作一首冷门曲目——柴可夫斯基G大调第二钢琴协奏曲。相比柴一的闻名遐迩，鲜少在音乐会现场演绎的柴二，无疑是完全不一样的挑战。

曹：你好像说过更喜欢30岁的自己，是不是觉得到了一定的年龄，因为有生活的阅历，会让你对音乐作品的理解完全不同，因为生活其实就是一罐蜜，可以让你的生命变得更加丰腴、更加灿烂。年轻的时候，你技术也很好，也可以把这个曲子拿下来，可是对它的理解，可能就不如30岁以后，你有了生活的滋养之后，你对它那种理解，你跟它能够产生一种同频共振。

陈：我觉得您说得特别好，我觉得除了演奏上，也包括一个人本身的那种状态。我是觉得小时候就是傻傻的，很多东西反正就是那样了，然后慢慢地，我觉得可能自己的心智成熟了以后，很多东西会自己找到一个我所相信的答案，这些答案又赋予我一些自信心和一种踏实的感觉。你会觉得很多东西同步了，这是一个很奇特的感觉。然后你就会觉得好像精气神都更加集中。

曹：因为我做主持人差不多 30 多年，从我职业生涯开始的时候就认识一些年轻的音乐家，他们也都在各个不同的国际比赛中得奖。但是我发现其中有一部分，他们一直执著于音乐道路，比如说王健。可是你知道练琴就是一件非常辛苦的事。

陈：对，非常辛苦。

曹：当他们功成名就之后，他们就不愿意花那么多时间去练琴，因为这真是一个苦活。所以会不会对自己有放松？我已经得了很多奖，我也积累了很多曲目，所以我可以稍稍懈怠一下，还是说你依然是保持那种时不我待的状态？

陈：我觉得像您说的这样的情况，我也见到很多同行是这样的，他会选择一种不同的生活方式。我也曾经想过这个问题，我是不是要一直比如说像朱晓玫老师那样，完全一生都只有音乐这一件事情。

曹：她完全是一个苦行僧。

陈：她就是音乐和简单的生活。我后来得到的一个比较说服我自己的答案是，我喜欢生活，但是音乐我是不会放弃的，因为我从音乐里所获得的东西是没有其他的事情可以相提并论的。所以其实是我和音乐之间的关系，变成了我去度过我的人生的一种方式。

曹：其实演奏家另外一个很大的挑战，就是孤独感，我们看到的音乐家是在光鲜的聚光灯底下的，可是当灯光关灭的时候，你就要开始一个孤独的旅行，我不知道这对你的精神世界，是一种什么样的影响？

陈：我承认这个孤独感是会一直伴随在左右的，但是这个并不一定是孤单，它不一定是负面的，可能是一种中立的状态词。确实我们所需要的，其实必不可少的是一种孤独的存在和进行过程的一种状态。因为你要是在人群里，那太嘈杂了，很多东西你自己是听不到的。不是说从钢琴里听到，而是从你自己本身的内心里去听到很多的东西。无论是对音乐的诉求，还是你对音乐的一种需要去追求的意念和感受，这些东西都会不容易被听

陈萨在演奏中

到。所以我觉得如果是选择以音乐为伴的话，你是需要和它有独处的时间的。当然像路上的奔波，有的时候会让人很头疼，确实是会有一些额外的压力，睡不着觉；或者比如说换酒店，第一天总是不会睡得那么好，但这些都是现实当中，你可以去练习、去适应的东西，倒没有那么重要。

曹：其实有的时候可能孤独对于一个从事文化艺术的人来说，是另一种财富，我就想起傅雷先生说的那句话，赤子孤独了会创造另一个世界。你最后一次见到傅聪先生是什么时间？是一个什么样的状况？

陈：我最后见到他是在一个后台。大概 2016 年、2017 年，当时是我正在准备弹全套玛祖卡的时候，我觉得希望他能够再帮我把一下关，听听我的演奏。在去他家之后没几天，在我原来就读的学校旁边的那个音乐厅有我的独奏会。当时上半场是 50 分钟的玛祖卡，下半场是李斯特的 b 小调奏鸣曲。我问他说你能不能来听？想不想来听？但是当时他和卓一龙老师都说他已经很久没有出门了，不怎么出去，因为身体不太好，所以我说当然理解。后来在演出完以后，他和卓老师又出现在后台。他还是来听了，但是他并没有告诉我他来听，因为我演奏会以后就离开伦敦了，当时我们都是说好再见。他后来还是跑来了。他说他坐在最后一排，非常非常喜欢，他能听到我们所一起工作的东西，都有了我自己的印记和吸收，他非常开心。然后他也觉得非常享

曹可凡和陈萨

受李斯特 b 小调奏鸣曲，因为听到了很多我自己的一种幻想。这就是他对我说的最后的话。

曹：如果想用一首乐曲送给傅先生，你会弹奏一首什么？

陈：我想弹奏肖邦的第一首夜曲，就是当我第一次听到他的黑胶唱片的时候，那个声音流出来，就是流到我的心里。

图书在版编目(CIP)数据

可凡倾听. 年华未央/《可凡倾听》栏目组编.—
上海：上海人民出版社，2022
ISBN 978-7-208-17845-8

Ⅰ.①可… Ⅱ.①可… Ⅲ.①名人-访谈录-世界-
现代 Ⅳ.①K812.6

中国版本图书馆 CIP 数据核字(2022)第 144889 号

责任编辑 崔美明　马瑞瑞
特约编辑 施中宪
封面设计 陈　楠
封面绘画 曹天维

可凡倾听——年华未央

《可凡倾听》栏目组　编

出　　版　上海人民出版社
　　　　　(201101　上海市闵行区号景路 159 弄 C 座)
发　　行　上海人民出版社发行中心
印　　刷　上海商务联西印刷有限公司
开　　本　787×1092　1/16
印　　张　31.25
插　　页　2
字　　数　566,000
版　　次　2022 年 9 月第 1 版
印　　次　2022 年 9 月第 1 次印刷
ISBN 978-7-208-17845-8/K·3224
定　　价　98.00 元